学科案例教学精品丛书
丛书主编　蔡伟

中学数学案例教学论

杨光伟　编著

ZHEJIANG UNIVERSITY PRESS
浙江大学出版社

总　序

在教师职业日益走向专业化的今天，教师教育的课程与模式的改革也在不断深化。人们越来越认可杜威“培育师资的问题，是众多专业人员培育其中的一种而已”的论说，为了证明教师职业的专业性和不可替代性，教育研究者和教学工作者都希望能够像培育律师、医师、工程师、企业管理人员等专业人员一样培育师资。为此，在师范生教育和教师职后培训中，开始突破传统的纯粹的理论说教，加入了诸多实践性元素。其中，起源于哈佛法学院的案例教学法成为高等师范教育和教师职后培训的重要选择。

作为以培养基础教育优质师资为己任的省属重点高校浙江师范大学，长期以来探索着师范生教育与教师继续教育的高效途径，而案例教学早在20个世纪90年代的一些师范课程中就有萌芽。到2007年下半年，浙江师范大学成立教师教育学院，党委书记梅新林(时任校长)特别重视学校师范课程建设，要求教师努力搞好“案例教学、问题化教学、任务驱动式教学”，进一步强化教师教育特色，打造教师教育品牌。教务处、研究生院与教师教育学院积极响应，不但专设了“案例教学的理论与方法”课程，而且设立专项基金，开展广泛的课题研究与课程改革项目建设。自此，全校上下掀起了轰轰烈烈的案例教学活动，案例教学现已成为学校师资培训的主要模式。浙师大的师范课程因此发生了崭新的变化，学生满意率也在不断提高。

我有幸成为“案例教学的理论与方法”课程首批主讲教师之一，在教学过程中，我们逐步领悟到这一涵盖中小学各学科教学论的系列课程的内涵与功效，它们既是融通教学理论与教学实践两极的独立课程，同时也为教师教育类课程的实施提供别具一格的手段和途径。我们还清醒地认识到无论是作为课程的案例教学，还是作为方法的案例教学，其目标都是希望通过对中小学教学案例的比较分析和研讨模拟，使师范生和新手教师迅速把握教学的本质，发现教学的规律，明了教学发展趋势，总结与积累成功的教学经验，寻找问题之因与问题解决的策略，并在教学理论的指导下，能够较全面地了解目前教学的实际状况与发展趋势，发现教学中存在的诸多问题及解决的策略，从而为师范生成功入职与新教师的快速成长奠定良好的基础。

基于科学的认识和正确的定位，案例教学课程在学生中的影响力越来越大，但我们并不满足于此。为提高该课程的品质，我会同其他学科教师申报了学校精品课程，尽管由于课程建设时间短，我们的教学成果十分有限，但学校的专家评委仍然破格拔擢，为本课程的跨越式发展奠定了良好的基础。第二年我们申报省级精品课程，同样因为该课程的创新性、应用性与教育价值而被立项。连续的成功，给了我们师资团队极大的鼓励，我们的课程教育质量也获得了最大限度的提高。不但如此，各位主讲教师将该课程的精华应用于在其他的课程教学中，同样获得较大的成功，主讲教师的学生评教满意率名列前茅。这也从另一个侧面证明了案例教学的实际应用价值。

但在我们不断推进课程与教学改革的时候，越来越觉得教学资料匮乏，我们所使用的教材不能说不好，有的甚至堪称文质俱佳，然而，毕竟案例教学较为独特，具有很强的个性，市面上能找到的案例教学教材几乎很难吻合我们的要求，这在一定程度上影响了教学质量的提升，妨碍了教学模式的发展与教法的创新。为此，我们几位主讲教师经过商讨，决定出版一套依据我们的教学理想和原则，根据我们的教学经验和我们所面对的各层次学生的需要而编写的论著，以作师范生、课程与教学论研究生及教育硕士教材之用，并定名为“学科案例教学精品丛书”。为了体现不同学科的特点，我们充分尊重各位作者的智慧，各册论著从体例结构到语言表达都不作统一规定。

我们的研究出版设想得到楼世洲副校长、李伟健处长和李长吉院长等各级领导的支持，他们从不同的角度给予我们诸多有益的建议，学校还拨专款资助本丛书的研究出版。

经过一年多的努力，本丛书终于将逐一付梓。也许丛书中的每一本论著都存在这样那样的问题，但我们相信，它们各体现了学科的特点，凝聚了我们每位作者多年来的教学经验，具有较强的针对性和可操作性，其启迪性价值是客观存在的。或许它们不一定切合每所师范院校的实际，也不一定适应每位相关学科读者的特点，但我们坚信，其中的方法、案例一定有你所需要的。我们真诚地期待你的回响。

蔡伟于浙江师范大学丽泽花园

2011.2

目 录

第一章 案例概述

一、何谓案例

“案例”(case)一词，在英文中可以理解成状态、情形、事例、病例等。中文辞典中有“案例”一词，系唐朝时，士人应科举考试，分身、言、书、判四方面，其中“判”，也称案判，是取州县案牍疑义，让应考的士人加以分析判断，以考查他们的能力，类似于目前公务员或司法考试中的“实例题”。

从词源学的角度看，所谓“例”为确定之成例，所谓“案”为已成之旧案，两者合而称之为“案例”，主要表示用已经发生或被记载的事情来帮助说明或证明道理。但是，在不同的学科领域内，案例有不同的称谓，如在医学上称成“病例”；在军事上称为“战例”；在法学上称为“判例”；在商业或企业管理教学中称为“实例”等。

尽管不同领域内的案例具有不同的特征，但是它们仍然具有一定的共性。

首先，案例的编写具有特定的作用。编写案例，其要旨不是为了指导工作和反馈情况，或直白地介绍经验教训，而是意在通过对案例的剖析、研讨和借鉴来认识问题、揭示规律，使人们从中得到某种启发，提高某种能力。案例所具有的这种明确的功能指向性，也使得其适用人群有着相应的类别和层次区分。尤其是用于教学培训的一些案例，不仅提供的背景资料相对较多，而且从资料选用、问题提出、编写形式、分析诱导等方面都会有相应的要求和针对性，并通常留有悬念供人们分析思考。

其次，案例的选题强调典型性。这种典型性通常表现在四个方面：在同类个案(问题)中最具有代表性和范例性；能集中体现学科专业特点和反映事物的客观规律，并具有探讨和利用价值；对现实经济社会生活有影响的热点、难点，或值得关注的新情况、新问题和新事物；有学习、效仿、推广或警示、告诫、教育意义的经验教训等。典型的案例，能够从某“个”案例中折射和概括出某“类”理论知识，可以代表某类事物或现象的本质属性，还能体现实践中可能会遇到的问题，从而使学习者不仅掌握有关的原理和方法，而且也为他们将这些原理和方法运用于实践奠定一定的基础。

再者，案例所涉及的信息资料具有真实性。案例源自于现实生活，忠实于客观实际，具有现实性、真实性和实践性的特征。尤其是在司法实践、临床医学等领域，案例具有指导性、示范性，在资料搜集和编写要求上，更需要有一种严肃和严谨的态度。编写案例时，不能为了某种目的或效果而去虚拟情景，且必须正确认识情景描述的不完全性特征。对多数案例而言，它不仅是一个事件情景的原始记录，而且需要在保持信息资料客观真实的基础上，对原始信息进行必要的综合取舍和编辑整理，有时还要对其中一些情节作必要和恰当的技术处理。案例与故事之间的根本区别是：故事是可以杜撰的，而案例是不能杜撰和抄袭的，它反映的是真实发生的事件，不能用“摇摆椅子上杜撰的事实来替代”，也不能用从抽象的、概括化的理论中演绎出来的事实来替代。

最后，案例所涉及的主题思想具有研究性。一般而言，案情的背景相对复杂，情节较为曲折，相关要素齐全，它所涉及的主题提供了多角度的思考空间，具有深入研究的价值，其中的观点会呈现出多元化的特点，潜在内涵丰富，寓意深刻，有助于启迪思想。除少数指导性、示范性和释疑性案例外，其他案例更多的为无确定性结论或其结论往往具有多样性、争议性的特点。这既是案例与事例的重要区别，也体现了“案例是用来供研讨的”这一重要特性。正因为这一点，案例才成为一种独特的研究成果的表现形式。

总而言之，案例是一种为了达到一定目的，对具体事物和现象及其发生过程所进行的实际情境的描述。所描述的是具有典型意义的特定的现象或实况，而不是从抽象的、概括化的理论中演绎出来的情境；案例中呈现了一个相对完整的事件或例子，事件发生的时间、地点、具体情节以及过程往往都要揭示出来；好的案例描述应反映现实生活场景，有其自身的应用价值、理论价值和现实意义。

概括地说，我们可以把案例定义为：含有问题或疑难情境的真实发生的典型性事件。

阅读资料

关于案例的不同界说

案例是关于特定情景的描述。中国案例研究会会长余凯成教授认为：“所谓案例，就是为了一定的教学目的，围绕选定的问题，以事实作素材而编写成的某一特定情景的描述。”简单地说，一个案例就是一个实际情境的描述，在这个情境中包含有一个或多个疑难问题，同时也可能包含有解决这些问题的方法。它一般是从学校管理者或教师的角度来描述的，涉及学生如何按照学校管理者或教师提出的解决问题的方案，一步步向前运行的。

案例是关于商业事物的记录。如美国学者格柯说："案例就是一个商业事物的记录，管理者实际面对的困境，以及作出决策所依赖的事物、认识和偏见等都在其中有所显现。通过向学生展示这些真正的和具体的事例，促使他们对问题进行相当深入的分析和讨论，并考虑最后应采取什么样的行为。"

案例是包含多种因素在内的故事。如理查认为："教学案例描述的是教学实践。它以丰富的叙事形式，向人们展示了一些包含有较适合学生学习的典型行为、思想、感情在内的故事。"顾泠沅认为："所谓案例，就是指包含有某些决策或疑难问题的教学情境故事，这些故事反映了典型的教学思考水平及其保持、下降或达成等现象。"

案例具有多重含义。如托尔认为："一个出色的案例，是教师与学生就某一具体事实相互作用的工具；一个出色的案例，是以实际生活情境中肯定会出现的事实为基础所展开的课堂讨论。它是进行学术探讨的支撑点；它是关于某种复杂情境的记录；它一般是让学生理解这个情境之前，首先将其分解成若干成分，然后再将其整合在一起。"

二、对案例的基本认识

上述概括性的描述，应该说总体上反映了案例的形貌。从这一概述中可以看到，对事物静态的、缺乏过程把握的描述不能称之为案例；信手拈来的不包含问题或疑难情境在内的事件也不能称之为案例；不以客观真实为基础，缺乏典型意义的事件也不能称之为真正的案例。换句话说，对于案例的理解，至少应该存在以下几点认识。

首先，案例是一个事件，是对实际情境的某种描述。案例讲述的应该是一个一个的故事，叙述的是故事产生、形成以及发展的历程，是对事物或现象的动态性的把握。

其次，案例是含有问题或疑难情境在内的事件。事件只是案例的必要条件，而不是充分条件。换句话说，事件不过是案例的基础素材，并不是说所有的事件都可成为案例，能够称之为案例的事件，必须要包含问题在内，并且也可能包含解决这些问题的方法。

再次，案例展现的是一个典型性的事件。除了"问题或疑难情境"这样一个基本要素，作为案例的事件还需具有一定的典型性，要能够从这个事件的解决当中说明、诠释类似事件，要能够给读者带来这样或者那样的启示、体会。

最后，案例展现的是一个真实发生的事件。案例虽然展示的是一个饶有趣味的故事，要与故事一样生动有趣，但案例与故事也有一个根本性的区别，那就是故事是可以杜撰的，而案例是不能杜撰的，它反映的是真实发生的事件，是事件的真实再现。

对于案例有了这样的基本认识后，还需进一步明了一个“好”案例的标准，以便为案例的开发提供可资衡量、评判的基本参照框架。

什么样的案例才是一个适宜的“好”的案例？美国一些学者通过调查，提出了一个“好”案例的下列标准：

一个“好”的案例应讲述一个故事。像所有“好”故事的标准一样，一个“好”的案例必须要有有趣的情节。要能把事件发生的时间、地点、人物等按一定结构展示出来，当然在这其中，对事件的叙述和评点也是必要的组成部分。

一个“好”的案例要把注意力集中在一个中心论题上，要突出一个主题，如果是多个主题的话，叙述就会显得杂乱无章，难以把握住事件发生的主线。

一个“好”的案例描述的是现实生活场景，应该反映的是近5年发生的事情，因为这样的案例读者更易于理解。

一个“好”的案例可以使读者有身临其境的感觉，对案例所涉及的人产生移情作用。

一个“好”的案例应包括从案例反映的对象那里引述的材料。例如，反映某个学校或某个班级的案例，可引述一些口头或书面的、正式或非正式的材料，以增强案例的真实感。

一个“好”的案例需要对面临的疑难问题提出解决方法。

一个“好”的案例需要有对已经作出的解决问题决策的评价。也就是说，一个“好”的案例不仅要提供问题及问题解决的方法，而且也要有对这种解决问题方法的评价，以便为新的决策提供参照点。

一个“好”的案例要有一个从开始到结束的完整情节，要包含有一些戏剧性的冲突。

一个“好”的案例的叙述要具体、特殊，也就是案例不应是对事物大体如何的笼统描述，也不应是对事物所具有的总体特征所作的抽象化的、概括化的说明。

一个“好”的案例要把事件置于一个时空框架之中，也就是要说明事件发生的时间、地点等。

一个“好”的案例要能反映教师工作的复杂性，揭示人物的内心世界，如态度、动机、需要等。

阅读资料

使用面积模型表示分数、小数和百分数

给图 1-1 所示矩形中的 6 个小正方形涂上阴影。

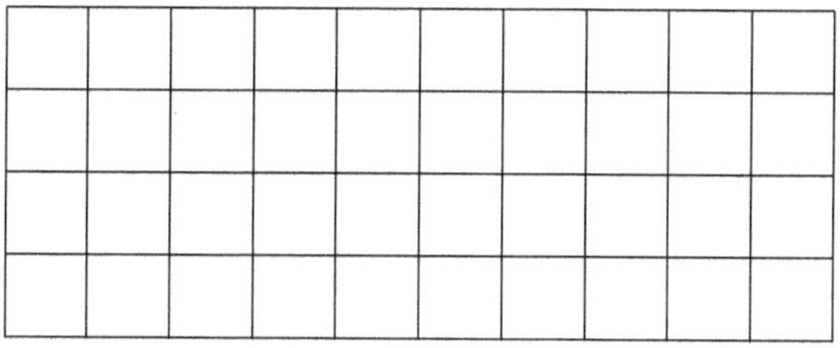

图 1-1

使用图表，解释怎样解决下面的问题：

(1)表示阴影区域所占的百分比；

(2)表示阴影区域的小数；

(3)表示阴影区域的分数。

(在阅读荣·卡斯特曼的教学方法之前完成。)

荣·卡斯特曼的教学方法

荣·卡斯特曼是一位经验丰富的教师，他对学生要求很高。在进入教师行列之前，他是一家大公司的工程师。尽管在工作上，他被认为是一个成功人士，但是他发现自己在一些重要的方面还缺点什么。于是，在事业中期，他回到学校并获得了教育学硕士学位。由于他的知识背景以及对该学科的热爱，他很自然地主修了初中数学(五至八年级)。有趣的是，在他刚开始教中学数学的时候，他发现自己数学上的天赋反倒成了教学上的“绊脚石”，而不是有用的资源。荣不是那种只呈现毫无意义的算法的教师，对此他感到自豪。可是他发现自己思考概念和程序的方式与七年级学生的思考方式很难沟通。当学生未能获取那些概念和程序时，他常常变得心情沮丧，而责怪学生没有认真听课或者不够努力。

荣花了很长一段时间才领悟到为什么与学生交流会有如此大的困难。不过，几年的教学之后，他不仅学会了怎样对学生“说”，而且学会了“听”学生说。这使他开始明白学生正在如何正确或错误地理解数学。这些年里，他发现鼓励学生讨论数学的最有用的策略之一是使用图表。尽管图表不是什么灵丹妙药，但荣相信它提供了一个推理的工具。由于使用了图表，他发现学生们对数学充满了热情。

在这几年里，荣在教学中广泛使用了可视图表，他认为他和学生们开始以一种有意义的方式对重要的数学概念进行了相互交流，不过有时他担心那些程序——极为快速而有效的实现从 A 到 B 的方式——在这个过程中可能丧失。在过去的一年里，他致力于在培养学生概念性理解与灵活使用有效的程序两者之间找到平衡。

荣·卡斯特曼是这样谈论他班上的情况的：

我和七年级学生一起学习分数和小数已经好几周了。开始我们学习的是传统的换算（例如，$\frac{3}{5}=3$ 除以 $5=0.6$），接着就转向学习分数和小数概念的意义。我们通过使用学具和可视图形进行学习，重点是一个单位整体的部分和位值。例如，我们使用分成 10 份和 100 份的小数方块（见图 1-2），来阐明所有由$\frac{3}{5}$，$\frac{6}{10}$，0.6，$\frac{60}{100}$和 0.60 覆盖的区域相同。

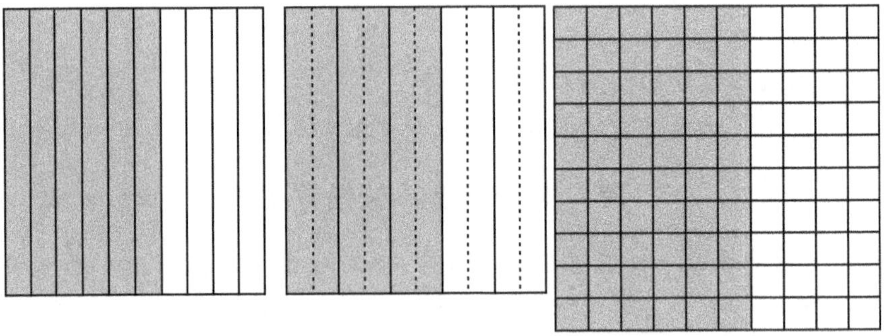

$\frac{6}{10}=0.6$　　$\frac{6}{10}=0.6=\frac{3}{5}$　　$\frac{6}{10}=\frac{60}{100}=0.60$

图 1-2　阴影部分表示与$\frac{3}{5}$，$\frac{6}{10}$，0.6，$\frac{60}{100}$，0.60 等价的小数方块

最近，我们开始了百分数的学习。我们把大量时间花在强调使用各种各样的学具和可视图形上来加深对百分数意义的理解。

我上的七年级两个班的课都接近单元的尾声了，可是他们才开始学习有理数，对此我感到焦虑不安。在今天这不寻常的一天，我决定让学生同时学习三种表示法——分数、小数、百分数。目标就是要学生想出一系列矩形阴影部分的百分数、小数、分数表示形式。我尤其想让学生使用可视图形去寻找他们的答案，而不是依赖该单元开始之前就已经学习过的传统算法。我希望这会有助于提高他们对分数的各种表示形式和它们之间关系的理解。

我计划在第二节和第六节按同样的方式上课，这样我能够在午餐时去反思先上的那节课，并在所讨论的和还未讨论的基础上对教学过程作出调整。这两个班在成员组成以及学生的课堂反应上有惊人的相似性，所以我常常发现这种实施策略效果较好(有时我先在第六节课尝试新课，以使上第二节课的学生并不总像实验室里的小白鼠那样被当做实验的对象)。

“第二节课”课堂设计

【组织教学】

在上课开始时，我提出三个问题，并要求学生关注第一个问题(阅读资料开头的图 1-1)。

我期望这个问题对学生会是一个挑战，因为这是他们第一次处理不是 10×10 的格子。这增加了一定的复杂性，因为小格子组成的区域，如十分之几或百分之几不再那么一目了然，学生必须理解分数的关系之后才能推理得出。

在讨论问题时，我指出我希望他们实实在在地使用图表去算出每个问题的答案，而且解决办法不止一种。在讲授中，我明白地告诉学生，他们应该准备好去解释和(或)用图形演示他们的答案之所以有意义的理由。我对学生们说，他们和同伴一起大约有 10 分钟的时间去解决第一个问题。然后我们全班一起复习学过的内容，复习时我要他们当众示范怎样用图表来解决问题。

【实施任务】

当学生们开始成对解题的时候，我巡视教室，观察他们处理问题的方法。所有学生都很容易地给 6 个正方形涂上了阴影。我观察到学生所面临的第一个困难是不能计算出那 6 个正方形在整个图形中所占的百分比。一些学生很高兴地写上 6%，但没有注意到正方形数目的总和不再是 100，而是 40。不过，大多数学生确实注意到了这个图不是通常 10×10 的格子图，因而 6%可能不是正确答案。到现在为止他们还没有学过计算“6 是 40 的 $x\%$”的算法规则，学生对下一步该做些什么显得很困惑。我让他们努力思考了一小会儿，对他们的进展越来越不满意。学生们感到自己没有能力快速解决问题而开始向我施加压力，希望我能够给他们一种能用来计算出正确答案的算法。对此，我犹豫不决。从内心讲，我不想只是简单地给他们提供一种能找到百分比的方法；我想让他们使用图表自己解答，但是我不能确定怎样才能让他们那样做。许多学生开始感到困难，逐渐对模棱两可的问题感到不知所措。

我快速地对问题进行了估计，发现从第三个问题(涂上阴影的区域表示的分数是多少?)开始入手可能容易些。巡视各小组的时候，我建议他们先从计算分数开始。我的直觉是正确的，大多数学生确实成功地用矩形计算出那 6 个涂上阴影的正方形要用分数$\frac{6}{40}$来表示，然后可以化简到$\frac{3}{20}$。可是，下一步又如何进行却没有包含在我的“游戏”计划之中。但是我觉得不能让“游戏”终止。学生们很兴奋，并注意到现在已经能够做第二个问题(涂上阴影的区域部分用小数表示是多少?)，他们只需要简单地用3除以20就可以，并得到答案是0.15。他们一知道小数表示是0.15，就马上转向“尝试法”，把小数点向右移2个单位，将小数转换成了百分数。这一刻，他们认为自己已经解答了问题，而等待我去巡视他们的小组以判定他们的答案是否正确。可是，他们是否理解隐藏在换算之中的推理，是否理解分数、小数、百分数与矩形中相应阴影部分之间的关系，对此我不能确定。看来他们并没有使用图表，甚至没有检查所获答案的合理性。

这一阶段已进行了15分钟，我们需要顺次继续进行下去。当我在每个小组都停留了一会儿，并评判他们答案对错之后，我说该是与全班同学分享答案的时候了。我要杰纳和雷展示他们的方法和答案。在巡视时我就已经注意到他们两个的计算有误。我决定让他们用图表去检验答案的合理性。杰纳和雷已正确计算出把$\frac{3}{20}$作为第三个问题的答案，但是做除法时犯了错，而得出第二个问题的答案是0.015，第一个问题的答案是1.5%。在展示了他们的计算过程和答案之后，我说：“看看这个图，它看起来仅有1.5%的矩形被涂上了阴影吗?”他们还没有回答，几个学生就在座位上抢着指出他们做除法时小数位移错了。我感到不能忽视这一点，于是我很快地复习了一下小数的乘除程序。一计算出0.15这个正确答案，杰纳和雷就迅速把他们的百分数改为15%，然后回到自己的座位上去了。我向全班指出，看来15%确实是比1.5%作为阴影部分所占百分比的答案更合理的估计。

尽管这个问题我们已经花了20分钟，并且三个问题都有了正确答案，但是我还是不想马上就告一段落。因为我仍然有一种不安的感觉，我们花了太多时间去考虑答案和程序正确与否，而实际上在使用图表进行推理上却没有留出足够时间。我决定冒一个险，把夏芮思和奎斯塔开始时给第一列的4个正方形涂上阴影，然后说有6%的正方形被涂上了阴影。(我知道他们的答案不正确，但是我不知道该做些什么使他们能重新思考答案，不过这并不重要。当我还在考虑说什么时，他们的注意力就已经转移了，开始积极地展示第二个问题的答案。)对第二个问题，他们说自己还没有具体的答案，不过他们有一个想法。奎斯塔指着矩形说：“总共有10列，这意味着每一列是$\frac{1}{10}$，如果给1列涂上阴影，答案就是0.1；如果有2列涂上阴影，答案就是0.2，那么问题答案就落在两者之间的中途。"我问他们怎样计算或者把$\frac{1}{10}$的$\frac{1}{2}$写成小数。有两个学生自告奋勇,但提供的答案却是不正确的。由于时间紧迫,我提醒全班注意我们以前所做的工作,那就是我们把"的"翻译成乘积符号。我一边解释一边在黑板上写道"$\frac{1}{2}\times\frac{1}{10}$等于$\frac{1}{20}$,这可写成等价分数$\frac{5}{100}$或小数0.05"。我接着说明6个阴影的正方形的小数表示是$0.15\left(\frac{1}{10}+\frac{5}{100}\right)$。

我看了一下表,发现45分钟的课差不多已进行了30分钟。我想在这个问题上我们已经花了足够多的时间,学生应该开始做剩下的两个问题了。

午餐时,我细细回顾了第二节课期间发生的事,还批阅了学生关于那三个问题所做的练习,事实上大多数人完成了所有三个问题。可是,绝大多数学生直接跳到了算法的使用上,实际上几乎没有人对图形加以注意,而且学生们使用的程序有时还是错误的,他们常常没有按正确的步骤执行。令我惊奇的是,我发现学生草率执行程序与他们明显没有检查答案合理性的事实相比较,后者更令我心烦意乱。

经过深思,我认为我的目标是合理的,我选择和组织实施的任务是好的。如果学生放慢速度,真正把时间花在思考他们正要解决的问题上,那么他们一定能够完成我所要求的任务。我决定在第六节课上再试一次,不过这次我不想让时间控制我们的进度。我也绝不因为学生们不知怎样操作而顾虑重重,如果我能找到一种不直接告诉他们该怎样做而支持他们的方法……

"第六节课"课堂设计

【组织教学】

在第六节课上,我组织任务的方式与第二节课上所采用的方式完全一样,也向他们强调要使用图表法去得出答案。我一再说明,除了看他们所得答案正确与否以外,我还要根据他们解释答案的质量和利用可视图形进行推理的过程来给予评判。

【实施任务】

当学生开始与他们的伙伴解题时,我巡视教室,观察他们解决问题的方法。与第二节课一样,我观察到的第一个困难在于学生没能成功地算出6个正方形占整个图形的百分数。少数学生还是写下6%,并没有注意到正方形总数是40,而不是100。不过大多数人确实注意到所给图表不是通常10×10的格子,因而

6%不会是正确答案。这个班也没有学过计算“6 是 40 的百分之几”的算法规则。关于如何继续，学生们又一次受到了阻碍。我屏住呼吸，让他们自己开动脑筋解决问题。

不久，就有几个学生开始抱怨，说这问题太难了，他们还没有学过正方形不是 100 时计算百分数的法则。我试着把他们的注意力再次引向图表以此作为回应。我暗示他们可以仔细看看矩形，既要注意正方形的总数，也要注意正方形在行列中组织的方式。我问：“你们怎样利用这些信息来计算百分比？”这使他们稍稍安静了一会儿，他们不再要求我提供一个计算公式，而开始指着自己所作的图与同伴静静地讨论。

差不多过去了 10 分钟，大多数学生仍然没有正确地计算出涂上阴影的正方形在整个图形中所占的百分比，我开始变得不安起来。可是我注意到学生正忙于计算，还有少数几个人仍然与同伴在进行热烈的讨论。我记得自己的“誓约”，决定再给他们几分钟时间。

巡视各个小组时，我仔细看了学生们切入问题的各种方式。我观察到那些进展最快的学生已经发现，每一个纵列代表了矩形的$\frac{1}{10}$，6 个正方形可看作填满$1\frac{1}{2}$纵列。他们推理得出，如果一列是$\frac{1}{10}$或 10%，那么“一列再加上一半”将是 15%。

也有学生处理的方式是：阴影的正方形不在纵列而是在行中水平分布，或是成了 2×3 矩形，或是以分散的形式分布（见图 1-3）。他们遇到的困难是最大的，主要在于不能把矩形看作被分成十几分之几的部分。基于他们所构造的阴影矩形，我询问了一些问题以帮助他们找到其他计算百分比的方式。

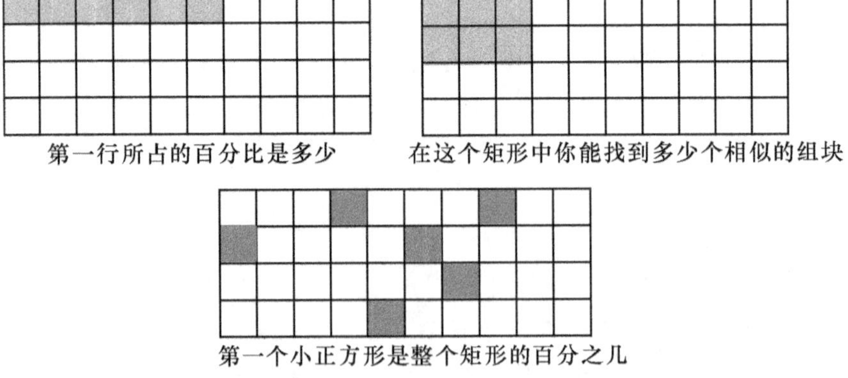

图 1-3　教师对 6 个方块的不同阴影涂法提出问题

在每一个场合，我都会说："仔细想想，它怎样帮助你计算出百分比？"然后由学生自己花更长的时间去解决。

现在我们已经在这个问题上花了大约20分钟，我注意到大多数学生已经至少尝试了全部三个问题。我想该是与全班分享解题策略和解释理由的时候了。我把佳丽莎和蕾查叫到投影机前，因为他们用了很少人会使用的策略来处理第一个问题，我认为这个策略是一个极优秀的推理的例子。我要求他们解释第一个问题的推理。佳丽莎把"6×2.5%＝15%"写在投影机的幻灯片上，然后就转身准备回到自己的座位上去。我及时叫住了他们，要求他们回到投影机前，对自己所用的方法和获得的答案提供一个理论解释。蕾查解释说，既然这个图中有40个正方形，整个图代表的是100%，那么每个正方形将等于2.5%，既然有6个正方形涂了阴影，那么2.5%乘以6，就可以找到涂上阴影的百分比是多少。我询问是否有学生对他们的解法提出异议。

佳丽莎和蕾查在座位上回答了同学们的提问并进一步阐明了他们的方法。我想大部分学生都理解了他们的方法。我感觉我应该把握这个"我们所有人处于同一起点上"的机会，把这两个学生的推理策略与一个重要的数学思想联系起来。我注意到这两个女孩是以"该矩形等于100%"这样的陈述来开始她们的解释的。麦克问："一个不能细分成100份的东西怎么能等于100%？"狄雷克补充道："你说100%＝1？我认为100%＝100！"学生对这个问题各抒己见，我们关注的焦点是"100%＝1＝1.00"这个重要的数学概念。对于目前的问题，我们注意到100%能被用于指示整个矩形，不管整体能被细分成多少个部分。

虽然现在时间已过了30分钟，我们还只对其中一个问题的一个策略进行了全班性的探讨，但是我仍然决定在这个问题上多花一些时间。于是我叫另外两个学生到投影机前展示他们用于计算阴影部分百分比的方法。欧玛和马科斯在矩形的左上角涂了6个正方形来计算百分比，如图1-4所示，他们解释了他们的策略并说明了理由，其他学生坐着，并问了少量问题。

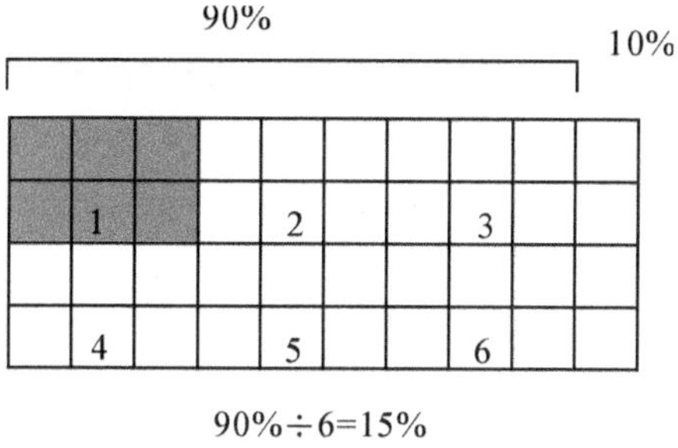

图1-4　欧玛和马科斯展示的图表

在讨论第二个问题时，我让特姆和丹尼尔到投影机前。他俩学习一直都很勤奋，但是现在还没有得出答案。丹尼尔指着矩形说："一共有10列，这就意味着每一列占$\frac{1}{10}$，如果两列涂上阴影，答案会是0.2，所以，答案就在两者之间。"当我询问他们怎样计算$\frac{1}{10}$的$\frac{1}{2}$时，他们却含含糊糊不能肯定。这时候，我给他们2个小数方块(见图1-2)，问这些正方形是否能帮助他们计算$\frac{1}{10}$的$\frac{1}{2}$是多少。用那些表示百分之一的正方形，特姆推理得出$\frac{1}{10}$是10列中的一列(10个百分之一)。他解释说，$\frac{1}{10}$的一半就是一列的$\frac{1}{2}$或5个小正方形(5个百分之一)。丹尼尔指着最初的40个格子的矩形图补充道，一列是$\frac{1}{10}$或10个百分之一(尽管它只有4个正方形)，一列的$\frac{1}{2}$即是它们的一半(那就是说，10个百分之一的$\frac{1}{2}$)或5个百分之一(尽管它只有2个正方形)。最后他们得出结论，答案必须是10个百分之一(0.10)加上5个百分之一(0.05)，总和是15个百分之一(0.15)。

下课时间已经到了。尽管在第一个问题上所花时间比我预想的多，但我认为为了解决剩下的问题而使学生掌握正确的途径是必要的。我让学生把剩下的两个问题作为家庭作业并要求他们书面解释如何用矩形计算出答案。

教学讨论

1. 在第二节课上，荣关注的是哪些数学问题？为什么这些问题很重要？荣所关注的非数学问题是什么？

2. 你怎样描述荣在组织任务时要求学生积极参与的见解？在学生开始解决任务后，荣的教学目标改变了吗？最后他的目标完成了吗？

3. 第六节课的组织任务阶段，荣要学生积极参与，你怎样描述荣的见解？

(1)在两个班上，荣初始的教学目标相同吗？

(2)第六节课学生参与的方式与第二节课参与的方式一样吗？两个班的学生各学了些什么？

4. 哪些课堂因素可能促成了两个班不同的参与类型？

(1)为了达到预期的效果，荣在两个班分别做了些什么来支持学生的参与？如果有，相同之处在哪里？

(2)在两个班上学生做了些什么可能影响他们自己的学习和参与？

教学注释

荣·卡斯特曼是一个对数学学科知识非常了解的教师。他真诚地希望他的学生能在深层次上懂得和理解数学。他还是一个善于从经验中学习的教师。他改变了一些教学习惯，综合使用了许多可视的图表，以及让学生进行更多的讨论。他建立了一个“教学反思的常规”，即在七年级第二节课根据经验教学，第六节课则是在反思第二节课的基础上开展教学活动。

荣一直努力找寻怎样在有效的程序教学与鼓励学生培养概念性理解之间取得平衡——这是一个令许多数学教师处于两难境地的问题。在这个案例中，荣碰到了另一个棘手的问题。随着强调可视图形的课程兴起，他已经逐渐给学生介绍了一些复杂而有趣的问题。可是他发现学生有时喜欢更简单、更直接的任务，并愿意作出回应，而对那些复杂、结构不明显的任务以及不能一眼就知道解决方法所带来的不确定性则备感焦虑。很明显，荣希望他的学生既知道程序又知道概念，但在这个双重教学案例中有特色的两节课里，在让学生丢掉程序而关注意义的方面他却有些困难。

与第一个班（第二节课）相比，他在第二个班（第六节课）上更加成功。为了理解这个教学案例，我们必须认识到这一点，并能辨别出那些促进第六节课成功的因素。

【认知水平】

这两个班的任务相同，从本质上讲组织方式也一样。我们认为，在组织任务阶段，两个班的任务都处于“做数学”水平。因为如果任务按所要求的方式解决（即通过使用图表而不是采用传统的换算程序），学生需要进行复杂的思维和推理以及大量的认知努力。任务的复杂之处在于，所用的格子不再是10×10的正方形，因此为了确定正确的百分数和小数（不能依赖于可以简便地设计成十分之几的格子），学生必须在脑海中构建新的正方形。当以这种可视图表方式来解决问题时，学生个体被激励去应用它们，并用一种新的方式去理解分数、小数、百分数的意义。在向学生宣布任务时，荣保持了这些问题的高水平认知要求。他强调学生应该用图表推导出答案，应该注意到解决问题不止一种方式。他也告诫学生，他们应该准备对他们的答案给出解释和（或）图表说明。

在两个班上，学生们参与任务的实际方式不同（任务——实施阶段）。我们认为第一个班上任务实施处于无联系的程序水平。大量学生采用了与图示完全脱节的算法。在做第三个问题[问题(3)]时，学生们发现他们能够使用先前所学的传统的和换算程序，去得到另外两个问题（小数表示和百分数表示）的答案。而且，学生甚至不需借助图表去检查答案的合理性（如两个学生得到1.5%的答案，却未能认识到它的不合理性）。

在第六节课上，学生不是从分数表示而是按照教师建议的顺序开始的，因而他们必须努力去找到那6个涂上阴影的正方形是40的百分之几；学生还必须使用图表推理得出答案，因为他们知道寻找答案没有规则可循，他们使用了大量的策略来推理整个任务中将使用到的解题方法，大多数任务需要利用和应用他们对百分数、小数和分数的理解。因此，我们认为第六节课上任务的实施处于“做数学”的水平。

【影响因素】

表面上，两节课在实施部分采用的方式相似：学生在教师巡视下分组完成练习，教师基于对学生完成情况的观察作出判断，并让学生到教室前面去演示他们的完成过程；可是在更深的层次上，荣在两个班上的行为是不同的，尽管两节课开始时都面临了相似的压力，但在处理那些困难时荣采用了不同的方式，这些不同就构成了使得该任务在一节课保持了高水平，然而在另一节课却降到一个程序执行水平的各种因素。下面这些想法在案例讨论中应该加以引导。

1.保持问题的复杂性，通过搭脚手架给予帮助

在第一个班上，荣很草率地建议学生从寻找分数开始而使问题简单化。可是在第二个班上，他并没有重复这种错误，当第二个班上的学生要他给予帮助时，他激励他们仔细地看看可视图表的结构，想想对应了哪种数学思想，从而帮助他们计算出百分数，最终能寻求意义所在并保持对突出的概念的联系，因而他以一种保持任务的完整性，而不是把任务变成一个简单程序的方式来帮助学生思考。在第二节课上，荣也被引入一个程序化空间(如他发现自己在示范长除法和分数相乘算法)。在第六节课上，当荣面对同样的如何计算$\frac{1}{10}$的$\frac{1}{2}$的请求时，荣避免了陷进一个程序化的解释，而是提供给学生小数方块表示，当然这就使学生得靠自己的努力推理来得出答案。

荣在引导学生思维的同时保持任务复杂性的另一个办法是借助学生们涂上阴影的各种正方形构造，根据那些特定的涂上阴影的方块，提出一系列不同的问题，这些问题能正确地引导学生通过推理完成任务，从而获得认知模式。

2.保持对学生给出证明、解释、意义的压力

在第一个班上，荣好像更多地关注释放学生的焦虑，而不是促使学生努力构建意义。他给予学生们细微的线索，那些线索对于得出正确答案是极为重要的(如在每张课桌旁他停下来，指出学生的答案是对还是错)，而那些解释也不全是学生所期望的(被要求证明答案是0.015的学生一直就没有说话的机会)，可是在第二个班上的整个实施阶段，荣认为学生能够完成解释和证明。例如：直到那些写下“$6\times2.5\%=15\%$”的学生解释了他们是如何得到答案并回答了班上其他同学的提问之后，他才允许他们坐下来。类似地，他要求第二组学生以一种有意义的方式计算出$\frac{1}{10}$的$\frac{1}{2}$来给出他们所使用的方法的理由。

3. 活动构建在学生的知识和思维上

两个班里荣都试图在学生已有的知识基础上开展活动，但是在不同的班里他利用了不同类型的知识。在第一个班里，荣借助于已经学过的程序。例如，怎样完成长除或分数相乘。在第二个班里，荣试图让学生使用知识的多种概念形式。例如，当最后那一对学生在计算$\frac{1}{10}$的$\frac{1}{2}$有困难时，他给学生提供了小数方块表示法，力图让学生懂得百分位值的意义以及用图示说明百分之几和十分之几的关系。这种在百分之几和十分之几之间使用小数方块表示进行的转换最先是在整个班级使用的，它也是荣选择的作为建构基础的知识。

4. 教师建立了概念性的联系

荣在第一个班上所建立的大多数联系是程序式的。第二个班上，最大限度的指导是荣引导学生对错误的认识。这类工作的一个重要的基本概念是能够识别对于百分数、分数、小数而言单位“1”是什么，荣利用了“可教学时间”来指出这点。

5. 示范高水平思维

在第一次课上，学生没有看见和听见任何一个高水平解决问题的过程。在第二次课上，荣仔细挑选了一些学生，让他们向全班展示精心考虑过的解法，两种展示代表了两个计算百分比的可行办法；荣确信学生既解释了他们的思维过程，又简单地以示例说明了他们的答案。尽管最终全班展示并没有完全起作用，但是这为学生提供了一个极好的机会，即能够目睹其他人向全班同学讲述自己是如何思考“$\frac{1}{10}$的$\frac{1}{2}$是多少”的问题。

6. 提供给学生足够的思考时间

在第一个班上，荣由时间来推进自己的教学。虽然学生们完成了更多的问题，但是很难说他们所理解的与在第二个班上学生理解的一样多。在第二个班上，荣意识到了时间的流逝，但是他不允许因为时间的消耗而结束学生富有成效的参与，学生们有足够的时间以一种富有意义的方式去努力完成任务，并观察其他人是如何做的。

【另一层诠释】

这个双重案例所提出的另一个需要讨论的问题是：如何提供机会使学生既学习深层的数学思想和概念，又学习算法化程序的方法。这是荣·卡斯特曼的目标，也是他一直努力实现的目标，事实上程序性知识与概念性知识或低水平与高水平技能之间的整合是一个许多数学教师都关心的问题，也是一个使他们处于两难境地的课题。

荣首先教授程序性的算法，然后转到一个以概念理解为基础的任务，参与者也许会建议他试一试用相反的顺序教学，即从以视觉为基础的任务开始（事实上，这也是NCTM的建议）。这样做，他其实是在铺设一个概念化的基础，而不会受到算法规则的干扰，当学生能较好把握百分数、小数、分数的意义之后，教师可以讲授传统的转换算法，此时要特别注意哪些是能与潜在的概念相联系的地方。

另一个与这个双重案例相关的讨论问题是教师的反思对改进教学实践的效用。荣既反思了自己的教又反思了学生的学，这是一个值得大家借鉴的很好的例子。

可能的解决策略

我们对可能的解决策略的讨论集中在三个主要的解法上。首先讨论算法化的解法，然后转到使用可视图表推理的解决策略，最后以扩展图表的解决策略结束。

1. 算法/程序

算法化解法指的是以已经学过的程序为基础的方法，学生常常实施这些程序而没有理解它们为什么要这样做或正在做什么。

百分数　使用比例来计算百分数：

$\frac{6}{40}=\frac{N}{100}$　　因为百分数以100为基础。

$40\times N=6\times 100$　内项积＝外项积

$40\times N=600$

$N=\frac{600}{40}$

$N=15$　　6个阴影方块代表15％。

小数　可以考虑40个方块中有6个涂上阴影，用分母去除分子，最后施以正确的小数除法程序，那么6个阴影代表0.15。

分数　分数是涂上阴影的部分与整体中的各部分总和之比，那么可用涂上阴影的方块代表。

2. 根据可视图表推理

学生们可能以各种方式给6个正方形涂上阴影。常见的阴影涂法有4种不同的结构，如图1-5所示。学生对每一种结构进行推理以确定百分数和小数的可能方法描述如下：假如他们把分数理解成部分与整体的关系，就会认为答案不重要，因而不能解释问题(3)。

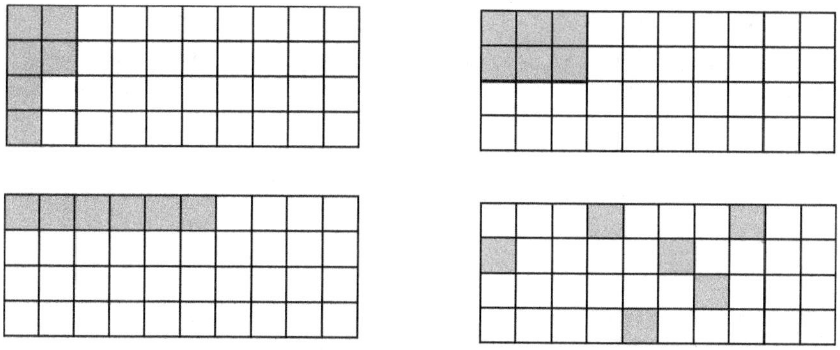

图 1-5　4 种不同解决策略的阴影涂法

第一种,学生开始时可能将第一列的 4 个正方形和第二列的 2 个正方形涂上阴影。

(1)百分数。整个矩形代表 100%。既然矩形中有 10 列,那么第一列中 4 个正方形将占矩形的 10%,第二列中只有 2 个涂上阴影的正方形或半列,如果一列是 10%,那么一列的一半是 5%。因此,那 6 个涂上阴影的部分组成的列就等于 10%加上 5%,即等于 15%。

(2)小数。整个矩形代表一个整体。由于矩形中有 10 列,一列 4 个正方形是矩形的 0.1(或 0.10),第二列只有 2 个正方形涂上阴影,是半列,0.1 的一半(或 0.10 的一半)是 0.05。因此,6 个涂上阴影的部分组成的列等于 0.1 加上 0.05,即等于 0.15。

第二种,学生开始时可能在第一行给 6 个正方形涂上阴影。

(1)百分数。整个矩形代表 100%。由于矩形中有 4 行,那么一行是矩形的 25%,又由于一行中有 10 个正方形,所以一个正方形必然代表 2.5%,2 个正方形代表 5%,4 个正方形代表 10%,6 个正方形代表 15%。

(2)小数。整个矩形代表一个整体。由于矩形中有 4 行,因此一行是矩形的 0.25,又由于一行中有 10 个正方形,所以 6 个正方形代表一行的 0.6,所以 6 个正方形代表矩形的 0.15。

第三种,学生开始时可能将上面两行中每行水平方向上的 3 个正方形涂上阴影,我们称为贴邮票。

(1)百分数。整个矩形代表 100%。矩形可以分割成 6 个相同的小矩形,最后剩下一列,这列是 10%,因为矩形中有 10 列,那意味着 6 个小矩形占满了余下 90%的矩形,百分之九十被 6 除是 15%,所以每一个小矩形(即 6 个正方形)代表 15%。

(2)小数。该矩形代表一个整体。矩形可以分割成 6 个相同的小矩形,并让一列放在最后，最后的一列是0.1，因为矩形有10列，那意味着6个小矩形占满了剩下的0.9的矩形。0.9被6除是0.15，所以每一个小矩形(即6个正方形)代表0.15。

第四种，学生可能在整个图中随机选6个正方形涂上阴影。

(1)百分数。该矩形代表100%，由于有40个正方形，所以80%分配给40个正方形，每个正方形分到2%，剩下20%，既然20是40的一半，20%能被分配给所有的正方形，每个正方形占0.5%，因此每个正方形代表总数的2.5%，两个正方形代表5%，4个正方形代表10%，6个正方形代表15%。

(2)小数。该矩形代表一个整体。每个正方形代表一个数，但是不知道这个数等于哪个小数，如果把模块配对，那么有20对，每对模块是0.05，因为1.00元有20个5分，于是6块正方形是3对模块，即有3个5分，这将会是0.15。

3. 通过对图表进行扩展来推理

此种解决策略要求学生把图形扩展成图1-6形式。

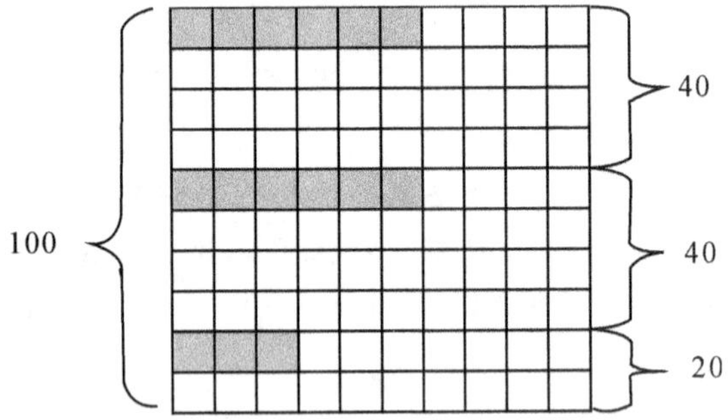

图1-6 荣·卡斯特曼教学方法中的图形扩展

(1)百分数。如果有100个正方形，那么阴影正方形的数量即是百分数。若开始时有40个正方形，其中6个涂上阴影，如果另外再加上40个正方形，那么又有6个涂上阴影，为达到100个还需再加20个，既然20个正方形是最初40个正方形的一半，那么同样的，6个阴影正方形中只有一半需要涂上阴影，于是20个正方形中的3个将涂上阴影，那么一共是100个正方形中有15个要涂上阴影。100个正方形中有15个阴影正方形，等于15%。

(2)小数。如果整体由100个正方形组成，那么每个阴影正方形表示0.01，由于有15个阴影正方形，于是等于0.15。

三、案例的价值

案例的价值不仅与案例题材有直接的联系，更与挖掘深度、认识的角度和编写的目的相关联。一个好案例的价值不仅在于阐述了某个问题或者某种规律，让人们从中受益，更重要的是能让人们通过对这一问题或规律的研究，得到某种新的启示，作出前瞻性的分析和预测，并创建出新的思维模式，这就是案例的显性作用与隐性作用。因此，案例的作用和意义是多方面的。

概括地讲，案例在拓宽研究领域、探求事物规律、开发潜在智能、创新思维方式、提高分析能力等方面都具有一定的价值。具体地讲，案例的作用可以体现在以下七个方面。

第一，总结经验，予人启示。这是案例作用与意义的特殊体现形式。与一般专题材料不同，案例并非是对具体经验的条理性总结，而是侧重于对事物演变过程的翔实描述，或对问题分析判断和处理结果的总结，给人提供分析思考的依据，并由此探索其中的规律，形成一些具有指导意义的经验，乃至上升为一种理论观点。

无论是经验总结性的案例，还是方案介绍性的案例，通常都不采用直白的推介方式，而主要采取间接或暗喻的方式去引导分析和认识，让人们在借鉴模式、共享经验的同时，能进一步引发思考，从中得到更多的有益启示。

第二，警示告诫，反思缘由。与总结经验相对应，警示告诫、反思缘由也是案例作用与意义的一种特殊体现形式，而且此类性质的案例数量较多，使用范围更广。

这类案例与一些专题材料在体式和内容上有许多相近之处，主要是叙述个案具体演变的情况，但一般不作具体原因的分析和归纳，在表现形式上更侧重于对事件发生和发展过程的客观陈述，有时还把“造成这种结果”的原因，以及如何防患、应吸取什么教训等诸多核心问题留给人们去分析思考，让人们从前车之鉴的教训中去自我总结和思考，以达到忠告和警示的作用。

第三，范例剖析，供人参考。这是案例作用与意义的基本体现形式。把一些经过理论推导和实践证明，并有明确正误结论的典型事例整理出来，供人们教学范引和剖析思考，或作为人们对某一问题分析判断和深化认识的参考依据。譬如：医学中常把各种疾病的临床表现症状和规律整理成病例，作为教学指导或临床诊断的依据；又如：司法界建立判例指导制度，以典型判例作为审判参考标准，对减小法官自由裁决权，实现同案同判具有重要意义。通过一定方式把管理工作或生产经营等活动中的一些有争议和有参考价值的方法、方案、模式整理出来，供人们分析研究和学习借鉴。

第四，评析论证，以事说理。这是案例作用与意义的主要体现形式，通常有三种表现形式：一是围绕某一案例问题，从理论和实践的结合上，或从不同的角色定位上进行多层次、多角度的分析论证和评判；二是围绕某一决策事项，把各方不同的认识观点和决策意见整理出来，让人们通过利弊分析，趋利避害地作出选择；三是以剖析评判某一事件为引子，达到介绍和传授知识、明辨是非的目的。譬如，由案说法，以法析案等。

第五，告之疑难，征询求解。这是案例作用与意义的重要体现形式。主要是把一些相对复杂、处理起来左右为难的问题，现实生活中出现的新情况、新问题、新事物、新技术，以及某些新设想、新举措，以咨询、告之和征询意见等形式提出来。一方面是为了让人们在案例分析研讨中，对事物性质作出相应的认定，通过集思广益求得破解之法，起到提高分析和判断能力的作用；另一方面，也是为了在共同研究探讨中广泛听取意见，获得有益的启示和补充，从而学会科学和民主决策的方式方法。

第六，消化知识，转化能力。这是案例作用与意义的典型体现形式。主要是把知识与实例渗透融合在一起，以“出难题”的形式在不同观点交锋的过程中，让人们学会运用知识，激发潜能，完成感性认识到理性认识的转变，由表及里地认识问题，深化对实际问题的理论思考。当案例运用于教学时，既是一种教学方法的创新，又是促进知识与能力转化的重要手段。因此，在高等院校和各类干部教育培训中被广泛采用。

第七，举一反三，创新思维。这是案例作用与意义的潜在和隐性体现形式，是案例作用与意义的根本体现。一般来讲，每个人都有着相应的内在潜力，只是因人而异和开发程度不同而已。通过案例研究由知其然达到知其所以然，是一个知识学习运用和能力培养锻炼的过程，可以称之为显性作用。但在这一过程中，还有一种效用往往为人们所忽视，那就是在认识问题和强化知识的同时，人的智慧、能力、思维方式也同步得到了开发、提高和创新，这就是案例研究的隐性作用。譬如：举一反三、触类旁通，通过借鉴参考进而创新发展，就是一种具体的表现。

阅读资料

案例的独特功能

◆案例可以提供替代性经验，帮助学员做好教学情感上的准备，而且不仅仅是知识上的准备。

◆案例能够帮助学员发现问题和生成问题。

◆可能让学员积极参与教学中的案例分析和探究过程。

◆可以拓展教育策略中的各种教学技能。

◆可以促进学员形成反思性探究的习惯。

——朱迪斯·克兰菲尔德(Judith Kleinfeld)

第二章 教学案例与案例教学

一、教育案例与教学案例

1. 教育案例

教育案例叙述的是包括有某些决策或疑难问题的教育情境故事。这些故事是在一个特定的环境下，对该事件发展的全过程的完整叙述和理性思考。其叙述的是教育教学过程中“意料之外，情理之中”的事。它是教师的教育行为和教育思想的集中体现。

与其他领域内的案例（如医学案例、法学案例等）相比，教育案例反映出事件发生的特定的教育背景，即特定的教育情境，并把事件置于一个时空的框架之中，也就是要说明事件所发生的时间、地点、角色，及对事件的处理策略和处理结果等，生动、完整地叙述教育故事的全过程。此外，所提供的典型案例既具体又特殊，有一个从开始到结束的完整情节，并包含一些戏剧性的矛盾冲突。既反映教师工作的复杂性，也反映教师工作的特殊性，教育事件始末均能揭示教师的内心世界，如态度、动机、理智、困惑、需求等，给大家以启示和警示的作用。案例中对问题的解决方法体现出先进的思路与策略，有理性的分析和科学的思考，对大家的实践和教育行为有普遍的参考作用和推广价值。

阅读资料

教育案例二则①

案例 1:把赞美送给学生

哲学家詹姆士精辟地指出:“人类本质中最殷切的要求是渴望被肯定。”热情、向上的中学生更是如此。教师的赞美是阳光、空气和水,是学生成长不可缺少的养料;教师的赞美是一座桥,能沟通教师与学生的心灵之河;教师的赞美是一种无形的催化剂,能增强学生的自尊、自信、自强;教师的赞美也是实现以人为本的有效途径之一。教师的赞美越多,学生就越显得活泼可爱,学习的劲头就越足。

作为教师都有这样一种感觉,各班总有几个学生既不勤奋上进,又不惹是生非,对班级一切活动既不反对抗议,又不踊跃参加;虽然学业平平,却不名落孙山。一般情况下,既得不到老师的表扬,也不会受到老师的批评,是一些容易被老师“遗忘”的学生。

我班的闫同学就是这样一个似乎没有什么特色的学生。很长时间,我几乎没注意到她的存在。直到有一天,一件微不足道的小事改变了我对她的看法,这件小事好像也改变了她自己。那是一个中午,我站在班级门口,看着走廊里来回走动的学生,无意中发现走廊里撒了一些饭菜,许多同学说着笑着绕着而过,好像没有注意到地上所撒的饭菜。这时,闫同学走了过来,告诉大家不要踩了,然后急忙跑回教室拿来清扫工具,将饭菜扫净,又用拖布拖了一遍。我被这一幕感动了,回教室后,立刻在班级里表扬了闫同学,并称赞她关心集体、为他人着想的好行为。

此后,我又从几件小事发现闫同学性格中闪光的地方,并及时给予表扬,使真善美的精神得以激发和升华。渐渐地我发现她变了,上课特别认真,作业完成得尤其好,学习成绩也有了很大的提高,还被同学们选为班级卫生委员。这件事给了我颇深的启示,在班主任工作中,我开始注重以人为本,面向全体学生,细心观察,捕捉他们身上的每一个闪光点,及时把赞美送给每一个学生,使每个学生都感到“我能行”,“我会成功”。

实践使我懂得,教师一句激励的话语,一个赞美的眼神,一个鼓励的手势……往往能带来意想不到的收获。教师对学生小小的成功、点滴的优点给予赞美,可以强化学生获得成功的情感体验,满足其成就感,进而激发学习动力,培养

① 本案例由大连开发区第六中学张淑环撰写。

自信心,促进良好心理品质的形成和发展,有助于建立和谐的师生关系,营造一个奋发向上的集体氛围。

案例2:对"失恋"后一首诗的处理

这首诗的内容是这样写的:"天涯何处无芳草,何必要在五班找,本来数量就不多,况且质量也不高。"事情的经过是这样的:本学期初的一个下午,同学们都在静静地认真自学,只有刘同学将头抬得很高,注视着另一个同学,我轻轻地走到那位同学的身边,发现他正在聚精会神地看着一首诗,我轻声地问了句,可以给老师看看吗?这位同学很不情愿地将那首诗给了我,尔后两位同学对视了一下,刘同学趴到桌子上。用他自己的话说:"这下可完了,老师一定会在班级里公开批评的。"我走到讲桌前,看了一下诗的内容,沉思了片刻,便将它放到了衣兜里,继续观察同学们的自学情况。可刘同学却坐不住了,他时而抬起头偷偷地看着我,好像在等待着老师的批评。看了几次后,发现我无动于衷,他便开始写作业了。下课的铃声响了,我把刘同学请到了无人的办公室,他耷拉着脑袋,用余光看着我,我让他坐下,他却哭了,边哭边说:"老师,我错了,我不该写这首诗,不该在自习课上传纸条,求老师不要在班级里批评我。"我说:"老师要想在同学中批评你,就不会把你请到这里来。"他会心地点了点头。我说你能不能实话告诉老师为什么要写这首诗。他想了想后,详细地叙述了他与班级里一名女同学友好相处到产生矛盾的经过,原来这首诗是他"失恋"后为了发泄内心的痛苦而写的。我因势利导,以诚相待,对他进行了耐心细致的教育引导。

最后我又将这首诗拿出来,对他说:"老师想和你一起将这首诗改动一下,你看怎样?"他爽快地回答"行",我说:"老师改前两句,你改后两句。"他点头同意。我说第一句只需改动一个字,将"天涯何处无芳草"改为"天涯何时无芳草",第二句改为"何必非要现在找",紧接着他又改了后两句:"本来学业就很紧,况且年龄又很小。"读着这首诗他开心地笑了,笑得那样轻松,笑得那样自信。随后我又说:"十年之后,你找不到女朋友,老师帮你找,怎么样?"他连声说"谢谢老师"。这次潜隐式教育的尝试,避免和消除了被教育者的对立情绪和戒备心理,平复了学生内心的波澜,使被教育者在潜移默化中接受了教育。

实践告诉我们:以人为本,用人道主义的观点来处理人与人之间的关系,必须尊重学生,热爱学生,理解学生,没有师爱,就没有教育。爱的力量是无穷的,教师的爱是一种高于友爱、异于母爱的特殊的爱。用淡化教育痕迹的方法处理学生问题,是一种无伤痛有结果的教育,可以收到意想不到的效果,进而拉近师生的距离,促进和谐师生关系的形成。让我们以人为本,以一颗金子般的爱心,多一分尊重,多一分宽容,多一份理解,善待每一位学生,相信学生未来的辉煌就在我们的热爱之中。

2. 教学案例

与教育案例相比，教学案例的范围相对狭窄一些（见图 2-1）。主要是指教师在教学过程中对课堂教学中的重点、难点、偶发事件、有意义的、典型的教学事例的处理过程、方法和具体的教学行为与艺术的记叙，以及对该个案记录的剖析、反思、总结。教学案例不仅记叙教师的教学行为，还记录伴随行为而产生的思想、情感以及灵感等，反映教师在教学活动中遇到的问题、困惑或矛盾，以及由此产生的想法、思路、对策等。它既包括有课堂事件的具体情节与过程，注重真实性，也包括教师从教育理论、教学理念、教学方法、教学艺术、教学智慧的高度进行的归纳、总结与提炼，具有启发性。可以说，教学案例就是讲述一个真实而又典型且含有问题的教学故事。在叙述这个教学实践中包含有疑难问题情境的实际故事的同时，也常常发表一些自己的看法或其他人的点评。

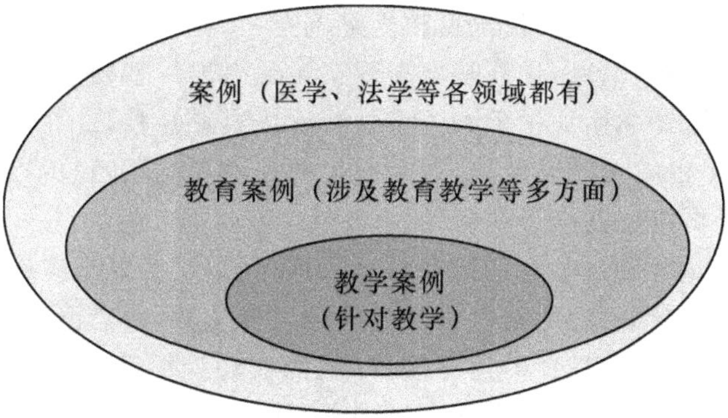

图 2-1

简而言之，一个教学案例就是真实的教学故事加上精彩的教学点评。

教学案例与教研论文有区别。从文体和表述方式上来看，论文是以说理为目的，以议论为主的；而案例则以记录为目的，以记叙为主，兼有议论和说明。也就是说，教学案例是通过叙述一个教学故事来说明某个道理。因此，从写作的思路和思维方式上来看，两者之间的区别主要体现在：论文写作一般是一种演绎思维，思维的方式是从抽象到具体；而案例写作是一种归纳思维，思维的方式是从具体到抽象。

教学案例与教案、教学设计、教学实录有区别。一般来说，教学案例与教案、教学设计的区别比较明显。教案和教学设计都是事先设想的教学思路的文本材料，是对准备实施的课堂教学计划（或策划）的简要说明；而教学案例则是对已发生的教学过程的反映。一个写在教之前，一个写在教之后；一个是预期，一个是结果。

教学案例与教学实录的体例比较接近。课堂实录是对实际发生的课堂进行逐字逐句地录制并记录为文本，它的确是实际发生的教学实例的文本，但课堂实录本身是客观的记录，从它当中我们不能直接看出为何会形成这样的教学思路和想法。原来授课的老师和研究人员"背后的故事"并不能包含在其中。而且，课堂实录的文本量比较大，一般而言，45 分钟的课堂需要大约 1 万字以上才可能真实地记录和刻画。虽然两者都是对教学情节的描述，但是教学实录是有闻必录，注重对教学事件记录的全面性；而案例是有所选择和取舍的记录，注重对典型教学事件的叙述。

3. 教学案例的类型与结构

教学案例按照不同的分类标准也有不同的类型。按照使用对象来说，教学案例可以分为面对学生的、面对研究生的（特别是 MBA、MPA 等专业学位）；按照教学案例的形式可以分为文字案例和视频案例；按照教学中使用的方式，一般可以分为评述型教学案例和讨论型教学案例。

所谓评述型教学案例，主要是在对现实状况再现的基础上，对案例进行总结或者评述性分析，让学生从中学到一些分析方法或者经验，这种案例比较适合对学生或者专科生的案例教学使用，因为学生的理论和实际经验不足，通过这种形式的学习，正好可以达到学习的目的。

所谓讨论型教学案例，与评述型教学案例不同，它主要是将现实情况进行再现，不做评述和经验总结，由案例学习者进行讨论学习，一般也没有标准的答案。它适合研究生等高层次教育的学习需要，因为他们一般都有一定的理论知识和实践经验，通过讨论和思维启发就能达到学习的目的。

不论何种类型的教学案例，从体例结构上看一般包含背景、主题、细节、结果、评析等基本的元素。

背景。案例需要向读者交代故事发生的有关情况：时间、地点、人物、事情的起因等。如介绍一堂课，就有必要说明这堂课是在什么背景下上的，是一所重点学校还是普通学校，是有经验的优秀教师还是年青的新教师，是经过准备的"公开课"还是平时的"家常课"，等等。背景介绍并不需要面面俱到，重要的是说明故事的发生是否有什么特别的原因或条件。

主题。案例要有一个主题。撰写案例首先要考虑这个案例想反映什么问题，是想说明怎样使差生变好，还是强调怎样启发思维，或者是介绍如何组织小组讨论，等等，动笔前都要有一个比较明确的想法。比如学校开展研究性学习活动，不同的研究课题、研究小组、研究阶段，都会面临不同的问题、情境、经历，都有自己的独特性。写作时应该从最有收获、最有启发的角度切入，选择并确立主题。

细节。有了主题，就要对原始材料进行筛选，有针对性地向读者交代特定的内容。比如介绍教师如何指导学生掌握学习方法，就要把学生怎么从“不会”到“会”的转折过程，特别是关键性的细节写清楚。不能把“方法”介绍了一番，说到“掌握”就一笔带过了。

结果。一般来说，教案和教学设计只有设想的措施而没有实施的结果，教学实录通常也只记录教学的过程而不介绍教学的效果；而案例则不仅要说明教学的思路、描述教学的过程，还要交代教学的结果，即这种教学措施的即时效果，包括学生的反映和教师的感受等。读者知道了结果，将有助于加深对整个过程的内涵的了解。

评析。对于案例所反映的主题和内容，包括教学的指导思想、过程、结果，对其利弊得失，作者要有一定的看法和分析。评析是在记叙基础上的议论，可以进一步揭示事件的意义和价值。比如同样一个“差生”转化的事例，我们可以从教育学、心理学、社会学等不同的理论角度切入，揭示成功的原因和科学的规律。评析不一定是理论阐述，也可以是就事论事、有感而发，引起人的共鸣，给人以启发。

阅读资料

写好教学案例的关键

写好一个教学案例，有三个关键问题需要注意：

◆选择复杂的情境

所谓复杂的情境，是指故事的发生、发展具有多种可能性。教师在教学活动中面临着各种各样的问题情境，需要进行判断、选择、决定。复杂的情境提供了更多的选择、思考和想象的余地，因而给人以更多的启迪。学校教学中有许多典型事例和两难问题，应该怎样处理，案例可以从不同角度反映教师的行为、态度和思想感情，提出解决的思路和例证。

所谓复杂，也是相对的。你认为复杂，他认为不复杂；以前觉得复杂，现在觉得不复杂。因此教学情境的选择，是因人、因时、因地而异的。选择什么样的情境和材料，要有针对性。一是要符合当前教改实践的需要，提出人们所关心的、想了解的事情和问题；二是考虑案例交流的范围，是公开发表，还是校内交流，或者仅供个人参考。总之，撰写案例不能只顾讲述一个生动的故事，还要注意为什么讲、向谁讲这个故事。

◆揭示人物的心理

人物的行为是故事的表面现象，人物的心理则是故事发展的内在依据。面对同一个情境，不同的教师可能会有不同的处理方式。为什么会有各种不同的做法，这些教学行为的内在逻辑是什么，执教者是怎么想的？案例能够深入人的内心世界，让读者“知其所以然”。这也是案例不同于教案和教学实录的地方，好的案例应该能够发挥这个特点和优势。

人物心理的另一个重要方面是学生的心理活动。由于案例一般是教师撰写的，注意力容易偏重于教师这一方。自己怎么想的，怎么教的，效果如何，可以娓娓道来，自我感觉良好；但学生是怎么想的，对教学效果的看法是否与教师一致，往往被忽略了。人们常说“备课要备两头”：备教材，备学生。真实地反映学生在教学过程中的想法、感受，是写好案例的重要一环。

◆具有独到的思考

同一件事，可以引发不同的思考。从一定意义上来说，案例的质量是由思考水平的高低所决定的。因为，选择复杂情境也好，揭示人物心理也好，把握各种结构要素也好，都是从一定的观察角度出发，在一定的思想观点的引导下进行的。要从纷繁复杂的教学现象中发现问题、提出问题、解决问题，道出人所欲知而不能言者，这需要一双“慧眼”。具备这样的功力没有什么秘诀和捷径，只有通过长期的磨炼去领悟和掌握。

二、案例教学的理论基础

1. 社会建构主义学习理论

社会建构主义学习理论是在修正个人建构主义和激进建构主义基础上发展起来的一种新的认知理论，其中心思想为科学知识是不能传递的，它必须由学习主体主动地建构，而这种建构是经验、知识、发展和学习的社会建构。社会建构主义学习理论包括四个基本要素：情境、协作、会话与意义建构。

情境是意义建构的前提。社会建构主义强调：不同的学习环境会导致学习者对知识和技能的不同理解，而要使学习者学到能直接应用于实际环境中的知识和技能，就应在实际应用环境中学习相应的知识和技能。采用情节真实、复杂的故事呈现问题，创设问题情境，能够帮助学生在解决问题的过程中活用知识，提高解决问题的能力。产生于真实背景中的问题能够启发学生的思维，由此支撑并鼓励学生基于问题的学习、基于项目的学习、基于范例的学习。因此，在案例教学中，教师需要设计各种类型的问题或情境，不断拓展学生思维、创新与实践的空间，以支持学生在学习与生活中获得成功。

协作发生在学习过程的始终，对学习资料的搜集与分析、假设的提出与验证、学习成果的评价直至意义的最终建构均有重要作用。社会建构主义主张让学生在小组或小团队中展开学习、相互帮助，在与其他人（同伴或教师）以及周围环境的平等协作中建构自己的知识结构。协作在一定的意义上是协商的意识。协商主要有自我协商和相互协商。自我协商是指自己在心里反复商量什么是比较合理的；相互协商是指学习小组内部之间的商榷、讨论，甚至辩论与争论。在案例教学中，教师更应该强调学生之间彼此协作，以探究的意识和钻研的精神去发现教育教学中存在的实际问题，通过彼此之间的智力协作对已有问题进行教学论的分析、解剖，尝试从不同的角度、不同的教育教学思想流派中寻求问题解决的理论挂靠点，以及解决实际问题的多种可能性。

对话是协作过程中最基本的方式和不可缺少的环节。比如学习小组成员之间必须通过对话交流来商讨如何完成规定的学习任务达到意义建构的目标，怎样更多的获得教师或他人的指导和帮助，等等。其实，协作学习的过程就是对话的过程，在这个过程中，通过对话学习者个体的思维成果（智慧）为整个群体所共享，从而达到意义的建构；对话也是一个合作交流的过程，活的知识也只有在充分交流沟通的基础上才能体现出来，才能灵活的运用。没有交流与对话就不可能引出有意义的学习。对话交流对于推进每个学习者的学习进程，都是至关重要的一种教学策略。案例教学正是提供了这样一个对话交流的平台，在小组讨论、班级讨论等形式的合作学习中，学生通过交流、争议、意见综合等活动，建构起对知识新的、更深层次的理解。

意义建构是教学过程的最终目标。其建构的意义是指事物的性质、规律以及事物之间的内在联系。在学习过程中帮助学生实现"意义建构"就是要帮助学生对当前学习的内容所反映事物的性质、规律以及该事物与其他事物之间的内在联系达到较深刻的理解。教学的质量是学生意义建构能力的函数，而不是学生重现或重复教师思维过程能力的函数。换句话说，学生获得知识的多少取决于他根据自身经验去建构有关知识的意义的能力，而不取决于记忆和背诵所学内容的能力。为此，教师应该转变自己的角色：①成为学生意义建构的支持者。教师的作用从传统的传递知识的权威转变为学生学习的支持者，成为学生学习的高级伙伴或合作者。教师应该给学生提供复杂的真实问题。他们不仅需要开发或发现这些问题，而且必须认识到复杂问题有多种答案，激励学生对问题解决的多重观点。教师应该创设一种良好的学习环境，学生在这种环境中可以通过实验、独立探究、合作学习等方式来展开他们的学习。②成为学生意义建构的引导者。教师应当激发学生的学习兴趣，引发和保持学生的学习动机。通过创设符合教学内容要求的情景和提示新旧知识之间联系的线索，帮助学生建构当前所学知识的意义。为使学生的意义建构更为有效，教师应尽可能组织协作学习，开展讨论和交流，并对协作学习过程进行引导，使之朝着有利于意义建构的方向发展。实施案例教学，更需要学生采用探索法和发现法去建构知识的意义。在建构意义的过程中要求学生主动去搜集和分析有关的信息资料，对所学的问题提出各种假设并努力加以验证。要善于把当前学习内容尽量与自己已有的知识经验联系起来，并对这种联系加以认真思考。联系和思考是意义建构的关键。学生已有的知识和经验只有在与实际问题相互结合、相互碰撞的过程中才能得到有效的改组、重组，在同化与顺应中真正实现意义的建构。

总之，社会建构主义学习理论包括“情境”、“协作”、“会话”和“意义建构”四大要素。而案例教学的方法正是在有利于学生对所学内容进行意义建构的案例“情境”中，在老师的辅助和引导下，以学生为主体进行资料搜集、分析验证等“协作”学习，通过平等的“会话”和讨论，根据自身经验完成对相关信息以及知识的“意义建构”。因此，案例教学体现了社会建构主义的学习理论，社会建构主义学习理论是案例教学的重要理论基础。

阅读资料

建构主义的学习观

◆学习不是由教师把知识简单地传递给学生，而是由学生自己建构知识的过程。学生不是简单被动地接收信息，而是主动地建构知识的意义，这种建构是无法由他人来代替的。

◆学习不是被动接收信息，而是主动地建构意义，是根据自己的经验背景，对外部信息进行主动地选择、加工和处理，从而获得自己的意义。外部信息本身没有什么意义，意义是学习者通过新旧知识经验间反复的、双向的相互作用过程而建构成的。因此，学习，不是像行为主义所描述的“刺激—反应”那样。

◆学习意义的获得，是每个学习者以自己原有的知识经验为基础，对新信息重新认识和编码，建构自己的理解。在这一过程中，学习者原有的知识经验因为新知识经验的进入而发生调整和改变。

◆同化和顺应，是学习者认知结构发生变化的两种途径或方式。同化是认知结构的量变，而顺应则是认知结构的质变。同化—顺应—同化—顺应……循环往复，平衡—不平衡—平衡—不平衡，相互交替，人的认知水平的发展，就是这样的一个过程。学习不是简单的信息积累，更重要的是包含新旧知识经验的冲突，以及由此而引发的认知结构的重组。学习过程不是简单的信息输入、存储和提取，而是新旧知识经验之间的双向的相互作用过程，也就是学习者与学习环境之间互动的过程。

2. 理解迁移理论

通常认为，理解迁移理论有两个主要观点：理解迁移假设与促进迁移的情境相似性原理。

莱文的“理解迁移假设理论”认为，一个人在解决问题的过程中，会提出和检验一系列的假设，形成一套解决问题的思考顺序和假设范围。[①] 这种通过假设形成的思考顺序和假设范围会影响以后类似问题的解决，迁移到以后的问题解决过程中去。在案例教学中，教师布置案例材料后，一般都附有相关的问题，询问学生如果作为“当事人”该如何处理案例中所面临的问题。学生通过自学案例、分析案例、小组讨论寻求解决问题的办法，这就是运用原有的原理、方法等理论知识，形成对案例中问题的解决办法的假设的过程，在这一过程中，学生将理论知识与现实的实际问题结合而生成亲身经验。在案例教学中，逐步了解与掌握解决问题的一般步骤。经验能使学生头脑中孤立分离的知识转化为一套解决类似问题的思考策略与顺序。案例教学具备了迁移假设理论的条件，能有效促进问题解决的迁移。

迁移是学习过程中普遍存在的一种现象，学习情境的相似性是影响迁移的一个重要因素，学习的情境（如学习场所、环境布置、教学或测验的人员等）与日后运用所学内容的实际情境相类似，将有助于学生利用有关线索，提高学习或问题解决中迁移的出现效率。因此，创设与应用情境相似的学习情境有利于学习的迁移。在案例教学过程中所使用的案例来自于现实，其来源具有真实性，在搜集与整理过程中，须征得来源处的同意；作为教学案例又具有时效性，使案例本身更加贴近现代人的工作与生活。案例要素来源、搜集整理过程、时效性这三个方面确保了案例与学生日常的生活与将来的工作中要面临的情境具有相当强的相似性。因此，案例都是为学生设置的，与学生课外所要面临的实际情况极为相似的情境。学生对案例的分析就是对现实生活中可能遇到的情境的分析。因此，这种相似性能使学生在案例学习中获得知识与经验，从而有效地发生迁移。

阅读资料

影响学习迁移的条件

在心理学上，迁移是指一种学习对另一种学习的影响，它广泛地存在于知识、技能、态度和行为规范的学习中。任何一种学习都要受到学习者已有知识经验、技能、态度等的影响，只要有学习，就有迁移。迁移是学习的继续和巩固，又

① 李红：《教育心理学》，武汉大学出版社 2007 年版。

是提高和深化学习的条件。学习与迁移不可分割，影响学习迁移的条件有：

◆学习材料的共同因素

学习迁移的效果在一定程度上取决于学习材料之间的共同因素。如果材料之间存在着共同的因素，那么就会产生相同的反映，因而在学习中就会产生不同程度的迁移。为了促进学习迁移，防止干扰，在教学中教师应引导学生正确认识学习材料之间的共同因素，并通过比较认识它们之间的区别。

◆对学习材料的概括水平

概括是迁移的基础。为了实现迁移，必须把新旧课题联系起来并包括在统一的分析综合活动中。两种学习材料之间的共同因素固然是产生迁移的必要条件，但不是充分条件。如果不能通过概括把握一般原理，掌握事物的本质和规律，也难以产生迁移。

◆教材的组织结构和学生的认知结构

教材是学生学习的基本材料，其科学的基本结构有助于学习的迁移。掌握学科的基本结构不仅便于学生对教学内容的理解和记忆，而且有利于学习迁移。在有意义的学习中，先前的学习并不直接对后继学习产生影响，而是通过原有认知结构间接地影响新的学习或迁移，学习迁移的效果主要不是指将一般原理运用于特殊事例的能力，而是指提高相关类属学习、概括学习和并列结合学习的能力。

◆学习的指导

学习的指导包括对学生的学习目的、学习态度和学习内容及学习方法的指导，其中学习态度和学习方法的指导对迁移有重要影响。实践证明，适当参加与学习有关的活动，可以使学生在错误的尝试中得到益处。如果对学生的活动给予必要的指导，则不仅可以减少错误，而且可以增加学习的迁移。学生的学习态度、兴趣、技能等可以通过活动产生迁移，进而加以培养。

◆定势作用

定势又叫心向，它是由先前的心理活动所形成的一种准备状态，它决定着同类后继心理活动的趋势。在学习过程中，定势可能促进学习迁移，也可能干扰学习，产生负迁移。

3. 情境认知理论

情境认知强调的是学习建构情境，也就是说学习者不能被排除在学习情境之外，知识是蕴含在学习情境和学习活动内的重要成分。① 情境认知理论强调

① 谢明初：《数学教育中的建构主义：一个哲学的审视》，华东师范大学出版社 2008 年版。

知识与情境之间动态相互作用的过程。知识与活动是不可分离的，活动不是学习与认知的辅助手段，它是学习整体中的一个有机组成部分。学习和理解本身与人类日常活动是分不开的。换句话说，学习内容的境脉是非常重要的。学习者在学习中所参与的活动也很重要。如果学习者的学习目标是解决日常生活问题，那么他们必须介入日常生活之中。学习者在情境中通过活动获得知识。知识是情境化的，是活动、情境和文化的产物。

情境认知理论以"活学活用，知识来源于活动"为情境认知核心观点，在知识观、学习观、教学观等方面展现了独有的见解。

(1)知识观

情境认知理论认为，知识是一种工具，只有在运用这种知识的时候才能理解其意义。学习某个概念，除了解释某些特定的规则外，更重要的是了解概念使用的场合和条件，后者直接来自于运用这种概念的某个共同体所处的情境，共同体逐渐积累的独特的洞察力以及共同体的文化。

(2)学习观

情境认知理论认为，学习不仅仅是一个个体的意义建构的心理过程，更是一个社会的、实践性的、以差异资源为中介的参与过程。知识的意义和学习者的自身的意识、角色都是在学习者和学习情境的互动、学习者与学习者之间的互动过程中生成的，因此学习情境的创设就致力于将学习者的身份和角色意识、完整的生活经验以及认知性任务重新回到真实的、融合的状态。

(3)教学观

情境认知理论主张学生在共同体中的行动和建构。布朗等人认为"无论是对于学校还是对于工作场所而言，重新设计学习环境，以便新来者能以丰富的和富有成就的方式，合理的、周边性的参与真实的社会实践——简单地说，就是便于学习者可以'偷窥'到他们需要的知识，这是一个设计上的根本性挑战"。"支持学习的最佳方法来自于需求的一方而不是供应的一方，也就是说，设计者和教学者不需要事先就决定学习者需要知道什么，并将这些明确地提供给学习者，排斥任何其他东西，而是要提供尽可能多的整体性、丰富的实践网络——不管是外显的还是内隐的，让学习者在需要时能周边性地接触实践的各个地方。"①

情境认知理论强调人的活动和环境是相互建构的整体，而不是相分离的实体。学习的设计要以学习者为主体，内容和活动的安排要与人类社会的具体实践相连通，最好在真实的情景中，通过类似人类真实实践的方式来组织教学，同时把知识的获得与学习者的发展、身份建构等统合在一起。总之，情境认知理论

① 连榕:《生态心理学的情境观:学与教的新视角》，载《教育探索》2006 年第 1 期。

的观点影响着教学系统设计与学习环境开发等多方面的教学理念，为案例教学提供了新的理论依据。

阅读资料

关于情境认知的一些观点

情境认知所强调的是：第一，情境下的学习。情境认知是在特定的情境下对知识的学习与研究，知识来源于构成和支持认知过程的情境之内，情境构成了认知的一个基础。知识、学习、思考与情境是相互联系的，而脱离情境所获得的知识很可能是呆滞的、割裂的。第二，情境中的互动。情境认知在充分肯定知识建构的情境性的同时，也十分强调知识动态的生成性，即一方面，新信息要获得意义需要学习者以原有的知识经验为基础，对情境中的新信息进行意义建构；另一方面，也需要学习者在特定的情境中，通过与环境（包括物理环境、他人、文本、自我、社会文化系统等）的互动，积极地参与，在师生之间、学生之间的交流、合作以及对话中，改造原有的错误经验，达到正确的认识结果。第三，对情境的超越。进一步来说，创设情境只是一个手段，而在情境中认识数学，并超越具体的情境，进而较为深入地理解情境所蕴涵的数学知识才是根本的目的。也就是说，数学知识的学习首先源于一个"好"的情境，通过情境下的学习与思考，以及情境中的交流与互动，所获得的知识、方法或策略就不应该再与特定的情境联系在一起，必须实现智力上从"后想象"向"前想象"的转化，从而体现出对情境超越的能力，达到"去情境化"的程度以表明理解水平的提升。

而一个"好"的数学情境，至少要满足一些基本的教学需求：①体验性。情境能够给学生学习数学知识提供一种可以体验的认知背景，有助于学生在体验中发现问题、提出问题。②直观性。情境的呈现能够具有某种直观的特点，有助于吸引学生的注意力，并能够激发学生学习的兴趣。③开放性。情境具有立体感，具有一定的开放性，有助于学生的数学思考，并为学生的创造留有一定的空间和余地。④挑战性。情境能引起学生的认知冲突，促进学生积极参与，并在学生的最近发展区内挑战学生的数学能力。⑤科学性。情境必须与要学习探究的数学主题相关联，具有一定的知识内涵，有助于学生领悟所学的数学知识。因此，情境的创设也就不能仅仅停留在让学生之间在情境中的身体互动，更重要的是要让学生的数学思维在情境中灵动。真正启发学生思维的问题情境是将数学问题巧妙地糅合于具体情境中，而具体情境又能涵盖数学问题的本质，促使学生借助于数学问题情境更好地理解数学问题的本质。

三、案例教学的精神实质

从1870年美国哈佛大学法学院院长克里斯托弗·哥伦布·郎代尔(Christopher Clumbers Langdell)提出案例教学至今,案例教学以其能激发学生学习主动性,培养学生认识问题、分析问题、解决问题能力等特点在教育领域中得以广泛应用。但案例教学的思想最早可以追溯到2000多年前古希腊哲学家和教育家苏格拉底(Socrates)的"问答法"教学形式。苏格拉底"问答法"是围绕某个问题,根据学生掌握的知识和了解的情况,平等地进行讨论,激发学生思考问题、解决问题的能动性,引导其得出结论。

苏格拉底"问答法"的精神实质有六个部分:第一,由问题构成的思考方式——精神助产术;第二,从常识出发——启发式;第三,让回答者自证其伪;第四,反诘——突破传统认识;第五,对方的主动性——知识是自足的;第六,问答双方是平等的——信心的产生。案例教学的精神实质溯源于"问答法",但同时还融合了社会建构主义学习理论、理解迁移理论以及情境认知理论的各种观点与内容,因此其内涵更加丰富。总体来说,我们可以将案例教学的精神实质归纳为以下三点:

第一,学生的主体能动。案例教学中教师起辅助和引导作用,学生是整个学习过程中的主体,在课前、课中和课后都要充分发挥主体能动性。案例教学需要学生在课前做大量的准备工作,包括查阅相关资料,预习老师选择的案例和了解相关知识等。在课堂中,学生是课堂讨论的主体,需要针对案例,结合自身知识,发挥协作精神,在学习伙伴间或教师与学生间展开充分讨论。课后,学生还需要根据课堂讨论结果复习、反思并最终完成知识的建构。

第二,平等的对话讨论。案例教学的组织形式是对话与讨论,在对话与讨论中教师与学生是平等的关系,而不是传统讲授教学法中教师高高在上讲授、学生被动接受的关系。教师和学生在充分平等和自由的氛围下对案例进行对话和讨论,每个参与者都有表述自己认知和意见的平等权利,对话与讨论中不存在权威和既定正确答案,从而能让学生在对话和讨论中不断认识和思考,在辩论中寻找到自己建构知识的通路。

第三,批判的理性思维。教育(尤其是教学)的重点不仅在于传道授业,教授学生一定的理论和知识,更在于解惑与创新,让学生具有批判的理性思维和独立解决问题的能力。案例教学要让学生懂得不盲从、不偏信,学会用批判的眼光和理性的思维去认识案例,从而使自己不仅成为一个认知者,更成为一个思考者。

案例教学要让学生明白，必须做好准备，对老师们所说的话提出质疑，对他们所说的话永远力求甚解，还要努力证实。

阅读资料

案例教学中教师的十二项任务

◆使讨论井然有序。

◆提出切中要害的和关键性问题。

◆把学生个体的讨论意见集结在一起。

◆要具有时间概念。

◆避免总是使用同样的案例。

◆协助学生理清思路，使观点站得住脚。

◆不要批评不同意见。

◆当学生提问题时，教师不要隐藏自己的认识。

◆总结放在讨论的最后。

◆要完全掌握案例中所展示的全部事实。

◆对案例的教学目标、难点和重点及教学技巧等进行分析。

◆监督检查学生的课堂学习情况。

四、案例教学的基本环节

案例教学在实施中，大致可分成案例准备、案例讨论、概括总结三个基本环节。

第一环节：案例准备。教师在教学中所采用的案例，从其来源讲，无外乎两类：一类是自己编写的案例，另一类是他人编写的案例。选编一个好的案例是确保案例教学成功的前提。这需要教师注意积累有关的教育教学案例，并结合教学目标的要求，选用符合学生实际的案例。一般地，在正式开始案例研讨前的一段时间，教师应该把有关的案例材料发给学生，让学生也进行一些必要的准备。让学生阅读案例材料，提前查阅指定的资料和读物，搜集必要的信息，并积极地思索，初步形成关于案例中的问题的原因分析和解决方案。教师也可以给学生列出一些思考题，让学生有针对性地开展准备工作。注意这个步骤应该是必不可少而且非常重要的，如果学生缺乏充分的准备，会影响到整个教学的效果。为了提高案例教学的效果，在准备阶段，可以把学生划分为若干讨论小组，小组成员尽量要多样化，这样他们在准备和讨论时，表达不同意见的机会就多些，学生对案例的理解也将更深刻。

第二环节：案例讨论。典型的案例讨论一般总是与下列问题的探讨联系在一起的：

①案例中的疑难问题是什么？

②哪些信息至关重要？

③解决问题的方法有哪些？

④作出决策的标准是什么？

⑤什么样的决策是最适宜的？

⑥应制定怎样的实施计划？

⑦什么时候以及如何将计划付诸行动？

⑧如何进行整体评价？

在具体的操作过程中，可以由各个小组派出自己的代表，就本小组对于案例的分析和处理发表意见。发言完毕之后发言人要接受其他小组成员的讯问并作出解释，此时本小组的其他成员可以代替发言人回答问题。小组集中讨论这一过程应该充分调动学生参与的主动性，在小组讨论与交流中，扩展和深化学生对案例的理解程度。期间，教师可以提出几个意见比较集中的问题和处理方式，组织各个小组围绕这些问题和处理方式进行重点讨论，把学生的注意力引导到方案的合理解决上来。

第三环节：概括总结。在分组讨论和集中讨论完成之后，教师应该留出一定的时间让学生自己进行思考和总结。这种总结可以是总结规律和经验，也可以是获取这种知识和经验的方式。还可让学生以书面的形式作出总结，这样学生对案例的体会可能更深，对案例以及案例所反映出来的各种问题有一个更加深刻的认识。最后，教师应该对案例讨论的结果进行评点，讲明案例中的关键点，分析学生讨论中存在的不足和长处，揭示出案例中包含的理论。

应该强调的是，案例教学并不单纯是一种教学方法，它实际上是以教学内容的变化为前提条件的。案例教学也并不单纯是一种教授法，它实际上也是以学生行为的转变为前提条件的。

在实施案例教学的过程中，应该注意把握案例教学与举例教学的联系与区别(见下表)。两者都要通过一定的事例来说明一定的道理，都是为一定的教学目的服务的。但是两者：①在教学中的地位不同。案例在案例教学中占中心地位，如运用知识、培养能力、进行品德教育等教学任务；而举例在一般教学活动中则居次要地位。②主体不同。案例教学是组织学生进行自我学习、锻炼能力的一种手段，学生处于主要地位；而举例则是辅助教师说明问题的一种手段，教师处于主要地位。③目的不同。案例教学是把学生放在实际的环境中，让其通过对周围环境和事件本身的分析、讨论、交流，作出正确的判断和决策，提高分析问题和解决问题的能力；而举例使一个较难理解的理论通俗易懂。④涵盖的范围不同。前者涵盖面更为广泛和精效，具有真实性、完整性、典型性、启发性；后者不一定有这些特点。

案例教学与传统教学的对比

	案例教学	传统教学
教学目的	注重能力培养	注重知识传授
教学载体	以案例为主	以课本为主
教学方式	启发式	讲授式
沟通渠道	信息多向流动	信息单向流动
学习积极性	一般较高	一般较低
学习结果	获得直接经验	获得间接经验
教学效果	能力培养效果高，系统知识学习效果低	能力培养效果低，系统知识学习效果高

总之，在案例教学中，教师既要鼓励学生独立思考，也要鼓励小组之间的合作交流，克服传统教学的弊端，发挥案例教学的优势。

阅读资料

基于建构主义的案例教学的一些模式

◆支架式教学模式

➢搭脚手架——围绕当前学习主题，按“最邻近发展区”的要求建立概念框架。

➢进入情境——将学生引入一定的问题情境。

➢独立探索——让学生独立探索。探索内容包括：确定与给定概念有关的各种属性，并将各种属性按其重要性顺序排列。探索开始时要先由教师启发引导，然后让学生自己去分析；探索过程中教师要适时提示，帮助学生沿概念框架逐步攀升。

➢协作学习——进行小组协商、讨论。讨论的结果有可能使原来确定的、与当前所学概念有关的属性增加或减少，各种属性的排列次序也可能有所调整，并使原来多种意见相互矛盾，且态度纷呈的复杂局面逐渐变得明朗、一致起来。在共享集体思维成果的基础上达到对当前所学概念比较全面、正确的理解，即最终完成对所学知识的意义建构。

➢效果评价——对学习效果的评价包括学生个人的自我评价和学习小组对个人的学习评价，评价内容包括：①自主学习能力；②对小组协作学习所作出的贡献；③是否完成对所学知识的意义建构。

◆抛锚式教学模式

➢创设情境——使学习能在和现实情况基本一致或相类似的情境中发生。

➢确定问题——在上述情境下，选择出与当前学习主题密切相关的真实性事件或问题作为学习的中心内容。选出的事件或问题就是“锚”，这一环节的作用就是“抛锚”。

➢自主学习——不是由教师直接告诉学生应当如何去解决面临的问题，而是由教师向学生提供解决该问题的有关线索，并特别注意发展学生的“自主学习”能力。

➢协作学习——讨论、交流，通过不同观点的交锋，补充、修正、加深每个学生对当前问题的理解。

➢效果评价——由于抛锚式教学的学习过程就是解决问题的过程，由该过程可以直接反映出学生的学习效果。因此，对这种教学效果的评价不需要进行独立于教学过程的专门测验，只需在学习过程中随时观察并记录学生的表现即可。

◆随机进入教学模式

➢呈现基本情境——向学生呈现与当前学习主题的基本内容相关的情境。

➢随机进入学习——取决于学生“随机进入”学习所选择的内容，而呈现与当前学习主题的不同侧面特性相关联的情境。在此过程中教师应注意发展学生的自主学习能力，使学生逐步学会自己学习。

➢思维发展训练——由于随机进入学习的内容通常比较复杂，所研究的问题往往涉及许多方面，因此在这类学习中，教师还应特别注意发展学生的思维能力。

➢小组协作学习——围绕呈现不同侧面的情境所获得的认识展开小组讨论。在讨论中，每个学生的观点在和其他学生以及教师一起建立的社会协商环境中受到考察、评论，同时每个学生也对别人的观点、看法进行思考并作出反应。

➢学习效果评价：包括自我评价与小组评价，评价内容包括：①自主学习能力；②对小组协作学习所作出的贡献；③是否完成对所学知识的意义建构。

第三章
从案例中学习

基于案例的学习情境，为学习者提供了一个展现问题、问题产生的情境以及问题解决的过程，能够帮助学习者更容易理解复杂的教育教学问题，体会教师解决相关问题的基本策略，并能够将其所获有效地迁移到新的教学情境中，解决自己在教育教学中可能会出现的类似的新问题。针对不同的案例，需要学习者进行观察、顿悟、阐释案例中的问题与问题解决策略，然后根据自己的知识与经验，建构自身的意义。

从案例中学习，要求学习者能合理地解释案例中教师的教学行为，并能够发现其中的问题，在交流讨论中形成解决问题的有关策略。通过交流讨论，可以多视角、多维度地看待案例问题，提出多种不同的问题解决方案，学习者可以共享这些知识经验。并且在交流互动中，学习者更系统地理清自己的知识结构，进一步深化已掌握的知识，同时外化自己的知识，了解他人的观点和知识体系，吸取他人的经验，内化为自己的知识，促进学科教学知识的增长与更新，不断提高课堂执教能力。

案例 3-1　在导数学习中如何进行数学实验

纵观数学发展史，数学家们也借助实验操作等方式来发现可能的数学事实，形成数学猜想，然后再给出严格的数学证明，提出数学定理。近年来，由于计算机技术的迅速发展，利用各种数学教育软件平台(如几何画板等)，在课堂上开展一些数学实验，日渐成为数学课堂中一道亮丽的风景线。在高中数学的教学中，许多教师开展了众多的数学实验，使之成为学生发现数学规律，进行探究学习的一种重要方式，并逐渐改变数学课堂的教学面貌。

【案例呈现】 导数(人教 A 版)①

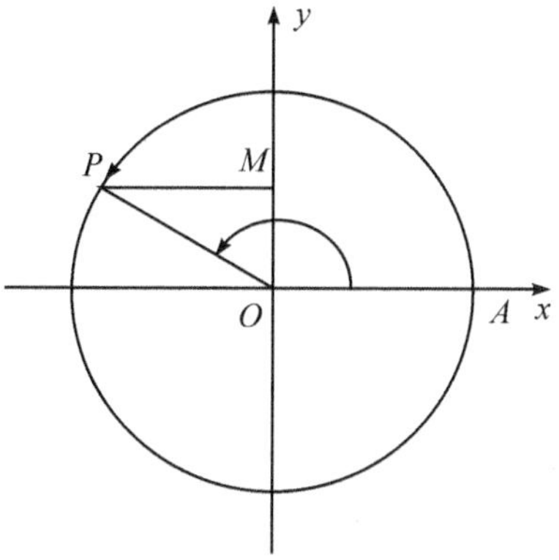

图 3-1-1

问题 1 如图 3-1-1 所示,质点 P 在半径为 1cm 的圆周上逆时针做匀角速运动,角速度为 1rad/s,设 A 为起始点。

(1)求时刻 t 时,点 P 在 y 轴上的射影点 M 的运动方程。

(2)求点 M 在时刻 t 时的速度。(利用几何画板课件模拟质点运动)

问题 2 (1)试用导数的定义求下列函数的导数:$y=3$,$y=x^2$,$y=x^3$。

(2)由(1)的结果,你能总结出这些函数导数的一般规律吗?

(3)当 $n\in\mathbf{Q}$ 时,公式 $(x^n)'=nx^{n-1}$ 是否成立?

当学生在求 $y=\sin x$、$y=x^n(n\in\mathbf{Q})$ 的导数陷入困境时,教师启发学生从导数的几何意义入手,画出函数图像以及图像上点的切线。然后就可以利用"几何画板"的追踪功能,拖动切点便可轻松得到导函数的图像。

实验 1:函数 $y=x^n(n\in\mathbf{Q})$ 的导数

[实验目的]

(1)学会用实验验证函数的导数。

(2)认识和感受导数的几何意义。

[实验步骤]

(1)绘制函数 $y=x^n$($n=$________)及 $y=nx^{n-1}$ 的图像(图 3-1-2)。

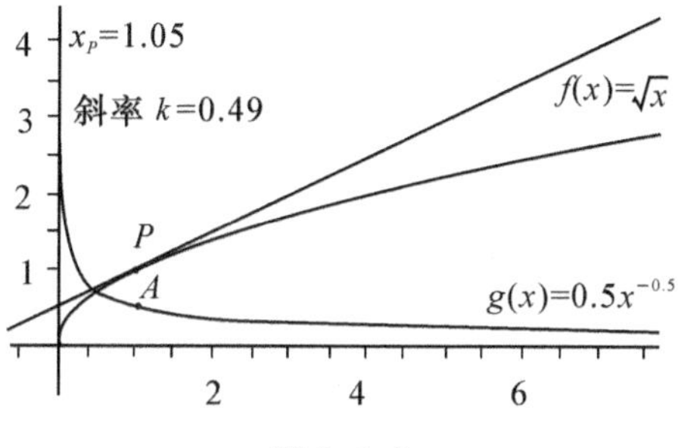

图 3-1-2

(2)用[自定义工具]作过 $y=x^n$ 图像上点 P 处的切线。

(3)[度量]P 的横坐标 x_P 及切线的斜率 k,[绘制]点 $A(x_P,k)$,并观察点

---

① 本案例由浙江省泰顺县第一中学何向阳设计。

$A(x_P,k)$与函数 $y=nx^{n-1}$ 的图像有什么关系。拖到点 P 时，看到了什么现象？这说明了什么？

(4)在 $y=nx^{n-1}$ 的图像上任取一点 B，[度量]B 的横、纵坐标 x_B、y_B。

(5)绘制直线 $y=y_B(x-x_B)+x_B^n$，并观察直线与函数 $y=x^n$ 的图像有什么关系。拖到点 B 时，看到了什么现象？这说明了什么？

(6)通过实验你得到了什么结论？

[实验分析]

生 4：我们小组取 $n=0.5$。拖到点 P 时，看到了点 $A(x_P,k)$在 $y=0.5x^{-0.5}$ 的图像上运动，这说明 $y=x^{0.5}$ 的导数图像上的点在 $y=0.5x^{-0.5}$ 的图像上；拖到点 B 时，看到直线与函数 $y=x^{0.5}$ 的图像始终保持相切，这说明点 B 在 $y=x^{0.5}$ 的导数图像上。因此，我们小组得出的结论是：公式$(x^n)'=nx^{n-1}$中的 n 可以是有理数。

通过反馈得知，选做这个实验的其他各小组同学虽然指数的取值各不相同，却都得到了相同的结论。

实验 2：函数 $y=\sin x$ 和 $y=\cos x$ 的导数

[实验目的]

(1)学会用实验探求函数 $y=\sin x$、$y=\cos x$ 的导数。

(2)体验几何画板作为学习数学的工具，感受创新的快乐。

(3)学会探索、归纳、完成数学发现。

[实验步骤]

(1)绘制函数 $y=\sin x$ 和 $y=\cos x$ 的图像(图 3-1-3)。

(2)用[自定义工具]作过 $y=\sin x$ 或 $y=\cos x$ 的图像上点 P 处的切线。

(3)[度量]P 的横坐标 x_P 及切线的斜率 k，[绘制]点 $A(x_P,k)$，并[追踪]点 A；拖到点 P 时，看到了什么？

(4)得到的踪迹是谁的图像，试根据点 A 的踪迹写出它的函数关系式。

(5)通过实验你得到了什么结论？

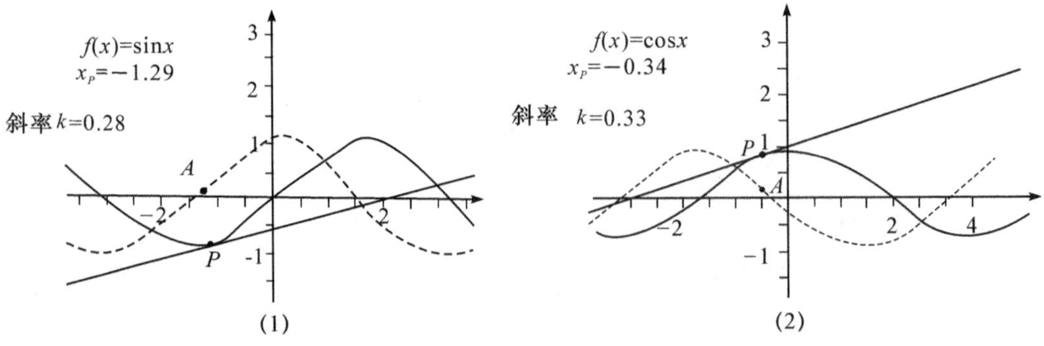

图 3-1-3

［实验分析］

生 5：我们小组通过实验发现点 A 的踪迹是余弦函数 $y=\cos x$ 的图像，也就是 $y=\sin x$ 的导数的图像，这说明正弦函数的导数是余弦函数，即 $(\sin x)'=\cos x$。

生 6：我们小组通过实验发现点 A 的踪迹刚好是正弦函数 $y=\sin x$ 的图像向左平移 π 个单位，即 $(\cos x)'=\sin(x+\pi)=-\sin x$。

生 7：如画出 $y=\sin x$ 的图像，你会发现点 A 的踪迹与 $y=\sin x$ 的图像关于 x 轴对称，因此有 $(\cos x)'=-\sin x$。

【理论聚焦】 数学实验及其价值

心理学的有关研究成果表明：听和看虽然可以帮助学生获得一定的信息和学识，但远不如动手操作给人的印象那样深刻，不如动手操作掌握得那样牢固，不如动手操作更能将有关知识转化为实践行为和能力。国际学习科学研究领域有句名言：听来的忘得快，看到的记得住，动手做更能学得好。这里所强调的，就是学以致用、勇于实践的重要性。

著名数学教育家波利亚曾说过，数学有两个侧面，一方面它是欧几里得式的严谨科学，从这个方面看，数学像是一门系统的演绎科学；但另一方面，创造过程中的数学，看起来却像一门试验性的归纳科学。在中学数学教学中，要全面提高学生的数学素养，不仅要重视数学内容形式化、抽象化、严谨性的一面，更要重视数学发现、数学创造过程中实验、猜想和归纳方法。在中学数学教学中恰当地引入数学实验不仅是引导学生全面认识数学两个侧面的重要手段，也是完善学生的认知结构、培养学生实践能力的有效途径。

作为信息技术与数学课程整合的有效形式之一的数学实验，既是对我国传统数学教学方式的超越，也是国际数学教育改革的共同趋势之一。在中学数学实验的教学过程中，如何增强学生对所学数学知识的感性认识，并在此基础上上升到理性的认识，不仅需要我们精心设计实验的内容与步骤，更需要教师在教学上加强引导，充分发挥教师的主导作用和学生的主体作用。

【拓展阅读】

(1)曹一鸣：《数学实验教学模式探究》，《课程教材教法》2003 年第 1 期。

(2)李红：《中学数学实验探究教学模式的研究与实践》，山东师范大学 2005 年教育专业硕士论文。

(3)黄新春：《新课程改革中数学实验教学的认识与思考》，《数学通报》2007 年第 6 期。

【案例研讨】

1. 导数教学的重点是理解导数的概念，还是导数的计算？

2. 通过数学实验来发现一些基本初等函数的求导公式，如$(\sin x)'=\cos x$和$(\cos x)'=-\sin x$。与利用导数的定义来推导出相应的求导公式相比，哪种教学思路更符合高中学生的认知规律呢？

3. 在数学实验中，教师的主导作用体现在哪些方面？

4. 你认为数学实验对于高中数学学习具有怎样的意义？

【案例评析】

建构主义理论把“情景”、“协作”、“会话”、“意义建构”作为学习的四大要素或四大属性。在以上的教学设计中，教师利用现代教育技术为学生的学习研究创设情景，提供平台，让学生在自己的活动中，通过他们之间生动的丰富的“协作”、“会话”，完成对几种常见函数的导数的认识——意义建构。这样的教学效果是传统的教学方式所无法比拟的。

1. 转变教学理念，顺应课程改革

在高中阶段，导数作为大学微积分内容的一种缩编，以一种特殊的极限来讲，无论是导数的概念，还是导数的应用，更多的是作为一种规则来教、来学。这往往成了学生学习的障碍，影响了学生对导数思想和本质的认识与理解。《标准》强调对导数本质的认识，更作为一种重要的思想、方法来学习，淡化了导数的计算，只要求会用基本初等函数的导数及法则进行计算，并指出要避免过量的形式化运算练习；提高了对导数几何意义以及用导数的几何意义解决问题的要求，体现几何直观这一重要思想方法对于数学学习的意义和作用。因此，借助于“几何画板”这一动态的、能够“做数学”的教学软件，根据导数的几何意义，引入数学实验，反复通过函数的图像去认识、探索、发现几种常见函数的导数，扩大了数学实践的内容和范围，使教学活动不再局限于演绎推理的形式之中，有助于学生对知识的建构，有助于学生认识和感受导数的几何意义，经历用导数的几何意义去解决问题、发现数学规律的过程。

2. 结合学生实际，优化课堂教学

教师用几何画板课件模拟质点P的运动，揭示运动规律，为学生创设了生动形象的教学情境，引起学生极大的兴趣，为下一步探索问题创造一个良好的开端。

在教学中，对为什么公式$(x^n)'=nx^{n-1}$中的n可以是有理数、$(\sin x)'=\cos x$和$(\cos x)'=-\sin x$等的认识，由于数学逻辑推理的复杂性、学生认知水平的不足，常常成了教学的“死点”。这样的教学设计中，把重点放在对知识的重新组织上，让学生利用导数的几何意义通过数学实验进行直观处理，实现对几种函数的导数的认识，极大地改善了学生的数学思维环境，救"活"了这个"死点"，改进了学生的学习方式，为学生提供了更加广阔的思维空间。在三个实验中，通过拖动点 P 的连续变化，把函数的切线、切线的斜率及以斜率为坐标的点、导函数的图像之间的内在联系紧密地结合在一起，并使四者都得到了直观、动态的表示，这就使学生所面对的数学对象和数学过程的性质发生了改变，使学生通过自主的、积极主动的数学思维而成功地建构数学结论、解决数学问题的可能性大大增加。

3. 在实验中做好引导和监控

教师在实施数学实验教学时，要根据实验对象的特点，为学生的数学实验创设一定的条件和环境；要仔细考虑可能发生的问题，周密准备，使学生在有限的时间内完成对某个数学对象的实验，并使学生明白实验的结果只是给我们提供了一种可能或解释，并不一定正确，严密的论证是必不可少的。教师对学生实验的干预要体现"教师为主导，学生为主体"的原则，介入太早，教师成为中心；介入太迟，教师难以体现主导作用。在实验数学对象的选择上，要顾及教学课时、时间等因素的限制。因此，可以从以下几个角度选择一定的实验对象：在以往的教学中难以呈现的数学对象；课程内容中比较重要的数学对象；比较容易创造条件和实施监控的数学对象。为了使学生有更多的数学实验的机会和足够的实验时间，多数实验可以安排在第二课堂进行。

4. 进行数学实验的意义

运用现代教育技术构建实施素质教育的新型的数学活动形式——数学实验，正成为数学教育改革和实践的一个新热点，不论在理论上还是在实践上都具有重要和深远的现实意义。教师由课堂的主宰、知识的传授者转变为教学活动的组织者、学习情境的创设者、学生实验过程的指导者和意义建构的帮助者；学生从被动接受的地位转变为主动地参与、发现、探索和建构知识的主体地位；教学过程由讲授说明转变为通过情景创设、问题探索、协作学习、意义建构等以学生为主体的过程；学生的学习方式由课堂"呈现"转变为通过数学实验实现数学发现的学习方式，培养了学生科学的方法论，使他们懂得数学的发现是遵循"实验、猜想、论证或解释"的过程，对自己通过实验发现的数学结论的理解更加深刻，必将极大地增强学生学习数学的自信心。

案例 3-2　如何引导学生在研究中学习

随着新课程计划的实施，研究性学习作为一项全新的必修课程摆在了我们面前，这是新颁布实施的数学教学大纲的一个闪光点，也是走向 21 世纪的数学教育所面临的新的机遇和挑战，它对当前的数学教育会产生什么样的影响？在教学过程中又如何去具体落实？值得我们去思考和探讨。

【案例呈现】 小球放法起波澜①

如果三个完全相同的小球随机地放在编号分别是1、2、3、4的四个盒子中，问第一号盒子内有球的不同放法共有几种？（要求叙述求解过程，列出求解式子，最后用数字作答。）

课堂情境：问题一出，同学们似乎"似曾相识"，兴趣激昂，"从容"应对，纷纷作图分析，非常自然地求解起问题来，过不了多久，便纷纷报出了答案。但由于答案不尽相同，同学间引发了一场热烈的"争论"，同桌间有的开始相互交流与探讨，全班同学进入思索、探寻乃至论辩之中，课堂内一派"热闹情形"。（这正是我事先预料、设想的情景，我暗自得意，甚至"一阵惊喜"。）

追问缘由：3分钟之后我询问同学们所得到的答案（同学们的答案五花八门，有五六种之多，但这恰在我的意料之中），于是我便请他们叙述得出各自答案的方法、思路、理由与依据。

学生1（愉快地、非常自信地回答）：老师，我认为只有16种。我是这样思考的：因为要求第一号盒子内"有球"，就是说第一号盒子内"至少"要有一个小球，这一要求与我们昨天做的一道习题类同。而三个小球完全相同，为此只需采用"先入为主"的方法，即先从三个小球中任取一个放在第一号盒子内，这样便确保第一号盒子"有球"，然后将其余两只小球任意放入四只盒子即可，因此共有：$4\times4=16$种不同放法。回答完毕。（话音一落，便招致一批同学的反对，课堂内议论纷纷。）

学生2（果断地反驳）：我认为应当有48种不同的放法。我的想法与小强（即第一位同学）是相同的，也就是"先下手为强"，即先从三个小球中任取一个放在第一号盒子内，这样便确保第一号盒子"有球"，然后将其余两只小球任意放入四只盒子即可，但问题是从三只相同的小球任取一只放在第一号盒子内却有三种取法，因此应当有：$C_3^1C_4^1C_4^1$（即$C_3^1\cdot4\times4$）$=48$种不同的放法。

教室内立即发出一阵"对"的应答声，看来他的结论赢得了一大群同学的认可。但从其他同学的表情来看，仍有相当一批同学一脸茫然，对该生的答案似乎有异议。对此我"看在眼里、记在脑中、喜在心头"，因为课前自己想看到的情景今天都上演了，心中不免"一阵窃喜"。但我仍然洗耳恭听，保持"沉默"，只是用肢体语言回应学生们的争论，我希望他们能"热烈地、自由地、自然地"继续争论

① 本案例由浙江省青田中学蒋海瓯设计。

下去,因为“好戏”还在后头。

学生 3(一位女生红着脸站起来,微笑地发表见解):老师,刚才这位同学的求解方法我非常赞赏,但我认为这 48 种方法中有许多重复现象,应当给予扣除,除以 2,即 24 种方法才是正确答案。(部分同学竟自发性地鼓起掌来,表示对这位女生的敬意和对她的答案的肯定。)

老师(终于沉不住气了):很好!同学们开动脑筋积极思考,探索求真,寻求答案,令我大开眼界。那么,小球不同的放法到底是 16 种、48 种、24 种,还是有其他答案?(话音刚落,一大批同学纷纷举手,争先发言。)

学生 4(表情严肃、一脸皱眉疑惑地发言):老师,我觉得他(指“学生 2”)和她(指“学生 3”)解释得都很有道理,但我详细地解出来却不是这两个答案,而且解题过程我认为没有错,只是求解过程复杂了一些,不知道对不对,我的答案是 37 种!(我立即请他上台来详细叙述求解过程,他便道出了他的思维过程。)我是抓特殊元素“某一个小球”分四类来处理的(为说明方便起见,不妨将三只小球涂上红、黄、蓝三种颜色以示区别):第一类,若红色小球放第一号盒内,则另两只小球可随意放,有:$C_4^1C_4^1=16$ 种放法(这就是“第一位同学”求得的答案,但这位同学把此作为最后的答案就错了,因为还有下列三类情况出现);第二类,若红色小球放第二号盒内,为保证“第一号盒子内有球”这一要求,则又有下列两种情形,即黄、蓝两只小球可能“只有一只放入第一号盒内”(此时另一只小球只能放入其余三个盒子内)或“两只都放入第一号盒内”这两种情形,这样有:$C_2^1C_3^1+C_2^2=7$ 种放法;第三类,若红色小球放第三号盒内;第四类,若红色小球放第四号盒内,这两类均同样得出分别有:$C_2^1C_3^1+C_2^2=7$ 种放法,故共有:$16+7+7+7=37$ 种放法。老师您认为这样求解对吗?(面对“学生 4”详细、清晰的叙述与解答,我和同学们都赞叹不已,课堂内立即爆发出热烈的掌声,把课堂气氛推向了高潮。)

学生 5(等不得老师回答“学生 4”的发问,争抢着发言了):我认为他的解法是很好,答案应当是正确的。但我觉得不需要分成四类,具体求解时可以更简单些,只要分成两类就可以了,因为红色小球放在第二号、第三号、第四号盒内情形是一样,可以合并成一类,实现快速求解,因此我的求解式子为:$C_4^1C_4^1+C_3^1(C_2^1C_3^1+C_2^2)=37$ 种放法。

老师:非常好!求解排列组合应用问题就应当学会“合理分类,巧妙分步,多方求解,殊途同归,最后寻求到正确答案”。这是求解排列组合应用问题的基本方法,也是正确解答排列组合应用问题的有效方式,同学们必须细心体味,熟练运用。现在看来“先下手为强”的求解方法并不可靠,37 种放法应当是正确的答案了。(做对答案的同学心里非常高兴,课堂内发出了响亮的笑语声,气氛更为和谐。但细心观察，仍有部分同学在苦苦思索，看来还有相当一部分同学没有解开心中的疑虑。于是我决定将这出“好戏”继续唱下去。）那么是否还有其他不同的解法？请同学们畅所欲言吧！

学生 6（爽快地回答）：我是抓特殊位置“第一号盒子”分类处理的，我觉得这样求解更加清晰明快。第一类，若第一号盒内放一个小球，则有 $C_3^1C_3^1C_3^1=27$ 种放法；第二类，若第一号盒内放两个小球，则有 $C_3^2C_3^1=9$ 种放法；第三类，若第一号盒内放三个小球，则有 $C_3^3=1$ 种放法，故共有：$27+9+1=37$ 种不同的放法。（他的求解迎来了同学们的一片“赞叹”。）

老师：好！同学们应当注意，“元素”与“位置”是排列组合中的两大基本要素。本题中可将“三个小球”视为“元素”，而将“四个盒子”视为“位置”。考虑问题时，有时“用元素选位置”（即用“元素分析法”）方便，有时“用位置选元素”（即用“位置分析法”）简单，同学们要针对不同的问题，灵活运用，巧妙求解。

学生 7：我认为他们解得都很好，但都显得较为繁琐，其原因在于都是从“正面入手”解决问题。我认为按照“正难则反”的思想，从“反面入手”排除处理，本题的求解就非常简洁。因为三只小球任意放在四个盒子内，非常清楚地共有 4^3 种不同放法，而第一号盒子内没有小球的放法类似地就有 3^3 种不同放法，故第一号盒子内有球的不同放法共有 $4^3-3^3=37$ 种。（话音一落，便赢得广大同学的“喝彩”。）

老师：对！排列组合应用问题的求解非常灵活，可以“直接正面”求解，也可以“间接反面”求解，有时“反客为主”，实施“正难则反”战术，往往能出奇制胜，一气呵成！

学生 2（站起来再度发言）：老师！我仍然不明白，我那“先下手为强”的求解方法得出的答案多了（答案为 48 种，多出了 11 种放法），而贵霞同学（指“学生 3”）将其除以 2，答案又少了（答案为 24 种）？我们的解法到底错在哪？

老师：是啊，同学们，他们的求解到底错在哪？[把新的问题再度“抛”给学生，但愿学生能自己寻找到错误的原因。（这样做的意图是想充分“暴露”学生用那种所谓的“先下手为强”的求解思考所引发的“操之过急、顾此失彼、欲速则不达”的真正原因，力求让学生自己解开心中的“谜团”，进而与学生共同探讨、研究与总结出解决这类“至少”“至多”问题的基本的、常规的求解方法。）至此，学生们又一次进入了积极、安静、深深的思索探寻之中。]

学生 8（2 分钟之后回答）：我想他（指“学生 2”）的那种所谓的“先下手为强”的求解方法的确能保证“第一号盒子内至少有 1 只小球”，但殊不知却出现了重复现象，而这种重复又不是“整体性重复”，因此她（指“学生 3”）将其除以 2 的答案也是不对的。至于什么时候出现重复，什么时候不出现重复现象，说真的，我仍然不太清楚。

老师：他(指“学生 8”)说得很有道理。请问同学们：“学生 2”的“先下手为强”的求解过程，到底在什么时候出现重复，什么时候又不出现重复现象？(我仍然想让学生自己来解开这一“题结”，但此时学生们却“沉默了”。)大家好好想想吧！

学生 9(思索一会儿后，忽然举手发言)：很显然，他(指“学生 2”)先从三个小球中任取一个放在第一号盒子内(为说明方便起见，不妨设放入第一号盒子内的为“红色小球”)，得出的共有 $C_3^1C_4^1C_4^1=48$ 种放法中，当第一号盒子内只有一只球(即只有“红色小球”)时，不会出现重复现象。但当第一号盒子内有两只小球时，便会出现重复现象了。因为此时若假设放入第一号盒子内的两只小球为“红、黄”色球，那么按“红、黄先后顺序”与“黄、红先后顺序”放入“第一号盒子内”的放法是属于同一种放法，而上述求解中显然把它当成是两种不同的放法了，因此他的 $C_3^1C_4^1C_4^1$ 种放法中，出现了 $C_3^2C_3^1$ 种重复现象，应当予以排除。而当第一号盒子内有三个球(红、黄、蓝色三个小球全放入第一号盒子内)时，也会出现重复现象，因为很显然此时只有一种放法，然而按上述计算却成为三种了，此时还需再扣除这多出的两种放法。因此，如果按他的求解思路，正确的求解式子应当为：$C_3^1C_4^1C_4^1-C_3^2C_3^1-2=37$ 种不同的放法，这样就会得出正确答案了。

老师(心中乐了)：对了！同学们真行！这位同学分析得非常好，说明得非常清楚。现在我们明白了“先下手为强”求解产生错误的关键是出现了“局部性重复”现象，而这种重复常常难以发觉，即使发觉了也不便排除哪！因此“先下手为强”不足取呢！那么，请问同学们：今后求解这类“至少”的问题，应当采用什么方法比较可取呢？

同学们齐声响亮回答：用“正面分类求解”或用“反面排除解答”比较好！

老师：完全正确！

(本案例教学到此为止。)

【理论聚焦】

美国约翰·杜威(John Dewey)的“做中学”和杰罗姆·布鲁纳(Jerome. S. Bruner)的“发现法”是研究性学习的萌芽。

1909 年，美国著名教育家约翰·杜威针对美国学校科学教育只让学生学习大量的科学知识、概念和原理的现状，在美国科学进步联合会的发言中提出质疑。他指出，科学教育不仅仅是要让学生学习大量的知识，更重要的是要学习科学研究的过程或方法，提出了“做中学”的口号，并在芝加哥部分学校开展实验。杜威认为，经验包括一个主动的因素和一个被动的因素，这两个因素以其特有的形式结合着。这两个因素就是体验和承受，体验是为求得某种结果而进行的尝试，承受是接受感觉或承受体验的结果。也就是说，只有当主动的尝试和被动的承受结合在一起的时候，才构成了经验。他认为，要保障人类经验的传承和改造，学校教育就必须为学生学习知识提供一定的资料，而他们要真正获得真知，则必须通过运用、尝试、改造等实践活动来获取，这就是“做中学”。

20 世纪 50 至 60 年代的美国课程改革中，著名教育心理学家杰罗姆 ·布鲁纳倡导“发现学习”。与此类似的是教育家施瓦布提出的“探究性学习”。关于探究性学习的重要性，布鲁纳曾在《教育过程》一书中作了明确的阐述，概括为三点：(1)它有助于提高学生探求未知事物的能力，促进科学概念的形成，强调学生的直接经验或自发兴趣，主张排除种种限制，为学生提供自动成熟与发展的学习环境。坚持改善我们的观察力与获得知识的方法，会提高我们表述法则的精确性，加强对无数真理的阐释。(2)它有助于使学生体会到自我发现的成就感，以培养学生积极的探究兴趣和态度。关于怎样理解学生自我发现精神的问题，布鲁纳曾指出，发现不限于寻求人类尚未知晓的事物，还包括用自己的头脑亲自获得知识的一切步骤。所以，学生的发现主要是再发现。(3)它有助于学生学习发现问题和解决问题的科学方法。发现学习的贯彻实行，要求教师真正通晓有关学科的基本结构，掌握如何发现原理的具体过程，并且要具有耐心和灵活机动等品质，要根据学生的不同发展阶段的特点、学科的性质和学习进程的阶段性来安排教学内容。要求教师创造一种有利于学生独立思考的气氛，尽可能创造各种有利于发现的机会，提出一些具有启发性的问题以使他们体验到某种程度的不确定性，帮助学生寻找和审查有关资料，找到应有的结论。

【拓展阅读】

(1)柳晓盛：《高中数学研究性学习探析》，《教学方法》2011 年第 19 期。

(2)王声龙：《高中数学研究性学习及问题探究》，《中学数学参考》。

(3)赵建萍、田维：《研究性学习在创新人才培养中的实践——以德宏师专数学建模竞赛的实践为例》，《德宏师范高等专科学校学报》2010 年第 4 期第 19 卷。

【案例研讨】

1. 该如何摆正研究性学习和接受性学习的关系？

2. 研究性学习对数学教师综合素质提出了哪些更高的要求？

【案例评析】

研究性学习是以“培养学生具有永不满足、追求卓越的态度，培养学生发现问题、提出问题从而解决问题的能力”为基本目标；以学生从学习生活和社会生活中获得的各种课题或项目设计、作品的设计与制作等为基本的学习载体；以在提出问题和解决问题的全过程中学习到的科学研究方法、获得的丰富且多方面的体验和获得的科学文化知识为基本内容;以在教师指导下,以学生自主采用研究性学习方式开展研究为基本的教学形式的课程。所谓接受学习,指人类个体经验的获得,来源于学习活动中,主体对他人经验的接受,把别人发现的经验经过其掌握、占有或吸收,转化成自己的经验。接受学习区别于研究性学习之处在于这种学习中,主体所得到的经验是来自经验传递系统中他人对此经验的传授,并非来自他自己的发现与创造。

研究性学习作为必修课程,已经进入中学课堂。在我们着眼于如何开展研究性学习的同时,有一个不能忽略的问题必须引起我们的重视,那就是研究性学习对教师提出了怎样的要求,教师应如何适应这一教育形势。

首先是教学观的转变。教师在学科教学过程中改变传统的只求读懂教材的做法,多向学生传授学习方法,培养学生自学能力。同时,要发挥学生的主体性,运用各种方式、途径、策略引导和激发所有学生主动参与到教学中来,使学生成为教学过程的主体,成为学习活动的主人,教师要为学生创造条件,对问题的分析不要武断,要给学生留下更多的独立思考的空间,让学生通过思考形成自己的独立见解。

其次是教师角色必须转换。其一,教师要变知识传授者为学习指导者。传统学科教学中,教师往往是以知识传递者的身份出现的,他是知识的权威,对教学内容具有决断力,决定着课堂教学的内容和形式,师生之间的关系是授受型的。而在研究性学习中,教师将成为学生学习的促进者、组织者、指导者,教师和学生的关系是平等、合作型的。教师要尊重学生独特的个性和学习风格,因势利导,使学生更充分地发挥自己的个性。其二,教师要变问题解答者为问题意识培养者。研究性学习需要学生有问题意识,善于思考,勇于探究,能发现问题,提出问题,并能自己解决问题。教师在教学过程中要培养学生的质疑能力,培养学生多角度思维的能力。要教育学生不唯书,不唯上,有主见,敢于发表自己的见解。学生发现了问题,教师要给以肯定,并鼓励学生自己寻找问题的答案。学生有了要发表自己见解的欲望,才会更积极主动地探求,才会发现更多的问题,有了发现,才会有创新。其三,教师要变独立的个体劳动者为与人合作者。研究性学习不是一个人的力量所能完成的。研究性学习经常会和其他学科的学习结合,更会广泛地联系社会。多方开发教学资源,还需要得到校内外的各种教育力量和社会力量的支持。所以,研究性学习背景下的教师要有合作意识,要学会与人沟通,善于与人合作。

最后是教师要提高自身学养。要指导学生开展研究性学习,教师自己先要具备相应的能力。一是要懂得研究性学习的一般理论,从宏观上把握其精要,了解研究性学习的开展过程、方式方法等。二是自己会用研究性学习理论指导自己的学习。实践出真知，在亲身实践中摸索规律，形成能力，才能指导学生的实践。教师必须学识渊博、视野开阔。除专业知识需要不断更新和拓展以外，其他门类的知识也应广泛涉猎。对学生研究的课题，自己也要加以研究，在占有大量资料的基础上，形成自己的见解，这样才有利于指导和评价学生的研究。教学过程中教师要为学生创设一种科学研究的情境，引导学生以研究的眼光去发现问题，用研究的方式去解决问题。教师增强了科研意识，提高了科研水平，才可保证研究性学习的顺利开展，也才能体现新型教师的风采。

本教学案例再一次显示：高中数学研究性学习应着重于学科内的探索与研究，把“数学研究性学习”与“数学案例教学”有机地结合起来，大胆地将数学中的常见问题设置成“案例的形式”进行探索与研究。这会大大地激发学生强烈的主体意识、积极参与意识和自主探究意识，会极大地丰富与拓展高中数学研究性学习的内涵与外延，从而使高中数学研究性学习乃至整个高中数学教学焕发出勃勃的生机与活力。

案例 3-3　在立体几何教学中如何应用类比的思想

问题是数学的心脏，数学正是因为不断地有新问题的提出和新问题不断地被解决才充满蓬勃的生命力，而类比在数学发现中具有十分重要的作用。例如，对于类比，德国天文学家、数学家开普勒就指出：“我珍视类比胜于任何别的东西，它是我最可信赖的老师，它能揭示自然界的奥秘，在几何学中它应该是最不容忽视的。”类比，作为合情推理的一种重要形式，对于发展学生的创新精神也具有独特的价值。如何在立体几何的教学中应用类比思想，值得我们不断探讨。

【案例呈现】　推理与证明(苏教版选修 1-2 第二章)①

例 1　证明等腰三角形底边上任意一点到两腰的距离和为定值。

如图 3-3-1 所示，已知在$\triangle ABC$(给定的)中，$AB=AC$，D 是 BC 边上任意一点，$DE\perp AC$ 于 E，$DF\perp AB$ 于 F。求证：$DE+DF$ 为定值。

教师：请大家思考一下如何证明这个问题。

学生：如图 3-3-1 所示，连结 AD，作 $BG\perp AC$ 于 G。

因为 $AB=AC$，

① 本案例由江苏常州高级中学杨元铧设计。

所以 $S_{\triangle ABC}=S_{\triangle ADC}+S_{\triangle ADB}$

$$=\frac{1}{2}AC\cdot DE+\frac{1}{2}AB\cdot DF$$

$$=\frac{1}{2}AC(DE+DF)。$$

又因为 $S_{\triangle ABC}=\frac{1}{2}AC\cdot BG$，

所以 $DE+DF=BG$ 为定值。

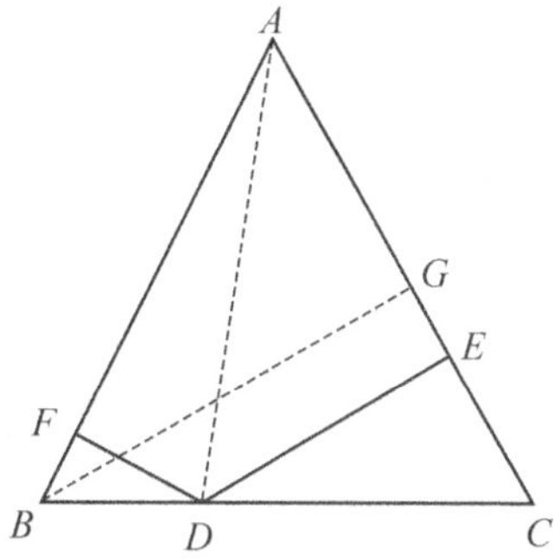

图 3-3-1

教师：很好！刚才我们证明的是一个平面几何问题，你能运用类比思想将命题从平面推广到空间吗？

学生：正三棱锥底面上任意一点到三个侧面的距离和等于定值。

教师：你将平面中的三角形类比于空间中的三棱锥，这样做的合理性在哪里？你能解释一下吗？

（该生暂无法说出。）

教师：请大家再仔细思考一下，可以从三角形在平面中的地位上加以考虑。

学生：三角形是最简单的多边形，三棱锥是最简单的多面体。

教师：对，三角形是由 3 条直线围成的封闭图形，在平面上两条直线不能围成封闭图形。三棱锥是由 4 个平面围成的封闭体，在空间中三个平面不能围成封闭体。它们都称为“单形”，三角形是二维单形，三棱锥是三维单形。

教师：为什么平面中的等腰三角形类比于空间中的正三棱锥，其合理性又在哪里？

学生：等腰三角形两条边相等，而正三棱锥三个侧面全等。

教师：很好！我们可以引入“边界元素”这个概念，三角形的边界元素为通常的边，三棱锥的边界元素为各个面。这样它们的共性就是：除一个边界元素（记为 M）外的其他所有边界元素都相等（全等），那么如果我们推得的结论是正确的话，那么我们就可以把结论统一起来，也就是……

学生：边界元素 M 上的一点到其他所有边界元素（这些边界元素全相等）的距离和为定值。

教师：我们把这两个对象的共性理解得非常清楚的时候，类比的结论的可靠性会越好。那么刚才我们类比的结论正确吗？如果正确，你能证明它吗？

学生：正确，我可以用等体积转换的方法证明它。这是我由刚才那个平面问题的证明用等面积转换的方法想到的（简要说明证明的过程）。

教师：很好。这里不仅仅是内容层面的类比，更有方法层面上的类比。

例 2 (1)平面几何中有射影定理：

在$\triangle ABC$中，$\angle C=90^\circ$，过C作斜边AB上的高CD，则$CA^2=AD\cdot AB$。请你类比这个定理，写出立体几何中的一个命题，并判断其正确性。若正确，请尝试给出证明。

(2)平面几何中的勾股定理呢？

教师：我们先考虑第一个问题。

学生：在三棱锥P-ABC中(图3-3-2)，平面PAB、平面PBC、平面PCA两两垂直，$PO\perp$平面ABC于O，则$S^2_{\triangle PAB}=S_{\triangle OAB}\cdot S_{\triangle ABC}$。

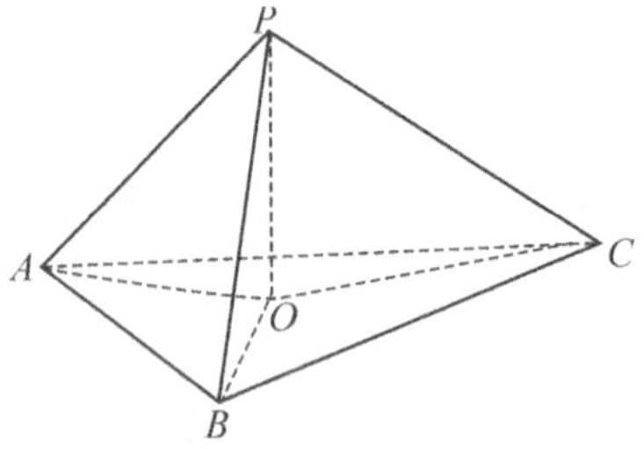

图 3-3-2

学生：它们的共性是除一个边界元素外其他的所有边界元素都两两垂直。这个结论揭示了边界元素及其射影之间的关系。我觉得是对的。

教师：很好！大家能不能证明一下。

(在教师的引导下完成证明，这个证明是将问题转化成平面几何问题，没有借助于类比，过程略。)

教师：那么第二个问题呢？

学生：条件可以同上，结论是$S^3_{\triangle ABC}=S^3_{\triangle PAB}+S^3_{\triangle PBC}+S^3_{\triangle PCA}$。 ………（＊）

教师：大家觉得这个结论正确吗？

学生：不对，上面次数应该是2！$S^2_{\triangle ABC}=S^2_{\triangle PAB}+S^2_{\triangle PBC}+S^2_{\triangle PCA}$。 …（＊＊）

教师：为什么？

学生：可以用特殊情形检验，比如三条两两垂直的棱长为1。

教师：嗯，这样做是比较明智的。类比的结论是否正确我们要先进行判断，然后进行调整，（＊）不正确，调整后的（＊＊）正确吗？

学生：正确。

教师：如何证明？

学生：设两两垂直的三条棱分别是a,b,c，（＊＊）式的右边很容易得出，$\triangle ABC$的面积用海伦公式计算。

教师：嗯，很好，你在下面算算看。

学生：$\triangle ABC$的面积可以这样算，可以用余弦定理先算一个角的余弦，再算它的正弦，最后用面积公式$S=12ab\sin C$求解。

教师：你也可以自己算一算。(绝大部分学生在计算)一学生说：我有好办法！在平面几何中，我们可以用射影定理来证明勾股定理，我们可以类比其方法，用刚刚获证的空间的“射影定理”证明这个空间的“勾股定理”！具体的过程就是：由空间的“射影定理”得 $S^2_{\triangle PAB}=S_{\triangle OAB}\cdot S_{\triangle ABC}$，$S^2_{\triangle PBC}=S_{\triangle OBC}\cdot S_{\triangle ABC}$，$S_{\triangle PCA}=S_{\triangle OCA}\cdot S_{\triangle ABC}$。然后将三式相加即得。

其他学生惊讶：对，太好了！

教师：不错！我们回顾一下刚才这位同学的思维模式：

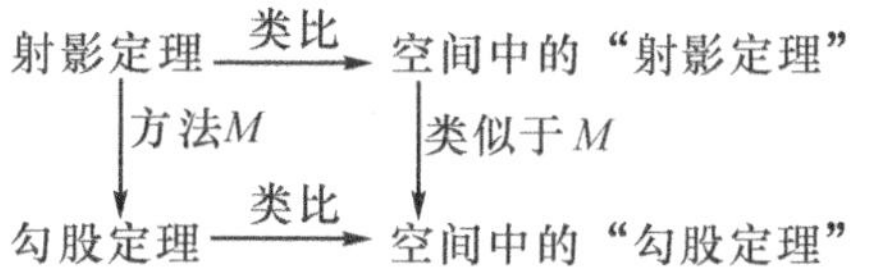

从上面的例子，我们可以说：方法层面上的类比在很多时候对于证明思路的探求是有帮助的。

【理论聚焦】 类比思想及其研究

当人们遇到一个新问题（靶问题），往往想起一个过去已经解决的相似问题（源问题），并运用源问题的解决方法和程序去解决靶问题，这一问题解决策略被称为类比迁移。类比迁移概念建立在多种经典迁移理论之上。因为靶问题与源问题是相似问题，所以两个问题有“共同要素”或“共同原理”，而要从头脑中调出源问题，又涉及认识结构的迁移理论。

类比迁移研究中的相关理论主要如下：

（1）结构映射理论　该理论主要由 D. Gentner 等人提出。其主要观点是：类比迁移是一个结构映射过程，源问题各因素之间的关系（结构）被提取并被应用于解决靶问题。结构映射是类比迁移产生的前提，源问题和靶问题的内容，包括语义领域和问题中的事物，则是相对次要的。问题的内容在源问题的提取阶段起租用，但是在选择源问题和应用于靶问题的解决阶段，问题的结构起着主要作用。

源问题和靶问题之间的匹配或映射可以发生在多种水平上，如事物之间、属性之间、初级关系和复杂关系中。但是，只有由复杂关系所构成的关系系统会被选择和应用到靶问题的解决中，那些低级关系以及对问题解决无关的属性不会映射到靶问题。

（2）实用图式理论　K. J. Holyoak 等人认为：实用图式在类比迁移的选择和映射阶段起着重要的作用。实用图式是指对问题因果关系，即有助于问题目标完成的关系的抽象概括。对源问题因果关系和靶问题因果关系相似性的再认，引导着相关源问题的提取和选择。

（3）示例理论　该理论主要由 B. H. Ross 提出并发展。其主要观点是：与抽象原则相比，先前学习过的例子在类比迁移中起着决定性作用，并引导抽象原则解决靶问题。抽象的原则只有在例子中才能被理解和运用。

【拓展阅读】

(1)刘春艳、郭玉峰:《应用类比实现“特殊与一般”的相互转化——从一道北京高考模拟题说起》,《数学通报》2009 年 12 月。

(2)王莉:《类比思想在数学课堂教学中的应用》,《数学教育》2011 年 14 期。

(3)朱学燕:《类比思想在因式分解教学中的渗透》,《初中数学教与学》2011 年第 4 期。

【案例研讨】

1. 教师应该如何根据课程内容选择类比的形式?

2. 当学生无法识别出当前面对的新知识与自己记忆中已有的某个知识相类似时,教师该如何加以引导?

【案例评析】

数学解题与数学发现一样,通常都是在通过类比、归纳等探测性方法进行探测的基础上,获得对有关问题的结论或解决方法的猜想,然后再设法证明或否定猜想,进而达到解决问题的目的。类比、归纳是获得猜想的两个重要的方法。类比法常分为以下三个类型。

降维类比:将三维空间的对象降到二维(或一维)空间中的对象,此种类比方法即为降维类比。

结构类比:就是某些待解决的问题没有现成的类比物,但可通过观察,凭借结构上的相似性等寻找类比问题,然后可通过适当的代换,将原问题转化为类比问题来解决。

简化类比:就是将原命题类比到比原命题简单的类比命题,通过类比命题解决思路和方法的启发,寻求原命题的解决思路与方法。比如可先将多元问题类比为少元问题,高次问题类比到低次问题,普遍问题类比为特殊问题等。

教师根据课程内容选择类比的形式,是有效教学的关键。

为了使类比在教学中发挥有效的作用,教师在引导学生进行类比推理时应当注意以下原则:

第一,类比所根据的相似属性越多,类比的应用也就越为有效。这是因为两个对象的相同属性越多,意味着它们在自然领域(属种系统)中的地位也是较为接近的。这样去推测其他的属性相似也就有较大的可能是合乎实际的。

第二,类比所根据的相似属性之间越是相关联的,类比的应用也就越为有效。因为类比所根据的许多相似属性,如果是偶然的并存,那么推论所依据的就不是规律的东西,而是表面的东西,结论就不大可靠了。如果类比所依据的是现象间规律性的东西,不是偶然的表面的东西,那么结论的可靠性程度就较大。

第三，类比所根据的相似数学模型越精确，类比的应用也就越有成效。因为只有在精确的数学模型之间作出类比，才能把其中相关的元素分别准确地对应起来，才能较为有效地作出新的发现。

本案例很好地揭示了以下两点：

(1)类比的结论可能会有多种，这些类比所得结论甚至全部都可能会是错误的。本质的问题出在这个地方：学生对于可以作类比的两个对象之间的共性或者说相似性把握不够清楚，带有很大的随意性。所以教师应该引导学生关注类比的对象是什么，有什么合理性，两个对象的元素是怎样对应的，又有什么合理性。这样可以最大限度地帮助学生减少类比的盲目性。

(2)既要学会猜测，也要学会论证。在证明之前应该做适当的估计，可以借助于特殊化或者极端化的思想来检验。例如案例中出现的 3 次幂，可以通过特殊化的方法进行检验。对于认为比较合理的结论要勇于尝试证明，可以适当借鉴原命题的证明方法，这是方法层面上的类比。这种探求证明思路的方式有时会显得尤为重要，比如根据例 1 类比所得结论的证明就可以借助于平面问题中的面积分割的想法。解决立体几何问题一般来讲常用的两种思路是：一是转化为平面几何问题，二是寻找一个平面几何相似的对象，通过类比获解。这说明类比在解决立体几何问题中的作用是不可忽视的，所以应该引起高度的重视。

案例 3-4　如何深度解剖数学例题

数学教学内容知识(mathematics pedagogical content knowledge，简称 MPCK)是数学教师从事专业教学所应具备的核心知识。由于 MPCK 对于教师的专业成长具有决定性作用，对 MPCK 的研究也因此逐渐成为近年来各国数学研究者普遍关注的热点问题。数学教师的任务是从教学的角度组织与使用这些数学知识，目的是帮助学生正确理解与掌握相关的数学知识。对教师 MPCK 的“动态本质的建构”研究可以深刻揭示出数学教师独有的知识类型。而教师 MPCK 的发展亦是一个主动将学科知识和教学知识不断进行建构、融合的过程。

【案例呈现】　一道例题的剖析①

例　设 $\alpha,\beta\in\mathbf{R}$，且 $(\alpha-1)^3+1997(\alpha-1)=-1$，$(\beta-1)^3+1997(\beta-1)=1$。求 $\alpha+\beta$ 的值。

---

① 本案例由四川师范大学数学与软件科学学院张红、孙立坤、李昌勇设计。

解法一 令 $\alpha-1=m,\beta-1=n$，

原式化为：$m^3+1997m=-1,n^3+1997n=1$，

两式相加得：

$m^3+1997m+n^3+1997n=0$，

因式分解得：

$(m+n)(m^2-mn+n^2+1997)=0$，

因为 $m^2-mn+n^2+1997>0$，

所以 $m+n=0$，

即：$(\alpha-1)+(\beta-1)=0$，

所以 $\alpha+\beta=2$。

初中教师的 MPCK 分析：

(1)从 MK 的角度：本问题首先涉及教师对初中教学大纲的把握及立方和公式与多项式乘法和因式分解之间的关系。其次在解题中涉及含双元多项式的因式分解法。

(2)从 PK 的角度：本题在初中阶段的解决重点需要教师对知识点的分析，教学方法上采用讲授法帮助学生理解。

(3)从 CK 的角度：初中阶段学生在解题中要培养观察能力，在保持知识点连贯性的基础上，向学生渗透高等数学思想方法中的变元思想，提高对解题思想和解题方法的理解与运用能力等，为高中学习做好准备。

(4)MPCK 的综合运用：初中阶段虽然对立方和公式的掌握不作要求，但教学经验丰富的教师知道它在初中解题和将来与高中数学课程的衔接等方面所起到的重要作用，因此会在学习因式分解阶段将此类知识点作为一种解题技能补充渗透给学生。

初一下册教材第一章“多项式乘法”一节的课后有一习题：求多项式 $(m+n)(m^2-mn+n^2)$ 的乘积（结果为 m^3+n^3）。教师会利用这道题的问题和结论作为解决立方问题的依据或切入点：

令 $(\alpha-1)=m,(\beta-1)=n$，将原式化为：$m^3+1997m=-1$，$n^3+1997n=1$。

运用观察法发现题中出现互为相反数的 1 和 -1，若将二式相加则会出现 0，原式可能会变得简便，教师引导学生将二式相加得到：

$m^3+1997m+n^3+1997n=0$ ①

教师可运用教学法知识(PK)引导学生回忆此问题和结论，利用“多项式乘法与因式分解是互为逆运算的关系”这一结论用分组法将式①变为：

$(m+n)(m^2-mn+n^2)+1997(m+n)=0$，

提取公因式后得：

$(m+n)(m^2-mn+n^2+1997)=0$。

由多项式乘积的性质：两个多项式的乘积为0，则其中至少有一个多项式为0，得到：

$m+n=0$　　②

或 $m^2-mn+n^2+1997=0$　　③

证明式③>0：m^2-mn+n^2 为含双元变量多项式，可令 m 为未知数，n 为常数，配方得：

$(m-n)^2\geqslant 0$，所以 $m^2-2mn+n^2\geqslant 0$，

所以 $m^2+n^2\geqslant 2mn$，

所以 $m^2-mn+n^2+1997>0$，$m+n=0$，

即：$(\alpha-1)+(\beta-1)=0$，$\alpha+\beta=2$。

可见教师在解题教学中如何立足课本，将问题还原至学生已有的知识背景和思维水平，如何从多个角度看到大局，将初高中教学知识点连贯起来，在教学环节中运用 PK、CK、MK 引导学生进行问题解决，在适当的条件下向学生渗透现代数学的解题思想、方法等，都是初中教师能否丰富与灵活运用 MPCK 的体现。此外，教师运用 MPCK 选择适应学生学习水平的解题方法和引导过程也是教师 MPCK 知识重建的一个重要过程。

解法二　令 $f(x)=x^3+1997x$，则易知：$f(x)$ 是奇函数，则：$f(\alpha-1)=-1$，$f(\beta-1)=1$，所以 $f(\alpha-1)=-f(\beta-1)=f(1-\beta)$。

又因为 $f(x)$ 是单调递增函数，所以 $\alpha-1=1-\beta$，

即 $\alpha+\beta=2$。

高中教师的 MPCK 分析：

(1)从 MK 的角度：函数概念及性质如函数单调性可以用来解方程判断方程根的情况。

(2)从 PK 的角度：在实际教学时，可适当选择启发式教学策略或小组讨论的形式引导学生找出题目特点，运用相应知识点解题。

(3)从 CK 的角度：高中学生的认知水平较高，可渗透较高的数学观点如代数基本定理并与学生探讨根的情况。

(4)MPCK 的综合运用：利用奇偶函数的特点之一“奇函数没有偶次项”和函数的单调性让学生运用构造法构造函数：$f(x)=x^3+1997x$，在方程根的估计过程中，有经验的教师会适当渗透“在高等代数的解题中是如何判断实系数奇次方程根的个数情况”，对于这道题，当 $f(x)=0$ 时方程至少有 3 个实根，并描绘出 $f(x)$ 的大致图像，让学生理解图像穿过 x 轴的次数即为实根的个数，渗透高

等代数的解题思想方法。

易知 $f(x)$ 为奇函数，且：$f(\alpha-1)=-1$，$f(\beta-1)=1$，

所以 $f(\alpha-1)=f(1-\beta)$，

因为 $f(x)$ 单调递增，

所以 $\alpha-1=1-\beta$，即 $\alpha+\beta=2$。

教学过程中直觉知识和默会知识是教师决策的核心依据。教师对解题方法的选择与呈现方式都基于教师的数学知识与实践经验。教师如何把握学科的特点、知识的科学性、课堂教学结构、各环节的逻辑关系、科学方法的运用等，都在不同程度上体现出教师 MPCK 的运用程度。

解法三 构造函数 $f(x)=x^3+1997x+1$，由代数基本定理可知：每个次数 $\geqslant 1$ 的复系数多项式在复数域中有一根。因为虚根成对出现，则至少有一实根。

由题知：$f(\alpha-1)=0$，$\alpha,\beta\in\mathbf{R}$，则 $\alpha-1$ 是实根；同理：$f(1-\beta)=0$，$1-\beta$ 是实根。所以 $\alpha-1=1-\beta$，即 $\alpha+\beta=2$。

这种解法属于高等代数解法。从这种解题方法的角度回顾前两种解法不难发现，教师对于一些初等数学问题的解决无时无刻不蕴含着高观点的数学思想（如化归思想、结构思想、函数思想等）与解题研究方法（如构造法、抽象法、算法程序化方法等）。

高等数学的特点是具有广泛采用抽象方法的特点，它把数学对象进行分类，从不同的具体事物或进程中抽象出它们的共同的质的关系，因此同一数学理论能够反映不同的具体事物或进程中的共同关系，并能够在不同的领域中得到应用。基于这些特点，在教师培训中向教师渗透高观点的解题方法和思维方式，对教师如何在更广阔的知识背景下解读教材，将已有知识与更高层次数学知识联系在一起，最终丰富教师的 MPCK 是很有帮助的。

【理论聚焦】

Shulman 把教师的知识分为三类：(a)学科内容知识；(b)学科教学内容知识；(c)课程知识。其中，学科教学内容知识（PCK）来源于学科内容知识，但却是从学科内容知识的维度上来理解的，学科教学内容知识是指在学科领域中存在大量的专题教学中最有用的表征形式，最强有力的有类比、图示、例证、解释与演示。一句话，就是使人易于懂得该学科内容的表达和阐述方式，它还包括“知道不同年龄和背景的学生在学习那些最经常教授的课题时已具有的一些日常概念和先入之见，这些日常概念和先入之见会使具体内容的学习变得容易或更困难”。

这是历史上首次提出 PCK 的术语，PCK 一经提出后就引起了研究者的广泛关注，自此以后，许多研究者把研究目光投向学科内容与教育理论的关系上，使得对教师知识的研究向前推进了一大步，同时也大大丰富了 PCK 的内涵。需

要说明的是，PCK 在国内大致有两种译法：一种是翻译为“学科教学知识”，并与我国学科教学传统结合起来研究，另一种是突出从教学法上理解学科教学内容，翻译成“教学内容知识”。

【拓展阅读】

(1)梅松竹、冷平、王燕荣：《数学教师 MPCK 之案例剖析》，《中学数学杂志》2010 年 6 月。

(2)Shulman, L. S. Knowledge and Teaching Foundations of the New Reform. *Harvard Educational Review*, 1987, 57:1

(3)Thomas P. Carpenter, Elizabeth Fennema and Megan L. Franke. Cognitively Guided Instruction: A Knowledge Basefor Reform in Primary Mathematics Instruction. *The Elemen tary School Journal*, Vol. 97, No. 1, September 1996, pp. 3-20

(4) 黄毅英、许世红：《数学教学内容知识——结构特征与研发举例》，《数学教育学报》2009 年第 1 期。

【案例研讨】

1. 数学教师该如何提高自身的 PCK 知识，如何改善数学观和数学教学观？

2. 高中数学新教师与经验丰富的教师的 PCK 差异表现在哪些方面？

【案例评析】

数学教学内容知识(MPCK)是一种能够把科学形态的数学有效地转化为教育形态的知识。在日常数学教学中，教师不断地运用 MPCK 指导课堂教学，评估教学过程，呈现数学背景，体现数学本质等。教师一旦建构起自己的 MPCK，就会内化为教师解释、认识、评价教学事件的框架和模型，并以这种框架或模型去分析、说明、论证、评价教学中的问题，形成个人独有的处理各种教学问题的原则和方法。可见针对教师开展 MPCK 的研究，对促进教师的专业化成长具有重要意义。在中学数学教学的过程中，由于学生的心智发展水平和学习特点还处于发展阶段，因此对于教材中的一些问题只是作简单的阐述，并不需要进行探究和讨论。但作为知识拥有者和传授者的教师本身，问题的掌握不可能仅局限于中学那种肤浅的理解层次，而应该在可研究的问题上从高观点、数学史的发展角度去剖析教材与数学问题，高处着眼，低处入手，深入浅出地对其进行探究和挖掘，沟通基本概念间的相互联系，揭示问题的本质含义。正如德国著名数学家克莱因所说的，只有在完全不是初等数学的理论体系中，才能深刻地理解初等数学。

常见的对数学教师进行数学教学内容知识(MPCK)培训的切入点主要包

括:数学知识结构的解读、引入数学史、学与教过程中常见的疑点。如何在教师培训中引用适当的案例来指导教师进行教学知识的自我重建是教育研究者应重点关注的问题。教师在专业成长中 MPCK 的发展会不断受到教学环境等外界条件的影响和制约,因此选择代表性的案例对职前、在职教师进行定期的专业化培训,从不同的角度向教师演绎高等数学中所蕴含的解题方法及数学思想,引导教师在初、高中数学与高等数学之间建立纵向联系,丰富教师的数学内容知识(MCK)和数学教学法知识(MPK),提高中学数学研究的立足点,是帮助中学数学教师发展与重建数学教学内容知识(MPCK)、提高自身数学素养、从新手教师蜕变为专家教师的一个有效途径。

高中数学新手教师与专家教师的 PCK 差异表现主要在以下几个方面:

一是新手教师与专家教师在教学设计中目标、内容(任务)、对象、策略四要素的比较。

在制定教学目标上,新手教师和专家教师对新课程都有良好的认知,强调三维目标的落实,学生主动学习和联系生活。但在目标表征的背后,新手教师和专家教师存在着质的差别。专家教师能正确预见学生的学习经验,能充分考虑知识在教学中的前后联系,并加以灵活地运用;新手教师做不到这一点,设计仅是“骨架”。

在确定内容上,新手教师和专家教师都能把握住教学重点。但新手教师注重的是课例标准引导下的教学,较程式化;专家教师注重学生有效获得知识、能力的教学,教学任务为学生的能力提高而设定。

在把握对象上,新手教师和专家教师对教学对象的学习基础、认知风格和易理解、误解知识的定位有很大差别。新手教师不能有效把握教学起点,对学生缺乏信心,认为当堂教学后 30%～40%学生不理解知识,需要个别指导。专家教师对学生的学习基础和教学中碰到的问题、困难有充分、正确的认知,对学生容易误解的知识(难点)有充分预设,学科知识的联系有深度的把握。

在选择策略上,新手教师与专家教师都能从新课改理念出发选择教学策略、方法,强调课堂联系生活,注重学生动手操作。但新手教师比较机械,按课例的标准按部就班,缺乏对课堂实际的思考。专家教师有自己独特的见解,注重学科性质和学生实际来组织教学,强调在有效指导基础上学生有意义的探索,注重课堂教学效率和学生的实际获得,以学生的有效获得来选择教学策略与方法。

二是新手教师和专家教师课堂教学过程、教学方法、教学效果三要素的比较。

新手教师和专家教师在课堂教学过程(知识的呈现方式)中有很大的差别。新手教师有铺垫,但铺垫的意义不大,缺乏为学生正确理解新知而设置铺垫;专家教师的铺垫不但有意义，而且能为学生的理解而设计，重点凸显、难点有效突破。新手教师无关键问题设置，仅回忆旧知识；专家教师有关键问题的设置，通过有意义的指导为学生的自主探索铺平道路。新手教师对学生的探索与练习有一定层次，但未作精加工，较机械；专家教师能作精加工，有效指导与学生自主探索相融合，并能渗透数学思想方法。新手教师课堂总结没有在帮助学生理解知识和形成能力上"重敲"，建立起数与形的联系；专家教师做到了这一点。新手教师标准引导的取向明显，缺乏对学生有效学习的关怀；专家教师始终以学生有效学习为取向，对学生的认知和学习状态有深切的把握。

新手教师和专家教师在探究新知和实验验证两个项目中所用时间有显著差别。新手教师注重学生的实验验证，主要精力和时间花在练习上，练习指向全体学生基础知识的掌握，但是忘记了探究活动的根本，练习时间把握不准。专家教师主要的精力和时间花在探究新知识上，强调理解基础上的运用，注重过程性指导，帮助学生养成正确的练习观。

新手教师低认知水平的提问(管理性、记忆性的提问)明显多于高认知水平的提问(理解性、探究性的提问)，而专家教师正好相反。新手教师的问题没有明确导向性和目的性，比较随意，对学生的回答只是给予简单评价，而且课堂提问主要集中于成绩优秀的学生。专家教师提问主要集中在促进学生理解和探究能力上，问题具有组织性、层次性、启发性，能及时反馈。新手教师更多地控制课堂，以完成任务为主；专家教师对课堂的控制更为柔性，以教学为主。

新课程的思想和理念在课堂中体现明显，但新手教师缺乏方法和内容融合的技巧，对课堂、学生缺乏细节关怀。专家教师能从学科本义上去理解、把握教学，新课程理念和特定知识内容教学融会贯通。

三是新手教师和专家教师课后反思内容、特征的比较。

新手教师和专家教师在反思内容、特征上有实质性差别。新手教师更多关注的是课堂的表象问题，如师生的课堂行为、言语、教学方式等；而专家教师关注更多的是学生的有效学习、知识的正确理解和能力的发展问题，专家教师反思深刻且有相应的措施跟进，新手教师做不到这一点。

案例3-5　构建函数模型，解决实际问题

解决问题是指解决新的问题，即所解答的问题是首次遇到的问题，是受目标指引的认知性操作序列。问题解决在新的数学课程改革中居于重要的地位，是数学学习的主要形式之一。问题解决的途径之一是建立数学模型，函数是描述

客观世界变化规律的基本数学模型，不同的变化规律需要用不同的函数模型来描述，那么，面临一个实际问题，应当如何选择恰当的函数模型来刻画它呢？

【案例呈现】 函数模型及其应用①

问题1 某公司为了实现1000万元利润的目标，准备制定一个激励销售人员的奖励方案：在销售利润达到10万元时，按销售利润进行奖励，且奖金 y（单位：万元）随着销售利润 x（单位：万元）的增加而增加，但奖金总数不超过5万元，同时奖金不超过利润的25%。现有三个模型：$y=0.25x$，$y=\log_7 x+1$，$y=1.002^x$，其中哪个模型能符合公司的要求？

问题2 对数函数 $y=\log_a x\ (a>1)$，指数函数 $y=a^x\ (a>1)$ 与幂函数 $y=x^n\ (n>0)$ 在区间 $(0,+\infty)$ 上都是增函数。但这三类函数的增长是有差异的，这种差异的具体情况到底怎样呢？

解决实际问题的步骤：

(1) 实际问题 $\xrightarrow{\text{读懂问题，抽象概括}}$ 数学问题

借助计算机作出 $y=0.25x$，$y=\log_7 x+1$，$y=1.002^x$ 的图像（图3-5-1），比较模型。

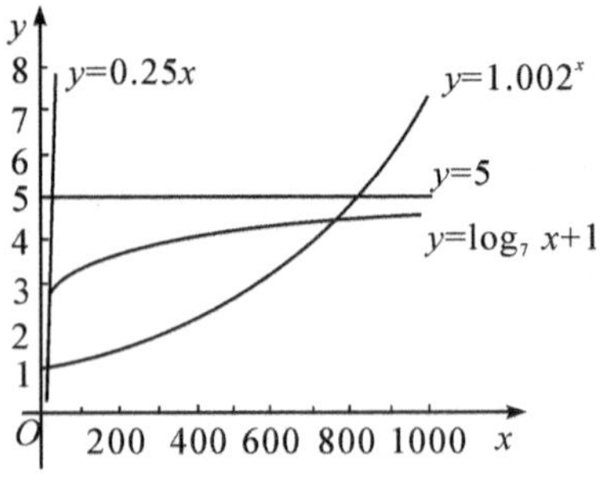

图 3-5-1

(2) 数学问题 $\xrightarrow{\text{演算，推理}}$ 数学问题的解

由图像得，模型 $y=\log_7 x+1$ 符合条件，再计算按模型 $y=\log_7 x+1$ 奖励时，奖金是否不超过利润的25%，即当 $x\in[10,1000]$ 时，是否有

$$\frac{y}{x}=\frac{\log_7 x+1}{x}\leqslant 0.25$$

(3) 数学问题的解 $\xrightarrow{\text{还原说明}}$ 实际问题的解

① 此案例摘自高中数学人教A版第3章第2节第1课时的例题。

综上所述，模型 $y=\log_7 x+1$ 确实符合条件。

探究对数函数 $y=\log_a x\,(a>1)$，指数函数 $y=a^x\,(a>1)$ 与幂函数 $y=x^n\,(n>0)$ 在区间 $(0,+\infty)$ 增长的差异。

(1)先探究函数 $y=2^x$，$y=x^2$，$y=\log_2 x$ 的增长情况并分析差异，列出自变量与函数值的对应值表，并在同一平面直角坐标系内画出三个函数的图像，比较它们的增长速度。

x	0.2	0.6	1.0	1.4	1.8	2.2	2.6	3.0	3.4	…
$y=2^x$	1.149	1.516	2	2.639	3.482	4.595	6.063	8	10.556	…
$y=x^2$	0.04	0.36	1	1.96	3.24	4.84	6.76	9	11.56	…
$y=\log_2 x$	−2.322	−0.737	0	0.485	0.848	1.138	1.379	1.585	1.766	…

(2) 由(1)中的特殊例子得出一般结论，得出对数函数 $y=\log_a x\,(a>1)$，指数函数 $y=a^x\,(a>1)$ 与幂函数 $y=x^n\,(n>0)$ 在区间 $(0,+\infty)$ 增长的差异。

结论 1 一般地，对于指数函数 $y=a^x\,(a>1)$ 和幂函数 $y=x^n\,(n>0)$，通过探索可以发现：在区间 $(0,+\infty)$ 上，无论 n 比 a 大多少，尽管在 x 的一定范围内，a^x 会小于 x^n，但由于 a^x 的增长快于 x^n 的增长，因此总存在一个 x_0，当 $x>x_0$ 时，就会有 $a^x>x^n$。

结论 2 一般地，对于指数函数 $y=\log_a x\,(a>1)$ 和幂函数 $y=x^n\,(n>0)$，通过探索可以发现：在区间 $(0,+\infty)$ 上，随着 x 的增大，$\log_a x$ 增大得越来越慢，图像就像是渐渐地与 x 轴平行一样。尽管在 x 的一定范围内，$\log_a x$ 可能会大于 x^n，但由于 $\log_a x$ 的增长慢于 x^n 的增长，因此总存在一个 x_0，当 $x>x_0$ 时，就会有 $\log_a x<x^n$。

综上所述：①在区间 $(0,+\infty)$ 上，$y=a^x\,(a>1)$，$y=\log_a x\,(a>1)$ 和 $y=x^n\,(n>0)$ 都是增函数。

②随着 x 的增大，$y=a^x\,(a>1)$ 的增长速度越来越快，会远远大于 $y=x^n\,(n>0)$ 的增长速度。

③随着 x 的增大，$y=\log_a x\,(a>1)$ 的增长速度越来越慢，会远远小于 $y=x^n\,(n>0)$ 的增长速度。

总存在一个 x_0，当 $x>x_0$ 时，就有 $\log_a x<x^n<a^x$。

【理论聚焦】

《全日制义务教育数学课程(实验稿)》的课程目标中指出："初中数学教育改革为我们提供了将数学与实际生活相联系的机会，提供了运用数学眼光看待生活、认识世界，并能综合应用数学知识和数学方法解决实际问题的机遇，营造了构建数学模型的环境。”数学建模就是将某一实际问题，经过抽象、分析、联想、简化，明确变量和参数，并依据某种规律建立变量和参数间的一个明确的数学关系(即数学模型)，然后求解该数学问题，并对此结果进行解释和验证，而以函数为模型的数学应用问题成了当前的热点问题。从生产、生活的实际问题出发，学生在解决问题时有一定的困难，尤其在最后无法作出决策，而利用函数模型解决问题不仅可以激发学生的解题兴趣，还能更好地帮助学生作出决策，可谓一举两得。

数学建模是联系数学与实际问题的桥梁，具有难度大、涉及面广、形式灵活等特点。因此，在数学建模思想的指导下，教师应以学生为中心、以问题为主线、以培养能力为目标来组织教学工作，通过教学使学生了解利用数学理论和方法去分析和解决问题的全过程，从而提高他们分析问题和解决问题的能力。函数模型有较高数学和实际意义。利用函数知识建立模型解决问题是中考代数应用题题型之一，它也是近几年中考命题的热点。在解题时，要充分利用图像信息和文字信息，两者结合应用。把实际问题转化为数学问题，进一步体会数与形的统一。

【拓展阅读】

(1)周建明:《构建函数模型 解决实际问题》,《甘肃教育》2011 年第 8 期。

(2)周光明:《建立函数模型解决问题例析》,《中考园地》2007 年 8 月下期。

(3)项彬:《浅谈初中数学教学中函数建模思想》,《中学数学》2010 年第 5 期。

【案例研讨】

1. 函数模型教学的重点是掌握函数模型的应用，还是函数的计算？

2. 通过计算机作图，比较不同种类的函数增长情况，如何正确选择函数模型解决实际问题？

3. 在问题解决中，教师的引导作用体现在哪些方面？

4. 你认为数学建模对于高中数学学习具有怎样的意义？

【案例评析】

1. 转变教学理念，顺应课程改革

目前我国正在开展教育改革，其中，中小学教育改革以课程改革为核心，涵盖了教学内容、学习方式、教学方式和教育技术等各个方面。随着社会的发展，对数学的地位和作用的正确评价也在逐渐形成，并为人们所普遍接受，即数学将深入人们的工作、生活的各个领域，将发挥巨大的潜能。在中学课堂中加入和渗透“数学建模”就是在这种要求下应运而生的，并在教学实践中获得了普遍认可。

如今与数学应用密切相关的"问题解决"已深入人心,"数学建模"作为实施"问题解决"的一种重要方式逐渐受到人们的普遍关注。

在教学设计中,教师利用现代教育技术为学生的学习研究创设情景,提供平台,让学生在自己的活动中,通过他们之间生动的丰富的"协作"、"会话",完成对几种常见函数模型的应用。

2. 结合学生实际,优化课堂教学

解决问题对改善我国中小学数学教育具有现实意义,加强问题解决的学习应该成为改善中小学学习的切入口。解决问题活动对于促进思维能力、应用和实践能力、改善课堂学习和气氛具有重要的作用。在课程标准中,解决问题要求:(1)逐步学会从数学的角度提出问题、理解问题并能综合运用所学的知识和技能解决问题;(2)形成解决问题的基本策略,体验解决问题策略的多样性,发展实践能力与创新精神;(3)学会与人合作,并能与他人交流思维的过程和结果,逐步形成评价与反思的意识。

让学生感受数学在日常生活中的作用,缩短数学与人、与自然的距离,在数学课堂中要强调数学知识与学生生活之间的联系,是新课程的一个重要思想。在教学的过程中,学生不仅能体验到数学在实际生活中的作用,而且能品尝到应用数学知识解决实际问题的成功喜悦,不仅能提高学习数学的兴趣,也能提高学习知识的兴趣。

我们生活中的绝大多数变化现象,很难根据已知理论直接建立函数模型,但只要能收集到变化过程中变量的数据,利用信息技术就可以建立大致反映变化规律的函数模型。

建立函数模型的过程简单、方便,形象直观,是传统手段难以比拟的。只要我们掌握好所学的函数模型,利用信息技术,就可以探索复杂现象的变化规律。

3. 在问题解决中要做好引导和监控

问题解决是一种非常有意义的学习活动,应该成为数学学习的主要形式之一,并处于学生数学学习活动的核心。学生解决数学问题的活动富有"挑战性"和"启发性"。在数学教学的历史上,解决问题对改善课堂教学曾经发挥了重要作用。解决问题的学习活动,经过"实验"、"观察"、"发现",揭开了新的数学学习程序。

学生在解决问题的过程中发展策略性知识是很重要的。解决问题能力强的学生能面对问题有条理地工作。数学老师应该引导学生在解决问题的过程中不断发展策略性知识,以促进学生数学思考能力的发展。要帮助学生综合运用已有的知识经验,经过自主探索和合作交流,解决与生活经验密切联系的,具有一定挑战性和综合性的问题,以发展他们解决问题的能力。

4."数学建模"教学的意义

数学建模是一个系统性的过程,它要用到许多技巧,包括翻译、解释、分析和综合、计算等高水平的认知活动。建模过程包括四个主要阶段:理解问题,通过观察,了解问题的情况,并找出影响该问题的重要因素;简化、假设,排除次要因素,猜测重要因素之间的关系并用数学语言阐明它们,构建问题的一个数学模型;求解模型,利用数学工具处理这个模型,得到初步结果;检验模型,对得到的初步结果进行翻译、解释,使问题得到正确解决。

数学教学的任务是形成和发展那些具有数学思维特点的智力活动结构,并且能促进数学发现,同时又要把数学看做是数学活动的教学。数学模型能培养中学生的能力:培养学生"双向"翻译的能力;培养学生的想象力、联想力、洞察力和创造力;培养学生的自学能力和使用文献资料的能力;培养学生的计算机应用能力;培养学生论文写作与表达的能力;培养学生相互协作的品质和能力。因此,在教学中要开展数学建模活动。在课堂教学中适时引入,在课余作业中继续完成,在教学活动中灵活开展。

案例 3-6　如何用几何画板探索椭圆的轨迹

近年来,由于计算机技术的迅速发展,利用各种数学教育软件平台(如几何画板等),在课堂上开展一些数学实验,也日渐成为数学课堂中一道亮丽的风景线。在高中数学的教学中,许多教师开展了众多的数学实验,使之成为学生发现数学规律、进行探究学习的一种重要方式,并逐渐改变数学课堂的教学面貌。下面通过例子,具体说明利用几何画板探索椭圆轨迹的形状、范围。

【案例呈现】　用几何画板探索椭圆的轨迹①

用几何画板动态演示椭圆的生成过程实验。使用几何画板的数学实验平台进行演示,实验过程如下(图 3-6-1):

(1)打开一个新绘图,用[画圆]工具作一个圆,并标记圆心为 A。

(2)用[画点]工具在圆内取一点 B,在圆上取一点 M,用[画线段]工具连结 MB,得到线段 MB,连接 MA,得到线段 MA。

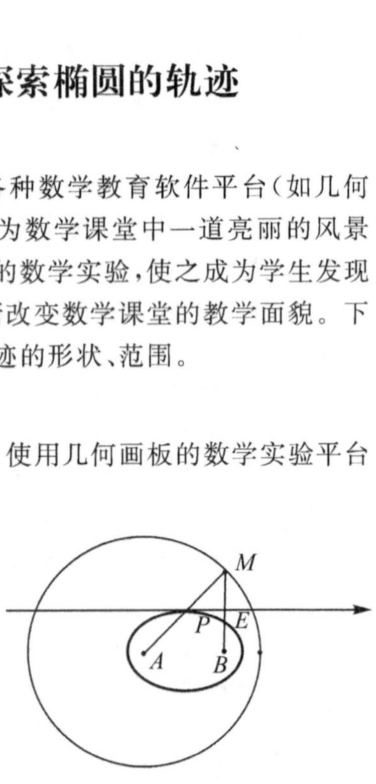

图 3-6-1

① 本案例由陕西师范大学原慧芳设计。

(3)用[选择]工具选择线段 MB,并选择[构造]菜单中的[中点],并标一记为 E。

(4)用[选择]工具同时选择线段 MB 和其中点 E,并选择[构造]菜单中的[垂线]过 E 点作出 MB 的垂线并与线段 MA[构造]交于点 P。

(5)用[选择]工具选择点 P 追踪点,并用[选择]工具选择点 M 单击右键生成点的动画。点 P 的轨迹就是椭圆的轨迹?

问题引入:

老师:同学们,经过上述的操作,你们觉得点 P 的轨迹是椭圆的轨迹吗?为什么?

学生:一个椭圆,因为点 P 在线段 BM 的中垂线上,所以 $|PB|=|PM|$。这样,$|PA|+|PB|=|PA|+|PM|=|AM|=r$。由于点 B 在圆内,所以 $|AB|<r$,而 r 是定长,根据椭圆的定义,点 P 的轨迹就是椭圆。

老师:那么点 A、B 就是定义中的两个定点,也就是椭圆的焦点,$|AB|=2c$;而圆的半径 $|AM|$ 是椭圆的长轴长,即 $|AM|=2a$,同学们可以用鼠标在圆内左右来回拖动点 B。

学生:椭圆的大小在变。

老师:应该说椭圆的扁平程度在变。刚才我们改变了 $2c$ 的大小,$2a$ 并没有变。我们把影响椭圆扁平程度的比值 $\frac{c}{a}$ 定义为"椭圆的离心率"。椭圆的离心率常用字母 e 表示,即 $e=\frac{c}{a}$,我们可以通过计算 e 的值来观察椭圆的扁平程度。

学生:通过拖动动点 B,我们发现 e 的变化范围在 $(0,1)$。e 越接近于 0,椭圆就越接近于圆,e 越接近于 1,椭圆就越扁。

老师:同学们把点 B 拖到与圆心 A 重合可以发现什么?

学生:此时发现 $e=0$,这时椭圆变成了以 $\frac{1}{2}|AM|$ 为半径的圆。

【理论聚焦】

学生在"圆锥曲线"这一章的学习中,对圆锥曲线定义的生成不能很好地体会,导致对椭圆、双曲线、抛物线的定义和标准方程、简单性质极易混淆。学习效果非常不理想,简单的题目一做就错。结合认知心理学理论,学生在圆锥曲线的学习中存在的问题是多种因素相互作用的结果。其中有学生认知方面的原因,也有圆锥曲线本身特点的原因,学生在学习新知识时不注重与已学知识的联系,比如圆锥曲线的学习方法,其实在必修 2"直线与圆的方程"这一章中已经学习过,比如如何理解点的轨迹,如何推导圆的标准方程等。如果学生在本章的学习中能很好地回忆起前面所用的思想方法，那么学习起来会轻松得多，教学效率也会提高。但是事实是学生在学习本章内容前能把前面所学知识联系起来的很少，绝大多数都是翻开书本学本页知识，不注重知识之间的联系，“新”“旧”知识割裂。另外，学生在本章内容的学习中，不注重从定义、图像到标准方程统一性的认识，导致在做题中不会分析，漏洞百出。学生本身不注重自身认知结构的生成，所以在学完本章内容后，从定义到图像再到简单性质，特别容易混淆，常常有“张冠李戴”的现象。并且大多数学生不会对题目所给的条件进行分析，由于本身知识结构的不完备，学生不清楚题目所给条件的意思，特别是一些隐含条件，常常熟视无睹，不知如何下手。因此，要先回顾之前学习过的内容，借用几何画板，加深学生对内容的深刻理解。

【拓展阅读】

(1)罗宇军：《优化解析几何概念学习中多元表征教学研究》，广西师范大学2008年硕士论文。

(2)高然：《高中生圆锥曲线解题思维策略上的差异研究》，东北师范大学2008年硕士论文。

(3)陶丹：《几何画板在圆锥曲线中的应用研究》，江西师范大学2005年硕士论文。

【案例研讨】

1. 圆锥曲线在中学数学课程中有何重要地位和作用？

2. 借助几何画板编制课件进行教学，为学生提供了一个十分理想的“做数学”的环境，让学生在计算机上进行探索与传统的尺规作图，哪种教学思路更符合高中学生的认知规律呢？

3. 在“几何画板”数学实验中，教师的主导作用体现在哪些方面？

4. 你认为《几何画板》对于高中数学解析几何这一模块的学习具有怎样的意义？

【案例评析】

1. 圆锥曲线的地位和作用

圆锥曲线是平面解析几何的重要内容。虽然在近十几年间由于课程改革的因素，这部分内容从结构到内容在不断变化。在2000年以前的教材中，《解析几何》是一本书，内容包括“曲线与方程”、“直线的方程”、“圆的方程”、“圆锥曲线方程”、“极坐标和参数方程”。这些内容是集中在一起学习的。但是在2004年课改后把解析几何分成了两部分：“平面解析几何初步(必修2)”和“圆锥曲线与方程(选修1)”。在教材的变化中我们可以看到《课标》构建的解析几何课程体系是以坐标法为核心，依“直线与方程→圆与方程→圆锥曲线与方程→极坐标系与参数方程”为顺序，螺旋上升、循序渐进地展开内容。这应该是充分考虑到了学生认知的发展规律。在圆锥曲线与方程的学习中我们了解到圆锥曲线是一个非常重要的几何模型，圆锥曲线的几何性质在日常生活、社会生产以及其他科学中有着广泛的应用。特别地，该章内容在高中几何知识链中起到承上启下的作用，同时圆锥曲线也是体现数形结合思想的好素材。

2. 转变教学理念，顺应课程改革

借助几何画板编制课件进行教学，为学生提供了一个十分理想的“做数学”的环境，让学生在计算机上进行探索。利用直观化探究问题。直观技术是指促使直观表征生成的物质手段，包括在黑板上画图、在纸上画图、使用一定的画图软件画图等。由于学生所形成的直观表征形式多样，有动态的，有静态的，有图像的，也有图式的，因此，数学教师在教学中要考虑到不同的学生在直观表征形式上所存在的差异，尽可能地使用多样化的直观技术。在中学数学教学中，较常见的画图软件是几何画板与图形计算器。几何画板是一个适合用于几何(包括平面几何、立体几何、解析几何等)教学的软件平台。它为老师和学生提供了一个观察和探索几何图形内在关系的环境。它以点、线、圆为基本元素，通过对这些基本元素的变换、构造、测量、计算、动画、轨迹跟踪等，构造出其他较为复杂的图形。因此，借助于“几何画板”这一动态的、能够“做数学”的教学软件，根据导数的几何意义，引入数学实验，反复通过函数的图像去认识、探索、发现几种常见函数的导数。扩大了数学实践的内容和范围，使教学活动不再局限于演绎推理的形式之中，利于学生对知识的建构，利于学生认识和感受导数的几何意义，经历用导数的几何意义去解决问题、发现数学规律的过程。

教师用几何画板课件模拟运动，揭示运动规律，为学生创设了生动形象的教学情境，引发学生极大的兴趣，为下一步探索问题创造一个良好的开端。数学实验可以超越传统数学语言的表达形式，帮助学生建立直观模型，加深学生对数学的体验，有利于观察和发现数学现象的本质，使学生形成良好的知识结构。过去，由于结论的抽象程度高、推理过程复杂，学生在心理上对新知识的接受常常会遇到一些障碍，从而使新知识不能很好地内化到学生已有的认知结构中去。现在，可以让学生通过实验来验证，使其知识具体化或形象化，这样更有利于学生对新知识的理解，并激发学生探究问题的兴趣，同时也能提高他们运用计算机的能力以及对数学实验分析的能力。

3. 在实验中要做好引导和监控

教师在实施数学实验教学时，要根据实验对象的特点，为学生的数学实验创设一定的条件和环境；要仔细考虑可能发生的问题，准备周密，使学生在有限的时间内完成对某个数学对象的实验，并使学生明白实验的结果只是给我们提供了一种可能或解释，并不一定正确，严密的论证是必不可少的。教师对学生实验的干预要体现“教师为主导，学生为主体”的原则，介入太早，教师成为中心；介入太迟，教师难以体现主导作用。在实验数学对象的选择上，要顾及教学课时、时间等因素的限制。因此，可以从以下几个角度选择一定的实验对象：在以往的教学中难以呈现的数学对象；课程内容中比较重要的数学对象；比较容易创造条件和实施监控的数学对象。为了使学生有更多的数学实验的机会和足够的实验时间，多数实验可以安排在第二课堂进行。

4. 进行数学实验的意义

运用现代教育技术构建实施素质教育的新型的数学活动形式——数学实验，正成为数学教育改革和实践的一个新热点，不论在理论上还是在实践上都具有重要的现实和深远意义。教师由课堂的主宰、知识的传授者转变为教学活动的组织者、学习情境的创设者、学生实验过程的指导者和意义建构的帮助者；学生从被动接受的地位转变为主动地参与、发现，探索和知识建构的主体地位；教学过程由讲授说明转变为通过情景创设，问题探索，协作学习，意义建构等以学生为主体的过程；学生的学习方式由课堂“呈现” 的学习方式转变为通过数学实验实现数学发现的学习方式，培养了学生科学的方法论，使他们懂得数学的发现是遵循“实验、猜想、论证或解释”的过程，对自己通过实验发现的数学结论的理解更加深刻，必将极大地增强学生学习数学的自信心。

案例 3-7　如何在一题多解中发散学生的思维

新课改的教学出发点和落脚点是提高课堂效率，减轻学生的负担。而当下的数学教学“题海战术”仍然是许多老师提倡的，很多人认为学好数学就是不断地做题。然而数学是培养学生思维的一门学科，在大力倡导素质教育的今天，“增强能力，鼓励创新”已成为主题，发散思维是一种创造性思维，其本质特征是思维的多向性，表现在对已知信息进行多方面、多角度、多层次分析思考、析取和重组信息，使思维不恪守常规、不拘于常法、不局限于某一种固定的模式，而是善于开拓、变异并提出新问题，从多种途径寻求问题解答。在数学教学课堂上，对学生有效地引导是培养学生开放性思维的很好途径。

在数学教学中，用一题多解、一题多变的方法可以开拓学生的思路，克服学生思维定势，培养学生发散性思维的创造性能力。数学题目的解答方法常常有多种，即一题多解。在数学的学习过程中强调发散思维的重要性，平时教学中可以利用一题多解，从多个不同的角度去求解，使数学学习变成一个探索、发现、提高的过程，不断提高自己的思维品质。

【案例呈现】 一元二次方程的应用面积问题(人教版数学八年级)

老师先将班级同学每六个组成一小组，在黑板上写出列方程的几个步骤，让每组学生上去勾上最有问题的步骤。然后举例如下：围绕长方形公园的栅栏长280米，已知该公园的面积为4800平方米，求这个公园的长与宽？

首先，老师请第一个学生在黑板上写出自己的答案。

(1)以面积为等量关系列式子：

解：设长为 x，则宽为 $140-x$

$$x(140-x)=4800$$

$$140x-x^2=4800$$

$$(x-70)^2=100$$

$$x-70=\pm 10$$

$x_1=80$，$x_2=60$(不合题意，舍去)，因此 $140-x=60$

答：长方形的长为80米，宽为60米。

老师：有没有同学有不同的做法？能否思考用一元二次方程解答？

(2)以周长为等量关系列式子：

解：设长方形的长为 x，则宽为 $\frac{4800}{x}$

$$x+\frac{4800}{x}=140$$

老师：上述两个方程的等量关系分别为面积和周长，我们还能不能从长的角度列式子？

(3)以长为等量关系列式子：

解：设长为 x，则宽为 $140-x$

$$\frac{4800}{140-x}=x$$

学生主动列出以宽为等量关系的方程：

$$\frac{4800}{x}=140-x$$

【理论聚焦】

数学课堂的最终目的是使学生形成会学以及终身学习等能力，而发散思维也是重要的能力之一，它是创造性思维的基础。本堂数学课突破了以往的教学方式，充分利用一题多解展开课堂教学，带领学生从不同角度对一道简单的题目进行不断拓展，对同一问题的不同思维进行发散。每组同学解决问题的途径及其效果都是不一样的，在一题多解过程中要让学生对方法认真理解，从而让学生能够选用最好的方法，在解题的过程中要注重学生对方法的择优运用，这对学生的思维发展也是非常有用的。

在数学教学中，用一题多解、一题多变的方法可以开拓学生的思路，克服思维定势，培养发散性思维和创造性 。利用一题多解进行数学教学，不但可以加强新旧知识的联系，开阔思路，挖掘出问题中丰富的内涵，同时能力得到增强，而且还能减轻负担，脱离题海，起到事半功倍的效果。一题多解在一定程度上可以很好地吸引学生从多角度观察、思考、联想、概括并得出多种解题途径，从而不断开发学生的思维，使他们既开阔了视野，又增加了学习数学的兴趣。因此，我们要善于启发、引导，培养学生的发散思维能力和创新精神。

【拓展阅读】

(1) 杨雪男：《中学生数学发散思维能力研究》，南京师范大学 2006 年硕士论文。

(2) 景丽芳：《论数学思维教育》，《内蒙古电大学刊》2005 年第 3 期。

(3) 沈德立、吕勇、马丽丽：《中学生发散思维能力培养的实验研究》，《心理学探新》2000 年第 4 期。

(4) 石鸥：《教学病理学基础》，山东人民出版社 2006 年版。

(5) 佟健华：《数学创新思维的魅力》，《数学教育学报》2000 年第 9 期。

【案例研讨】

1. 在课堂发散思维的过程中怎样处理学生的主体性与教师的主导性？

2. 在数学教学中怎样处理多与少，即题目量和思维量的多少问题？

3. “一题多解”对学生的思维发展还有什么好处？

【案例评析】

1. 在课堂中培养学生的发散性思维、处理好学生主体地位与教师主导地位之间的关系是非常重要的，而处理好这个的关键在于对学生的了解。首先教师要知道学生哪些是知道的、哪些是自己可以解决的、哪些是通过同学的交流能够解决的、哪些是需要老师指导才能解决的。只有清楚了这些，才能清楚地知道哪些是要讲的，哪些是要让学生自己解决的，这样才能在发挥学生主体地位的同时不失教师的主导性。

2. 在很多数学课堂教学中，老师都会给出一堆的习题，一味注重题目量的多少，而极少注重题目中所蕴含的思维量，当然，没有题目训练学生的思维也是空谈。两者是存在内在关系的，在一堂课中恰当地处理思维量和题目量的问题是至关重要的。在一堂课中要强调时间，过多的题目和过多的思维量都会导致课堂超负荷。教师要清楚在解题过程中不仅要传授学生基本的知识，还要训练学生的思维和技能。训练发散思维是以题目为载体的，做题在思维训练中是必不可少的，然而学生不能为了做题而做题，分析题目时要进行发散，从不同的角度理解题目，达到训练学生发散思维的目的。处理好这两者的关系，使两者有机结合，是上好一堂能够训练学生思维课的重点。教师要理解数学思想是以题目为载体的，在解决问题的过程中数学思想要有机渗透。

3. 利用一题多解进行课堂教学，在分析某一道题的时候让学生进行发散，每种方法对问题的解决途径及其效果都是不一样的，在追求最优解决问题时肯定是经过发散才能找到最好的解决方法，在一题多解过程中让学生对方法认真理解，也可以培养协商分析问题和解决问题的能力，从而让学生能够选出最好的方法。在解题过程中教师要注重学生对方法的择优，这对学生发展思维也非常有用。

案例 3-8　如何利用开放题培养学生的创造性思维

重视“双基”是我国数学教育的特色，能使我国学生普遍具有扎实的数学基础知识和基本技能，学生们善于模仿、善于解常规问题和竞赛题。但同时我国的“双基”教育也有薄弱环节和不足之处。从学生的角度分析，主要表现在：第一，我国学生常规计算能力较强，但应用能力薄弱，创造能力、动手能力、解决实际问题能力都不强。第二、与数学知识的掌握相比，创造性能力的培养显然更为重要，而数学问题中的开放题是培养学生思维能力、创造能力的重要手段之一。开创性问题能够使学生在学习数学的过程中学会学习，发现问题。长期坚持一定会提高学生解决问题的能力，培养学生的创造性思维。

【案例呈现】　开放题对直觉思维、转换思维的培养①

问题 1　用水清洗一堆蔬菜上残留的农药，对用一定量的水清洗一次的效果作如下规定：用 1 单位量的水可洗掉蔬菜上残留农药的$\frac{1}{2}$，用水越多洗掉的农药也越多，但总还有农药残留在蔬菜上，设用 x 单位的水清洗一次后，蔬菜上残留的农药量与本次清洗前残留的农药量之比为函数 $f(x)$。

问题 2　在《二项式定理》的教学中，可以设计这样一道开放题，让学生自主探究，尝试发现。

① 本案例改编自熊斌、冯志刚《应用题、开放题与探索题》。

给出展开式：

$(a+b)^1=a+b$

$(a+b)^2=a^2+2ab+b^2$

$(a+b)^2=a^3+3a^2b+3ab^2+b^3$

$(a+b)^4=a^4+4a^3b+6a^2b^2+4ab^3+b^4$

及杨辉三角：

1

1　1

1　2　1

1　3　3　1

1　4　6　4　1

1　5　10　10　5　1

……………………………………

问：(1)你能填杨辉三角下一行数值吗？(2)你能写出$(a+b)^n$的展开式吗？(3)试尽可能多地找出$(a+b)^n$展开式的规律。

分析：(1)试规定$f(0)$的值，并解释其实际意义；(2)试根据$f(x)$应满足的条件和具体性质；(3)设$f(x)=\frac{1}{1+x^2}$，现有$a(a>0)$单位的水，可以清洗一次，也可以把水平均分成2份后清洗两次。试问用哪种方案清洗后蔬菜上残留的农药最少。

设计意图：传统的数学题目表现出答案的唯一性和解题的机械性。对学生创造性思维的培养有很大的限制。然而这两道题，第一题的背景与生活密切联系，使得数学与日常生活联系起来，培养学生将问题转化为数学的能力，考察学生的阅读能力，利用函数选择最佳方案和分类讨论问题的能力。第二题开放题激发学生用经验直觉去得到自己的答案，让学生真正能够自己构建知识架构。

问题1解答：

此题要求学生自己去研究和探索，解题关键是将文字信息转化为数学符号信息。

(1)根据题目意思，组织数学符号语言。$x=0$，即没有水，没有冲洗，蔬菜上农药的含量没有少，因此我们可以得到：

$f(0)=1$，表示没有用水洗，蔬菜上的农药没有少。

(2)根据日常经验对题目总结，冲洗的水慢慢增多时，残留的农药也就慢慢减少，将文字信息转化为数学符号即：随着x的增大，$f(x)$不断减少，则可得出：

函数 $f(x)$ 应满足的条件和具有的性质是：$f(0)=1$；$f(1)=\frac{1}{2}$；在 $[0,+\infty)$ 上单调递减，$0<f(x)\leqslant 1$。

(3)我们首先要得出两次洗菜用的水和残留农药的关系，并转化为数学关系；然后根据已学的数学知识解决问题，我们可以分别设残留农药为 f_1，f_2，分别列出冲洗所用水量 a 的关系：

清洗一次，残留的农药量为 $f_1=\frac{1}{1+a^2}$；清洗两次，则每次的用水量为 $\frac{a}{2}$ 单位量，残留的农药量为 $f_2=\left(\frac{1}{1+(\frac{a}{2})^2}\right)^2=\frac{16}{(4+a^2)^2}$。

因为 $f_1-f_2=\frac{1}{1+a^2}-\frac{16}{(4+a^2)^2}=\frac{a^2(a^2-8)}{(1+a^2)(4+a^2)^2}$，

所以 $a>2\sqrt{2}$ 时，$f_1>f_2$；$a=2\sqrt{2}$ 时，$f_1=f_2$；$0<a<2\sqrt{2}$ 时，$f_1<f_2$。

因此，当 $a>2\sqrt{2}$ 时，清洗两次后残留的农药量比较少；当 $a=2\sqrt{2}$ 时，两次方法效果相同；当 $0<a<2\sqrt{2}$ 时，清洗一次残留的农药量较少。

问题 2 解答：

对同一个二项式展开，我们可以观察到：

(1)展开式共有 $n+1$ 项。

(2)排列顺序：第一个字母按降幂排列，次数从 n 到 0；第二个字母按升幂排列，次数从 0 到 n。

(3)系数有对称性：与首末两端“等距离”的两项的二项式系数相等。

(4)奇数项二项式系数的和等于偶数项二项式系数的和。

(5)所有二项式系数的和等于 2^n。

对不同二项式展开，我们可以观察到：

(1)在二项式 $(a+b)^n$ 与 $(a+b)^{n+1}$ 的展开式中，除去首尾两个系数外，其余每项的系数都等于上一行与它相邻的两项系数之和。

(2)从斜方向上看，最外面一行都是 1，第二行中后面的数比前面一个数大 1，第三行中后面的数比前面一个数大 $(n-1)$……

我们把发现的结果整理后可得：

(1)二项式定理：

$$(a+b)^n=C_n^0a^n+C_n^1a^{n-1}b+C_n^2a^{n-2}b^2+\cdots+C_n^{n-1}ab^{n-1}+C_n^nb^n$$

(2)二项式系数的性质：

在 $(a+b)^n$ 的二项展开式中，

①与首末两端“等距离”的两项的二项式系数相等，即：

$C_n^k=C_n^{n-k}(k=0,1,2,\cdots,n)$

②所有二项式系数之和等于 2^n，即：

$C_n^0+C_n^1+C_n^2+\cdots+C_n^{n-1}+C_n^n=2^n$

【理论聚焦】

开放题本身蕴含的广阔时空和思维内容，常常具有丰富的思维材料、多样的思维方向和解题途径，能让学生更加自然地进行自主探讨、亲身实践、合作交流，让学生的数学学习活动真正成为一个感受发现的乐趣、获得丰富的学习体验的过程。

从学生的角度来看，它有助于培养学生的问题意识，促进学生的数学思维能力的发展。在解决开放题过程中不同的学生有不同的理解，其意义在于使学生同其他学生交流过程中愿意思考、乐于思考和善于思考，而善于思考的一个重要表现就是善于提出问题和解决问题；数学开放题具有探索性和多样性，不同的问题应有不同的解题策略，需要不断研究和推敲。其解题思路也往往是不遵循常规的，只要勇于创新，考虑的问题就存在着多种可能性，因此有利于培养学生思维的独创性、多向性和灵活性，提高学生的创新思维能力。

从教师的角度来看，教师可以更准确地把握学生的学习状况，进行有针对性的教学评价和反思，传统的评价教师教学效果的途径注重的是最后的答案是否正确，教师很少能获得任何有价值的建议或反馈。然而在开放题的教学中，教师能从学生的解答过程中更准确地把握学生的学习状况，而且开放题的教学有利于教师转变教育观念及教学方式，开放题的设计、参考答案的寻求、对学生的充分估计、对课堂生产的正确处理、对不同学生的分层教学都迫使每个老师不断学习，提高自身的数学底蕴和教学水平，提示教师必须转变教育观念及教学方式。

【拓展阅读】

(1)熊斌、冯志刚：《应用题、开放题与探索题》，东方出版中心 2004 年版。

(2)王万祥：《中学数学习题理论研究》，黑龙江教育出版社 1992 年版。

(3)戴再平：《开放题——数学教学的新模式》，上海教育出版社 2004 年版。

【案例研讨】

1. 在开放问题解决中，教师的引导作用体现在哪些方面？
2. 如何体现开放题在课程改革中的教学价值？
3. 开放性问题的教学意义有哪些？

【案例评析】

1. 在开放性习题解答中要掌握好老师的引导作用

开放性题目意在培养学生自主创新的能力和自主动手的能力，但学习过程中老师的引导是必不可少的。如何协调好教师教和学生学便成为解决开放性题目中一个重要的问题，在解题过程中教师适当的引导，能使学生事半功倍。

2. 切实符合基础教育课程改革目标

课改的目标之一是改变课程实施过程中过于强调接受学习、死记硬背、机械训练的现状，倡导学生主动参与、乐于探究、勤于动手，培养学生搜索和处理信息的能力、获取新知识的能力、分析和解决问题的能力以及交流与合作的能力。该方案问题一中让学生通过自己的观察，结合自己的经验总结出结果，引出新知识，让学生能够很好地接受新的知识。问题二中以实际生活为背景，让学生自己搜索和获取题目中的知识。案例中的题目与课改目标能够很好地切合。

3. 开放性问题的教学意义

开放性题目经常以学生的实际生活为背景，问题的解决通常让学生觉得数学是有用的，这有利于激发学生的求知欲，让学生主动参与学习。开放性问题解决往往鼓励学生独创求异，刻意求新，有利于发挥学生的主体作用，培养学生的创新精神和实践能力。有利于学生之间的交流合作，有时候开放题答案不唯一，学生个体存在差异，答案也会各有不同，只凭一个人的力量得到的结果可能不全面甚至错误，这就为合作学习、互相交流提供了广阔的空间。

案例 3-9　如何通过元认知指导改善数学学习能力

元认知，就是对认知的认知，具体地说，是关于个人自己认知过程的知识和调节这些过程的能力：对思维和学习活动的知识和控制。例如在教学心理学中常提到“学习如何学习”，指的就是元认知。关于元认知的资料介绍理论、报告实验结果很多，却缺乏具体指导操作方面的内容。很多一线教师都有这样的共识，很多教育教学理论新理念，听起来很好，可就是不知怎样操作。因此元认知对于一个人的发展非常重要，但是实践起来仍需要进行方方面面的探索。以往的研究表明，许多学生知道某种学习方法有效，但不知该在何时何地选用这种方法。有些学生只是形成了思维定势，习惯性地沿用某几种学习方法，即不懂为什么要使用这些方法，也缺乏迁移能力，当遇到新的学习情境时，往往无所适从，其根源就在于缺乏元认知。如何在数学教学中加入元认知训练，也日渐成为数学课堂教学中正在探索的一种方式。

【案例呈现】 运用推理的几何计算问题

本堂课教材安排了3道例题和4道课后练习。3道例题分别如下：

例1 如图3-9-1所示，在四边形 $ABCD$ 中，有 $AB=BC$，BD 平分 $\angle ABC$ 交 AC 于点 O，$AC=6$，$BD=8$，求 $S_{四边形ABCD}$。

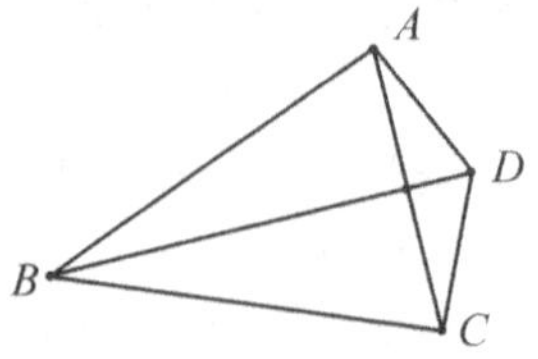

图3-9-1

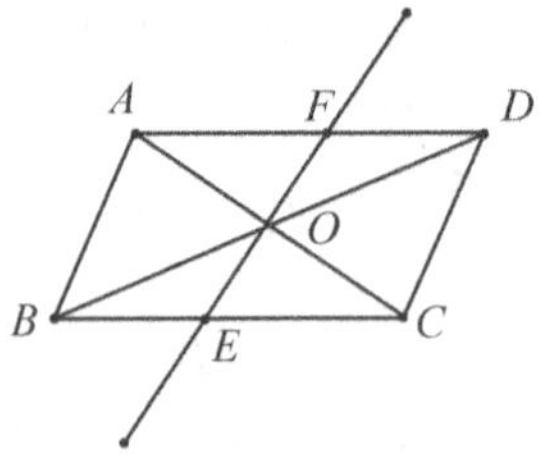

图3-9-2

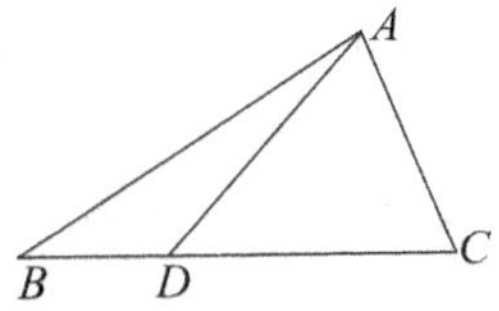

图3-9-3

例2 如图3-9-2所示，在平行四边形 $ABCD$ 中，AC 与 BD 相交于点 O，EF 经过点 O，且交 AD 于 F，交 BC 于 E，已知 $S_{\square ABCD}=10\text{cm}^2$，求四边形 $ABEF$ 的面积。

例3 如图3-9-3所示，在 $\triangle ABC$ 中，$BC=10$，D 是 BC 上的一点，且 $BD=4$。求 $S_{\triangle ABD}:S_{\triangle ACD}$ 的值。

可以按照课本要求，讲解3道例题，再完成课后练习，或者让学生分小组讨论，在课堂形式上可以再丰富一些，学生遇到困难再讲解。但多次教学实践表明，学生在学习了本堂课内容后，很长时间内并不能自行解决有关的类似问题。

1. 基本方案的初步分析

在例1的分析中，学生很容易会给出这样的解答：

由 $AB=BC$ 及 BD 平分 $\angle ABC$，可知 $AC\perp BD$ 且 $AO=CO=3$，从而可知

$$\begin{aligned}S_{四边形ABCD}&=S_{\triangle ABD}+S_{\triangle BCD}\\&=\frac{1}{2}BD\cdot AO+\frac{1}{2}BD\cdot CO\\&=\frac{1}{2}\times 8\times 3+\frac{1}{2}\times 8\times 3=24\end{aligned}$$

看起来学生已经成功完成了这道题的解答，求出了正确答案，还运用了面积问题中的割补的方法。但是本题的意图远不在此！来看一下课本的解答过程：

由 $AB=BC$，BD 平分 $\angle ABC$，可知 $AC\perp BD$，从而可知

$$\begin{aligned}S_{四边形ABCD}&=S_{\triangle ABD}+S_{\triangle BCD}\\&=\frac{1}{2}AC\cdot BO+\frac{1}{2}AC\cdot OD\\&=\frac{1}{2}AC\cdot(BO+OD)\end{aligned}$$

$=\frac{1}{2}AC\cdot BD=\frac{1}{2}\times 8\times 6=24$

或者也可以这样解：

$S_{四边形ABCD}=S_{\triangle ABD}+S_{\triangle BCD}$

$=\frac{1}{2}BD\cdot AO+\frac{1}{2}BD\cdot CO$

$=\frac{1}{2}BD\cdot(AO+CO)$

$=\frac{1}{2}BD\cdot AC=\frac{1}{2}\times 8\times 6=24$

学生的解法与课本的解法有以下几点差异：

①学生的解法把四边形分成两个三角形后，求解三角形面积必须要求出三角形的高是多少；而课本的解法却不必要。如果学生认为求三角形的面积按照其计算公式必须要知道三角形的边长及对应边上的高，那么在某些问题上，必然会遇到无法逾越的障碍。

②学生的解法把四边形分成两个三角形后，分别求出它们的面积再求和得到四边形面积，体现了分解的思想。

但是课本的解法把四边形分成两个三角形，体现了分解的思想，却不需要分别求出它们的面积，而是再组合，通过代数式的运算又回到了原来的四边形。这是一个分解又组合的过程，同时还有形数转化的思想。

再来看例2：

课本的解题思路仍是清晰地指向先分解再组合的思想，即四边形$ABEF$分成四边形$ABEO$和$\triangle AOF$，然后根据$\triangle AOF\cong\triangle COE$，它们的面积相等，再以$\triangle COE$面积代换$\triangle AOF$面积，组合成$\triangle ABC$的面积。

$AOF\cong\triangle COE\Rightarrow S_{\triangle AOF}=S_{\triangle COE}$

所以 $S_{四边形ABEF}=S_{四边形ABEO}+S_{\triangle AOF}=S_{四边形ABEO}+S_{\triangle COE}=S_{\triangle ABC}=\frac{1}{2}S_{四边形ABCD}$

但有的学生却考虑$AOF\cong\triangle COE\Rightarrow AF=CE$，可知$BE=DF$，根据梯形面积公式可以知道$S_{四边形ABEF}=S_{四边形FECD}=\frac{1}{2}S_{四边形ABCD}$，也求得了答案，但是在数学思想的运用上同样的只有分解，却没有分而再组的过程。

2. 找出本质问题，重新生成

通过初步分析可以看到，课本这堂课的主要目标之一是学习运用推理计算几何图形面积的若干方法，体会分解与组合的思想。学生往往知道图形面积有两种考虑方式，即直接求与间接求（“割”与“补”的方法），但是同时运用分解与组合的思想是这堂课的重点，也是难点。

在例 1 解答完之后，作者采取以下措施：

①指出学生的答案是正确的；

②指导学生认识到他们的主要思想方法是分解，而计算几何图形面积除了“割”还有“补”（对自我认知任务的认知，主要是元认知知识）；

③提供变式，引发认知冲突活动，进行积极而自觉的监视、控制、调节的过程，即元认知监控。

如图 3-9-4 所示，在四边形 $ABCD$ 中，$AC \perp BD$，若 $AC=6$，$BD=8$，求 $S_{\text{四边形}ABCD}$。

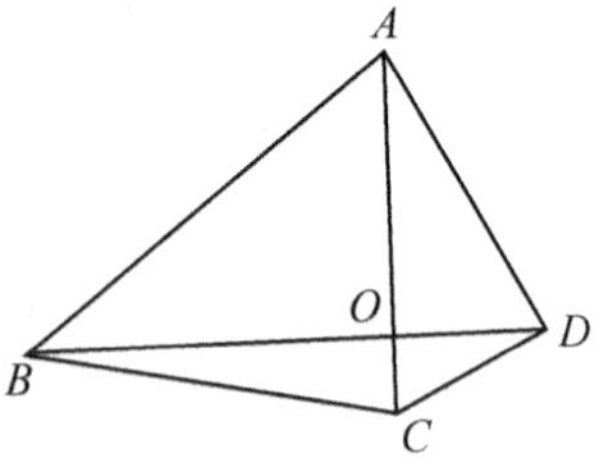

图 3-9-4

（教学中，根据学生的认知水平故意设疑置难，制造学生认识上的矛盾冲突，好奇与强烈的求知欲会使学生的注意力集中指向困惑之处。学生的学习需求被激发时，放手让学生自主探索，这时的研究、探索，正好可以生成新的知识。）

在这个问题中，线段 AO、CO、BO、DO 的长度都不可能求得，学生在例 1 解答中快速的思维通道受阻了，有的学生显露出了茫然的神色。

问题是数学的灵魂，在这里可以设置一系列的问题：

①线段 BO、OD 的长度可以确定吗？它们的长度各自等于多少对四边形面积有影响？

②是否一定要求出线段 AO、OC 的长度？

③在这个求四边形面积的问题中，最关键的要素是什么？

可以看到，这样高密度的提问把可供探索的问题分解成为较低认知水平的“填空式”问答，学生可以明确地意识到教师的诱导。按照这样的教案可以滴水不漏的授课，教学环节衔接得天衣无缝，师生可以完美无缺地完成课前预设的教学情景。

3. 元认知监控，再生成

教师们在教学设计时往往喜欢环环相扣。教师怎么问，学生如何答；怎样总结，如何过渡。这样步步为营的设计，形成一种“线形序列”，这种问答组织化程度高，有利于扫除教学障碍，却不利于学生主动性的发挥。在这种教学模式下，容易产生学生上课什么都听懂了，回家却什么也不会做的现象。因为课堂教学中教师们展示的是思维的结果，关键的问题即思维线索是教师们告诉学生的，学生往往不能很好地自发领会。

所以作者想在重新设计的时候，要想办法让学生参与想象、思索、活动、交流与创造，即便教师讲解，也应该从感受、体验、互动入手，强化学生的真实理解。考虑在这个问题上采用小组讨论的方式，作者参与到每一个小组中，切实了解学生的认知情况，发现思维障碍，根据学生不同情况予以“分级提示”。在接下来的集体授课环节中，请学生谈自己的思维过程，可以是怎样突破瓶颈的，给其他同学以演示的作用；也可以是在哪里受挫的，因为要提高学生的解题能力，就必须找到他们每次思维无法继续的原因。

无论学生能不能充分运用分解与组合的思想（大多数学生应该是有困难的），作者对这一思想予以重点阐述。在讲授过程中注意进行思维的示范，使自己的思维过程公开化，重点突出在几何图形的割补与代数式变换之间的相对应联系。

5. 充分利用资源，继续探索

如果把例 1 分析透彻了，那么例 2 就可以比较顺利地实现解题思想的顺应过程了。但是又发现图中$\triangle AOF$与$\triangle COE$构成了中心对称图形，是把这一现象忽略或是简单带过，还是再继续发掘一下呢？

事实上，可以看到，把$\triangle AOF$旋转 180°与$\triangle COE$重合后，四边形 $ABEF$ 先分成四边形 $ABEO$ 和$\triangle AOF$，再重新组合成$\triangle ABC$，而在这一过程中看到了图形的旋转变换。继续探究一下，如图 3-9-5 所示：

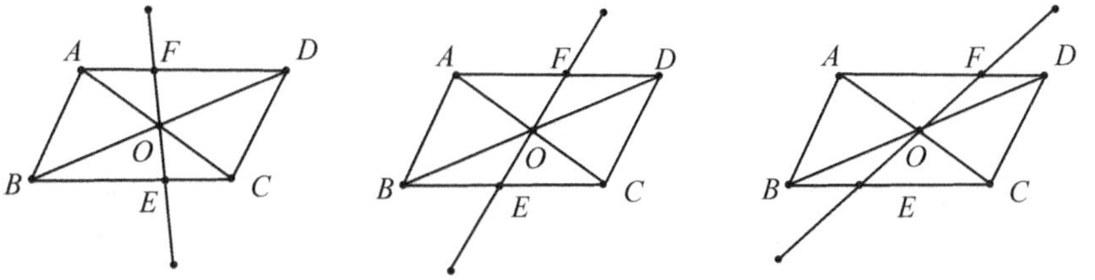

图 3-9-5

如果绕点 O 转动 EF，则平行四边形 $ABCD$ 可能被分解成两个四边形，也可能是两个三角形。分解成两个三角形的时候，根据两个三角形全等从而面积相等可以很容易地看出，它们的面积等于平行四边形的一半。就这个问题来说，这是另一条思维线索。在数学学习的过程中，这是很重要的一种观点，许多考察都是基于这一思想。这就要求学生不仅要从运动变化的角度而且要从多个不同的角度来看待问题，而在实际的教学过程中，老师们却往往就例题到例题，从相关练习到练习，忽略了运动变化是生活的常态，与例题是有内在联系的。平时教学中忽视了现有资源的利用。

所以，作者考虑在此把例 2 改成如下问题：

在平行四边形 $ABCD$ 中，AC 与 BD 相交于点 O，EF 经过点 O，且交 AD 于

F，交 BC 于 E，已知 $S_{四边形ABCD}=10\text{cm}^2$，当 EF 绕点 O 转动时，四边形 $ABEF$ 的面积是否确定？如果确定，求出它的值；如果不确定，说明理由。

这样提出问题，比起课本例题来说是提高了难度和思维层次的。但作者认为要相信学生，有时学生可以掌握比想象的更为复杂的概念，只是这些概念必须以恰当的、适合学生发展的方法把学生的学习与当前理解联系起来，关注学习发生的真实情境。而且让图形“动”起来，可以更大程度地调动学生的求知欲和热情。学生在课堂上可以进行有效的操作活动和有意义、有挑战性的思考，他们自己通过活动获得新的认识，更能体会到成功的喜悦。在问题的解决中检验学生的认知结果，引导监控，使他们体验到问题解决带来的良好的情感体验。

如果在这堂课上学生能初步感受到同一问题的图形运动能有多种不同方式达到同一个结果，形成对无限逼近的初步感受，就实现了对未来学习理解的铺垫。从教学法来看，新课程实施需要继承和发扬优秀的传统教学法，在此进行这样的设计可以对后继的思维提升做一个铺垫。还可以让学生把修改后的例题与原例题进行对比，进一步体会运动变化是生活的常态。

学习不仅是学生学习知识的过程，在对所学知识有整体认识的基础上感受数学方法，更重要的是学生的思维水平有所提高，学会思考，提高学生元认知监控的能力。

【理论聚焦】

认知心理学对于元认知的研究在近三十年来得到了长足的发展。元认知具体运用到学习中就是学习者对自己认知能力的了解、监控、调节与评价。因此，元认知具有高度的自我认识的性质，具有自我监控的功能。在教学中创设情境，引导学生提高其元认知能力，就是从源头上提高学生对自己学习过程的自我认识，从而增加其主动学习的积极性，并能及时调整和优化自己的学习过程，最终达到提高学习效率与学习效果的能力。元认知能力中最关键也是最主要的是自我监控与调节的能力。在教学中如何提高学生的自我监控调节能力是很值得教师进行探讨的。

数学元认知是指人们对数学认知活动的认识、监控与调节，主要包括三方面的内容：数学元认知知识，数学元认知体验，数学元认知监控。三者相互联系，相互依赖促进，组成整体——元认知能力。《全日制义务教育阶段数学课程标准(实验稿)》的总体目标明确指出：学生是数学学习的主人，教师是数学学习的组织者、引导者与合作者。在数学教学中，提高学生的数学元认知能力，就充分体现了让学生成为学习的主人，学生只有对自己的数学认知活动有了深刻认识，能实时监控自己的数学学习环节、内容、速度等，并根据所监测情况进行及时适当的调整，才能成为自己学习的主人。

【拓展阅读】

(1)崔克忍、王向华:《元认知与数学思维》,《教育理论与实践》2005 年第 5 期。

(2)郭成:《元认知训练对小学生数学问题解题能力的影响》,《西南师范大学学报》2004 年第 1 期。

(3)姜英杰、程利、李广:《美国学科教学中的元认知能力训练》,《外国教育研究》2003 年第 5 期。

(4)刘晓明、刘彩琦:《幼儿数学策略应用的发展特点及元认知的影响》,《心理发展与教育》1999 年第 3 期。

【案例研讨】

1. 运用推理计算几何图形面积的若干方法中包含怎样的数学思想?

2. 学生在求解三角形面积时,固定思维模式要求他们必须知道三角形的边长及对应边的高,教师应该如何引导他们选择其他的方式?

3. 课堂上学生认同了老师给出的一些精妙的求解方法,可是事后却仍按照原有思维方式进行,比如求不出三角形高就得不出面积,思路总是受阻,这样的情况是什么原因引起的,应该怎样解决?

4. 元认知在帮助学生数学学习上有什么优势和作用?

【案例评析】

元认知理论实质上就是对认知的认知。在以上的教学设计中,教师渗透了元认知理论,用它指导教学工作,通过基本方案的初步分析找出本质问题,重新生成、元认知监控,在课堂上加入元认知能力训练给了我们一个范例。下面从四个方面对此案例进行简要分析。

1. 吸收新的教学理念,充分认识元认知能力

《普通高中数学课程标准(实验)》中提到:设立“数学探究”、“数学建模”等学习活动,进一步为学生形成积极主动的、多种多样的学习方式创造有利的条件,以激发学生的数学学习兴趣,鼓励学生在学习过程中,养成独立思考、积极探索的习惯,发展创新意识。这就对我们的数学教学提出了更高层次的要求,不仅要传授学生数学知识,还要教会学生自主学习、自主探究。这就不得不提到元认知能力的培养。元认知就要求学生能监控和评价自己的学习过程,在元认知的过程中,形成主动探索的精神。

教学改革的关键是教师教学理念的改革。因为教师教学理念对教学活动起着定向作用,以不同的教学理念指导教学实践,就会产生不同的教学效果。运用元认知理论指导教学工作,帮助学生形成较高的元认知水平,以行为的方式提高学生的学习效率，促进学生的学习；相对应的，促进学生通过学习成绩的改善，以结果的方式唤醒其元认知，提高学生的元认知水平。

2. 元认知能力的培养

(1)主动示范　在传统的班级教学活动中，我们更多地看到的是学生个体和教师思维结果的展示。而在此我们特别是要强调，创造“生生互动”的空间，一则“生—师—生”的固定模式很容易造成教师只是与个别学生在对话与交流，而大部分的学生只是旁观者，甚至于漠不关心。这样的课堂信息交流试图面向全体学生，却无法控制实现全体学生的主动参与。二则作为教师，面对“芸芸众生”，再精密的备课准备也不可能预料到所有学生的思维动态，而且在有限的课堂上凭一己之力也很难解决学生的所有问题。我们要充分利用学生资源，学生思维、解决问题方式的差异，这样才能满足多元化学习的需求，更能给教师以很多的启示。

可见，对于元认知能力的培养，应该遵循循序渐进、教师示范的原则。对已经长期习惯于以教师讲解为主的教学的学生来说，很难在较短的时间内适应这种变化。因此，在教学过程中不能操之过急，急于求成，教学中应更多的先暴露自己的思维过程，给学生以示范作用。

(2)分级提示　只进行必要的提示，建议采用“分级提示”，注重分层教学。

著名教育家蔡元培先生极力提倡“重启发学生，使能自动研究”的教育方法。他认为：“学校教育注意学生健全的人格，故处处要使学生自动。”要使学生能够做到“自动”、“自学”、“自觉”。较理想的是，不需要任何提示，个人能自发地迁移合适的知识。然而，有时提示也能极大地促进迁移。“迁移量取决于学习或迁移时的注意指向。”所以，可用“分级提示”的方法来评估学生迁移所需要帮助的程度。当然提示的知识数量和类型根据不同的学习内容和学习者会有很大的不同，教师在实施时对不同个体的有关学习及其迁移效果要进行详尽的分析。

在课堂上，授课形式可以采用小组学习讨论方式，教师参与到小组讨论中去，以保证有更多的时间在课堂上对差生进行个别辅导，对优等生进行提示。

3. 培养元认知能力，要强调策略

元认知不仅能够对动机产生影响，而且对改善学生的学习方法、学习技能也非常重要；特别是对于那种不是不想学而是不会学的学生来说，尤其如此。强调策略层面而非具体问题的解决方法，有利于提高学生的自我学习能力。数学已经成为中学课程中一门最令人生畏的学科，作业量最大，花时间最多，但见效最慢。究其原因，在于传统的学习解题的过程：①简单模仿，从教科书或老师给的例题中模仿解题方法；②反复训练，找一些习题反复练习，一则把题目做熟，二则掌握更多题目类型；③自发领悟。悟性好的学生能很快把题目解出，但不清楚怎样学会的，只是把题目拿来可以解(其实质是缺乏元认知能力)；悟性慢的学生则道理也许说得头头是道，但拿到题目就不知从何下手，有时有了思路也会中途受阻。

从元认知的观点来看，一般的解题过程是得出思路，写出过程，体现了认知；而对解题过程的分析是对认知的再认知，对认知的自我意识、自我调控和自我超越。通过解题过程的分析，可以通过已知学习未知，可以通过有限量的题去培养无限量的解答机智。积极主动地不断通过这一过程反映关键决策和行为的基本特征，发展元认知能力，可以实现解题能力的有效提高。

4. 课堂教学中的引导监控是很有必要的

采用元认知方法，帮助学生充分意识到自己的学习者角色，即积极监控他们的学习策略和资源，评估具体测试和表现的准备程度，这种方法能够促进迁移。对元认知的强调能促成许多方案，它对学习所起的重要作用在很多案例上已得到了证实。采用元认知方法能增加学生迁移新情境的程度而无需借助明显的提示，有助于改善学生的学习成绩，长期的元认知理论在教学过程中的贯彻指导教学能激发学生的学习兴趣，增强学习信心，提高学业成绩，最终实现思维能力的提升。

案例 3-10　如何培养学生的数学反思能力

新课改背景下“倡导积极主动、勇于探索的学习方式”，在教学活动中就要求教师对教学方式方法进行探索，引导学生积极主动学习。重要的一点是教师要引导学生进行反思。教学包括教师的教和学生的学两方面，只有教师的反思还远远不够，教师所教知识一定要通过学生的反思才能转化为学生的知识。建构主义学习理论认为，学生的学习不是由教师把知识简单地传递给学生，而是学生自己建构知识的过程。学生不是简单被动地接收信息，而是主动地建构知识的意义，这种建构是无法由他人来代替的。所以教师应注重反思性教学，促进学生的反思性学习，提高其反思能力，使学生也成为反思型的学生，教学生“学会学习”。

【案例呈现】　常量与变量

教学环节一：引入部分

师：首先我们大家一起来听听下面一段故事。

“《乌鸦喝水》的故事讲：一只乌鸦口渴了，到处找水喝。好不容易才找到一小瓶水，可是瓶口太窄了，水又很少，乌鸦的嘴伸不进去，怎么办呢？”

生：把小石头放到瓶子里去，就可以了。

（因为这是小学的时候学过的课文，因此学生都知道方法，设计的目的就是为了引起学生的兴趣，将枯燥的数学课趣味化。）

师：对，聪明的乌鸦也是采用这种方法的，那我想问问乌鸦为什么会想到这种方法呢？

生：因为石头放进去之后，水会变高啊。

师：对，就是说投的石块越多则水面就越高，说明水的高度变了。你还能找出哪些量变了呢？

生：石头变多。

师：对，瓶里的石头变多了。

生：老师，瓶里的石头变多了，那瓶外的石头就变少了，总的石头不变。

（在这里，我说的瓶里的石头变多了就是为了引起学生的思考，学生就会很自然想起瓶外的又怎样，总的又怎样。在此学生就发现了一个新问题，即找到了一个不变的量。从而引出不变的量，然后引出我下面要讲的内容。）

师：对，很好，你讲得非常对。总的石头是不变的。你能找出还有哪些量是不变的呢？

生：在乌鸦喝水之前水的质量不变。

师：还有吗？

生：瓶子还是这个瓶子。

师：对，那也可以说瓶子的容积不变。

……

得出概念：在一个过程中，固定不变的量称为常量；可以取不同数值的量称为变量。

教学环节二：巩固概念

畅所欲言：你能设计一个有关常量与变量的实例吗？

大家踊跃发言，举了很多例子，在此我就不再一一举出，但我要说明的一点是，学生基本上举的例子都是在一个过程中，变量与常量都存在的情况。我一直在等待学生是否会举在一个过程中所有的量都是变量或都是常量的例子？最后一个平时成绩比较差的学生起来说道："我们年级段的人数是变量，我们班的人数是常量。"我把这句话写在黑板上，此时下面就有同学对这句话表示否定，认为这句话是错的。于是我就叫该生起来回答。

师：你认为这句话对吗？

生：我觉得我们年级段的人数应该是一个常量，而我们班的人数也应该是一个常量。但是这样的话，这里就没有变量了，总觉得有点问题。

（于是我就让同桌之间互相讨论和交流，最后学生一致认为这两个量都是常量。)

师:这两个量确实都是常量。谁能举出在一个过程中所有的量都是变量的情况。

(学生思考,最后还是没有想到,于是我就举了一个。)

师:那要不,我来举一个吧。

生:好。

师:我在操场上变速跑一圈,所花的时间、所跑的路程及其速度都是变量。

教学环节三:合作交流

填一填:1. 汽车以 80 千米/小时的速度行驶,用 t(小时)表示行驶的时间,s(千米)表示行驶路程,其中常量是________,变量是________。

2. 汽车行驶 200 千米的路程,用 v(千米/小时)表示行驶的平均速度,t(小时)表示行驶的时间,其中常量是________,变量________。

3. 在行程问题中,$s=vt$,v 一定时,常量是________,变量是________。s 一定时,常量是________,变量是________。

在完成了这三题之后,师生归纳得出:常量和变量是对某一变化过程来说的,不是绝对而是相对的。常量不一定是具体的数,也有用字母表示的。然后就是下面的小组合作。

小组合作:你们也能设计两个情景过程,使得某一个量在第一个过程中是一个常量,而在第二个过程中是一个变量的实例吗?

要求:以 4 人为一小组,其中一人为记录员,把讨论的结果记录下来。

同学们讨论得非常激烈,大概过了 5 分钟,每一组同学都设计出来了。同学们设计的过程五花八门,有关于老婆婆卖饼的问题,有关于三角形的面积问题、圆柱的体积问题,有关于浮力的问题,有关于在月球和地球上的受力问题,等等。

教学环节四:迁移拓展

想一想:如图 3-10-1 所示,在$\triangle ABC$ 中,点 E 是高线 AD 上的一个动点,连结 BE、CE,点 E 在 AD 上移动的过程中,哪些量是常量?哪些量是变量?

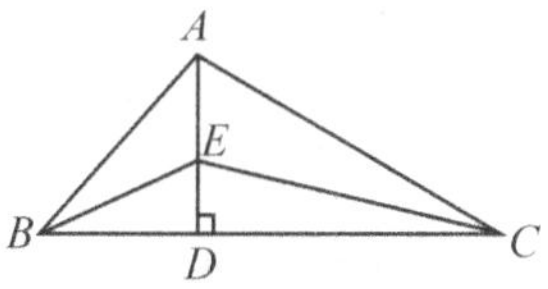

图 3-10-1

学生举例说明。

师总结:对于这种开放题,如果想把所有的情况都找出来,我们就需要使用分类的思想方法。如可以按点分类、按线段分类、按角(小于平角)分类、按三角形的形状或面积分类。于是师生一起归纳得出以下内容:

按点分类:点 A、B、C、D 是常量,点 E 是变量;

按线段分类：AB、AC、BC、BD、CD、AD 是常量，AE、DE、BE、CE 是变量；

按角(小于平角)分类：$\angle ABC$、$\angle ACB$、$\angle BAC$、$\angle BAD$、$\angle CAD$、$\angle ADC$、$\angle ADB$ 是常量，$\angle AEB$、$\angle AEC$、$\angle BED$、$\angle CED$、$\angle ABE$、$\angle EBD$、$\angle ACE$、$\angle DCE$、$\angle BEC$ 是变量；

按三角形的形状或面积分类：$\triangle ABD$、$\triangle ACD$、$\triangle ABC$ 是常量，$\triangle ABE$、$\triangle ACE$、$\triangle BDE$、$\triangle CDE$、$\triangle BCE$ 是变量。

【理论聚焦】

提高中学生的反思能力，能有效地提高教学效果。从理论的高度思考与研究数学反思能力的本质及其相关问题，对数学教学与学习有着十分重要的作用与价值。《全日制义务教育阶段数学课程标准(实验稿)》的总体目标明确指出，要使学生初步形成评价与反思的意识。只有在教学过程中加强培养中学生数学反思能力的教学方法的提炼，才能优化学生的思维品质，提高学生的思维能力，进而为培养学生的独立思考习惯、学习创新精神和创造能力奠定坚实的基础。

反思的对象是思维本身，而反思的目的是为了指导将来的思维活动。数学反思就是学习者对自身数学思维活动过程与结果的自我监测、自我控制、自我调节与自我评价；而数学反思能力就是在数学学习过程中反映出来的一种稳定的思维品质，是元认知在数学思维中发挥作用的基本形式。它是以反思的体验、反思的知识和反思的技能为基础，并在对数学认知过程的评价、控制和调节中显示出来的高层次思维活动，它对数学认知活动起着指导、支配、决定、监控的作用。因此，数学反思能力中的核心就是进行数学反思。教师要作一个有心人，在教学实践中应积极为学生创设反思的机会，逐渐唤醒他们反思的意识，使他们逐步养成良好的反思习惯，让反思学习成为学生的一种爱好、一种动力。

【拓展阅读】

(1)涂荣豹：《试论反思性数学学习》，《数学教育学报》2000 年第 4 期。

(2)熊川武：《反思性教学》，华东师范大学出版社 1999 年版。

(3)Scott Gparis Linda R Ayres：《培养反思力》，袁坤译，中国轻工业出版社 2001 年版。

【案例研讨】

1. 数学教学中如何培养学生的反思能力？
2. 学生的数学反思能力是建立在何种基础上的？
3. 如何让反思学习成为学生的学习习惯？
4. 数学反思能力对学生学习能力的提高有何意义？

【案例评析】

数学是思维的体操，应该在教学过程中锻炼学生的思维能力、创新意识。数学反思习惯能促进思维能力的提高。教师应在教学的全过程中，运用各种巧妙的方法、方式，引导促进学生进行数学反思，锻炼其思维的灵活性，养成批判性、反思性思维习惯。

1. 在教学全过程中培养学生的反思能力

反思能力的培养不仅仅存在于数学教学课堂，而应该贯穿于数学教学的各个过程，包括课前预习、课堂教学、课后反思等。课前采用自我提问的方式，强化反思意识；在课堂教学（概念教学、解题教学和复习课）中，有意培养学生的反思能力；课后通过自我纠错的方式，养成反思习惯。这一整个过程是极其重要的，各个部分相互作用、相互联系，形成一个完整的学习方式。课堂教学中教师的有意引导是至关重要的，学生不论在认知发展，还是心理发展、生理发展上都还未达到一个完全自主的状态，教师应适时适当地引导其进行反思性思维，更好地帮助学生深入掌握基础知识，培养数学反思能力，进一步提高学生学习能力。除此之外，学生在课前预习时，以自我提问的方式进行反思性能力练习，也是非常必要的。建构主义认为，学习是学习者主动的心理建构，只有学生能主动积极地进行思考，进行自我提问，才能真正有效地提高数学反思能力。课后的自我纠错环节也是必不可少的，学生在学习中出现错误是难免的，只有真正认识错误，并能进行积极思考，在课后反思中将整个知识在头脑中再一次进行完整准确的建构，才能进一步加深学生对知识的理解。

本案例中展示了教师在课堂教学的各个环节中引导学生进行数学反思，包括新课导入、巩固知识、合作交流以及迁移拓展四个环节，这种引导是很有必要的，值得教师在日常教学中进行借鉴学习。通过递进式提问的方式，一步步启发学生的思维，帮助他们进行数学反思，这在培养学生数学反思能力上是非常行之有效的。除此之外，也应关注学生课前预习中的数学反思，使学生在脑海中形成问题，带着问题进行学习思考。课后的纠错反思也是极其重要的，教师应加强对学生这方面的培养。

2. 掌握基础知识，进行深入反思

进行数学反思的基础是掌握一定的数学知识。奥苏泊尔认为，有意义学习的必要条件之一就是“学习者认知结构中具有同化新材料的适当知识基础（固定点），便于与新知识进行联系，也就是具有必要的起点”。只有掌握了一定的知识，才能进行深入的反思。这就要求教师在教学的过程中，注意分析学生的起点，根据学生已掌握的知识，进行合理的设计，引导学生在此基础上进行反思，会取得更好的效果。本案例中教师在新课导入的部分采用问答的形式，以学生熟知的《乌鸦喝水》的故事作为启发，就很好地把握了这一点，不仅引起了学生的兴趣，更重要的是以学生的认知起点为出发点设计教学环节，让学生在掌握知识的同时进行反思性学习，取得了良好的教学效果。

3. 数学反思能力的作用

新课程的核心理念是“一切为了每一位学生的发展”，在以学生为主体的教学理念下，不会反思的学生不会得到更好的发展。因此，学生反思能力的培养，理应引起教师的高度重视，让学生学会适时反思、事事反思是教师义不容辞的责任。曹才翰教授认为“培养学生对自己的学习过程进行反思的习惯，提高学生的思维自我评价水平，这是提高学习效率、培养数学能力的行之有效的方法”。学生在数学学习过程中，只有不断地反思才能使自己建构的知识不断地与数学共同体所拥有的知识靠近，最终达到一致。

案例3-11　复习课中如何培育学生的学习能力

美国的教育界流传着这样一句话：“告诉我，我会忘记；分析给我听，我可能记住；如果让我参与，我就会真正理解。”而体验学习正是充分展示了以人为本的教育理念。在高中教学中，很多老师为了赶教学进度经常采用“满堂灌”的形式，特别是在复习课中体现得尤为突出，有时还会要求学生记笔记(抄板书)，表面上看起来知识展现好像完成了，但从学生层面看效果很差，这好比植物进行光合作用，有了二氧化碳和水等原料(上课讲的知识)，有了叶绿体(比作学生的大脑)，可是，没有光(学习的能力与学习方法)，光合作用还是反应不起来！那么，在复习课中怎样来培育学生的学习能力呢？关键在于老师是否给学生“光”——也就是给学生学习的方法，培养他们的学习能力。因此，课堂上如何给学生送“光”，是值得我们深思的问题。

【案例呈现】

教学片断一

例　过抛物线 $y^2=2px(p>0)$ 的焦点 F 作倾斜角为 $45°$ 的直线交抛物线于 A、B 两点，若线段 AB 的长为8，则 $p=$________。

(以下学生解答由投影展示)

学生1：由题意可知，过焦点的直线方程为 $y=x-\frac{p}{2}$，

联立有 $\begin{cases} y=x-\frac{p}{2} \\ y^2=2px \end{cases} \Rightarrow x^2-3px+\frac{p^2}{4}=0$，解得 $x=\frac{3p\pm 2\sqrt{2}p}{2}$，

则 $A\left(\frac{3p+2\sqrt{2}p}{2},\frac{2p+2\sqrt{2}p}{2}\right)$，$B\left(\frac{3p-2\sqrt{2}p}{2},\frac{2p-2\sqrt{2}p}{2}\right)$。

$$又|AB|=\sqrt{\left(\frac{3p+2\sqrt{2}p}{2}-\frac{3p-2\sqrt{2}p}{2}\right)^2+\left(\frac{2p+2\sqrt{2}p}{2}-\frac{2p-2\sqrt{2}p}{2}\right)^2}$$
$$=4p=8$$

所以 $p=2$。

由题意我们知道这是一个圆锥曲线的弦长问题，而求弦长最直接的方法是将两端点坐标求出，所以我想到直接求出 A、B 两点的坐标，进而用两点间距离公式来求解，体现了数学中方程的思想。

学生 2：由题意可知，过焦点的直线方程为 $y=x-\frac{p}{2}$，

联立有 $\begin{cases}y=x-\frac{p}{2}\\y^2=2px\end{cases}\Rightarrow x^2-3px+\frac{p^2}{4}=0$，设 $A(x_1,y_1)$，$B(x_2,y_2)$，

又 $|AB|=\sqrt{1+k^2}|x_1-x_2|=\sqrt{1+k^2}\sqrt{(x_1+x_2)^2-4x_1x_2}=4p$，

所以 $p=2$。

我本来的想法与学生 1 相同，但解方程时我觉得很烦，所以想到用“设而不求”的方法，然后借助韦达定理来解决问题。

学生 3：$|AB|=|AF|+|BF|=x_1+\frac{p}{2}+x_2+\frac{p}{2}=x_1+x_2+p$(以下解法同 2)。

因为这是一道有关过抛物线焦点弦长问题，所以我考虑到能否用抛物线的定义来解题，就想到了这种解法。体现了数形结合的思想方法。

学生 4：设直线的参数方程为：$\begin{cases}x=\frac{\sqrt{2}}{2}t+\frac{p}{2}\\y=\frac{\sqrt{2}}{2}t\end{cases}$（$t$ 为参数），

代入抛物线方程可得 $t^2-2\sqrt{2}pt-2p^2=0$，

$\because t_1t_2=-2p^2<0$，

$\therefore t_1,t_2$ 异号，$|AB|=|t_1-t_2|=4p$，所以 $p=2$。

这是一个弦长问题，而直线参数方程中的参数 t 的几何意义是：$|t|$ 表示参数 t 对应的点 M 到定点 M_0 之间的距离，所以我想到用直线参数方程解此题。

教学片断二

变式题：1. 过抛物线 $y^2=2px(p>0)$ 的焦点 F 作倾斜角为 θ 的直线交抛物线于 A、B 两点，则 $|AB|=$________。

2. 过双曲线 $C:x^2-\frac{y^2}{3}=1$ 的右焦点 F 作直线交双曲线于 A、B 两点，若 $|AB|<4$，则直线 AB 斜率的范围是________。

3. 已知椭圆 C 的中心在原点，一个焦点为 $F_1(0,\sqrt{2})$，离心率为 $e=\frac{\sqrt{2}}{2}$，点 $P(1,t)$ 为椭圆在第一象限上的点，斜率为 $\sqrt{2}$ 的直线 l 与椭圆 C 交于不同的两点 A、B。

(1)求椭圆 C 的方程。

(2)求 $\triangle ABP$ 面积的最大值。

教学片断三

教师：请同学们谈谈，通过今天的学习你有哪些收获呢？

学生 5：求圆锥曲线的弦长问题可以采用“设而不求”的方法，利用公式 $|AB|=\sqrt{1+k^2}\,|x_1-x_2|$ 及韦达定理来求解，也可以利用直线的参数方程借助于参数的几何意义来求解。

学生 6：对于过圆锥曲线焦点的弦长问题，还可以利用定义来解题。

教师：很好！通过本堂课的学习，我们掌握了有关圆锥曲线弦长问题的常规处理方法，那么本堂课主要体现了哪些数学思想方法呢？

学生 7：方程的思想，数形结合的思想，分类讨论的思想(对斜率的讨论)。

教师：对！同学们还有其他的收获吗？

学生 8：今天的课还让我体会到解题后反思的重要性，我以后解题一定要注意这方面的训练。

教师：学生 8 的收获很大，那我们解题后可从哪几个角度进行思考呢？

学生 9：该题涉及了哪些知识点？该题属于哪种类型？是用什么方法解决的？这种方法还有哪些应用？该题还能怎么变化？如何解决？等等。

【理论聚焦】 复习课的重要功能

复习课是一种重要的课型。整理复习是知识的巩固、迁移与运用不可缺少的重要环节，它不是对所学知识进行简单的重复学习，而是一种更高层次的再学习。首先，它是学生对所学知识进行系统梳理、结构储存的过程；其次，它是学生提升认知水平，发展数学思想方法的过程；再次，它也是综合应用解决实际问题的过程。在复习过程中要充分相信学生，要把学习的主动权交给学生，让学生主动参与，要放手让学生整理知识。建立了基础知识结构树后，应让学生重新去品味基础知识、归纳要点，领悟每部分知识的重点、难点，让学生在充分的交流中互动评价，开展争辩，发现问题、提出问题、解答问题，并不断完善知识结构树。

复习课贵在方法,重在思维。方法是关键,思维是核心,渗透科学方法,培养思维能力是贯穿数学教学全过程的首要任务。通过练习的评讲过程,应该使学生的思维能力得到发展,分析与解决问题的悟性得到提高,对问题的化归意识得到加强。训练“多题一解”和“一题多解”,不在于方法的罗列,而在于思路的分析和解法的对比,从而揭示最简或最佳的解法。

【拓展阅读】

(1)郑一平:《数学解题的灵魂——思维起点的选择》,《中学数学教学参考》2007 年。

(2)陆建:《让思维活动成为课堂的“主角”》,《中学数学教学参考》2006 年第 10 期。

(3)张松年:《把学习过程的思维空间让给学生》,《中学数学教学参考》2009 年第 10 期。

(4)张琥:《解题教学因研究高考试题而精彩》,《中学数学教学参考》2010 年第 5 期。

(5)游明波:《复习课贵在精心设计》,《中学数学教学参考》2010 年第 7 期。

【案例研讨】

1. 教师如何更好地开发学生的思维之路?

2. 教师的主导作用体现在哪些方面?

3. 教学情境的创设、合理的开放度如何把握?

【案例评析】

本案例所选的题目出自高考试题,虽然形式简单,属于基础题,但由于其特有的结构特征和多方位的入手视角(圆锥曲线的弦长问题),不同思维层次的学生都能参与其中探究,为学生提供丰富的思维空间和展示平台,便于学生运用已掌握的知识开启思维的大门,让学生的思维立刻聚合在解决问题上,全员参与了进来,同时因为面对的是高考题,也大大提升了学生强烈的求知欲,学生纷纷动手尝试。这种教学情境的创设、合理的开放度,能够充分引领学生的思维开始“起跑”,从而实现了我们的教学目标。

教师先让学生思考 5 分钟后,通过实物投影展示学生的解法,面对学生的四种解法,教师并没有轻率地去评判孰优孰劣,而是把这权利交给学生,让学生自己去体验,去领悟。所以在学生回答不同解法的同时教师追问:“解此题时,你是怎么思考的?又是怎么想到的?”让学生充分回忆自己的思维过程。之后教师又提出了一个问题:请同学们归纳一下,上面四种解法分别用到什么知识点、什么方法呢?哪种方法更容易想到?更加贴近你的思维?哪种方法你觉得思路比较难以发现？学生普遍认为解法 1、2、3 比较容易想到，但解法 4 的解题思路不易想到，此时课堂中伴有同学们发自内心的“真棒”的感叹，伴有会心的点头。说明学生之间已经有了共鸣，产生了“欣赏”，在互动中将他人的智慧“据为己有”，进而也提高了学生的学习兴趣。在教师的引导下学生参与了整个解决问题的过程，并且将学生的认识上升到数学思想的层面，给学生展示了更高的视野，从而帮助学生实现思维的“加速”。

本案例给出三个变式题，用“变”来揭示问题的本质，用“变”来展示认知过程，引领学生从“变”的现象中发现“不变”的本质，形成良好的认知结构。教师将“倾斜角为 45°”改为“倾斜角为 θ”得到了变式一，能让学生体验从特殊到一般的思维历程，使学生认识问题的普遍规律，符合学生的认知规律。变式二将“抛物线”改为“双曲线”，设计旨在培养学生对知识的迁移能力，深入拓宽学生思维的领域。变式三是圆锥曲线的一个综合性问题，通过此题的训练让学生领悟：数学问题的背景可以千变万化，而其中运用的数学思想方法却往往是相通的，能让学生养成从系统的高度去把握知识、方法，针对不同的问题，形成不同的思维策略，从而达到思维的“冲刺”阶段。

本案例以提问的方式逐步引导学生从问题的类型和解决问题的方法来加以反思，通过学生对整节课思维的回放，能使学生系统地、有效地掌握数学课堂知识、方法，对本堂课的知识起了加深巩固的作用，同时有利于提高学生的数学思维品质，完善学生的思维，使学生的思维得到进一步提升。

案例 3-12　如何在数学课堂中提出好的问题

新课标的实施带动了学校教学很多方面发生变化，一线教师对教学的各个方面都进行了大量的研究。课堂提问的有关探讨也逐步深入，但目前这方面仍然存在很多问题，诸如：提问中重数量轻质量，重提问轻反馈，盲目提问，让学生无从回答，目的缺失，学生无从回答。数量繁多，学生简单应付。等待短促，学生疏于思考。这些问题需要不断地探讨，以寻求比较优化的提问方式和方法。

【案例呈现】　如何提出好的问题

教学片段一

以下是“计数原理”一课不同老师上课的提问记录。

引入：你知道怎么算吗？

　　　你知道为什么这么算吗？

授课：表一的结论是什么？

能不能根据表二获得什么结论？
看看课本是怎么归纳的？对比以下你的阐述和课本有什么不同？
你是根据什么分成两类的？
怎么获得的？
根据这个问题是否可以对两类加法进行推广呢？
有没有其他说法？都是 47 吗？怎么获得的？
能不能有人参加两项？
还有其他情况吗？(有什么没参加？)
都一样？还有其他方法吗？
能不能也把两步计数原理进行推广呢？怎么推广？
这两个问题一样吗？有什么不同？
分类加法计算原理和分类乘法原理有什么区别？
能不能把问题总结？怎么解决？
小结：这堂课学到了什么？获得两个原理都用到了什么方法？

教学片段二

引入：为什么要用自选车牌？
老车牌有多少？自选车牌有多少？哪种车牌多？多多少？
讲授：从嘉兴到丽水有几种不同的走法？
为什么用加法？
要完成什么事？怎么回去？
身边有没有类似的例子？
例子和例题有什么共同特征？
能不能将这个步骤用文字表述一下？
分类例题和分步例题比较，能得到什么结论？
代表在选择时该怎么做？
能不能用数学语言陈述？
这里是分两步的？三步呢？四步呢？N 步呢？得到几个计数原理？分别是？
如何比较？有什么共同点？
凭什么断定一件事是分步还是分类？分步完成还是直接完成的依据是什么？
车牌一共有多少个？
总结：主要学习了什么？分别是？
如何判断是哪个计数原理？

教学片段三

引入：用英文和字母编号有多少种？

杭州到北京有多少种走法？

5+10，5 是什么？10 是什么？

讲授：这两个问题有什么共同特征？

完成一件事情有几类方案？

如果选择一个景点，有几种方法？

用一个字母或数字，总共能编多少种不同的号码？

要完成一件什么事情？

那一次完成不了该怎么办？

从丽水到北京分为哪几步？

完成 m_1 方法和 m_2 方法互相影响吗？

小明进出故宫大门有多少种共同的走法？

（小明和爸爸计划从同一门入，从不同的两个门出）有多少种方法？

这两个原理有什么相同点？有什么不同点？

分类要做到什么？分步要做到什么？

经过和小明的旅行，你们都学到了什么方法？

【理论聚焦】 有效的数学提问

课堂提问中存在什么样的问题？课堂提问的原则是什么？教师对于这些问题的把握将直接影响课堂教学的有效性。因此，课堂教学提问中存在的问题是值得教师关注的。

总体的课堂提问应该把握科学性原则，把握度的原则，把握针对性原则以及层次性原则。科学性原则保证课堂提问的正确性，保证提问后寻找答案的可行性。度的原则是保证课堂提问数量上的多少，避免重数量、轻质量的片面观念。针对性原则设定了课堂提问的范围，目的是让课堂提问有理可依，有根可寻，避免提问过于宽泛。层次原则则保证有效提问。拥有层次性的提问，可以让课堂知识呈现层次性，起到循循善诱的效果。

作为中学教师，应该从这四个方面把握课堂提问，以保证课堂提问整体的科学性。

【拓展阅读】

(1)许浩：《从数学理解角度谈课堂设问的层次性》，《中学数学研究》2005 年第 12 期。

(2)张爱华:《例谈数学课堂提问的原则》,《中外教育研究》2009 年第 11 期。

(3)俞云全:《新课标下数学课堂提问技巧探析》,《教研论坛》2010 年第 4 期。

【案例研讨】

1. 课堂提问存在什么问题?

2. 课堂提问应该注意什么原则?

【案例评析】

1. 课堂提问存在的问题

现行数学教学中,课堂提问存在的问题主要有提问中重数量轻质量,重提问轻反馈,盲目提问,让学生无从回答,目的缺失,学生无从回答。数量繁多,学生简单应付。等待短促,学生疏于思考。

例如片段一中,这位教师对提问的把握还是比较好的,但是也存在一些问题。第一,表一的结论是什么?能不能根据表二获得什么结论?这样的问题指向性是不强的,在教师提问的基础上应该清晰表述什么方向的结论。对于一个表或图,不同的学生是有不同的理解的。第二,案例一中"这两个问题一样吗?有什么不同?"这样的反问是期望后面问题的探索,但该问题在这里是没有必要的。没有注重度的把握,可以直接提问这两个问题有什么不同。这就避免了提问重量不重质的问题。

片段二中,例子和例题有什么共同特征?这样的提问指向性也不够明确,共同特征可以是数学学科的,可以是其他学科的,这样提问很容易让学生感到回答很茫然,不知道从什么方向入手。

片段三中,这两个原理有什么相同点?有什么不同点?这个问题清晰明朗,指向性强。在课堂提问中,应当尽量避免使用"是不是"、"好不好"、"对不对"、"行不行"这样的假问题。

2. 课堂提问的原则

(1)数学问题的设定要有一定的针对性　数学问题设定的针对性是指设定问题的时候,一定要有指向。指向在这里可以理解为两个方面:一方面是指问题的设定要有明确的对象,不能问一些似是而非的话。诸如一位老师问学生,如果我要获得三枚奖牌我应该怎么做?学生答:我应该努力练习。这个回答貌似没有问题,但是放在计数原理的课堂中,这样的问题明显不是老师提问的本意,因此这个问题的指向性就非常不明确。还有一位老师在讲解概率概念的时候问学生,是什么让数学家坚持做硬币实验的。这样的问题指向性也不强,在理解题目的时候,存在很大的歧异,答案不一定是数学老师想要的答案,这样的答案就不具备针对性。另一方面是指问题的设定要明确提问的学生范围,在教师设置问题的时候,应该把问题仔细分类。哪类问题是提给基础比较好、语言表达能力较强的学生的;哪类问题是提给基础较差的学生的,这些在教师上课之前都应有所区别,而不应该是上课后,所有的问题一起提出,或者只提问基础好的学生。

(2)数学问题的设定要把握度的原则　不管在哲学上还是在数学中,度都是一个很重要的方面。我们设置数学问题更应该把握好度。这里的度,包含着学生年龄和问题难度相适应,整个班集体的思维能力和问题难度相适应以及设置的问题和课本难度相适应,不能超纲。首先,我们设置的问题一定要适合学生的年龄特点,设置的问题要适合学生的"最近发展区",问题切忌过于简单,否则探究性学习就没有发挥作用;也忌过于难,难度太大的题目会使学生失去自信,从而失去对学习数学的兴趣。其次,我们设置的问题,不能全班都能答上来,也不能全班都回答不上来,设置的问题要使大多数同学能够回答。对于回答不上来的小部分学生应该及时了解,做好课后的辅导。最后,设置问题还必须是在当前学生已有的知识范围内的,不能超出学生的学习范围。超出学生学习范围的问题不利于激发学生学习和探究的兴趣。最后,设置问题在数量上也要把握好度。问题不能太泛,不能太多。太多的问题会影响学生思考的深度,使学生在这些问题中感到疲倦、不耐烦等。

(3)数学问题的设定要有层次性　问题设定的层次性是指设置的问题必须是环环相扣、逐步提升的。有层次的问答是学生探究性学习的指导,只有教师提问的问题不断深入,才能引起学生探究的兴趣和探究的行动,如果只是平铺直叙的提问,提问一些诸如"行不行,能不能,能否,是不是"等这样的问题,表面上形似探究,其实没有探究的实质,看似热闹的课堂对教师实际无益。

(4)数学问题的设定具有科学性　数学问题的科学性是指所提出的数学问题须是正确的。该数学问题中涉及的条件和所要寻求的目标之间一定具有某种桥梁,这种桥梁就是数学问题要寻找的东西。但是所设定的目标必须具有可行性。给定的条件必须是充足的,必须满足这个桥梁。有些数学问题不利于学生数学思维方式的形成,更不利于学生数学方法体系的形成。只有科学的数学问题才具有探究的价值,才能够使学生在探究的过程中形成严谨的态度,体验数学思维的博大精深和数学方法的变化无穷,同时,也有助于学生形成数学知识体系。

案例3-13　如何有效地突破函数概念的教学难点

在数学教学的相关研究中，人们普遍认为，难点教学具有理解的困难性和突破的重要性，这种地位的重要性和困难性，导致了难点教学设计成为各种教学参考书的焦点之一，也是每位教师备课和编写教案时必须要重点考虑的内容。

在新课程标准的理念下，中学数学教学的根本任务是掌握基础知识、基本技能和发展学生的数学思维。教学中应该注意知识的形成发展过程、思维的探索过程、方法和规律的概括过程，使学生在一系列的过程中发展能力；而教材中的难点知识往往出现在数学思维迅速丰富、过程大步跳跃等地方，出现在数学方法较为抽象或综合的地方，所以在教学过程中，更应该关注难点知识的积极意义。

【案例呈现】　函数的概念及其构成要素①［人教A版(必修1)第1章第2节第一课时］

一、创设情境

问题1：$y=1(x\in\mathbf{R})$是函数吗？

问题2：$y=x$与$y=\dfrac{x^2}{x}$是同一个函数吗？

设计意图：在数学教学中设计一些学生不易回答的问题或有趣的故事，制造悬念，以上例子的判定与学生已有的函数概念理解发生冲突，根据皮亚杰认知发展理论，产生认知上的不平衡，易激发学生强烈的求知欲。

二、复习

问题3：初中教材(传统的)函数的定义是什么？初中学过哪些函数？

问题4：初中函数定义中强调对于x的每个值，y都有唯一的值与之对应，这一点与我们上节课中学习的映射是一样的，那么函数与映射是否为同一概念呢？

设计意图：高中函数概念的教学实际上是在初中函数和映射基础上进行的同化教学，因此在设计教学过程时必须注意在学生已有知识结构中寻找新概念的固着点(初中函数概念和映射概念)，通过具体例子的特征发现函数概念与映射概念的相似性，引出函数新概念，进而完善知识结构。

三、新课

问题5：观察函数$y=2x(0\leqslant x\leqslant 1)$的特征(自变量、函数值、对应法则)。

---

①　本案例由上海师范大学杨勤春设计。

问题6：因此，函数 $y=2x(0\leqslant x\leqslant 1)$ 是一种映射。那么，是不是所有的函数都是映射呢？如果是，一次函数是什么数集到什么数集的映射？

总结：函数实际上是一种特殊的映射，也就是说，函数的本质是数集到数集的映射。对照映射的概念，给函数一个新的定义：

如果 A，B 都是非空数集，那么 A 到 B 的映射 $f:A\rightarrow B$ 就叫做 A 到 B 的函数，记作 $y=f(x)$，其中 $x\in A$，$y\in B$，原象的集合 A 叫做函数 $y=f(x)$ 的定义域，象的集合 C（C 真包含于 B）叫做函数 $y=f(x)$ 的值域。函数符号 $y=f(x)$ 表示"y 是 x 的函数"，有时简记作函数 $f(x)$。

设计意图：本设计解决了在映射的基础上理解函数概念的问题。这样做能在新的数学知识与学生已有的数学知识和经验之间建立实质性的、非任意的联系，不断完善学生个体的认知结构。

强调：(1)函数实际上就是非空数集 A 到非空数集 B 的一个特殊映射 $f:A\rightarrow B$；它的三要素：定义域 A、值域 $\{f(x)\mid x\in A\}$、对应法则 f，缺一不可，只有当这三要素完全相同时，两个函数才能称为同一函数

(2)A：定义域，原象的集合。

C：值域，象的集合，其中 $C=\{f(x)\mid x\in A\}\subseteq B$；

f：对应法则，$x\in A$，$y\in B$；集合 A 中数的任意性，集合 B 中数的唯一性。

(3)函数符号：$y=f(x)\Leftrightarrow y$ 是 x 的函数，简记 $f(x)$，f 表示对应关系，在不同的函数中，f 的具体含义不一样；$f(x)$ 是一个符号，绝对不能理解为 f 与 x 的乘积，还可用 $g(x)$，$F(x)$，$h(x)$ 等来表示。

(4)函数值：$f(x)$ 与函数值 $f(a)$ 是不同的，前者为变数，后者为常数。

例　$f(x)=x^2+4x+5$，则 $f(2)=2^2+4\times 2+5=17$。

设计意图：理解一个概念是掌握一个概念的前提，而内涵和外延是构成数学概念的两个重要方面，通过以上四点，能充分揭示函数概念的内涵和外延，有助于加深对函数概念和表达形式的理解。

四、例题讲解

例1　求下列函数的定义域。

(1)$f(x)=\dfrac{1}{x-3}$；(2)$f(x)=\sqrt{3x-2}$；(3)$f(x)=\sqrt{x+1}+\dfrac{1}{\sqrt{2-x}}$。

例2　已知函数 $f(x)=x^2+4x+5$，求 $f(1)$、$f(-1)$、$f(\sqrt{2})$、$f(a+1)$。

例3　下列函数中哪个与函数 $y=x$ 是同一个函数？

(1)$y=\dfrac{x^2}{x}$；(2)$y=(\sqrt{x})^2$；(3)$y=\sqrt[3]{x^3}$；(4)$y=\sqrt{x^2}$。

例4　下列各组中的两个函数是否为相同的函数？

(1)$y_1=\frac{(x+3)(x-5)}{x+3}$，$y_2=x-5$(定义域不同)；

(2)$y_1=\sqrt{x+1}\sqrt{x-1}$，$y_2=\sqrt{(x+1)(x-1)}$(定义域不同)；

(3)$f_1(x)=(\sqrt{2x-5})^2$，$f_2(x)=2x-5$(定义域、对应法则都不同)。

设计意图：巩固练习是概念教学的重要环节，心理学认为，概念一旦获得如不及时加以巩固、总结，就会混淆或遗忘，必须通过解题训练加以巩固。同时通过练习优化数学认知结构，发展数学思维，领悟数学的思想方法。

五、小结

1. 函数是一种特殊的映射 $f:A\to B$，其中集合 A，B 必须是非空的数集；$y=f(x)$表示 y 是 x 的函数。

2. 函数的三要素是定义域、值域和对应法则，定义域和对应法则一经确定，值域随之确定。

3. 判断两个函数是否是同一函数，三要素必须完全一样，才是同一函数；当然只需判断定义域和对应法则即可。

4. $f(a)$表示 $f(x)$在 $x=a$ 时的函数值，是常量；而 $f(x)$是 x 的函数，通常是变量。

设计意图：课堂小结有助于对所学知识在课堂学习即将结束时进行针对性地归纳回顾，加强学生的记忆，巩固新知识，使有关的教学内容系统连贯和相对完整，因为学生对于相对完整的知识容易理解和掌握。

【理论聚焦】

现代教育心理学的研究认为，有效的概念教学是建立在学生已有知识结构的基础上进行的。数学概念的教学过程是新概念的内容与原有认知结构相互作用、形成新的认知结构的过程，掌握数学概念，实质上就是掌握一类事物的共同本质属性，也就能够辨别概念的本质属性和非本质属性。根据新概念与原有认知结构中相关知识的特点，学生获得数学概念的心理方式有两种：概念形成和概念同化。概念形成是在教学条件下，从大量具体例子出发，在学生实际经验的肯定例证中，以归纳的方法概括出一类事物的共同本质属性。以概念形成的方式获得数学概念一般经历观察、分析、抽象、比较、概括、形式化、具体化等一系列思维活动；它较适合抽象层次较低，处于概念体系的基础、核心位置的少数重要概念的教学。概念同化利用学生认知结构中原有的概念和知识经验，以定义的方式直接向学生揭示事物的本质属性，从而使学生获得概念的方式。以概念同化的方式获得数学概念一般经历观察、分类、系统化、比较、具体化等一系列思维活动；它在实际教学过程中，经常是这两种方式混合运用，既符合学生由具体到抽象的认知规律，又能使学生更好地理解概念所反映出来事物的本质属性，提高数学的有效性学习。由于高中数学概念的高度抽象性和逻辑性，使概念同化的学习形式显得更为重要，概念同化是高中学生获得概念的最基本的方式。

数学教学的难点一般是指学生不易理解和接受的知识，或不易掌握的技能技巧。按照苏联教育家维果斯基“最近发展区”理论分析，如果学生已有发展水平与教学要求之间的矛盾比较突出，这时的教学要求就成为教学的难点。难点不一定是重点，但有些内容既是重点又是难点，同时难点有时又要根据学生的实际情况而定，同一知识点，对某些学生是难点，对另一些学生却不是难点。但是对于高中学生而言，其年龄均处于15～18岁阶段，身心发展水平普遍相似，特别是经过中考考试的筛选，其原有的智力水平、知识水平和认知能力总体而言比较相近，因而我们所讨论的难点应是指高中学生总体水平而言，较为普遍的情形。

在一般情况下，高中数学知识能使教师的教学和大多数学生的学习都感到困难，也是教师要着力想出各种有效办法加以突破的；否则不但这部分内容学生听不懂学不会，还会为理解以后的新知识和掌握新技能造成困难，导致学生学习成绩差距的分化，阻碍学生思维能力的发展和数学素质的提高。

【拓展阅读】

(1)唐卫海、刘希萍：《教育心理学》，南开大学出版社2005年版。

(2)张奠宙：《中学教学全书(数学卷)》，上海教育出版社1996年版。

(3)孙国富：《中学数学的难点成因分析及其教学策略》，《中学数学》2003年第4期。

(4)徐永香、宋厚俊：《中学数学难点的成因及其教学策略》，《中学数学杂志》2005年第3期。

【案例研讨】

1. 对函数三要素和常数函数如何理解？

2. 函数符号的抽象性。$y=f(x)$表示了一种特殊的对应关系。其中每一个字母都有特定的含义，不能通过“f”来想象对应法则的具体内容，也不能通过x(或y)来想象定义域(或值域)到底是什么；“f”具有“隐蔽性”，它的具体内容很难从符号上来想象，那么应该如何理解？

3. 你认为难点知识分析对于高中数学学习具有怎样的意义？

【案例评析】

在初中时接触过函数的概念，那时函数的概念是一个描述性的概念，不提定义域与值域。而高中时函数的概念比初中增加了对应法则等附属概念，教材又解释“函数实际上是集合A到集合B的映射”，从描述性语言过渡到集合映射语言。

因此，高中函数概念是在学生原有函数概念的基础上去同化与提升原有概念。

现代教育心理学的研究认为，有效的概念教学是建立在学生已有知识结构的基础上进行的。因此在探索函数概念教学时，如何激活学生原有的知识，让学生参与概念发展的全过程进行主动建构，以达到深入理解和掌握函数概念的教学目的，是本堂课的重中之重。本堂课教师采用以概念同化的方式让学生获得知识，从函数传统定义出发，利用刚学过的映射概念作为突破口，引导学生在新的高度去同化与提升原有函数概念，又依托具体例子，对函数概念的内涵和外延进行理解。

教师在教学中要突破难点，首先就要认真研究和分析难点，要弄清为什么学生会感到困难？难在哪里？然后再根据难点所在和学生的具体情况，有针对性地去加以解决。通过以上案例教学设计的研究，对难点知识进行分析，归纳出教学的难点，并找出解决的一般方法。

由于数学内容的抽象性造成的难点，对于高中数学知识中的大部分难点与抽象性是分不开的，但侧重不同。由于学生缺乏对抽象内容的感性认识，造成理解上的困难，对于这样的内容，教师往往在教学中要善于运用形象、生动、有趣的生活实例来解释抽象的东西，或以形象的比喻方法来提炼或悟出数学原理或成分，揭示出数学知识中深刻、奥妙的内涵本质，解除学生对高度理论概括和抽象的结果的困惑。

案例 3-14　如何在课堂教学中有效地导学

高中数学三级学导式教学设计通过创设研究性问题，培养学生的创新精神和实践能力。强调学生的认知规律由感性认识到理性认识再到灵活运用的三个认识发展层次来突出学生的主体地位。从创设问题情境、引导学生巩固知识、点拨学生掌握数学思想方法和解决实际问题的三个层次来体现教师主导作用。从引导学生自学、培养学生的自学能力和创新能力到形成终身可持续发展的能力这根主线来贯穿数学课堂教学的始终。

高中实行新的课程标准对实施素质教育有很强的指导意义，新教材要求突出“以学生为主体”，培养学生的数学意识、创新意识和实践能力，“高中数学三级学导式教学设计”，正是坚持以学生为主体、以教师为主导的教育理念，注重培养学生的自学能力和创新精神，取得了良好的效果。实践证明，这一教学设计是把素质教育落实到课堂的最佳载体。

【案例呈现】 向量及其性质[人教 A 版(必修 4)第 2 章第 3 节第 1 课时][①]

学习目标：理解向量的概念，掌握向量的几何表示，了解共线向量的概念，理解两向量共线的充要条件。

教学重点：理解向量的概念及向量的几何表示。

教学难点：两向量共线的充要条件。

【教学过程】

一、引导自学(自学提纲)

1. 什么是向量，向量怎样用几何图形表示？

2. 什么是共线向量，两向量共线的充要条件是什么？

二、自学检测

1. 有下列物理量：(1)质量；(2)速度；(3)位移；(4)力；(5)加速度；(6)路径；(7)密度；(8)功，其中不是向量的有(C)。

A. 1 个　　B. 2 个　　C. 3 个　　D. 4 个

2. 已知$|\boldsymbol{a}-\boldsymbol{b}|=|\boldsymbol{a}+\boldsymbol{b}|$且$\boldsymbol{a}$、$\boldsymbol{b}$为两个非零向量，则有(C)。

A. $|\boldsymbol{a}|=|\boldsymbol{b}|$　　B. $\boldsymbol{a}/\!/\boldsymbol{b}$　　C. $\boldsymbol{a}\perp\boldsymbol{b}$　　D. $|\boldsymbol{a}|<|\boldsymbol{b}|$

3. 下列说法中错误的是(A)。

A. 零向量没有方向　　B. 零向量的长度为 0

C. 零向量与任一向量平行　　D. 零向量的方向任意

4. 下列命题：(1)单位向量都相等；(2)单位向量都共线；(3)共线的单位向量必相等；(4)与一非零向量共线的单位向量有且只有一个，其中正确命题的个数有(A)。

A. 0 个　　B. 1 个　　C. 2 个　　D. 3 个

5. 若$\overrightarrow{AB}=3\boldsymbol{e}_1$，$\overrightarrow{CD}=-5\boldsymbol{e}_1$，且$|\overrightarrow{AD}|=|\overrightarrow{CB}|$，则四边形 $ABCD$ 是(C)。

A. 平行四边形　　B. 梯形　　C. 等腰梯形　　D. 棱形

6. $\overrightarrow{AB}-\overrightarrow{AC}-\overrightarrow{DB}=$(C)。

A. $\overrightarrow{AD}$　　B. $\overrightarrow{AC}$　　C. $\overrightarrow{CD}$　　D. $\overrightarrow{BD}$

小结：(1)向量概念，零向量，单位向量的概念：①向量的起点是可以任意移动的自由向量；②零向量和单位向量，只规定了它们的大小，没有规定它们的方向；③零向量的有关规定：零向量与任一向量平行；零向量的相反向量是零向量；零向量与任一向量的数量积为零。

(2)相等向量：长度相等、方向相同的向量叫相等向量，任何两个相等的非零

① 本案例由湖南师范大学李召罗设计。

向量,都可以用同一条有向线段来表示,并且与有向线段的起点无关。

(3)平行向量:方向相同或相反的非零向量叫平行向量。

注意:①平行向量也叫共线向量;②$\boldsymbol{b}$ 与 $\boldsymbol{a}(\boldsymbol{a}\neq\boldsymbol{0})$共线的充要条件是:有且只有一个实数 λ 使 $\boldsymbol{b}=\lambda\boldsymbol{a}$。

三、知识迁移

1. 下面给出五个命题:

①如果向量 $\boldsymbol{a}/\!/\boldsymbol{b}$,那么$|\boldsymbol{a}|\cdot|\boldsymbol{b}|\neq\boldsymbol{0}$;②如果$|\boldsymbol{a}|=|\boldsymbol{b}|$,那么 $\boldsymbol{a}=\boldsymbol{b}$;③如果$|\boldsymbol{e}|=1$,那么 $\boldsymbol{e}$ 叫做单位向量;④如果 $\boldsymbol{a}=\boldsymbol{b}$,那 $\boldsymbol{a}$、$\boldsymbol{b}$ 必是平行向量;⑤如果$|\boldsymbol{a}|=|\boldsymbol{b}|\neq\boldsymbol{0}$,那么 $\boldsymbol{a}=\boldsymbol{b}$。其中正确命题的个数有(B)。

A. 0 个　　B. 1 个　　C. 2 个　　D. 3 个

2. 下面给出六个命题:

①向量$\overrightarrow{AB}$和$\overrightarrow{CD}$是共线向量,则 A、B、C、D 必在同一直线;

②向量 $\boldsymbol{a}$ 与向量 $\boldsymbol{b}$ 平行,则 $\boldsymbol{a}$、$\boldsymbol{b}$ 方向相同或相反;

③四边形 $ABCD$ 是平行四边形的充要条件是$\overrightarrow{AB}=\overrightarrow{DC}$;

④如果非零向量 $\boldsymbol{a}$ 与 $\boldsymbol{b}$ 的方向相同或相反,那么 $\boldsymbol{a}+\boldsymbol{b}$ 方向必与 $\boldsymbol{a}$,$\boldsymbol{b}$ 之一的方向相同;

⑤已知 $\lambda,\omega\in\mathbf{R}$,$\lambda\neq\omega$,则$(\lambda+\omega)\boldsymbol{a}$ 与 $\boldsymbol{a}$ 共线;

⑥在▱$ABCD$ 中,必有$\overrightarrow{AB}+\overrightarrow{BC}+\overrightarrow{CA}=\boldsymbol{0}$。

其中正确命题的序号是<u>③⑤⑥</u>(注:将你认为正确命题的序号都填上)。

3. 设 $\boldsymbol{e}_1$、$\boldsymbol{e}_2$ 是夹角为 45°的两个单位向量,且 $\boldsymbol{a}=\boldsymbol{e}_1+2\boldsymbol{e}_2$,$\boldsymbol{b}=2\boldsymbol{e}_1+\boldsymbol{e}_2$,试求$|\boldsymbol{a}+\boldsymbol{b}|^2$ 的值。

解　$\boldsymbol{a}+\boldsymbol{b}=3\boldsymbol{e}_1+3\boldsymbol{e}_2$,

因此$|\boldsymbol{a}+\boldsymbol{b}|^2=[3(\boldsymbol{e}_1+\boldsymbol{e}_2)]^2=9(\boldsymbol{e}_1^2+2\boldsymbol{e}_1\boldsymbol{e}_2+\boldsymbol{e}_2^2)=9(2+\sqrt{2})$。

小结:(1)解有关向量的概念及性质的判断选择题时,须注意:①零向量、单位向量的特殊性;②向量平行与直线平行的区别、联系;③向量平行与平行向量的不同含义。

(2)零向量是长度为零的向量,其方向不确定,它与任一向量平行。

(3)$\overrightarrow{AB}/\!/\overrightarrow{CD}$,直线 AB 与 CD 可以平行,也可以共线。故用向量法证明$AB/\!/CD$,须先证明$\overrightarrow{AB}/\!/\overrightarrow{CD}$,再证明 AB 与 CD 不共线。

四、综合运用

1. 如图 3-14-1 所示,在$\triangle ABC$ 中,点 M 是 BC 的中点,点 N 在边 AC 上,且 $AN=2NC$,AM 与 BN 相交于点 P,求 $AP:PM$ 的值。

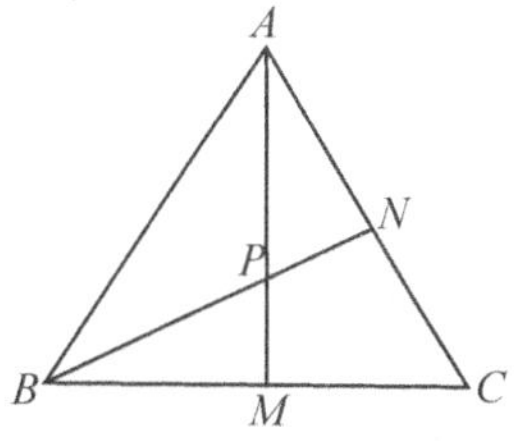

图 3-14-1

解 设$\overrightarrow{BM}=\boldsymbol{e}_1,\overrightarrow{CN}=\boldsymbol{e}_2$，

则$\overrightarrow{AM}=\overrightarrow{AC}+\overrightarrow{CM}=-3\boldsymbol{e}_2-\boldsymbol{e}_1,\overrightarrow{BN}=2\boldsymbol{e}_1+\boldsymbol{e}_2$，

∵A,P,M和B,P,N分别共线，∴存在实数λ,μ，

$\overrightarrow{AP}=\lambda\overrightarrow{AM}=-\lambda\boldsymbol{e}_1-3\lambda\boldsymbol{e}_2,\overrightarrow{BP}=\mu\overrightarrow{BN}=2\mu\boldsymbol{e}_1+\mu\boldsymbol{e}_2$，

故$\overrightarrow{BA}=\overrightarrow{BP}-\overrightarrow{AP}=(\lambda+2\mu)\boldsymbol{e}_1+(3\lambda+\mu)\boldsymbol{e}_2$，

而$\overrightarrow{BA}=\overrightarrow{BC}+\overrightarrow{CA}=2\boldsymbol{e}_1+3\boldsymbol{e}_2$，

由基本定理得$\begin{cases}\lambda+2\mu=2\\3\lambda+\mu=3\end{cases}$，解得：$\begin{cases}\lambda=\dfrac{4}{5}\\\mu=\dfrac{3}{5}\end{cases}$，

故$\overrightarrow{AP}=\dfrac{4}{5}\overrightarrow{AM}$，即$\overrightarrow{AP}:\overrightarrow{PM}=4:1$。

小结：(1)若$\boldsymbol{e}_1,\boldsymbol{e}_2$是两个不共线的向量，$\boldsymbol{a}$为同一平面内的任一向量，则向量$\boldsymbol{a}$可用$\boldsymbol{e}_1,\boldsymbol{e}_2$表示为$\boldsymbol{a}=\lambda_1\boldsymbol{e}_1+\lambda_2\boldsymbol{e}_2(\lambda_1,\lambda_2\in\mathbf{R})$，且表示方式是唯一的，但未给出$\lambda_1,\lambda_2$，要求$\lambda_1,\lambda_2$的值时，需结合具体问题，通过向量的线性运算来完成。

(2)基底建模是向量法解决几何图形有关证明和求解的一种重要方法，关键是选取恰当的基底是否合适，注意与已知条件联系。

【理论聚焦】 高中数学三级学导式教学设计

1.“关注人，关注人的发展”是当代重要的教育理念。更新数学教学观念，树立“以学生为主体”的主体意识，是培养学生创新能力的根本。三级学导式教学设计坚持“面向全体，因材施教，先学后导，分层递进，总结创新”的教学思路，努力创造充分尊重学生自主权的良好情境，为培养学生的创新能力与实践能力创造了极好的条件。

2. 建构主义理论：建构主义认为“数学学习并非是一个被动接受的过程，而是一个主动建构的过程”。① 一切数学知识、技能和思想的获得，都必须经过学习者主体感知、消化、改造，使之适合自己的数学认知结构才能被理解和掌握。建构主义的核心观点是“给学生提供活动的时(思维时间)空(思维空间)，让学生主动构建自己的认知结构，培养学生的创造力”。基于这样的观点，建构主义提倡在教师的指导下以学生为中心的教学设计。教师应通过创设良好的学习环境，充分发挥学生的主观能动性和创造性，引导学生积极探索、主动发现，从而达到对所学知识进行建构的目的。

3. 在研究过程中，首先确立了“高中数学三级学导式教学设计”的课堂教学

① 唐瑞芬：《数学教学理论选讲》，华东师范大学出版社 2001 年版。

基本思路，帮助学生：①检查和反思；②搜集和利用学习资源；③设计恰当的学习活动与方式；④发现学习内容的社会价值；⑤营造学习过程中积极的心理氛围；⑥对学习过程和结果的评价；⑦发现自己的潜力和兴趣，展开反馈与创新。通过近三年来的探索和实践，在教学过程中确立了“三级学导式教学设计”的课堂教学基本设计，即“引导自学→自学检测→知识迁移→综合运用→开拓创新”五个环节。其操作流程图如下(图 3-14-2)：

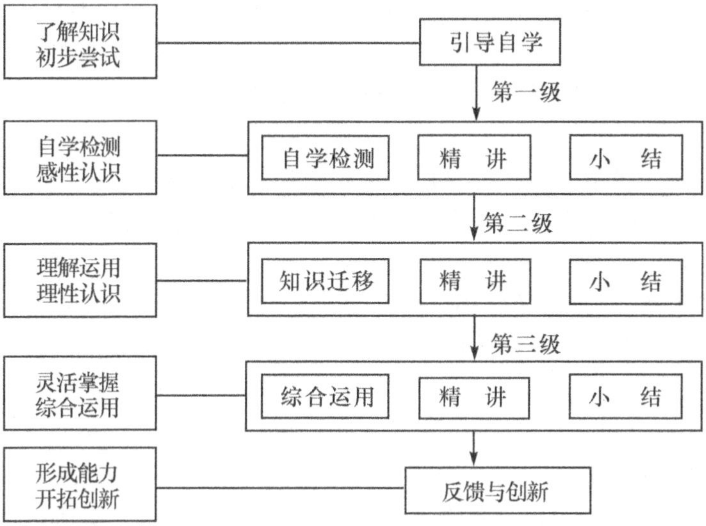

图 3-14-2

注：上述流程图构成一个“丰”字，其中三横的寓意有以下三方面：

①表示课堂教学的三级中分别进行“检测、精讲和小结”三个环节。

②表示学生的主体地位体现在：学生的认知规律从感性认识到理性认识，再到灵活运用的三个认识发展层次。

③表示教师主导作用的三个层次：创设问题情境、引导学生巩固知识、点拨学生掌握数学思想方法和解决实际问题。

【拓展阅读】

(1)宁连华：《数学探究教学设计研究》，《数学教育学报》2006 年第 4 期。

(2)濮安山：《新高中课程标准下数学课堂教学目标的设计》，《数学教育学报》2006 年第 1 期。

(3)陈启忠：《“导学式”数学模式初探》，《中学数学研究》2004 年第 7 期。

(4)奚定华：《数学教学设计》，华东师范大学出版社 2001 年版。

【案例研讨】

1.“高中数学三级学导式教学设计”与一般意义上的教学设计区别在哪里？

2. 案例中除了引导自学，还包括自学检测的几个题目，目的是什么？各环节的设置有哪些意义？

【案例评析】

1. 传统的学导式数学教学设计非常重视数学学科经典内容的讲授，但忽视了学生的数学学习习惯，重视演绎推理的证明，大多数数学教学设计都是以教师、课堂、书本为中心的单一传递灌输的教学方式，忽视了交流、合作、主动参与、探究等学习方式。

高中数学三级学导式教学设计突出问题情境的导入，关注学生学习兴趣、品质、意志的培养；关注学生理解和自学能力的培养；关注学生思维能力、符号表达能力的培养，以达到提高分析能力和思维能力的目的。关注学生的自主创新、个性发展与能力培养，强调学生变“学会”为“会学”，从“会学”到“会用”，从而掌握科学的学习方法和养成良好的思维习惯。重在对新知识的理解掌握和进一步内化过程，使之将知识进行整合为知识体系，形成再学习的能力。强调循序渐进、由浅入深、层层递进，是在传统的学导式数学教学法研究基础上的深入。

2. 本案例针对素质教育中学生的主体观、兴趣观、问题—探索—创新观及自我评价观、能量消耗观，力求调动学生的积极性、创造性，使教师的教与学生的学达到完美的结合。重点探求如何通过有效的课堂教学设计，提高学生的再学习能力，并在课堂上着重培养学生的思维能力和分析问题、解决问题的能力，引导学生去体验感悟，逐步学会创新，获得成功。此外，提高学生的综合素质，培养学生的创新意识和实践能力。本研究方案突出体现学生的主体性，让学生能积极主动地探求学习规律。在创造性学习中，获得享受探索掌握知识和运用知识获得成功的乐趣。充分挖掘学生学习的潜能，培养学生的创新意识和可持续发展的能力，关注学生的全面发展。

课堂上先用5～8分钟时间，让学生根据教师的提纲进行自学。学生对将授的内容形成初步了解，然后再完成自学检测。教师在学生完成第一级练习后对知识进行精讲，也就是对本堂课所授知识抓住重点内容进行点拨和启发，并进行小结。然后再按“高中数学三级学导式教学设计”的流程进行第二级、第三级的练习、精讲和小结，并进行反馈练习或培养初步的创新意识。课堂上引导学生主动探索，获取知识，教师要灵活使用适当的教学方法，设法调动学生的学习积极性，让学生感受成功的喜悦。经过一段时间(大约一个月时间，对于基础较差的学生可适当延长时间)的训练后，再让学生自己写自学提纲，让学生感受自我成功的欢乐。

3. 主要有自学检测、知识迁移、综合运用、反馈与创新。

(1)"自学检测"要求教师对学生自学知识进行检测,如编拟三、四小题或设计几个问题,让学生根据自学的知识就能回答。"自学检测"这一环节可以开展创造性的设计,教师为学生提供一些有结构的材料,这些材料本身就能够刺激学生的好奇心和激发学生探索的兴趣,经过积极动手操作、实验,主动探索和发现后,他们获得的知识将不再是空洞和抽象的,而是丰富和具体的,他们的观察力和探究能力会因之得到充分发展。教师应为此设计、组织相应的能使学生成为学习活动主体的应答性学习环境。

(2)"知识迁移"重在巩固提高,培养学生理解、分析、解决问题的能力。处理办法是教师精选二至三个解答题,检查学生通过自学对知识的理解和运用的能力。在这里要尽量让学生动手,通过学生的动手展示学生知识的掌握程度。在这一环节设计范例与练习的艺术要求是精美,在浩无边际的题海中采撷最闪亮的浪花,使所选之例具有典型性、启发性、创造性和审美性。教材例题一般具有典型性和示范性,设计时要善于对它们进行剖析、改造与深化。

(3)"综合运用"是对所学知识的升华,重在对知识的理解和应用,通过内化知识的迁移,达到知识应用和深化。在这一层面上,主要是出示一至两个综合性的题目,让学生经过深刻的理解并自己动手解决,通过练习达到对知识的理解和内化。

(4)反馈与创新:由前四个环节的引导来培养学生,再通过反馈练习或创新性小课题的研究使学生达到对知识的灵活掌握和实际应用。课本中,有很多结构完美、特点鲜明、做后给人留下深刻印象的习题,我们若能引导学生寻找联系,往纵深发展,一方面力求体现它的应用价值,另一方面以此培养学生观察、联想、拓广知识的能力,最终达到优化思维品质的目的。

案例 3-15　如何有效地引导学生的数学探究

随着社会的进步和科学技术的发展,当今社会已进入信息时代,知识的创造、传播和技术性转化成为生产力发展的根本动力。教育的任务已经从"继承"转到更加关注学生的创新和实践能力的培养,因而随着教学改革的进一步深化,探究式教学正日益成为中学课堂教学的重要教学方式,对改变广大教师的教学方式和日常教学行为,改变学生的学习方式起到了重要作用。本文就《圆柱体的侧面积和表面积》教学设计和两次教学实施进行比较分析,通过透视真实的课堂,反思自身的教学,探究如何在实施探究式教学中更有效地引导学生。

【案例呈现】 圆柱体的侧面积和表面积[①]

教学片段一：第一次教学设计流程图（图 3-15-1）

数学环节	数学行为
引出概念	老师举出圆柱体的物体 提问：生活中有哪些物体是圆柱形的？
提出问题 激发动机	如何求圆柱体的侧面积？
独立探究	在操作实践中探索求圆柱体侧面积的方法
合作学习 探究新知	以小组合作形式探究求圆柱体侧面积的公式
运用提高	举例
归纳小结	师生共同总结本节课的内容

图 3-15-1

① 本案例改编自上海师范大学邹征宇硕士论文《初中数学课堂探究式教学的引导策略》。

教学片段二：第二次教学设计流程图(图 3-15-2)

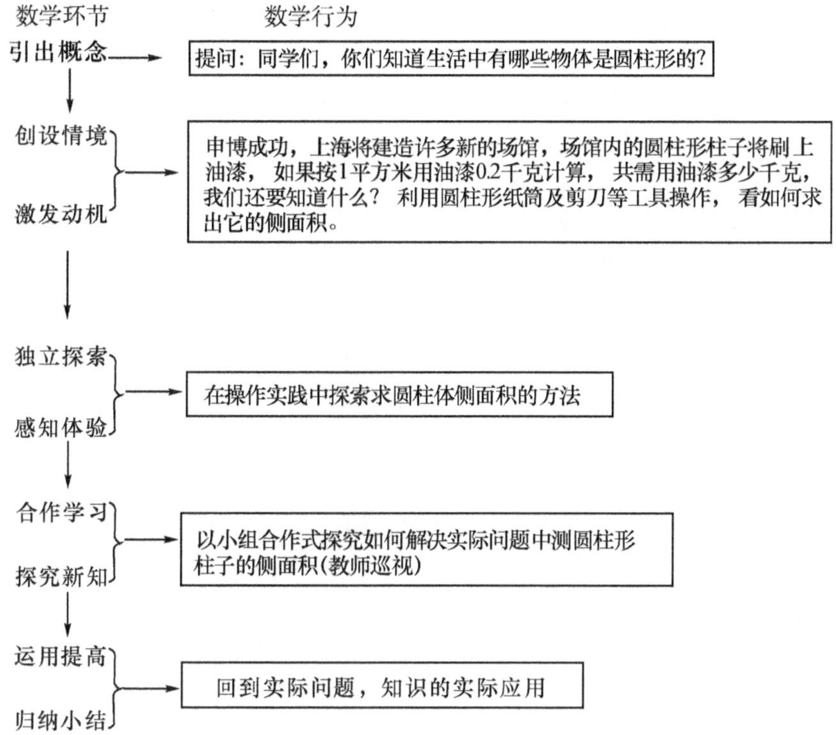

图 3-15-2

【理论聚焦】 探究式教学

所谓探究式教学，就是以探究为主的教学。具体来说是在教师的启发诱导下，以学生独立自主学习和合作讨论为前提，以现行教材为基本探究内容，以学生周围世界和生活实际为参照对象，为学生提供充分自由表达、质疑、探究、讨论问题的机会，让学生通过个人、小组、集体等多种解难释疑尝试活动，将自己所学知识应用于解决实际问题的一种教学形式。

教师引导主要体现在：激发学生的自主学习兴趣、探究欲望，引导学生激活进一步探索所需的先前经验；引导学生围绕问题的核心进行深度探索；引导学生掌握科学探究的方法过程，提高分析问题、解决问题的能力等方面；引导要遵循差异性原则和循序渐进的原则。在实施过程中，教师尊重学生的人格，实行教学民主，调动学生的自主意识、参与意识、独立意识，以发挥学生的主体性为前提，为学生提供自由探索和发展的机会，引导他们去揭示知识发生的过程，自己去发现问题，探究问题的结论，使学生拥有自主发展的主动权。探究式课堂教学是否能取得实效，归根到底是以学生是否参与、怎样参与、参与多少来决定的，同时只有学生主动参与教学，才能改变课堂教学机械、沉闷的现状，让课堂充满生机。学生主动参与需要教师给学生自主探究的权利，教师必须提供充足的探究时间和空间。在这个前提下，教师要创造条件鼓励学生自己去探究，并适时给予帮助，维持学生的探究热情，使学生真正得到体验和发展。决定课堂探究成功与否的重要因素是教师。教师不是把观念准备好，然后在课堂上让学生接受这些现成的观念，而是要帮助学生自己提出观念。在解决问题的过程中，学生往往会碰到各种困难，这就需要教师的及时关心、鼓励和帮助。学生自己的探索、思考与体验过程应成为教学过程的关注点。充分尊重学生的人格和自尊心，重视学生的不同见解，鼓励学生大胆发言，创新求异。充分相信学生的学习能力，放手让他们开展自我思考、自由探究的活动，使学生通过自身的主体体验来逐渐形成勇于探究的个性品质和能力。

探究式教学引导策略的实施要点：

(1)以问题为教学活动的起点。问题设计的关注点着眼于帮助学生形成和发展数学概念、发现和认识数学规律、理解和应用数学知识。只有这样，才能有利于学生主动地学习、批判地学习；有利于学生开展探究、讨论和交流活动。

(2)以探究为基本过程。在探究活动中，教师要敢于并善于放手让学生主动去探究和解决问题。学生开展探究活动、进行讨论和交流、组织评价和交流总结等，是学习过程中应有的基本环节。

(3)以体验为主要目的。学生的探索学习过程也是体验过程。使学生体验数学的形成，体验什么是创造性的工作。在体验中促进学生的主体意识、批判意识、合作意识的形成，进而使学生自主学习能力、创新能力得到发展。

【拓展阅读】

(1)张崇善:《探究式:课堂教学改革之理想选择》,《教育理论与实践》2001年第11期。

(2)胡庆芳:《美国研究性学习的理论与实践》,《教学与管理》2002年第19期。

(3)程振响:《世界主要发达国家研究性课程的发展与比较》,《黑龙江教育学院学报》2003年第4期。

(4)杨勇:《浅析初中数学的探究式教学》,《理论创新》2011年第7期。

(5)张波:《高中数学高效课堂探究》,《学科建设》2011年第7期。

【案例研讨】

1. 从情境的创设来看片段一和片段二教学效果，哪个更好？

2. 片段一和片段二哪个更能保持学生学习的主动性？

3. 如何真正做到从“教师中心”到“学生中心”的改变？

【案例评析】

1.创设情境分析比较

在片段一中,教师先举出了圆柱形物体,再请同学举例,而在片段二中,教师首先请学生举例。由于圆柱体对于预备班的学生来说是有概念的,因此教师完全没有必要自己举例,在提问中教师要提供给学生尽量多的思考机会,这样才能更好地激发学生学习动机。在片段二中,教师没有直接问学生如何求圆柱体的侧面积,而是创设了一个生活中实际的问题“圆柱体的柱子要刷多少油漆”,学生对这个问题显然比片段一的问题更感兴趣。因为第二种设计更贴近学生的生活,更具有直观性,从而更能激发他们对数学问题——如何求圆柱体侧面积的探究热情。正是教师为学生的学习活动创造了一个合适的“社会”过程,提供给学生一个探索的空间。这样一来,就从老师的教转向了学生的学,从教师行为转到学生的主动探究活动。

2.保持学生主动学习方面比较

从以上分析我们非常明显地看出,在片段一中,一节探究式的设计课成了传统课,教师设计意图不能在实际实施中得以体现,学生的主体地位无法真正得以体现,学生仍然是在被动地接受教师现成的答案。这是教师不是根据学生在课堂中的反应来调整自己的教学,而是急于要学生知道问题答案这一教学思路的结果。而在片段二中,学生是课堂真正的主人,学生的主体地位在教师的引导下得以实现。因为学生是在教师的有效引导下,依靠自己的努力解决问题。教师没有以自己的思维代替学生的思维,而是根据学生在课堂中的表现,适时地引导学生的思维,协助学生发现、完善自己的想法,深化自己的认识。

3.如何真正做到从“教师中心”到“学生中心”的改变

在课堂教学中采用探究式教学能有效地促进教师从“自我为中心”到“学生为中心”的转变。然而课堂教学改革难,很大程度难在教师自己本身。在课堂上我们发现,许多教师在教学理念上都有所转变,愿望与教学设计都是很好的,但在具体的操作过程中,放不开步子,常常不自觉地受传统教学模式的影响和束缚。片段一中,教师到课堂上仍是滔滔不绝地讲,就怕学生不知道,而学生只是接受性地听;教师接二连三地问,学生不断地答;教师不断地发出指令,学生被动地去执行。学生还是处在被动接受的地位,哪有什么主体地位可言?究其原因,主要是教师“自我中心”的顽固性和长期沿袭传统的惰性。认识了这一点,教师就应该下决心去改变自己,怎么改变呢?在引导探究式策略实施中,教师不再作为知识的权威,而是作为学生学习的伙伴,与学生共同开展探究活动。同时,学生的探究学习活动是在教师的指导下开展的一种探究实践,对教师提出了新的要求。这就需要我们教师不断更新知识,扩展知识面,跟上时代发展的步伐。教师自己首先要有创新的意识和探究精神。在不同的阶段，教师指导工作的内容和方法应该有所不同。在探究式教学的实施过程中，教师要及时了解学生开展活动的情况，有针对性地进行指导，要组织灵活多样的交流活动，促进学生自我教育，帮助他们保持和进一步提高学习积极性。解决问题的过程中学生往往会碰到各种困难，这就需要教师的及时关心、鼓励和督促。同时要从实践探究中去逐步改变，因为实践探究给教师提供了学习别人和对比自己的机会，也提供了认识自己和认识学生的机会。教师改变自己，主要是在实践探究中学习、总结自己的经验，也学习别人的经验，包括向学生学习。能在实践探究中学习，就能在实践探究中提高，改变"自我中心"，实现"自我发展"。由于教师常常是根据自己的成人逻辑来假想学生的认知过程，并不能真正反映学生们真实的、丰富多彩的认知过程。学生在面对新的问题、事物或观念时，其认知事物、解决问题的路径并不一定像老师所想象和预设的那样，学生所思考和感受的结果可能较成人逻辑肤浅、片面幼稚、模糊错误，但较成人逻辑来得更生动、鲜活、多样、奇异，教学要促进学生的发展，就不能无视这种存在，就必须直面学生真实的认知过程。对于学生的认知冲突和疑惑，教师应加以敏锐地捕捉和发现，灵活及时地进行分析调控，要思考通过什么样的设问、追问和提供什么样的支持来解决学生的认知障碍，最终使他们的思维得到深化，认知更为全面，体验更为深刻，由此而收获的可能是远远超越教师所预设的。在探究式学习中，某个预设性结论的获得不再是唯一的目标，学习者自己的探索、思考与体验过程越来越成为学习的关注点。因此，教学过程应由对教师精心设计并严格控制的文本的演绎过程转变为由学生与教师共同直面问题、共同探索和发现、实现意义建构的过程。这样的过程既不是完全由教育者预先设计好的、在教学过程中不可更改的僵死的计划，也不是学生无目的的、随意的、自发的、无限发散的生成过程，而是预设与生成、封闭与开放、静态与动态的矛盾统一体，这样一个过程既包括事先对教学过程的精心准备和预设，更是对教学过程的真实进行状态密切关注，通过教师对学生的认知和情感需求状态的价值判断，不断调整活动，经历对话、沟通和合作，产生相互影响，以动态生成方式推进学生更加有效学习的过程。

案例 3-16　同课异构中如何提出有效的问题

自古以来，我国就非常注重在教学活动中运用提问的方法来启发学生的思维和学习热情，孔子采用提问的方法进行"循循善诱"，宋代朱熹认为"教书无疑者须教有疑，有疑者却要无疑，到此方为长进"，可见他更加注重教学中的质疑。

现代教育中，无论是国内还是国外，教师都将提问看做是课堂中一个不可或缺、无法替代的教学方法，为此也对课堂提问进行了广泛的研究。

数学教育作为一种最基本的思维教育，采用提问的方法来引导学生用数学的思想来处理问题是更加不可或缺的，可以说提问是数学教育中的灵魂。而初中阶段是学生从小学懵懂的感性数学观过渡到逻辑性更强的理性数学观的转折点，只有在这一个阶段将学生引导到一个正确的数学观上，才能让学生在以后的深造中对数学的学习和运用有正确的认识，不会因数学的学习而苦恼，相反能通过数学思维来学习新的知识。

【案例呈现】 有理数的加法(1)①

表 3-16-1 同课异构的课堂提问的比较

课题：2.1 有理数的加法(1)		
上课时间	2009 年 9 月 10 日(周四)下午 第一节	2009 年 9 月 10 日(周四)下午 第一节
上课地点	温州市第十九中学七(4)班	温州市第十九中学七(7)班
上课老师	张老师：26 岁，本科学历，2 年教龄	徐老师：39 岁，本科学历，15 年教龄
创设情境，提出课题	1.作为七年级入学的新生，许多学校都在组织新生进行短期军训，你们有参加军训吗？ 2.七年级(1)班同学从起点出发，先向东走 4 米，再向东走 3 米；如果规定向东为正，向西为负，你能列式计算它们最后停在哪里吗？ 3.七年级(2)班同学会怎么走呢？ 4.−5 表示他们停在何处呢？ 5.七年级(3)班同学又会怎么走呢？ 6.你列的 7−4=3 是对的，你能用加法列式吗？ 7.3 表示他们停在何处呢？ 8.最后让我们看七年级(4)班的同学是怎么走的。 提出课题：有理数的加法，并板书。	1.+2，+5，0，−2，−5 这 5 个数，取其中的任意两个数进行相加，哪些我们可以利用小学学过的知识解决呢？ 2.还有不同的列式吗？ 3.(+2)+(+5)=？ 4.还有没有呢？ 5.如果选择(−2)和(−5)相加，那么结果会是多少呢？ 6.那(+2)+(−5)呢？ 7.那(−2)+(+5)呢？ 提出课题：有理数的加法，并板书。

① 本案例改编自东北师范大学王爱光的硕士论文《初中数学课堂提问的有效性研究》。

续表

课题:2.1　有理数的加法(1)		
自主探索，学习新知	学生在老师的问题情境创设下，列出了以下 4 个式子： (＋4)＋(＋3)＝＋7 (－3)＋(－2)＝－5 (＋7)＋(－4)＝＋3 (＋3)＋(－7)＝－4 张老师问了以下几个问题： 9.这些式子有曾经学过的吗？ 10.另外的三个式子与(＋4)＋(＋3)＝＋7 有什么不一样？ 11.你能不能根据加数的符号对它们进行分类呢？ 12.有没有不同的分类呢？ 13.(＋4)＋(＋3)＝＋7 这种运算小学曾经学过，那么像(－3)＋(－2)＝－5 这种运算我们该怎么进行呢？以小组为单位相互讨论一下。 14.这位同学说了几个步骤？ 15.同号两数相加，取谁的符号？ 16.那 5 又是怎样取过来的呢？ 17.刚才我们从符号和绝对值这两个方面来考虑同号两数相加的情况，那么对于异号两数相加，又该怎么办呢？ 18.对于异号两数相加，其结果的符号怎么确定？绝对值又该怎样确定呢？ 通过对以上 10 个问题的思考与解决，学生在老师的启发指导下得到同号或异号的两个有理数相加的法则。为了完善这个法则，于是张老师又设计了以下几个问题： 19.七(5)班的同学会怎么走呢？ 20.那七(6)班呢？ 小结：有理数的加法法则 (1)同号两数相加，取加数的符号，并把绝对值相加。 (2)异号两数相加，取绝对值较大的加数的符号，并用较大的绝对值减去较小的绝对值。 (3)互为相反数的两个数相加得零。 (4)一个数同零相加，仍得这个数。	8.如果我们把取钱记作“－”，存钱记作“＋”，那么－2 代表什么意思呢？ 9.你能对(－2)＋(－5)＝－7 赋予一个生活背景吗？ 10.你能不能换另外两个负数相加，也给它赋予一个生活背景吗？其结果会是多少呢？ 11.同学们能不能再换两个负数相加试试呢？ 12.结果对不对？ 13.负数与负数相加，其结果有什么规律呢？ 14.结果都是负数，对吗？ 15.那 2 是－2 的什么呢？5 又是－5 的什么呢？ 16.你能用语言描述你刚才的发现吗？ 17.“两个正数相加”和“两个负数相加”的规律很像，你能不能把它们的规律统一起来呢？ 18.你能借助生活的例子来得到(＋2)＋(－5)＝？ 19.那(－2)＋(＋5)呢？ 20.你能再取任意两个符号不同的两个数相加，并得到相应结果吗？ 21.还有不同的想法吗？ 22.观察这些式子，你能找到其中的规律吗？ 23.谁找到了其中的规律？ 24.那它们的绝对值又有怎样的规律呢？ 25.异号两数相加，你能用文字表达一下吗？ 26.(＋7)＋(－7)＝？ 27.(＋7)和(－7)的绝对值怎样？ 28.你能用一句话来表达其中的含义吗？ 29.以上规律能解决有理数相加的所有情况吗？ 30.一个数与零相加会等于多少呢？ 31.说得对不对？ 小结：有理数的加法法则 (1)同号两数相加，取加数的符号，并把绝对值相加。 (2)异号两数相加，取绝对值较大的加数的符号，并用较大的绝对值减去较小的绝对值。 (3)互为相反数的两个数相加得零。 (4)一个数同零相加，仍得这个数。

续表

<table>
<tr><td colspan="3">课题:2.1　有理数的加法(1)</td></tr>
<tr><td>师生互动,运用新知</td><td>21.通过对有理数的加法法则的学习,下面这组数相加结果的符号如何确定?确定下列各题中的符号,并说明理由:
(1)(+5)+(+7)
(2)(−3)+(−10)
(3)(+6)+(−5)
(4)(+3)+(−7)
(5)(−　)+(+　)
(6)0+(−　)
例 计算:(−11)+(−9)
22.你会怎样计算上式呢?
23.这两个数是同号还是异号?
24.你第一步会做什么?第二步又会做什么?第三步呢?
强调有理数相加运算的一般步骤:
(1)判别两数的符号;
(2)确定和的符号;
(3)确定和的绝对值。</td><td>通过对有理数的加法法则的学习,请你完成表格中“和”的符号与绝对值。
32.脱离这个表格,你能计算下式吗?
例1 计算:(−11)+(−9)
33.你能用表格中相应的步骤来完成上式吗?
34.当我们确定好“和”的符号以后,接下来我们该做什么呢?
例2 某市今天的最高气温为7℃,最低气温为0℃。据天气预报,两天后有一股强冷空气将影响该市,届时将降温5℃。问两天后该市的最高气温、最低气温约为多少摄氏度?
35.谁已经列出式子了?</td></tr>
<tr><td>练习反馈,巩固新知</td><td>25.大家有看过王小丫主持的“开心辞典”吗?
下面由张老师主持一个“数学开心辞典”,大家说好不好?
(这实际上是老师设计了一组题组,以游戏的形式让学生参与其中,把本堂课推向一个高潮。)</td><td></td></tr>
<tr><td>归纳小结,布置作业</td><td>26.这堂课你的最大收获是什么?
27.这堂课你认为最重要的知识是什么?
(布置作业)</td><td>徐老师以填空的形式来让学生再次回顾有理数的加法法则:
36.同号两数相加,取________的符号,并把绝对值________。
37.异号两数相加,取绝对值________的加数的符号,再把较大的绝对值________较小的绝对值。
38.互为相反数的两个数相加________。已知 a 与 b 互为相反数,则 $a+b$ =________。
39.一个数同0相加,________。如 $a+0$ =________。
(布置作业)</td></tr>
</table>

表 3-16-2 学生对两位教师的评价(根据采访整理)

学生对张老师的评价	学生对徐老师的评价
学生甲：我喜欢张老师，她上课很有亲和力。 学生乙：一开始上课，我就被“迷彩服”吸引了，觉得这堂课很有意思。 学生丙：我觉得“开心辞典”很有意思，我喜欢这样的比赛，很刺激。 学生丁：这堂课我学到了很多知识…… ……	学生甲：我喜欢徐老师在上课一开始就让我们自己列式计算，这样很有挑战性。 学生乙：我觉得学数学很有用，它与实际密切联系在一起。 学生丙：刚开始我觉得很容易，到后面我就觉得有点难了。 ……

表 3-16-3 两位教师所在班级平均成绩与年级段平均成绩的比较(校教研室提供的数据)

七年级上册	张老师所任教班级的平均成绩	张老师所任教班级的年级段平均成绩	徐老师所任教班级的平均成绩	徐老师所任教班级的年级段平均成绩
入学摸底考	83.7	87.2	82.5	80.4
期中考试	94.3	88.9	90.1	93.3
期末考试	89.8	80.1	80.2	87.8

【理论聚焦】

《现代汉语词典》对“提问”的解释是“提出问题来问(多指教师对学生)”，而从广义上讲，任何有询问形式或询问功能的语句，也就是通过语言的形式提出问题，引发他人产生心智活动并作出回答反应的刺激都是提问。对于课堂提问的研究，我们也需要认清提问有哪些类型，从不同的角度可以把提问分成不同的类型，主要从问题思考水平和课堂提问的形式两个方面进行分类。首先按问题思考水平的高低，可把问题分成三类：记忆性的问题、思考性的问题和探索性的问题。其次按课堂提问的形式又可以分很多类，比较常见的有设问型、追问型、疑问型、互问型等。①

有效性是我们教师在课堂上需要实现的，是相对无效或者低效的问题进行定义的。所谓无效提问主要是指教师提出的问题是无效的，这类问题主要包括以下几种：①愚蠢的问题，或者是答非所问的问题。判断这类问题的标准是：一是其问题对学生的想法不关注；二是其问题对学生所表达的感情或想法不敏感；三是其问题与学生无关或不尊重学生；四是低估学生的认知水平。②太复杂的问题，这种问题超越学生的理解力或认知水平，或者范围太大，因素太复杂，众说

① 邱家军：《课堂提问的类型和技巧》，《山东教育科研》2002 年第 6 期，第 28—29 页。

纷纭。而低效提问的问题往往是琐碎的问题、模糊的问题、抽象的问题、机械的问题等。这类问题一般都很简单，学生只需要对事实进行基本回忆，不需要经过高级的思维加工就可以比较容易得出结论。

有效性的课堂提问是指教师根据课堂教学的目标和内容，结合学生的认知水平精心设置问题，通过提问能真正开启学生的心灵，诱发学生思考，开发学生的智能，调节学生的思维节奏，促进学生参与、发展学生认知、有效组织课堂、促进教学目标实现的提问。同时通过有效的课堂提问，能引导学生进行回忆、对比、分析、综合和概括，达到培养学生综合素质的目的。

【拓展阅读】

(1)黄小安:《提高数学课堂提问的有效性》,《教学思考》2007 年第 7 期。

(2)邵怀领:《课堂提问有效性:标准、策略及观察》,《教育科学》2009 年第 1 期。

(3)解玉亮:《数学教学的课堂提问之我见》,《中学数学研究》2004 年第 5 期。

【案例研讨】

1. 两位教师的同课异构的课堂提问方式哪个更有效?

2. 相比张老师和徐老师的课堂提问，怎样的课堂提问是符合初中学生的认知规律的?

3. 如何提高课堂提问的有效性?

【案例评析】

1. 两位教师的同课异构的课堂提问的有效性分析

从以上对比中我们可以看出张老师和徐老师在提问上具有各自不同特点，结合第三章的理论分析可以说张老师的提问更加有效，是理想的提问模式。这也可以反映在两个班的教学成果的对比上，张老师班级的平均数学成绩优于徐老师班级的平均数学成绩。下文将分析两位老师在提问过程中值得借鉴的一些有效提问形式。

首先，张老师在引入概念提问的过程中结合了学生熟悉的军训情景，也就是结合学生的特点提问，让学生在感性认识的基础上理解“有理数”的概念。这样的提问效果应该比徐老师采用的在经验的基础上学习新内容的效果好，是更加有效的提问形式。

其次，徐老师在将有理数的概念灌输给学生以后提出让学生将算式赋予生活中的实际意义，这样的问题具有非常重要的作用，就是要让学生将理性逻辑的知识转化为感性的生活实例，具有较好的启发作用，是学生将知识转化为应用的一个重要的步骤。这样的提问体现了数学的启发性，比一味从生活到数学的单向教学具有更好的效果。

再者，张老师在课堂的中后期，采用“开心辞典”的形式进行提问，一方面能够提高学生的集中注意力，另一方面能够成功地调动学生思考、回答问题的积极性，是一种有效的提问方法，值得其他教师学习。

最后，在课堂的最后徐老师仅仅留一些复习性的问题给学生，而张老师给出的是一些具有启发性的开放性问题，相比较而言张老师给出的问题更加有效，因为在课堂结束之前仅仅给出复习性的问题并不能充分调动学生在课余时间去思考，仅是简单的重复。张老师的开放性问题就能做到让学生不仅在课堂上思考问题，还能在课余继续课堂的思考，升华所学的知识，这样的提问方式值得其他教师学习。

当然在数学语言上两位老师也存在一些差异，张老师的语言更加具有朝气，具有更好的亲和力和一定的幽默性。造成张老师和徐老师不同的课堂提问风格的原因很多，最主要的是教师本身的素质有所不同。

2.学生对两位教师的评价及班级平均成绩与年级段平均成绩的比较分析

从学生对两位教师的评价及班级平均成绩与年级段平均成绩的比较来看，学生对老师的上课评价虽带有主观色彩，但从整体上看还是较为客观的。同时，从几个学习时段的学生成绩与所在年级段的平均成绩比较上看，差别还是蛮大的：张老师所任教班级的起始水平是处于年级段平均水平之下的，经过师生一段时间的努力，张老师所任教班级的数学水平远远超过年级段平均水平；而徐老师所任教班级的成绩情况恰恰相反，其中的原因是相当复杂的，但有一点是值得肯定的：这种情况与课堂教学的质量有着密切的联系，而课堂教学的质量又与课堂提问息息相关。

从以上分析中可以看出，理论上有效的提问方法在实际的课堂教学中往往难以面面俱到，也就是缺乏一套统一的有效提问模式。教师要本着“为了学生的发展”扎扎实实地“备课”，尤其是“从学生的角度备课堂提问”，也就是根据学生的学习差异等众多因素总结适合自己也适合学生的有效提问方法。教师还要不断修炼自身的文化素养，只有这样才能让学生爱上数学，乐于学习数学，肯于钻研数学。

3.提高课堂提问有效性应该做好如下四点具体的工作

(1)提高教师自身的素质——厚积薄发；

(2)抓住教学内容的重点和难点发问——四两拨千斤；

(3)抓住学生的特点发问——因材施问；

(4)注意语言的有效性——言简意赅。

当然，在教学实践中不存在通用的提问模式，因而要想做到以上几点并不容易，所以教师在教学实践中要不断调整自己的教学提问风格，尽量结合实际情况设计出有效的问题。

案例3-17　如何实施研究性学习

我们目前的教学方式过于传统，接受性学习成为主要的方式，学生所学到的都是书本上的知识，没能与实际生活相联系，思维也没有得到很好的发展。目前提出来的研究性学习，通过师生之间的互动和探讨，从多个角度研究问题，同时可以培养学生的创新思想。数学研究性学习包括课题研究的数学研究性学习和问题解决模式的数学研究性学习。问题解决模式的研究性学习主要是在课堂教学中，以问题为中心组织教学，引导学生自己发现问题，探索解决问题的途径和方法，让学生以科学家为榜样，用已知的知识去自主探究未知，最终解决问题，其中“问题”是整个研究学习过程的驱动力。下面这个案例主要从问题解决模式展开。

【案例呈现】　等差数列

【教学过程】

一、创设情景

上节课我们学习了数列。在日常生活中，人口增长、教育贷款、存款利息等这些大家以后会接触比较多的实际计算问题，都需要用有关数列的知识来解决。今天我们就先学习一类特殊的数列。

二、探索研究

由学生观察分析并得出答案(放投影片)：

1. 在现实生活中，我们经常这样数数，从0开始，每隔5数一次，可以得到数列：0，5，________，________，________，________，…

2. 2000年，在澳大利亚悉尼举行的奥运会上，女子举重被正式列为比赛项目。该项目共设置了7个级别，其中较轻的4个级别体重组成数列(单位：kg)：48，53，58，63。

3. 水库的管理人员为了保证优质鱼类有良好的生活环境，用定期放水清理水库的杂鱼。如果一个水库的水位为18m，自然放水每天水位降低2.5m，最低降至5m。那么从开始放水算起到可以进行清理工作的那天，水库每天的水位组成数列(单位：m)：18，15.5，13，10.5，8，5.5。

4. 我国现行储蓄制度规定银行支付存款利息的方式为单利，即不把利息加入本金计算下一期的利息。按照单利计算本利和的公式是：本利和＝本金×(1＋利率×时期)。例如，按活期存入10000元，年利率是0.72%，那么按照单利，5 年内各年末的本利和分别是：

时　间	年初本金/元	年末本利和/元
第 1 年	10000	10072
第 2 年	10000	10144
第 3 年	10000	10216
第 4 年	10000	10288
第 5 年	10000	10360

各年末的本利和(单位：元)组成数列：10072，10144，10216，10288，10360。

思考：观察以下四个数列：

0，5，10，15，20，　　①

48，53，58，63　　②

18，15.5，13，10.5，8，5.5　　③

10072，10144，10216，10288，10360　　④

这些数列有什么共同特点呢？（由学生讨论、分析）

引导学生观察相邻两项间的关系，得到：

对于数列①，从第 2 项起，每一项与前一项的差都等于<u>5</u>；

对于数列②，从第 2 项起，每一项与前一项的差都等于<u>5</u>；

对于数列③，从第 2 项起，每一项与前一项的差都等于<u>－2.5</u>；

对于数列④，从第 2 项起，每一项与前一项的差都等于<u>72</u>；

由学生归纳和概括出，以上四个数列从第 2 项起，每一项与前一项的差都等于同一个常数(即：每个数列都具有相邻两项差为同一个常数的特点)。

三、等差数列的概念

对于以上几组数列，我们称之为等差数列。请同学们根据我们刚才分析等差数列的特征，尝试给等差数列下定义：

等差数列：一般地，如果一个数列从第 2 项起，每一项与它的前一项的差等于同一个常数，那么这个数列就叫做等差数列。

这个常数叫做等差数列的公差，公差通常用字母 d 表示。那么，对于以上四组等差数列，它们的公差依次是 5，5，－2.5，72。

提问：如果在 a 与 b 中间插入一个数 A，使 a，A，b 成等差数列，那么 A 应满足什么条件？

由学生回答：因为 a，A，b 组成了一个等差数列，那么由定义可知：

$A-a=b-A$，

所以就有 $A=\frac{a+b}{2}$。

由三个数 a,A,b 组成的等差数列可以看成最简单的等差数列,这时,A 叫做 a 与 b 的等差中项。

不难发现,在一个等差数列中,从第 2 项起,每一项(有穷数列的末项除外)都是它的前一项与后一项的等差中项。

如数列 1,3,5,7,9,11,13,…中,5 是 3 和 7 的等差中项或 1 和 9 的等差中项。9 是 7 和 11 的等差中项或 5 和 13 的等差中项。

看来,$a_2+a_4=a_1+a_5$,$a_4+a_6=a_3+a_7$,从而可得在一等差数列中,若 $m+n=p+q$,则 $a_m+a_n=a_p+a_q$。

四、等差数列的通项公式

对于以上的等差数列,我们能不能用通项公式将它们表示出来呢?这是我们接下来要学习的内容。

(1)我们是通过研究数列$\{a_n\}$的第 n 项与序号 n 之间的关系去写出数列的通项公式的。下面由同学们根据通项公式的定义,写出这四组等差数列的通项公式。

由学生经过分析写出如下通项公式:

①这个数列的第 1 项是 5,第 2 项是 10=5+5,第 3 项是 15=5+5+5,第 4 项是 20=5+5+5+5,…,由此可以猜想得到这个数列的通项公式是 $a_n=5n$。

②这个数列的第 1 项是 48,第 2 项是 53=48+5,第 3 项是 58=48+5×2,第 4 项是 63=48+5×3,由此可以猜想得到这个数列的通项公式是 $a_n=48+5(n-1)$。

③这个数列的第 1 项是 18,第 2 项是 15.5=18-2.5,第 3 项是 13=18-2.5×2,第 4 项是 10.5=18-2.5×3,第 5 项是 8=18-2.5×4,第 6 项是 5.5=18-2.5×5,由此可以猜想得到这个数列的通项公式是 $a_n=18-2.5(n-1)$。

④这个数列的第 1 项是 10072,第 2 项是 10144=10172+72,第 3 项是 10216=10072+72×2,第 4 项是 10288=10072+72×3,第 5 项是 10360=10072+72×4,由此可以猜想得到这个数列的通项公式是 $a_n=10072+72(n-1)$。

(2)那么,如果任意给出一个等差数列的首项 a_1 和公差 d,它的通项公式是什么呢?

引导学生根据等差数列的定义进行归纳:

$$\begin{cases}a_2-a_1=d,\\a_3-a_2=d,\\a_4-a_3=d,\end{cases}$$

$(n-1)$个等式,所以

$a_2=a_1+d$，

$a_3=a_2+d$，

$a_4=a_3+d$，

……

思考：那么通项公式到底如何表达呢？

$a_2=a_1+d$，

$a_3=a_2+d=(a_1+d)+d=a_1+2d$，

$a_4=a_3+d=(a_1+2d)+d=a+3d$，

……

得出通项公式：由此我们可以猜想得出：以 a_1 为首项，d 为公差的等差数列 $\{a_n\}$ 的通项公式为：$a_n=a_1+(n-1)d$。

也就是说，只要我们知道了等差数列的首项 a_1 和公差 d，那么这个等差数列的通项 a_n 就可以表示出来了。

选讲：除此之外，还可以用迭加法和迭代法推导等差数列的通项公式。

叠加法：$\{a_n\}$ 是等差数列，所以

$a_n-a_{n-1}=d$，

$a_{n-1}-a_{n-2}=d$，

$a_{n-2}-a_{n-3}=d$，

……

$a_2-a_1=d$，

两边分别相加得 $a_n-a_1=(n-1)d$，

所以 $a_n=a_1+(n-1)d$。

叠代法：$\{a_n\}$ 是等差数列，则有

$a_n=a_{n-1}+d$

$=a_{n-2}+d+d$

$=a_{n-2}+2d$

$=a_{n-3}+d+2d$

$=a_{n-3}+3d$

……

$=a_1+(n-1)d$，

所以 $a_n=a_1+(n-1)d$。

【例题分析】

例 1 (1)求等差数列 8，5，2，…的第 20 项。

(2)－401 是不是等差数列－5，－9，－13，…的项？如果是，是第几项？

分析：(1)要求出第 20 项，可以利用通项公式求出来。首项已知，还需要知道的是该等差数列的公差，由公差的定义可以求出公差。

(2)这个问题可以看成是上面那个问题的一个逆问题。要判断这个数是不是数列中的项，就是要看它是否满足该数列的通项公式，并且需要注意的是，项数是否有意义。

解 (1)由 $a_1=8, d=5-8=-3, n=20$，得 $a_{20}=8+(20-1)\times(-3)=-49$。

(2)由 $a_1=-5, d=-9-(-5)=-4$，得这个数列的通项公式为 $a_n=-5-4(n-1)=-4n-1$，由题意知，本题是要回答是否存在正整数 n，使得 $-401=-4n-1$ 成立。

解这个关于 n 的方程，得 $n=100$，即 -401 是这个数列的第 100 项。

例题评述：从该例题中可以看出，等差数列的通项公式其实就是一个关于 a_n、a_1、d、n(独立的量有 3 个)的方程；另外，要懂得利用通项公式来判断所给的数是不是数列中的项，当判断是第几项的项数时，还应看求出的项数是否为正整数，如果不是正整数，那么它就不是数列中的项。

(放投影片)

例 2 某市出租车的计价标准为 1.2 元/千米，起步价为 10 元，即最初的 4 千米(不含 4 千米)计费 10 元。如果某人乘坐该市的出租车去往 14 千米处的目的地，且一路畅通，等候时间为 0，需要支付多少车费？

解 根据题意，当该市出租车的行程大于或等于 4 千米时，每增加 1 千米，乘客需要支付 1.2 元。因此，我们可以建立一个等差数列来计算车费。

令 $a_1=11.2$，表示 4 千米处的车费，公差 $d=1.2$。那么当出租车行至 14 千米处时，$n=11$，此时需要支付车费 $a_{11}=11.2+(11-1)\times1.2=23.2$(元)。

答：需要支付车费 23.2 元。

例题评述：这是等差数列用于解决实际问题的一个简单应用，要学会从实际问题中抽象出等差数列模型，用等差数列的知识解决实际问题。

(放投影片)思考例题：

例 3 已知数列 $\{a_n\}$ 的通项公式为 $a_n=pn+q$，其中 p、q 为常数，且 $p\neq0$，那么这个数列一定是等差数列吗？

分析：判定 $\{a_n\}$ 是不是等差数列，可以利用等差数列的定义，也就是看 $a_n-a_{n-1}(n>1)$ 是不是一个与 n 无关的常数。

解 取数列 $\{a_n\}$ 中的任意相邻两项 a_n 与 $a_{n-1}(n>1)$，

求差得 $a_n-a_{n-1}=(pn+q)-[p(n-1)+q]=pn+q-(pn-p+q)=p$，

它是一个与 n 无关的数，所以 $\{a_n\}$ 是等差数列。

课本左边“旁注”：这个等差数列的首项与公差分别是多少？

这个数列的首项 $a_1=p+q$，公差 $d=p$。由此我们可以知道，对于通项公式形如 $a_n=pn+q$ 的数列，一定是等差数列，一次项系数 p 就是这个等差数列的公差，首项是 $p+q$。

例题评述：通过这个例题我们知道判断一个数列是否是等差数列的方法：如果一个数列的通项公式是关于正整数 n 的一次函数，那么这个数列必定是等差数列。

【理论聚焦】 研究性学习的关键：问题解决

问题解决是学生思维活动的最高级行为，是学生进行有效学习的最原始动力与学习结果的最终归宿。多年的教学实践告诉我们：课堂教学活动就是要创设这样一种情境，让学生通过自主多样的研究活动来回答教师所设置的问题或完成教师给予的任务，即问题解决，并在这一过程中获得知识和技能，发展能力，培养情感体验。问题解决模式的研究性学习主要是在课堂教学中，以问题为中心组织教学，引导学生自己发现问题、探索解决问题的途径和方法，让学生以科学家为榜样，用已知的知识去自主探究未知，最终获得问题的解决，其中“问题”是整个研究学习过程的驱动力。问题解决模式的数学研究性学习是教师在课堂教学中，以问题为中心组织教学，并在教师的引导下，由学生自己探索寻找答案和方法的学习方式。它的教学方法包括比较教学法、自学研讨法和智力激励法。其中“中心问题”是指在这次研究中最终要解决的问题。在这种教学模式下，学生是通过解决教师设置的一系列较易的问题，不断重新整合和自主构建自身的知识，使自己对问题本质有更深入的理解，同时解决问题的能力也得到提高，从而解决中心问题，最终达到积累知识，提高能力的目的。问题解决模式是以问题为驱动力的，试图达到研究知识结构、研究解题方法、研究题目条件、研究题目的结论，研究学科联系及研究生活中的数学的目的。它的作用过程是这样的，学习者在学习知识之前，首先遇到的是一个问题。问题呈现出来后学习者就会发现要解决好这个问题他们需要学习一些新知识。当问题解决所必备的知识掌握之后，学习者也就解决了这个目标问题，而且在解决问题的过程中往往整合了原来的知识，在此基础之上发展了新的知识。

【拓展阅读】

(1)张华:《论研究性学习课程的本质》,《教育发展研究》2001 年第 5 期。

(2)钟文芳:《研究型课程的定位、特点及实施中的难点问题》,《课程·教材·教法》2003 年第 12 期。

(3)钱旭升:《研究性学习的教学设计》,《黑龙江高教研究》2002 年第 1 期。

【案例研讨】

1. 在直角坐标系中，画出通项公式为 $a_n=3n-5$ 的数列的图像，这个图像有什么特点？

2. 这个数学案例对于高中数学学习具有怎样的意义？

3. 在同一个直角坐标系中，画出函数 $y=3x-5$ 的图像，你发现了什么？据此说说等差数列 $a_n=pn+q$ 与一次函数 $y=px+q$ 之间的关系？

4. 学习了等差数列的通项公式后，对以后学习等比数列有什么帮助？

【案例评析】

在以上的教学设计中，教师通过问题解决模式的研究方法，首先创设几个问题情境，由学生自主探索交流，层层递进，找出解决问题的途径和方法。在这个过程中很好地培养了学生创造性的思维和团队精神，很好地体现了三维目标。教师利用现实问题创设情景，提供平台，让学生在自己的活动中，通过彼此之间生动的丰富的"协作"、"会话"，完成对等差数列的概念的理解。在直角坐标系中画出 $a_n=3n-5$ 的图像以后，我们发现它的图像是由一系列的点组成的。这里是设置了一个问题，为什么是一系列的点呢？由于 n 的取值是自然数，所以得到的值也是点。但是画出一次函数 $y=px+q$ 的图像我们发现，它是一条直线。我们发现等差数列的图像上的点都在一次函数的图像上，也就是说是一次函数的子集。这里涉及了问题解决方式的研究性学习，把一次函数跟等差数列的图像很好地结合起来。通过学生的探究，将知识点很好地串起来。

在求等差数列的通项公式时，师生一起研究探讨，从以上的例子中得出结论，并且采用了多种方法，包括叠代法和叠加法。整个教学过程涉及问题解决模式的研究性学习，通过实际问题引入课题。在引出概念时，老师通过一系列的提问，并让学生回答。这里涉及问题解决模式的研究性学习，学生通过自我思考解决了问题，同时也提高了自己的思维能力。

学习了等差数列的推理方法以后，可以通过类比得出等比数列的通项公式。整个过程学生通过对等差数列的理解，自我探究，将方法应用到等比数列的推理之中。首先学生应该要明确所要解决的问题，应用自己已有的知识，通过自我探究，来解决问题。

转变教学方法，顺应课程结构。在高中阶段，等差数列仍然作为一块非常重要的内容。在高考的压轴题中经常会涉及这样的题目，对等差数列的学习，能让我们加深对教材知识的理解。将等差数列的概念和应用，更多作为一种公式来教、来学，往往成了学生学习的障碍，影响学生对等差数列思想和本质的认识与理解。这里的问题解决模式的数学研究性学习方式在更大程度上探讨过程，由学生跟教师一起归纳得出相关答案，学生自己的认知成分会多很多。

案例 3-18　如何在高中数学中有效地教学

鉴于前人已有的有效教学的研究成果，在课程改革不断深化的新形势下，高中数学教学应当贯彻以关注学生的全面发展为核心的指导思想，培养学生的创新能力是数学教学的核心目标，数学教学以学生合作交流为主要方式。因此，在新课标视域下高中数学的有效教学是指在一定的教学环境下，遵循教学活动的客观规律，通过师生之间的交往活动，以最优的速度、效果和效率，促进学生在知识与技能、过程与方法、情感态度与价值观“三维目标”上获得全面、协调、可持续的发展和进步，从而实现预期的教学目标，满足社会和个人教育价值的需要。

【案例呈现】　函数的单调性［人教 A 版数学（必修 1）第 1 章第 3 节第 1 课时］

【教学过程】

一、情境导入

观察下列各个函数的图像（图 3-18-1），并说说它们分别反映了相应函数的哪些变化规律：

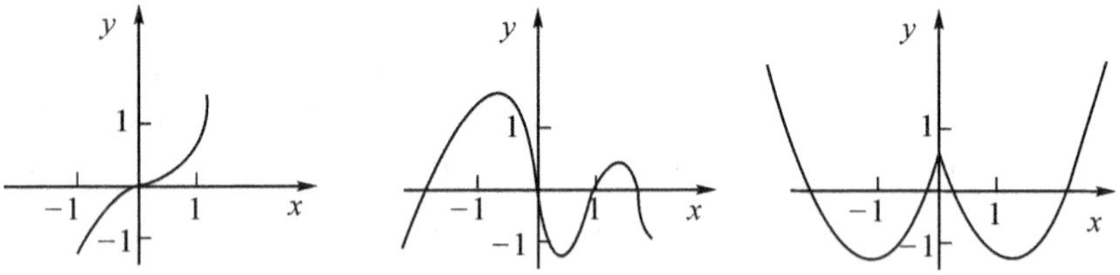

图 3-18-1

（1）随 x 的增大，y 的值有什么变化？

（2）能否看出函数的最大、最小值？

（3）函数图像是否具有某种对称性？

问：这些问题能抽象出怎样的数学问题？

分析：图像可以非常直观地给我们展示很多有用的信息，可以引起学生的兴趣。通过观察图像中两个变量的变化情况，可以为我们引出今天的话题做铺垫，同时可以培养学生的观察能力和思维能力。

“有效的教学始于知道希望达到的目标是什么”，由问题情境创设提出问题，可以引起学生学习的兴趣，激发学生的求知欲，启迪学生思维的开发。

二、探究新知

1. $y=x^2$ 的图像在 y 轴右侧是上升的，如何用数学符号语言来描述这种“上升”呢？

学生通过观察、思考、讨论，归纳得出：

函数 $y=x^2$ 在 $(0,+\infty)$ 上图像是上升的，用函数解析式来描述就是：对于 $(0,+\infty)$ 上的任意 x_1,x_2，当 $x_1<x_2$ 时，都有 $x_1^2<x_2^2$，即函数值随着自变量的增大而增大，具有这种性质的函数叫增函数。

2. 增函数

一般地，设函数 $y=f(x)$ 的定义域为 I。

如果对于定义域 I 内的某个区间 D 内的任意两个自变量 x_1,x_2，当 $x_1<x_2$ 时，都有 $f(x_1)<f(x_2)$，那么就说 $f(x)$ 在区间 D 上是增函数。

3. 从函数图像上可以看到，$y=x^2$ 的图像在 y 轴左侧是下降的，类比增函数的定义，你能概括出减函数的定义吗？

注意：①函数的单调性是在定义域内的某个区间上的性质，是函数的局部性质；

②必须是对于区间 D 内的任意两个自变量 x_1,x_2，当 $x_1<x_2$ 时，总有 $f(x_1)<f(x_2)$。

4. 函数的单调性定义

如果函数 $y=f(x)$ 在某个区间上是增函数或是减函数，那么就说函数 $y=f(x)$ 在这一区间具有（严格的）单调性，该区间叫做 $y=f(x)$ 的单调区间。

分析：以上是引出函数单调性的方法，通过对函数 $y=x^2$ 图像的观察，我们发现这个图像在 y 轴右侧是上升的，在 y 轴左侧是下降的。这时候我们用一个问题“如何用数学符号语言来描述这种‘上升’呢？”指导学生从定性分析过渡到定量分析，从直观认识过渡到数学符号表述，能很好地体现有效教学的目标。教师通过一系列的指导，引导学生用数学符号来描述这个函数的变化情况，即函数值随着自变量的增大而增大，并把具有这种性质的函数叫做增函数。前面所得到的增函数的定义是根据一个具体的函数，那对于一般的函数 $y=f(x)$，应该怎么定义呢？引导学生讨论、交流，说出各自的想法，并进行分析、评价，补充完善后给出增函数的定义。在数学教学中选用从具体到一般的方法，体现了有效教学的特点。为了更好地完善学生的思维能力，让学生自己根据增函数的定义得出方法引出减函数的定义，这个过程可以培养学生类比的能力。为了加深学生对增（减）函数的认识，引导学生对定义的要点进行归纳。从整个教学过程来看都很好地体现了有效教学的定义——通过师生之间的交往活动，以最优的速度、效果和效率，促进学生在知识与技能、过程与方法、情感态度与价值观“三维目标”上获得全面、协调、可持续的发展和进步。

三、函数单调性的应用

1. 根据函数图像说明函数的单调性

例 1 图 3-18-2 所示是定义在区间$[-5,5]$上的函数 $y=f(x)$，根据图像说出函数的单调区间，以及在每一单调区间上，它是增函数还是减函数？

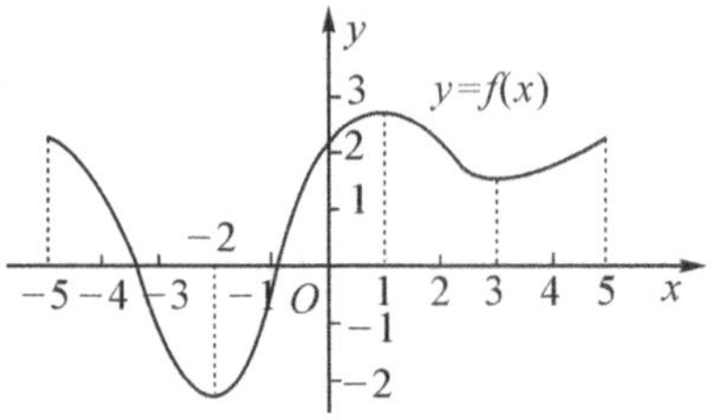

图 3-18-2

（解略）

例 2 物理学中的波义耳定律 $p=\frac{k}{V}$（k 为正常数）告诉我们，对于一定量的气体，当其体积 V 减小时，压强 p 将增大。试用函数的单调性证明之。

分析：按题意，只要证明函数 $p=\frac{k}{V}$在区间$(0,+\infty)$上是减函数即可。

（证明略）

2. 判断函数单调性的方法步骤

利用定义证明函数 $f(x)$在给定的区间 D 上的单调性的一般步骤：

①任取 $x_1,x_2\in D$，且 $x_1<x_2$；

②作差 $f(x_1)-f(x_2)$；

③变形（通常是因式分解和配方）；

④定号，即判断差 $f(x_1)-f(x_2)$的正负；

⑤下结论，即指出函数 $f(x)$在给定的区间 D 上的单调性。

3. 巩固练习

证明函数 $f(x)$在$(1,+\infty)$上为增函数。

例 3 借助计算机作出函数 $y=-x^2+2|x|+3$ 的图像并指出它的单调区间。

（解略）

思考：画出反比例函数 $y=\frac{1}{x}$的图像。

①这个函数的定义域 I 是什么？

②它在定义域 I 上的单调性怎样？证明你的结论。

设计意图：例题和练习是为了进一步巩固新知，发展学生的数学思想和数学能力，具有合适的梯度的练习，可以对所学知识进行及时的反馈，可以提高教学的效率。

【理论聚焦】 有效教学的理论观点

有效教学也就是指“有效的教学”或“有效的教和学”。“有效”有三层含义：有效果、有效率和有效益。有效教学是指在一定的教学环境下，遵循教学活动的客观规律，通过师生之间的交往互动，以最优的速度、效果和效率，促进学生在知识与技能、过程与方法、情感态度与价值观“三维目标”上获得全面、协调、可持续的进步和发展，从而有效地实现预期的教学目标，满足社会和个人的教育价值需求。有效教学最基本的特征是教学观念的转变，包括教学观的转变、教师观的转变、质量观的转变和评价观的转变。高中数学有效教学具有开放生长性的特征，这一特征不仅仅是数学教学如何教，同时也是要求教什么，充分体现了有效数学教学是展现数学发现过程的教学，是暴露思维过程的教学，是让学生体验数学生长的教学。同时，有效教学既是预设的，又是动态生成的，是充分预设和动态生成的辩证统一。双主体意识是有效课堂的一个重要特征。受应试教育影响，传统教学是以教师为中心的教学，教师是整个课堂的焦点，学生的学习比较被动，他们更多的是采取顺应的行为出现在课堂上。而在新课程标准下的有效课堂则是为了实现学生的发展，在教学过程中强调教师主体性和学生主体性的共同发挥，是一种“双主体”意识的新教育观。要使课堂教学有效，在教学设计时要选择好恰当的教学方法：数学教学设计中，要让各种方法有机结合；不同的教学内容要选用不同的教学方法；教师的素质、个性和教学风格不同，需要选择不同的教学方法。

【拓展阅读】

(1)张庆林：《高效率教学》，人民教育出版社 2002 年版。

(2)吴效锋：《新课程高效率教学》，辽宁大学出版社 2006 年版。

(3)王光明：《数学教学效率论》，新蕾出版社 2006 年版。

【案例研讨】

1. 函数单调性的重点是理解函数的基本性质之间的关系，还是单调性的定义求法？

2. 用定义法求单调性与用求导方法求单调性相比，哪种教学思路更符合高中数学的有效性教学？

3. 在有效教学中，教师的主导性体现在哪些方面？

4. 有效教学情境对学生的数学学习的影响有哪些？

【案例评析】

“有效的教学始于知道希望达到的目标是什么”，由问题情境创设提出问题，可以引起学生学习的兴趣，激发学生的求知欲，启迪学生思维的开发。为了实现有效教学的目标，首先我们要把握清楚这堂课的重点。这堂课的设计通过对函数图像的观察，提出疑问，让学生提出猜想、自主探究，归纳出函数图像存在的特点与规律。这堂课先把侧重点放在函数的基本性质之间的关系上，然后在这个基础上掌握用定义法求函数的单调性。学生掌握了具体函数的特点以后，慢慢引导学生从具体到一般，进而概括出增函数的一般定义。整个设计立足于所创设的情景，注重通过学生自主探索、合作交流，让学生在教师的引导下亲身经历从疑问到结论的整个过程，使学生成为增函数的"发现者"，切身感受体验创造的快乐。整个过程符合有效教学的过程，学生跟老师根据课堂规律，互动交流，从而有效地实现预期的教学目标。

求函数的单调性可以有两种方法，包括定义法和求导法。到底哪种方法更加符合有效教学的目标，教师要根据具体的情况来对待。对于一些复杂的题目，求导过程会很复杂，甚至得不到所要的答案，这时候我们可以转变方向。根据定义法的规则，最后只要能判断出符号，就可以得出单调性。对于另外一些题目，定义法用起来就不是很方便。具体用哪种方法，需要教师自己去选择。最主要是教师选择的方法，符合有效教学，使得整个数学课堂教学具有条理性，更加能够激发学生的兴趣。

教师要转变数学理念，顺应课程改革。在高中阶段，函数占了大部分的内容，其中涉及了很多的知识。函数单调性的学习，对于学生学习函数的极值、奇偶性、函数模型和导数都有很大的影响，因此，一定要引起学生的兴趣。可以通过展示几幅图片，把学生的兴趣带到课堂中来。

有效教学的目标实现首先是情境的创设。一个合理有效的教学情境，可以调动学生的积极性。把数学情境生活化，调动学生的学习内因；把问题情境趣味化，增加学生的求知欲；把问题情境障碍化，增加学生的思维和合作能力；把问题情境可操作化，增强学生的动手能力；把问题情境竞争化，增加学生自我探索的能力。总体上说，有效教学情境对学生的学习能够产生很大的影响。

案例 3-19　教师如何将课堂还给学生

新课改以来，广大教师的教学思想和教学方法有了很大的转变，新课改理念已经深入人心，但是教师能否适应在角色和教学方式上的转变呢？教师由传授者变成了学生学习的引导者，学生才是课堂的主人，很多教师在课堂教学中，仍然采用传统的授课方式，学生仍然被动地接受知识。对此，山西省太谷县教研室提出了二十四字教学模式，并且运用行政手段推行，经过太谷县一线教师多年的研究和实践，取得了良好的教学效果。本文就以一节数学新授课为例解读如何运用二十四字教学模式，把课堂还给学生。

【案例呈现】　一元二次方程(1)

(课前教师进行分组，同桌两人为一小组，四人为一大组。)

一、温故互查

以填空的形式回顾一元一次方程的定义、标准形式等，为一元二次方程的学习做铺垫，又回顾练习简单的多项式的乘法(不超过 2 次)，内容略。

(教师指令同桌之间完成后互相检查。)

二、设问导读

请同学们阅读浙教版数学八年级下册第 24 页，完成下列问题：

1. 把面积为 4 平方米的一张纸分割成如图 2-1 所示的正方形和长方形，设正方形的边长为 x，那么正方形的面积为________，长方形的长为 3，宽为 x，面积可表示为________。根据题意，可得方程________。

2. 观察图 2-2，设年平均增长率为 x，则求浙江省 2002 年的年增长率可列方程________，求浙江省这两年实现生产总值的年平均增长率可列出方程________。

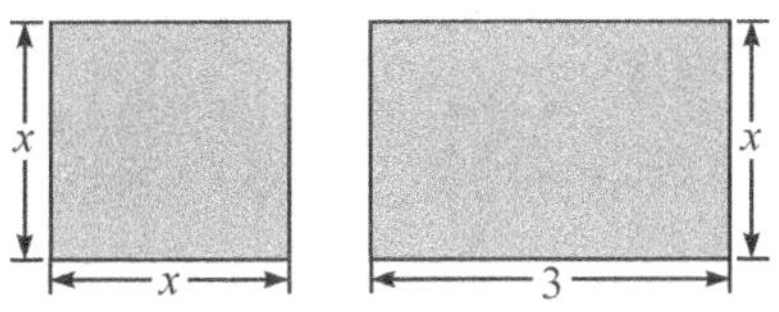

图 2-1

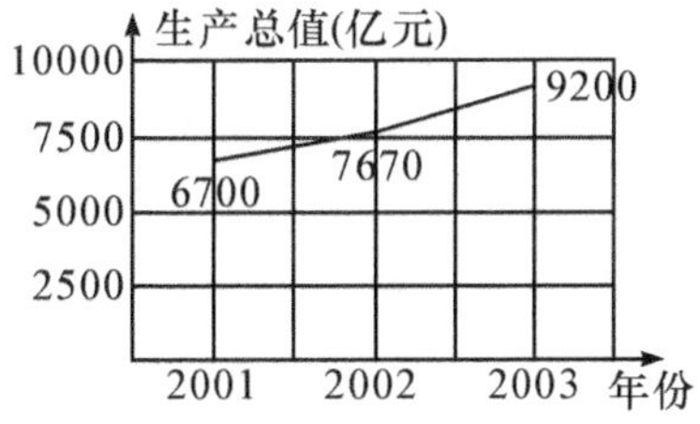

图 2-2

3. 题 1、题 2 中的两个方程，每个方程的左、右两边都是________。把这两个方程进行化简，每一个方程的最高次数是________次。只含有一个________，这样的整式方程叫做一元二次方程，____________叫一元二次方程的解(或根)。

4. 任何一个关于 x 的一元二次方程都可以化为 $ax^2+bx+c=0(a\neq0)$ 的形式，一元二次方程的一般形式是____________，其中________、________、________分别称为二次项、一次项和常数项，a、b 分别称为________和________。其中 $a\neq0$ 是定义的一部分，不可漏掉，否则就不是一元二次方程了。当 $a=0$，$b\neq0$ 时，方程就是________方程，当一个方程是一元二次方程时，则隐含了条件：________。

（展示学生答案，有不懂的地方可提出，组内互相帮助解决。）

三、自学检测

师：请同学们继续阅读，分小组合作完成以下问题：

1. 一元二次方程 $-2x^2-4x=8$ 化成一元二次方程的一般形式为________，二次项系数为________，一次项系数为________，常数项为________。

2. 下列方程哪些是一元二次方程？请把序号填在横线上____________。

①$2x^2-5x+7=0$；②$3x^2=x(3x+1)$；③$6x^2=x$；④$-x^2=0$；⑤$2x^2=5y$；⑥$\frac{4}{x^2}-x-1=0$

3. 判断下列各题括号内未知数的值是不是方程的根。

(1) $x^2-3x+2=0$（$x_1=1, x_2=2, x_3=3$）

(2) $2y^2-5y+2=0$（$y_1=0.5, y_2=1, y_3=2$）

4. 若方程 $(m-1)x^2+x+m=0$ 是关于 x 的一元二次方程，则 m 的取值范围是（　　）

A. $m\neq0$　　B. $m\neq1$

C. $m\neq1$ 或 $m\neq-1$　　D. $m\neq1$ 且 $m\neq-1$

（请同学到黑板上展示，以说题的方式向同学们表达自己的解题思路。）

四、巩固训练与展示

1. 已知关于 x 的一元二次方程 $x^2+ax+a=0$ 的一个根是 3，求 a 的值。

2. 已知直角三角形的三边长为连续偶数，求它的三边长。

3. 把下列方程化成一元二次方程的一般形式，并写出它的二次项系数、一次项系数和常数项：

方程	一般形式	二次项系数	一次项系数	常数项
$2x^2+4x=6$				
$(2x+4)(x-2)=6$				
$-2x^2+11=0$				

（各自完成后，小组讨论，形成统一意见后再进行组与组的交流。）

五、提升训练

1. 如图 3-19-1 所示，在一长 35m、宽 26m 的矩形地面上，修建同样宽的两条互相垂直的道路（两条道路各与矩形的一条边平行），剩余部分栽种花草，要使剩余部分的面积为 850m²，道路的宽应为多少？

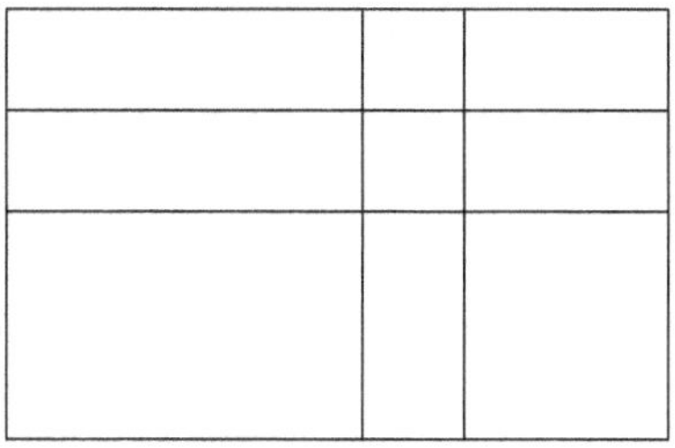

图 3-19-1

2. 已知 $2x^2+3x+1$ 的值是 10，则代数式 $4x^2+6x+1$ 的值是________。

（仍是小组讨论后，组与组进行展示交流，最后教师简洁地指导性总结。）

六、收获展示区（此环节是让学生对本堂课的学习进行小结）

【理论聚焦】 山西太古的教学模式

二十四字教学模式中二十四字是指“阅读感悟，自学检测，合作交流，展示点拨，分层训练，拓展延伸”。任何一种模式，成功与否，关键是看学生能否在这种模式上得到更大的发展，学生的能力能否得到更大的锻炼、提高，为学生今后的发展提供更大的帮助、更大的发展空间。

二十四字教学模式是以学生自学为主，充分利用教材资源和学案，采用学生说题、小组合作交流等方式进行课堂教学。此模式下学生有自己的学习空间去探究、合作、体验和创造，学生可以体验到参与的乐趣，使今后的学习产生良性循环。

现代思维科学理论认为：思维是指理性认识的过程，是人脑对客观事物能动的、间接的、概括的反映。思维的工具是语言。课堂教学应该以思维为主线，当然思维离不开为思维服务的科学训练。说题是思维训练的很好途径，二十四字教学模式就是通过学生说题，把学生的审题、分析、解答和困惑按一定准则说出来，促使学生暴露对题目的思维过程，激发更多的思维火花，最终通过老师引导，同学相互补充，去伪存真，系统地把握解题过程，促使思维能力的发展。

【拓展阅读】

(1)梁平兵：《把课堂还给学生，让学生成为学习的真正主人》，《教育论坛》2011 年第 5 期。

(2)莫宝芳：《新课程下的数学课堂——让学生学会学习》，《新西部》2009 年第 4 期。

(3)张俊：《关注学生的说题》，《中学数学》2007 年第 3 期。

【案例研讨】

1. 二十四字的含义分别是什么，二十四字教学模式的核心价值在哪里？

2. 教师怎样设置问题引导学生自学？

3. 怎样分组才合理？

4. 学生的主体地位是如何体现的？

5. 教师在学生进行讨论和展示时扮演什么样的角色？

6. 分层训练与拓展延伸的差别是什么？应拓展些什么样的知识？

【案例评析】

本文呈现的案例是“国培计划2011——山西省初中数学农村骨干教师短期集中培训项目”学习中山西省太谷县游建平老师的一节展示课，这堂课的亮点不在于教学内容的创新，而在于课堂教学的实施过程中，为学生搭建由“学会”到“会学”的桥梁，变讲堂为学堂。

1. 建设和谐的小组

本堂课中游老师在课前对学生进行了简单的分组。据了解，在太谷县由于行政的推动力度比较大，所以是由学校出台分组策略，班主任结合多门功课和学生特点进行班内分组。具体来讲，小组采取小组长负责制，一般是四人一组，但要注意的是，小组合作不是简单的优帮差，而是分工合作，互相补充，可见在分组过程中不仅要考虑学生之间的友谊，还要考虑到学生各门课成绩的差异等因素。在课堂上的小组合作交流学习，主要是以学生“说题”的形式，包括组内说题和小组展示说题，那就要求学生善于表达，所以对学生进行“说题”的理论培训是有必要的。另外，为了培养学生的团队合作精神，应该对小组进行捆绑式评价，不能奖励或批评个人，以增强小组成员的集体意识。

2. 引导学生自学，让学生学会学习

阅读感悟是教师指令学生对教材或教师提供的资源进行阅读，形成对知识的初步理解和困惑。自学检测是学生自学后，用学案进行检测。这一部分的学习内容一般是学生能感受到的知识，如上述案例中以设问导读的形式展示一元二次方程的基本概念问题和练习题，引导学生阅读时明确一元二次方程的定义。概念明确后进一步研究、完成学案中的自学检测内容，加强对新概念的掌握。若个别学生有认知困难，可组内解决。学生在这个阶段仍处于对知识表层的理解，还没有意识到问题的关键和注意点在哪。教师在这一环节中是一个彻底的观察者，监督学生的学习情况和观察学生在自学中是否出现了教师没有考虑周全的问题。

3. 分小组讨论学习，给学生探索的空间

分层训练与合作交流是学生对知识的再学习阶段。此阶段的学案问题设置要考虑周全，题目要精，针对知识的关键点、易错点设置有价值的题目。本案例中巩固训练第三题的三个方程就是针对方程化为一般形式的三个细节设置的，看似重复，并非重复。必须重视的一点是分层训练的难度可以逐题增加，但必须与本堂课的教学目标及学生的认知基础相结合，不能天马行空，偏离教学重点，适得其反。如本堂课的巩固训练难度系数就不大，否则不利于学生对新概念的认识。一般来说，此阶段学生会对前面已经学习的知识产生新的困惑，暴露对知识的各种误解。对于新困惑，学生以小组为单位进行讨论，一方面可以互相帮助，另一方面学生之间通过讨论交流，也可以刺激新方法的萌生，形成小组意见后，再全班交流。

4. 学生展示，教师点拨，把讲台让给学生

小组讨论出成果后通过"说题"的形式向大家展示，学生在多个方案中最终形成自己的认识。这里借用游老师的比喻："你有一个苹果，我有一个苹果，咱俩交换以后还是只有一个苹果；但如果你有一个思想，我有一个思想，咱俩交换以后就会成为两个思想，或一个更完善、更完美的思想。"也就是说学生通过表达和倾听，在理解上达到互相补充，思路更清晰，思维更开阔，对知识的理解就更到位。

教师在每个环节都要灵活处理课堂。本文的案例中游老师是借其他学校的班级开课，第一次到台前展示自己的成果，学生显得有点腼腆，游老师就"狠心"地说："没人讲，反正我是不讲的。"老师慵懒的表情唤来了第一个上台展示的学生，这正验证了魏书生说过的话："只有懒老师才能教出勤快的学生。"但是此懒可不是那么容易的，教师不仅是观察者，还是倾听者、指导者。在学生合作讨论过程中，学生经常会提出教师意想不到的问题，教师要观察获得学生讨论的问题、困惑和遗漏；再者，倾听发现学生说题中的问题，例如说题过于繁琐或语速过快等；在小组展示过程中，教师不能急于求成，而学生通过交流，激发了他们思维的火花，进而各抒己见，当他们产生共鸣时，教师再去点拨、指导。

5. 适当的拓展延伸，激发学生的求知欲

拓展延伸较分层训练的综合性更强，可以拓展现实的数学，也可为下一节或与本节相关章节的学习铺路。如本堂课提升训练中设置了一道应用题，体现数学在现实中的运用，而且可以一题多解，让学生体会其中的乐趣。谈到拓展内容我们又必须想到新的课程标准越来越重视对数学文化这部分的要求，所以拓展方式不能只局限于增加应用性题目或者增加综合性强、难度大的题目，而可以拓展到有趣的数学史、数学文化等其他内容。

综上，二十四字教学模式并不难理解，通过实践已经证实了它的价值，形式化的教学模式的开发可以提供那些仍不能适应新课程的教师最直接的授课方法。但是教育者对教育成果不能安于现状，而是要有更高的追求。所谓"教无定法"，太谷县课程改革通过行政手段推行"二十四字"模式，追求的是通过建立模式，让教师、学生逐渐"入模"，然后再"出模"，这才是课程改革追求的目标。

案例 3-20　如何在实验中学习可能性

数学实验的目的是提高学生学习数学的积极性，提高学生对数学的应用意识并培养学生用所学的数学知识和计算机技术去认识问题和解决实际问题的能力。不同于传统的数学学习方式，它强调以学生动手为主的数学学习方式。在初中数学的教学中，许多教师开展了众多的数学实验，使之成为学生发现数学规律，进行探究学习的一种重要方式，并逐渐改变数学课堂的教学面貌。

【案例呈现】　**可能性**（苏教版数学七年级下册第 13 章第 2 节第 1 课时）

活动 1：摸球实验

教师：让我们和美羊羊一起走进数学实验室。老师手中的盒子里有几种颜色的球？

众生：两种。

教师：各是什么颜色的球？

众生：白色和黄色。

教师：我把 2 个白球和 5 个黄球放入一个不透明的袋子中（图 3-20-1），你认为从中任意摸出 1 个球，摸到球的颜色可能是哪种颜色？

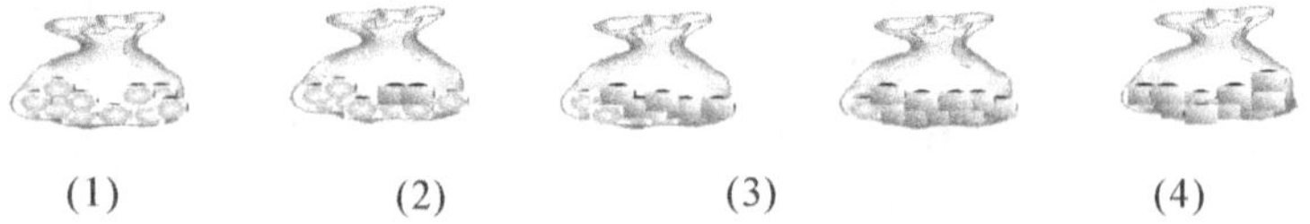

图 3-20-1

众生：白色或黄色。

教师：你认为摸到黄球和白球的可能性相同吗？

众生：不同。

教师：你认为摸到哪种颜色球的可能性大？

众生：黄色。

教师：是这样的吗？我们用实验来验证一下。

实验规则：每位学生从袋子中摸 1 个球，记下所摸球的颜色，然后将球放回并摇匀；按上述的方法请一些同学轮流摸球，并将实验结果填入下表：

实验结果	频数划记	频数	频率
摸到白球 摸到黄球			

教师：我们用实验验证了大家的猜想，摸到黄球的可能性大。那么，怎样才能让摸到白球的可能性比摸到黄球的可能性大呢？

学生1：白球放得比黄球数目多。

教师：怎样才能让摸到白球的可能性更大呢？

学生2：再多放些白球。

学生3：拿掉一些黄球。

学生4：把黄球全拿走。

教师：从刚才的活动中你有什么感受？

学生5：摸到黄球的可能性有大有小。

学生6：摸到白球的可能性与白球的数目有关。

学生7：可能性的大小和它们的比例有关系。

教师：在上面的摸球实验中，摸到白球和黄球都是随机事件，随机事件发生的可能性有大有小。（板书）

练一练：在5个不透明的袋子中分别装有10个球，其中，1号袋子中有10个黄球；2号袋子中有8个黄球，2个白球；3号袋子中有5个黄球，5个白球；4号袋子中有1个黄球，9个白球；5号袋子中有10个白球。从各个袋子中摸到白球的可能性一样吗？请将袋子的序号按摸到白球的可能性从小到大的顺序排列。

教师：哪个袋子摸到白球的可能性最小？

众生：1号袋。

教师：可能性最大的呢？

众生：5号袋。

教师：好，那现在你能不能将他们排一下序？

学生8：$1<2<3<4<5$。

教师：很好，那么摸到白球的可能性大小与什么有关系呢？

学生9：与白球的数目有关。

教师：这里我们可以直接根据图中球的数目确定摸到白球的可能性大小的顺序，所以说随机事件发生的可能性与数量有关。

小结：从摸球的实验中体会到随机事件发生的可能性有大有小。

活动 2:掷骰子实验

教师:骰子同学们都很熟悉吧? 美羊羊和我们一起来掷骰子,看有什么不一样的玩法? 任意地抛掷一枚均匀的骰子,当骰子落地时,朝上的点数会有哪些可能?

众生:1,或 2,或 3,或 4,或 5,或 6。

教师:任意地抛掷一枚均匀的骰子,先后抛掷两次。两次朝上的点数会有哪些可能?

学生 10:两次点数相同,两次点数不同。

教师:谁发生的可能性大? 谁发生的可能性小?

学生 11:两次点数不同的可能性大,两次点数相同的可能性小。

教师:是不是这样的呢? 我们一起来实验。

(学生根据生活经验能直接得到结果,再组织全体学生实验验证。)

实验过程(略):

实验结果	频数	频率
两次点数相同 两次点数不同		

教师:由实验结果你有什么发现?

学生 12:学生 11 的猜想是正确的。

[板书:猜想→实验(验证)→可能性大小]

教师:如果全班同学每人抛掷两次均匀的骰子,记下朝上的点数的数字,并计算两次点数之和。两次点数之和会有哪些可能的结果呢? 抛掷若干次之后,点数之和是 n 出现的可能性比较大呢?

学生:……

教师:在这些结果中,它们发生的可能性相同吗? 你认为哪些结果发生的可能性比较大?

(学生沉默。)

(为营造探究氛围,调动学生探索的激情,创设了点数之和发生可能性大小的问题情境。学生根据已有的生活经验,难以猜出该问题的结果,只有通过实验才能估计事件发生可能性的大小。)

教师:猜一猜? 怎么办呢? 何不用实验来探索呢?

全班同学进行分组活动:全班分 6 个组,每组 9 名同学,1 名统计员,1 名记录员,另外 7 名同学抛掷骰子,开始抛一次,统计,记录;开始抛第二次,统计,记录;开始抛第三次,统计,记录……

请每组的记录员将结果填入以下表格中，并请班长完成全班的统计数据和。

两个点数之和	1	2	3	4	5	6	7	8	9	10	11	12
频数												
频率												

根据全班同学得到的结果，计算两个点数之和为 2 的频率，点数之和为 3，点数之和为 4，点数之和为 5，点数之和为 6，点数之和为 7，点数之和为 8，点数之和为 9，点数之和为 10，点数之和为 11，点数之和为 12。

……

教师：从大家实验数据的结果中，你发现了什么？

学生 13：随机事件的可能性有大有小。

教师：大家的实验是具有代表性的，为什么是这样的呢？其道理我们将在今后的学习中加以解释。

小结：再次感受随机事件的可能性有大有小，事件可能性的大小可以通过实验来估计。

［板书：实验→结果（验证或估计）→可能性大小］

活动 3：转转盘

教师：大家做过转盘游戏吗？“六一”儿童节到了，美羊羊看到很多商场都在进行有奖转转盘的促销活动。

如图 3-20-2 所示，转盘被分成 8 个相等的扇形。当指针指在哪个颜色的区域上，就说它指向什么颜色，当指针指向边界时重新转动转盘。

（请一位同学电脑演示转动转盘几次，观察指针指向什么颜色。）

图 3-20-2

教师：通过实验指针落在哪种颜色区域上的可能性小？

众生：指针落在绿色区域上的可能性小。

教师：指针落在哪种颜色区域上的可能性大？

众生：指针落在黄色区域上的可能性大。

教师：老师现在手中有几张不同的转盘（图 3-20-3），根据刚才的思考，你能否将转盘按照指针指在红色区域的可能性大小排序呢？请按从大到小的顺序排列。

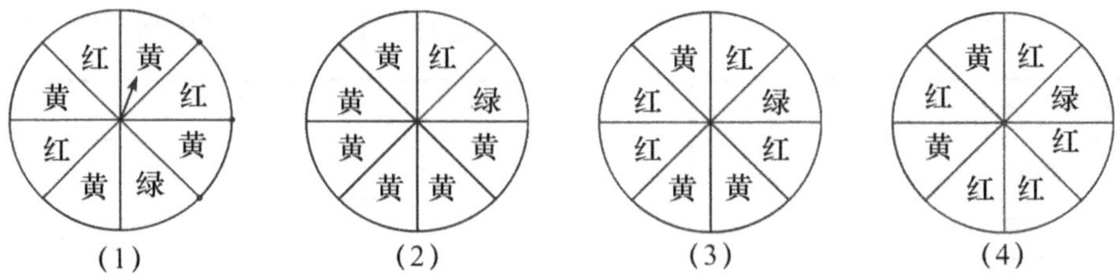

图 3-20-3

[学生用吸铁石将纸质转盘贴在黑板上:(2)<(1)<(3)<(4)]

教师:他的摆放正确吗?指针指在红色区域的可能性大小与什么有关?

学生 14:与红色区域的面积有关。

小结:在这个实验中,任意旋转转盘 1 次,当转盘停止时,指针落在哪种颜色区域上是不确定的。由于各颜色区域的面积不等,所以指针落在不同颜色区域上的可能性也不一样。

(板书:随机事件的可能性大小与面积有关。)

【理论聚焦】 数学实验及其价值

数学实验是计算机技术和数学软件引入教学后出现的新事物。数学实验的目的是提高学生学习数学的积极性,提高学生对数学的应用意识,并培养学生用所学的数学知识和计算机技术去认识问题和解决实际问题的能力。在数学实验中,由于计算机的引入和数学软件包的应用,为数学思想与方法注入了更多、更广泛的内容,使学生摆脱了繁重的乏味的数学演算和数值计算,促进了数学同其他学科之间的结合,从而使学生有时间去做更多的创造性工作。

依托数学实验教学,加深学生对概念的理解。列夫·托尔斯泰曾说:"知识,只有当它靠积极的思维得来,而不是凭记忆得来的时候,才是真正的知识。"新理念就要求教师在概念教学中注重知识的生成,引导学生从已有的知识背景和活动经验出发,提供大量操作、思考与交流的机会,让学生经历观察、实验、猜测、推理、交流与反思等过程,进而在增加感性认识的基础上,帮助学生形成数学概念。

运用数学实验教学,培养学生发现数学规律的能力。数学规律的抽象性通常都有某种"直观"的想法为背景。作为教师,就应该通过实验,把这种"直观"的背景显现出来,帮助学生抓住其本质,了解它的变形和发展及与其他问题的联系。新理念提倡重视过程教学,在揭示知识生成规律上,让学生自己动手实验,自己去发现数学规律,从而理解更深刻。

通过数学实验教学,提高学生的创新思维能力。学生的创新思维往往来自于学习过程中的思维"偏差"和好奇心。实验教学恰恰是提供学生探索发现、尝试错误和猜想检验的机会，只要教师善于发现学生的闪光点，善于捕捉学生思维“偏差”的契机，恰当引导，有时实验教学会收到意想不到的效果。

【拓展阅读】

(1)曹一鸣:《数学实验教学模式探究》,《课程教材教法》2003 年第 1 期。

(2)李红:《中学数学实验探究教学模式的研究与实践》，山东师范大学 2005 年教育专业硕士论文。

(3)黄新春:《新课程改革中数学实验教学的认识与思考》,《数学通报》2007 年第 6 期。

【案例研讨】

1. 在具体的教学情境中，哪种问题的设置更符合初中学生的认知规律呢?

2. 在数学实验中，教师的主导作用体现在哪些方面?

3. 怎样评判数学实验活动是有效的教学活动?

【案例评析】

建构主义理论把“情景”、“协作”、“会话”、“意义建构”作为学习的四大要素或四大属性。在以上的教学设计中，教师利用现代教育技术为学生的学习研究创设情景，提供平台，让学生在自己的活动中，通过生生之间生动的丰富的“协作”、“会话”，完成对可能性的认识——意义建构。这样的教学效果是传统的教学方式所无法比拟的。

1. 创设问题情境，以疑引思

“问题设置”教学方法旨在让学生在课堂上充分发挥积极性、主动性和创造性，培养他们的创新意识和创新能力，提高课堂教学的质量。随着时代的发展，以创新为核心的素质教育正逐步成为教育发展的主流。课堂教学中的有效性的落实涉及的方法和方式有很多，而精心设置一系列的问题，通过设置问题提高课堂教学的质量尤为可行。应该说上述老师题例的设计直观，与学生已经了解或学习过的数学知识相关联。问题直观，让数学背景包含在学生熟悉的事物和具体情境之中。从问题设计来看，该老师设计的摸球实验设问合理巧妙，如:你认为摸到黄色球和白色球的可能性相同吗? 你认为摸到哪种颜色球的可能性大? 是这样的吗? 我们用实验来验证一下。怎样才能让摸到白球的可能性更大呢? 摸到白球的可能性与哪些因素有关呢? 实施“问题设置”教学的关键是要创设恰当的情景、准确设置有层次的问题以及教师精心的引导；通过不断创设问题情境，以疑引思，激起学生积极的创造性思维活动；再通过准确设置的问题内容激起学生探索的欲望，为知识的学习营造良好的氛围；最后，在教师精心的引导下，把学生成功地引向知识海洋的彼岸。

2. 在实验中做好组织和引导

教师在实施数学实验教学时，要根据实验对象的特点，为学生的数学实验创设一定的条件和环境；要仔细考虑可能发生的问题，周密准备，使学生在有限的时间内完成对某个数学对象的实验，并使学生明白实验的结果只是给我们提供了一种可能或解释，并不一定正确，严密的论证是必不可少的。在实验中教师的作用体现在引导学生思考和寻找眼前的问题与自己已有的知识体验之间的关联方面，提供把学生置于问题情境中的机会，营造出激励探索和理解的氛围。该教师设计的基本环节是：创设情境，提出问题，引导思维；创设情境，分析问题，激发思维；创设情境，解决问题，发散思维。学生在"猜测—实验并收集实验数据—分析实验结果"活动中进一步了解随机事件可能性的大小。

3. 学生主动参与，探究新知

有效的数学学习活动不能单纯地依赖模仿和记忆，动手实践、自主探索与合作交流是学生学习数学的重要方式。随着课程改革的深入，动手实践、自主探索和合作交流等活动式学习在数学课堂中越来越得到广泛的应用。那么什么样的课堂活动才算是有效的？其实主要从学生的"真正参与度"来评价和分析。而该教师在教学过程中积极引导学生最大限度地参与，让学生动手操作、动眼观察、动脑思考、动口表达，从而提高了课堂活动的有效性。而在合作交流方面，该教师的抛掷骰子实验，全班分成六个小组，每个小组分工明确，有记录员、统计员，其余同学抛掷骰子，每组同学都能够积极参与。在自主探究、合作提升方面：在课堂中，学生能根据本堂课所学的知识，灵活地举例说明生活中的随机事件，并对其可能性大小进行分析。这一系列活动和学生的参与使他们懂得数学的发现是遵循"实验、猜想、论证或解释"的过程，对自己通过实验发现的数学结论的理解更加深刻，必将极大地增强学生学习数学的自信心。

案例3-21　在概念教学中如何把握数学思想方法

概念是知识的基础，要使学生学好基础知识和掌握基本技能，必须使学生正确理解数学概念。新课程标准下的教材，一改以往教材中严密的知识结构体系和严谨的数学概念体系，对概念的描述、概括不再特别注重其表达形式，而是注重新课程标准强调的"要关注概念的实际背景与形成过程，帮助学生克服机械记忆的学习方式"。在这个背景下，新教材带给数学概念教学许多新的理念和教学方式。

【案例呈现】 变量与函数(人教版数学八年级上册第14章第1节第一课时)①

(教师依次呈现下列问题。)

问题1 汽车以60千米/小时的速度匀速行驶,行驶里程为 s 千米,行驶时间为 t 小时,请填写下表,指出题中有哪些量,并用含 t 的式子表示 s。

t/小时	1	2	3	4	5
s/千米					

问题2 某地在24小时内的气温变化图如下(图3-21-1),图中有哪些量?

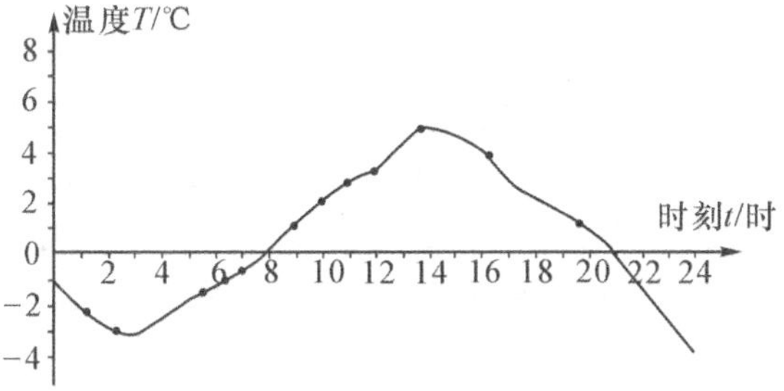

图3-21-1

问题3 如图3-21-2所示,在一根弹簧的下端悬挂重物,弹簧原长为10厘米,每1千克重物使弹簧伸长0.5厘米,设重物质量为 m 千克,受力后的弹簧长度为 l 厘米。在弹性限度内,怎样用含 m 的式子表示 l?请指出题中有哪些量。

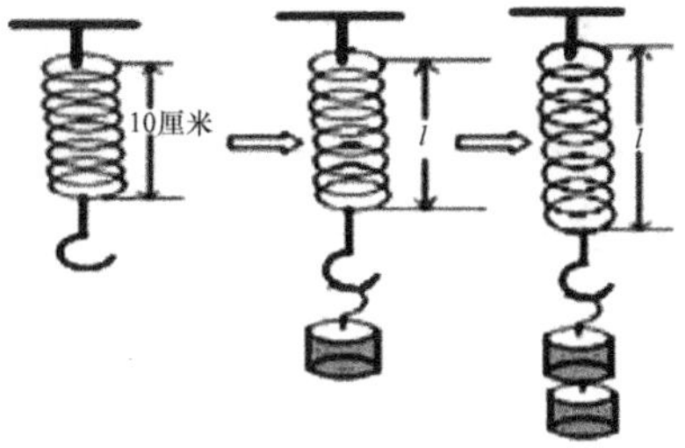

图3-21-2

设计意图:通过三个简单而熟悉的例子,引导学生在分化和类化各题的特征中发现这样的事实:在一个变化过程中,存在数值发生变化的量和数值始终不变的量,进而为抽象、概括出变量和常量作铺垫;另外,三个问题中变量之间的关系分别用表格、图像和解析式的方式呈现,为后续学习函数的三种表达形式埋下伏笔。

① 本案例改编自辽宁省大连市教育学院初中教师教育中心王冰、辽宁省大连市第九中学张一颖《突出数学思想方法的概念教学:〈变量与函数〉教学设计与反思》。

问题 4 针对上述三个问题，请同学们为这些量进行分类，并指出你的分类标准。

设计意图：在反复观察、反复比较、反复分析中，抽象、概括出变量和常量的本质属性，体会分类思想。

问题 5 问题 1、问题 2 和问题 3 中都分别有两个变量，那么，在同一个问题中的两个变量之间有没有联系呢？若有联系，又有怎样的联系呢？

设计意图：通过对三个具体问题中两个变量之间联系的研究，让学生在观察、比较、抽象、概括等数学活动过程中，经历函数概念的形成过程，体会变化与对应的思想。

说明：学生在独立思考后进行小组交流，此时，教师也参与学生的活动之中，了解各小组的讨论情况，并适时点拨。然后小组汇报讨论结果，全班学生一起交流，并抽象、概括三个问题中变量与变量之间关系的共同属性，即：(1)在一个"变化"过程中；(2)存在"两个"变量；(3)这两个变量具有一定的"联系"；(4)一个变量的变化会引起另一个变量也"随之"变化；(5)这个变化之间存在"单值对应"的关系。

练习运用反馈纠正

1. 图 3-21-3 是某物体的抛射曲线图，其中 s 表示物体与抛射点之间的水平距离，h 表示物体的高度。

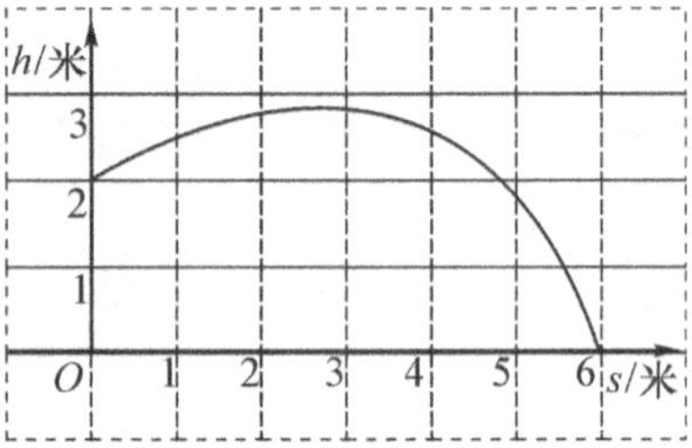

图 3-21-3

(1)这个图像反映了哪两个变量之间的关系？

(2)根据图像填表：

s/米	0	1	2	3	4	5	6
h/米							

(3)当距离 s 取 0 至 6 米之间的一个确定的值时，相应的高度 h 确定吗？

(4)高度 h 是距离 s 的函数吗？

2. 下列式子中，y 是 x 的函数吗？为什么？

(1) $y=x$；(2) $y=|x|$；(3) $y=\frac{1}{x}(x\neq 0)$；(4) $y=x^2$；(5) $y^2=x$。

3. 下列曲线中(图 3-21-4)，哪个表示 y 是 x 的函数？为什么？

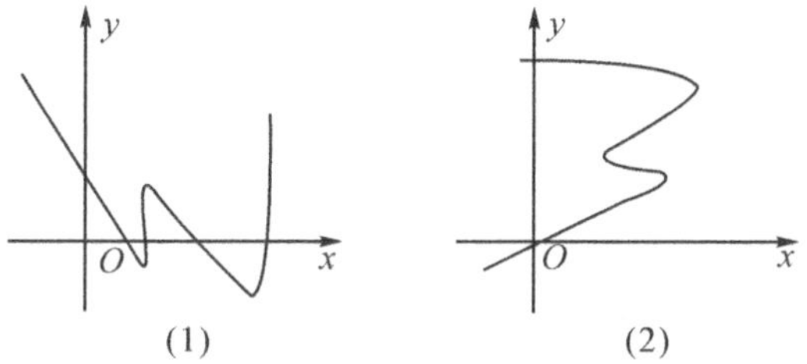

图 3-21-4

设计意图：遵循学生的认知规律，多角度、多层次地设置习题，提高学生对概念核心的理解程度。练习 1 通过再现函数概念的形成过程，进一步巩固变量与函数的概念，体会变化与对应的思想。练习 2、练习 3 通过变式练习，进一步明确概念的内涵和外延，突出函数概念的本质属性。

【理论聚焦】 数学思想方法与概念教学

数学思想是指人们对数学理论和内容的本质的认识，数学方法是数学思想的具体化形式，实际上两者的本质是相同的，差别只是站在不同的角度看问题。通常混称为“数学思想方法”。数学思想方法是从数学内容中提炼出来的数学学科的精髓，是将数学知识转化为数学能力的桥梁。常见的数学四大思想为：函数与方程、转化与化归、分类讨论、数形结合。布鲁纳指出，掌握基本数学思想方法能使数学更易于理解和记忆，领会基本数学思想方法是通向迁移大道的光明之路，也就是说数学思想方法不但对学生学习具有普遍的指导意义，而且有利于学生形成科学的思维方式和思维习惯。

数学概念是数学的基石，教师在教学中使学生真正理解数学概念的含义，对于学生学习数学有事半功倍的效果。数学概念是揭示数学对象的本质属性和特征的思维形式，概念教学可以从数学思想方法方面培养学生的创新能力，每一个概念的产生都是一种创新精神的体现，抓好概念教学是学好数学的关键。

【拓展阅读】

(1)刘文勇、万青松：《浅析数学概念教学与数学思想方法的关系》，《九江职业技术学院学报》2008 年第 1 期。

(2)章建跃：《“中学数学核心概念、思想方法及其教学设计研究”课题简介》，《中学数学教学参考》2007 年第 9 期。

(3)吉素娟:《培养学生“数学思想方法”五步曲》,《教育前沿(综合版)》2008年第9期。

(4)董霞:《初中数学教学中利用先行组织者促进学生理解数学概念和原理的研究》,山东师范大学2008年硕士论文。

(5)杨飞虎:《初中数学中的“陷阱”概念及其教学意义》,《数学教学通讯》2007年第9期。

【案例研讨】

1. 概念教学的地位与作用?

2. 在函数概念教学中,数学思想方法发挥怎样的优势?

3. 怎样评价概念教学课的成功?

【案例评析】

1. 数学概念是反映现实世界中空间形式和数量关系等本质属性的概括和反映,是用数学语言揭示事物的共同属性即本质属性的思维形式,是数学思维的细胞,是数学认知结构的重要组成部分。概念教学是数学教学中的重要环节,是一个抽象的思维过程。通过数学概念的教学,可以使学生深刻理解并正确掌握数学概念,培养学生良好的数学思维品质,从而提高各种思维能力。

课程标准强调,数学的教学不仅要考虑数学学科本身的特点,更应遵循学生认识数学知识的规律。强调从学生已有的生活经验出发,让学生亲身经历将实际问题抽象成数学模型并进行解释与应用的过程,学生获得对数学理解的同时,在思维能力、情感态度与价值观等方面也得到进步和发展。因此,在初中数学概念教学中应让学生在生活情景中感悟概念,重视概念的产生和发展过程,在知识的层层深入中体验概念的螺旋上升,感受数学在现实生活中的应用价值。

2. 数学思想方法是学生良好数学认知结构形成的前提。所谓数学认知结构,就是学生头脑里的数学知识按照自己理解的深度、广度,结合自己的感觉、知觉、记忆、思维、联想等认知特点,组合成的一个具有内部规律的整体结构,它是学生在学习的过程中逐渐积累起来的数学观念系统。数学思想方法蕴涵在具体的数学知识之中,发挥着“联结纽带”作用。学生一旦理解和掌握了数学思想方法,就会形成“条件化”的知识,便能迅速、准确地从头脑中检索、提取与任务相关的知识,形成问题与知识之间的丰富联结,并最终选择出解决问题的最佳方案。

在本案例中,函数概念的教学应突出“变化”的思想和“对应”的思想。学生在解决问题1的时候,虽然对于每个给定的t值,他们都能计算出与之对应的s值,但此时绝大多数学生只是将这一行行的式子当做孤立的算式,将一个个数值简单地填入表中,其目的只是运用关系式算出答案,而并没有真正体会到在这个

过程中变量 t 的变化将引起变量 s 也随之变化。因此，教师要通过大量的典型的实例，尽可能多地取自变量的值，得到相应的函数值，让学生反复观察、反复比较、反复分析每个具体问题中的量与量之间的变化关系，把静止的表达式（或曲线、表格）看作动态的变化过程，让他们从原来的常量、代数式、方程和算式的静态的关系中逐渐过渡到变量、函数这些表示量与量之间动态的关系上，进而使学生的认识实现由静态到动态的飞跃。

3. 科学有效的数学概念教学是培养学生数学创新能力的前提条件。建构主义理论认为：学习者应该在现实社会文化的背景下，通过教师的帮助，运用必须掌握的学习资料，通过意义的建构来获取知识，而不是直接由教师的传授来获得知识。在建构主义理论的指导下，我们的数学概念教学能很好地激发学生学习数学的兴趣、学习毅力和求知欲，并能帮助学生形成正确的学习动机。建构主义理论最大的创新在于，把数学概念看做是从这个到那个实例所经历的某一过程，在现实生活当中抽象出数学概念，这个行为本身就有一个过程，数学思想渗透在其中则充当了无可替代的作用。正因为有了数学思想方法的灌溉，才可能让学生理解并掌握数学概念，建构良好的数学知识，进一步掌握数学技能，体验数学的价值。

第四章

中学数学教学案例分析

好的案例作为一类事件的“个案”，一种观点的典型、范例，本身蕴涵了一定意义上的“概括性”，能给理论的血脉增添新鲜的血液。为使这种概括性清晰起来，凸显出来，就需要学习者在理论层面上对案例作适当的分析。反过来，在案例分析中也能促进案例含意的深入开发或再创造。这样，有助于避免教育教学理论与实践相互脱离的现状：“缺少实例的理论”和“缺少原理借鉴的实践”。因此，对案例的分析，既需要学习者利用已有的知识和经验以及所掌握的观点，在现有水平上进行探讨，更需要学习者开展理论学习，掌握工具，拓广眼界，用理论的解剖刀“解剖麻雀”，以求比较深入地、尽可能全面地剖析案例。

案例 4-1　等比数列前 n 项和

“体现数学的人文价值”是《普通高中数学课程标准》(以下简称《标准》)的一条基本理念。《标准》认为，数学课程应介绍数学发展的历史、应用和趋势，以帮助学生了解数学在人类文明发展历程中的作用，逐步形成正确的数学观。本案例在这一思想指导下，通过对中西古代数学文化的广泛研究和深入挖掘，设计了一则基于数学史及数学思想方法的教学案例，并进行了简要分析。

【案例呈现】

1. 问题情境

从前有一个人卖马，标价 3000 元。有个买主嫌贵。卖主对他说：“如果你能改买马蹄子上的钉子，我就把马送给你。”买主便问怎么个卖法。卖主讲，四只马蹄子上共有 24 个钉子。第一个钉子卖 1 分钱，第二个卖 2 分钱，第三个卖 4 分钱，依次类推，即后一个钉子是前一个钉子价钱的两倍。买主听后心动了，认为买 24 个钉子花不了几个钱。他真的花不了几个钱吗？[注：故事改编自一意大利数学手稿(约 1535 年)中的一道试题。]

归结为数学问题：已知等比数列$\{a_n\}$，首项为a_1，公比为q，求前n项和$S=a_1+a_2+\cdots+a_n$。

2. 问题解决（公式推导）

可供类比的问题：求$S=\frac{1}{2}+\frac{1}{6}+\frac{1}{12}+\cdots+\frac{1}{n(n+1)}$。

解：
$$S=\frac{1}{2}+\frac{1}{6}+\frac{1}{12}+\cdots+\frac{1}{n(n+1)}=\frac{1}{1\times2}+\frac{1}{2\times3}+\frac{1}{3\times4}+\cdots+\frac{1}{n\times(n+1)}$$
$$=1-\frac{1}{2}+\frac{1}{2}-\frac{1}{3}+\frac{1}{3}-\frac{1}{4}+\cdots+\frac{1}{n}-\frac{1}{n+1}=1-\frac{1}{n+1}=\frac{n}{n+1}。$$

以上解法用的是“裂项相消法”。关键是仔细观察题目，寻找每一项的特点，利用这个特点解决问题。对于等比数列求和问题，注意到$a_2=a_1q, a_3=a_2q, \cdots$

$$\begin{array}{l} S=a_1+a_2+a_3+\cdots+a_{n-1}+a_n \\ \qquad\quad\downarrow\quad\ \downarrow\qquad\qquad\ \downarrow\qquad\ \downarrow \\ \qquad\ a_1q\quad a_2q\qquad\quad a_{n-2}q\quad a_{n-1}q \end{array}$$

还有$S=a_1+a_2+a_3+\cdots\quad+a_{n-1}+a_n$

$$S=a_1+a_1q+a_2q+\cdots+a_{n-2}q+a_{n-1}q \qquad ①$$
$$Sq=a_1q+a_2q+a_3q+\cdots+a_{n-1}q+a_nq \qquad ②$$

①－②得 $S(1-q)=a_1-a_nq$，我们找到解法一。

解一：$\because S=a_1+a_1q+a_1q^2+\cdots+a_1q^{n-1}$ ③

$$Sq=a_1q+a_1q^2+\cdots+a_1q^{n-1}+a_1q^n \qquad ④$$

③－④得 $(1-q)S=a_1-a_1q^n$

当$q\neq1$时，$S_n=\frac{a_1(1-q^n)}{1-q}$；当$q=1$时，$S=na_1$。

这里用的方法是“错位相消法”。观察结论，当$q\neq1$时，S可看成是两项$\frac{a_1}{1-q}$与$\frac{a_1q^n}{1-q}$之差，这是否也可以看成是裂项相消的结果？不妨在这两项中插入$\frac{a_1q}{1-q},\frac{a_1q^2}{1-q},\cdots,\frac{a_1q^{n-1}}{1-q}$，则

$$S=\frac{a_1}{1-q}-\frac{a_1q^n}{1-q}$$
$$=\frac{a_1}{1-q}-\frac{a_1q}{1-q}+\frac{a_1q}{1-q}-\frac{a_1q^2}{1-q}+\frac{a_1q^2}{1-q}-\cdots-\frac{a_1q^{n-1}}{1-q}+\frac{a_1q^{n-1}}{1-q}-\frac{a_1q^n}{1-q}$$
$$=\frac{a_1(1-q)}{1-q}+\frac{a_1q(1-q)}{1-q}+\frac{a_1q^2(1-q)}{1-q}+\cdots+\frac{a_1q^{n-1}(1-q)}{1-q}$$
$$=a_1+a_2+\cdots+a_n$$

这样，通过分析我们找到第二种方法——“错位相消法”。

解二：当 $q\neq1$ 时，$\because 1=\frac{1-q}{1-q}=\frac{1}{1-q}-\frac{q}{1-q}$，

$$\therefore S=a_1+a_1q+a_1q^2+\cdots+a_1q^{n-1}=a_1(1+q+q^2+\cdots+q^{n-1})$$
$$=a_1\left(\frac{1}{1-q}-\frac{q}{1-q}+\frac{q}{1-q}-\frac{q^2}{1-q}+\frac{q^2}{1-q}-\cdots-\frac{q^{n-1}}{1-q}+\frac{q^{n-1}}{1-q}-\frac{q^n}{1-q}\right)$$
$$=\frac{a_1(1-q^n)}{1-q}$$

当 $q=1$ 时，$S=na_1$。

有没有其他的方法？古希腊欧几里得《几何原本》第九卷中给出了等比数列求和公式，它是由等比数列定义出发进行推导的。如下面解三：

解三：$\frac{a_{n+1}}{a_n}=\frac{a_n}{a_{n-1}}=\cdots=\frac{a_2}{a_1}$，得 $\frac{a_{n+1}-a_n}{a_n}=\frac{a_n-a_{n-1}}{a_{n-1}}=\cdots=\frac{a_2-a_1}{a_1}$，

由合比定理，有 $\frac{a_{n+1}-a_1}{a_n+a_{n-1}+\cdots+a_1}=\frac{a_{n+1}-a_1}{S_n}=\frac{a_2-a_1}{a_1}=q-1$，

所以，当 $q\neq1$ 时，$S_n=\frac{a_{n+1}-a_1}{q-1}=\frac{a_1q^n-a_1}{q-1}=\frac{a_1(1-q^n)}{1-q}$；当 $q=1$ 时，$S=na_1$。

受解法三的启发，我们有：

解四：$q=\frac{a_2}{a_1}=\frac{a_3}{a_2}=\cdots=\frac{a_n}{a_{n-1}}=\frac{a_2+a_3+\cdots+a_n}{a_1+a_2+\cdots+a_{n-1}}=\frac{S_n-a_1}{S_n-a_n}=\frac{S_n-a_1}{S_n-a_1q^{n-1}}$，

即 $q(S_n-a_1q^{n-1})=S_n-a_1$。

当 $q\neq1$ 时，$S_n=\frac{a_1(1-q^n)}{1-q}$；当 $q=1$ 时，$S=na_1$。

受以上几种解法的启发，我们还有：

解五：$S=a_1+a_1q+a_1q^2+\cdots+a_1q^{n-1}=a_1+q(a_1+a_1q+\cdots+a_1q^{n-1})-a_1q^n$，即 $S=a_1+qS-a_1q^n$。

当 $q\neq1$ 时，$S_n=\frac{a_1(1-q^n)}{1-q}$；当 $q=1$ 时，$S=na_1$。

那么，还有其他的方法吗？

3. 公式运用

(1)(意大利)前面的钉子问题：$S=1+2+2^2+\cdots+2^{23}=\frac{1-2^{23}\times2}{1-2}=2^{24}-1=(2^3)^8-1=[(64)^2]^2-1=(4096)^2-1=16777216-1=16777215$(分)$=167772.15$(元)$\approx16.7$(万元)。

(2)(古巴比伦)求 $S=1+2+2^2+\cdots+2^9$。

约在公元前3000年，古巴比伦人就已经总结出等比数列 $1,2,2^2,\cdots,2^9$ 的求

和公式 $S=1+2+2^2+\cdots+2^9=2^9+2^9-1$。

(3)(古埃及)一位妇人的家里有 7 间贮藏室,每间贮藏室有 7 只猫,每只猫捉了 7 只老鼠,每只老鼠吃了 7 棵麦穗,每棵麦穗可以长出 7 升麦粒。问贮藏室、猫、老鼠等各有多少,总数是多少?

这一问题出现在古埃及的希克索斯纸草中。而在约公元前 1650 年的莱因得纸草中,有这么一张表:

1	2801	房屋	7
2	5602	猫	49
4	11204	老鼠	343
	19607	麦穗	2401
		容积	16807
		总数	19607

通过研究发现,这是一个等比数列 $7,7^2,7^3,7^4,7^5$ 的求和问题,其中左边两栏就是 2801×7 的具体算式。由此可知,埃及人已经总结了等比数列 $7,7^2,7^3,\cdots,7^n,\cdots$ 的前 n 项和 $S_n=7+7^2+7^3+\cdots+7^n$ 的递推关系 $S_n=(1+S_{n-1})\times7$。

类似的,在我国古代,成书于公元 4 世纪左右的《孙子算经》卷下有一名题:"今有出门望见九堤,堤有九木,木有九枝,枝有九巢,巢有九禽,禽有九雏,雏有九毛,毛有九色,问各几何。"在 13 世纪的意大利,斐波那契的《算盘书》中也有类似问题:"7 个妇女去罗马,每个人牵着 7 匹骡子,每匹骡子负 7 个麻袋,每只袋子装 7 块面包,每块面包配有 7 把小刀,每把刀配有 7 只刀鞘。问妇女、骡子、麻袋、面包、刀、鞘各有多少。"

好么,我们是否也可以编这样的题目?

(4)(中国)①今有牛、马、羊食人苗。苗主责之粟五斗。羊主曰:"我羊食半马。"马主曰:"我马食半牛。"今欲衰偿之,问:各出几何?②今有女子善织,日自倍,五日织五尺。问,日织几何?

——《九章算术·衰分》

(5)课本中的习题。

4. 小结

①公式:强调分类($q\neq1$ 与 $q=1$);②方程思想:五个量,知三求二;③推导方法:重在过程。

【案例分析】

本例教学以"创设情境—问题解决—模式运用—小结巩固"四个环节展开,

环环相扣，循序渐进。等比数列前 n 项求和公式作为主线贯穿整个教学过程，可以说它是这堂课的骨架；这堂课能丰满起来，是因为引入了丰富、有趣的数学史料，它们是这堂课的肌肉；而这背后所隐含的灵魂却是公式的推导方法和公式的运用。因此，可以用"公式是骨、史料即肉、方法为魂"来概括这堂课的特点。

第一环节教师创设问题情境，目的主要在于激发学生的好奇心，调动学生探索新知的积极性，同时明确学习目标。教材中给出了一个关于国际象棋与麦粒的故事，很多教师都以这个故事来导入新课；但是不少学生课前已经阅读或者翻阅了课本，这个故事对他们而言并不新鲜，听故事的感觉像是在看已经知道结局的小说。本案例从数学史料中找来一则有趣的故事作为问题情境，对学生而言比较新奇；这种新奇激发了学生的认知冲突，激起学生解决问题的欲望，从而形成学习的内在动机。

第二环节公式的推导是本堂课的重点。我们的目标并不仅仅是让学生记住这个公式，而是要让学生知道这个公式的来龙去脉，以及这个公式背后隐藏的数学思想和方法。学生并不是被动的知识接受者，而是积极的信息加工者，所以教师在教学过程中应积极引导学生主动思考，参与知识获得的全过程。在以往教学中，教师往往只是启发学生观察前一项与后一项的关系，从而"发现"S 乘以 q 后与原来 S 相减可以消去很多项。这里"乘以 q"是个关键，但是很多情况下这个发现往往是教师给出的，学生觉得像是"从帽子里钻出一只兔子"。能不能让学生自己找出这个方法？本案例安排了前奏，让学生在初中学过的"裂项相消法"中发现解题的方法并且迁移到"错位相消法"中，这个过渡比较自然。在类比中，学生能找到"乘以 q，再相减"这个关键步骤。另外，本案例并不仅仅停留在这一教材中给出的方法，而是引导学生的思维向更广阔处发散，专门介绍了《几何原本》中的方法，由此引出另外两种解题思路。这样一题多解，一方面开阔了学生的思路，另一方面也加深了学生对该公式的理解。

第三环节很有特色，里面的练习题一改以往枯燥单调的形式，它们均选自数学史料，而且来自不同时期不同地区。这样，学生在解题的过程中一方面理解了公式的作用，巩固了公式，另一方面，也从中感受到了数学的魅力。它们使学生意识到，数学并不是某个文明的产物，而是整个人类的财富；数学是美的，不同的人用不同的方式创造了它。这种多元文化背景下的数学教育让学生学会去欣赏、去感受各种数学，而不管它是否属于自己的传统文化。这种包含各种文化根源的数学可以让学生形成丰富的体验，感受其他文化对数学发展作出的贡献。

第四环节的总结往往被忽视。总结不仅进一步梳理、巩固了所学的知识，有利于学生对所学知识形成整体认识，更重要的是提炼并让学生感受到教学中的数学思想和数学方法，使学生的数学思维水平有所提高。

更深入一步讲，数学是人类文明的重要组成部分。《标准》把数学文化贯穿于数学必修课的三个模块之中。从文化角度而言，教育总在传递、延续着一种文化，同时也在不断创造着文化。我们的数学教育必然是深深扎根于传统文化之中的，它发端于过去、承继至现在并将影响未来；离开数学史的数学教学只能成为无本之木、无源之水，而难以生根发芽。数学教育要“体现数学的人文价值”，笔者认为，要达到这一目标，在中学数学课堂教学中对数学史料仅仅作一“介绍”是不够的，还应把其背后隐藏的思想方法、对人格成长的启发作用以及多元文化意义等渗透在数学课程中，渗透在教学过程中。渗透不是东拼西凑，不是仅在导课时讲个故事，或者仅在讲例题时介绍一种古人的方法，而应贯穿于整堂课。本案例即是很好的一例。再如，勾股定理的教学，并不仅仅是介绍古今中外几种证明方法就可以了，更重要的是从对这几种方法的对比中，感受不同时空的数学思想，并能运用这些思想去解决一些问题。

“数学教育就是数学文化的教育。”以数学史料、数学思想为载体，把数学作为一种文化传递给学生，唤起他们学习数学的兴趣和热情，让他们在更广阔的视野中理解数学，欣赏数学，热爱数学，并进一步去创造数学。

案例 4-2　如何在课堂教学中渗透中国古代的数学思想方法

在多姿多彩的历史文化宝库中，数学无疑是其中一颗璀璨的明珠。它在整个人类文明发展史上都光彩夺目，具有极其重要的地位和价值。中国古代的数学成就如同造纸、火药、指南针、印刷术，是中华民族对世界文明的一项重大贡献。中国古代数学成就辉煌，既有系统的理论又有丰硕的成果，直到 16 世纪许多数学分支在国际上都处于领先地位，是名副其实的数学强国。我们需要进一步挖掘中国古代数学文化传统，并将其中的观念、思想、方法整理出来，渗透融合到数学课程中。下面给出的是一则在这一思想指导下的教学设计案例。

【案例呈现】

1. 勾股定理及其证明

勾股定理的教学可以通过让学生画图、测量、计算、猜想和证明来完成。证明过程可以引导学生通过出入相补原理(即割补法)来进行。在这个过程中，就需要向学生介绍一些数学史上的知识，介绍赵爽证法(见图 4-2-1)，还可以提一下刘徽证法(见图 4-2-2)。

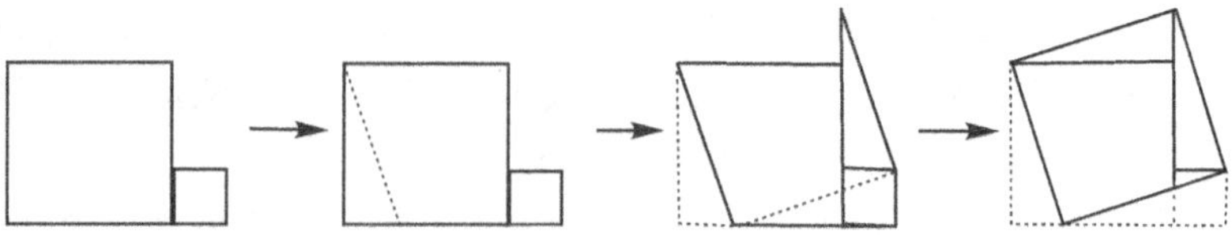

图 4-2-1

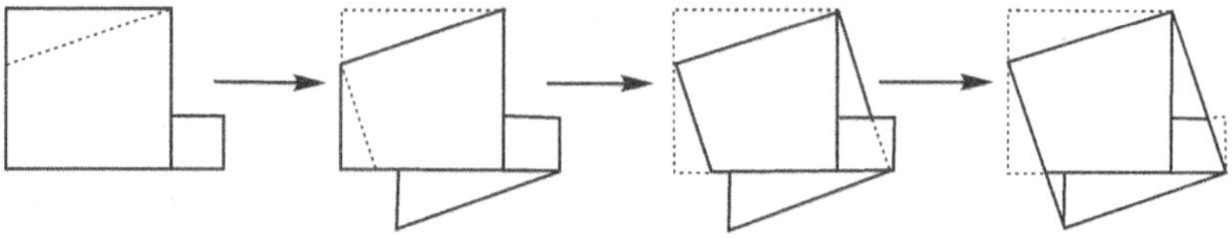

图 4-2-2

2. 平方差公式

平方差公式与勾股定理的联系，一方面表现在两者的形式上：一个有 a^2-b^2，一个有 a^2+b^2。形式上的相似可以引发学生思考它们其他方面的联系。事实上，它们都可用割补法进行几何证明。

教学中可以提示学生回忆勾股定理的几何证明，引导学生动手操作：剪一剪、拼一拼，把不规则图形转化为常见的规则图形并计算其面积。如图 4-2-3 所示，其中不规则图形的面积为 a^2-b^2；而矩形的长为 $a+b$，宽为 $a-b$，面积为 $(a+b)(a-b)$，所以，$(a+b)(a-b)=a^2-b^2$。

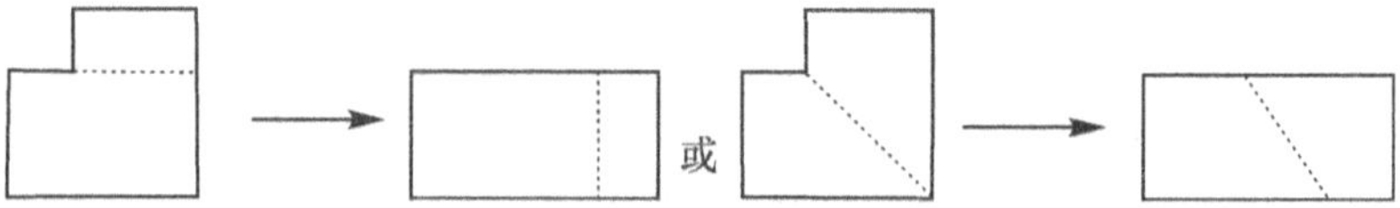

图 4-2-3

但教师不应满足这两种结果，而应引导学生的思维向更广阔处发散，问他们是否可以剪拼成其他的图形，并尝试操作。事实上，可以剪拼成平行四边形、三角形、梯形，甚至直角梯形。当然，剪一刀是不够了，但其中贯穿的思想还是出入相补原理，图 4-2-4 便是其中几例。

这些图形一方面表明了平方差公式的几何意义，同时也可以用来证明。比如在图 4-2-5 中，矩形两条边分别为 $\sqrt{2}(a-b)$ 与 $\sqrt{2}b+\frac{\sqrt{2}}{2}(a-b)=\frac{\sqrt{2}}{2}(a+b)$，面积为 $(a+b)(a-b)$。

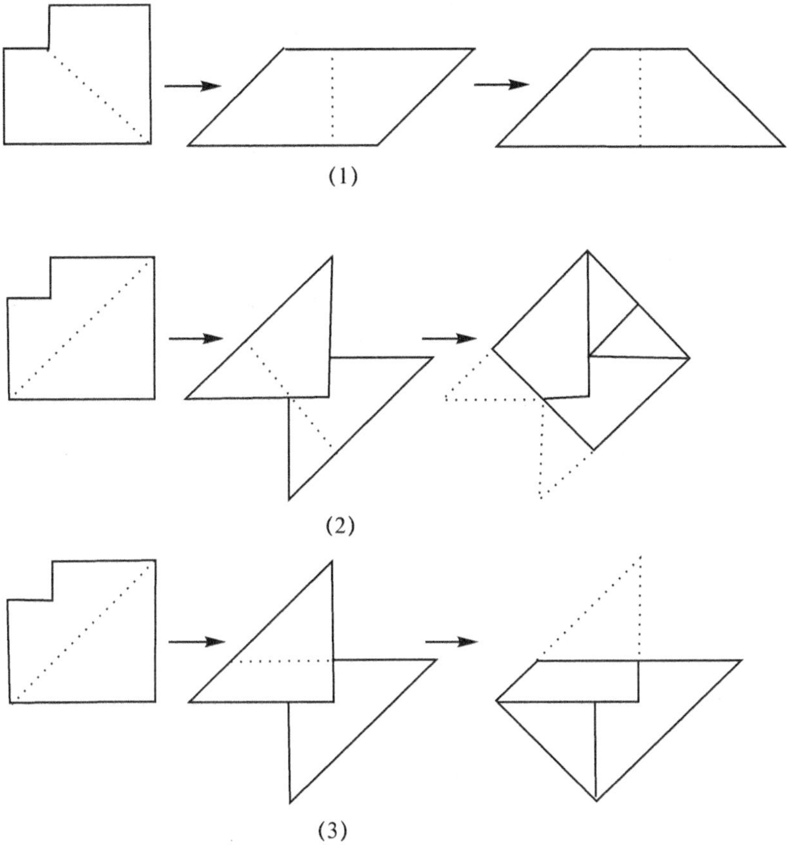

图 4-2-4

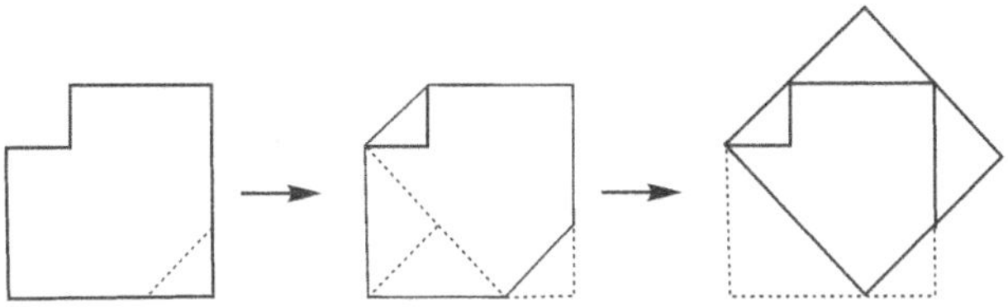

图 4-2-5

3. 完全平方公式

可由勾股定理的赵爽证法引出完全平方公式。图 4-2-6(1)中的不规则图形的面积用 a、b、c 表示为 c^2+ab。若再添上两个三角形，图形变为图 4-2-6(2)，其面积为 c^2+2ab。另一方面，这个正方形的边长为 $a+b$，面积为 $(a+b)^2$。故 $(a+b)^2=c^2+2ab=a^2+b^2+2ab=a^2+2ab+b^2$。(其实，这里逆用了勾股定理的一种证法，这种证法可用图 4-2-7 简略表示。)

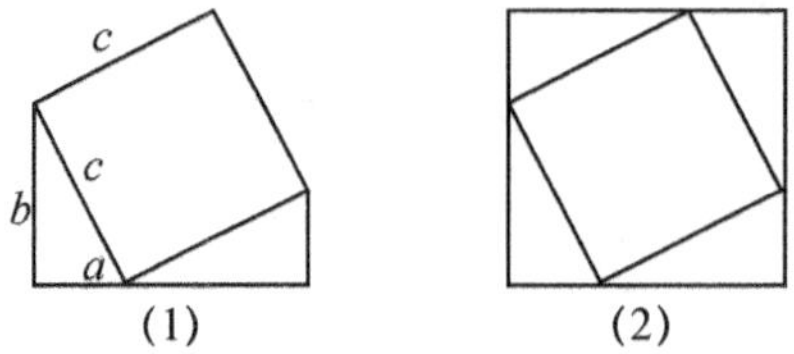

图 4-2-6

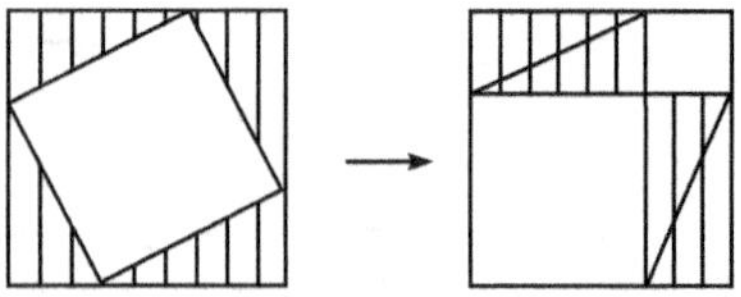

图 4-2-7

把图 4-2-6(2)沿线向内折，即成图 4-2-8(1)，则内部小正方形面积为 c^2-2ab，其边长为 $a-b$，故 $(a-b)^2=c^2-2ab=a^2+b^2-2ab=a^2-2ab+b^2$。若把图 4-2-6(2)、图 4-2-8(1)叠放成图 4-2-8(2)，很明显可以看出 $(a+b)^2-(a-b)^2=4ab$。

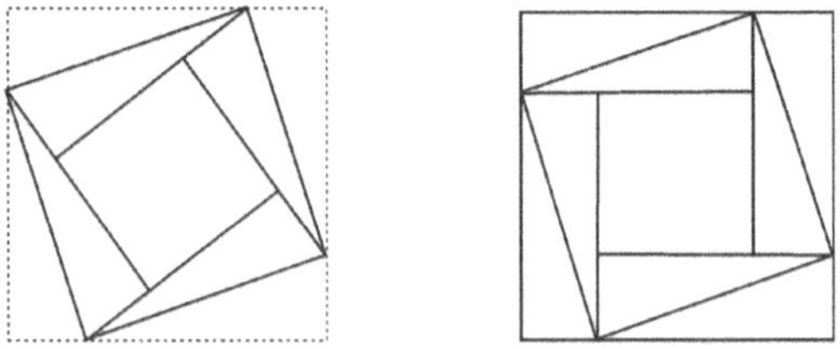

(1)　　(2)

图 4-2-8

那么 $(a+b)^2+(a-b)^2=2a^2+2b^2$ 又如何用图形来表示呢？不妨让学生想一想、画一画。把图 4-2-9(2)中 A 位置上的长方形移到 B 位置，C 位置上的移到 D 位置，则图 4-2-9(1)变成了图 4-2-9(3)。

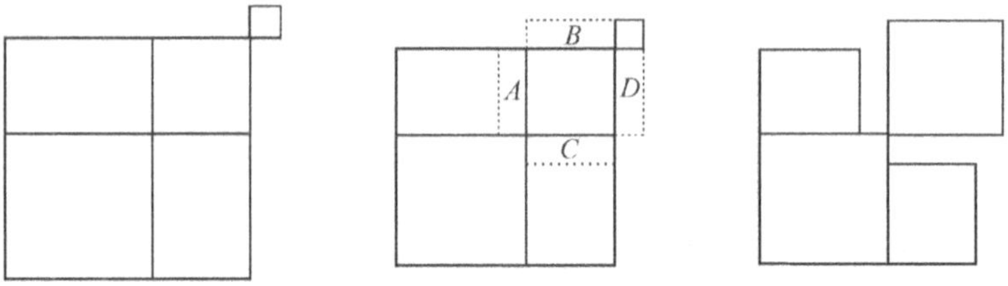

(1)　　(2)　　(3)

图 4-2-9

那么，$4a^2=(2a)^2=[(a+b)+(a-b)]^2=(a+b)^2+2(a+b)(a-b)+(a-b)^2$ 和 $4b^2=(2b)^2=[(a+b)-(a-b)]^2=(a+b)^2-2(a+b)(a-b)+(a-b)^2$ 这两列等式是否可以用图形来表示呢？有兴趣的读者不妨试试。

最后，还可以让学生考虑一下，有没有这样一个式子，勾股定理、平方差公式以及两个完全平方公式这四个式子的形式都可以在这个式子中体现呢？事实上，由上面式子 $(a+b)^2-(a-b)^2=4ab$ 变形可得 $(a^2-b^2)^2+(2ab)^2=(a^2+b^2)^2$。这个式子同时也表明了像“3、4、5”这样的勾股数组有无穷多组。

【案例分析】

本案例的第一个特色是体现了我国古代十分重要的数学思想方法——“数形结合”,并在课堂教学中巧妙地加以渗透。“割补法”作为我国古代重要的数学思想,在勾股定理的教学中作了介绍,并且把它迁移到平方差公式、完全平方公式的证明中,同时引导学生运用这一思想方法拓展思路,解决了相关的问题(如图 8、图 9 中公式的几何表示)。这样,在代数公式与几何图形之间建立了联系,用图形来解释公式,使它们更直观、更形象、更生动。在《九年制义务教育数学课程标准》中就建议“介绍有关的数学背景知识”,同时具体指出:“介绍勾股定理的几个著名证法(比如欧几里得证法、赵爽证法等)及其有关的一些著名问题,使学生感受数学证明的灵活、优美与精巧,感受勾股定理的丰富文化内涵。”“教材要重视有关内容的几何背景,运用几何直观帮助学生理解、解决有关代数问题。……利用图形理解完全平方公式、平方差公式等恒等式。”上述设计正是一则具体且可操作的范例。更深入一步讲,上述处理可以说是引导了数学课程的现代化方向。因为深入挖掘我国传统数学中的观念、思想、方法,加以整理,并渗透融合到数学课程中,代表了我国数学课程现代化的一个方向。事实上,一方面积极借鉴、吸收古希腊及西方近现代数学思想,另一方面充分利用传统文化中的精华,做好与民族数学的衔接,汇集民族数学中在当代仍有普遍意义的先进思想,才是我国数学课程现代化发展的健康之路。

第二个特色是“手脑并用”,体现了“学数学就是做数学”的教学思想。夸美纽斯的教学论原理是“教一个活动的最好方法是演示”,而弗赖登塔尔将这一思想进一步发展成“学一个活动的最好方法是做”。在上述教学设计中,教师留出相当多的时间让学生动手操作:“画一画”,“剪一剪、拼一拼”。这一“做”的过程,同时也是“意义赋予”(sense making)的过程:学生在教师创设的学习情境中,通过自己的实践操作活动,把不规则图形转化为自己熟悉的图形,并积极寻求公式与图形间的关联,以及公式与公式之间的联系;利用熟悉的图形与面积,赋予公式以意义,用他们已有的知识对新知识进行自己的解释。这样处理与现在盛行的建构主义学习理论是一致的。这种理论明确肯定学习活动的“创造”性质:学生对于教师所讲的内容有一个“理解”或“消化”的过程,使新的学习材料在自己头脑中获得特定的意义,从而使新的学习材料与主体自身已有的知识和经验之间建立实质性的、非任意的联系。这样通过“做”赋予意义的新知识是学生较好掌握了的知识。学生不仅掌握了公式及其几何意义,同时对于公式间的联系以及割补法的思想都会有很深的领会。他们也由此意识到:数学不是一堆僵死的公式法则的堆积,而是运动的充满活力的有机体。

更进一步，对于教材的编排而言，浙江省编初中数学教材是在第二册“乘法公式”中由整式乘法演绎出平方差公式和完全平方公式，其证明用的是代数方法；相隔一学期后，在第三册“直角三角形”中才提到勾股定理。而这里给出的教学设计案例中，教师富有智慧地把分处两学期的不同内容根据其内在联系重新组织在了一起，作为一个整体的知识传授给学生，浑然一体，使学生对它们有一个全面的、具体的、深刻的理解，同时让学生充分感受到数学内部的联系以及运动与变化。其实，数学本身是中学课程中最富于系统性和内部联系的学科，但如果把它分成算术、代数、几何、三角，那它就是一个简单拼凑而成的科目。另外，教材的编写是线性的、封闭的体系，而真正的教学是生动的、灵活的。这就需要教师对教材进行处理，根据实际情况调整顺序，重新编排，使之成为非线性的、开放的教学。

案例 4-3　在正四棱台体积公式教学中如何渗透数学史知识

对中西古代数学文化的深入研究，特别是对数学历史的挖掘，目的还是为了指向现实、着眼于未来。本则基于数学史的教学案例，正是笔者设想的在数学教育中通过数学史的渗透，在传统与现代之间架起一座桥梁，从而实现数学教育现代化的案例。

【案例呈现】

1. 提出问题

师：我们已经学过了棱锥，我手上拿着的是一个正四棱锥的模型。如果我们在它顶部截去一个小的正四棱锥，就得到一个正四棱台（模型演示）。假如这个正四棱台下底面正方形边长为 a，上底面边长为 b，高为 h，那么它的体积该如何表示呢？今天我们就来研究这个问题。

生 1：既然正四棱台可以由一个大的正四棱锥截去一个小的正四棱锥得到，我就可以通过大正四棱锥体积减去小正四棱锥体积来求[演算：设小正四棱锥高为 x，则 $V=V_{大正四棱锥}-V_{小正四棱锥}=\frac{1}{3}a^2(h+x)-\frac{1}{3}b^2x=\frac{1}{3}a^2h+\frac{1}{3}(a^2-b^2)x=\cdots$]。我做不下去了。

2. 类比、猜想、实验

师：这位同学的思路非常好，只是暂时遇到了困难。我们把这一问题放一边，先来猜想一下正四棱台的体积公式。大家回忆一下一些图形的面积和体积公式（与学生一起填写下表）。

<table>
<tr>
<td>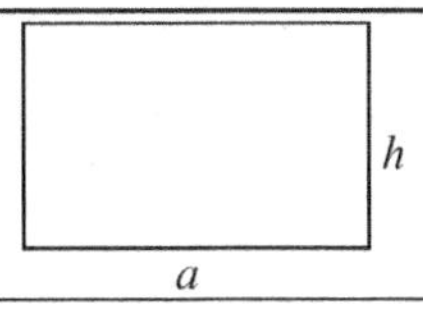
</td>
<td>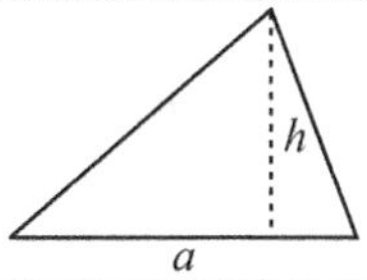
</td>
<td>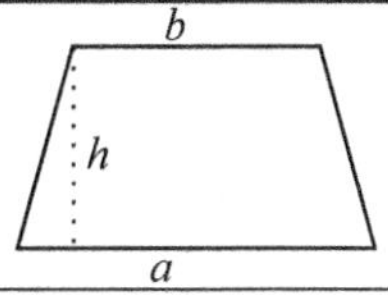
</td>
</tr>
<tr>
<td>$S=ah$</td>
<td>$S=\frac{1}{2}ah$</td>
<td>$S=\frac{1}{2}(a+b)h$</td>
</tr>
<tr>
<td>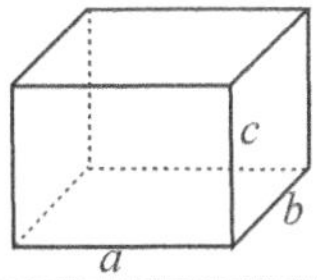
</td>
<td>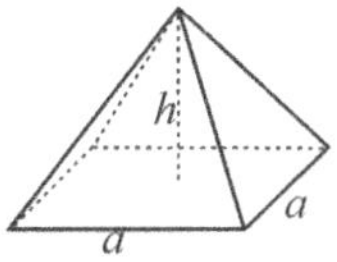
</td>
<td>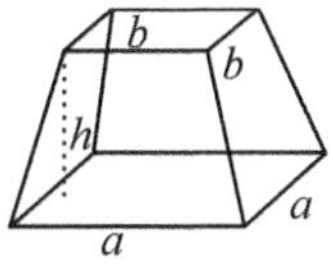
</td>
</tr>
<tr>
<td>$V=abc$</td>
<td>$V=\frac{1}{3}a^2h$</td>
<td>$V=?$</td>
</tr>
</table>

生 2:我想 $V=\frac{1}{2}(a^2+b^2)h$,因为梯形面积公式为 $S=\frac{1}{2}(a+b)h$。

生 3:我觉得应该是 $V=\frac{1}{3}(a^2+b^2)h$,因为正四棱锥体积公式中有系数$\frac{1}{3}$,且当 $b=0$ 时,$V=\frac{1}{3}(a^2+b^2)h=\frac{1}{3}a^2h$,即为正四棱锥体积公式。

师:这些公式对不对呢?我们来做个实验。我这里有个空心的正四棱台容器,上底边长 0.2 米,下底边长 0.3 米,高 0.2 米,里面装满沙子。由生 2 的公式得沙子体积为 $V=\frac{1}{2}$(0.04 米^2+0.09 米^2)×0.2 米=0.013 立方米,由生 3 的公式得 $V=\frac{1}{3}$(0.04 米^2+0.09 米^2)×0.2 米≈0.00867 立方米。我们再把沙子倒入底面边长为 0.2 米的柱形容器,量一下,高为多少?约为 0.315 米,体积约为 0.0126 立方米。看来上面两个公式都不是很准确。

生 4:梯形面积公式中系数是$\frac{1}{2}$,是因为括号内只有 a、b 两项。那么,如果正四棱台体积公式系数取$\frac{1}{3}$,则括号内应有三项,除了 a^2、b^2 我想还应有 ab,也即 $V=\frac{1}{3}(a^2+ab+b^2)h$,计算 $V=\frac{1}{3}$(0.04 米^2+0.06 米^2+0.09 米^2)×0.2 米≈0.0127 立方米。这与我们的实验结果基本一致。另外,当 $b=0$ 时,$V=\frac{1}{3}a^2h$ 是正四棱锥的体积公式;当 $h=b=a$ 时,$V=a^3$ 是正方体的体积公式。我想这个公式应该是正确的。

3. 推导公式

师：大家同意他的观点吗？（同意！）那好，下面我们就来证明或者说是推导这个公式。用什么方法来推导呢？刚才我们是通过类比的方法归纳出这个公式的，那我们能不能用类似求梯形面积的方法来求正四棱台的体积呢？我们不妨试试看，我先请同学们说出尽可能多的梯形面积公式的推导方法。

生 5：（如图 4-3-1 所示）$S=\frac{1}{2}S_{平行四边形}=\frac{1}{2}(a+b)h$。

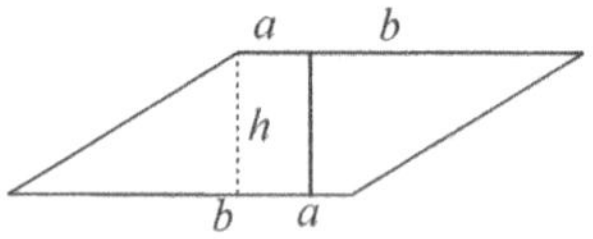

图 4-3-1

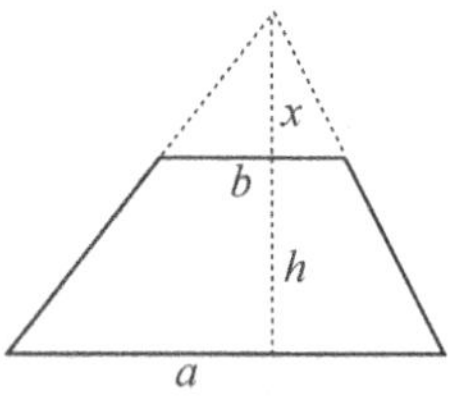

图 4-3-2

生 6：（如图 4-3-2 所示）设小三角形高为 x，大三角形高为 $x+h$，因为这两个三角形相似，所以$\frac{b}{a}=\frac{x}{x+h}$，即 $x=\frac{bh}{a-b}$。$S=\frac{1}{2}a(x+h)-\frac{1}{2}bx=\frac{1}{2}ah+\frac{1}{2}(a-b)x=\frac{1}{2}ah+\frac{1}{2}(a-b)(\frac{bh}{a-b})=\frac{1}{2}(a+b)h$ 。

生 7：（如图 4-3-3 所示）$S=\frac{1}{2}ah+\frac{1}{2}bh=\frac{1}{2}(a+b)h$。

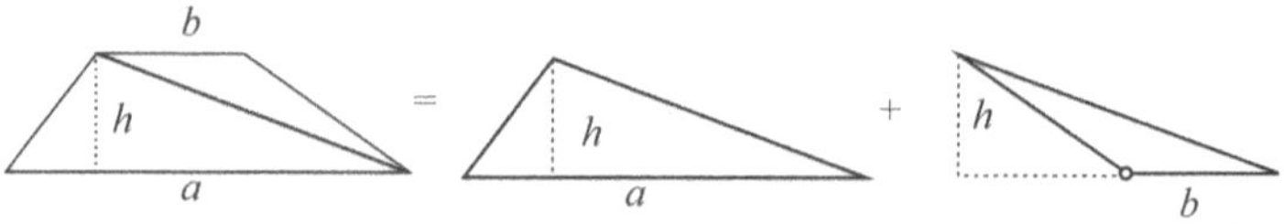

图 4-3-3

生 8：（如图 4-3-4 所示）$S=\frac{1}{2}(a-b)h+bh=\frac{1}{2}(a+b)h$。

师：有没有其他方法？还记得我们以前是如何证明梯形中位线定理的吗？

生 9：（如图 4-3-5 所示）$S=S_{三角形}=\frac{1}{2}(a+b)h$。

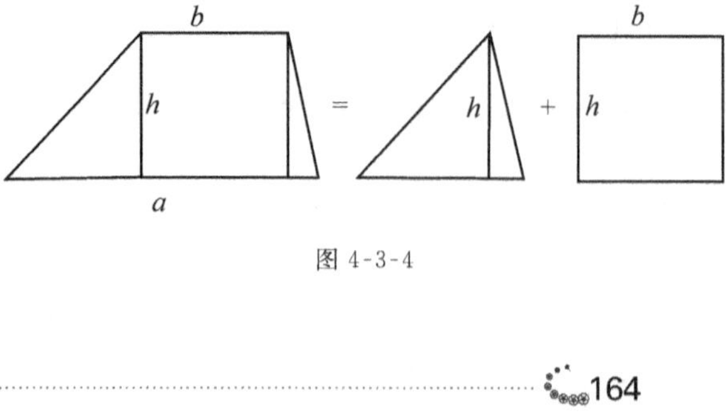

图 4-3-4

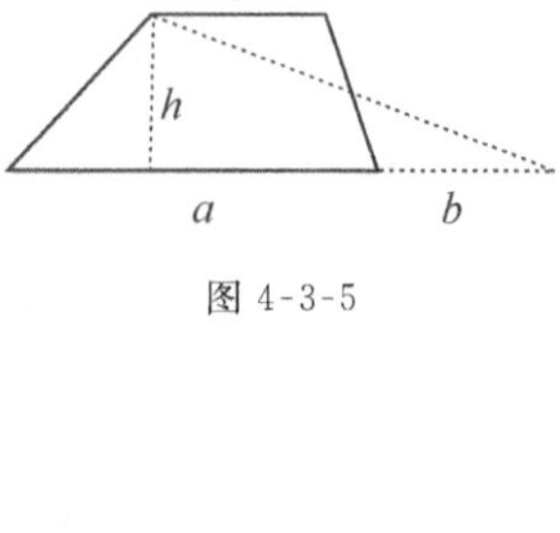

图 4-3-5

师：接下来我们就利用类似的方法试着来推导正四棱台的体积公式。第一组同学用生5的方法，第二、三、四组同学分别用生6、7、8的方法。如果你觉得这种方法做不出或者做出来了，请再用生9的方法推导。（学生独立思考、互相讨论来解决问题，教师适当介入，给予提示指导。当第四组完成其推导后，教师再给他们一道思考题：有这样一个四棱台，它的两个底面是长方形。上底面边长分别为 a、b，下底面边长分别为 c、d，高 h，求其体积。）

4. 展示成果

第一组（生10）：我们认为利用两个或多个正四棱台拼在一起无法推导其体积公式。

第二组（生1）：刚才我做不下去，现在我会了。（继续）$\cdots=\frac{1}{3}a^2h+\frac{1}{3}(a^2-b^2)(\frac{bh}{a-b})=\frac{1}{3}a^2h+\frac{1}{3}(a+b)bh=\frac{1}{3}(a^2+ab+b^2)h$。

第三组（生11）：我们将正四棱台分成五个棱锥甲、乙、丙、丁、戊（如图4-3-6所示）：

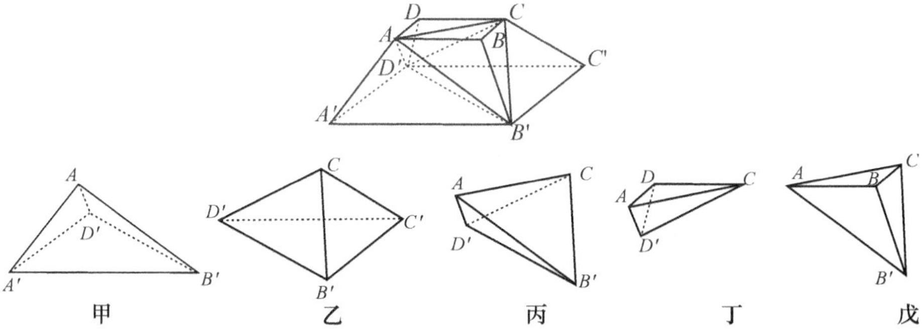

图 4-3-6

其中，$V_{甲}+V_{乙}=2V_{甲}=\frac{1}{3}a^2h$，$V_{丁}+V_{戊}=2V_{丁}=\frac{1}{3}b^2h$。对于锥体丙（如图4-3-7所示），我们取 AC 中点 O，连结 $B'O$、$D'O$，容易看出 $AC\perp$ 面 $B'OD'$。取 $B'D'$ 中点 O'，连结 OO'，则 $OO'\perp B'D'$，所以，$V_{丙}=\frac{1}{3}S_{三角形B'OD'}\cdot AC=\frac{1}{3}\times\frac{1}{2}\times B'D'\times h\times AC=\frac{1}{3}\times\frac{1}{2}\times\sqrt{2}a\times h\times\sqrt{2}b=\frac{1}{3}abh$。由此得 $V=V_{甲}+V_{乙}+V_{丙}+V_{丁}+V_{戊}=\frac{1}{3}(a^2+ab+b^2)h$。

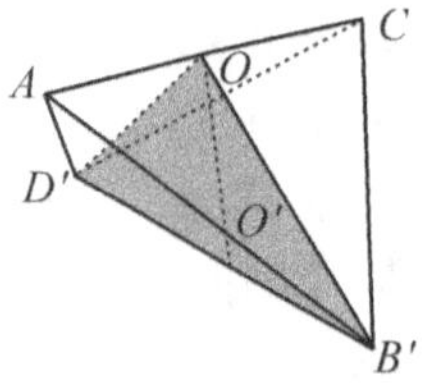

图 4-3-7

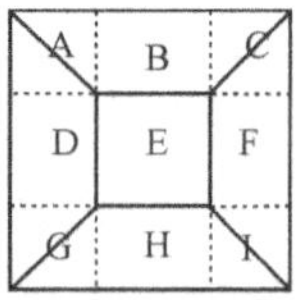

图 4-3-8

第四组(生 12):我们将正四棱台切割成九部分(如图 4-3-8 所示):(1)一个长方体 E,其底面是边长为 b 的正方形,高为 h,体积为 b^2h。(2)四个棱锥 A、C、G、I 可以拼成一个大的四棱锥 J,其底面是边长为$(a-b)$的正方形,高为 h,体积为$\frac{1}{3}(a-b)^2h$。(3)四个直角三棱柱 B、D、F、H 可以拼成两个长、宽、高分别为 b、$\frac{a-b}{2}$、h 的长方体 K 和 L,体积均为$\frac{1}{2}b(a-b)h$。所以,(如图 4-3-9 所示)$V=V_E+V_J+V_K+V_L=b^2h+\frac{1}{3}(a-b)^2h+b(a-b)h$,整理得 $V=\frac{1}{3}(a^2+ab+b^2)h$。

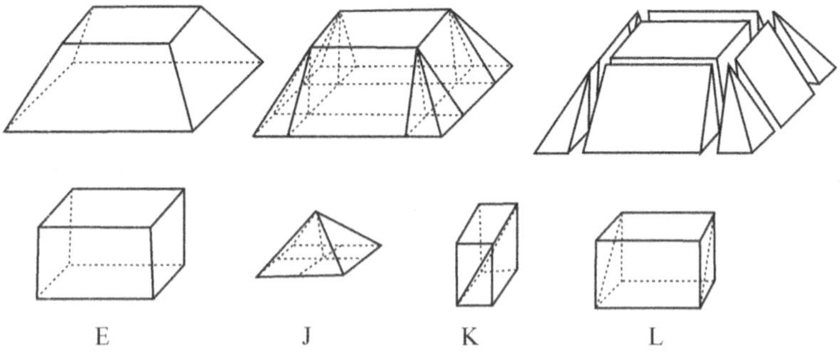

图 4-3-9

生 13:同样方法可以求出思考题中四棱台体积:

$$V=abh+\frac{1}{3}(d-b)(c-a)h+\frac{1}{2}(c-a)bh+\frac{1}{2}(d-b)ah$$

$$=\frac{1}{6}h(6ab+2dc-2bc-2da+2ba+3bc-3ba+3da-3ba)$$

$$=\frac{1}{6}h(2dc+bc+da+2ba)=\frac{1}{6}h[(2b+d)a+(2d+b)c]。$$

当 $a=b$,$d=c$ 时,

$$V=\frac{h}{6}[(2a+c)a+(2c+a)c]=\frac{h}{6}(2a^2+ac+2c^2+ac)=\frac{1}{3}(a^2+ac+c^2)h。$$

生14：利用类似生9的方法来推导比较繁杂，我用图示的方法来说明。为了使大家看得清楚，我把它先分成四等份，且选择其中一块(如图4-3-10所示)。

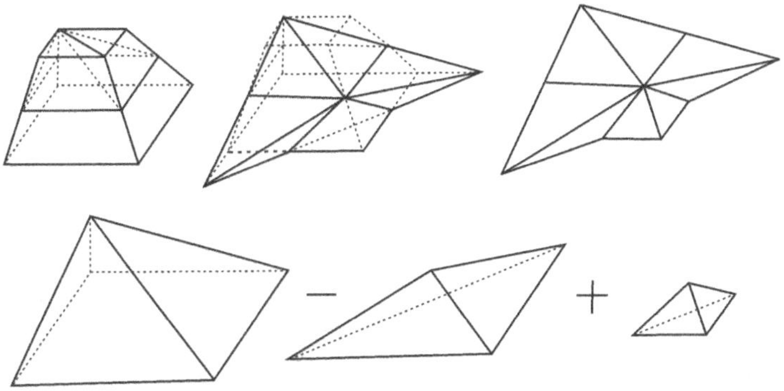

图 4-3-10

$$V=4\left[\frac{1}{3}\left(\frac{a+b}{2}\right)^2h-\frac{1}{3}\times\frac{1}{2}\left(\frac{a+b}{2}\right)^2\frac{h}{2}+\frac{1}{3}\times\frac{1}{2}\left(\frac{a-b}{2}\right)^2\frac{h}{2}\right]$$
$$=\left[\left(\frac{a+b}{2}\right)^2+\frac{1}{3}\left(\frac{a-b}{2}\right)^2\right]h=\frac{1}{3}(a^2+ab+b^2)h。$$

5. 教师总结

上面几位同学向大家展示了他们的探究成果，非常出色。同学们可能不知道，这个公式在距今4000年前就已经被古埃及人所掌握。成书于约公元前1850年的一册古埃及数学书中就记载了一道计算正四棱台体积的问题。数学史家贝尔称这个问题为“最伟大的埃及金字塔”，在他看来，这个问题中涉及的归纳算法较之今日仍旧巍然耸立的任何一座由巨石堆砌而成的古埃及金字塔要雄伟得多。

那么古埃及人是如何得到这一公式的呢？我们现在已经无法知道这个公式的确切来源了。第三组同学展示的推导方法简洁优美，并且公式与图形联系紧密，我们可以猜测古埃及人可能是通过这种方法得到的。

在我国古代，《九章算术》给出了刍童(即两底是长方形的正四棱台)的体积公式：$V=\frac{h}{6}[(2b+d)a+(2d+b)c]$。同学们一定注意到了生13给出的思考题的解法。我国古人就是利用这种分割方法得到刍童体积公式的。

古巴比伦人曾使用过错误公式 $V=\frac{1}{2}(a^2+b^2)h$——注意这个错误我们也犯了——后来的古巴比伦泥板文书上也记载了相当于下式的计算法则：$V=\left[(\frac{a+b}{2})^2+\frac{1}{3}(\frac{a-b}{2})^2\right]h$。大家也一定注意到了，生14的推导中也出现了这种形式。为什么古巴比伦人没有把它写成古埃及人的形式呢？也许，古巴比伦人用的是不同于古埃及人的方法，可能利用的就是生 14 的方法。

生 15：老师，我打断一下，你说 $V=\left[\left(\frac{a+b}{2}\right)^2+\frac{1}{3}\left(\frac{a-b}{2}\right)^2\right]h$ 是古巴比伦人的公式，并且可能是利用生 14 的方法。我刚才用类似生 12 的方法对棱台作进一步分割，推导过程中也出现这个形式。当时我觉得这样很繁没有提出来，现在我想给大家演示一下，也许古巴比伦人是利用我这种方法推导的。我也像生 14 选用其中一块来用图说明（如图 4-3-11 所示）。

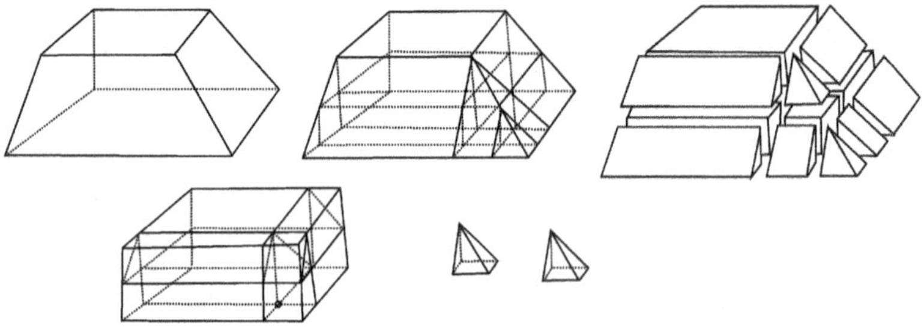

图 4-3-11

$$V=4\left[\left(\frac{a+b}{4}\right)^2h+2\times\frac{1}{3}\left(\frac{a-b}{4}\right)^2\frac{h}{2}\right]=\left[\left(\frac{a+b}{2}\right)^2+\frac{1}{3}\left(\frac{a-b}{2}\right)^2\right]h。$$

【案例分析】

新教材[人教版《数学》(实验修订本)]已经取消了台体及其体积公式这一内容。但是这块内容背后所蕴涵的思维价值远远大于这个公式本身的使用价值。所以，可以把它作为课外活动、兴趣小组以及研究性学习的课题，让学生在探索的过程中体验数学、欣赏数学。我们也可以预见若干年以后高考中会出现这样一道题目：先阅读一段关于正四棱台的定义、正四棱锥的体积公式以及推导梯形面积公式的几种方法的材料，再让学生写出正四棱台的体积公式以及推导这一公式的几种方法。2002 年全国高考文科卷最后一题就传递了这样一种信息：关注平面图形与空间图形的转化和类比。

关于台体体积的教学，如果单是为了让学生记住公式，并利用公式计算，确实不难。只要将公式及某种推导方法直接告诉学生，然后证明，再通过大量练习进行巩固。这样也能达到一定的教学效果。可是，如果真是这样机械处理的话，就会忽略让学生发现结果和探索问题的思维过程，失去训练思维的绝好机会。本案例的可贵之处在于通过对数学史材料的深入挖掘以及对学生认知水平的合理定位，把思维过程展现在了课堂中。在这个过程中，可以说学生重演了人类对这一公式的认识历程，经历数学真理发现与发展的过程，体验到了经过艰辛摸索后成功的愉悦，这对他们今后学习数学、学好数学都是十分有益的。

以往教学只介绍一种推导方法（如第二组展示的），这样思考问题显得思路狭隘，限制了学生从多角度思考的能力。这则案例的处理则走向开放化，让学生从多角度思考问题，用多种方法来解决问题。通过观察、类比、实验、猜想，培养学生的数学思维能力，同时也调动了学生学习数学的积极性。

这则案例还有一个突出的特点，那就是引入了数学实验。传统的数学教学常以严密的逻辑推理来论证而排斥实验，因而数学课堂中基本看不到实验的影子。然而，许多数学发现实际上都源于实验，同时实验也可以用来检验猜想。在数学教学中适当引入实验，对学生体验思维过程及数学思想都十分有利。在这里，通过猜想—实验—再猜想—再实验—得出正确的猜想—证明，学生完成了一个完整的知识建构过程。

更进一步，这则教学案例不仅介绍了公式的最早记载，同时在教学过程中还隐含了对不同文化背景下的数学的比较。虽然没有事先说明，但学生重演了古埃及人、我国古人以及古巴比伦人对这一问题的处理过程。通过对这些方法的探索和比较，学生能欣赏到数学的美以及整个人类的智慧。多元文化背景下的数学教育使学生欣赏到各种数学，而不管它是否属于自己的传统文化。包含各种文化根源的数学可以让学生形成丰富的体验，明白其他文化对数学发展所作的伟大贡献。尽管这种教育的意义已经超出了数学课程的目标，但它确实是数学可以给予的。

案例 4-4　如何在整体联系中教余弦定理

数学教学要让学生从整体上把握数学和数学思想。《普通高中数学课程标准》在“教学建议”这一部分中就提出“注重联系，提高对数学整体的认识”的要求，并具体指出：“教学中应注意沟通各部分内容之间的联系，通过类比、联想、知识的迁移和应用等方式，使学生体会知识之间的有机联系，感受数学的整体性，进一步理解数学的本质，提高解决问题的能力。”这就需要教师在处理教学内容时，应深入挖掘与其他数学知识的关联，并在教学中通过适当的方式呈现出来，让学生感到数学是有趣的，是好玩的，是美的。本则教学案例，它展现了如何在课堂教学中展示数学知识间的联系及其历史。

【案例呈现】

1. 勾股定理

欧几里得的证明：如图 4-4-1 所示，利用$\triangle ABA_2$与$\triangle CBC_3$全等而面积相等，得到正方形BA_2A_1C与矩形$BC_1C_2C_3$面积相等；同理，正方形ACB_2B_1与矩形$AC_1C_2C_4$面积相等。由此证明$a^2+b^2=c^2$。

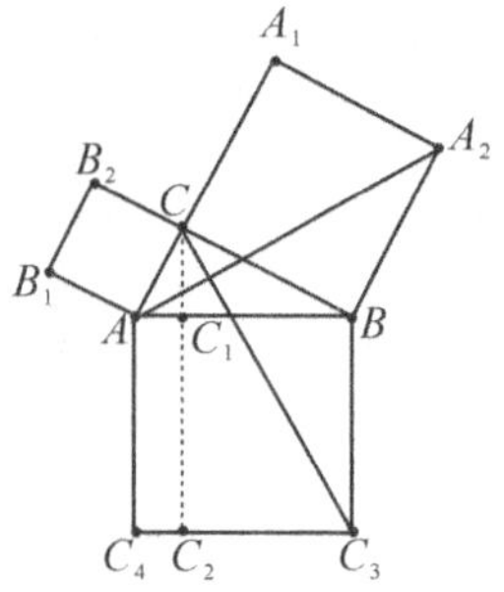

图 4-4-1

2. 由勾股定理猜想出余弦定理（过程可参见本章案例 2，这里省略）

3. 证明余弦定理

方法 1：如图 4-4-2 所示，向量法：设$\overrightarrow{CB}=\boldsymbol{a}$，$\overrightarrow{CA}=\boldsymbol{b}$，$\overrightarrow{BA}=\boldsymbol{c}$，那么$\boldsymbol{c}=\boldsymbol{b}-\boldsymbol{a}$，$|\boldsymbol{c}|^2=\boldsymbol{c}\cdot\boldsymbol{c}=(\boldsymbol{b}-\boldsymbol{a})\cdot(\boldsymbol{b}-\boldsymbol{a})=\boldsymbol{a}\cdot\boldsymbol{a}+\boldsymbol{b}\cdot\boldsymbol{b}-2\boldsymbol{a}\cdot\boldsymbol{b}=\boldsymbol{a}^2+\boldsymbol{b}^2-2\boldsymbol{ab}\cos C$，所以，$\boldsymbol{c}^2=\boldsymbol{a}^2+\boldsymbol{b}^2-2\boldsymbol{ab}\cos C$。

方法 2：如图 4-4-3 所示，$\cos C=\frac{CD}{a}$，$BD^2=BC^2-CD^2=AB^2-AD^2$，所以$a^2-CD^2=c^2-(b-CD)^2$，得$CD=\frac{a^2+b^2-c^2}{2b}$，所以$\cos C=\frac{a^2+b^2-c^2}{2ab}$。

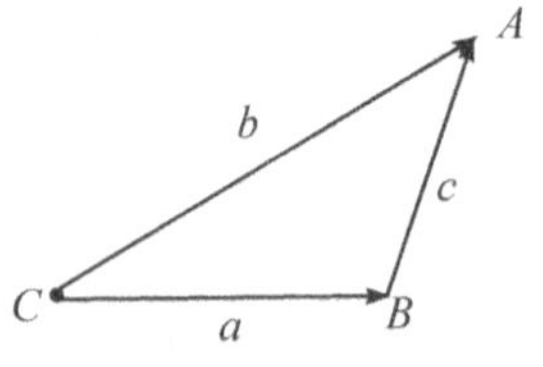

图 4-4-2

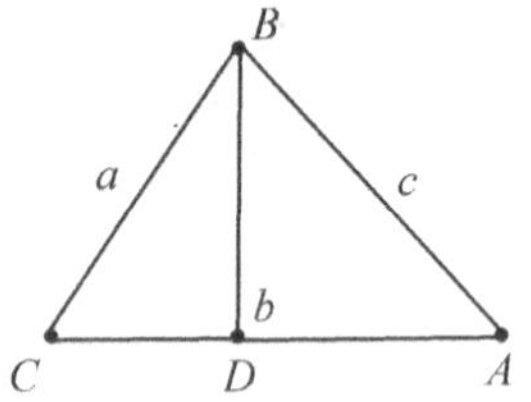

图 4-4-3

方法 3：当$\triangle ABC$不是直角三角形时，你能否利用欧几里得证明勾股定理的方法证明余弦定理？

如图 4-4-4 所示，假设$\triangle ABC$是锐角三角形，仿照欧几里得的方法，可得矩形$BA_1A_2A_4$与矩形$BC_1C_2C_3$的面积相等，矩形$AB_1B_2B_3$与矩形$AC_1C_2C_4$的面积相等。因此，$c^2=a^2+b^2-(S_{矩形CB_1B_2B_4}+S_{矩形CA_1A_2A_3})$。而这两个矩形的面积均为$ab\cos C$，所以，$c^2=a^2+b^2-2ab\cos C$。

问题：① 当$\triangle ABC$为钝角三角形时，如何证明？②你还能用其他证明勾股定理的方法证明余弦定理吗？③比较上述三种方法。

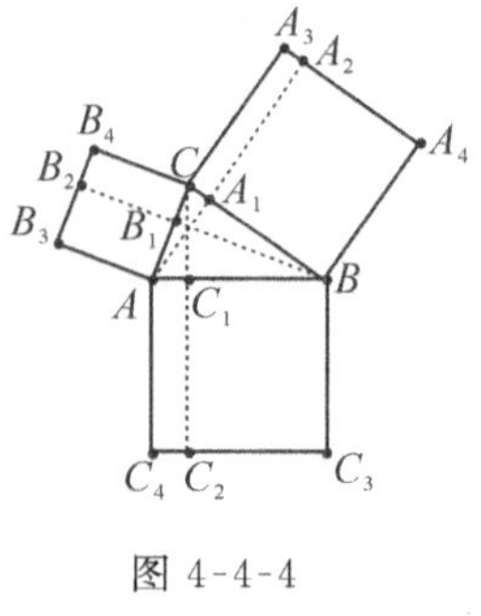

图 4-4-4

4. 秦九韶公式与海伦公式

在方法 2 中我们进一步考察三角形的面积：$S_{\triangle ABC}=\frac{1}{2}AC\cdot BD=\frac{1}{2}b\sqrt{a^2-CD^2}=\frac{1}{2}b\sqrt{a^2-(\frac{a^2+b^2-c^2}{2b})^2}=\sqrt{\frac{1}{4}\left[a^2b^2-(\frac{a^2+b^2-c^2}{2})^2\right]}$。这就是秦九韶公式。

对其作进一步变形，则有：$S_{\triangle ABC}=\sqrt{\frac{1}{16}(2ab+a^2+b^2-c^2)(2ab-a^2-b^2+c^2)}=\sqrt{\frac{1}{16}[(a+b)^2-c^2]\cdot[c^2-(a-b)^2]}=\sqrt{\frac{1}{16}(a+b+c)(a+b-c)(c+a-b)(c-a+b)}=\sqrt{p(p-a)(p-b)(p-c)}\left[其中\ p=\frac{1}{2}(a+b+c)\right]$。这就是著名的海伦公式。

对海伦公式和秦九韶公式作简单介绍，可见课本第 25 页《阅读与思考》。

5. 应用余弦定理证明和角公式

如图 4-4-5 所示，$\cos(A+B)=-\cos C$，

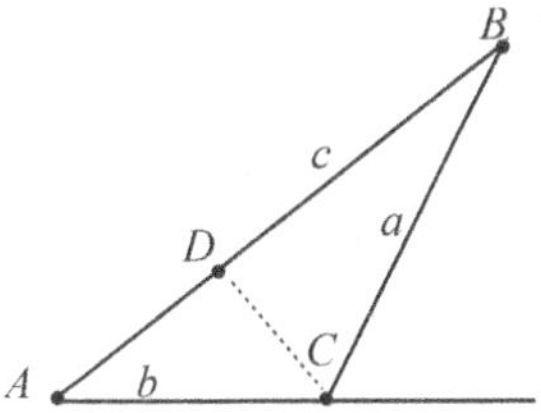

图 4-4-5

$$\cos C=\frac{a^2+b^2-c^2}{2ab}=\frac{a^2+b^2-(b\cos A+a\cos B)^2}{2ab}$$

$$=\frac{1}{2ab}(a^2+b^2-b^2\cos^2A-a^2\cos^2B-2ab\cos A\cos B)$$

$$=\frac{1}{2ab}(a^2\sin^2B+b^2\sin^2A-2ab\cos A\cos B)$$

$$=\frac{a\sin^2B}{2b}+\frac{b\sin^2A}{2a}-\cos A\cos B$$

$$=\frac{1}{2}\cdot\frac{a}{CD}\cdot\frac{CD}{b}\sin^2B+\frac{1}{2}\cdot\frac{b}{CD}\cdot\frac{CD}{a}\sin^2B-\cos A\cos B$$

$$=\frac{1}{2}\cdot\frac{1}{\sin B}\cdot\sin A\cdot\sin^2B+\frac{1}{2}\cdot\frac{1}{\sin A}\cdot\sin B\cdot\sin^2A-\cos A\cos B$$

$$=\sin A\sin B-\cos A\cos B,$$

因此，$\cos(A+B)=\cos A\cos B-\sin A\sin B$。

利用 $\sin(A+B)=\sqrt{1-\cos(A+B)^2}=\sqrt{1-(\cos A\cos B-\sin A\sin B)^2}$

$$=\sqrt{1-\cos^2A+\cos^2A-\cos^2A\cos^2B+2\cos A\cos B\sin A\sin B-\sin^2A\sin^2B}$$

$$=\sqrt{\sin^2A+\cos^2A\sin^2B+2\cos A\cos B\sin A\sin B-\sin^2A\sin^2B}$$

$$=\sqrt{\sin^2A\cos^2B+2\sin A\cos B\cos A\sin B+\cos^2A\sin^2B}$$

$$=\sqrt{(\sin A\cos B+\cos A\sin B)^2}=\sin A\cos B+\cos A\sin B。$$

问题：这一运算中存在漏洞，你能把它补上吗？

6. 正弦定理

在图 4-4-3 中，$\sin C=\frac{BD}{a}$，$\frac{c}{\sin C}=\frac{ac}{BD}=\frac{ac}{\sqrt{a^2-(\frac{a^2+b^2-c^2}{2b})^2}}=$

$\frac{\frac{1}{2}abc}{\sqrt{\frac{1}{4}\left[a^2b^2-(\frac{a^2+b^2-c^2}{2})^2\right]}}=\frac{abc}{2S}$(此处利用了秦九韶公式，当然也可直接应用 $S=\frac{1}{2}b\cdot BD$)，同理可得$\frac{a}{\sin A}=\frac{b}{\sin B}=\frac{abc}{2S}$，$\therefore\frac{a}{\sin A}=\frac{b}{\sin B}=\frac{c}{\sin C}$。

同时也得到 $S=\frac{1}{2}ab\sin C$，这是面积公式。利用面积公式我们还有(图 4-4-5)：

$\sin(A+B)=\sin C=\frac{2S}{ab}=\frac{AD\cdot CD+BD\cdot CD}{ab}=\frac{AD}{b}\cdot\frac{CD}{a}+\frac{BD}{a}\cdot\frac{CD}{b}=$ $\cos A\sin B+\cos B\sin A$。与前文结论一致，但方法简单。

【案例分析】

这一节内容是余弦定理，但案例并没就此论此，而是引入了勾股定理及其证明，秦九韶公式、海伦公式、和角公式以及正弦定理，内容大大丰富，而且这些内容是紧密联系在一起的，作为一个整体的“知识包”，在教学中呈现出来。把它们联系在一起，其实是数学思想和方法。

现在有不少中学教师和数学教育研究者关注“数学好玩”这一论题。笔者认为，把“剪一剪、拼一拼、量一量”等动手操作引入数学课堂，固然可以让学生觉得数学是生动有趣的，数学是好玩的，但这仅仅是对“数学好玩”的一种简单和初步的理解。“数学好玩”是一种感受，一种体验，它来源于学生对数学知识间横向联系以及纵向来龙去脉的感知。可以说，“纵横交错”的数学教学是我们实践新课程理念的一个方面。

对于把数学史引入数学教学，笔者认为不应简单地在教材中加入一段阅读材料，我们更多地应考虑如何将数学史有机地融入其中。事实上，数学史应“适时介入”，也即凡是能介绍数学史的地方就应插入其历史。在本案例中，不仅适时地应用余弦定理推出秦九韶公式、海伦公式，之后教师还适时地对它们及其人物作了介绍。教师的目的倾向于培养学生的民族自豪感，但问题是，秦九韶公式一则在时间上并无优势可言，二则其形式较海伦公式也缺乏美感，用这样的材料来培养学生的民族自豪感，显得牵强。对数学史的介绍应在尊重、支持、理解、欣赏其他民族数学成果的同时，更加侧重于数学思想和方法的鉴赏与比较。教材中没有给出他们的方法，其实是割裂了教材正文与阅读材料之间的联系。本案例则弥补了其不足。

在本案例中，用欧几里得证明勾股定理方法证明余弦定理无疑是个亮点。与两者形式的相似相比，这一方法更加深刻地反映了两者之间的类似。如果教师在教学中加以启发引导，让学生通过自己探索找到这种方法，那么这种成功的体验会对学生产生巨大的激励作用。此后，教师并不是把秦九韶公式和海伦公式简单地、直接地摆在学生面前，而是与学生一起从余弦定理中推导出来，让学生认识、了解历史的同时，也经历了古人对这一问题的探索历程。不过，探索过程并没到此结束，师生还对和角公式和正弦定理作了研究。这样，这些数学知识间的横向联系就一一呈现在学生面前了。

可以说，“纵横交错”的数学教学有助于我们理解新课程的理念，并加以实践。教师在教学中讲联系、讲历史，有利于学生学数学、做数学、用数学。

案例 4-5　在自然的思考过程中催生“新想法”①

【案例背景】

2011 年 5 月 18 日，丽水市青年教师优质课比赛在浙江省缙云中学举行，9 位选手就人教 A 版 2－2“2.3 数学归纳法”第一课时为观课的同行奉献了精彩的9 节课。9 位选手对数学归纳法第一课时的教学处理，剔除技术细节，凸显教学枝干，就会发现他们的设计思路基本一致，都是围绕引入问题、类比探究、技能训练这三个环节展开。

【案例呈现】

1. 设置认知冲突，引入问题

9 位选手引入的问题都回避了课本问题，选择了比课本问题难度更大的问题，目的就是确保学生现有的知识储备不足以解决问题。下面摘录其中一位选手的引入。

引入问题案例：

已知数列$\{a_n\}$满足 $a_1=2, a_{n+1}=a_n^2-na_n+1(n=1,2,3,\cdots)$，求 a_2, a_3, a_4，并猜想 a_n 的表达式。

解：$a_2=3, a_3=4, a_4=5$，猜想 $a_n=n+1$。

师：猜想的结论正确吗？

① 本案例由浙江省丽水市教研室施仁智、丽水学院附属中学江建国编写。

生：不一定。

师：要证明猜想的正确性，请大家先看实验，看能不能从中受到启发，寻找到证明的方法……

在问题引入环节中，教师的指向性非常明确，那就是：归纳猜想得到的结论不可靠，为了证明猜想的正确性，我们要寻找新的证明方法，为寻找新的证明方法，请大家先看演示实验……

2. 实验演示，类比探究得出原理

9 位选手中有 8 位选手是用多米诺骨牌视频，一人用自行车棚里一排自行车依次倒掉的视频演示实验，学生观看演示试验后，思考 2～3 分钟，教师开始提问，引导学生把观察到的实验现象类比到数学证明中去，探寻新的证明方法，师生间交流对话如下：

师：要使所有骨牌倒下应具备哪些条件？

生：必须具备①第一块骨牌倒下；②前一块骨牌倒下，能带动后一块骨牌倒下。

师：(以引入案例为例说明)要确保我们猜想的结论正确，类比骨牌倒下的条件，必须满足哪些条件？

生：①$a_1=2=1+1$；②若 $a_n=n+1$，能推出 $a_{n+1}=(n+1)+1$。

师：把所有骨牌倒下的条件类比到数学问题上，我们会发现它们之间的关系如下(师生共同完成)：

多米诺骨牌游戏原理	证明数列 $a_n=n+1$
①第一块骨牌倒下；	①当 $n=1$ 时猜想成立；
②若第 k 块倒下，则第 $k+1$ 块也倒下；	②假设 $n=k$ 时猜想成立，则 $n=k+1$ 时猜想也成立；
根据①、②骨牌全部倒下。	根据①、②无论 n 取何值，结论成立。

这一方法还可以类比到证明与自然数有关的命题中去，这就是我们今天要学习的数学归纳法，即：证明一个与正整数有关的命题，可按下列步骤进行：

①当 n 取第一个值 $n_0(n_0\in\mathbf{N}^*)$ 时命题成立；

②假设 $n=k(k\geqslant n_0, k\in\mathbf{N}^*)$ 时命题成立，证明当 $n=k+1$ 时命题也成立。

由①、②可知命题对从 n_0 开始的所有正整数 n 都成立。

【案例评析】

不合逻辑的认知导致教学流程不自然，“猜想的结论不可靠，我们就要寻找新的证明方法，为寻找新的证明方法，大家请看实验(游戏)……”结论是否可靠需要进行证明，证明不一定要寻找新的证明方法，只有当已有的方法无法解决时才考虑寻找新的方法，要寻找新的方法首先要调动已有的知识储备，而不是看游戏，当从已有的知识储备中无法得到启示时，就需要查阅资料，探寻相关问题的解决方法，而不是突兀地看游戏。认知上，思维生长不自然，实验演示又显得突然，貌似环环相扣的环节其实经不起推敲，学生在教师的“牵引”下盲目前行，学生思维起点在何处？要引导学生思维走向何处？思维过程中障碍在何处？这三个基本问题是教学必须要考虑的，否则只能是拽着学生“跟着老师走，大步往前不回头”。

人为设置障碍导致教学流程不自然，9 位选手都回避教材中的问题“对于数列$\{a_n\}$，已知 $a_1=1,a_{n+1}=\dfrac{a_n}{1+a_n}(n=1,2,\cdots)$，通过对 $n=1,2,3,4$ 前 4 项的归纳，我们已经猜想出其通项公式为 $a_n=\dfrac{1}{n}$”。课后交流，方知选手担心“课本中的数列问题，学生可以通过构造新数列证明其通项公式，要是这样，学生就不会沿着我们设计好的思路走，耽误时间，完不成教学任务”。

教学设计不是人为建造一座独木桥，遮挡住两边的风景，牵引着学生走到对岸，而应是师生在现有的材料（问题条件、学生现有知识储备、认知水平等）基础之上共同搭建一座桥，通向彼岸（解决问题），在搭桥的过程中，师生可以一起欣赏沿途的风景，交流心得、分享感悟，也可能掉到河中去，再爬上来；有了一座桥（方法）不是停下来的理由，桥搭得能否更漂亮、更简约等都是我们搭建新桥的理由，而不是“自古华山一条道”。就是一条道，也要让人欣赏到两边的风景，这种堵死其他通途只留一条道的做法，不是培养学生分析问题、解决问题的能力，而是一种变相的“灌输”。

【改进后的案例】

1. 教学起点分析

归纳猜想得到的结论不可靠是学生进一步探求问题证明的学习动力，学生已经具备的抽象能力是化无限为有限的认知基础，算法程序中的循环语句是学生把具体问题抽象化的操作基础，生活经验的支撑是克服理解困难的基础。

正确的猜想可以无限验证下去，有限的生命面对无限的验证怎么办？学生即使用其他方法解决了提出的问题，对无限能不能化为有限也是很自然的思考，这种想法是数学归纳法的萌芽；要想解决无限化为有限的问题，既要跳出问题之外，寻求经验支持，又要深入问题之中，探寻问题的本质，算法程序中的循环语句、线面垂直判定定理、多米诺骨牌游戏等都是可以借鉴的经验；提出归纳法的基本步骤后，对其正确性依然持怀疑态度，生活经验是帮助学生克服理解困难的基础。

2. 改进后的教学模式:问题引入—反思探究,催生新想法—经验支撑,形成原理

(1)问题引入

对于数列$\{a_n\}$,已知$a_1=1$,$a_{n+1}=\frac{a_n}{1+a_n}(n=1,2,\cdots)$,请计算出$n=2,3,4$时$a_n$的值,并猜想其通项公式。

猜想可以发现新结论,证明才能确保结论的正确性,猜想是否正确还需要进行证明,让学生尝试去证明。(给学生3分钟,因为构造等差数列比较容易,大部分学生能完成问题的证明。)

(2)反思探究,催生新想法

证明的结果表明猜想是正确的,也就是说可以根据关系式$a_{n+1}=\frac{a_n}{1+a_n}$求出$a_5,a_6,\cdots$乃至无穷多项都满足$a_n=\frac{1}{n}(n\in\mathbf{N}^+)$,我们能不能把这样的一个无穷验证过程简化为有限的几步验证呢?要是可行,我们就找到了一个用有限驾驭无限的方法,要想找到这样的方法,怎么办呢?

一般地说,要看清问题,一方面要跳出问题之外,寻找类似的经验,同时也要深入问题之中,发现验证过程中最本质的东西究竟是什么,我们不妨看看具体的验证过程。

在逐项验证过程中要求a_2必先知道a_1,要求a_3必先求什么?要求a_6必先求什么?要求a_{k+1}必先求什么?求$a_2,a_3,a_4,a_5,\cdots$本质上有什么差别吗?(提问时稍作停顿,留待学生思考。)

通过对上述问题的思考,让学生发现验证具体项的过程本质是相同的,相当于算法程序中的循环语句,“当$n=k$时,$a_k=\frac{1}{k}$成立,继续求a_{k+1},否则算法结束”,当程序终止,说明猜想不成立,当循环能无休止地进行下去,说明猜想正确,而能不能循环下去,决定于命题“当$n=k$时,$a_k=\frac{1}{k}$成立,求证$n=k+1$时,$a_{k+1}=\frac{1}{k+1}$成立”是真命题还是假命题。

改变a_1的值,上述循环还能进行下去吗?a_1与$a_2,a_3,a_4,a_5,\cdots$的地位相同吗?它相当于算法中的什么?(初始条件)要是能用有限的几步验证确保无限步验证的正确性,你认为至少包括哪几步?

引导学生归纳出:要确保猜想正确,至少要保证①$a_1=1=\frac{1}{1}$;②当$n=k(k\geqslant1)$时,$a_k=\frac{1}{k}$,能推出$a_{k+1}=\frac{1}{k+1}$。

(3)经验支撑,形成原理

反之,当①、②两步都成立,能确保命题成立吗？有没有类似的生活经验支持你的猜想？引导学生回忆生活中的类似经验:①父亲姓周;②儿子随父亲姓;则其儿子、孙子……都姓周。演示多米诺骨牌游戏:①第一块骨牌倒下;②前一块骨牌倒下能推倒后一块骨牌;③则所有骨牌都会倒下。

这种解决问题的方法能推广到其他数学问题中去吗？要是能推广,它适用于哪一类数学命题？为什么？(师生共同探讨完成,加深理解。)

这种解决问题的方法我们称为数学归纳法。

【案例反思】

1. 原理引入要体现其自然的、水到渠成的思维过程

人教A版教材主编寄语:“数学概念、数学方法和数学思想的起源和发展都是自然的。”自然主要表现在如下几个方面:①数学命题无数,作为公理、定理的不多,这些命题之所以作为公理、定理是有其必然性的,除了命题本身表述简洁、蕴含深刻的数学思想之外,恐怕也是最容易让人自然而然想到的问题;②作为公理、定理的命题在数学知识发展过程中是绕不过去且必须解决的问题,有其必要性;③统摄程度高,应用相对广泛。首先,数学归纳法从本质上来讲是用有限解决无限的问题,人的生命是有限的,有限的生命相对于无限验证显得那么的苍白与无能为力。当我们面对无限时怎么办,是无论如何也绕不过去的一个问题。解决的办法是发挥人的智慧,化无限为有限,用有限的步骤替代无限验证,无论从人的认知发展来看还是从数学学科的发展来看,都会面临这样一个问题,用有限解决无限都是必由之路。再就是类似的问题很多,其应用的广泛性显而易见,解决一题不是目的,目的是通过一题的解决而解决一类问题。

2. 重视技能的培养更要重视原理形成过程对学生发展的长期影响

会使用工具的人,掌握的是一种技能,会制造工具的人,参透的是一种思想。数学归纳法作为原理,具有高度的抽象性,学生在学习过程中即使会用数学归纳法解决一些问题,也不一定真正理解它的意义,有可能局限于简单的模仿。本堂课的重点也是难点,是理解数学归纳法的形成过程。要理解它的形成过程至少包含三个层面的含义,首先是“为什么”。这既是探寻新方法的必要性,是探索的动力所在,也是培养问题意识的重要资源。其次是“怎么办”,也就是方法问题,方法怎么寻找,从哪儿入手,还是要回到问题中来,抽丝剥茧式地透过现象揭示本质,把一连串的重复验证行为抽象出来形成一个命题是关键的步骤。再就是“怎么用”,这是一个程序问题,适用范围是什么,具体使用时的操作程序、注意要点等,是培养学生技能的关键举措。现实课堂教学中,由于应试的需要,对技能的重视有过之而无不及,一大批解题高手也应时而生,而罔顾过程的完整性,也

就导致了我们学生往往提不出有新意的问题，面对新题时束手无策，最终导致创新意识缺失。

案例4-6　函数概念教学的改进方案①

函数概念是中学数学中最重要的概念之一，函数的思想和方法贯穿于高中数学课程的始终。理解函数概念及其反映的数学思想方法，学会用函数的观点和方法解决数学问题和现实问题，是高中阶段最重要的数学学习任务之一。因此，搞好函数概念的教学至关重要。另外，函数概念教学因其高度的抽象性而成为最难把握的课题之一。作者对这一课题进行再次反思，分析了函数概念教学中的几个常见疑难问题，并作了重新设计，以期与同行探讨。

一、教学内容和教学目标

1.认知基础和教学内容

初中阶段，函数定义采用“变量说”；以一次函数、反比例函数和二次函数为具体函数模型，借助图像讨论了这些函数的一些简单性质；要求会解决简单的实际问题；不涉及抽象符号 $f(x)$，不强调定义域、值域。

高中阶段，要建立函数的“对应说”，它比“变量说”更具一般性，但两者的本质一致。不同的是：表述方式不同，高中用集合与对应语言表述；明确了定义域、值域；引入了抽象符号 $f(x)$，表示集合 B 中与 x 对应的那个数，当 x 确定时，$f(x)$也唯一确定。

函数概念的核心是“对应关系”：两个非空数集 A，B 间有一种确定的对应关系 f，即对于数集 A 中每一个 x，数集 B 中都有唯一确定的 y 和它对应。这里的关键词是“每一个”、“唯一确定”。

根据上述分析，确定教学目标和重难点如下：

2. 教学目标和教学重点、难点

教学目标：(1)知识目标：通过丰富的实例，进一步体会函数是描述变量之间的依赖关系的重要数学模型；用集合与对应的语言刻画函数的概念；理解函数的三要素及函数符号的含义；会求一些简单函数的定义域及值域。

(2)能力目标：培养学生观察、类比、推理的能力；培养学生分析、判断、抽象、归纳概括的逻辑思维能力；培养学生联系、对应、转化的辨证思想；强化“形”与

① 本案例由浙江省丽水学院附属中学刘伟刚设计。

"数"结合并相互转化的数学思想。

(3)情感目标:渗透数学思想和文化,激发学生观察、分析、探求的兴趣和热情;强化学生参与意识,培养学生严谨的学习态度,获得积极的情感体验;体会在探究过程中由特殊到一般、从具体到抽象、运动变化、相互联系、相互制约、相互转化的辩证唯物主义观点。

教学重点:通过丰富实例,感受在两个数集 A、B 之间所存在的对应关系 f,进而用集合、对应的语言刻画这一关系,获得函数概念。

教学难点:领悟函数概念的本质属性,正确理解和使用函数符号 $f(x)$。

二、函数概念教学的疑难问题表现

1.课题的引入教学,缺少探究动力

本课题的引入教学的通常做法是从教材的三个实例开始,以问题(串)的形式引导学生概括共同属性,进而归纳函数定义。但学生面对三个实例和不知目的的问题时,其探究的动力何来?他们凭什么要思考老师的问题?我们甚至不难想象,学生头脑里肯定不时闪现这样的问题:老师让我们思考这些问题,究竟葫芦里卖什么药?等得出函数概念时,学生心里又会怎样呢?不难想象,此时学生心里一定有一种"上当受骗"的感觉:原来老师是想弄个函数的概念呀?初中不是早就学过了吗?换一套说法有必要吗?试想,在这样的心态下,这种缺乏动力的建构,课堂效果能不打折扣吗?

缺少对引入新概念必要性的体验这一环节,正是常见引入方式的最大缺陷,而这恰是新概念生成的动力。因此,教师需要营造认知冲突,使学生意识到原有知识的缺陷,引发认知的不平衡,提高探究兴趣和主动性。

2.三个实例共同属性的概括,缺少"脚手架"和正确的教学方式

对于教材三个实例的处理有些教师将后两个改成与现实生活更贴近的实例,比如用股票价格波动曲线代替南极臭氧空洞面积与时间的关系曲线,等等。这些改动有其积极的因素,可以激发兴趣,调动积极性,但作者以为这对学生理解函数概念并无实质性的改变,不是问题的关键。恩格尔系数与年份的对应关系一例,背景虽陌生,却可以使学生了解国情,增加民族自豪感,未必不是好例子。

这里问题的关键在于,教师如何引导学生概括三个实例的共同属性。显然,仅以教材中的"思考:分析归纳以上三个实例,变量之间有什么共同特点?"就让学生概括回答有点不现实。由于问题缺少具体的方向,学生要回答这一"思考"还是有难度的,教师应为学生搭建"脚手架"。具体做法是把"思考"具体化,分解成切实可答的几个小问题。比如:①每个实例都涉及了几个变量?各自范围如何用集合表示?②与第一个变量对应的另一个变量的值一定存在吗?唯一吗?

另外，函数概念教学关键点除了让学生理解其引入的必要性、合理性，就是理解其本质属性。这些实质性的内容要留给学生探究体验。因此，三个实例共同属性的概括，应由学生以自主探究的方式完成，但函数定义的规范表述却不是适合探究的内容，其给出最好由教师讲授。

3. 函数概念的“注意事项”的教学，时机和方式并不恰当

概括出函数概念后，需对概念的“注意事项”进行辨析，以加深学生对概念的理解。章建跃在《中学数学课改的十个论题》一文中归纳了函数概念课的七个“注意事项”，如果这些“注意事项”针对着定义的抽象讲解，表面上是一种围绕“关键词”的概念“精致”活动，但由于学生刚接触抽象定义，头脑中理解这些细节的背景例证（包括正例、反例）还不够，因此这时强调“细节”，其效果只能是“越讲越糊涂”。

虽然常见教师将“七项注意”的解说改为问题串方式，试图引发学生思考，但众多的高度抽象问题。没有具体实例铺垫，学生真的能思考出结果吗？这些问题提出的时候适当吗？方式恰当吗？

基于以上思考，作者以为函数概念的“注意事项”教学要注意两点：一是摒弃一步到位的想法。函数概念高度抽象且下位概念众多，概念的“精致”过程应逐步螺旋上升去完成。第一课时应围绕着函数是“两个变量之间的对应关系”这一本质属性进行，以免众多的“重点”影响了本质属性的理解，因为函数的本质属性才是“重中之重”。二是引导学生通过背景实例充分感知各“注意事项”，并在后续课时中螺旋上升认识，而非现在抽象解说。

4. 函数符号 $f:A\rightarrow B$ 和 $y=f(x)$ 的教学，难点未能有效突破

函数概念最大的难点在于对抽象符号“$f:A\rightarrow B, y=f(x), x\in A, f(x)\in B$”的理解。难，主要表现在两点：一是对应关系 f 含义的理解；二是符号 $f(x)$ 的理解使用。

要理解对应关系 f 含义，教学中应利用具体函数例证，特别是图像、表格表示的函数，使学生逐步体会对应关系 f 的意义。

要理解和使用抽象符号 $f(x)$，首先，应当以大量的、形式多样的实际问题为依托，使抽象符号 $f(x)$ 具有坚实的具体背景，使学生更好地体会它所包含的具体信息：数集 A 中的数 x 在对应法则 f 的作用下所对应的数集 B 中的一个数。其次，精心设计教材例 1 的教学，借助具体到抽象、特殊到一般的认知规律，让学生学会使用符号。

三、函数概念教学的重新设计

基于以上分析，作者将函数概念的教学设计重构如下：

1. 营造认知冲突，激发探究动力

教师：(出示解放军某部队的大炮图片)炮弹飞行过程中的高度 h(单位：米)随时间 t(单位：秒)的变化关系：$h=130t-5t^2$。提出问题 1：h 能构成 t 的函数吗？

学生思考议论，但不能肯定(不知判断的依据)。

教师：请同学们回忆初中函数的定义：在某一个变化过程中有两个变量 x 与 y，如果对于 x 的每一个值 y 都有唯一的值与它对应，那么说 y 是 x 的函数，x 叫自变量，y 叫因变量。请同学们对比定义思考前述问题。

学生对比、判断，达成共识：$h=130t-5t^2$ 是函数，因为 t 取每一个值，都有唯一的高度 h 与之对应。

教师：让学生自行举例验证 t 的每一值都有唯一的 y 与之对应，如 $t=1$，$t=2$，$t=10$，$t=20$，…

学生发现 $t=30$ 时 $h=-600$，隐隐觉得有点不妥，自行更正：$h=0$。

教师提出问题 2：何时开始炮弹落地？

学生得出结论：$t\geqslant 26$ 时，$h=0$。

教师提出问题 3：$h=\begin{cases}130t-5t^2 & (0\leqslant t\leqslant 26)\\ 0 & (t>26)\end{cases}$ 是一个函数吗？

学生思考，争论，形成两派：一派认为是函数，理由是每个 t 都有唯一的 h 与之对应；另一派认为不是函数，因为 $t>26$ 时 h 不再是变量。

教师：今天同学们的争论也是历史上一次著名的争论，今天的困惑恰是当年数学家们的困惑。在 1673 年，德国数学家莱布尼茨就坚持第二种观点。直到 19 世纪末德国数学家康托的集合理论诞生，才修正了函数概念的缺陷，把 $h=0$ $(t>26)$ 这样的函数纳入函数的家族来。那么数学家是如何利用集合理论，对函数的概念进行了怎样的修正呢？

2. 通过背景实例，归纳函数概念

教师活动：用多媒体依次展示教材中三个对应的实例：

(1)炮弹飞行时高度与时间的对应关系；

(2)南极臭氧空洞面积与时间的对应关系；

(3)“八五”计划以来我国城镇居民的恩格尔系数与年份的对应关系。

并在每一个实例后提出问题 3：

①每个实例都涉及了几个变量？各自范围如何用集合表示？

②与第一个变量对应的另一个变量的值一定存在吗？唯一吗？

学生活动：观察三个实例并思考前述问题组，尝试回答。

教师活动：提出问题4：这三个实例的两个变量之间的关系有什么共同特点？

学生活动：归纳共同特点：①都分别涉及两个数集 A 和 B；②数集 A 中的每一个 x，在数集 B 中都有唯一确定的 y 与它对应。

教师活动：在学生回答基础上介绍记号。具有上述特点的对应可记作：$f:A\to B, x\in A, y\in B$ 来表示。由于 y 是这个对应的结果，是 x 经过 f 对应过来的，所以也写成 $y=f(x), x\in A$。同时指出，这样的对应就是高中的函数。

教师活动：给出函数的概念：设 A,B 是非空数集，如果按照某种确定的对应关系 f，使对于集合 A 中的任意一个数 x，在集合 B 中都有唯一确定的数 $f(x)$ 和它对应，那么称 $f:A\to B$ 为从集合 A 到集合 B 的一个函数，记作 $y=f(x)$，$x\in A$。其中，x 叫自变量，其取值范围 A 叫定义域；与 x 值对应的 y 值叫函数值，函数值的集合叫函数的值域。

教师活动：提出问题5：请举出几个函数的例子，并说明理由。

（如果学生所举例子都是用解析式表示的，教师则问："函数关系都是可以用解析式表示的吗？"引导学生开阔思路，再举一些用图像、表格表示对应关系的函数。教师也可以参与举例，但是，让学生来判断教师举出的例子是否能够表示一个函数，并要求说明理由。）

3. 借助具体实例，感知"注意事项"

教师活动：提出问题6：下列图像中哪几个是函数图像？

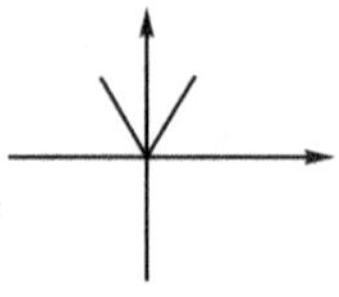
(1)

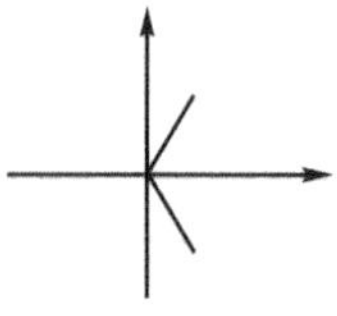
(2)

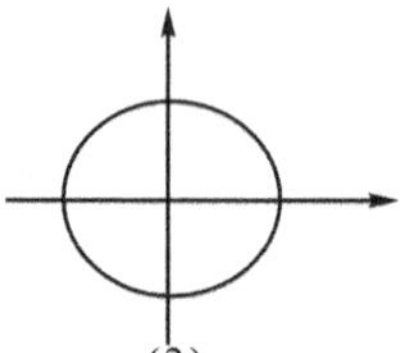
(3)

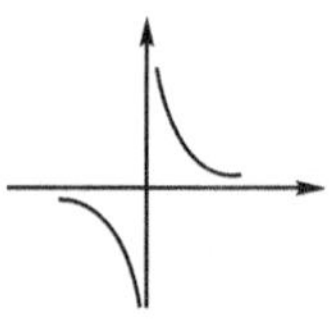
(4)

教师：根据新的函数定义，请大家重新思考一下刚才的问题2：$h=\begin{cases}130t-5t^2 & (0\leqslant t\leqslant 26)\\ 0 & (t>26)\end{cases}$ 是一个函数吗？为什么？

学生：（思考、回答）是一个函数，因为符合函数的定义。

教师再提问：该函数定义域、值域和对应关系 f 是怎样的？

教师：定义域、值域应写成集合，对应关系也称对应法则，三者称为函数三要素。当两个函数三要素都相同时，说这两函数是同一函数。

学生活动：解决问题7：填写下表。

<table>
<tr><td rowspan="2">函　数</td><td rowspan="2">一次函数</td><td colspan="2">二次函数</td><td rowspan="2">反比例函数</td></tr>
<tr><td>$a>0$</td><td>$a<0$</td></tr>
<tr><td>对应关系</td><td></td><td></td><td></td><td></td></tr>
<tr><td>定义域</td><td></td><td></td><td></td><td></td></tr>
<tr><td>值　域</td><td></td><td></td><td></td><td></td></tr>
</table>

教师活动：提出问题 8：下列函数中哪几个与函数 $y=x$ 是同一函数，为什么？

(1)$y=\sqrt{x^2}$。　(2)$y=\dfrac{x^2}{x}$。　(3)$y=\sqrt[3]{x^3}$。　(4)$y=(\sqrt{x})^2$。

4. 具体到抽象，特殊到一般，突破符号难点

教师活动：提出问题 9：已知函数 $f:x\to y=\sqrt{x+3}+\dfrac{1}{x+2}$，求当 $x=-3$ 和 $x=1$ 时，对应的 y 值。

学生活动：思考、计算，得出结果：$y=-1$ 和 $y=\dfrac{7}{3}$。

教师活动：继续提问，能否利用 f 以一种更简洁的方式表示上述结果？

教师活动：结合学生的回答总结：$f(-3)=-1$ 和 $f(1)=\dfrac{7}{3}$。

教师活动：函数 $f:x\to y=\sqrt{x+3}+\dfrac{1}{x+2}$ 按上述方式怎么记？

学生活动：类比概括 $f(x)=\sqrt{x+3}+\dfrac{1}{x+2}$。

教师活动：引导学生归纳：$f(x)$ 就是数 x 在对应法则 f 的作用下所对应的数。

教师活动：告诉学生这其实也是 18 世纪瑞士数学家欧拉当年的函数记法，可以说我们今天就是在学数学家欧拉的发明。

教师活动：继续提问，当 $a>0$ 时，求 $f(a)$，$f(a-1)$的值。

教师活动：让学生根据教材中背景实例(2)、(3)说出 $f(1993)$的值。

5. 对比学习，深化认识

教师活动：提出问题 10：今天学的函数概念与初中的函数概念有何异同？对函数符号 $f(x)$你怎么理解？

……

四、反思与启示

1. 认知冲突，是概念生成的动力

认知冲突，即认知过程中的“障碍”或“矛盾”因素，能激发学生的参与欲望，促使学生主动学习，是学生探求新知的动力。在概念教学中，教师应创设有利于概念形成的矛盾情境，引发认知冲突，使学生产生纠正“前概念”的内驱力，主动完成概念的建构。为了能够创设恰当的认知冲突，教师要了解学生的已有认知结构和认知活动的规律，这就是平常所说的“备课不仅要备教材，还要备学生”之意。

2. 具体实例，是破解抽象的法宝

函数概念中领悟“任意”、“唯一”、“对应法则”这些关键词是难点，难点的突破不是靠“定义＋解释”，要靠具体例子，不仅教师举例，也要让学生举例，并让他们用函数定义分析、讨论。让学生在“说理—反驳”的过程中引发思维碰撞；在用定义对实例的抽丝剥茧过程中，感悟这些关键词的含义和函数的三要素。

函数概念中符号是另一个难点。理解 f 的含义、符号 $f(x)$ 的使用，破解方法是以形式多样的实际问题为依托，使抽象符号 $f(x)$ 具有坚实的具体背景，并借助具体到抽象、特殊到一般的认知规律，让学生学会使用符号。

3. 螺旋上升，是一种很好的策略

函数概念因其高度抽象、下位概念众多以及“注意事项”繁杂而难学难教。摒弃一步到位的想法，采用螺旋上升是一种很好的策略。教学应围绕着概念的本质属性进行，概念的“精致”过程则应逐步螺旋上升去完成，甚至是好几节课完成。例如前述设计中，对对应关系 f 含义的理解及符号 $f(x)$ 的理解使用的教学就分别通过三个阶段逐步螺旋上升完成，而对“七项注意”中 f 的表示方式和值域 $C\subseteq B$ 的教学，则在后继课时逐步渗透来完成。

4. 探究与讲授，没有好坏只有需不需要

高中数学教学要注意两者的综合运用，该让学生动手的地方教师绝不代替动手，要把实质性的概括机会留给学生。例如对前述三个实例共同特征的概括就应该让学生完成，但要注意为学生搭建“脚手架”。同样，讲授≠注入，而且该讲解的地方要讲准、讲透。例如函数的定义就应当在学生对具体实例共同特征的探究概括后，由教师讲解而不必让学生探究。

5. 数学文化，提升课堂品质

在课堂教学中渗透数学文化，充分挖掘教材本身所具有的人文资源，能促使学生真正从学习数学的表层进入到学习数学的里层，理解数学的思想，形成数学的思维方式和数学观念，从而提高自身的人文素养，增强数学的应用和创新意识。在课堂中渗透数学文化，也就是守护数学历史，积淀才会孕育智慧。

案例4-7　直线与圆的位置关系①

【背景分析】

解析几何主要特点是以直角坐标系为桥梁，建立曲线方程，通过数（式）的计算，解决几何问题。利用坐标达到以数（式）论形，数形转化是其基本的思想方法。高中数学（人教版）必修二“直线与圆的位置关系”一节，集中体现了这种思想方法的具体运用。对这堂课的教学设计，应突出让学生明白用坐标法解决几何问题的规则和方式，通过运用坐标法进行直线与圆的位置关系的代数化处理，使学生进一步认识到坐标系是联系“数”与“形”的桥梁。

本课内容主要学习直线与圆位置关系的特征和判定方法。直线与圆有三种位置关系，从几何角度看，这种关系是由直线和圆的交点个数确定的。通过建立直角坐标系，得出直线和圆的方程，再计算圆心到直线的距离，并和半径比较后得出结论；从代数角度看，它们的位置是由直线方程和圆的方程联立的方程组解的个数决定的，通过求一元二次方程根的判别式的值，可以加以确定。在学习过程中，要引导学生用代数和几何两种方法彻底弄清直线与圆的位置关系（形）与它们的方程（数）之间的关系，实现从形到数的转化，逐步掌握用坐标法解几何问题的方法技能。同时，在例题学习中，通过把方程的解的个数问题转化为直线与圆的交点个数，及对代数结果的几何分析，实现从数到形的转化。这样，借助于坐标系，实现数与形的双向转化，可以促使学生的数学思维从单一到复合、从表层到深层的发展和提升。

【案例呈现】

一、教学目标

1. 通过观察现实生活中的实例，并将之转化为探究直线与圆的位置关系问题，利用坐标搭桥，把直线与圆的位置关系转化为讨论直线和圆的方程问题，进一步体验用代数法处理几何问题的思想。

2. 能根据给定直线、圆的方程，用代数法和几何法判断直线和圆的位置关系，熟练运用直线和圆的位置关系解决有关问题。

3. 掌握运用坐标、数形转化的解题能力。

---

① 本案例由浙江省丽水学院附属中学胡志茹设计。

二、教学重点与难点

教学重点：直线和圆的位置关系的判定方法。

教学难点：直线和圆的位置关系的判定方法的选择和运用。

三、教学过程

1. 创设问题情境，引出思想方法

我们知道台风对人类的危害是巨大的，轮船在海上航行时要避开台风。一艘轮船在沿直线返回港口的途中，接到气象台的台风预报：台风中心位于轮船正西70km处，受影响的范围是半径为30km的圆形区域，已知港口位于台风中心正北40km处，如果这艘轮船不改变航线，它是否会受到影响？

通过作图观察可以发现：台风影响的范围是一个圆，轮船是否受影响，需要判断航线（直线 AB）与圆是否相交，判断的方法有以下三种：

方法一：如图4-7-1所示，台风中心为 O，A 为轮船开始的位置，B 为港口的位置。

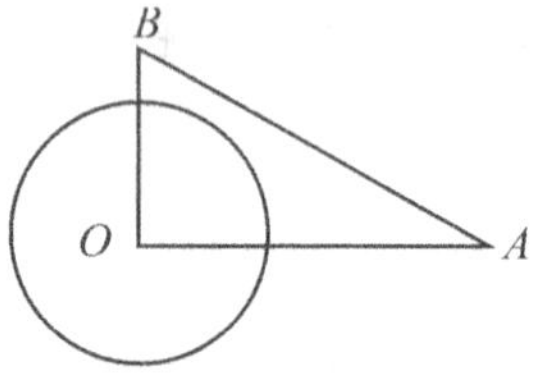

图 4-7-1

在 $\mathrm{Rt}\triangle OAB$ 中，O 到 AB 的距离为 $\dfrac{40\times70}{\sqrt{40^2+70^2}}\approx33.73>30$，因此轮船不受影响。

方法二：如图4-7-2所示，以 O 为坐标原点，建立直角坐标系，则直线 AB 的方程为 $4x+7y-280=0$，圆 O 的方程为 $x^2+y^2=900$。

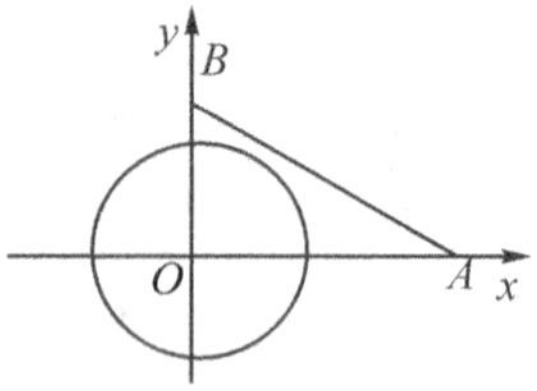

图 4-7-2

圆心 $O(0,0)$ 到直线 AB 的距离为 $d=\dfrac{|0+0-280|}{\sqrt{4^2+7^2}}\approx33.73>30$，因此轮船不受影响。

方法三：建立直角坐标系，写出直线 AB 和圆 O 的方程，联立直线与圆方程得

$\begin{cases}4x+7y-280=0,\\x^2+y^2=900,\end{cases}$ 消元得 $13x^2-448x+6860=0$，

$\Delta=448^2-4\times13\times6860<0$，因此直线 AB 与圆 O 没有交点，轮船不受影响。

方法一是利用解直角三角形的知识，通过比较圆心到直线的距离和半径的大小解决问题。方法二和方法三则是通过建立直角坐标系，得出直线和圆的方程，然后求解，也就是利用坐标法求解几何问题。方法二利用点到直线的距离公式求出圆心到直线的距离，结合图形得到结论，称之为几何法；方法三将直线与圆的位置关系转化为解方程组问题，从代数的角度解析了直线与圆的位置关系，称之为代数法。

设计意图：从现实生活中的问题出发，让学生认识数学知识在解决现实问题中的意义和价值，不仅可以培养学习兴趣，激发学习动机，同时可以水到渠成地将学生的思维引入教学情景，唤醒对本节教学内容的探究意识。

2. 联系原有经验，构建知识网络

问题：直线与圆的位置关系有几种？如何判断？

通过引导学生回忆初中知识，可以明白直线与圆的位置关系有相交(两个交点)、相切(一个交点)、相离(没有交点)，直线与圆的位置关系取决于它们的交点个数。判断的方法有以下两种：

方法一：几何法，比较圆心到直线的距离和圆的半径的大小。

方法二：代数法，联立直线和圆的方程，消元后用一元二次方程根的判别式确定解的个数，即直线和圆的交点个数。

方法二从曲线和方程的关系入手思考，方程组的解既满足直线方程，又满足圆的方程，即以解为坐标的点既在直线上，又在圆上。因此，方程组的解就是直线与圆的交点坐标，所以方程组解的个数就是直线与圆的交点个数。

这两种方法通过归纳可以形成以下表格：

<table>
<tr><td colspan="2">几何图形</td><td colspan="2">代数式</td></tr>
<tr><td colspan="2">直线</td><td colspan="2">直线的方程</td></tr>
<tr><td colspan="2">圆</td><td colspan="2">圆的方程</td></tr>
<tr><td colspan="2">直线与圆的位置关系</td><td>几何法(圆心到直线距离 d 和半径 r)</td><td>代数法(联立、消元、求 Δ)</td></tr>
<tr><td>相离</td><td>无公共点</td><td>$d>r$</td><td>$\Delta<0$(方程组无实数解)</td></tr>
<tr><td>相切</td><td>只有一个公共点</td><td>$d=r$</td><td>$\Delta=0$(方程组有一个实数解)</td></tr>
<tr><td>相交</td><td>两个公共点</td><td>$d<r$</td><td>$\Delta>0$(方程组有两个实数解)</td></tr>
</table>

当学生能够借助初中时所学的知识来解决上面的情景问题，并归纳出相应的解决问题的规则、要点后，判断直线与圆的关系的知识网络就初步形成了。

设计意图：以学生原有的知识经验(直线和圆的方程)作为新知识(位置关系)的生长点，引导学生对原有的知识经验进行处理和转换，从而形成新的知识经验。通过几个问题的讨论解答，学生对由直线和圆的方程确定它们位置关系的方法和原理有更深入和全面的认识，不仅掌握了几何问题转化为代数问题的思路，而且也认识到需要对代数的结果作出几何直观的解释，对数与形转化的本质就有了更深刻的体会和感悟。表格化的归类比较能够帮助学生理清思路，构建知识的网络，有助于教学目标的实现。

3. 借助例题练习，训练操作方法

例1 已知圆的方程是 $x^2+y^2=1$，直线的斜率为 1，你能画出与圆相切的直线并写出它们的方程吗？

师生活动：画出图形（见图 4-7-3），设直线方程为 $y=x+b$。

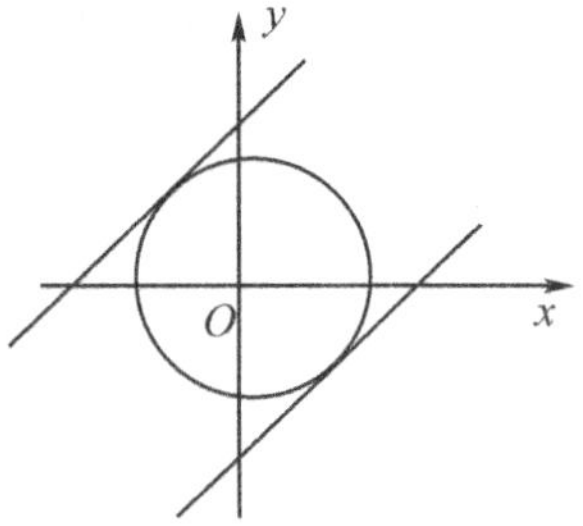

图 4-7-3

(1)几何法：∵圆心 $O(0,0)$ 到直线的距离为 $d=\frac{|0-0+b|}{\sqrt{1+1}}=1$，

∴$b=\pm\sqrt{2}$，切线方程为 $y=x+\sqrt{2}$ 和 $y=x-\sqrt{2}$。

(2)代数法：由 $\begin{cases}x^2+y^2=1\\y=x+b\end{cases}$ 消元得 $2x^2+2bx+b^2-1=0$，判别式 $\Delta=(2b)^2-4\times2\times(b^2-1)=0$，得出 $b=\pm\sqrt{2}$，

切线方程为 $y=x+\sqrt{2}$ 和 $y=x-\sqrt{2}$。

变式一：你能画出与圆相交的直线吗？这样的直线有几条？有什么特征？

变式二：你能画出与圆相离的直线吗？这样的直线有几条？有什么特征？

通过观察比较，可以得出：与圆相交和相离的直线都有无数多条，当直线 $y=x+b$ 中的 $-\sqrt{2}<b<\sqrt{2}$ 时，直线与圆相交；当直线 $y=x+b$ 中的 $b<-\sqrt{2}$ 或 $b>\sqrt{2}$ 时，直线与圆相离。对两种解法进行比较，可以发现：计算过程中选择几何法更直观、运算量更小。判断曲线与曲线的位置关系时代数法更具有普遍性。在画出与圆相交的直线时，观察图形可以发现，只要直线过圆内的点，直线与圆必相交。由此得到结论：如果一条直线过圆内一点，直线与圆一定相交。这也是判断直线与封闭曲线相交的一种方法，但仅限于直线与封闭曲线相交位置的判断。

练习 1 已知直线 l 过点 $P(4,0)$，且与圆 $x^2+y^2=8$ 相交，求直线 l 的斜率的取值范围。

练习 2 已知圆 $(x-1)^2+(y-2)^2=1$，求过原点的圆的切线方程。

这两个练习都需要首先设直线的斜率解决问题。在练习 2 中，如果直接设直线的斜率，只能求出一条切线方程 $y=\frac{3}{4}x$，与图形中画出的两条切线出现矛盾，这样促使学生进行反思检验。通过观察思考，可以发现另一条切线 $x=0$ 的斜率是不存在的，因此遇到需要预设直线斜率时，就要对斜率是否存在分类讨论，强化学生分类讨论的意识。再次提示学生注意处理解析几何问题“先用几何眼光观察，再用坐标法推理、论证和求解”的基本思路，处理好“代数求解”和“几

何直观"之间的关系。

设计意图：这个教学环节的目的是将前面所学的新知识、新方法运用到具体的解题实践中。例题中开放式的问题要求学生进行多方面、多角度、多层次思考，达到举一反三，触类旁通。紧接着进行的两个题目练习巩固，突出解题思路的训练，使学生能进一步熟练掌握解题中的数形结合方法的应用。

4. 数形双向转化，拓展思维深度

例 2 已知直线 $l: y=kx+2$ 与曲线 $C: y=\sqrt{1-x^2}$ 有两个不同的交点，求实数 k 的范围。

变式一：若直线 $l: y=kx+2$ 与曲线 $C: y=\sqrt{1-x^2}$ 有且只有一个交点，求实数 k 的范围。

变式二：已知关于 x 的方程 $\sqrt{1-x^2}-kx-2=0$ 有且只有一个正实数根，求实数 k 的范围。

审题后教师提出问题：曲线 $C: y=\sqrt{1-x^2}$ 表示什么图形？为什么？有什么限制条件？这样的提示能够帮助学生从方程和曲线的角度寻找曲线的几何意义。例 2 是一个过定点(0,2)的直线和单位圆的上半部分有两个交点的问题，结合图形，经过计算，得到 $-2\leqslant k<-1$ 或 $1<k\leqslant 2$；若只有一个交点，则 $k<-2$ 或 $k>2$。变式二是一个解方程的问题，因为用代数的方法直接求解困难较大，所以引导学生从方程的根和函数的零点的关系入手，这个方程有且只有一个正根问题转化为直线与圆在 y 轴右侧有一个交点的问题，所以 $k<-2$。本组题从分析方程的意义开始，转化为直线与半圆的交点个数问题，然后再利用代数的方法进行求解，充分展示了坐标在数与形转化中的重要作用。

设计意图：变式训练，层层递进，不仅体现了从形到数的转化，也有从数到形的转化，因此要求学生不仅要善于从几何内容寻求其代数形式，而且也要善于从代数形式中回归其几何意义，这种双向的转化能够让学生对数与形之间的对应关系有更深刻的认识。

5. 尝试归纳小结，形成方法意识

回顾本节课，判断直线与圆的位置关系有哪些方法？

方法一：几何法。比较圆心到直线的距离和半径的大小。

方法二：代数法。解直线方程和圆的方程组成的方程组。

方法三：利用结论。如果一条直线过圆内的一点，那么直线与圆相交。

引导学生以这三种方法为基础，对解析几何利用坐标系进行数形双重转化的思想方法尝试归纳总结，促进学生数学思想方法意识的形成。

设计意图：在掌握新知识、新方法的同时，给学生提供充分的探索和交流的机会，使学生用数学语言将所学的知识条理化、系统化，并将知识的掌握水平和解题能力上升到思想方法的高度，在建立完善的数学知识结构的基础上，促进学生数学素质的全面发展。

【案例评析】

本课所蕴含的数形结合的思想方法，实质是将抽象的数学语言与直观的图像结合起来，它可以使代数问题几何化，几何问题代数化。在教学中，应重点根据数学问题的条件和结论之间的内在联系，既分析其代数意义，又揭示其几何意义，使数量关系的精确刻画与空间形式的直观形象巧妙、和谐地结合在一起。学生通过体会感悟，充分利用这种结合，寻找解题思路，使问题化难为易、化繁为简，从而更有效、更快捷地发现规律，破解难题。

案例4-8　直线与平面垂直的判定①

【背景分析】

1. 关于教材

人教A版高中数学必修2“立体几何”模块，教材的编写意图是从整体入手，先让学生从整体上直观感知几何体，然后再将研究引向细节，对点线面进行深入的研究。因此在这一模块中，教材设计了类似如下的一些抽象过程：实物→模型→空间直观图→空间概念，这对学生空间观念的建立是十分有帮助的。

“直线与平面垂直的判定”一课，是在学生学习了空间点、直线、平面之间的位置关系和直线、平面平行的判定及其性质之后进行的，其主要内容是直线与平面垂直的定义、直线与平面垂直的判定定理及其应用。

直线与平面垂直是通过直线和平面内的任意一条直线（无一例外）都垂直来定义的，定义本身也表明了直线与平面垂直的意义，即如果一条直线垂直于一个平面，那么这条直线就垂直于这个平面内的所有直线，这也可以看成是线线垂直的一个判定方法；“直线与平面垂直的判定定理”一节是通过折纸试验来感悟的，即一条直线只要与平面内的两条相交直线垂直就可以判定直线与平面垂直了，它把原来定义中要求与任意一条（无限）垂直转化为只要与两条（有限）相交直线垂直就行了，概言之，线不在多，相交就行。直线与平面垂直的判定方法除了定

① 本案例由浙江省丽水学院附属中学柳云设计。

义法、判定定理外，还有如果两条平行直线中的一条直线垂直于一个平面，那么另一条直线也垂直于这个平面，这是直线与平面垂直判定的一种间接方法，也是十分重要的。

本课学习内容蕴含着丰富的数学思想，即“空间问题转化为平面问题”、“无限转化为有限”、“线线垂直与线面垂直互相转化”等数学思想。

直线与平面垂直是研究空间中的线线关系和线面关系的桥梁，为后继的面面垂直学习、距离的学习奠定了基础。

2. 关于教学目标

(1)借助对实例、图片的观察，提炼直线与平面垂直的定义，并能正确理解直线与平面垂直的定义。

(2)通过直观感知，操作确认，归纳直线与平面垂直的判定定理，并能运用判定定理证明一些空间位置关系的简单命题。

(3)在探索直线与平面垂直判定定理的过程中发展合情推理能力，同时感悟和体验“空间问题转化为平面问题”、“线面垂直转化为线线垂直”、“无限转化为有限”等数学思想。

3. 教学中的困惑

与传统教材相比，新课标对“直线与平面垂直判定定理”的教学要求、认知要求发生了较大变化——通过直观感知、操作确认的方式认知判定定理。如何通过恰当的教学设计，组织学生的认知活动，在“直观感知、操作确认”中不降低学生的思维水平，不仅体现合情推理，而且体现逻辑推理，就是一个非常值得研究的问题。教材中提供了一个折纸实验，其意图是用来“直观感知”，还是用来“操作确认”？折纸实验提供的教学情景是优质的，如何挖掘其蕴含的深层次数学思维，使学生的探究能达到超越并改变情境的目的，发挥更大的教学作用，使对直线与平面垂直的判定定理的“直观感知”、“操作确认”的过程中，融入逻辑推理的成分，且与定义建立更加光滑的联系，达到合情推理与逻辑推理并重的效果。这将成为我们思考的重点，值得深入研究。

【案例呈现】

1. 从实际背景中感知直线与平面垂直的形象

师：先请大家看一幅图片，天安门广场的红旗迎风飘扬。再看另一张图片，一桥飞架南北，天堑变通途。请同学们观察图片，说出旗杆与地面、大桥桥柱与水面是什么位置关系？

众生：垂直。

师：从数学的角度看，就是什么与什么的垂直。

众生：线与面。

师：你还能举出一些类似的例子吗？大家想一想。

生1：教室里黑板的左右边缘与地面是垂直的。

生2：立竿见影，竿与地面是垂直的。

生3：教室里日光灯与教室左右墙面是垂直的。

教师又展示跨栏与跳高架的图片，说明跨栏的支架与地面，跳高架立竿与地面是垂直关系。

请大家用几何图形表示旗杆与地面这种位置关系。

学生画图，教师在黑板上画出图4-8-1。

师：为什么画成这样呢？这样直观性强，对，将直线画成与表示平面的平行四边形的一边垂直。

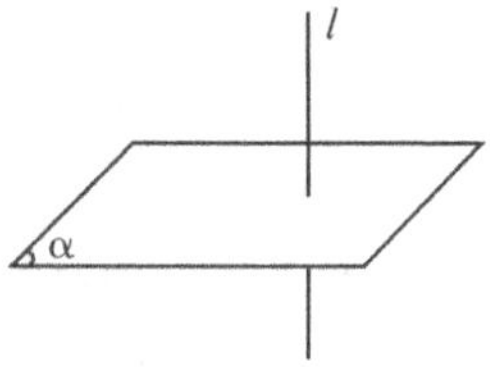

图4-8-1

师：很好，今天我们就来研究这种位置关系。（板书课题：直线与平面垂直）

评注：基于学生已有的数学现实，通过对已学相关知识的追忆，寻找新知识学习的"固着点"。通过对生活事例的观察，让学生直观感知直线与平面相交中的一种特例：直线与平面垂直的初步形象，激起进一步探究直线与平面垂直的意义。

2.提炼直线与平面垂直的定义

师：如何给直线和平面垂直下一个定义呢？回忆一下直线与直线垂直是如何定义的？

生3：两条直线所成的角为90°时，称两条直线互相垂直。

师：两条直线垂直有相交垂直与异面垂直，而异面直线垂直是转化为两相交直线垂直来定义的，实质上是将空间问题转化为平面问题。这种转化的思路启发我们：能否将线面垂直问题转化为线线垂直问题呢？请同学们结合下列问题，小组讨论，试着给出直线与平面垂直的定义。

(1)阳光下，旗杆 AB 与它在地面上的影子 BC 所成的角度是多少？

(2)随着太阳的移动，影子 BC 的位置也会移动，而旗杆 AB 与影子 BC 所成的角度是否会发生改变？

(3)旗杆 AB 与地面上任意一条不过点 B 的直线 B_1C_1 的位置关系如何？依据是什么？

（学生小组讨论，教师巡视。）

师：请哪位同学来概括一下直线与平面垂直的定义。

生4：如果直线与平面内的任意一条直线都垂直，我们就说直线与平面垂直。

师：如何用图形语言与数学符号语言表述这个定义？

（师生互动，教师板书，并提出两个问题供学生思考。）

（1）如果一条直线垂直于一个平面内的无数条直线，那么这条直线是否与这个平面垂直？

（2）如果一条直线垂直于一个平面，那么这条直线是否垂直于这个平面内的所有直线？

[提问两名学生问题（1），在学生回答的基础上用直角三角板在黑板上直观演示给出反例（2），学生回答，教师板书给出符号语言表述：若 $l\perp\alpha$，$a\subset\alpha$，则 $l\perp a$。]

师：通常定义可以作为判定依据，利用直线与平面垂直的定义直接判定直线与平面垂直需要考察平面内的每一条直线与已知直线是否垂直，这给我们的判定带来困难，因为我们无法一一去检验。人们在研究解决问题时总是想采用简便的方式，能否寻求一种比定义简捷、可行的直线与平面垂直的判定方法呢？

评注：让学生回忆直线与直线垂直的定义，旨在由此得到启发：用“平面化”的思想来思考问题。两组问题的设计，旨在帮助学生分析、归纳直线与平面垂直这一概念，通过辨析讨论，深化并会运用直线与平面垂直的定义。

3. 探究直线与平面垂直的判定定理

师生互动：（折纸实验）请同学们拿出课前准备好的三角形纸片，我们一起做一个试验：过三角形的顶点 A 翻折纸片，得到折痕 AD（见图 4-8-2），将翻折后的纸片竖起放置在桌面上（BD、DC 与桌面接触）。

师：当 AD 与 BC 不垂直时，固定 BD，折纸的 CAD 部分绕着 AD 旋转，保持 BD 与 DC 紧贴桌面，观察 AD 的变化。在旋转过程中，AD 在动吗？

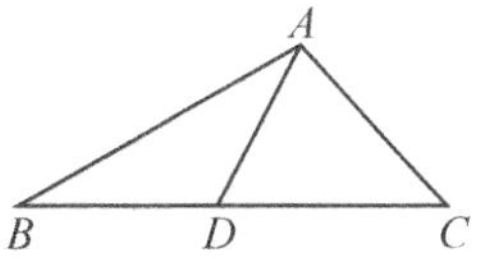

图 4-8-2

众生：AD 在动。

师：在 AD 运动的过程中，有可能与平面垂直吗？

众生：（迟疑一会）不可能垂直。

师：为什么不可能垂直？

生 5：因为当 AD 与 BC 不垂直时，$\angle ADB$ 与 $\angle ADC$ 都不是直角，而折纸的 CAD 部分绕 AD 旋转时，$\angle ADB$ 与 $\angle ADC$ 保持不变，即不论怎么旋转 AD 都不可能与 BD 或 DC 垂直，由直线与平面垂直的定义知，AD 不可能与平面垂直。（教师赞赏并表扬。）

师：当 AD 与 BC 垂直时，折纸的 CAD 部分绕着 AD 旋转一个角度后，放置到桌面上，然后固定 BD，保持 BD 与 DC 紧贴桌面，让折纸的 CAD 部分继续绕着 AD 旋转，观察 AD 的变化。在旋转过程中，AD 在动吗？

众生：AD 不动。

师：在旋转过程中，AD 与平面垂直吗？

生 6：直观感觉是垂直。

师：旋转过程中 AD 始终与平面垂直，那么 AD 与 BD，DC 的垂直关系是否发生变化？

生 7：因为当 AD 与 BC 垂直时，$\angle ADB$ 与 $\angle ADC$ 都是直角，而折纸的 CAD 部分绕 AD 旋转时，$\angle ADB$ 与 $\angle ADC$ 保持不变，即不论怎么旋转，AD 都与 BD，DC 保持垂直。

师：AD 与 BD，DC 都垂直，就有 AD 与平面垂直吗？它和直线与平面垂直的定义符合吗？

生 8：因为 DC 在桌面上是绕着点 D 任意旋转的，并且在旋转过程中，AD 与 DC 始终保持垂直，这就说明 AD 与平面 α 内任意一条过点 D 的直线都垂直。而平面 α 内任意一条直线都可以平移成平面 α 内一条过点 D 的直线，所以 AD 与平面 α 内任意一条直线都垂直，符合直线与平面垂直的定义，故有 AD 与平面 α 垂直（见图 4-8-3）。

师：回答得很好。如果我们把折痕抽象为直线 l，把 BD，CD 抽象为直线 m，n，把桌面抽象为平面 α（见图 4-8-4），那么你认为保证直线 l 与平面 α 垂直的条件是什么？

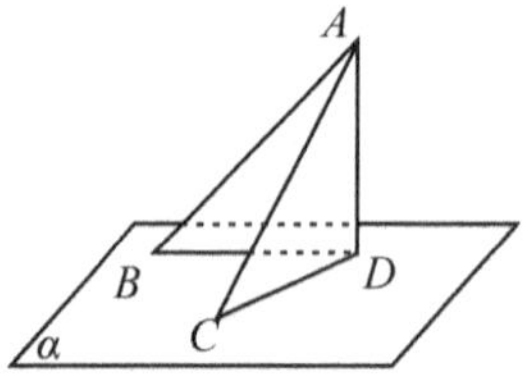

图 4-8-3

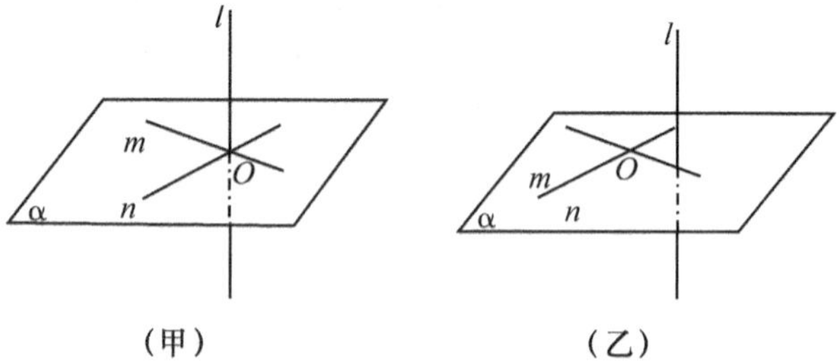

图 4-8-4

（师生共同活动：引导学生认识到直线 m，n 都必须是平面内的两条相交直线。）

师：根据以上实验，请大家给出直线与平面垂直的判定方法。

（学生叙述，教师板书判定定理，给出文字、图形、符号这三种语言的相互转化。）

师：与直线与平面垂直的定义相比，你觉得这个判定定理的优越性体现在哪里？

生 9：定义中要求与平面内的任意一条直线都垂直，这个判定定理只需与两条相交直线垂直。

师：对，很好。定义中要求与任意一条（无限条）直线垂直，而判定定理只要求与两条（有限条）直线相交垂直，可谓是“线不在多，相交就行”。

师：你觉得定义与判定定理的共同点是什么？

生 10：都是由线与线的垂直来得到线与面的垂直。

师：是啊，都是将“空间问题转化为平面问题”，都体现了“线线垂直与线面垂直互相转化”的数学思想。

评注：折纸实验提供的教学情景是优质的，通过实验，让学生经历直线与平面垂直判定定理的发现过程，并通过操作让学生认识到两条相交直线必须在平面内，从而更凸显出直线与平面垂直判定定理的核心词：平面内两条相交直线。在这一基础上，通过抽象、概括形成定理。同时通过和直线与平面垂直定义的比较，让学生体会“无限转化为有限”的数学思想，通过寻找定义与判定定理的共同点，感悟和体会“空间问题转化为平面问题”、“线面垂直转化为线线垂直”的数学思想。

4. 直线与平面垂直判定定理的应用

师：请大家看下列问题。

如图 4-8-5 所示，长方体 $ABCD\text{-}A_1B_1C_1D_1$ 中棱所在直线有怎样的位置关系？

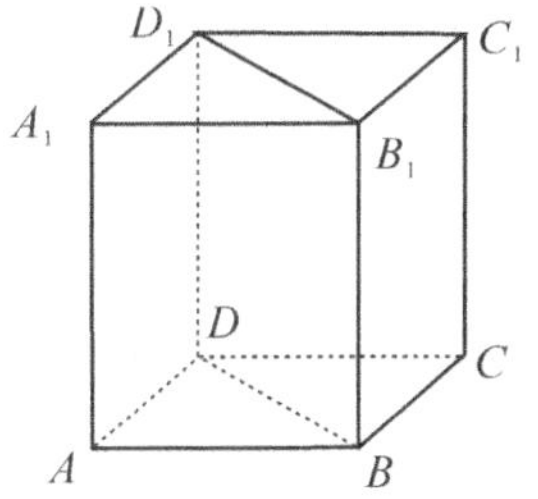

图 4-8-5

(1)请列举与平面 $ABCD$ 垂直的直线。

生 11：A_1A，B_1B，C_1C，D_1D。

(2)请列举与直线 A_1A 垂直的平面。

生 12：平面 $ABCD$，平面 $A_1B_1C_1D_1$。

(3)你能找出一条与平面 D_1DBB_1 垂直的直线吗？

生 13：直线 AC。

生 14：还有一条 A_1C_1。

师：直线 AC 与 A_1C_1 的位置关系怎样？如果一条直线与 AC 平行，那么这条直线与平面 D_1DBB_1 的位置关系如何？

生 15：直线 AC 与 A_1C_1 的位置关系是平行，那么这条直线与平面 D_1DBB_1 垂直。

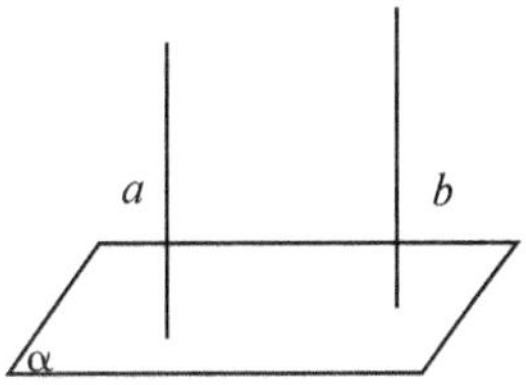

图 4-8-6

师：如图 4-8-6 所示，已知 $a /\!/ b$，$a \perp \alpha$，如何求证 $b \perp \alpha$？

生 16：在平面内画两条相交的辅助线，用判定定理可证。

（学生口头叙述，教师板书。）

师：很好，能用直线与平面垂直的定义证明吗？

众生：能。

（师生一起给出证明过程，并一起用文字语言概括：如果两条平行直线中的一条垂直于一个平面，那么另一条也垂直于这个平面。）

师：这个问题给出了判定直线与平面垂直的又一方法，它体现了平行关系与垂直关系之间的联系。

师：下面我们一起完成下面练习。

如图4-8-7所示，在三棱锥$V\text{-}ABC$中，$VA=VC$，$AB=BC$，K是AC的中点。

求证：$AC\perp$平面VKB。

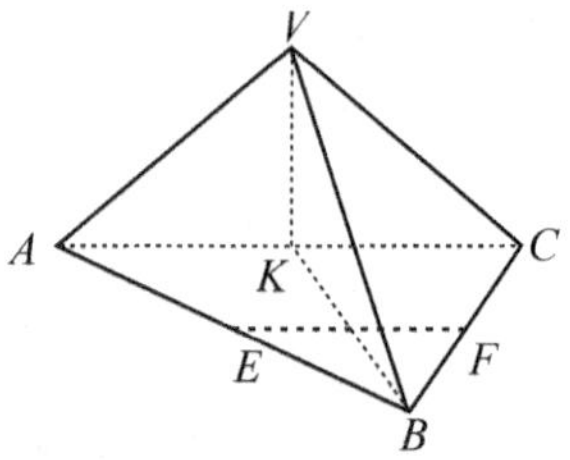

图4-8-7

变式练习：

(1)在三棱锥$V\text{-}ABC$中，$VA=VC$，$AB=BC$，求证：$VB\perp AC$。

(2)在(1)中，若E，F分别是AB，BC的中点，试判断EF与平面VKB的位置关系。

(3)在(2)的条件下，有人说"$VB\perp AC$，$VB\perp EF$，则$VB\perp$平面ABC"，对吗？

评注：通过实例，感知定理运用，同时给出了判断直线和平面垂直的一个常用的命题，这个命题体现了平行关系与垂直关系之间的联系，而练习重在对直线与平面垂直判定定理的应用。变式(1)在练习的基础上，应用了直线与平面垂直的意义；变式(2)是对线面垂直判定方法的应用；变式(3)的判断在于进一步巩固直线与平面垂直的判定定理。三个小题环环相扣，汇集了本堂课的学习内容，突出了知识间的内在联系和融会贯通。

（以下环节略）

【案例剖析】

数学教学反思仅是总结优点和不足是不够的，还要客观地、理性地分析数学教学设计和实践过程中的经验与教训，通过这种反思来提升教师对数学教学过程和数学学习过程的认识，明确教学设计合理性的理论基础是什么？不足的原因是什么？应该如何改进？结合本课教学，笔者从数学教学是否能够体现数学本质、数学教学和数学学习三个方面来进行反思。

1. 数学的本质是多方面的，是区别于其他学科而且是数学科学本身所特有的特征。直线与平面垂直的概念与判定体现了将复杂问题简单化、降维、直观分析与理性分析等数学特有的思考问题的方式。将直线与任意直线垂直这样复杂的问题转化为与两条相交直线垂直关系的判定，体现了简单化、降维的思维方式。

本堂课应体现的数学特有的思考问题方式是"简单化"，具体有两个方面：第一，从任意直线、无数条到两条相交直线；第二，利用直线与直线位置关系来判定直线与平面的位置关系。就此而言，本课教学过程中得到了较好的体现，能通过分析应用概念来判定直线与平面垂直的复杂性来说明简单化直线与平面垂直判定条件的必要性。教学中，任意、无数条到两条相交直线与已知直线的位置关系的简化过程很好地体现了简单化的思考问题方式。

2. 数学教学包含多方面的内容，如教学目标是否适当、明确，教学重点是否突出，教学内容、活动是否有利于达到教学目标（即教学内容和教学活动安排是否合理），教学媒体使用是否合理等内容。以下仅从数学教学是否有利于促进学生数学知识的形成这一方面进行部分反思。

知识的形成过程实际上是为了确定新知识的生长点和有效的知识形成方式，也就是向学习者揭示新旧知识之间的联系，是有意义学习的必要条件。教学中从实际背景中感知直线与平面垂直的形象，抽象得到直线与平面垂直的定义，通过立竿见影揭示直线与平面垂直的概念，能较好地体现直线与平面垂直概念的形成过程，同时也是直线与平面垂直的直观形象与概念的生长点。

教学过程中也应重视概念的形成过程。然而，一个非常重要的问题没有得到足够的重视：多数学生在感知直线与平面垂直的直观形象后，会如何定义直线与平面垂直呢？教学中，虽然要求学生给出概念的定义，但是后续的教学过程基本上没有认真对待学生可能给出的定义水平。教师提出问题之后，很快就到图形演示，基本上没有给学生更多辨析的时间和机会，而是在力求引导学生，希望学生能够从中归纳概括出概念，显得匆忙而不自然。

3. 影响数学学习的因素很多，在本课的教学设计中基本上能侧重对影响数学学习的因素进行分析，如是否充分调动了学生学习的积极性，教学材料和数学活动的安排是否适合学生的知识水平和心理发展水平等。这里着重对影响“直线与平面垂直概念及其判定”的另一个容易忽视的因素，即数学知识本身的多少及其复杂性进行反思。

本课主要涉及的新知识有：①直线与平面垂直的概念；②直线与平面垂直的判定定理及其应用；③$a\parallel b$，$a\perp\alpha$，则 $b\perp\alpha$。另外，直线与平面垂直的判定定理涉及三条直线和一个平面四个元素，及其两条直线在平面内、两条直线相交和两条直线垂直六个位置关系，根据记忆理论，这样的知识是较为复杂的，因此，让多数学生在一节课内理解和掌握它有一定的困难。为此，教学上应尽可能将学生的学习重点放在直线与判定定理及其应用上，如果增加知识③将会导致多数学生学习效率降低。因此，可考虑将“$a\parallel b$，$a\perp\alpha$，则 $b\perp\alpha$”及应用放在下一节课上。

此外，对于“直线与平面垂直的判定”的教学，《普通高中数学课程标准（实验)》明确提出要"通过直观感知、操作确认"进行归纳，而不要求进行"思辨论证"，因此与以往的教学要求有较大的不同。但是，我们认为，如果只局限于"直观"、"操作"，不在说理(逻辑思维)上提出要求，本节课的思维价值将受到较大损害，不能全面体现高中几何教育的价值(合情推理与逻辑推理并重，几何直观能力与抽象思维能力并重)，同时也与学生的思维发展水平不相适应。因此，教学设计中，如何把具体与抽象、直观与逻辑、感性与理性、动手与动脑有机地结合起来，成为我们思考的重点。这也使得本堂课的教学设计具备典型意义，值得深入研究。

案例 4-9　探究三角形解的个数问题①

高中新课程人教 A 版数学必修 5 的"正弦定理和余弦定理"中，已知三角形两边和其中一边的对角解三角形时关于解的个数的讨论是教学难点，对这一问题处理得恰当与否，不但直接影响到教学效果，而且稍不注意，还有可能会造成学生机械记忆结论的被动学习局面，对学生的能力发展极为不利。根据新课程"以学生发展为本"的教学理念，结合以往的教学实践，作者进行了一次有益的教学尝试。以下是课堂教学片段和自己的体会。

【案例呈现】

1. 设疑——引发认知冲突

在学习"正弦定理和余弦定理"的第三课时，一上课，教师便给出以下问题：

问题 1：在$\triangle ABC$中，已知$a=22$，$b=25$，$\angle A=133°$，解三角形。

教师指定一学生板演如下：

由正弦定理，得 $\sin B=\dfrac{b\sin A}{a}=\dfrac{25\times\sin 133°}{22}\approx 0.8311$，

因为 $0°<\angle B<180°$，所以$\angle B\approx 56°$或$\angle B=124°$，

于是，$\angle C=180°-(A+B)\approx -9°$或$-77°$。

又 $0°<\angle C<180°$，

所以此题无解。

师：为何会出现这种情况？

生 1：根据三角形中大边对大角的性质知：$b>a\Leftrightarrow\angle B>\angle A=133°$，一个三角形中不可能有两个钝角，所以此题无解。

---

① 本案例由浙江省丽水学院附属中学董国斌，浙江省丽水外国语实验学校董彦波设计。

师：在△ABC 中，已知 a、b 及∠A 解三角形时，你能说出什么情况下有解或无解吗？

生 1：当 $b\geqslant a$ 时无解；当 $b<a$ 时有解。

生 2：错！第一节老师讲的教科书第 4 页的例 2（在△ABC 中，已知 $a=20$，$b=28$，∠$A=40°$，解三角形）也是 $b\geqslant a$，却有两解。

生 3：我认为当 $b\geqslant a$ 时，有∠$B\geqslant$∠A，因此，若∠A 为直角或钝角时，无解；若∠A 为锐角时，有解。

2. 激疑——讨论交流

对生 3 的回答，教师没有作过多的评价，而是要求同学们求解下列问题：

问题 2：在△ABC 中，已知 $a=2\sqrt{3}$，$b=6$，∠$A=60°$，解三角形。

学生发现此题无解。

师：此题满足生 3 所说条件，为何无解？

生 4：虽然 $b\geqslant a$，但由正弦定理，$\sin B=\dfrac{b\sin A}{a}=\dfrac{3}{2}>1$，所以此题无解。

师：你对生 3 的回答有何看法？

生 4：我认为在△ABC 中，已知 a，b 及∠A 解三角形时，不但要对∠A 的大小进行分类，而且要对 a，b 的大小及 $\sin B$ 的取值是大于 1、等于 1，还是小于 1 进行讨论才能确定三角形有解或无解。

师：很好！下面就请同学们对这一问题作进一步的讨论。

此时，学生的学习热情异常高涨，求知的欲望溢于言表。经过同学们热烈的讨论与交流，很快便得到了问题的答案。最后，教师把学生讨论得到的结果进行归纳并板书：

在△ABC 中，已知 a，b 及∠A 解三角形时：

$$\text{(1)若}\angle A\text{为锐角}\begin{cases}a\geqslant b\text{ 时，有一解}\\ a<b\text{ 时}\begin{cases}b\sin A<a\text{（即 }\sin B<1\text{），有两解}\\ b\sin A=a\text{（即 }\sin B=1\text{），无解}\\ b\sin A>a\text{（即 }\sin B>1\text{），无解}\end{cases}\end{cases}$$

$$\text{(2)若}\angle A\text{为直角或钝角}\begin{cases}a>b\text{ 时，有一解}\\ a\leqslant b\text{ 时，无解}\end{cases}$$

在教师的引导下，学生还画出了以上各种情形下三角形解的图示（略）。到此，学生体验了一次成功的学习经历，脸上洋溢着幸福的微笑。

为了及时巩固所学知识，紧接着教师给出以下问题：

问题 3：在△ABC 中，已知下列条件，判断三角形解的个数：

(1)$a=2$，$b=6$，∠$A=30°$；（无解）

(2)$a=4, b=4\sqrt{3}, \angle A=30^\circ$;(有两解)

(3)$a=1, b=2, \angle A=30^\circ$;(有一解)

(4)$a=3, b=\sqrt{3}, \angle A=120^\circ$。(有一解)

利用本节知识,几乎所有的学生都能迅速作出正确的判断。

3. 质疑——引申探究

师:请求出第3(2)题中的边长 c。

学生练习后,教师让学生说明解题思路。

生5:由正弦定理,得 $\sin B=\frac{b\sin A}{a}=\frac{4\sqrt{3}\sin 30^\circ}{4}=\frac{\sqrt{3}}{2}$,

所以 $\angle B=60^\circ$ 或 $\angle B=120^\circ$。

当 $\angle B=60^\circ$ 时,$\angle C=90^\circ$,此时 $c=\frac{a\sin C}{\sin A}=8$;

当 $\angle B=120^\circ$ 时,$\angle C=30^\circ$,同理可得 $c=4$。

师:很好!本题还有其他解法吗?

生6:可用余弦定理求解。

由 $a^2=b^2+c^2-2bc\cos A$,得

$4^2=(4\sqrt{3})^2+c^2-2\times 4\sqrt{3}c\cos 30^\circ$,

即 $c^2-12c+32=0$,

所以 $c=8$ 或 $c=4$。

师生们对这位同学独辟蹊径的简洁解法表示充分的肯定和佩服,同时教师要求学生再用此方法分别求出第3(3)、(4)小题中的边长 c,并由两位学生板演。

3(3). 解:由余弦定理,得 $a^2=b^2+c^2-2bc\cos A$,

即 $1^2=2^2+c^2-2\times 2c\cos 30^\circ$,$c^2-2\sqrt{3}c+3=0$,

所以 $c=\sqrt{3}$。

3(4). 解:由余弦定理,得 $a^2=b^2+c^2-2bc\cos A$,

即 $3^2=(\sqrt{3})^2+c^2-2\sqrt{3}c\cos 120^\circ$,$c^2+\sqrt{3}c-6=0$,

所以 $c=\sqrt{3}$ 或 $c=-2\sqrt{3}$(舍去)。

师:由此看来,在已知三角形的两边及其中一边的对角解三角形时,既可以用正弦定理求解,也可以用余弦定理求解,而且用余弦定理更简洁。那么,在用余弦定理解三角形时,如何确定解的个数呢?

教师再一次将学生的思维引向深入,课堂气氛又活跃起来,争论异常激烈。有的学生认为需要按构成三角形的三边所满足的条件对求得的结果进行检验,有的学生认为不需要检验,解关于 x 的一元二次方程求得的正根一定符合条

件，这点可由第3(2)、(3)、(4)题的解答看出。

此时，教师针对双方的争论因势利导，指出：持后一种观点的同学，需要证明问题即“在$\triangle ABC$中，已知a,b及$\angle A$，若c是方程$a^2=b^2+c^2-2bc\cos A$的正根，则a,b,c一定能构成三角形”的正确性，你们的结论才有说服力。

学生求知的欲望又一次被调动起来，持两种观点的学生都想通过自己的努力去说服对方，课堂气氛呈现出前所未有的良好局面。这时，持同种观点的学生干脆几人凑在一起，自发地形成若干小组，相互间讨论交流起来，努力寻求问题的答案。突然，一小组同学异常兴奋地叫起来：“老师，我们已经证明了上述问题是正确的。”教师让一名代表上前板演。

证明：设c是方程$a^2=b^2+c^2-2bc\cos A$的任一正根，

由$0°<\angle A<180°$，知$-1<\cos A<1$。

又$a>0,b>0$，

所以$b^2+c^2-2bc<b^2+c^2-2bc\cos A<b^2+c^2+2bc$，

即$(b-c)^2<a^2<(b+c)^2$，

所以$|b-c|<a<b+c$，

即$\begin{cases}|b-c|<a\\a<b+c\end{cases}\Rightarrow\begin{cases}-a<b-c<a\\a<b+c\end{cases}\Rightarrow\begin{cases}c<a+b\\b<c+a\\a<b+c\end{cases}$

因此，a,b,c能构成三角形。

太棒了！教师对这组同学取得的成就及不畏困难的探究精神给予了充分的肯定和表扬，全班同学也对这名同学的精彩表现报以热烈的掌声。学习和成功的快乐洋溢在同学们的笑脸上。

结论：在$\triangle ABC$中，已知边a,b及边a所对的$\angle A$，若c是方程$a^2=b^2+c^2-2bc\cos A$的正根，则a,b,c一定能构成三角形。

此后，作为对本结论的巩固及应用，教师要求学生解答以下问题：

在$\triangle ABC$中，$a=x,b=2,\angle B=45°$。

(1)若该三角形有两解，求x的取值范围；

(2)若该三角形只有一解，求x的取值范围。

……

【案例反思】

1.转变学生的学习方式，让学生成为知识的主动建构者

“丰富学生的学习方式，改进学生的学习方法”是《普通高中数学课程标准(实验)》追求的基本理念，该理念认为学生的数学学习活动不应只限于对概念、结论和技能的记忆、模仿和接受等被动学习方式，强调应倡导自主探索、动手实

践、合作交流、阅读自学等主动学习方式，让学生成为知识的主动建构者。在传统教学中，对这部分内容的教学，多数是由教师向学生讲解并归纳三角形解的个数的各种情况，造成学生因死记结论而不能灵活运用的现象屡屡发生。而在本案例中，教师一改原来的做法，通过三个简单的问题情境，由特殊到一般，循序渐进地引导学生经历认知冲突、讨论交流、引申探究等学习阶段，让学生通过亲身体验去发现问题，再通过独立思考、合作探究等学习方式去解决问题，获得规律和结论，从而主动完成数学知识的建构，体现出以教师为主导、学生为主体的教学原则，真正实现了教师教学观念的更新和学生学习方式的转变。在此过程中，学生的学习是主动的、积极的，实现了由"要我学"到"我要学"的转变，既培养了兴趣，又发展了能力。

2. 教师应注意加强自身的专业修养，做好教学的策划、组织和指导工作

《普通高中数学课程标准(实验)》指出：教师是学生进行数学探究的组织者、指导者、合作者，应该为学生提供较为丰富的数学探究课题的案例和背景材料，有比较开阔的数学视野，并积累指导学生进行数学探究的资源。新课程对教师的专业化成长提出了更高的要求，教师只有不断地学习才能适应新的挑战，绝不能因循守旧、故步自封。在本案例中的引申探究阶段，正是由于教师巧妙地利用了教学智慧，才使得学生的思维一步步拓展和延伸，最终使他们获得结论，实现了思维的创新。试想，如果教师在备课时没有进行相应的教学预设，或教师的专业功底不够扎实，当他突然面对生 6 的解答时，又会出现什么现象呢？如果教师是就题论题的话，那就会让学生浅尝辄止，从而使学生失去一次宝贵的探究数学规律的机会。因此，教师要扮好导演者的角色，让我们的数学教学成为在教师指导下的以学生独立自主学习和合作讨论为前提的数学探究活动。教师要通过各种措施和途径，把学生数学学习过程中的发现、探索、研究等认知活动凸显出来，使学生的数学学习过程更多地成为在教师引导下的学生发现问题、提出问题、解决问题的"再创造"过程。教学中，教师要为学生形成积极主动的、多样的学习方式创造有利的条件，以激发学生的数学学习兴趣，增强学生学习的自信心和克服困难的意志力，培养学生独立思考的习惯、探索精神和合作意识，不断提高学生的数学能力和数学素养。

【案例启示】

1. 更新教学观念，转变教师角色

新课程改革的一个重要任务，就是转变学生的学习方式，使学生主动学习。这是针对传统被动接受的学习方式的弊端而提出来的。学生学习方式的转变必然要求教师教学方式的转变，由以讲授为主导的教学转变为提倡自主探究和引导发现的教学。因此，一线教师必须更新教学观念，为学生的自主学习创造条件

和提供空间，让学生成为学习活动的真正主体。教师要从一个知识传授者转变为学生发展的促进者，要从课堂空间支配者向数学学习活动的组织者、引导者和合作者转变。数学教学是教师组织下的师生、生生的双边活动。传统意义上的数学教学，往往忽视学生在学习过程中的主体性，忽视学生在课堂上的“参与度”。“一堂好课”的评价也往往是评价教师的“表演”，忽视对学生学习行为的关注。本案例中，教师按照新课程的理念能够做到：在新知识学习时，为学生提供研究的问题及其背景；开展探究活动时，和学生一起讨论，共同研究；出现困难时，在鼓励学生的同时适时点拨，并提供解决问题的方法及策略；获得成功时，在肯定学生成绩的同时与学生一起分享学习的快乐。贯彻了以下教学原则：凡是学生能独立思考的，绝不暗示；凡是学生能自己探究得出的，绝不替代；凡是学生能合作交流的，绝不包办；凡是学生能说的，绝不抢答，使师生双方的主体性在教学过程中得到了应有的发展和发挥。

2. 突出过程，激励探索，培养创新意识

教学中通常说的“过程”是指学生自主经历的某种学习活动（例如观察、实验、调查、思考、解释、分析、概括、交流等）。学习“过程”，对学生获得体验，增强意识、掌握方法、发展能力等具有重要作用。因此，我们的教学一定要突出过程，要增强教学的开放性和灵活性，把教学的重心由教导学生记忆现成的规则和结论转移到引导学生主动探索上来，让学生从亲历知识的过程中获得发现的快乐，并在反复的成功创新体验中建立起学习数学的信心。那种把数学教育单纯地理解成知识的传授和技能的训练，照本宣科，抱残守缺的教学方法是培养不出创新人才的。

本案例中教师采取的以探究为主的课堂教学是新课程理念倡导的一种新的教学方式，它在培养学生的创新意识和创新能力方面发挥着重要作用。本堂课在教学设计上，教师通过三个问题，采取设疑—激疑—质疑的方式，引导学生逐步经历知识的探究过程，使学生体验到成功后带来的乐趣。这不仅使学生学到了获取知识的思想和方法，同时也让学生体会到在解决问题的过程中与他人合作的重要性，而且为学生今后获取知识以及探索、发现和创造新知识打下了良好的基础。因此，要想开展好以探究活动为主的课堂教学，教师必须具备创新理念，努力掌握多种教学思想方法和教学技能，使课堂真正成为学生既能自主探索，师生又能合作互动的场所，以不断培养学生的创新精神和实践能力，促进学生全面和谐发展。

3. 超越教学设计，关注课堂生成

新课程理念下的教学活动并不是完全根据教师的事先预设按部就班地进行的，而是一个充分发挥师生双方积极性的动态生成过程。随着教学活动的展开，教师、学生的思想和教学文本不断碰撞，创造火花不断迸发，新的学习需求、方向不断产生。学生在这个过程中兴趣盎然，认识和体验不断加深，这就是生成的课堂教学，是新课程下数学教学的理想境界。那些来自学生、来自课堂的超越预设的生成是最为宝贵的教学资源，教师要予以关注。如本案例中生6用余弦定理求解第3(2)小题中的边长，就是一种难得的生成性教学资源。教师及时地捕捉到这一教学契机，并引导学生深入探究，最终获得数学结论。课堂是在预设中生成，在生成中预设的，完美的预设可以引领学生的生成，灵动的生成可以超越预设，两者之间重要的是教师的教学智慧。智慧的教师会使有限的课堂时空得以扩张，并且无限接近饱满。希望我们的教师能不断学习，努力提高课堂驾驭能力。相信只要教师多一分艺术性的预设，学生就会多一分动态的生成，就会多一分发展，我们的课堂也就会多一些活力。

案例4-10　分类加法与分步乘法计数原理(1)的磨课①

【案例背景】

浙江省高中数学课堂评比暨有效教学论坛于2011年10月18日至21日在浙江省丽水中学举行，徐彩红老师代表丽水市参加了本次课堂教学评比。因为课题是提前一个月通知参赛选手的，故准备时间比较充裕，我们聚全组之力开展了磨课活动。在磨课过程中，争论的主要问题集中在两个方面：

其一，关于教学立意。两个原理学生接受起来比较容易，没有认知上的障碍，教学是立足于技能训练还是立足于数学思想的体验或者观念的感悟？这是事关教学设计的基本问题，持技能训练观点的教师认为，理解原理容易，应用原理难，要在应用过程中加深理解，提高解题技能；持数学思想体验者认为，这两个原理是从特殊到一般归纳得到的，分类本身也是一种数学思想，在原理的归纳和解题过程中体验数学思想方法；持观念感悟者认为，数学既是一种创造，也是一种发现，两个原理是在大量实践活动中发现的基本规律，应该引导学生去发现原理，在发现过程中感悟数学规律是如何发现的。

其二，关于两个原理的教学。关于两个原理教学的争论集中在三点，首先是顺序问题，主要在两处分歧比较大：①是在不同的材料感知中同时归纳出两个原理，还是依次感知不同的材料先归纳出分类加法原理，再归纳出分步乘法原理；

① 本案例由浙江省丽水学院附属中学江建国设计。

②是原理推广问题，是得到两个原理之后同时推广，还是归纳出一个推广一个。其次是由分类加法原理到分步乘法原理，是通过类比得到，还是通过问题的感知、解决，归纳乘法原理。最后就是加法原理的推广学生没有困难，乘法原理的推广学生认知上是否有困难，怎么解决这个问题。

磨课期间，参与教师在思想的碰撞中达成了如下的基本共识：

(1)关于教学立意：以知识为明线，以数学思想为暗线，两者统一在"引导学生发现"的教学观之下。

有人说数学是创造，也有人说数学是发现，虽然彼此都不能说服对方，但毋庸置疑的是，"分类加法计数原理与分步乘法计数原理"是一种归纳式的发现，是在大量的计数运算中提炼出来的基本原理。教学立意应该定位在"引导学生发现"，让学生在发现的过程中体验归纳猜想、转化、分类等数学思想，在问题解决过程中领悟"完成一件事"的含义，分清分类和分步，最终确定教学流程，如图4-10-1所示。

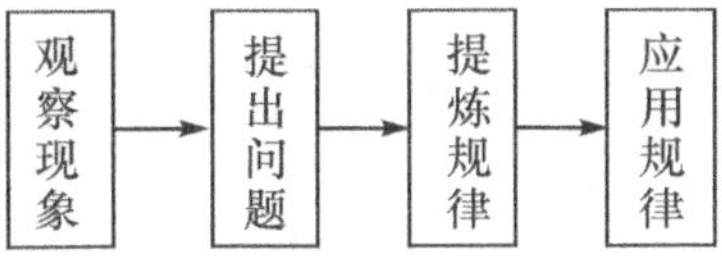

图 4-10-1

教学立意一旦确立，"章引言"、"小结"、"分步乘法计数原理的推广"等问题也随之而解决。"章引言"采用图片与简单文字相结合，揭示了计数问题发展的历史和生活中大量存在的计数现象，既解决了"章引言"的问题，也为学生感知"完成一件事的方法数"提供了足够的素材，并为最终形成定义——计数问题作了充分的铺垫。

分步乘法计数原理中对由两步到三步的理解是进一步推广的关键，也是渗透转化化归思想的好素材，最后大家一致认为借助图形让学生感受转化思想。

既然教学立意确定为"引导学生发现"，在教学过程中渗透数学思想，明确分类加法计数原理与分步乘法计数原理的联系与区别，最后的小结也就围绕知识、发现过程这两条线进行小结，在小结中强化两者的区别，凸显发现的过程。

(2)原理发现：以符合学生认知规律为前提。

两个原理理解起来的简单不等于发现过程的简单。平常大家都有这样的感受，对一个问题百思不得其解，旁人稍加点拨，便恍然大悟，"原来如此简单"。由不知到知的过程是一个探索的过程，探索过程不是机械模仿，类似于在莽莽森林之中没有向导的情形之下，寻觅一条出路，它需要综合调动各种智力因素与非智力因素，在宏观上把握前进方向，在微观上要进行选择、分类、归纳猜想、验证等。况且两个原理有本质上的区别：分类与分步是截然不同的，分类一法即可，分步要步步相依，逐次完成，学生在对同类材料进行充分的感知后，才能进一步扩大认知范围，发现其中的规律。在分类加法原理解决之后，再呈现不同的问题材料，学生能感受到现有知识的缺乏，从而产生认知冲突，探索规律。这种经历本身对学生也是一种自我教育。

关于两个原理的推广，大家比较一致的想法是归纳出一个推广一个，有两类肯定会出现三类、四类等，分步也是如此，这样处理更加符合学生的认知规律。

【案例呈现】

1. 图文并用介绍“章引言”，引入问题

教师利用多媒体，一边口述一边依次呈现上述三张图片(见图 4-10-2)，呈现第三张的时候师生一起“算而计之”。“是的，像这样计算完成一件事情的方法数我们称之为计数问题，计数问题在我们生活之中随处可见，选择一个六位数作银行卡的密码有多少种选法、选两位同学参加学代会有多少种选法等都是计数问题，今天我们一起来探索隐藏在计数问题中的‘算理’。”

图 4-10-2

2. 感知问题，归纳原理

师：规律往往隐藏在简单问题、特殊问题之中，我们先从简单问题入手。(展示问题 1)

问题 1 (图 4-10-3)：乐乐一家计划出去旅游，一天中，从丽水到杭州，火车有3 班，汽车有 6 班，那么乐乐从丽水到杭州共有多少种不同的走法?

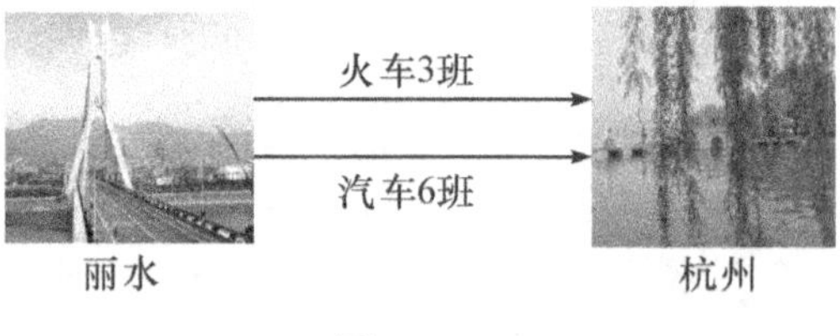

图 4-10-3

生 1：有 9 种走法。

师：9 种走法是怎么来的?

生 1：3 班火车加上 6 班汽车。

师(追问全班同学):大家能说说这样加的理由吗?

生2:要完成从丽水到杭州这件事,我们有两类方案可供选择,第一类方案是选择火车,有3种走法,第二类方案是选择汽车,有6种走法,只要选择两类方案中的任意一种就可以完成这件事,故有3+6=9种走法。

师:回答得很好,你能从这个问题中归纳出解决计数问题的规律吗?

师生一起归纳出分类加法计数原理,并进行推广。

问题2(图4-10-4):一天中,从丽水到杭州火车有3班,从杭州到上海动车有5班,那么,乐乐从丽水经杭州次日到上海共有多少种不同的走法?

图4-10-4

生3:有15种不同的走法。

师:为什么是15种不同的走法呢?你能说说理由吗?

生3:从丽水到杭州有3班火车可供选择,从杭州到上海有5班动车可供选择,故总共有3×5=15种走法。

师(追问全班同学):为什么是相乘而不是相加呢?

生4:这个问题要分两步,第一步从丽水到杭州有3班火车,第二步从杭州到上海有5班动车,1班火车对应5班不同的动车就有5种走法,3班火车就是3×5=15种。

师:能逐一列举出来吗?

师生一起用树形图列举,归纳出分步乘法计数原理。

师:第三天乐乐一家打算从上海飞到北京,从上海到北京合适的航班有2班,那么乐乐一家从丽水出发,途经杭州、上海再飞到北京有多少种走法?

生5:共有5×3×2=30种走法。

师:为什么这样一乘就可以呢?哪位同学说说理由?

生6:可以在原来的树形图上再接着写出来,每一种走法都对应2班飞机,也就是原来的一种走法对应现在的两种走法。也可以这样理解,从丽水经杭州到上海有15种走法,可以直接看成从丽水到上海有15种走法,再从上海到北京有2种走法,这样一来把3步转化成2步,和上题一样了。

师:你刚才说把3步(教师稍停顿,学生接答:转化成2步),大家说得好,这就是我们数学上经常要用到的转化化归思想(板书:转化化归),也就是把复杂问题转化成简单问题，把陌生的问题转化成熟悉的问题。

师生一起推广分步乘法计数原理。

师：哪位同学告诉大家这两个原理的相同点和不同点？（给学生30秒的思考时间）

生7：这两个原理解决的都是完成一件事的方法数，分类加法计数原理只要选择一种方法就能完成这件事，分步要一步一步地去做，所有步骤都完成了，这件事情才算完成。

3. 应用原理，解决问题

解决引例后，展示问题：

请你根据以下背景材料按要求设计问题：

书架的第1层放有4本不同的计算机书，第2层放有3本不同的文艺书，第3层放有2本不同的体育书。

(1)只用分类加法原理求解的计数问题；

(2)只用分步乘法原理求解的计数问题；

(3)同时用到分类加法原理与分步乘法原理求解的计数问题。

……

4. 渗透数学文化，提升课堂品位

以中国的八卦为背景，引出二进制，渗透数学文化。

5. 课堂小结

课堂小结围绕知识、思想方法、经历与发现三条线展开。

师：我们收获了哪些知识？（学生口答，PPT展示：分类加法原理、分步乘法原理。要点：完成一件什么事？分类还是分步？如何计算？）

师：在探寻原理过程中用到了哪些方法？

（学生回答问题的同时，老师展示：特殊到一般、转化与化归等。）

师：我们经历了怎样的研究过程？

（教师引导学生总结：观察现象→提出问题→探究原理→应用原理。）

【磨课反思】

1. 课堂教学评比为教研组的校本教研搭建了平台，磨课过程比赛课结果更有意义

在日常教学研讨中，无关痛痒人云亦云的多，批评意见少，大部分教师也没有对教学内容进行深入的思考，也少有教师愿意为某节课花费如此的精力，而课堂教学评比因为涉及个人、学校的荣誉，故赛课教师全力以赴，学校大力支持，全组上下凝心聚力，反复听课、研讨、修改，以赛课为目标的教研氛围自然形成。在磨课过程中，平常几乎没有的观点之间的碰撞经常出现，这种思想上的碰撞不仅

是想法的交换，而且往往能擦出新的火花，如在学生编题环节，大家认为是一个不错的想法，又担心难以调控，最终想出控制背景限定要求设计问题；在两步到三步上多花点时间，既解决了学生认知上的困难，又渗透了转化化归的思想，把数学思想的渗透融入认知过程，既加深了对知识的理解，又为数学思想的依附提供了厚实的背景。

日常的课堂教学行为以经验为主，缺少理论支撑，磨课过程中阐述观点时需要依据，很多老师自觉翻开了尘封多年的数学教育教学理论书籍，为自己的教学实践寻找理论依据，也有老师翻阅各种数学教育教学专业期刊，查阅相关文献。这种种变化得益于课堂教学评比这个平台，赛课已经结束，结果并不重要，通过赛课推动了学校数学教研组的整体提高，也磨出了数学教研组的凝聚力、向心力、战斗力。

2. 在反思中生成实践智慧

“教师教育界逐渐意识到，教师教育的基本方向需要改变：从传输新知识、新理念为主向着力培养教师的实践智慧倾斜”，而发展培养教师实践智慧的有效途径是“理论知识的实践化”和“实践知识的理论化”。要实现“理论知识的实践化”和“实践知识的理论化”的关键在于反思。在磨课过程中，既有我们团队的反思，也有个人的反思，如在分步乘法计数原理的推广过程中，两步到三步的解决是渗透转化化归思想的良好载体，也是理解推广的关键步骤。评委们一致认为这是教学设计的亮点，挖掘这一亮点的老师说：“晚上睡觉时我在琢磨，分类加法的推广学生很容易理解，分步乘法的推广还是有难度的，怎么解决这个问题呢？我突然就想到了……半夜赶紧把这个主意记下来。”赛课结束，我们还对教学中存在的问题进行了讨论，大家一致认为：学生感知的材料不够充分，由一个问题归纳出原理不符合认知规律；还就教学机制、课堂掌控、学生发言等方面进行了探讨。这种“举案说法”式的反思比那种“自上而下”式的灌输具有更强的情境性、个体性，也更能触动内心，使其自觉地进行经常性的反思。诚如叶澜教授所言：“一个教师写一辈子教案不一定成为名师，如果一个教师坚持写三年的教学反思，有可能成为名师。”教育是艺术，没有最好，只有更好，通向更好的途径就是不断的反思。

案例 4-11　探究对勾函数的单调性①

【案例背景】

2009 年秋季，丽水学院附属中学积极开展新课程理论与实践研究，并出台了一系列教研举措，其中“高中数学‘引导自学，问题探究’课堂教学模式的建构与实践”成为这次数学组的研究课题之一。为了配合此次课题研究，学校安排作者上了一节有关探究式教学的公开课。而此时，高一刚好学习过高中新课程人教 A 版数学必修 1“函数的单调性与奇偶性”内容。考虑到对勾函数 $f(x)=x+\frac{a}{x}(a>0)$ 的性质在后续学习中的重要性，结合以往教师在教学上对这部分内容处理的经验与不足，以及学生学过这部分内容后所暴露出的问题等，作者决定将“函数 $f(x)=x+\frac{a}{x}(a>0)$ 的单调性”作为本次公开课的探究课题。

【案例呈现】

上课开始，教师提出如下问题：

学校准备建造一个长方形花坛，面积为 16 平方米，由于周围环境的限制，每边的长度均不能超过 8 米，也不能小于 2 米，求花坛的长与宽两边之和的最小值与最大值。

师：如何将实际问题归结为数学问题？

经过短暂的独立思考，学生将实际问题归结为如下的数学问题：

设花坛一边长为 x 米，则另一边长为 $\frac{16}{x}$ 米。

由 $\begin{cases}2\leqslant x\leqslant 8\\ 2\leqslant \frac{16}{x}\leqslant 8\end{cases}\Rightarrow 2\leqslant x\leqslant 8$，

所以两边之和 $f(x)=x+\frac{16}{x}(2\leqslant x\leqslant 8)$。

师：如何求 $f(x)$ 的最大（小）值？

生 1：取 $x=2,3,4,5,6,7,8$ 代入计算，发现当 $x=4$ 时，$f(x)$ 最小；当 $x=2$ 或 8 时，$f(x)$ 最大。因此，$f(x)_{\min}=f(4)=8$，$f(x)_{\max}=f(2)=f(8)=10$。

① 本案例由浙江省丽水学院附属中学王振丽设计。

生 2：生 1 的说法是错误的，因为他并没有取遍区间$[2,8]$上的所有值，我认为解决问题的关键是探讨 $f(x)$的单调性，并由此确定 $f(x)$的最大（小）值。

师：很好！那么如何探讨 $f(x)=x+\frac{16}{x}(2\leqslant x\leqslant 8)$的单调性呢？

生 2：可以描点画图，观察图像来发现 $f(x)$的单调性。

学生画图后，教师问道：$f(x)$的单调性如何？

生 3：画图发现 $f(x)$在$[2,4]$上递减，在$[4,8]$上递增。

由于作图时描出点的个数多少不同及作图精度的差异，学生得到的结论并不一致，于是课堂上出现了激烈的争论。生 4 突然大声说道："生 3 的结论是正确的。"

师：为什么？

生 4：因为 $f(x)=x+\frac{16}{x}=(\sqrt{x}-\frac{4}{\sqrt{x}})^2+8$，所以当$\sqrt{x}=\frac{4}{\sqrt{x}}$，即 $x=4$ 时，$f(x)_{\min}=8$。由此可猜测：$f(x)$在$[2,4]$上递减，在$[4,8]$上递增，并且可用函数单调性的定义证明结论的正确性。

教师对生 4 的探究精神给予了充分的肯定，并投影展示了该生的证明过程。至此课前问题获得解决，但教师并没就此罢休，而是趁热打铁，因势利导地提出问题：

函数 $f(x)=x+\frac{16}{x}(x>0)$的单调性如何？

学生思维的积极性又一次被调动起来，经过学生间充分地探讨与交流，得到如下解法：

解法一：类比生 4 的思路，由 $f(x)=(\sqrt{x}-\frac{4}{\sqrt{x}})^2+8\geqslant 8$ 猜想：$f(x)$在$(0,4]$上为减函数，在$[4,+\infty)$上为增函数，并给出证明（略）。

解法二：设 $0<x_1<x_2$，则

$$f(x_1)-f(x_2)=(x_1+\frac{16}{x_1})-(x_2+\frac{16}{x_2})=\frac{(x_1-x_2)(x_1x_2-16)}{x_1x_2},$$

若 $f(x_1)-f(x_2)>0$，由 $0<x_1<x_2$ 知：$x_1x_2-16<0$，即 $x_1x_2<16$。

又 $x_1x_2<x_2^2$，所以只需 $x_2^2\leqslant 16$，即 $x_2\leqslant 4$。

因此，当 $0<x_1<x_2\leqslant 4$ 时，有 $f(x_1)-f(x_2)>0$，$f(x)$在$(0,4]$上为减函数，同理可得，$f(x)$在$[4,+\infty)$上为增函数。

教师对学生的精彩表现给予了高度的评价，至此学生体验了一次成功的学习经历，脸上洋溢着幸福的微笑。

师：函数 $f(x)=x+\frac{16}{x}(x<0)$ 的单调性又如何呢？

学生又一次陷入沉思状态。稍后，学生便纷纷发表自己的见解。

生 5：类比探究 $f(x)=x+\frac{16}{x}(x>0)$ 的单调性的思路一可得：

$f(x)=x+\frac{16}{x}=-(\sqrt{-x}-\frac{4}{\sqrt{-x}})^2-8\leqslant-8$，

因此当 $\sqrt{-x}=\frac{4}{\sqrt{-x}}$，即 $x=-4$ 时，$f(x)_{\max}=-8$。

猜想：$f(x)$ 在 $(-\infty,-4]$ 上为增函数，在 $[-4,0)$ 上为减函数，证明(略)。

生 6：类比探究 $f(x)=x+\frac{16}{x}(x>0)$ 的单调性的思路二：

设 $x_1<x_2<0$，则 $f(x_1)-f(x_2)=(x_1+\frac{16}{x_1})-(x_2+\frac{16}{x_2})$ $=\frac{(x_1-x_2)(x_1x_2-16)}{x_1x_2}$，

若 $f(x_1)-f(x_2)>0$，由 $x_1<x_2<0$ 知：$x_1-x_2<0$ 且 $x_1x_2>0$，

必有 $x_1x_2-16<0$，即 $x_1x_2<16$。

又 $x_1x_2<x_1^2$，所以只需 $x_1^2\leqslant16$，即 $-4\leqslant x_1<0$。

因此，当 $-4\leqslant x_1<x_2<0$ 时，有 $f(x_1)-f(x_2)>0$，$f(x)$ 在 $[-4,0)$ 上为减函数，同理可得，$f(x)$ 在 $(-\infty,-4]$ 上为增函数。

生 7：由于 $f(x)=x+\frac{16}{x}(x\neq0)$ 是奇函数，其图像关于原点对称，因此，由 $f(x)=x+\frac{16}{x}(x>0)$ 在 $(0,4]$ 上单调递减，在 $[4,+\infty)$ 单调递增可知：

$f(x)=x+\frac{16}{x}(x<0)$ 在 $[-4,0)$ 上单调递减，在 $(-\infty,-4]$ 上单调递增。

这正是新课程理念所期待的课堂学习氛围。

师：很好！现在请大家归纳函数 $f(x)=x+\frac{16}{x}(x\neq0)$ 的单调性，据此你能画出 $f(x)$ 的图像吗？

学生尝试画图后，教师选择几幅具有典型问题的图像(如画成一、三象限内的两支抛物线等)投影展示，并让大家发表见解。

师：上述图像是否正确？你能通过 $f(x)$ 的解析式去探究它的图像特征吗？

一石激起千层浪，学生学习的热情异常高涨。突然，生 8 激动地要求发言，教师鼓励他到讲台边画边讲。

生 8（边画边讲）：当 $x>0$ 时，由 $x+\frac{16}{x}>x$ 知：$f(x)$ 的图像在直线 $y=x$ 的上方，又 $f(x)-x=\frac{16}{x}$，当 $x\to+\infty$ 时，$\frac{16}{x}\to 0$。因此，$f(x)$ 的图像向右逐渐靠近直线 $y=x$（向上逐渐靠近 y 轴），这样就得到 $f(x)$ 在 $x>0$ 时的图像（图 4-11-1）。再利用奇函数图像的对称性，便可得 $f(x)=x+\frac{16}{x}(x\neq 0)$ 的整个图像（图 4-11-2）。

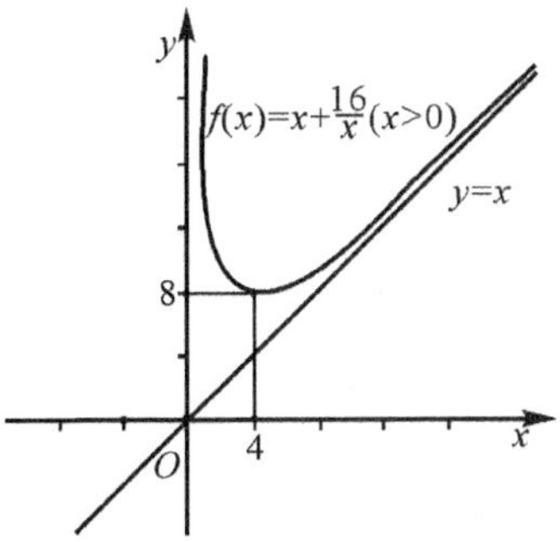

图 4-11-1

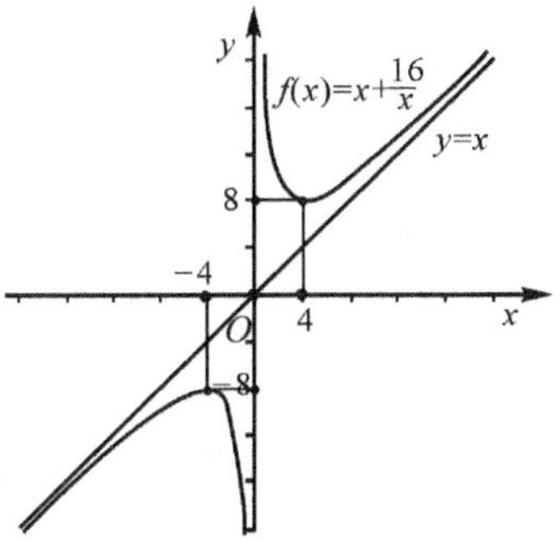

图 4-11-2

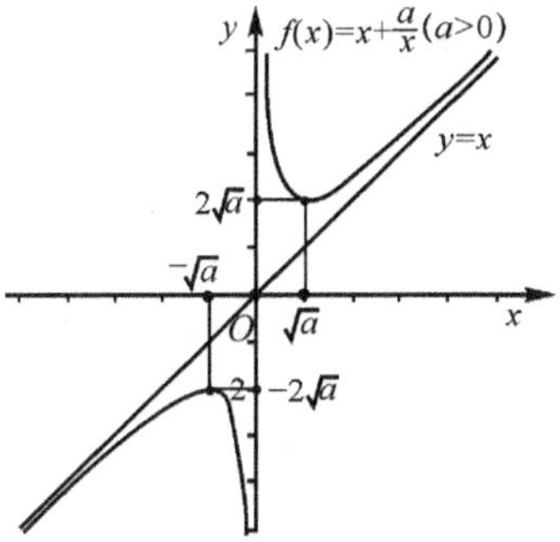

图 4-11-3

接着教师用几何画板画出了 $f(x)=x+\frac{16}{x}(x\neq 0)$ 的图像，验证了生 8 的推理和绘图，并评价道："生 8 为我们演绎了一次数和形的完美结合，他的探究精神令人佩服。"同学们对生 8 的出色表现报以热烈的掌声，该生脸上流露出成功的喜悦。

随后在教师的引导下，学生由特殊到一般归纳并证明了对勾函数 $f(x)=x+\frac{a}{x}(a>0)$ 的单调性（$f(x)$ 在 $(-\infty,-\sqrt{a}]$ 及 $[\sqrt{a},+\infty)$ 上单调递增，在 $[-\sqrt{a},0)$ 及 $(0,\sqrt{a}]$ 上单调递减），并作出了 $f(x)$ 的图像（图 4-11-3）。

最后，作为对本堂课探究结论及方法的巩固与练习，教师布置了如下思考题：

讨论函数 $f(x)=\frac{x}{x^2+1}$ 的单调性，并作出其图像。

【案例剖析】

1. 如何选取合适的探究课题

苏霍姆林斯基说："在人的心灵深处，都有一种根深蒂固的需要，就是希望感到自己是一个发现者、研究者、探索者。"数学课程标准明确指出："高中数学课程应力求通过各种不同形式的自主学习，探究活动，让学生体验数学发现和创造的历程，发展他们的创新意识。”数学探究是学生学习的心理回归，是数学教学的学术回归，它有利于学生深入理解知识，把握数学思想方法，提高数学探究能力。

然而，探究并不适用于所有的数学内容。也就是说，并非所有的数学问题都具有探究价值。判断一个数学问题是否具有探究价值，一般应从以下 6 个角度去考虑：①是否能引导学生进行更深层次的思考；②是否有利于数学思想方法的挖掘与提升；③是否具有足够的开放性以丰富学生的数学活动经验；④难易程度是否处于学生的“最近发展区”；⑤是否能激发学生的探究欲望，鼓励学生参与到探究过程中来；⑥是否能够将新旧知识、过程与方法统一起来。从这几点出发，本案例中，教师将“函数 $f(x)=x+\frac{a}{x}(a>0)$ 的单调性”作为探究课题，兼有以上几个特点，起到了激发兴趣、活跃思维、引领学生自觉选择探究方向、多方寻求探究方法、亲身经历探究过程的作用，应该是较为恰当的。

2. 教师的引领与学生的自主性

巴西教育家保罗·弗莱雷说：“没有对话，就没有交流；没有交流，也就没有真正的教育。”课堂教学应当是一种充满活力的对话的实践，应努力营造一种活动性、自主性、反思性的学习氛围。本案例中，教师充分尊重学生在探究过程中的自主性，给予学生广阔的探究空间。同时，教师适时介入，引导、启发学生开展讨论与交流，洞察课堂中发生的各种问题，并准确地判断发生问题的原因，能动地、有效地处理问题，较好地发挥了指导者、引领者的作用。其中有如下几个亮点：

亮点一：关于如何确定 $f(x)=x+\frac{16}{x}(2\leqslant x\leqslant 8)$ 的单调性的质疑与释疑，总结出确定函数单调区间的图像法；先利用配方法求出 $f(x)$ 取得最小值时的自变量 $x=4$，猜想 $f(x)$ 的单调性，再结合单调性定义证明函数单调性定义法（随着后续内容的学习，还可有均值不等式法、导数法等）。

亮点二：在探讨函数 $f(x)=x+\frac{16}{x}(x<0)$ 的单调性时，由学生通过类比的方法给出与探讨函数 $f(x)=x+\frac{16}{x}(x>0)$ 的单调性思路相同的猜想证明法与单调性定义法两种方法，以及利用奇函数图像对称性的数形结合法。

亮点三：由“你能通过 $f(x)$ 的解析式去探讨它的图像特征码？”的追问，引出了学生“发现”渐近线以“数”探“形”法。

3. 以数学思想为主线，以培养思维能力为目的

“数学是思维的体操”，加里宁这句名言揭示了数学学习的本质是一种思维活动。苏联著名教育家斯托利亚尔在《数学教育学》中也指出“数学教学是数学

思维活动的教学”。数学教育并非单纯地积累数学事实，更多的是通过对数学活动经验的条理化，对数学知识的自我组织，对数学思想方法的领悟等来实现其价值。在数学教学中，探究只是手段，数学思想方法才是灵魂，而培养学生的思维能力是其最根本的目的。

本课探究教学中，渗透了下列数学思想：

(1)归纳思想(由特殊到一般)。如先研究具体的函数 $f(x)=x+\frac{16}{x}$ $(2\leqslant x\leqslant 8)$，$f(x)=x+\frac{16}{x}(x>0)$，$f(x)=x+\frac{16}{x}(x<0)$的单调性，再对比归纳函数 $f(x)=x+\frac{a}{x}(x>0)$，$f(x)=x+\frac{a}{x}(x<0)$及 $f(x)=x+\frac{a}{x}$的单调性(其中 $a>0$)。

(2)数形结合思想。反复揭示函数图像与性质的关系，让学生体会数形结合思想。

(3)类比思想。如类比探究 $f(x)=x+\frac{16}{x}(2\leqslant x\leqslant 8)$的单调性的方法，得到探究 $f(x)=x+\frac{16}{x}(x>0)$的单调性的方法，进而类比得到探究 $f(x)=x+\frac{16}{x}(x<0)$的单调性的方法。

(4)转化思想。如探究 $f(x)=x+\frac{16}{x}(x<0)$的单调性时，利用函数图像的对称性，转化为探究 $f(x)=x+\frac{16}{x}(x>0)$的单调性，特别是教师多次利用简单的问题，引导学生反复体验如何将新的、陌生的、未知的问题转化为旧的、熟悉的、已知的问题来解决，不断强化转化思想。

众所周知，数学教学中有三种思维活动：数学家的思维活动，教师的思维活动和学生的思维活动。其关系如下所示：

数学家的思维活动 —备课→ 教师的思维活动 ←上课→ 学生的思维活动

课堂上，教师采取的策略是：深钻探究素材，追踪数学家的思维活动；设计元认知提示语，“稚化”教师的思维活动；自主探究与合作交流，激活学生的思维活动，从而使学生在有效的探究中，不断提高思维水平。

【案例启示】

1. 转变学生的学习方式，让学生成为知识的主动构建者

丰富学生的学习方式，改进学生的学习方法是《普通高中数学课程标准(实验)》追求的基本理念。该理念认为，学生的数学学习活动不应只限于对概念、结

论和技能的记忆、模仿和接受等被动学习方式，强调应倡导自主探索、动手实践、合作交流、阅读自学等主动学习方式，让学生成为知识的主动建构者。在传统课堂中，关于对勾函数 $f(x)=x+\frac{a}{x}(a>0)$ 的教学，多数情况下教师的做法是要求学生先证明 $f(x)$ 在某个区间上的单调性，然后教师直接给出 $f(x)$ 的单调性，并画出其图像。这种直接把现成结论呈现给学生的教学方式，不仅使学生失去了一次宝贵的探究数学知识的经历和丰富体验，而且容易造成学生由于死记结论而不能灵活运用的现象。本案例中，教师一改原来的做法，通过一个简单的问题情境，由浅入深，由特殊到一般，循序渐进地引导学生经历数学学习中的发现、观察、猜想、归纳、类比、验证等探究活动过程，从而让学生主动完成数学知识的建构，体现出以教师为主导、学生为主体的教学原则，真正实现了教师教学观念的更新和学生学习方式的转变。在此过程中，学生的学习是主动的、积极的，实现了由“要我学”到“我要学”的转变，既培养了兴趣，又发展了能力。

2. 教师应注意加强自身的专业修养，做好教学的策划、组织和指导工作

《普通高中数学课程标准(实验)》指出：教师是学生进行数学探究的组织者、指导者、合作者，应该为学生提供较为丰富的数学探究课题的案例和背景材料，有比较开阔的数学视野，并积累指导学生进行数学探究的资源。新课程对教师的专业化成长提出了更高的要求。教师只有不断地学习才能适应新的挑战，决不能因循守旧，故步自封。本案例中的函数 $f(x)=x+\frac{a}{x}(a>0)$ 是一个重要的函数模型，在许多数学问题中有重要应用。如前所述，以往教师对该函数单调性的教学处理要么是过于简单和草率，要么是让学生机械完成证明过程或被动接受，其教学效果不言而喻。本案例中教师以敏锐的眼光捕捉到了这一重要的教学资源，并独具匠心地进行了教学活动的组织设计，为学生的探究活动提供了丰富的形式、充分的空间和机会，让学生通过亲身体验，去发现问题，并通过独立思考、讨论交流、合作探究等学习方式去解决问题，获得规律和结论，使学生的自主学习成为可能，较好地培养了学生的创新精神和实践能力。在探究画函数 $f(x)=x+\frac{16}{x}(x\neq 0)$ 的图像阶段，当有学生将图像画成一、三象限内的两支抛物线时，教师并没有直接告诉学生图像的错误，也没急于用几何画板展示该函数的图像，而是巧妙地运用教学智慧，引导学生从函数解析式的角度去探讨函数图像特征，使学生体验到了通过“数”研究“形”的方法，实现了思维的创新。试想，如果教师在备课时没有进行相应的教学预设，或教师的专业功底不够扎实，当他突然面对学生的错误作图时，又会出现什么现象呢？如果教师是就图论图的话，那就会让学生浅尝辄止，从而使学生失去一次宝贵的以“数”探“形”的机会。因此，教师

要扮好导演者的角色，让我们的数学教学成为在教师指导下的、以学生独立自主学习和合作讨论为前提的数学探究活动。教师要通过各种措施和途径，把学生数学学习过程中的发现、探索、研究等认知活动凸显出来，使学生的数学学习过程更多地成为在教师引导下的学生发现问题、提出问题、解决问题的“再创造”过程。教学中，教师要为学生形成积极主动的、多样的学习方式创造有利的条件，以激发学生的数学学习兴趣，增强学生学习的自信心和克服困难的意志力，培养学生独立思考的习惯、探索精神和合作意识，不断提高学生的数学能力和数学素养。

案例 4-12　由韦达定理引发的数学之旅

韦达定理说明了一元 n 次方程中根和系数之间的关系。法国数学家韦达最早发现代数方程的根与系数之间有这种关系，因此，人们把这种关系称为韦达定理。有趣的是，韦达在 16 世纪就得出这个定理，证明这个定理要依靠代数基本定理，而代数基本定理却是在 1799 年才由高斯作出第一个实质性的论证。韦达定理在方程论中有着广泛的应用。本案例呈现了基于这一数学史的数学探究活动。

【案例呈现】

在介绍一元二次方程的韦达定理后，教师向学生简要说明了一元三次方程 $ax^3+bx^2+cx+d=0$ 也有韦达定理：$\begin{cases} x_1+x_2+x_3=-\dfrac{b}{a} \\ x_1x_2+x_1x_3+x_2x_3=\dfrac{c}{a} \\ x_1x_2x_3=-\dfrac{d}{a} \end{cases}$。同时和学生一起探索如何利用韦达定理解一元二次方程 $ax^2+bx+c=0$：

设 $x_1>x_2$，由 $\begin{cases} x_1+x_2=-\dfrac{b}{a} \\ x_1x_2=\dfrac{c}{a} \end{cases}$，可得 $(x_1-x_2)^2=(x_1+x_2)^2-4x_1x_2=\dfrac{b^2}{a^2}-\dfrac{4c}{a}=\dfrac{b^2-4ac}{a^2}$，则 $x_1-x_2=\dfrac{\sqrt{b^2-4ac}}{a}$。解方程组 $\begin{cases} x_1+x_2=-\dfrac{b}{a} \\ x_1-x_2=\dfrac{\sqrt{b^2-4ac}}{a} \end{cases}$，得 $x_{1,2}=\dfrac{-b\pm\sqrt{b^2-4ac}}{2a}$。这样，由求根公式得到韦达定理，再由韦达定理求得求根公

式，学生对两者及其联系都有深刻的理解。

课后，有位学生跑过来问老师，能不能由三次方程的韦达定理公式来求它的求根公式？老师当时并没在意，因为三次方程求根公式很复杂，对一个初中学生来说可能还无法解决，但又不能打击他的积极性，于是轻描淡写地说了一句：那你试试看吧。没想到，第二天他拿了厚厚一叠草稿纸来，说："我本想把韦达定理变形为$\begin{cases}x_1+x_2+x_3=A\\x_1+x_2-x_3=B\\x_1-x_2-x_3=C\end{cases}$的形式，然后解方程组，但没有成功。不过我把韦达定理变形为$\begin{cases}x_1+x_2+x_3=A\\x_1^2+x_2^2+x_3^2=B\\x_1^3+x_2^3+x_3^3=C\end{cases}$的形式（变形过程参看本案例附录），如果这个方程组解出了，那我就解出了三次方程。可是，这个方程组我也解不出，但我觉得它的形式很漂亮。"

老师不禁为学生的想法所震动。由二次方程向三次方程作类比与推广，运用所学知识对方程组进行变形，这里包含了学生对数学的兴趣和对知识的渴求。于是老师就和他一起去寻找这个方程组的解法，其间尝试了很多方法，但却一无所获。最后求助于电脑，其结果的复杂程度让人难以置信：屏幕上密密麻麻布满了数字与符号。如果这个工作由手工来完成，是何等繁杂。

看到学生脸上露出失望和无奈的神情，老师想可以趁这个机会向他简单介绍一下历史上三、四次方程求根公式的方法。

对于一元三次方程 $y^3+a_1y^2+a_2y+a_3=0$，作变换 $y=x-\frac{a_1}{3}$，则可化为缺失 x^2 项的方程 $x^3+px+q=0$。利用$(u+v)^3=u^3+v^3+3uv(u+v)$，令 $x=u+v$，则原方程化为$(u+v)^3+(-3uv)(u+v)+(-u^3-v^3)=0$。则只需解出$\begin{cases}-3uv=p\\-u^3-v^3=q\end{cases}$即可。将方程组变形为$\begin{cases}u^3+v^3=-q\\u^3v^3=-\frac{p^3}{27}\end{cases}$，由韦达定理可知，$u^3$，$v^3$ 是二次方程 $z^2+qz-\frac{p^3}{27}=0$ 的两个根，解得 $z_{1,2}=-\frac{q}{2}\pm\sqrt{\frac{q^2}{4}+\frac{p^3}{27}}$，所以 $u=\sqrt[3]{z_1}=\sqrt[3]{-\frac{q}{2}+\sqrt{\frac{q^2}{4}+\frac{p^3}{27}}}$，$v=\sqrt[3]{z_2}=\sqrt[3]{-\frac{q}{2}-\sqrt{\frac{q^2}{4}+\frac{p^3}{27}}}$，因此 $x=u+v=\sqrt[3]{-\frac{q}{2}+\sqrt{\frac{q^2}{4}+\frac{q^3}{27}}}+\sqrt[3]{-\frac{q}{2}-\sqrt{\frac{q^2}{4}+\frac{q^3}{27}}}$。

再往下解，将遇到虚数，所以老师没向学生介绍，但告诉他三次方程最多有三个解。

对于一元四次方程 $y^4+a_1y^3+a_2y^2+a_3y+a_4=0$，作变换 $y=x-\frac{a_1}{4}$，则可化为缺失 x^3 项的方程 $x^4+qx^2+rx+s=0$。然后引入三个辅助量 u,v,w，即令 $x=u+v+w$，可得 $\begin{cases} u^2+v^2+w^2=-\frac{q}{2} \\ u^2v^2+v^2w^2+w^2u^2=q^2-\frac{4s}{16} \\ uvw=-\frac{r}{8}\left(u^2v^2w^2=\frac{r^2}{64}\right) \end{cases}$。由韦达定理知 u^2,v^2,w^2 是三次方程 $z^3+\frac{q}{2}z^2+(q^2-\frac{4s}{16})z-\frac{r^2}{64}=0$ 的根。若这个三次方程的根为 z_1,z_2,z_3，则 $u=\pm\sqrt{z_1}$，$v=\pm\sqrt{z_2}$，$w=\pm\sqrt{z_3}$。这时 $x=u+v+w$ 有 8 种可能组合，不过受 $uvw=-\frac{r}{8}$ 限制，实际上只有 4 种组合，所以一元四次方程有四个根。

这时，学生注意到三次方程作了变换 $y=x-\frac{a_1}{3}$，而四次方程作了变换 $y=x-\frac{a_1}{4}$，可以分别使原方程缺失 x^2 和 x^3 的项。于是他说，可不可以对一元二次方程 $y^2+a_1y+a_2=0$ 作变换 $y=x-\frac{a_1}{2}$，使原方程缺失 x 项，然后再直接开平方？尝试如下：

$\because (x-\frac{a_1}{2})^2+a_1(x-\frac{a_1}{2})+a_2=0$，$\therefore x^2=\frac{a_1^2}{4}-a_2$，$\therefore x=\pm\sqrt{\frac{a_1^2}{4}-a_2}$，$\therefore y=x-\frac{a_1}{2}=\pm\sqrt{\frac{a_1^2}{4}-a_2}-\frac{a_1}{2}$。这与我们使用配方法解方程在本质上是一样的：由 $y^2+a_1y+a_2=0$ 得 $y^2+a_1y+(\frac{a_1}{2})^2-\frac{a_1^2}{4}+a_2=0$，则 $(y+\frac{a_1}{2})^2=\frac{a_1^2}{4}-a_2$。

原以为我们对这一问题的探索到此就可以结束了，没想到第二天他又来找老师，兴奋地告诉老师他找到一种解二次方程的新方法：

对 $x^2+px+q=0$，令 $x=a+b$，则 $(a+b)^2-(a-b)(a+b)-2b(a+b)=0$。令 $a-b=-p$ ①，$2b(a+b)=-q$ ②，①^2 $+4\times$② $=(a-b)^2+8b(a+b)=(a+3b)^2$，所以 $a+3b=\sqrt{p^2-4q}$ ③或 $a+3b=-\sqrt{p^2-4q}$ ④。$3\times$①+③得 $a=\frac{-3p+\sqrt{p^2-4q}}{4}$，则 $b=\frac{p+\sqrt{p^2-4q}}{4}$，$x=\frac{-p+\sqrt{p^2-4q}}{2}$；联立①、④可得 $x=\frac{-p-\sqrt{p^2-4q}}{2}$。

很明显，这种方法是受三次方程解法的启示。他还告诉老师，他先是尝试利用$(a+b)^2-a(a+b)+(ab-b^2)=0$，但失败了。

【案例分析】

回首看整个过程发现，这是师生二人一起经历了一次奇妙的数学之旅。在这个过程中，对数学的兴趣，对知识的渴求，使学生全身心地投入其中。虽然也经历了挫折和失败，最后的结果也未必很有实用价值(他得到的一元二次方程新解法就没有多大实用价值)，但是，整个过程表现出的发现问题的意识和解决问题的方法对学生来讲是一笔十分珍贵的财富。所以，作为教师，应该呵护学生的好奇心，并适时地引导学生进行探索。

此外，教师尝试把这一经历设计成教学过程进行课堂教学，但效果并没所设想得那么成功。虽然对学生进行了启发引导，但很多学生的思路似乎是由教师牵着走。到最后，很多学生的脸上都露出茫然的神色。也许，这些教师认为很有趣的知识，并不是他们所要的。也许，只有学生对教学内容产生浓厚的兴趣，他们才能全身心地投入其中。这也启发我们，教师应在调动学生的好奇心上下工夫。

【附录】

对于三次方程 $x^3+ax^2+bx+c=0$，由韦达定理有：$\begin{cases}x_1+x_2+x_3=-a\\x_1x_2+x_1x_3+x_2x_3=b\\x_1x_2x_3=-c\end{cases}$。

$\because (x_1+x_2+x_3)^2=x_1^2+x_2^2+x_3^2+2(x_1x_2+x_1x_3+x_2x_3)$，

$\therefore x_1^2+x_2^2+x_3^2=a^2-2b$，

$(x_1+x_2+x_3)^3=[x_1^2+x_2^2+x_3^2+2(x_1x_2+x_1x_3+x_2x_3)](x_1+x_2+x_3)$

$=(x_1^2+x_2^2+x_3^2)(x_1+x_2+x_3)+2b(-a)$，

$=x_1^3+x_2^3+x_3^3+x_1(x_2^2+x_3^2)+x_2(x_1^2+x_3^2)+x_3(x_1^2+x_2^2)+2b(-a)=-a^3$，

$\therefore x_1(x_2^2+x_3^2)+x_2(x_1^2+x_3^2)+x_3(x_1^2+x_2^2)=-a^3+2ab-(x_1^3+x_2^3+x_3^3)$，

而$(x_1+x_2+x_3)(x_1x_2+x_1x_3+x_2x_3)$

$=x_1^2x_2+x_1^2x_3+x_1x_2x_3+x_1x_2^2+x_1x_2x_3+x_2^2x_3+x_1x_2x_3+x_1x_3^2+x_2x_3^2$

$=3x_1x_2x_3+x_1(x_2^2+x_3^2)+x_2(x_1^2+x_3^2)+x_3(x_1^2+x_2^2)$

$=3(-c)-a^3+2ab-(x_1^3+x_2^3+x_3^3)=-ab$，

$x_1^3+x_2^3+x_3^3=-a^3+2ab-3c+ab=-a^3+3ab-3c$，

$\therefore \begin{cases}x_1+x_2+x_3=-a\\x_1^2+x_2^2+x_3^2=a^2-2b\\x_1^3+x_2^3+x_3^3=-a^3+3ab-3c\end{cases}$。

案例 4-13　函数的应用(第一学时)

一、学习目标

1. 知识目标:能够找出简单实际问题中的函数关系式,应用一次函数、二次函数模型解决实际问题,初步掌握数学建模的一般步骤和方法。

2. 能力目标:通过具体实例,感受运用函数建立模型的过程和方法,体会一次函数、二次函数模型在数学和其他学科中的重要性,初步树立函数的观点。

3. 情感目标:了解数学知识来源于生活,又服务于实际,从而培养学生的数学应用意识。

二、教学重点与难点

教学重点:运用一次函数、二次函数模型解决实际问题。

教学难点:增强运用函数思想理解和处理问题的意识,理解数学建模中将实际问题抽象、转化为数学问题的一般方法。

三、教学内容安排

1. 复习一次函数、二次函数的有关知识

2. 创设情境,揭示课题

引例:大约在 1500 年前,《孙子算经》中记载了这样的一道题:"今有鸡兔同笼,上有三十五头,下有九十四足,问鸡兔各几何?"这四句的意思就是:有几只鸡和兔? 你知道孙子是如何解答这个"鸡兔同笼"问题的吗? 你有什么更好的方法? 老师介绍孙子的大胆解法:他假设砍去每只鸡和兔一半的脚,则每只鸡和兔就变成了"独脚鸡"和"双脚兔"。这样,"独脚鸡"和"双脚兔"脚的数量与它们头的数量之差,就是兔子数,即:$47-35=12$;鸡数就是:$35-12=23$。

此例激发了学生的学习兴趣,增强了其求知的欲望。

可引导学生运用方程的思想解答"鸡兔同笼"问题。

3. 结合实例,探求新知

例 1　某列火车从北京西站开往石家庄,全程 277km,火车出发 10min 开出 13km 后,以 120km/h 匀速行驶。试写出火车行驶的总路程 s 与匀速行驶的时间 t 之间的关系,并求出离开北京 2h 时火车行驶的路程。

探索:(1)本例所涉及的变量有哪些? 它们的取值范围怎样?

(2)变式思考:试写出火车匀速行驶的路程 y 与火车行驶的时间 x 之间的函数关系。

(3)所涉及的变量的关系如何?

(4)写出本例的解答过程。

教师提示:路程 s 和自变量 t 的取值范围(即函数的定义域),注意 t 的实际意义。

学生独立思考,完成解答,并且相互讨论、交流、评析。

说明:本例是一次函数模型的例子,在审题中重点是理解各变量的含义及相互间的依赖关系,难点是求自变量 t 的取值范围。可设一次函数为 $y=kx+b$,使用待定系数法求解。对于第二问,我们可以引导学生体会函数与方程,一般与特殊的关系,加深对函数本质的理解。

例 2 某农家旅游公司有客房 300 间,每间日房租为 20 元,每天都客满。公司欲提高档次,并提高租金。如果每间客房每日增加 2 元,客房出租数就会减少 10 间。若不考虑其他因素,旅游公司将房间租金提高到多少时,每天客房的租金总收入最高?

引导学生探索如下:

(1)本例涉及哪些数量关系?

(2)应如何选取变量,其取值范围又如何?

(3)应选取何种函数模型来描述变量的关系?

(4)如何理解"总收入最高"的数学含义?

根据教师的引导启发,学生自主建立恰当的函数模型进行解答,然后交流、评析。

解 设客房日租金每间提高 $2x$ 元,则每天客房出租数为 $300-10x$,由 $x>0$,且 $300-10x>0$ 得:$0<x<30$。

设客房租金总收入 y 元,则有:$y=(20+2x)(300-10x)=-20(x-10)^2+8000(0<x<30)$。

由二次函数性质可知,当 $x=10$ 时,$y_{\max}=8000$。

因此,当每间客房日租金提高到 $20+10\times2=40$ 元时,客房租金总收入最高,为每天 8000 元。

【课堂练习】

1. 要建一个容积为 8m^3,深为 2m 的长方体无盖水池,如果池底和池壁的造价每平方米分别为 120 元和 80 元,试求应当怎样设计,才能使水池总造价最低?并求此最低造价。

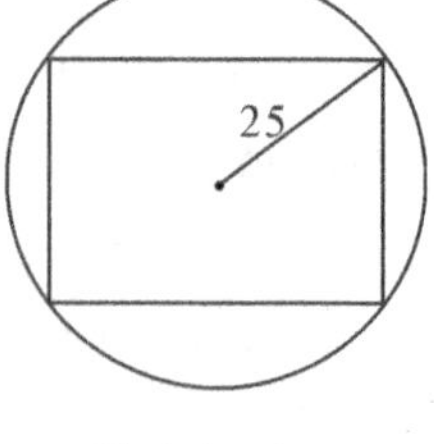

图 4-13-1

2. 如图 4-13-1 所示,把截面半径为 25cm 的圆形木头锯成矩形木料,如果矩形一边长为 x,面积为 y,试将 y 表示

成 x 的函数，并画出函数的大致图像，判断怎样锯才能使得截面面积最大？

例 3 某蔬菜基地种植西红柿，由历年市场行情得知，从 2 月 1 日起的 300 天内，西红柿市场售价与上市时间的关系用图 4-13-2 的一条折线表示；西红柿的种植成本与上市时间的关系用图 4-13-3 的抛物线表示。

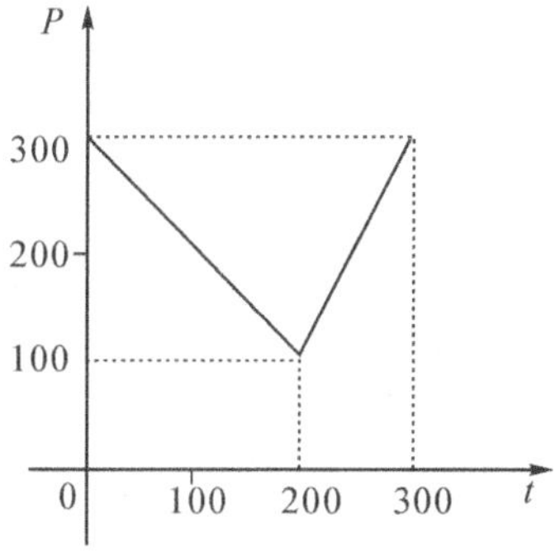

图 4-13-2

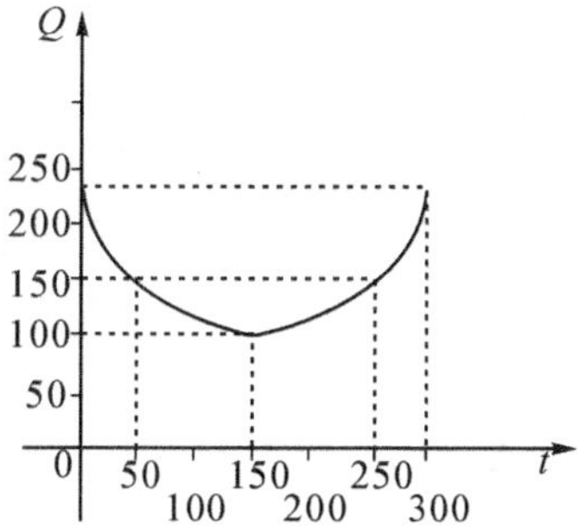

图 4-13-3

(1)写出图 4-13-2 表示的市场售价与上市时间的函数关系式 $P=f(t)$；写出图 4-13-3 表示的种植成本与上市时间的函数关系式 $Q=g(t)$。

(2)认定市场售价减去种植成本为纯收益，问何时上市的西红柿纯收益最大？

(注：市场售价和种植成本的单位：元/百千克，时间单位：天。)

解 由图 4-13-2 可得市场售价与上市时间 t 的函数关系：$P=\begin{cases}300-t(0\leqslant t\leqslant 200)\\2t-300(200<t\leqslant 300)\end{cases}$，由图 4-13-3 可得种植成本与时间 t 的函数关系：$Q=\frac{1}{200}(t-150)^2+100(0\leqslant t\leqslant 300)$，由上消去 t 得 Q 与 P 的对应关系式：

$$Q=\begin{cases}\frac{1}{200}(150-P)^2+100(100\leqslant P\leqslant 300,0\leqslant t\leqslant 200)\\\frac{1}{800}P^2+100(100\leqslant P\leqslant 300,200<t\leqslant 300)\end{cases},$$

因为认定市场售价 P 与种植成本 Q 之差为纯收益，所以当 $100\leqslant P\leqslant 300$ 且 $0\leqslant t\leqslant 200$ 时，$P-Q=-\frac{1}{200}(P-250)^2+100$；由二次函数性质可知，当 $P=250$ 时，$t=50$，此时 $P-Q$ 取得最大值 100。

当 $100\leqslant P\leqslant 300$ 且 $200<t\leqslant 300$ 时，$P-Q=-\frac{1}{800}(P-400)^2+100$；由二次函数性质可知，当 $P=300$ 时，$t=300$，此时 $P-Q$ 取得最大值 87.5。因为 100

>87.5，所以当 $t=50$ 时，$P-Q$ 取得最大值 100，即从 2 月 1 日起的第 50 天上市的西红柿收益最大。

4. 归纳整理，发展思维

引导学生共同小结，归纳一般的应用题的求解方法、步骤：

(1)合理选取变量，建立实际问题中的变量之间的函数关系，从而将实际问题转化为函数模型问题；

(2)运用所学知识研究函数问题，得到函数问题的解答；

(3)将函数问题的解翻译或解释成实际问题的解；

(4)在将实际问题向数学问题的转化过程中，能作图的要作图，可借助于图形的直观性，研究两变量间的联系。抽象出数学模型时，注意实际问题对变量范围的限制。

5. 布置作业

教材第 68 页习题 2.3(A 组)第 3、4、5 题，习题 2.3(B 组)第 1、2 题。

四、教学资源

教师教学用书。

五、教学方法与学习指导策略

函数是描述客观世界变化规律的基本数学模型，因此函数的应用是学习函数的主要目的之一。本案例学习一次函数和二次函数模型的应用，让学生在熟悉的知识背景下理解用函数的思想分析问题、解决问题的方法，初步掌握建立数学模型的一般步骤，为第二次学习函数的应用打好基础。教材这样处理既符合学生的认知规律，又体现了螺旋式上升的设计理念。在函数应用的教学中，学生通过动手操作、模仿，参与解决实际问题，体验从实际问题中抽象出数学关系的方法，从而感受函数的应用价值，增强数学应用的意识；学生在体验数学与日常生活和其他学科领域的联系中树立起正确的世界观；数学建模活动，在激发学生学习数学的兴趣，发展学生创新精神和实践能力方面起到重要的作用。结合本课内容的学习，使学生形成用函数思考问题的习惯。总之，对于函数应用的教学主要是培养学生数学应用的意识，用函数模型刻画客观世界的规律的能力。在模型的建立中关键要合理选择变量和寻求变量间的依赖关系，掌握数学建模的一般方法。

【案例点评】

新课标的指导思想之一是：为使每个学生都受到良好的数学教育，数学教学不仅要使学生获得数学的知识技能，而且要把“知识技能”、“数学思考”、“问题解决”、“情感态度”四个方面目标有机结合，整体实现课程目标。本案例设计较好地实施了这个教学理念。在教学过程中，不仅重视学生获得知识技能，而且注重激发学生的学习兴趣，引导学生通过独立思考或者合作交流感悟数学的基本思想，引导学生在参与数学活动的过程中积累基本经验，帮助学生形成良好的学习习惯。

本案例首先复习了一元一次函数及一元二次函数的相关知识，有利于学生的知识同化，更好地构建知识架构，在复习旧知识的同时能够很好地导入新课。开头用《孙子算经》中记载的一道题引入新课，很好地激发了学生的求知欲，激起了学生的学习兴趣。在探求新知的过程中，从实际生活中的问题入手，从具体到抽象。创设实际生活的情境，能够让学生切实感受到数学是源于生活，服务于生活，且能够很好地培养学生的数学意识。课堂练习的设置很合理，顺应学生的思维，有利于学生对所学知识的把握。其设置是按照"问题提出→问题解决→问题反思→问题推广"这个程序循序渐进，反复完成的。在这个过程中，思维逐步深化，反思逐步提升，问题由简到难推进，不断地强化学生的数学思维。在课堂中还通过对现实问题构建模型，将现实生活中的问题转化为数学中的抽象问题，再通过对抽象函数性质的研究，培养、训练、提高学生的逻辑思维能力和发散思维；渗透函数与方程思想、数学结合、划归与转化、分类讨论转化、建模等数学思想，在学习过程中感悟数学思想方法的作用。

数学教学就是让学生学习数学知识，并在学习数学知识的同时，让学生不断体会和领悟其中的数学思想方法，从而潜移默化地提高自身的数学素养，不断提升学生的创造能力。在教学过程中教师不可能代替学生去接受数学知识，只能起到一个主导的作用。在不断的情境创设中让学生自主地思考并回答教师所提出的问题是有效实施这种引导的重要途径。在不断的情境创设中，我们在创设出好的教学情境时，应注意以下几点：

(1)以数学故事和数学史实创设问题情境，吸引学生的注意力，激发学生的学习兴趣。

(2)以数学知识的产生、发展过程创设问题情境，激发学生的学习兴趣。

(3)以数学知识的现实价值创设问题情境，让学生领会学好数学的社会意义，激发学生的学习兴趣。

(4)以数学悬念来创设问题情境，激发学生的学习兴趣。

(5)以数学活动和数学实验创设问题情境，让学生通过动脑思考、动手操作，在"做数学"中学到知识，获得成就感，体会到学习数学的无穷乐趣。

(6)以计算机作为创设数学情境的工具，充分发挥现代教育技术的创新教育功能。

同时我们也需要一个好的数学"问题"来创设这个情境，这种好的问题应该具备以下几个特征：

(1)问题具有一定的挑战性,能够发展学生的思维,但同时也需要可及性,即问题要符合学生的一般认知规律和身心发展规律。

(2)问题具有现实意义或与学生的实际生活有直接的联系,但是题目也要有学科性,即与所学的数学学科紧密相连。

(3)问题具有多种不同的解法或有多种可能的解答,即开放性。

(4)问题能给学生深刻的体验性,能让学生体验和感受生活。

这节课可以根据以上的建议对问题的情境设置作一些适当的改动。

案例 4-14　关于统计的教学设计①

一、教学内容和内容解析

1. 教学内容

本课主要内容是让学生了解:认识客观现象的第一步就是通过观察或试验取得观测资料,然后分析这些资料来认识客观现象。获取有代表性的观测资料并正确地加以分析是正确认识未知现象的基础,也是统计所研究的基本问题。

2. 内容解析

本课是高中统计的第一节课,统计是研究如何合理收集、整理、分析数据的学科,它可以为人们制定决策提供依据。学生在初中阶段已学习了收集、整理、描述和分析数据等处理数据的基本方法。高中的统计学习将逐步让学生体会确定性思维与统计思维的差异,了解统计结果的随机性特征,知道统计推断可能出错。统计有两种:一种是把所有个体的信息都收集起来,然后进行描述,这种统计方法称为描述性统计,例如人口普查。但在很多情况下我们无法采用描述性统计对所有个体进行调查,通常是在总体中抽取一定的样本为代表,从样本的信息来推断总体的特征,这种统计方法称为推断性统计。例如有的产品数量非常大,或者质量检查具有破坏性。

抽样调查是收集数据的一种重要途径,是一种重要的、科学的非全面调查方法。它根据调查的目的和任务要求,按照随机原则,从若干单位组成的事物总体中,抽取部分样本单位来进行调查、观察,用样本数据来推断总体,其中蕴涵了重要的统计思想——样本估计总体。而样本代表性的好坏直接影响统计结论的准确性,所以抽样过程中,考虑的最主要原则是保证样本能很好地代表总体。随机抽样的出发点是使每个个体都有相同的机会被抽中,这是基于对样本数据代表

① 本案例由浙江省杭州市余杭高级中学吴寅静设计。

性的考虑。

本课重点是能从现实生活或其他学科中提出具有一定价值的统计问题，理解随机抽样的必要性与重要性。

二、教学目标和目标解析

1. 教学目标

(1)通过具体案例的分析，逐步学会从现实生活中提出具有一定价值的统计问题；

(2)结合实际问题情境，理解随机抽样的必要性和重要性，深刻理解样本的代表性。

2. 目标解析

“章引言”列举了我国水资源缺乏问题、土地沙漠化问题等情境，提出了学习统计的意义。通过具体实例，引导学生尝试从实际问题中发现并提出统计问题，以培养学生从现实生活或其他学科中发现问题、提出问题的能力、意识和习惯。

对某个问题的调查最简单的方法就是普查，但是这种方法的局限性很大。出于费用和时间的考虑，有时一个精心设计的抽样方案，其实施效果甚至可以胜过普查。教学中要通过一定实例让学生体会随机抽样的必要性和重要性。为了使由样本到总体的推断有效，样本必须是总体的代表。在对实例的分析过程中，探讨获取有代表性的样本的方法，得到随机样本的概念，逐步理解样本的代表性与统计推断结论可靠性之间的关系。

三、教学问题诊断分析

学生在初中已有对统计活动的认识，并学习了统计图表、收集数据的方法，但对设计合理的抽样方法，以使样本具有好的代表性的意识还不强。在已有学习中，学习内容多以确定性数学为主；学生对全面调查，即普查有所了解，它在经验上更接近确定性数学；这里，我们要通过具体问题，让学生体会统计的重要思想——用样本估计总体以及统计结果的不确定性。因此，学生已有的知识经验与本课要达成的教学目标之间有较大差距。主要的困难有：对样本估计总体的思想、对统计结果的“不确定性”产生怀疑，对统计的科学性有所质疑；对抽样应该具有随机性，每个样本的抽取又都落实在某个人的具体操作上不理解，因此教学中要通过具体实例的研究为学生释疑。

教学中，可以鼓励学生从自己的生活中提出与典型案例类似的统计问题，如每天完成家庭作业所需的时间，每天的体育锻炼时间，学生的近视率，一批灯泡的寿命等。在学生提出这些问题后，要引导学生考虑问题中的总体是什么，要观测的变量是什么，如何获取样本等，这样可以培养学生提出统计问题的能力。

因此，本课的教学难点是理解哪类抽样才是随机抽样，如何抽样才能更好地代表总体。

四、教学条件分析

准备一些随机抽样成功或失败的事例，利用实物投影或放映的多媒体设备辅助教学。

五、教学过程设计

1. 感悟数据，引入课题

问题1：请同学们看章头图中的有关沙漠化和缺水量的数据，你有什么感受？

师生互动：让学生充分思考和探讨，并逐步引导学生产生质疑：这些数据是怎么来的？

设计意图：通过一些数据让学生充分感受我们生活在一个数字化时代，要学会与数据打交道，养成对数据产生的背景进行思考的习惯。

问题2：我们班级有很多同学都是戴眼镜的，你知道我们班的近视率吗？你是怎么知道的？

设计意图：通过与学生比较贴近的案例，让他们体会统计与日常生活的关系。

2. 操作实践，展开课题

问题3：如果我想了解学校所有高一学生的近视率，你打算怎么做呢？

师生互动：以4人小组为单位进行讨论，每个小组派一个代表汇报方案。

设计意图：从这个问题中引出抽样调查和样本的概念，使学生对于如何产生样本进行一定的思考，同时也使学生认识到样本选择的好坏对于用样本估计总体的精确度是有较大影响的。

问题4：你认为下列预测结果出错的原因是什么？

在1936年美国总统选举前，一份颇有名气的杂志(*Literary Digest*)的工作人员做了一次民意测验，调查兰顿(A. Landon，时任堪萨斯州州长)和罗斯福(F. D. Roosevelt，时任总统)中谁将当选下一届总统。为了了解公众意向，调查者通过电话簿和车辆登记簿上的名单给一大批人发了调查表(注意在1936年电话和汽车只有少数富人拥有)。通过分析收回的调查表，显示兰顿非常受欢迎，于是杂志预测兰顿将在选举中获胜。实际选举结果正好相反，罗斯福最终在选举中获胜，其数据如下：

候选人	预测结果(%)	选举结果(%)
Roosevelt	43	62
Landon	57	38

设计意图：通过案例让学生进一步体会到：在抽样调查中，样本的选择是至关重要的，样本能否代表总体，直接影响着统计结果的可靠性。

问题 5：如果要调查下面这几个问题，你认为应该作全面调查还是抽样调查？大家对普查和抽样调查是怎么看的？普查一定好吗？请举例。

(1)了解全班同学每周的体育锻炼时间；

(2)调查市场上某个品牌牛奶的含钙量；

(3)了解一批日光灯的使用寿命。

普　查	抽样调查
需要大量的人力、物力和财力	节省人力、物力和财力
不能用于带有破坏性的检查	可以用于带有破坏性的检查
在操作正确的情况下，能得到准确结果	结果与实际情况之间有误差

设计意图：通过普查和抽样调查的比较，使学生感受抽样调查的必要性和重要性。

问题 6：如果我们想了解晋中市高一学生的近视率，你认为该怎么做呢？

师生互动：以 2 人一组为单位进行讨论，说出比较可行的抽样方案。

问题 7：是否可以用晋中市高一学生的近视率来估计山西省高中生的近视率？为什么？

师生互动：教师继续让学生进行小组讨论，引导学生从样本容量以及样本抽取思考需要考虑的要素，如学生的层次(高一、高二、高三)，学生生活的环境(城市、县镇、农村)等。教师对学生的回答进行归纳、整理，与学生一起讨论出比较可行的抽样方案。

设计意图：通过进一步追问，加深学生对样本代表性的理解，让学生进一步认识到：在多背景下的抽样会产生偏差，以及样本的随机性与样本大小在产生有代表性的样本中的作用，同时对后面的内容进行简单介绍。

3. 总结拓展，提升思想

问题 8：请你用简要的语言说说自己在本节课的收获。

师生互动：引导学生从怎样学会提出统计问题，抽样调查与普查的优缺点，样本的代表性与统计推断结论之间的关系等方面进行总结和回顾，教师结合章头图对这一章的框架进行简单的介绍，引导学生建构知识体系。

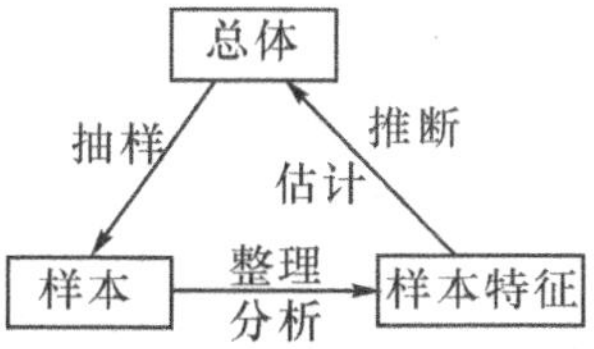

设计意图：总结回顾，巩固课堂知识，初步概括统计思想。

六、目标检测设计

1. 某课外兴趣小组为了了解所在地区老年人的健康状况，分别作了 4 种不同的抽样调查。你认为抽样比较合理的是　　　　　　　　　　　　　　　（　　）

A. 在公园调查了 1000 名老年人的健康状况

B. 在医院调查了 1000 名老年人的健康状况

C. 调查了 10 名老年邻居的健康状况

D. 利用派出所的户籍网随机调查了该地区 10%的老年人的健康状况

设计意图：促进学生理解抽样的必要性和样本的代表性。

2. 为了了解全校 240 名学生的身高情况，从中抽取 40 名学生进行测量，下列说法中正确的是

A. 总体是 240　　　　　　　　B. 个体是每一个学生

C. 样本是 40 名学生　　　　　D. 样本容量是 40

设计意图：回顾复习相关概念。

3. 为了了解全校学生的平均身高，王一调查了自己座位旁边的 5 位同学，把这 5 位同学的身高的平均值作为全校学生平均身高的估计值。

(1)王一的调查是抽样调查吗？

(2)如果是抽样调查，指出调查的总体、个体、样本和样本容量。

(3)这个调查结果能较好地反映总体的情况吗？如果不能，请说明理由。

设计意图：回顾抽样调查的几个基本概念，强化抽样调查中样本的代表性。

【案例点评】

在本次课题会上，来自余杭高级中学的吴寅静老师上了一节“随机抽样”研究课，引发了参与者的广泛讨论与思考。教师在课堂教学过程中反映出的问题，究其原因，主要集中在对教学内容的解析上，这恰恰是目前被许多教师忽视的。章建跃博士强调，上好一节数学课的前提是理解数学，中学教师对数学的理解，主要是对教学内容的正确理解和解析。教学内容的正确解析，是确立正确教学目标的前提；教学目标的正确解析，又是合理设计教学过程的前提。

在“随机抽样”的教学中，由于吴老师设计的问题比较贴近学生的实际生活，课堂上学生展开了充分活动，列举了很多很有价值的例子，并提出了解决这些问题的各种方法，还有对方法的比较，学生的表现比我们预料的更好。

考虑到学生初中已学过各种抽样方法，有学习本课内容的基础，所以本课具有承上启下作用，既要唤起学生已有的知识，又要统领整章节的内容。可以通过“章引言”，结合实例介绍本章知识结构。这样处理既可避免对初中内容的简单重复，又可避免主题不突出的问题。

虽然吴老师的研究课“随机抽样”在研讨会上引起了广泛的争论，但也确实呈现了一种起始课设计的全新思路，让在场的老师都颇受启发。

在课堂中已经看到，学生提出的抽样方法对后续要学的各种抽样方法都有涉及，对抽样所得数据的处理也提出了一些想法，涉及了用样本估计总体。这样，教师只需用简要语言点明，并在小结时回到“章引言”去引出本章知识结构。

虽然学生在义务教育阶段已经学过统计的简单知识，但从现实问题中提出具有一定价值的统计问题、随机抽样的必要性、样本的代表性等都比较抽象且难以理解，因此统计内容的教学必须基于学生已有的认知结构，也必须考虑学生的学习难点。

作为“统计”的起始课，我们希望它能够扮演起“导游图”的角色。公园的导游图不仅有整个公园的路线展示，而且还标明了游客当前的位置所在。与此类似，在我们的第一幅导游图中，统计学概貌对应公园的路线，而本章知识就是游客当前的位置，目的在于不仅让学生看到统计学的概貌，而且还能了解现在所学知识在整个统计学中的位置。进一步地，聚焦于本章，就是我们的第二幅导游图，目的是勾勒本章的知识线索，让学生明确本章要研究的问题和目的。为了实现这一点，需要结合统计学的任务分析一下本章的内容。

抽样统计的基本过程是先从总体中抽取部分个体组成样本，再对样本数据进行统计分析，最后以样本结果来推测总体情况。在这个“总体→样本→总体”的过程中，体现了抽样统计的核心思想方法——用样本估计总体的思想方法。这其中有两个基本问题：一个是从总体到样本的抽样问题，另一个是从样本到总体的推断问题。这两个问题是紧密联系着的，那就是样本与总体的关系。样本与总体的关系粗看只是部分与整体的关系，但其实并不这么简单。

课时安排的认识差异源于对教学目标认识的差异。平时备课时往往从讲什么、怎么讲开始，常常在怎么引入、配什么例题上下很大工夫，对教学目标问题考虑较少。在下大力气把课精雕细琢好后，再回头看课堂进程，却发现教学已经远离了目标。实际上，目标不明确、不准确，课堂教学偏离目标，是目前课堂教学存在的主要问题之一。

吴老师确定的“随机抽样”起始课的教学目标是：

(1)通过对具体的案例分析，逐步学会从现实生活中提出具有一定价值的统计问题；

(2)结合具体的实际问题情境，理解随机抽样的必要性和重要性；

(3)以问题链的形式深刻理解样本的代表性。

笔者认为，目标中还应包括：

(1)通过章引言学习，了解本章知识结构；

(2)回顾已学的抽样方法,为后续抽样方法的学习奠定基础;

(3)结合具体问题的解决过程,体会统计思想。

以往,我们更加偏重于课本知识,如比较详细地介绍随机抽样的概念,介绍最小二乘法,然后让学生学会逐步操作。但对让学生开展真实的统计活动,经历统计的全过程,并在活动过程中体验统计的思维和确定性思维的差异等关注很少。经过研讨我们知道,统计思想是很难用一两句话概括的,应该让学生在解决问题的过程中,根据具体情况确定调查内容、选择调查方法、确定调查规模、抽取调查对象,并自己动手收集数据,然后再进行数据处理和统计推断,从而体会统计思想。不实实在在经历收集数据的全过程,就很难体会统计思想。

案例 4-15 会跳舞的抛物线①

【案例背景】

初中阶段学生的认知能力与水平还处于初级阶段,逻辑思维能力与价值观正处于形成阶段。而初三年级段的学生正处于感性认识到理性认识的转型期,他们在初二时已接触过正比例函数、反比例函数和一次函数的图像与性质,认知水平已达到能初步根据函数的图像获取函数的性质,由已知图像上的点的坐标求解析式,但对于数形结合的思想、极限的思想、开放的思想等数学思想的掌握还存在较大困难。初三年级段的学生通过两年多信息课的学习,已经具备了基本的信息技术和具体的计算机操作能力等,每个学生基本都能熟练地运用计算机进行简单的数据处理,每分钟文字的录入不少于 40 个字,并已具有基本的文字处理能力。再加上事先通过历时两周的简单培训,绝大部分学生已经熟悉了几何画板的基本操作。教师尝试开设一节渗透几何画板的数学研讨课,让抛物线跳舞。

【案例描述】

教师:今天我们学习如何利用函数的图像来获取信息。

(教师用几何画板演示。)学生观察到当 a 变大时,抛物线开口变大,当 a 等于 0 时,图像变成一条直线。当 $a=0$ 时,函数图像变成一条直线,不再是抛物线,所以 $a\neq 0$。

猜想一下,当 $b=0$ 或 $c=0$ 时,函数图像有什么特点呢?

① 本案例由杭州市滨江区江南实验学校杨雷设计。

（一位学生用几何画板演示。）全班学生边观察边验证自己的猜想，在此基础上，全体学生得出：当 $b=0$ 时，抛物线关于 y 轴对称；当 $c=0$ 时，抛物线经过原点；当 $b=c=0$ 时，抛物线顶点在原点，且关于 y 轴对称。

教师：二次函数有很多形式，我们先从最特殊的形式 $y=ax^2(a\neq0)$ 入手。（教师用几何画板演示。）

活动内容	教师活动	学生活动	学生小结
初步认识 $y=ax^2$ 的性质	演示： 改变 a 的大小，抛物线开口大小随之变化	观察： $a>0$，开口向上； $a<0$，开口向下	a 的符号决定抛物线开口方向
	演示： a 先由小变大，再由大变小	观察： 当 $a>0$ 时：a 越大，抛物线开口越小；a 越小，抛物线开口越大。 当 $a<0$ 时：a 越大，抛物线开口越大；a 越小，抛物线开口越小	$\|a\|$ 决定抛物线开口大小，当 $\|a\|$ 越大，开口越小，$\|a\|$ 越小，开口越大
	提问：你能从图像的变化中找到哪些内容是不变的	观察结果：当 a 变化时，抛物线开口大小改变，开口方向改变，但顶点、对称轴、最值、增减性是不变的	总结抛物线图像的性质

传统教学中静态的图形、图像使原本相互联系的知识割裂开来，知识之间失去了必要的内在联系，使学生只注意事物的局部而忽视了整体。如今教师通过几何画板的演示就克服了这一缺陷。用鼠标拖动 a，学生可以看到当 a 连续变化（由大到小）时，抛物线开口由小到大不断变化，直到变成一直线，再向下由大到小的过程。用几何画板动态地观察：在函数 $y=ax^2$ 中，系数是如何影响抛物线的开口变化的。动态地研究问题，对发展学生的思维能力、开发智力、推进素质教育有不可忽视的作用。

1. $y=ax^2$ 和 $y=a(x+m)^2$ 的区别与联系

（教师用几何画板演示，见图 4-15-1。）

教师活动	学生活动	学生小结
打开几何画板，画 $y_1=ax^2$ 和 $y_2=a(x+2)^2$ 的图像	观察两条抛物线	两抛物线开口相同，形状相同，位置不同

续表

教师活动	学生活动	学生小结
先在 y_1 上任取一点 A_1，再在 y_2 上找到点 A_1 的对应点 A_2，并测算两点的坐标。接着使点 A_1 在 y_1 上运动，带动点 A_2 同时运动，两点的坐标不断变化	观察发现两点坐标不断变化，但不管两点位于什么位置，两点的横坐标总是相差 2，而纵坐标总是相同	$y=ax^2$ 向左平移 2 个单位就得到 $y=a(x+2)^2$ 的图像
画 $y_3=a(x-2)^2$ 的图像，点 A_1 的运动带动点 A_3 的运动	观察发现两点坐标不断变化，但不管两点位于什么位置，两点的横坐标总是相差 2，而纵坐标总是相同	$y=ax^2$ 向右平移 2 个单位就得到 $y=a(x-2)^2$ 的图像

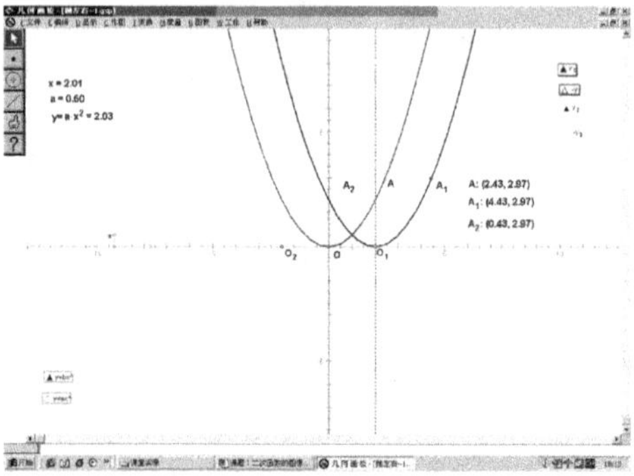

图 4-15-1

学生：$y=ax^2$ 向左或向右平移 m 个单位得到 $y=a(x\pm m)^2$ 的图像。

2. $y=a(x+m)^2$ 和 $y=a(x+m)^2+k$ 的区别与联系

(学生用几何画板演示，见图 4-15-2。)

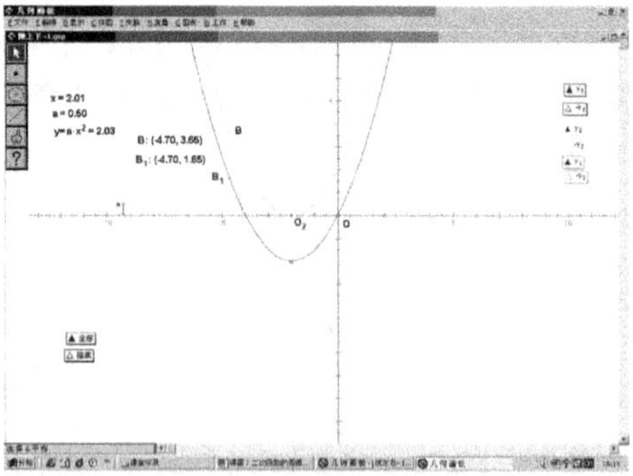

图 4-15-2

教师活动	学生活动	学生小结
画 $y_1=a(x+m)^2$，$y_2=a(x+m)^2+3$ 的图像	观察图像，猜想两条抛物线开口相同，形状相同，位置不同	
在 y_1 上任取一点 B_1，y_2 上找到点 B_1 的对应点 B_2	测算两点坐标，拖动点 B_1 运动，并带动点 B_2 的运动，观察发现无论两点如何运动，坐标如何变化，两点的横坐标总是相同，纵坐标总是相差 3	$y_1=a(x+m)^2$ 向上平移 3 个单位就得到 $y_2=a(x+m)^2+3$
画 $y_3=a(x+m)^2-3$ 的图像	在 y_3 上任取一点 B_3，并测算它的坐标，拖动点 B_1 运动，并带动点 B_3 的运动，观察发现无论两点如何运动，坐标如何变化，两点的横坐标总是相同，纵坐标总是相差 3	$y_1=a(x+m)^2$ 向下平移 3 个单位就得到 $y_3=a(x+m)^2-3$

学生：$y=a(x+m)^2$ 的图像向上或向下平移 k 个单位得到 $y=a(x+m)^2\pm k$ 的图像。

教师：$y=a(x+m)^2+k$ 叫顶点式，当 $m=0,k=0$ 时，图像有什么特征呢？

（学生用几何画板演示。）

(1)当 $m=0$ 时，抛物线顶点在 y 轴上；

(2)当 $k=0$ 时，抛物线顶点在 x 轴上；

(3)当 $m=0,k=0$ 时，抛物线顶点在原点。

教师小结：

(1)抛物线 $y=a(x+m)^2+k$ 的图像特征；

(2)当 $a\neq0,b=0,c=0,m=0,k=0$ 时抛物线的图像特征。

【反思和分析】

1. 建构主义理论认为，学生获取知识的多少、优劣并不完全取决于学习者记忆和背诵教师讲授内容的能力，而是最终取决于学习者根据自身经验去建构有关知识的能力。在本课的教学中，学生能广泛参与，积极主动投入学习活动，使学生的主体性得到很好的培养和发展。

(1)利用几何画板创设问题情境　数学知识以其抽象性而使学生学习时经常感到畏难，但“几何画板”功能强大，能方便地运用动态的方式表现数学对象之间的关系，能创设问题情境，能促进学生主动参与，有效激发学生学习数学的兴趣，从而使抽象的数学概念变得直观、形象，使学生从害怕数学、厌恶学习数学到变成喜爱数学、乐意学习数学。

(2)利用几何画板观察图像动态变化　几何画板中的数学对象可以产生动态的变化,并能在变化的状态下保持不变的几何关系,这正是该教学软件的最大特点。动态的几何图形是培养学生空间想象能力的载体。以往用圆规、三角尺绘制的图像和图形都是不动的,要认识它的关系需要通过老师的语言描述来激发学生的空间想象能力。而多媒体的"动态"和它所具有的"连续性",能很自然地使学生在图像和图形的运动过程中了解数学知识之间的本质联系,从而把对数学知识的感性认识上升到理性认识。"会跳舞的抛物线"极大地满足了学生的好奇心与求知欲,有利于培养学生的学习兴趣。

(3)利用几何画板展示学生的思维过程　数学教学是思维过程的教学,教师在传统教学中往往会出现不能把握每个学生的思维过程,因而不能及时反馈的现象。但若利用几何画板,在教师的指导下,有些教学内容学生就可以通过观察、分析和实际操作自己去掌握,因此也就不必再沿用"教师讲,学生听"的传统教学模式。

(4)帮助学生掌握一项先进的学习技能　目前,几何画板以其学习容易、操作简单、功能强大已经成为广大中学数学教师开展计算机辅助教学的首选软件,也有越来越多的中学生喜欢上了几何画板。几何画板作为一种先进的学习工具,掌握它就是掌握了一项先进的学习技能,掌握了实际解决数学问题、探索数学奥秘的工具,而其课件制作的本身又是一个建模、构思、创意的过程。这一切对学生能力的培养、智力的开发、素质的提高都是十分有利的。学生掌握几何画板,可以直接参与课堂教学,可以实现网络教室中的个性化学习,可以提高数学实验实践能力。这样的教学模式有利于达成以学生为主体、以教师为主导的现代教学理念。

2.教学中的困惑与缺陷

(1)因为课堂上的时间有限,无论是课堂活动还是课堂练习都不能做到充分,有些学生觉得还没有将自己的能力完全发挥,而有些反应稍慢的学生则是刚刚弄明白其中的奥妙还没来得及发挥,所以需通过课后作业来弥补,有时还需占用下一课时的教学进度。

(2)虽然这个班的学生基础较好,平时思维表现活跃,但学生在课堂上热烈交流争论,尤其是主动提出问题、独立自学、合作学习的意识与氛围还有待加强,有的学生在课堂上还只是流于形式地凑凑热闹。因此,迫切需要我们在平常的教学活动中多给学生创造条件和机会。

(3)通过近两周的函数教学实践,95%以上的学生掌握了几何画板的基本操作,会画二次函数的图像,但是能独立创作新的图像,独立利用几何画板设计制作新颖课件的毕竟只有少部分学生。这并非学生不感兴趣,也并非学生没有这个能力,而是有的学生家长不理解这种新的教学模式的特色,害怕学生电脑"玩"多了影响中考。现在信息课上的很多内容学生还是比较熟悉的,学生课时比较松，所以建议初中学生在信息课上能开展几何画板的教学，把数学课堂带入电脑教室，实行一人一机的个性化教学，让每一位学生在几何画板上画抛物线。初中数学内容比较枯燥，学习起来比较困难，让一部分学生产生了畏惧心理，而几何画板上会跳舞的抛物线让很多学生感兴趣。兴趣是最好的老师，学生学习他们喜欢的内容可以大大地提高学习效率，这正是老师所希望的。

案例 4-16　常量与变量[①]

<table>
<tr><td>学习目标</td><td>1. 通过实例体验在一个过程中有些量固定不变，有些量不断地变化；
2. 了解常量、变量的概念，体验一个过程中常量与变量相对的存在；
3. 会在简单的过程中辨别常量和变量。</td><td></td></tr>
<tr><td>重点</td><td>常量和变量的概念。</td><td></td></tr>
<tr><td>难点</td><td>学生对宇航中的一些量不熟悉，而且范例涉及一定的物理知识。</td><td></td></tr>
<tr><td>自学感知</td><td>教学准备：小车，1.5m 长木板，直尺，秒表
一、提出问题，创设情境
1. 实验引入
让一组学生上去做实验。
实验内容：不断改变木板的倾斜度，记录木板的顶端与桌面的距离，用秒表计算车从顶端滑下来的时间，完成表格：
<table>
<tr><td>高度</td><td></td><td></td><td></td><td></td><td>…</td></tr>
<tr><td>时间</td><td></td><td></td><td></td><td></td><td>…</td></tr>
</table>
2. 学生思考
(1)认真地观看演示过程，哪些量发生了变化，哪些量没有发生变化？
(2)我们应该如何区分变化的量和不变化的量呢？
在纸上记录下自己的思考结果，然后小组讨论，完善自己的想法，争取在组内达成共识，最后由组长发表组内看法。在学生起立回答的过程中，适时追问：你是怎么判断的呢？
教师总结：一个量，是变化的还是固定不变的，关键在于它能不能取不同的数值。
二、合作交流，领会新知
1. 概念的形成
在一个过程中，固定不变的量称为常量，如上题中木板的长度。可以取不同数值的量称为变量，如上题中的高度和时间。
问：对该定义谈谈自己的理解。
注意：常量与变量必须存在于一个变化过程中。判断一个量是常量还是变量，需以下两个方面：①看它是否在一个变化的过程中；②看它在这个变化过程中的取值情况。
点出课题：这堂课我们就来学习常量与变量。
师：其实我们的数学与生活是密切相关的，生活中也处处体现了数学的思想。我们看下面例子。</td><td>互动方式

对于这两个问题，先让学生自己独立思考，然后在有所理解的基础上小组合作、交流。

在讲解定义时，可以让学生就该定义谈谈自己的理解和疑问，要注意关键词的强调，要明确常量和变量必须在一个过程中方能体现。</td></tr>
</table>

① 本案例由浙江省永康中学程聪设计。

续表

自学感知

2. 巩固练习

(1)某种报纸每份 a 元,购买 x 份此种报纸共需 y 元,则 $y=ax$ 中的常量是________,变量是________。

(2)某水果店中橘子的单价为 2.5 元/千克,买 K 千克橘子的总价为 S 元,其中常量是________,变量是________。

小结:常量不一定是具体的数,也有用字母表示的。

(3)小华同学从家里出发练习跑步,途中小华的速度一直保持在 5 米/秒,用 t 秒表示跑步的时间,s 米表示小华所跑的路程,其中常量是________,变量是________。

(4)小华在进行百米赛跑时,一直在加速,用 t 秒表示跑步的时间,用 v 米/秒表示跑步的速度,其中常量是________,变量是________。

注意:在一个过程中常量与变量是相对的。

师:同学们,你们能不能也举个例子。

3. 说一说

明确了常量的概念后,可以让学生根据已有的知识说出一些日常生活中的常量和变量。

看到同学们都这么踊跃,老师也来举一个:我们班的吕琳玲同学是短跑名将,就在前一周的市运动会上,在 100 米的赛跑比赛中,为我们学校争得了第一名的好成绩。我们来思考下,在跑 100 米的时候,她的平均速度是 $v=100/t$,在这个过程中,100 是常量,v,t 是变量。对了,明天就要运动会了,你们准备好为班级争光吗?

三、例题解析、当堂练习

1. 声音在空气中传播的速度 v(m/s)与温度 t(℃)之间的关系式是 $v=331+0.6t$,其中常量是________,变量是________。

2. 圆周长 C 与圆的半径 r 之间的关系式是 $C=2\pi r$,其中常量是________,变量是________。

3. 某段河道某天水位记录见下表,其中 t 表示时刻,h 表示时间(以警戒线为基准,高出警戒线为正):

t/时	0	5	10	12	15	20
h/米	1	0.8	0.4	0	−0.2	−0.4

其中字母 t 和 h 分别表示变量还是常量?

4. 下图是某地一天气温变化记录图,其中 t(时)表示时刻,T(℃)表示温度。

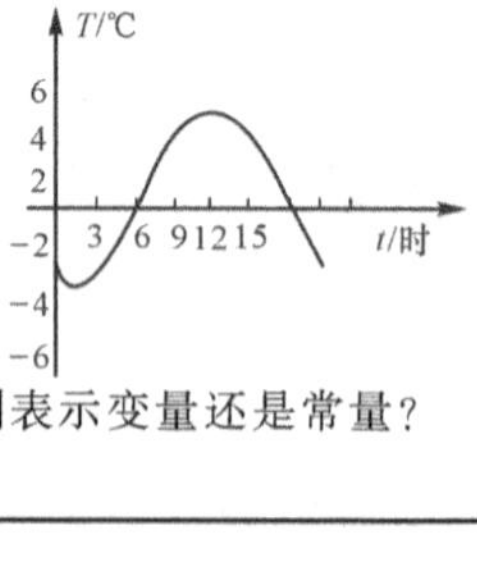

请用字母 t 和 T 分别表示变量还是常量?

尝试小组合作

出示题目的时候,让学生先把答案写下来,再举手回答,要面向全体同学。

续表

自学感知	5. 古诗中的常量与变量 回乡偶书 少小离家老大回， 乡音无改鬓毛衰； 儿童相见不相识， 笑问客从何处来。	
	师：经过了激烈的竞争，现在好几个班出现了平分，最后的悬念落在了 4×100m 项目上，很明显这项比赛需要 4 个同学完成，同学们你们准备好迎接挑战了吗？请看视频。（播放视频，时间大约 1 分 40 秒。） 四、探索研究 在北京时间 10 月 6 日 11 时 6 分，“嫦娥二号”实行了第一次近月制动，整个过程经历 32 分钟，制动后成功地把奔月速度 2500m/s 降到了月球的逃逸速度 2300m/s 以下。过了 1942 秒后，“嫦娥二号”成功地被月球捕获，正式进入了周期为 12 小时的环月轨道，标志着第一次近月制动圆满完成。 你能分析下在第一次近月制动的 32 分钟内，“嫦娥二号”的运动速度，制动时间，及制动前的位置到制动后的位置之间的距离，哪些是变量？哪些是常量？	
小结拓展	课堂小结：1. 本课重点讲了哪些问题，你是如何理解的？ 2. 你有哪些收获？	先写在纸上，再小组合作交流，最后组长回答。

【教学反思】

初中学生从心理学的角度上来说，最能吸引他们的还是一些比较直观的东西，抽象的思维不是很发达，学生活动以直接兴趣为主。考虑到这个问题，在开始的时候先让学生动手做一个演示，让学生从这个演示的过程中，找出哪些是变化的量，哪些又是固定不变的量。在之后的回答中，学生气氛活跃，给出了一些意想不到的回答，说明在课堂的引入方面非常成功。

在学生积极发言之后，亮出定义：在一个过程中，固定不变的量是常量，可以取不同数值的量是变量。但在定义的讲解上出了一个大问题——并没有对关键地方作出应有的强调，常量和变量必须在一个过程中才能体现。所以学生在理解上出现了偏差，至于接下来举生活中常量和变量的例子时，有学生指出：桌子的高度和宽度是常量。但实际上这是有问题的，因为它并没有体现在一个过程中，也导致一些学生在举例时，不重视一个过程中的说法。为了解决这个问题，对案例作了如下修改：首先，在亮出定义之后，加入一环节，即让学生谈谈自己对定义的理解与看法；然后教师总结，常量与变量必须存在于一个变化过程中。判断一个量是常量还是变量，需以下两个方面：①看它是否在一个变化过程中；②看它在这个变化过程中的取值情况。

定义讲解完之后，用一些习题来加深对知识点的理解与巩固。恰逢周四、周五是运动会，用运动会作为媒介，穿插对不同类型习题的讲解，让学生体会数学来源于生活，又在生活中得到体现。最后一个习题是关于"嫦娥二号"升空的例子，适时地进行爱国主义教育，体会祖国的繁荣与昌盛，为报效祖国而努力学习。只是在这个环节上，视频时间太长，毕竟不是科学课，一些无关的内容要剪辑。课后，教师认真研究了这个视频，把那些与内容无关的地方都进行了剪辑，最后缩短到了 1 分 40 秒。

本节课的最后是课堂小结，刚开始的时候想采取先让大家在纸上写写，再讨论补充，最后组长发言的模式，但是担心时间不够就放弃了，改让学生举手回答。在这个过程中有些地方处理得不好，也暴露出了一些问题：①课前准备还未考虑全面，有些地方自己也疏忽了，能力还有待提高；②缺乏临场应变能力，这是很大的一个缺陷，需要不断地提高自己的知识来弥补这个不足。

【案例点评】

教师甲：听了程聪老师的"常量与变量"一课，感到这是一节比较成功的课。主要体现在以下几个方面：

(1)新课引入比较自然，符合初中学生的认知规律，能使学生产生认知冲突，从而激起学生学习新知的欲望；

(2)练习设计中体现了层次性和趣味性，注重与学生实际生活的有效结合；

(3)本课较好地体现了信息技术与数学课堂教学的有效整合，充分发挥了多媒体在课堂教学中的作用；

(4)教师的课堂教学语言精练，体现了教师作为课堂教学的组织者、学生学习的引领者和合作者的角色所发挥的作用，让学生真正成为课堂学习的主人；

(5)在整节课中教师无论从语言和肢体表现上始终都充满激情，从而感染着学生，使学生的大脑始终处于比较兴奋的状态，提高了学生在课堂学习中的学习效率。

建议：①引导学生透彻理解"常量与变量"的定义，特别是前提条件"在一个过程中"。②学生举出一些实际生活中的例子，教师要给予及时判定。

教师乙：程老师的这节数学课，能让学生在轻松愉快的氛围中完成本节课的教学目标，在教学的过程中做到了"先生后师"，比较注重情感教育与爱国主义教育。

上课开始就通过实验"不断改变木板一端离桌面的高度，并记录下这个数据，用秒表计算小车从顶端滑下来的时间”思考“在这个过程中一共有哪些量？在这些量中，哪些量是变化的，哪些量是固定不变的？”解决此问题程老师的做法是请每位学生先理解，再组内交流，最后由组长全班交流，这体现了“面向全体”的教学理念。接着老师小结得到“常量”、“变量”的定义，从而揭示课题，这也体现了“先生后师”的理念。常量、变量是本堂课的重点，学生第一次学习这两个定义，能否在得出定义前多创设几个情境，为得出定义提供充分的感性认识？在理解定义时要教给学生怎样理解定义的方法。

在巩固新知的过程中通过四个题目的练习，让学生体会“常量不一定是具体的数，也有用字母表示的”、“常量与变量在一个过程中是相对存在的”。四道题目具有典型性，美中不足的是能否先给学生两分钟的时间独立思考再解决问题，尊重每个学生的学习权；还有“常量与变量在一个过程中是相对存在的”学生感到难理解，可结合具体的问题作具体说明。接着让学生举出生活中的常量与变量的例子，这是本堂课的一个亮点，让数学生活化。有一位学生说：“房子的面积是常量，房子的单价是变量。”其实学生这样举例是不完整的，老师应加以补充、调整。接着通过选择跑步的比赛项目做练习前，进行情感教育，教育学生在明天的校运动会上为班级争光。五道课堂练习题，题型全面，具有代表性，有两道是已知函数解析式找常量、变量；一题是根据表格找常量、变量；一题是根据图像找常量、变量；最后一题是古诗中的常量、变量。有一位学生说，“家是常量”，这合理吗，符合本堂课得到的定义吗？老师应作出评价。

本节的范例教学是这堂课的难点，程老师把此例题变为“在北京时间 10 月 6 日 11 时 6 分，‘嫦娥二号’实行了第一次近月制动，整个过程经历 32 分钟，制动后成功地把奔月速度 2500m/s 降到了月球的逃逸速度 2300m/s 以下，过了 1942 秒后，‘嫦娥二号’成功地被月球捕获，正式进入了周期为 12 小时的环月轨道，标志着第一次近月制动圆满完成。你能分析下在第一次近月制动的32 分钟内，‘嫦娥二号’的运动速度，制动时间，及制动前的位置到制后的位置之间的距离，哪些是变量？哪些是常量？”并播放了‘嫦娥二号’发射时的模拟情景，老师在旁边进行讲解，增加了学生的学习兴趣，开阔了学生的视野，激发了学生的爱国之情，老师利用模型图再次讲解分散了难点。

最后，让学生谈收获，谈疑问。提出问题比解决问题更重要。这一环节不仅是知识的总结，而且是学习思想与学习方法的升华。

教师丙：我认为程老师的这堂课具有以下几个亮点：

(1)目标明确：有明确的教学目标，并且目标的深广度要求符合课程标准、教材要求及学生实际，面向全体，具有层次。

(2)内容贴切：教学内容围绕教学目标，贴近学生原有知识和生活实际，含有过程和方法、知识与应用，并且具有积极的现实意义。

(3)方法得当：教学方法具有针对性和灵活性，既能充分预设，又能抓住生成，重视启发，引导得当。

(4)手段有效：教学手段运用有效，重在帮助学生理解。

(5)情感教育到位：多处运用事例进行情感教育，激发学生学习的积极性。

(6)教态自然大方：从始到终，面带微笑，语速适中，给人亲切感，拉进与学生的距离。

另外，可能教师在理解"变量"这个概念上不是很透彻，没有把"在一个过程中"解释到位，导致后面学生举例时出现不准确的例子而没有得到及时指正。生活中有些例子难以建模，如本课中的《回乡偶书》这个例子学生很难回答。我个人认为尽可能地避免，否则学生越学越糊涂。

教师丁：重温程老师的课，忽觉另一种新鲜感与收获感，特别是在学校提倡非指示性教学的情况下。听完程老师的课，最大的感受是：他把课堂真正给了学生，课上大部分时间都是学生在活动，或探索，或相互交流，做到了"先生后师"。下面就这方面谈谈自己的一点体会：

(1)程老师通过让四个学生演示小车从木板上滑行过程，引入新课，拉近了师生间的距离，激发了学生的学习热情。

(2)程老师精心设计了教学课件，如把数学题目和校运动会结合起来以及"嫦娥二号"登月过程的3D播放，使教学变得形象直观，调动了学生学习的积极性。贴近学生生活，做到学数学、用数学。体现了数学来源于生活，又应用于生活。课件整体设计思路好。

(3)程老师在教学中采用了小组合作的学习方式，让学生通过明确分工，协调配合，对学习内容进行充分的实践和探究，让学生自己找出答案或规律，培养了学生的合作探究能力。这体现了探索性的教学过程。

(4)程老师虽然只是一名才工作两年的老师，但是教态非常自然，语言提问连接也很恰当，鼓励、评价学生的语言也恰如其分，有效地增强了学生的自信心与积极性。

听完程老师的课后，我也对自己的教学进行了反思：像我们这些年轻的教师如果想要提高自己的教学水平、理论水平，一定要多看书，多向优秀教师请教，多听他们的课，多开课给自己锻炼的机会。要积极投入教学研究，坚持不懈，常反思总结，虚心改正，努力提高自己各方面的能力。

教师戊：听完程老师的课，总体感觉是：整节课教学思路层次分明，脉络清晰，始终以"常量与变量"为主线，贯穿于整个教学过程。程老师语言精练，富有亲和力与感染力；师生关系融洽，气氛和谐；重点突出，难点突破，教学目标基本达成。程老师真正做到了“从一个知识传授者转变为学生发展的促进者;从课堂时间与空间支配者的权威地位,向数学学习活动的组织者、引导者和合作者的角色转换”。下面就这一堂课谈谈我个人的粗浅的想法。

首先,程老师的课有以下几个亮点:

(1)通过有效的活动激发学生的学习兴趣。例如在本堂课的开始程老师通过让四个学生演示小车从木板上滑行过程,引入新课;在理解常量与变量的过程中,程老师又安排了学生感兴趣的校运动会的问题;还有在习题中穿插了“嫦娥二号”登月过程的3D播放,这些活动都很好地激发了学生的学习兴趣。

(2)通过实验让学生很好地理解了抽象的数学问题,使教学变得形象直观。例如程老师通过实验“不断改变木板一端离桌面的高度,并记录下这个数据,用秒表计算小车从顶端滑下来的时间”来思考“在这个过程中一共有哪些量?在这些量中,哪些量是变化的,哪些量是固定不变的?”从而让学生很好地理解“常量”和“变量”这两个概念。

(3)在教学中,程老师把课堂真正还给了学生,大部分时间都是学生在活动,或探索,或相互交流,很好地做到了“先生后师”。

(4)在教学设计上很有创新,大胆地开拓教材,打破传统的教学方式。例如在课堂中改编了原教材中一些陈旧的数学问题,重新设计了一些贴近学生生活的问题,做到学数学、用数学,让学生体会到数学来源于生活,而又应用于生活。

(5)从教师的基本功来看,程老师的基本功很不错。在课堂中,教态大方,语言流畅,板书工整,条理清晰,逻辑严谨,并用一些方法调动了学生的积极性。

(6)从教学效果看,程老师很好地完成了教学目标,很好地把握教学重点和难点,并能在数学课堂中较好地进行班级荣誉感教育和爱国主义教育。

我们知道任何一节课都不可能十全十美,只要是真实的,就会有缺憾。在这堂课中,我认为程老师这堂课还有下面的两点缺憾:

(1)在讲解常量与变量的概念时没有把“在一个过程中”解释到位,导致有些学生举例时出现一些不太妥当的例子。

(2)当学生最后提出问题时,程老师没有理会学生的问题,这是上课不应该出现的。

我们知道一节好的数学课要“新在理念,巧在设计,成在实践,胜在思想”。程老师通过对教材内涵的深度挖掘,让数学本质回归课堂,这堂课虽有些遗憾,但瑕不掩瑜,它让我们感受到了浓浓的数学味。

案例4-17　轴对称变换的应用——最短路线问题①

【案例背景】

随着课程标准的颁布与实施，数学教学的任务已转变为关注每一个学生的情感、态度、价值观和一般能力的发展，为每个学生的终身可持续发展奠定良好的基础。课堂教学从传统的集中于数学的内容方面，转变到数学的过程方面，其核心是给学生提供机会、创造机会，通过"问题情境—建立数学模型—解释、应用、拓展"的学习过程，让每个学生在生动具体的情境中参与数学学习，亲自体验数学的生存和发展过程，通过学生自己动手去做，通过积极主动的探索去建立自己的理解，在自身活动的过程中学习和理解数学，掌握数学知识和技术应用的方法与途径。现以我们在区名师名校长培训班展示课中试教的一堂课"轴对称变换的应用——最短路线问题"(浙教版)为例，阐述如何"创设问题情境、建立知识的模型"这一过程。

【教学设计】

一、教学目标

1. 知识技能目标

(1)能运用轴对称变换和平移变换解决一些常见的最短路线问题；

(2)能初步说明路线最短的理由。

2. 过程性目标

(1)从学生已有的生活经验出发，让学生亲身经历把实际问题抽象成数学模型并解释和应用的过程，培养学生的数学建模能力；

(2)让学生体会运用转化思想，把复杂问题简单化的思维过程。

3. 情感目标：让学生通过建模和应用的过程体验数学充满着探索和创造，从而激发学生的好奇心和求知欲。

二、教学重点与难点

教学重点：学会画两点一线型(同侧、异侧)、两点两线型(一点两线型)(外部、内部)、垂直型的最短路线。

教学难点：说明路线最短的理由。

① 本案例由杭州市滨江区江南实验学校余小文提供。

三、教学方法和教学手段

本堂课从学生已有的认知水平出发，采用“预备知识—问题情境—建立模型—解释应用—模仿练习—迁移拓展”展开，让学生亲身经历知识的发生、发展、形成与应用的过程，重视学生的合作讨论。

四、教学过程

教学过程	教师活动	学生活动	设计意图
(一)预备知识 复习找对称点的方法，以生活情境引入基本模型：两点一线型(两点异侧)的最短路线问题。	教师组织播放课件并提出问题。	学生独立思考并解决问题。	强化学生已有的知识经验，为本堂课的问题解决作好知识铺垫。
(二)探究新知 1. 提炼——建立数学模型 **例 1**　如图 4-17-1 所示，要在燃气管道 l 上修建一个泵站，分别向 A、B 两镇供气，泵站修在管道的什么地方，可使所用的输气管线最短？作出图形并说明理由。 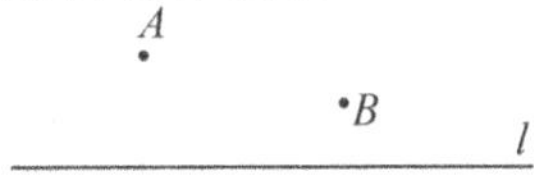 图 4-17-1 2. 模仿——熟悉数学模型 **练习 1**　如图 4-17-2 所示，一个港湾内停留了 M、N 两艘轮船。由于某种原因，M 船的船长需要先到 A 岸接一个人，再与 N 船汇合。问 M 船的船长应如何行驶，才能使 M 船所行的航线最短？作出图形。 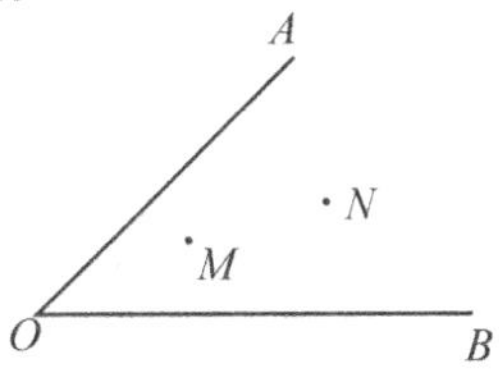 图 4-17-2	教师出示问题，组织学生活动。 通过师生讨论归纳出新的数学模型和解法。 两点一线型(两点同侧)——某一点作轴对称变换——转换成两点一线型(两点异侧)，从而问题得解。 然后加以证明。 教师组织审题。 教师投影学生作品。	学生回答，交流，讨论，归纳出两线一线型(两点同侧)转换成两点一线型(两点异侧)的方法。 说理过程由学生回答并相互补充。 学生讨论得出归结到两点(同侧)一线型。 然后学生先独立练习，然后同桌互助。 学生答案投影、纠错。	由于建模对学生能力的要求比较高，所以在教学中适当作些铺垫、启发和引导，让学生经历模型的发生、发展和形成过程。 本练习通过改变问题的背景，让学生在模仿例 1 的解答过程中，进一步熟悉模型的特征及其解法。

续表

教学过程	教师活动	学生活动	设计意图
3. 拓展——揭示模型本质 **例 2** 如图 4-17-3 所示，一个港湾内停留了 M、N 两艘轮船，由于某种原因，若 M 船的船长从 M 处出发，先到 OA 岸，再到 OB 岸，最后与 N 船汇合。问 M 船的船长应如何行驶，才能使 M 船所行的航线最短？作出图形并说明理由。 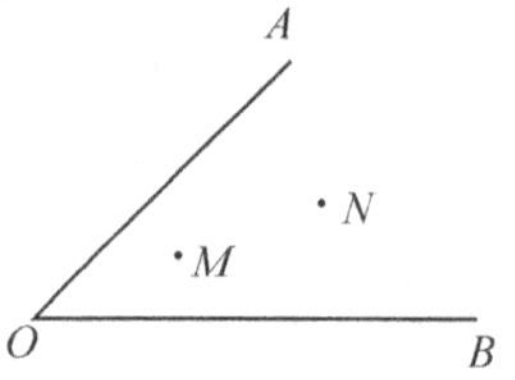 图 4-17-3	教师出示问题，组织学生活动。 两点两线型（内部）——两点都作轴对称变换——转换成两点两线型（外侧），从而得解。 教师简述路线最短的理由。	学生回答，交流，讨论，归纳出两点两线型（内部）转换成两点两线型（外部）的方法。	本题的航线是三段折线，但问题的本质不变，都是根据轴对称变换把内部两点转换到直线的外侧，从而把折线问题转换为直线（线段）。
练习 2 如图 4-17-4 所示，已知$\angle AOB$及角内一点 A。作$\triangle MCD$，使 C 在 OA 上，D 在 OB 上，且使$\triangle MCD$的周长最短。 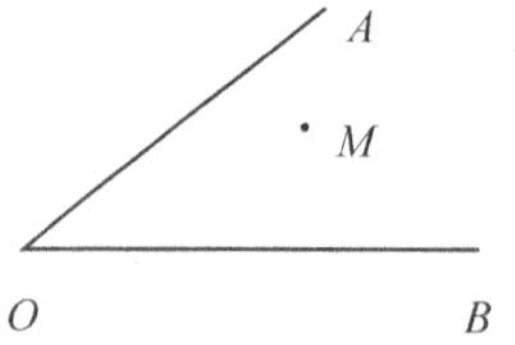 图 4-17-4	组织学生审题。 教师投影学生作品。	学生讨论得出是两点两线型（内部）的特殊情况。然后先独立练习，再同桌互助。	两点两线型（点在内部）特殊化，两点重合时的最短路线问题，本质不变。
4. 创新应用 **例 3** 如图 4-17-5 所示，甲、乙两个单位分别位于一条封闭式街道的两旁，现准备合作修建一座过街天桥，问：桥建在何处才能使甲到乙的路线最短？（要求桥必须与街道垂直）请画出图形。 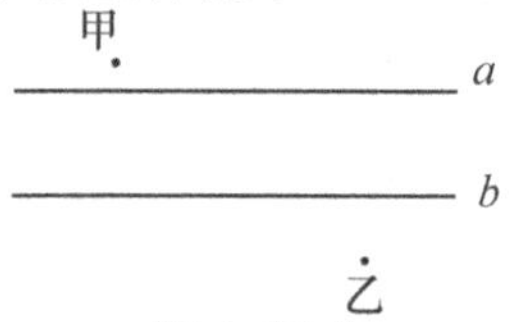 图 4-17-5	教师出示问题，组织学生活动。 总结规律：两点两线型（点在外部）型的变式，关键是桥长不变且桥与河岸垂直，所以先考虑把桥的长度平移掉，从而转换成两点一线型（两点异侧）问题求解。	答案投影、纠错。 学生共同讨论，得出先在与河岸垂直方向平移桥，转化成两点一线型（异侧）的模型解决。	通过平移变换，把一个复杂的建桥最短路线问题简单化，转换成常见的两点一线型（两点异侧）问题，进一步提高学生的建模能力，升华学生对模型本质的理解

续表

教学过程	教师活动	学生活动	设计意图
练习 3 如图 4-17-6 所示，A、B 两个村庄之间有两条河流，现在准备在这两条河流上修建两座桥，要求修建的桥要与河岸垂直，且使两个村庄之间的路程最短。请画出图形。 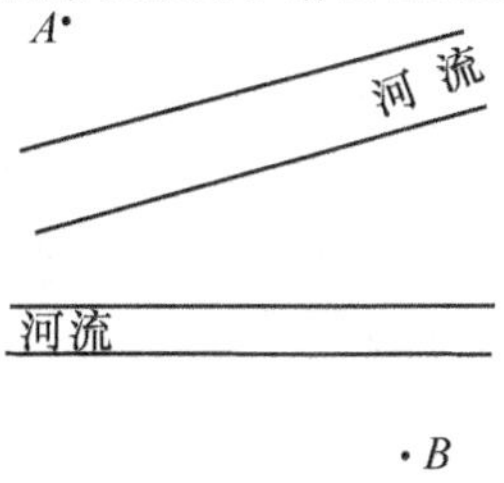 图 4-17-6	教师出示解题方案。 教师出示问题，组织学生活动。 教师投影学生作品。	学生完成本题。 学生回答问题，归纳出两座桥需要两次平移，转换成两点(外部)两线型模型解决。 学生先独自练习，然后同桌互助。	复杂问题简单化的思考方法，体现了平移变换在转化中的重要作用，起到培养学生创新能力的作用。
(三)畅所欲言	通过本堂课的探索，你有什么收获和体会？	学生畅所欲言，表达心声。	提炼重要知识、重要方法，形成能力。
(四)课后练习(见学案)			巩固所学知识。

【反思与分析】

数学模型实质上是一个数学问题在剔除无关信息后的本质结构。借助数学模型思考问题，可以达到用“块到块”的思维模式来代替“点到点”的思维模式，从方法论的角度提高学生思维的敏捷性。在数学课堂教学中，引导学生主动识别、提炼基本问题模型的过程，本质上也是引导学生主动研究自己解题思维流程、明晰解题过程中的算法结构、进行策略反思的过程。而模型的应用和拓展，也就是用统一的基本模型沟通相关问题、有效促进解题过程的思维定势正向迁移，化生为熟、化非常规问题为常规问题的过程。本堂课教学过程的基本思路分四个过程展开：(1)提炼——建立数学模型；(2)模仿——熟悉数学模型；(3)拓展——揭示模型本质；(4)创新应用。

(1)提炼——建立数学模型。在这个过程中，让学生基于自身在解题过程中积累的经验来总结提炼数学模型，符合“在学生已有的知识经验基础上开展数学教学活动”这一新课程教学理念。学生初做此题时，一般都能独立完成，用时大概 5 分钟。因为本题学生对情景熟悉，轴对称变换、两点之间线段最短的铺垫知识在引入时又做了复习，学生探究过程情况良好。然后教师学生共同归纳出模型:同侧两点一线型。

(2)模仿——熟悉数学模型。这是一个具有干扰条件的实际问题,图形相对前面的基本模型有了一定的复杂性,学生需要认真审题,排除干扰条件,才能转化为模型:两点一线型。通过此题使学生进一步丰富模型1的应用情境,加深对模型1的本质特征的认识和理解,也让学生初步体会到提炼数学基本模型的价值,进而获得成功的体验。

(3)拓展——揭示模型本质。学生限于自身的知识水平,模型提炼过程往往很难一步到位。像上题的练习中,学生开始往往难以去伪留真,而且还存在模仿的痕迹。因此教师需要延伸和拓展学生对模型的现有认识,引导学生更深入地把握数学模型的本质特征。本过程通过一个例题和练习让学生探究"同侧两点两线型"转化到"两点之间线段最短"的问题。本题的探究具有一定的难度,学生耗时较多,教师引导学生充分利用"同侧两点一线型"转化成"两点之间线段最短"的思想。优秀的学生会做迁移,一点可以作轴对称变换,那么另一点也可以作轴对称变换,从而使问题得到解决。但是多数学生对本题的理解还是有一定的难度。而通过练习题的设置:当两点重合时,如何解决"一点两线型"问题的探究,在教师的引导下,本过程最终还是能够起到揭示模型本质的作用的。

(4)创新应用。本环节的背景变换得更多,从同侧两点的问题转换为异侧两点的问题,而且不是作轴对称变换,而是需要作平移变换来提炼模型,学生一开始感觉无从下手。此时需要教师的机智引导,如通过折纸的方式让两条直线重合,让学生体会到两线通过平移可以转换到一线,从而把"异侧两点两线型"的问题转化到"两点之间线段最短"的问题。练习3通过两条河流的问题,让情境更复杂,学生在理解例3的模型提炼基础上,解决这个问题也就水到渠成了。

名师班的学员也给本堂课提出了很多非常好的建议:①整堂课对于初一学生来说,难度偏大,上课节奏偏快,多数学生难以理解。②建议以轴对称应用为重点,删除例3,平移变换的应用放到后一节课,这样更有充足的时间突破轴对称变换的应用。③因为时间紧张,教师在整堂课教学中显得有点赶,学生的探究时间显得不够。

【课后评议】

课后名师班导师,特级教师陈一中对本堂课的点评如下:

(1)本堂课特别重视程序性知识的教学。教师通过提供一个个富有挑战性的问题情景,供学生观察、讨论,让学生积极参与到数学学习的活动中,成为学习的真正主人。当学生在解决实际问题时,发现所学的知识已经不够用时,会进一步激发学生的求知欲。教师在让学生分组讨论、合作交流、自主探索的基础上得到基本数学模型,然后对模型进行应用和创新拓展。学生在模型的探究和应用过程中既学会了新知识、学会了探索模型的方法，又加深了对知识的理解。另外，还有效提高了课堂效率，满足了学生的内在需求，培养了学生的思维能力。

(2)本堂课板书通过构建知识网络图的形式呈现。教师有意识地引导学生构建知识网络图，并注意培养学生使网络图完善的方法、能力。学生养成构建知识网络图的习惯，反过来有利于加强对网络图中结点上的知识和结点间关系的深刻理解。

(3)重视在应用数学中传授数学思想和方法，把培养学生解决实际问题的能力作为教学内容的主线，通过"问题情境—建立模型—解释与应用"的基本体系，多角度、多层次地编排数学应用的内容。只有使教学艺术达到引人入胜、至臻完善的境地，才能更有效地激发学生的学习兴趣。

案例 4-18　如何实现分层教学——以锐角三角函数为例[①]

【案例背景】

初中数学教学中，由于学生的个性差异及接受能力等的不同，心理成熟期有先后之分，接受能力呈现梯度分布的问题比较突出。初中学生在生理发展和心理特征上的差异是客观存在的，对数学的兴趣和爱好，对数学知识的接受和认知能力的差异也是客观存在的。那么，课堂教学如何能够突破重点难点，使每个层次的学生都达到相应的目标，得到应有的发展？如何使学优生、中等生、学困生都有"东西"可吃，可消化？如何使低层次的学生逐渐向高层次接近，提高全体学生的全面素质呢？我们对初中实施"分层教学"进行了初步探索和实践。"低起点、缓坡度、多层次立体化的弹性教学"能够成功突破课堂教学的重点难点，让每一个学生在学习中感受到学习的快乐，享受成功的喜悦，最大限度地调动各层次学生的学习积极性，因此是使全体学生共同进步的一种有效措施。我们在区里开设了一堂骨干教师课堂教学展示——"锐角三角函数(1)"。

【教材分析】

"锐角三角函数(1)"是浙教版数学教科书九年级下册的第一章第一课时。第一课时"锐角的正弦、余弦和正切"和"锐角三角函数"的概念，在整个章节中起着奠定基础的作用。本章的主要内容有锐角三角函数和解直角三角形的概念、有关锐角三角函数的计算，以及锐角三角函数在解决与直角三角形有关问题中

---

① 本案例由杭州市滨江区江南实验学校赵雁泉设计。

的应用。锐角三角函数刻画了直角三角形中边角之间的关系，在解决生活和生产实际问题中有广泛的应用。

【教学准备】

1. 学生分层：在充分了解学生实际情况的基础上，根据学生的智力、基础和学习品质等将学生大致分成三个层次：A 层为学困生，基础较差，学习积极性不高，成绩偏差，为方便照顾，人数少于 10 人。B 层为中等生，基础一般，学习比较自觉，有一定上进心，成绩居中或中下，人数为 15 人左右。C 层为学优生，基础扎实，接受能力强，成绩较优秀，人数为 15 人左右。

2. 学习小组编排：在编排座位时，4 个人为一个学习小组 ，1 个 A 层、2 个 B 层、1 个 C 层。这样安排的目的是体现群体中的"优势互补"，方便组内成员讨论、交流，有助于共同提高。分组是相对的，并非一成不变的。经过一段时间学习后，由学生自己提出要求，教师根据学生的变化情况，引入适当的竞争机制，作必要的层次间的升降调整，激励学生上进，最终达到 A 层逐步解体，B 层和 C 层不断壮大的目的。

3. 教具：多媒体课件、三角板、实物投影仪。

【教学目标分层】

A 层：(1)经历锐角的正弦、余弦和正切的探索过程，了解三角函数的概念。

(2)掌握正弦、余弦和正切的符号，会用符号表示一个锐角的三角函数。

(3)掌握在直角三角形中，锐角三角函数与边之比的关系。

(4)了解锐角的三角函数值都是正实数，会根据锐角三角函数的定义求锐角三角函数值。

B，C 层：(1)经历锐角的正弦、余弦和正切的探索过程，理解三角函数的概念，明确两个变量的一一对应关系。

(2)掌握正弦、余弦和正切的符号，会用符号表示一个锐角的三角函数。

(3)熟练掌握在直角三角形中，锐角三角函数与边之比的关系。

(4)理解锐角的三角函数值都是正实数，会熟练地根据锐角三角函数的定义求锐角三角函数值，并能归纳出解题方法。

【教学重点与难点】

教学重点：锐角的正弦、余弦和正切与锐角三角函数的概念。

教学难点：锐角三角函数是将与锐角有关的比值作定义，课本介绍了正弦、余弦和正切三类，无论从函数的意义还是锐角三角函数的符号，以及函数中以角为自变量的方面看，都有别于已学过的一次函数和二次函数，其概念比较抽象，是本课教学的难点。

【设计思想】

根据不同层次学生的水平和教学目标，对课本内容作相应的调整和组合，注意到内容的难度和坡度，以适应各层次学生的水平。分层授课策略的根本是“低起点”，从学生已有的旧知识或学生熟知的生活实际出发“贴地而行”。这种“低起点、缓坡度、多层次立体化的弹性教学”，学生容易接受，并主动参与到合作学习、探究新知的活动中，课堂教学时教师就容易控制教学的难度和进度，学生也明白在这堂课中应该学会和掌握什么。

【教学过程】

一、创设情境，导入课题

1. 师：我们都有过走上坡路的经验，图 4-18-1 中两个斜坡哪个倾斜角更大？

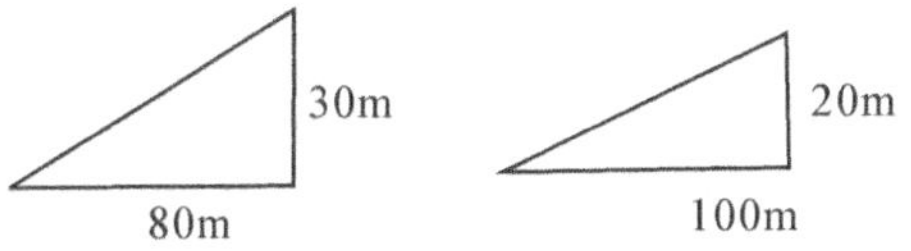

图 4-18-1

生：前者，根据铅直高度比水平距离得到坡比，坡比越大，倾斜角越大。

2. 师：很好，也就是说这个倾斜角的大小和边的比值有关。今天我们的课题就是探索直角三角形中边与角存在什么关系。

（从生活经验出发，学生都觉得熟悉易接受，包括学困生在内的全体学生都有浓厚兴趣来探索今天的课题。）

二、合作学习，探究新知

（一）实验、观察、猜想、验证、归纳

1. 教师拿出 30°角的三角板。

师：请指出直角三角形中的斜边、30°角的对边和 30°角的邻边。

生：准确地指出。（A 层学生）

（30°角的三角板同学们非常熟悉，教师提问的是 A 层学生，A 层学生也能准确地指出，为后面进一步的探究奠定基础。）

2. 教师在黑板上画出一个 30°角，并在角的一边上任取一点 B，过 B 作另一边的垂线 BC，垂足为 C，和学生一起标识出斜边、30°角的对边和 30°角的邻边（见图 4-18-2）。

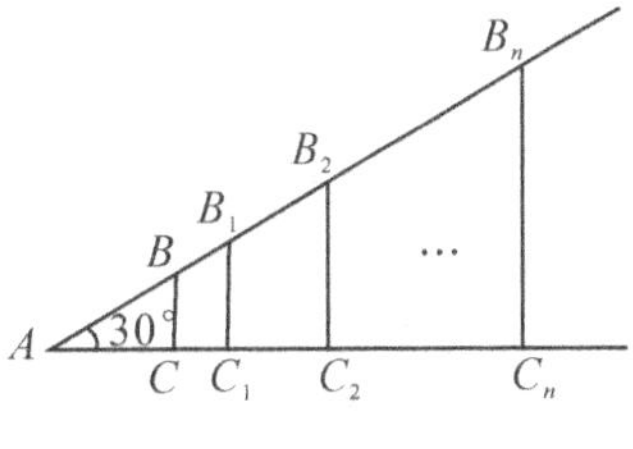

图 4-18-2

师：请计算 30°角的对边比斜边的值，依据是什么？

生：1/2，因为直角三角形中 30°所对的直角边是斜边的一半。（A 层学生）

教师又在 30°角的一边上再任意取 $B_1, B_2, \cdots, B_n$，分别作另一边的垂线构造直角三角形。

师：$\frac{BC}{AB}, \frac{B_1C_1}{AB_1}, \cdots, \frac{B_nC_n}{AB_n}$是否都相等？为什么？

生：$\frac{BC}{AB}=\frac{B_1C_1}{AB_1}=\cdots=\frac{B_nC_n}{AB_n}$，因为这些直角三角形相似。（A 层学生）

（"低起点"，从学生已有的旧知识或学生熟知的生活实际出发"贴地而行"。这个环节从 30°特殊角入手，学生熟知 30°角的直角三角形的三边比值。教师仍然提问 A 层学生，学生能准确地给出边的比值，顺利判断出这些比值相等，并给出理由。学生初步体会角度唯一确定，边的比值确定。至此，学生顺利迈开了探索角和边关系的第一步。）

3. 画一个 45°角，构造出直角三角形，带领学生标识出斜边，45°角的对边和 45°角的邻边（见图 4-18-3）。

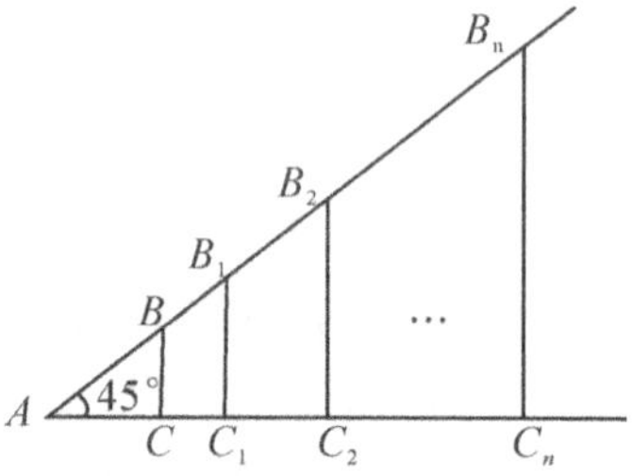

图 4-18-3

师：请同学们计算 45°角的对边比斜边的值。

生：$\frac{\sqrt{2}}{2}$。（A 层学生）

教师在 45°角的一边上再任意取 $B_1, B_2, \cdots, B_n$，分别作另一边的垂线构造直角三角形。

师：$\frac{BC}{AB}, \frac{B_1C_1}{AB_1}, \cdots, \frac{B_nC_n}{AB_n}$是否都相等？为什么？

生：$\frac{BC}{AB}=\frac{B_1C_1}{AB_1}=\cdots=\frac{B_nC_n}{AB_n}$，还是因为这些直角三角形相似。（A 层学生）

（"缓坡度"，教师再设置一个特殊角，仍然提问 A 层学生，学生再一次体会特殊角和边的比值的关系，进一步明确$\frac{BC}{AB}=\frac{B_1C_1}{AB_1}=\cdots=\frac{B_nC_n}{AB_n}$，理由还是这些直角三角形相似。学生再次体会角度确定，边的比值唯一确定，为后面从特殊推广到一般的探索打下基础。）

4. 进而推广到任意锐角 α，并在 α 角的一边上再任意取 $B_1, B_2, \cdots, B_n$，分别作另一边的垂线构造直角三角形（见图 4-18-4）。

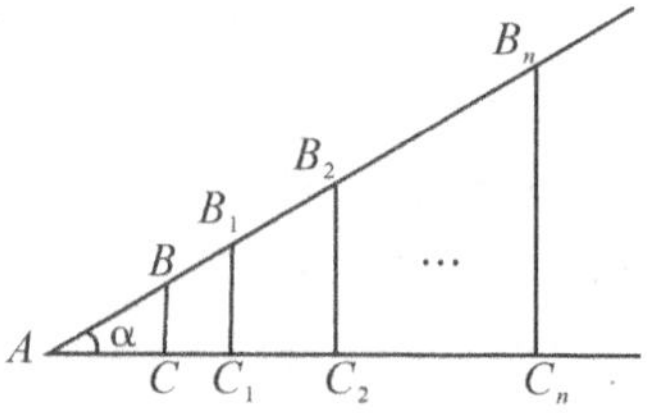

图 4-18-4

师：请同学们分小组合作学习，并讨论以下问题：

(1) $\frac{BC}{AB}, \frac{B_1C_1}{AB_1}, \cdots, \frac{B_nC_n}{AB_n}$相等吗？为什么？

(2)当角度确定时,这个角的对边比斜边的值是否唯一确定?

(3)当角度发生改变时,这个角的对边比斜边的值是否随着发生改变?

(学生根据事先的座位编排,小组合作十分顺利,互帮互学,优势互补,讨论热烈。教师到学生中间参与讨论,加以引导。最后小组派代表发言,其他组员可以补充。)

生 1:$\frac{BC}{AB}=\frac{B_1C_1}{AB_1}=\cdots=\frac{B_nC_n}{AB_n}$,还是因为这些直角三角形相似。(A 层学生)

生 2:当角度确定时,这个角的对边比斜边的值唯一确定。(B 层学生)

生 3:当角度发生改变时,这个角的对边比斜边的值随着发生改变。(B、C 层学生)

("多层次",不同层次问题提问不同层次学生。角度从熟悉的 30°变化到 45°进而推广到任意锐角 α,每一次探究都让学生体会到角度数确定的时候比值就是唯一确定的。而这三次探究角度不一样,角度的变化相应的比值也发生了改变,尤其是 30°变化到 45°的时候比值从$\frac{1}{2}$到$\frac{\sqrt{2}}{2}$随着变化,非常直观。)

(二)锐角三角函数的概念

师:回答得非常好!请同学们对照函数的定义,思考这个角的对边比斜边的值是否可以看作锐角 α 的函数?

生:可以。(B、C 层学生)

(正是因为前面从特殊到一般的三个探究,层层递进到任意锐角,让学生深刻体会到了角度和边的比值之间的一一对应关系。小组合作学习中教师提出的三个问题,起点低,梯度也十分明显,让学生顺利地理解把这个角的对边比斜边的值看作锐角 α 的函数。)

师:这个自变量是什么?

生:角 α。(B、C 层学生)

教师给出正弦三角函数的定义,再类推到角 α 的邻边比斜边的值、角 α 的对边比角 α 的邻边的值都可以看成是锐角 α 的函数。给出余弦、正切的概念和三角函数的概念并板书。

(锐角三角函数将与锐角有关的比值作定义,无论从函数的意义还是锐角三角函数的符号,以及函数中以角为自变量,都有别于已学过的一次函数和二次函数,其概念比较抽象,是本课教学的难点。"低起点、缓坡度、多层次立体化的弹性教学"成功地突破了本课的教学难点。学生经历了整个探索过程,透彻理解了三角函数的概念。)

三、应用拓展，巩固新知

例 1 如图 4-18-5 所示，在 Rt△ABC 中，∠C=Rt∠，AB=5，BC=3，求∠B 的三角函数值。（教师板书解题过程。）

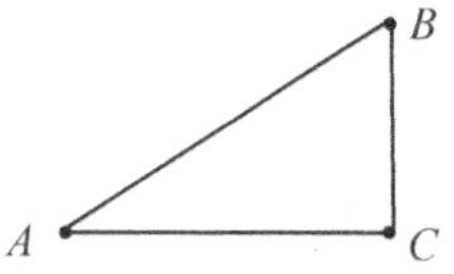

图 4-18-5

变式练习 1：在例 1 的条件下，过 C 作 AB 的垂线，垂足记为 D，如图 4-18-6 所示，求∠ACD 的三角函数值。（投影学生不同的解法。）

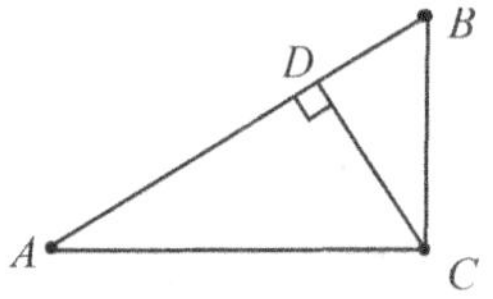

图 4-18-6

▲引导学生归纳求一个角的三角函数值的方法：可以转化成求它相等的角的三角函数值。

例 2 如图 4-18-7 所示，在直角坐标系中，P 是∠α（锐角）的边 OA 上的一点，且点 P 的坐标为(3,2)，求∠α 的三角函数值。

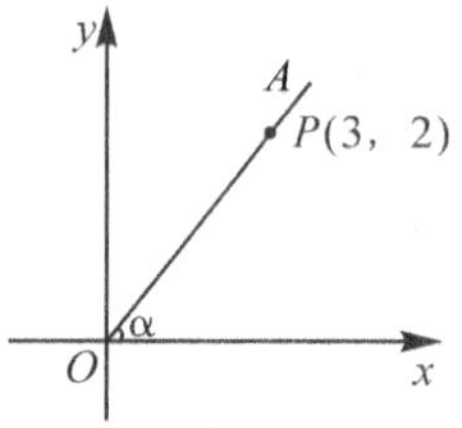

图 4-18-7

▲引导学生归纳：构造直角三角形是求三角函数值的一种常用方法。（提问 B、C 层学生归纳方法）

变式练习 2：∠α 是直线 $y=2x$ 与 x 轴正方向构成的锐角，求∠α 的三角函数值。

四、归纳小结，反思提高（略）

五、布置作业，深入体会

基础训练（A、B、C 层必做），提高训练（B、C 层必做，A 层选做），拓展训练（C 层必做，A、B 层选做）。

【教学后记】

“低起点”——讲授分层策略的根本。授新课时，要从学生已有的旧知识或学生熟知的生活实际出发“贴地而行”。如“锐角三角函数(1)”这堂课的引入环节我们是用生活经验“走上坡路”来引出角和边存在的关系的。在探究新知环节“低起点”体现得更明显：讲授新知是从 30°角出发的。构造 30°角的直角三角形，认识 30°角的对边和邻边以及斜边，研究 30°角的特殊直角三角形的角和边的关系，接着推广到 45°角，研究角和边的关系，进而又推广到一般角 α 的角和边的关系。从特殊到一般，层层递进。

“缓坡度”——这堂课根据不同层次学生的水平和教学目标，对课本内容作了相应的调整和组合，注意到内容的难度和坡度，以适应各层次学生的水平。这种“低起点、缓坡度、多层次立体化的弹性教学”学生非常容易接受，并主动参与到合作学习、探究新知的活动中，课堂教学时教师就容易控制教学的难度和进度，学生也明白在这堂课中应该学会和掌握什么。学生是主体，教师对 A 层学生以“扶”为主，“扶”中有“放”，重在带领学生学习。对 B、C 层学生以“放”为主，

"放"中有"扶",重在指导学生自学。这样,不仅满足不同层次学生的学习需要,更激发了学生的学习兴趣,调动了全体学生非智力心理因素的积极作用。

"多层次立体化"——课堂提问分简单型、较难型、少许难度型三个层次。为了鼓励全体学生都能参与课堂活动,课堂充满生机,我们将略有思维难度的问题让C层的学生回答,简单的问题优先给A层的学生,适中的问题让给B层学生。以上课堂实例中,学生回答部分我们都在后面括号中标出了回答学生所处的层次。这样低起点、有坡度的提问,有利于学生对新知识的掌握。学生回答问题有困难时,教师再给他们以适当的引导。给中等、学困生更多机会,学困生如果对中等或较难型题目有思路,优先超越层次答题,教师给予他更多的表扬、赞许。这样每个层次的学生均等参与课堂活动,便于激活课堂。

"弹性教学"——设计系统的数学课堂练习,是数学教学的一种极其重要的手段。因此我们设计了多层次的练习,供不同层次学生选择,题型由易到难呈阶梯形,以保证练习效益。课堂练习题目分为基础题、提高题和探究题三个层次。做哪一个层次的题目教师不硬性规定,让各层次的学生都尝到成功的喜悦。对A、B层的学生要深入了解他们存在的问题和困难,帮助他们解答疑难问题,激发他们主动学习的精神,让他们始终保持强烈的求知欲。对于C层的学生,在教学中注意启发学生思考探索,领悟基础知识、基本方法,并归纳出一般的规律与结论,再引导学生变更问题帮助学习,进行变式探求,培养学生的独立思考和自学能力,进而向创新精神和创造能力发展。

"分层教学"——让每一个学生在学习中感受到学习的快乐,享受成功的喜悦,让每个学生在原有基础上得到尊重和发展。锐角三角函数是将与锐角有关的比值作定义,无论从函数的意义还是锐角三角函数的符号,以及函数中以角为自变量,都有别于已学过的一次函数和二次函数,其概念比较抽象,是本课教学的难点。"低起点、缓坡度、多层次立体化的弹性教学"成功地突破了本课的教学难点。这种教学方式让学生经历了整个探索过程,透彻理解了三角函数的概念。

【案例点评】

赵老师今天的课题是九下第一章的第一课时"锐角三角函数"。三角函数是一门新知识,三角函数概念的建立更是对函数概念的一次升华,需要学生在思维上上升到角与数的一一对应关系来认识函数。

赵老师这堂课脉络清晰,根据教学内容和学生水平两个方面的实际情况设计教学方案,做到各知识点的合理编排、组合、衔接、过渡。以斜坡的倾斜角变大为情境入手,既让学生体会数学的实用性,三角函数的合理性,又培养了学生探究数学问题的兴趣。赵老师在新知识的教学中又渗透着转化、数形结合、函数的数学思想和方法。这堂课处处体现着"分层教学"的思想,"低起点、缓坡度、多层次立体化的弹性教学”成功地突破了本课的教学难点。赵老师针对学生个体差异、按学生的实际水平，设计多层次的教学目标，体现了学生的主体地位，体现了新课程的教学理念。我们一致认为这是一堂精彩的数学课。

案例4-19　二次根式①

【教学目标】

1. 经历二次根式概念的发生过程；

2. 了解二次根式的概念；

3. 理解二次根式何时有意义，何时无意义，会在简单情况下求根号内所含字母的取值范围；

4. 会求二次根式的值。

【教学重点与难点】

教学重点：二次根式的概念。

教学难点：确定二次根式中字母的取值范围。

【教学准备】

学生作业纸。

【教学程序设计】

一、温故知新

1. $\sqrt{a}$表示什么？（表示a的算术平方根）

2. 对于根号内的a有什么要求？（$a\geqslant 0$）

二、合作学习，引入课题

根据图4-19-1所示的直角三角形、正方形、圆的条件，完成以下填空：

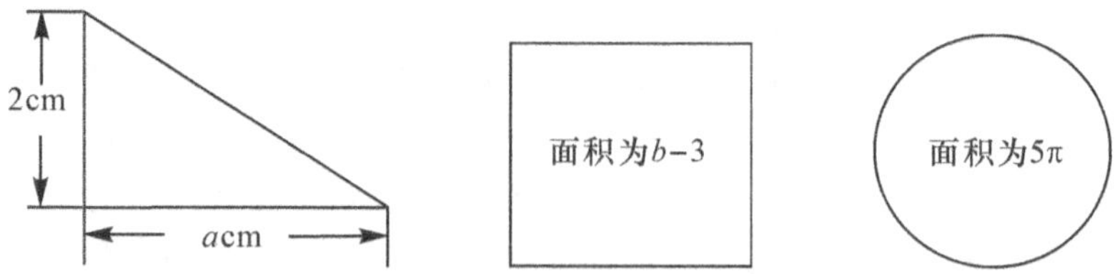

图4-19-1

① 本案例由浙江省永康中学金时玲设计。

直角三角形的斜边长是________，正方形的边长是________，圆的半径是________。

让学生在实际情境中写出表示算术平方根的式子。

问：你认为所得的各代数式的共同特点是什么？

（学生通过观察，从中感知二次根式的特征。鼓励学生用自己的语言总结出共同特征，从而引出课题。教师鼓励学生大胆表述意见，然后作适当点评，板书本课课题。）

三、新课讲授，探究新知

1. 二次根式的概念

(1)引导学生概括二次根式的定义：像$\sqrt{a^2+4}$，$\sqrt{b-3}$，$\sqrt{5}$这样表示算术平方根的代数式叫做二次根式。

这个定义的关键词是什么？（算术平方根）

(2)概念深化

火眼金睛：下列各式是二次根式吗？

$\sqrt{7}$，$\sqrt{\frac{1}{2}}$，$\sqrt{x^2+y^2}$，$\sqrt[3]{8}$，$\sqrt{\frac{1}{1-2a}}$，$\sqrt{x-1}$，$\sqrt{x}-1$

总结：在判断是不是二次根式时，抓住定义的本质：表示算术平方根的代数式。

(3)思考

① $\sqrt{-3}$是不是二次根式？为什么？$\sqrt{a}(a<0)$呢？

结论：二次根式根号内字母的取值范围必须满足被开方数大于或等于零。

②$\sqrt{a}(a\geqslant 0)$的结果会不会是负数？是什么数？

结论：二次根式具有双重非负性。

2. 学有所用

求下列二次根式中字母 a 的取值范围：

(1) $\sqrt{a-1}\xrightarrow{\text{变式}}\sqrt{(a-1)^2}\xrightarrow{\text{变式}}\sqrt{a^2-2a+1}\xrightarrow{\text{变式}}\sqrt{a^2-2a+2}$

(2)$\sqrt{\frac{1}{3a-2}}\xrightarrow{\text{变式}}\sqrt{\frac{-2}{3a-2}}\xrightarrow{\text{变式}}\frac{\sqrt{a+7}}{3a-2}$

问：求代数式中字母的取值范围有哪些要求？

①被开方数不小于零；

②分母中有字母时，要保证分母不为零。

3. 求二次根式的值

当 $x=-4$ 时，求二次根式 $\sqrt{1-2x}$的值。

4. 联系生活

一艘轮船先向东北方向航行 2 小时，再向西北方向航行 t 小时，船的航速是 25 千米/小时。

(1)用关于 t 的代数式表示船离出发地的距离。

(2)求当 $t=3$ 时，船离出发地多少千米？(结果精确到 0.01 千米)

5. 强化训练

(1)求二次根式 $\sqrt{x-1}$ 中字母 x 的取值范围。

(2)求二次根式 $\sqrt{\frac{1}{x}}$ 中字母 x 的取值范围。

(3)若二次根式 $\sqrt{x^2}$ 的值为 3，求 x 的值。

(4)已知：公式 $h=5t^2(t>0)$，请你将这个公式变形为用含 h 的代数式表示 t 的公式。

(5)已知 $\sqrt{-\frac{1}{a}}$ 有意义，那 $A(a,\sqrt{-a})$ 在第________象限。

(6)已知 $y=\sqrt{x-4}+\sqrt{4-x}+2$，你能求出 $x+y$ 的值吗？

6. 教师总结

(1)一个概念：二次根式。

(2)两类题型：求代数式所含字母的取值范围，求二次根式的值。

(3)三点注意：二次根式的双重非负性；分母不能为 0；结果开得尽方应开方，若开不尽方可用二次根式来表示。

【教师点评】

教师甲：金老师备课充分，上课很有水平，对学生的管理也很到位。在上课的过程中一环扣一环，没有重复，做到了精讲精练。既有基础题又有变式题，还有拓展题，层层推进，重点突出，难点突破。用归纳法让学生得出二次根式的定义。坚持“得法于课内”的原则，学生明白求代数式中字母的取值范围的要求方法，求二次根式值的方法，时刻提醒学生要注意的问题，当学生出现错误时能及时引导。学生学习的时间相当充分。整堂课听下来，感觉学生学习的兴趣很高，基本上每个学生都积极参与，确实做到了有效教学。

教师乙：我认为金老师授课具有以下几个亮点：

(1)目标明确：有明确的教学目标，并且目标的深度和广度要求符合课程标准、教材要求及学生实际，面向全体，具有层次，各个环节设计巧妙，环环相扣。

(2)方法得当：特别是变式训练能让学生对知识的本质有更清楚的认识。

(3)课堂生成颇佳:在课堂上师生互动,整个课堂轻松高效。

(4)内容贴切:教学内容围绕教学目标,贴近学生原有知识和生活实际,含有过程和方法、知识与应用,并且具有积极的现实意义。

(5)情感教育到位:多处运用事例进行情感教育,激发学生学习的积极性。

(6)拓展有深度:让优秀生学有所获,并满足了优秀生挑战难题的欲望。

最后,建议在判断$\sqrt{\frac{1}{1-2a}}$,$\sqrt{x-1}$是不是二次根式时,应该对根式内的字母添加限制条件。

教师丙:二次根式是这一章的基础,该课的教学是学生学好本章的关键。金时玲老师根据教材的内容和学生的实际,对课堂进行了精心设计,体现了教育教学改革的新理念,取得了较好的教学效果。有以下几个突出特点:

(1)教学设计好,导入自然,环节紧凑、流畅,既有对优秀教学方法的吸收,又有个人的创新、独到之处,把教学过程变成学生对知识的探索过程,完全体现了新课程标准对教师的要求。

(2)个人基本功扎实,教态自然,注重与学生沟通,有较强的驾驭课堂的能力,善于启发。

(3)体现学生主体地位,注重学法指导。教师在本堂课上处处关注学生学习的主观能动性,学生自始至终处于被肯定、被激励之中,时时感受到自己是学习的主人。教师给学生留有较大的学习空间,如观察、讨论、动手画方位等,提出问题后让学生充分思考并给予适时的点拨。

(4)注重数学思想方法的培养与渗透引入,从特殊到一般、从一般到特殊的思考方法,为学生以后的学习打下良好的认知基础。

第五章 中学数学教学设计专题案例

教学设计主要以促进学习者的学习为根本目的，运用系统方法，将学习理论与教学理论等的原理转换成对教学目标、教学内容、教学方法和教学策略、教学评价等环节进行具体计划、创设有效的教与学系统的“过程”或“程序”，是一种面向教学系统、优化教学效果、解决教学问题的特殊设计活动。它既具有设计的一般性质，又必须遵循教学的基本规律。其目的是将学习理论和教学理论等基础理论的原理和方法转换成解决教学实际问题的方案。它不是为了发现客观存在的尚不为人知的教学规律，而是运用已知的教学规律去创造性地解决教学中的问题。因此，教学设计需要有教学理论的支撑，缺乏理论的设计是盲目的实践。

专题一：基于 4MAT 学习模式的教学设计

4MAT 教学模式是一种八步教学法，是 Bernice McCarthy 于 20 世纪 70 年代主要基于教育学、心理学、脑科学及管理学等领域的研究成果提出的，比较强调学生风格及大脑倾向上的个体差异。它在西方国家颇为盛行，很多研究人员已从学业成绩、学习动机、学习态度和小组合作等方面对其进行实证研究，而且结果都证明了 4MAT 教学模式的有效性。

模式的理论基础之一：“学习风格”。Kolb 认为有 4 种学习风格，不同人偏爱不同的风格：①反映式：收集充足的信息，然后得出结论；②理论式：要完全地理清一个主题下面详细的理论知识；③实践式：直接通过实践，不喜欢理论；④实用式：要看到所学东西的实际效果才肯学习。

模式的理论基础之二：“体验式学习”。Kolb 认为成人可以通过体验式学习掌握许多东西，步骤如下：①去实践，然后看看效果；②理解这样产生的结果是可靠的；③形成通用性的观点或规则；④测试规则。

4MAT 的核心是学习者学习新技能的 12 步学习周期。有效的指导者会根据这个周期来满足学习者的需求，提供信息、知识、理念，传授和巩固知识。

(1)学习者从自身的需要开始。

(2)学习者开始被吸引。

(3)学习者将要学的知识和自己知道的作比较。

指导者应当传达要学习内容的意义和吸引力所在：你应当尽可能地获得学习者的注意力，让他们产生兴趣。

(4)学习者在脑海中形成概念形象。

(5)学习者做一些简单的研究。

(6)学习者寻求一些事实依据和专业知识。

指导者应当传达概念和知识：你要通过联系起他们的已有知识，来不断鼓励他们自己去发掘事实。

(7)学习者的技能得到提高。

(8)学习者对理论进行测试。

(9)学习者应用和诠释概念。

指导者应传达打通和解释与事实生活的相关性：你要鼓励学习者去测试对所学材料的理解。

(10)学习者建立起知识和现实世界的关系。

(11)学习者运用技能。

(12)学习者完全掌握技能。

指导者应创造实践的机会：你要鼓励创造性地运用知识。

按照以上路径走下来，不同学习风格的人都能很好地学习。

案例 5-1　微积分基本定理可以这样教

“微积分基本定理”是普通高中实验教科书选修(2-2)中的一个新增内容。作为微积分学的一个重要定理，它不仅仅为计算定积分提供了一种简洁、有效的方式，使得定积分的计算过程大大简化，更为重要的是进一步揭示了定积分与被积函数的原函数(或不定积分)之间的内在联系。按照课程标准的要求，该部分内容的教学不仅要使得学生了解微积分基本定理(即牛顿-莱布尼茨公式)的含义，经历公式的发现过程，而且还要使学生理解公式的意义并能利用它来计算一些简单函数的定积分。那么，这一部分内容的教学如何设计才能达到课标的要求呢？这里，我们从 4 个“基本问题”出发对此问题进行思考，为该内容的教学提供一些参考。

一、学生为什么要学这个(为何)

有意义的学习是美国心理学家奥苏贝尔提出的一种现代认知学习理论。他认为，学习过程是在原有认知结构的基础上，形成新的认知结构的过程；原有认知结构始终是一个很关键的因素；一切新的学习都是在前面学习的基础上产生的，新的概念、规则、命题以及问题等总是通过与学生原来的有关知识和经验相互联系、相互作用条件下转化为主体的知识结构。意义学习的实质就是在以符号为代表的新观念与学生认知结构中原有的适当观念之间建立实质性的和非人为的联系。而有意义的学习需要两个主要的保证条件：其一，“提示学习者从长时记忆(LTM)中提取先前学习的内容”，也就是说，在学习新的知识内容之前，通过复习、回顾等措施，帮助学生在学习的内容方面与先前学习之间建立联系；其二，“引起注意，确保刺激被接受”，也就是提供“引导性材料”，使得学生为新的内容学习作好心理上的准备。只有当新内容的学习引起了学生的注意，并抓住了学生的学习注意力，才能让学生真正感受到新知识内容学习的必要性，认识到学习的价值，从而产生学习的兴趣，激活原先的知识与经验，为进一步的拓展学习奠定一个良好的心理基础。

由此，为了使得学生明确——为什么我要学习这个东西？对我来说这意味着什么？那么，教学的重要出发点应该集中于两个方面，即“建立联系”和“引起注意”。

1. 建立联系

就本课的教学内容来看，教材首先讨论了变速直线运动的物体在区间$[a,b]$内的位移s。一方面，利用定积分的概念“分割、近似、求和、极限”把s表示为$s=\int_a^b v(t)\mathrm{d}t$ ……①；另一方面，利用位移函数$s(t)$把s表示为$s(b)-s(a)$，从而有$s=\int_a^b v(t)\mathrm{d}t=s(b)-s(a)$ ……②。接下来，注意到$v(t)=s'(t)$，于是有$s=\int_a^b v(t)\mathrm{d}t=\int_a^b s'(t)\mathrm{d}t=s(b)-s(a)$ ……③。最后从特殊到一般，引出微积分基本定理。然后，以例题的形式表明定理的应用。

从教学的角度来看，如何建立联系呢？注意到上述的教材安排，其中由定积分的概念推导出式①是一个关键步骤。从而，在学习本课内容时，就应该提出下列问题，帮助学生建立联系。

问题Ⅰ 前面我们学习了定积分的基本概念，请同学们回忆利用定积分的定义如何计算被积函数的定积分。

2. 引起注意

在复习了定积分的概念，以及利用定积分的定义计算被积函数的4个步骤后，紧接着提出第二个问题。

问题Ⅱ 是否可以利用定义来计算 $\int_0^1 x^3\mathrm{d}x$ 与 $\int_1^2 \frac{1}{x}\mathrm{d}x$ 呢?

实际上,按照定义,由分割、近似、求和的步骤计算 $\int_0^1 x^3\mathrm{d}x$ 的值比较麻烦。而 $\int_1^2 \frac{1}{x}\mathrm{d}x$ 几乎就不可能计算出来。按照定义计算的时候,如下的求和式(*)没有办法解决。

$$s_n=\sum_{k=1}^{n}\frac{1}{\frac{k-1}{n}+1}=\sum_{k=1}^{n}\frac{n}{(k-1)+n}$$

$$=1+\frac{n}{n+1}+\frac{n}{n+2}+\cdots+\frac{n}{(k-1)+n}+\cdots+\frac{n}{(n-1)+n} \qquad (*)$$

这样,认知冲突就出现了。学习源于困惑,为什么这里利用定积分的定义不能解决上述问题呢?如此看来,利用定积分的定义来计算定积分,不仅在计算程序上比较繁琐,而且未必能够解决初等函数的定积分问题。于是,教师就可以实时地提出第三个问题了。

问题Ⅲ 既然不能运用定义来解决,那么有没有更加简便、有效的方法来计算定积分呢?

再次设问,紧紧抓住学生的注意力,使得学生产生一种强烈的心理愿望,去寻找哪种“简洁、有效”的方法,为微积分基本定理的引出创造一个心理氛围。

二、他们该学习什么(什么)

新课程强调,高中数学课程应该返璞归真,努力揭示数学概念、法则、结论的发展过程和本质。数学课程要讲逻辑推理,更要讲道理,通过典型例子的分析和学生自主活动,使学生理解数学概念、结论逐步形成的过程,体会蕴涵在其中的思想、方法,追寻数学发展的历史轨迹,把数学的学术形态转化为学生易于接受的教育形态。

从历史的角度看,微积分的发明是17世纪继笛卡儿的解析几何之后最为璀璨耀眼的数学明珠。微积分主要由微分与积分两个部分组成,微分学的中心问题是切线问题,积分学的中心问题是求积问题。牛顿是在研究力学问题(如物体运动规律)时发现微积分的,而莱布尼茨是在研究几何问题(如曲线包围的面积)时发现微积分的。

遵循这样的历史脉络,为了探索那个简捷有效的方法,我们不妨先来考查一个特殊的问题,一个我们所熟悉的物理学问题,涉及物体的运动。

问题Ⅳ 设某物体做直线运动,速度 $v=v(t)[v(t)>0]$ 是时间间隔 $[a,b]$ 上 t 的连续函数,计算在这段时间内物体所经过的路程 s。

1. 回归熟悉的问题

这里创设了一个学生所熟悉的问题情境，通过这个情境可以引导学生：

如果物体做匀速直线运动，路程 s 如何表示？

如果物体做匀加速直线运动，路程 s 如何表示？

2. 注重过程的探究

进一步，当物体做变速直线运动时，路程 s 如何表示？

实际上，由于速度不是常量而是随着时间变化的变量，因此所求的路程就不能用匀速直线运动的路程公式来计算。然而，由于速度函数 $v(t)$ 是连续变化的，在很短一段时间内，速度的变化很小，近似于匀速，因此，如果把时间间隔分小，在小段时间内，以匀速运动代替变速运动，那么就可算出部分路程的近似值；再求和，得到整个路程的近似值；最后，通过对时间间隔无限细分的极限过程，这时所有部分路程的近似值之和的极限，就是所求变速直线运动的路程的精确值。这里，"分割、近似、求和、极限"的过程所体现的就是定积分的基本思想。于是，在教师的诱导下，引导学生把 s 表示成：

$$s = \int_a^b v(t)\mathrm{d}t$$

接下来，如果说路程函数 $s(t)$ 已知，那么路程 s 如何表示？显然有：

$$s=s(b)-s(a)$$

这样根据等量代换，就有：

$$s = \int_a^b v(t)\mathrm{d}t = s(b) - s(a)$$

提醒学生思考：上式中的两个函数 $v(t)$ 与 $s(t)$ 之间有什么关系呢？

注意到：$v(t)=s'(t)$，这样，再一次利用等量代换，就有以下结论：

$$\int_a^b v(t)\mathrm{d}t = \int_a^b s'(t)\mathrm{d}t = s(b) - s(a)$$

也就是说，变化率的定积分给出了总的变化，即如果做变速直线运动的物体的运动规律是 $s=s(t)$，那么 $v(t)$ 在区间 $[a,b]$ 上的定积分就是物体的位移：$s(b)-s(a)$。

利用合情推理，我们就可以得到下面一个式子：

$$\int_a^b f(x)\mathrm{d}t = F(b) - F(a)[F'(x) = f(x)]$$

至此，微积分基本定理的结果就出来了。应该注意的是，教材从变速物体运动的实例，"推导"出微积分的基本定理，所给出的并不是严格的证明。实际上，要证明结论的正确性，需要先证明变上限积分函数：

$$\phi(x) = \int_a^x f(t)\mathrm{d}t$$

在$[a,b]$上具有导数，并且它的导数是：

$$\phi'(x)=\frac{\mathrm{d}}{\mathrm{d}x}\int_a^x f(t)\mathrm{d}t=f(x)(a\leqslant x\leqslant b)$$

相应的证明可以参考高等数学的有关书籍。这显然已经超出了高中数学的讨论范畴。但是，这个结论的探究过程却是本课教学的关键所在。其中，所运用的定积分的思想、等量代换的思想以及合情推理，也正是教学强调过程的价值所在。

三、教师要让他们怎样理解（怎样）

以上过程探究通过具体的实例，让学生初步认识了微积分的基本定理。上述得到的关系在一定条件下具有普遍性，这就是微积分的基本定理（板书定理）。

定理教学，以及其他的公式、法则与性质的教学，都必须要让学生理解其本质的意义。如果只是简单地把教材上的知识教给学生，而不去挖掘更深层次的意义，学生就很难实现深入持久的理解，只能是肤浅地掌握重要的观点和知识技能。重在理解的教学不仅需要让学生体验知识的发生、形成和发展的过程，而且需要学生能够对所学的知识作出有见解的、合理的说明，能够提供有意义的阐释、叙述和翻译。超越数学符号的外在表征，洞察符号所表达的实质要素，是通往数学理解的必然途径。

1.抓住公式的本质

微积分基本定理　如果函数 $f(x)$在区间$[a,b]$上连续，且 $F'(x)=f(x)$，则

$$\int_a^b f(x)\mathrm{d}t=F(b)-F(a)$$

为了帮助学生对该定理的理解，需要师生共同分析定理的结构。

问题Ⅴ　定理的条件与结论分别是什么？如果 $f(x)$不连续，结论成立吗？能不能举个例子说明？你可以用自己的语言说一说这个公式的含义吗？

在学生讨论思考的基础上，教师小结如下：

定理表明了一个连续函数在区间 $[a,b]$上的定积分等于一个特殊函数在该区间上的增量，这个函数的特殊性在于它的导函数就是定积分中的被积函数。

从而，微积分基本定理表明，计算定积分 $\int_a^b f(x)\mathrm{d}x$ 的关键是找到满足关系式 $F'(x)=f(x)$的函数 $F(x)$。通常，我们可以运用基本初等函数的求导公式和导数的四则运算法则反向求出 $F(x)$。

2.渗透数学的文化

从历史的角度来看，微积分基本定理的出现，标志着微积分理论的形成，成

为数学发展史上的一个重要里程碑。定理中的"基本"二字，足以表明它在微积分学中的地位与价值。实际上，它不仅沟通了积分与微分这对"矛盾"之间的内在联系与转化规律[即积分 $\int_a^b f(x)\mathrm{d}x$ 是微分 $\mathrm{d}F_i$ 的无限累计，微分是 $\int_a^b f(x)\mathrm{d}x$ 的无限细分，在算法上体现出微分与积分的互逆关系]，而且为微积分学的许多定理与公式奠定了理论基础，例如定积分的换元积分法与分部积分法，微分中值定理与积分中值定理等；并且它还体现了一种思想：定积分可以归结为一个只与被积函数和积分区间断点有关的量，这一思想可以推广到多元函数的积分，如格林公式、高斯公式、斯托克斯公式就表明多元函数在某个区域上的积分可归结为一个只与被积函数和积分区域的边界有关的量（积分区域为区间时，其边界为区间的端点；积分区域为平面区域或曲面区域时，其边界为一条封闭曲线）。

据史料记载，牛顿和莱布尼茨在17世纪几乎同时发现了这个定理，他们的工作是彼此独立进行的。开创年代上牛顿先于莱布尼茨约10年，但在发表年代上莱布尼茨又早于牛顿3年。牛顿与莱布尼茨两位伟大的数学家作为微积分理论奠基人的主要功绩在于，从哲学的高度揭示了微分与积分的本质联系与对立统一的规律，从而为微积分学的发展奠定了理论基础。后人为了纪念他们对微积分理论的主要贡献，也把微积分基本定理叫做牛顿-莱布尼茨公式。

四、如果学生学习了本课内容，他们能够做什么(如何)

掌握数学知识，培养数学能力，提高数学素养，是数学教育教学的主要目标。如前所述，定理的理论价值以及应用在微积分学上是广泛的，而作为计算公式在中学阶段的应用集中体现在定积分的简便计算，解决基本初等函数的定积分问题以及定积分在几何、物理中的简单运用问题，如由平面曲线围成的面积、变速直线运动的路程以及变力做功等问题（如教材1.7节所示）。

就本课内容来说，牛顿-莱布尼茨公式的应用主要是解决一些基本初等函数的定积分，如教材中的例题1(1)、1(2)，以及理解定积分的取值符号的几何意义。因此，在公式的应用上，应该注意控制题目的计算难度，被积函数的形式不宜过于复杂，一般应该限制在基本初等函数的范畴之内。

1.习题教学

例1 计算下列定积分：

(1) $\int_1^2 \frac{1}{x}\mathrm{d}x$；　　(2) $\int_1^3 (2x-\frac{1}{x^2})\mathrm{d}x$。

例2 计算下列定积分：

(1) $\int_0^{\pi} \sin x\mathrm{d}x$；　　(2) $\int_{\pi}^{2\pi} \sin x\mathrm{d}x$；　　(3) $\int_0^{2\pi} \sin x\mathrm{d}x$。

由计算结果你能发现什么结论？

（解答过程略）

例题的教学在于给学生提供解题的规范：先找满足关系 $F'(x)=f(x)$ 那个函数 $F(x)$，再计算 $F(x)$ 在区间上的增量。其中例 1(1) 和前面的引入相呼应，用定义无法计算它，而用牛顿-莱布尼茨公式就能轻松解决，表明它就是我们所寻求的那种简洁、有效的计算定积分的方式。

小结：

计算 $\int_a^b f(x)\mathrm{d}x$ 的步骤：

第一，找一个函数 $F(x)$，满足关系式 $F'(x)=f(x)$；

第二，计算 $F(b)$，$F(a)$；

第三，求差 $F(b)-F(a)$。

2. 应用拓展

(1)课堂练习

计算下列定积分：

①$\int_0^5 4x\mathrm{d}x$；②$\int_0^5 (x^2-2x)\mathrm{d}x$；③$\int_1^2 (\sqrt{x}-1)\mathrm{d}x$；④$\int_{-1}^3 (3x^2-2x+1)\mathrm{d}x$；

⑤$\int_1^2 (x-\frac{1}{x})\mathrm{d}x$；⑥$\int_1^2 \frac{1}{x^2}\mathrm{d}x$；⑦$\int_0^\pi \cos x\mathrm{d}x$；⑧$\int_{-\pi}^0 \sin x\mathrm{d}x$。

（学生板演，教师评价，对于典型错误，分析原因，重点讲评。）

学生自我总结本课的学习内容与收获，教师布置作业和思考题。

(2)课后作业

计算下列定积分：

①$\int_0^2 (4-2x)(4-x^2)\mathrm{d}x$；②$\int_1^2 \frac{x^2-2x-3}{x}\mathrm{d}x$；③$\int_2^3 (\sqrt{x}+\frac{1}{\sqrt{x}})^2\mathrm{d}x$；

④$\int_1^4 \sqrt{x}(1-\sqrt{x})\mathrm{d}x$；⑤$\int_0^{\pi/2} (3x+\sin x)\mathrm{d}x$；⑥$\int_1^2 (\mathrm{e}^x-\frac{2}{x})\mathrm{d}x$。

思考：$\int_0^{3\pi} \sin x\mathrm{d}x$ 的几何意义是什么？

综上，我们以四个核心问题，探讨了微积分基本定理的教学设计。如果把围绕这四个问题的一些思考组合成相应的教学环节，其实就是“4MAT”系统设计的一个应用。我们可用下面图式(图 5-1-1)来表明教学设计的基本流程与教学活动的关键特征。这种设计的出发点就是：数学的教学过程是教师引导学生进行数学活动的过程，是师生之间交往互动与共同发展的过程。

图 5-1-1 “4MAT”教学过程示意图

专题二：基于 APOS 理论的教学设计

美国学者杜宾斯基等人在数学教育研究实践中，提出了一种 APOS 理论：学生学习数学概念，一般要经过四个阶段——操作（action）阶段、过程（process）阶段、对象（object）阶段、模型（scheme）阶段，取这四个阶段英文单词的首字母，命名为 APOS 理论。

其中的操作阶段，是学生理解概念的一个必要条件，通过操作、活动，让学生亲身体验、感知问题的直观背景以及与生活现实之间的联系。过程阶段，是学生对操作、活动进行思考，经历思维的内化、整合过程，学生在头脑中对活动进行描述和反思，抽象出概念所特有的性质。对象阶段，是通过前面的抽象，认识了概念的本质，对其赋予形式化的符号定义及符号，使其达到精致化，成为一个具体的对象，在以后的学习中，以此为对象去进行新的活动。模型阶段，需要经过长期的学习活动来逐步完善，起初建立的概念模型包含反映概念的特例、抽象过程、定义以及符号，经过学习建立起与其他概念、规则、图形等的联系，在头脑中形成综合的心理图式。

APOS 理论揭示了数学概念学习的本质，是具有学科特色的学习理论。尽管我们不需要全面学习接受美国的理论，但是这个理论对于思考我们当前的概念教学，还是有诸多借鉴之处的。

第一，我们讲概念、举反例，事实上掩盖、缩短了学生的操作、活动、过程。

我们总是习惯于将概念当做知识来进行教学，尽管我们也为此设计了情境、组织了资源，但是因为我们习惯于把概念当做知识来讲授，实际上剥夺了学生的自主操作、活动的建构过程，剥夺了学生的自主认知过程。

在我们的讲授下，学生也许对每一个概念都很熟悉，但是具体到应用时，却往往不知所措，或者只能孤立地记忆概念，不能运用联系的观点，在必要的地方联想到这些该应用的概念……

第二，应该把概念的建立当做一种情境，引发学生去操作、活动、讨论、反思，把例题与练习纳入概念的学习情境之中。应该摆脱原来那种讲完概念就进入例题学习、练习巩固的孤立做法，应该把操作、过程、对象、模型设计为一个小整体，在课堂上，借助例题、练习、小结，完成对概念的整体感知。

例题学习的目的，不是为了阐述概念；练习设置的目的，不是为了巩固概念。例题、练习是概念生成的一个整体，是操作、过程、对象、模型中必不可少的环节。

第三，课堂教学的核心，是帮助学生完整、科学地建立数学概念，不是讲解了多少例题，也不是具体做了多少练习。

概念，不是讲过之后学生就能够立刻在头脑中全等镜像的，而是需要一个相当长的时间，逐步完善、发展而成的。围绕操作、过程、对象、模型，具体构造、组织资源，帮助学生正确建构概念，是数学教学的主要任务之一。

案例 5-2　勾股定理

一、教材分析

1. 教材选择

义务教育课程标准实验教科书数学（浙教版）八年级上册。

2. 本课的作用和地位

勾股定理是平面几何中具有奠基性地位的定理，是解三角形的重要基础，也是整个平面几何的重要基础，其在现实生活中具有普遍的应用性。学生通过对“探索勾股定理”这节内容的学习，知道勾股定理及其逆定理，会运用勾股定理及其逆定理解决一些简单的问题，为他们的后续学习作铺垫。

3. 本课的主要内容

探索发现勾股定理，勾股定理的证明及其应用，勾股定理的逆定理及其应用。

4. 教学重点与难点

教学重点：勾股定理及其应用，勾股定理的逆定理及其应用。

教学难点：勾股定理的发现与证明。

二、学生学情分析

学习本课内容的学生为八年级学生，八年级被认为是学生学习数学的一个重要阶段（具体思维向形式化思维转变的时期）。他们已经具备一定的分析与归纳能力，初步掌握了探索图形性质的基本方法。在教材前面一节中，学生刚刚学习了直角三角形，此时来探索直角三角形三边的关系符合学生的逻辑思维。

三、教学目标

1. 知识与技能目标

理解并掌握勾股定理及其逆定理，掌握勾股定理的证明，会运用勾股定理及其逆定理解决一些简单的问题。

2. 过程与方法目标

学生通过小组合作学习探索勾股定理理解面积割补法，通过学习勾股定理的证明初步了解数形结合思想，在问题解决的过程中培养数学的应用意识和能力。

3. 情感态度与价值观目标

学生通过合作学习明白合作的重要性，通过学习中西方的勾股定理证明，感知数学文化，感受数学的魅力。

四、教学过程设计

1. 创设情景、引入课题

活动一：利用方格纸观察和探索直角三角形的三边关系

首先，教师提问“直角三角形三边有什么大小关系”，使学生的注意力集中于三边关系：$a-b<c<a+b$。教师进而提问“平方上面的式子会怎么样”，学生很容易得出 $a^2-2ab+b^2<c^2<a^2+2ab+b^2$。教师引导学生考虑 a^2，b^2，c^2 的几何意义。学生会回答出它们代表正方形的面积，此时教师给学生展示 4 幅图（图 5-2-1），每个小方格的边长为 1，要求学生小组合作研究每幅图中的 3 个正方形的面积，并要求填写表 5-2-1。

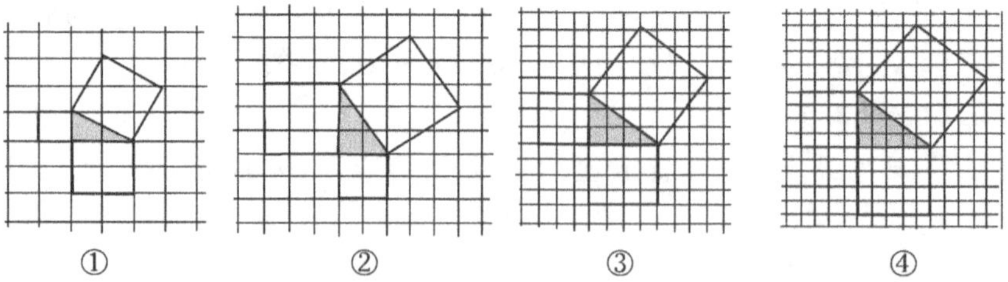

图 5-2-1

表 5-2-1

	①	②	③	④	…
a^2	1	4	9	16	
b^2	4	9	16	25	
$2ab$	4	12	24	40	
c^2	5	13	25	41	

（注：数据是后来填入的。）

学生在计算 a^2 和 b^2 时较为容易，c^2 不好计算，但是学生通过用面积割补法也可以得出答案。之后教师又提问根据表 5-2-1，大家关于直角三角形三边可以得出什么结果。学生通过讨论猜想得出两个结论：$2ab+1=c^2$，$a^2+b^2=c^2$。这两个结论都对吗？还是其中一个错误？或是两个都是错误的？

活动二：教师引导学生画直角三角形

教师再引导学生做另外一个活动。教师要求学生画两直角边分别为 6cm 和 8cm 的直角三角形，并量出斜边的长。同学们经过操作得出斜边长为 10cm。我们来检查一下上面得出的两个结论，发现第一个不符合，故推出第一个结论错误。但是第二个结论仍然符合，于是我们猜想是不是第二个结论恒成立呢？

设计意图：上面的过程对应于 APOS 理论的活动阶段："活动"是个体对数学"对象"进行变形，一般来自外部刺激，通过学习一步步动作指示来获得，这一获得有时是显而易见的，有时来自于记忆。这里的"活动"泛指所有的数学活动，如猜想、回忆、计算、推理等，而不是仅仅指学生的肢体动作。上述内容包括的数学活动有：学生回忆了三角形的三边关系；学生合作探究图形，作出猜想；学生作直角三角形、量边长，发现矛盾并作出推理。通过这些活动有利于学生头脑中的概念形成。设计这样的活动符合学生的认知方式，即他们通过自己的探索发现直角三角形的三边关系。在"活动一"中学生发现两个结论，此时教师没有立刻告诉他们哪个是对的或哪个是错的，而是设计另外一个活动让学生自己去研究，充分发挥学生的主体性，这样更符合学生的思维方式。此外，学生通过自主探究发现学习数学的乐趣，激发了学习数学的兴趣。

2. 引出定理内容及其逆定理

经过"活动二"学生否定了第一个结论，但第二个结论仍成立，这时引出勾股定理，即告诉学生第二个结论就是我们即将学习的勾股定理：直角三角形两条直角边的平方和等于斜边的平方，即如果 a，b 为直角三角形的两条直角边长，c 为斜边长，则 $a^2+b^2=c^2$。教师让学生逆向思考一下并提问：如果我们知道一个三角形的三边关系满足 $a^2+b^2=c^2$，我们是否可以判断这个三角形就是直角三角形呢？同学们思考并讨论，他们回答这个结论应该是成立的，因为它如果不是直角三角形就不会满足 $a^2+b^2=c^2$。教师满意地称赞学生，并指出这是勾股定理的逆定理，以后我们就可以根据这个定理来判断一个三角形是不是直角三角形了。

设计意图：上述内容主要是教师向学生讲述勾股定理和其逆定理这两个概念，这对应于 APOS 理论的过程阶段。当"活动"不断地被个体重复并反省，动作已经自动化了，不再需要外部刺激，个体已经形成内部构造时，"活动"就内化为"过程"。表现为个体能够从逆向推导数学概念，并构造更复杂的"活动"。过程阶段是一个概括概念并能逆向推导概念的阶段。通过活动阶段的探究教师此时概括勾股定理，并引导学生进行逆向思考，推导出勾股定理的逆定理。

3. 勾股定理的证明

教师提问："我们是怎么得出勾股定理的？"学生们根据前面的探索回答问题。教师又问："同学们是不是很想知道它是怎么证明的呀？"学生们都回答"是"。但教师还不能马上给出证明，而是利用多媒体给出 2002 年 8 月在北京召开的国际数学家大会的会徽（见图 5-2-2）。学生们都露出不解的表情，心里想不是要讲证明吗，怎么又看这个图。此时，教师给出解答："其实这个是中国古代数学家赵爽所用的弦图，他就是用这个图来证明勾股定理的。下面老师给出具体证明过程：由图 5-2-3 得正方形 $ABEF$ 的面积等于 4 个直角三角形 ABC 的面积加上中间的小正方形的面积，即列式 $4\times\frac{1}{2}ab+(b-a)^2=c^2$，化简后得 $a^2+b^2=c^2$。"教师讲："这个证法是不是很容易呀？同学们再观察这个图，看能不能得出其他的证法？"学生们都在思考，经过几分钟有学生得出如下的证法：外面大正方形的面积等于 4 个三角形 ABD 的面积加上正方形 $ABEF$ 的面积，即 $(a+b)^2=4\times\frac{1}{2}ab+c^2$，化简后可得 $a^2+b^2=c^2$。

图 5-2-2

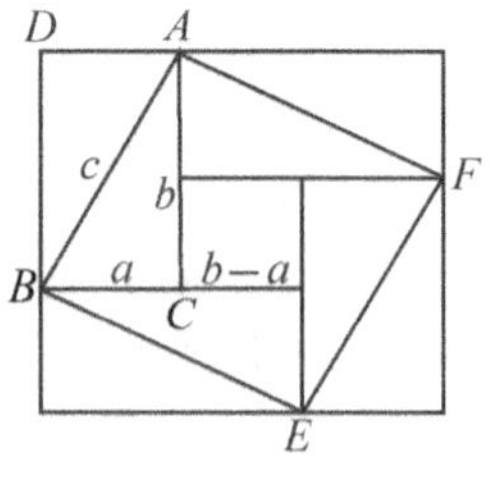

图 5-2-3

教师称赞学生通过自己的思考得出弦图的另外一种证法，又抛出问题："刚才同学们都很厉害，老师现在要介绍一种稍微难一点的证法，我相信大家很快就

理解了。”下面教师介绍欧几里得的证法(图 5-2-4):

因为 $AC=AF$,$AB=AD$,$\angle FAB=\angle CAD$,所以$\triangle FAB\cong\triangle CAD$。作 $CL /\!/ AD$,因为 $S_{\triangle FAB}=\frac{1}{2}FA\cdot AC=\frac{1}{2}S_{ACHF}$,$S_{\triangle CAD}=\frac{1}{2}AD\cdot DL=\frac{1}{2}S_{ADLM}$,所以 $S_{ACHF}=S_{ADLM}$。同理可证 $S_{BKGC}=S_{MLEB}$,所以 $AB^2=BC^2+AC^2$,即 $a^2+b^2=c^2$。

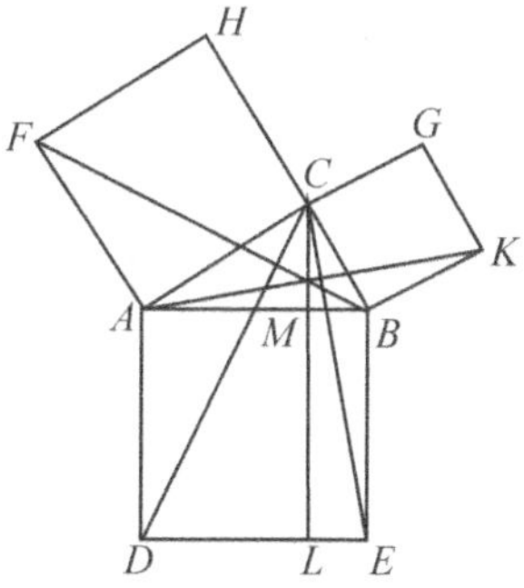

图 5-2-4

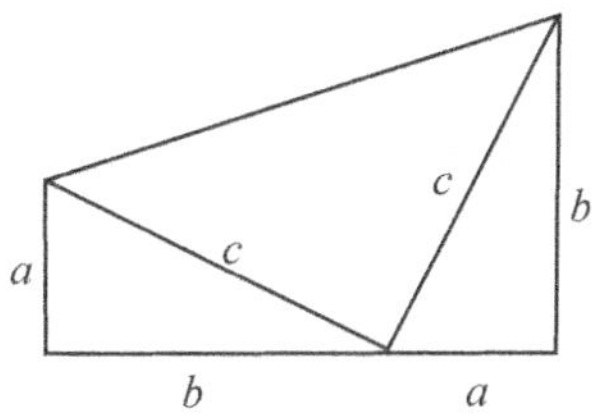

图 5-2-5

教师向学生说道:“勾股定理的证明层出不穷,至今已多达近 400 种。有兴趣的同学可以再去收集资料,查看其他的证明方法。老师这里布置一个作业,同学们根据图 5-2-5 课后探讨一下怎么证明。”

设计意图:这部分内容的教学体现了 APOS 理论的对象阶段,对象阶段是分析剖解概念、揭示概念的关系。讲解勾股定理的证明即进一步分析勾股定理这一概念。勾股定理的证明是一个难点,学生通过听教师讲解以及自主探究,攻克了这个难点,掌握了证明方法。教师讲解了两个证明方法,并让学生在课上思考以及课后思考,发散学生的思维;同时也让学生感受到勾股定理的魅力,进一步感知数学的魅力。

4. 勾股定理的运用

教师讲解课本第 39 页的例 1 和第 41 页的例 3。

例 1 已知在$\triangle ABC$中,$\angle C=\mathrm{Rt}\angle$,$BC=a$,$AC=b$,$AB=c$。

(1)若 $a=1$,$b=2$,求 c;(2)若 $a=15$,$c=17$,求 b。

解 (1)根据勾股定理,得 $c^2=a^2+b^2=1^2+2^2=5$。

$\because c>0$,$\therefore c=\sqrt{5}$。

(2)根据勾股定理,得 $b^2=c^2-a^2=17^2-15^2=64$。

$\because b>0$,$\therefore b=8$。

例 3 根据下列条件,分别判断以 a,b,c 为边的三角形是不是直角三角形。

(1) $a=7,b=24,c=25$；(2)$a=\frac{2}{3},b=1,c=\frac{2}{3}$。

解 (1)$\because 7^2+24^2=25^2$，$\therefore$以7,24,25为边的三角形是直角三角形。

(2) $\because \left(\frac{2}{3}\right)^2+\left(\frac{2}{3}\right)^2=\frac{8}{9}\neq 1^2$，$\therefore$以$\frac{2}{3}$,1,$\frac{2}{3}$为边的三角形不是直角三角形。

然后，教师利用多媒体展示课本上的例2和例4，要求学生自己思考并求解，之后老师作出点评和讲解。

设计意图：此过程为APOS理论的图式阶段，图式阶段是进一步揭示概念的关系以及概念的运用。学生经过前面的学习，已经知道勾股定理及其逆定理，在此阶段通过练习进一步理解和巩固概念并会运用概念解决一些简单的问题。

5.课后作业

课本第40页的1、2、3、7题和第42页的1、2、3题，并在课后阅读第43页的阅读材料。

五、教学反思

APOS理论对学生的概念理解作出了分层分析，可以预测学生已经在多大程度上对概念作出了心理建构，从而推知学生对数学概念的掌握起点。基于APOS理论的理念设计数学概念教学，实质是“以学生为主体”的理念在课堂探究中的体现，有利于学生理解概念，教师也可根据是否有利于“活动”的“自动化”来判断教学设计的有效性。基于APOS理论的教学设计是一种新的思路、新的尝试，其中不免有些小问题。我们基于上面的教学设计作出以下反思：

反思一：一般的教学是把勾股定理及其逆定理分开教，但是基于APOS理论需要把它们融合在一起。在这里，教师讲了勾股定理之后，马上引入勾股定理的逆定理，这样的教学是否恰当，学生是否能接受，有待进一步思考。

反思二：在创设情境时，教师是让学生小组合作学习进行探究，需要比较多的时间。这样的引入，是否会耽误教学进度呢？这样的引入，教学效果将会如何？这些需要在课堂实践中才能得知。

反思三：在讲述勾股定理的证明时，教师直接给出赵爽的弦图和欧几里得的证明图，学生可能会疑惑这些图是怎么来的，为什么他们会想到用这样的图。关于这部分内容，教师应该作一些必要的解释和补充。

案例 5-3　三角形中位线

一、教学背景

“三角形的中位线”是浙教版数学八年级下册第 5 章第 6 节的内容。本课是在学生已经掌握了四边形、梯形、平行线等分线段内容为基础引出中位线的概念,进而探索研究它的性质,最后利用性质定理进行有关的论证和计算,步步衔接,层层深入,形成知识的链条。学好本课不仅为学习梯形中位线打下了良好的基础,作好了铺垫,而且为今后证明线段平行和线段倍分关系提供了重要的方法和依据。可见,三角形中位线在整个知识体系中相当重要,起到承上启下的作用。

二、教学目标

知识与技能:理解三角形中位线的概念,知道三角形中位线和三角形中线的区别,掌握三角形中位线定理及其推导过程,会运用它进行简单的计算、推理,提高解决问题的能力。

过程与方法:探索中位线定理的发现及其证明,学会观察、分析、抽象、概括,培养分析问题、解决问题的能力。

情感、态度与价值观:积极参与数学活动,在操作中思考,在思考中交流,对数学探究活动产生兴趣,树立数学学习的信心。

三、教学重点与难点

教学重点:三角形中位线定理。

教学难点:三角形中位线定理结论的证明及其应用。

四、教学过程

第一阶段——活动阶段

活动一:让学生通过自己动手操作,形成对三角形中位线的初步认识

教师:同学们,请拿出一张纸画一个三角形并把它剪下来,下面大家尝试着剪一下将三角形剪成一张三角形纸片和一张梯形纸片,并将它们拼成一个四边形。

教师巡视全班,观察学生的操作情况。

教师:现在大家都完成了,请拼成了平行四边形的同学举手,说说你们是怎么做的?

通过学生们的叙述,总结出拼成平行四边形的条件:分别取三角形两边的中点,连结两中点,沿连线剪开。将所得的三角形和梯形拼接即得到平行四边形。

教师利用多媒体演示拼接过程(如图 5-3-1 所示)。

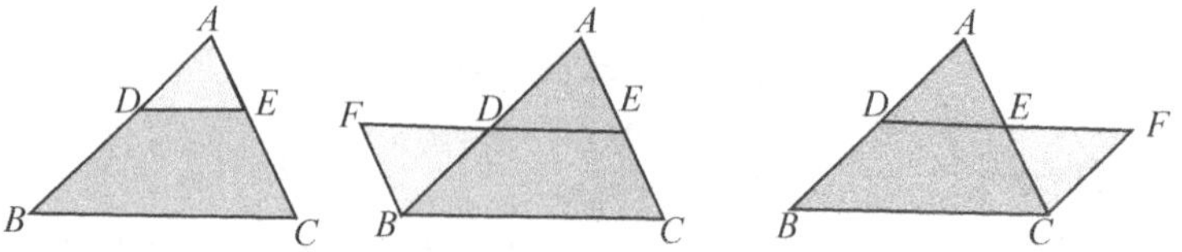

图 5-3-1

教师：以上述为例，我们称线段 DE 为三角形 ABC 的中位线。那么大家思考一下，三角形中位线的定义是什么？

学生发言，教师总结：连结三角形两边中点的线段叫三角形中位线。

活动二：区分三角形中位线和三角形中线

教师：请大家根据三角形中位线的定义，来判断一个三角形有几条中位线？

学生：三条。

教师：三角形的中位线与三角形的中线一样吗？

学生回想三角形中线的定义，然后与中位线的定义进行比较。［教师用多媒体展示(图 5-3-2)。］

设计意图：APOS 理论中的“活动阶段”相当于观察、呈现数学概念的具体实体阶段，让学生对概念的形成过程有一个充分体验。本课通过“剪纸”、“拼图”等活动唤起学生学习三角形中位线的兴趣，启发他们通过亲身体验、主动寻找来建立三角形中位线的概念，为学习三角形中位线定理埋下伏笔。

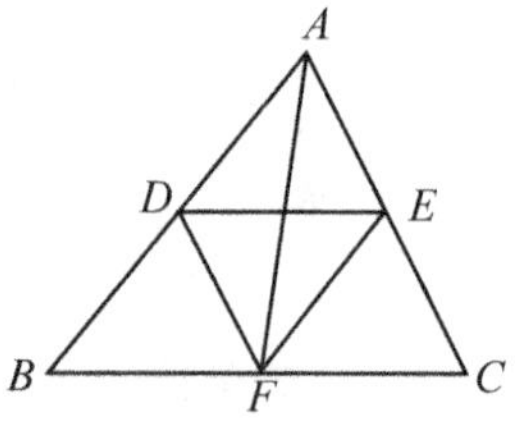

图 5-3-2

第二阶段——过程阶段

教师：同学们，大家思考一下三角形的中位线和它所对应的边在位置上和数量上有什么关系？请大家进行小组讨论，并思考一下如何证明你们的猜想是正确的(以图 5-3-2 为例说明)。

学生经讨论后猜想：$DE /\!/ BC$，且 $DE=\frac{1}{2}BC$，帮助学生通过证明验证此猜想正确与否。

如图 5-3-3 所示，已知 D、E 分别是$\triangle ABC$ 的边 AB、AC 的中点。

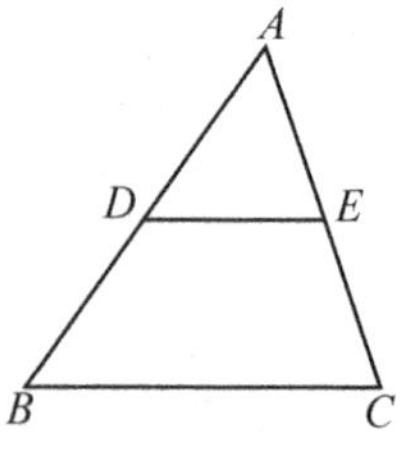

图 5-3-3

求证：$DE /\!/ BC$，且 $DE=\frac{1}{2}BC$(或 $DE \underline{\underline{/\!/}} \frac{1}{2}BC$)。

方法一：证明：如图 5-3-4 所示，以点 E 为旋转中心，把$\triangle ADE$ 绕点 E 按顺时针方向旋转 180°，得到$\triangle CFE$，则 D、E 同在一直线上，$DE=EF$，且$\triangle ADE \cong \triangle CFE$，

可得$\angle ADE=\angle F$，$AD=CF$，

所以$AB/\!/CF$。

又$\because BD=AD=CF$，

$\therefore$四边形$BCFD$是平行四边形(一组对边平行且相等的四边形是平行四边形)，

$\therefore DF/\!/BC$(根据什么?)，

$\therefore DE \underline{\underline{/\!/}} \frac{1}{2}BC$。

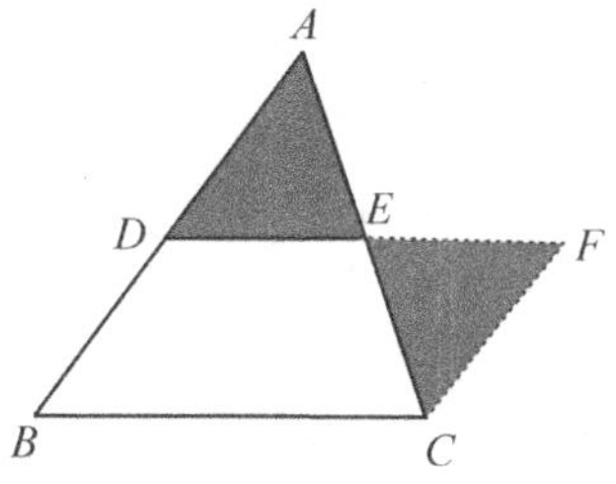

图 5-3-4

方法二：证明：如图 5-3-5 所示，延长DE至F，$EF=DE$。

又$AE=EC$，$\angle AED=\angle CEF$，

$\therefore \triangle ADE \cong \triangle CFE$，

$\therefore AD=CF$。

又$DB=AD$，

$\therefore DB \underline{\underline{/\!/}} FC$，

$\therefore$四边形$BCFD$是平行四边形，

$\therefore DE \underline{\underline{/\!/}} \frac{1}{2}BC$。

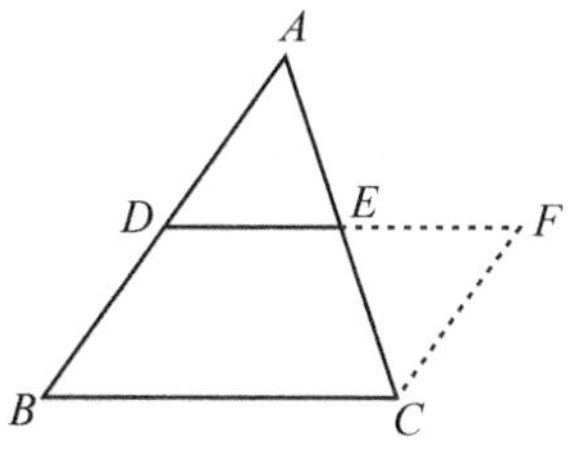

图 5-3-5

方法三：证明：如图 5-3-6 所示，延长DE至F，$EF=DE$。

$\because AE=EC$，

$\because EF=DE$，

$\therefore$四边形$ADCF$是平行四边形，

$\therefore AD \underline{\underline{/\!/}} FC$，

$\therefore$四边形$DFCB$是平行四边形。

$\therefore DF \underline{\underline{/\!/}} BC$，

$\therefore DE \underline{\underline{/\!/}} \frac{1}{2}BC$。

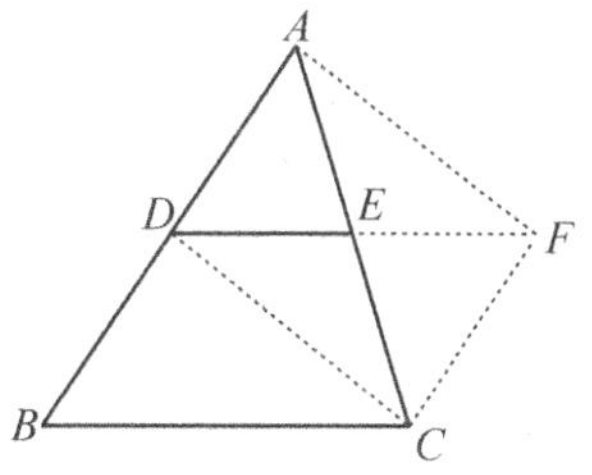

图 5-3-6

方法四：证明：如图 5-3-7 所示，过点C作AB的平行线交DE延长线于F。

$\because CF/\!/AB$，$\angle A=\angle ECF$，

又$AE=EC$，$\angle AED=\angle CEF$，

$\therefore \triangle ADE \cong \triangle CFE$，

$\therefore AD=FC$。

又$DB=AD$，$\therefore DB \underline{\underline{/\!/}} FC$，

$\therefore$四边形$BCFD$是平行四边形，

$\therefore DE \underline{\underline{/\!/}} \frac{1}{2}BC$。

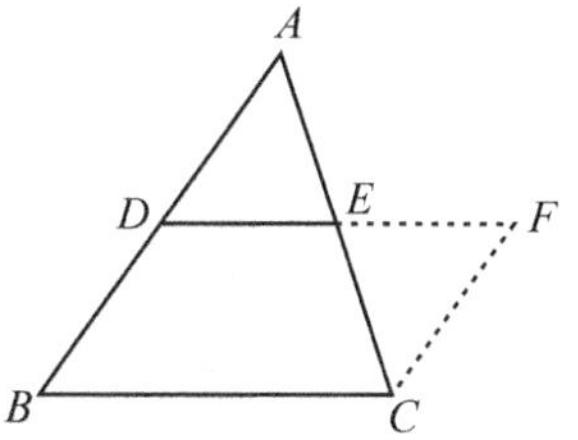

图 5-3-7

教师：同学们通过上述4种方法，验证了我们的猜想是正确的。

设计意图：APOS理论中的"过程阶段"是学生对具体实体进行思维概括并描述得出数学概念的阶段。学生通过之前的"活动"对三角形中位线的概念形成了初步的认知，在此基础上进行猜想并经过小组讨论，在教师的引导下验证猜想的正确性。同时，也为学生在以后的习题解答时如何添加辅助线提供了方案。

第三阶段——对象阶段

教师：哪位同学可以用文字语言把我们的猜想总结一下呢？（学生回答，教师补充。）

教师：大家回答得非常好，刚才大家所说的就是我们今天所要学习的重点内容——三角形中位线定理。

三角形中位线定理：三角形的中位线平行于第三边，并且等于第三边的一半。

教师：同学们，现在我们已经知道了三角形中位线定理的文字语言，那么现在大家来思考一下它的几何语言应该是什么样子的呢。

几何语言：如图5-3-8所示，∵DE是$\triangle ABC$的中位线（或$AD=BD$，$AE=CE$），∴$DE \mathrel{\underline{\parallel}} \frac{1}{2}BC$。

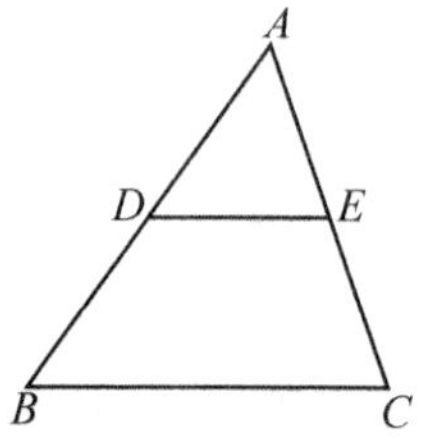

图5-3-8

设计意图：APOS理论中的"对象阶段"将过程看做是一个整体，并将其上升为一种意识，作为独立对象，认识到了概念的本质，对其赋予形式化定义和符号，使其达到精致化，成为一个具体对象。从数学角度来看，由过程到对象的转移就是为从更高层次进行研究开拓了现实的可能性。在本课中，教师引导学生通过"过程"的学习，抽象出三角形中位线定理的文字表达和符号表示，为以后解决类似习题作准备。

第四阶段——图示阶段

教师：同学们，现在我们一起来解决下面的问题。

1. 如图5-3-9所示，已知D、E、F分别是$\triangle ABC$的边AB、AC、BC的中点。

(1)若$AB=6\text{cm}$，则$EF=$________cm。

(2)若$\angle ADE=60°$，则$\angle B=$________度。

(3)图中有几个平行四边形？

(4)你能证明$\triangle ADE$，$\triangle EFC$，$\triangle DBF$，$\triangle DEF$全等吗？

(5)若$\triangle ABC$的周长为16，面积是12，则$\triangle DEF$的周长为________，$\triangle DEF$的面积为________。

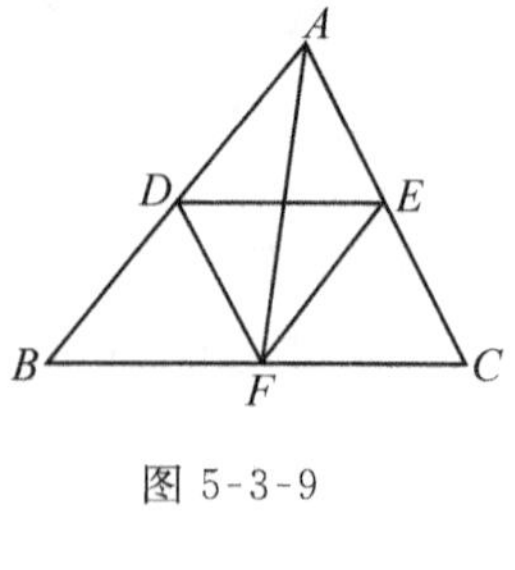

图5-3-9

2. 如图 5-3-10 所示，在四边形 $ABCD$ 中，E、F、G、H 分别是 AB、BC、CD、DA 的中点。

求证：四边形 $EFGH$ 是平行四边形。

[分析：由 E、F、G、H 分别为四边形 $ABCD$ 各边的中点，联想到应用三角形中位线定理来证明，有中点连线而无三角形，所以要作辅助线产生三角形（连结 A、C）。经上述分析，让学生自己思考证明，并请两名学生在黑板上证明。]

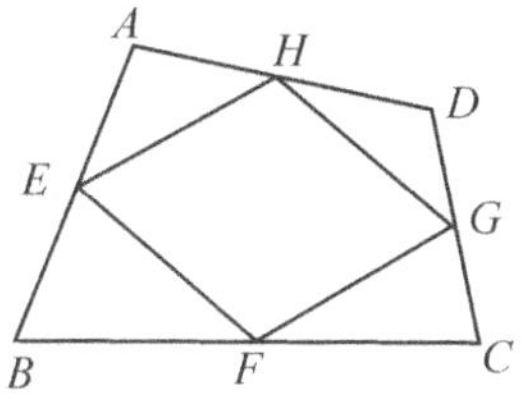

图 5-3-10

3. 如图 5-3-11 所示，DE 是△ABC 的中位线，AF 是 BC 边上的中线，DE 和 AF 交于点 O。

求证：DE 与 AF 互相平分。

（分析：连结 DF、EF，根据中位线的定理证明四边形 $ADFE$ 是平行四边形。）

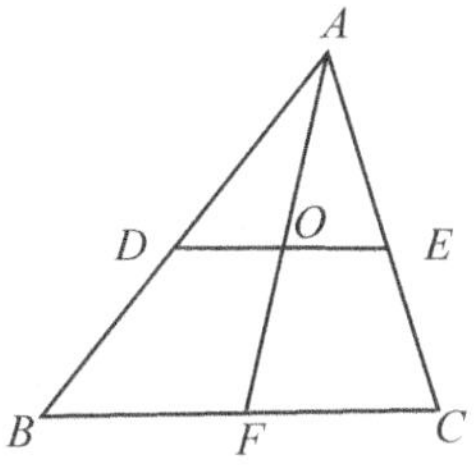

图 5-3-11

设计意图：个体对所有操作、过程和对象以及认知结构中与这个概念相关的其他概念进行相应的整合，在头脑中产生一个新的综合心理图式，这种图式能够对一些与概念相关联的问题是否属于该图式范围作出判断，在个体的认知结构中占有特定地位。而且在后继的学习中会与其他的数学概念等相关知识建立起有意义的联系。学生通过具体练习，对三角形中位线定义及其定理的运用能更加熟练。

五、课堂小结

1. 本课通过剪图拼图及论证得出了三角形中位线概念及中位线定理，并从剪图与拼图中得到启发：同学们自行得出一种新的添置辅助线的方法。

2. 学会了初步应用三角形的中位线定理进行有关的计算与证明。三角形中位线定理有两个结论：一是解决位置关系，二是解决数量关系。有些题目，有中点但没有三角形，要利用三角形的中位线，必须添线构成三角形。

案例 5-4　平行四边形

【案例背景】

四边形是现实生活中的常见图形，是平面几何中最基本的平面图形之一。平行四边形从属于四边形，所以一般四边形所具有的性质它都具有。同时，它还具有自己特有的性质：对边平行且相等、对角相等、邻角互补等。这些性质为学生证明或解决线段相等、角相等等问题提供了全新的思路，拓展了学生的视野。另外，平行四边形的这些性质还是所有特殊平行四边形的基本性质。本堂课既是对平行线的性质、全等三角形等知识的延续和深化，也是后续学习矩形、菱形、正方形等知识的基础。同时，本课还使学生经历充分的观察、猜想、验证、推理、交流、应用等数学活动后获得结论，这对于培养学生的观察能力、推理能力、图形处理能力、探索及解决问题的能力等，都起着较为重要的作用。

学生在小学及七年级已为本章的学习作了铺垫，研究了一些基本的平面图形及其关系，对基本图形有了初步的认识，并在学习中积累了必要的探究活动、合作交流的经验。对几何图形的认识、图形的变换有了初步的认识，对转化思想也有了一定的体验，为探究并掌握平行四边形的判别作了知识和经验准备。

【案例呈现】

(一)创设情境(活动阶段)——在活动中思考问题，感性认知概念

活动 1 观察以下图片(图 5-4-1、图 5-4-2、图 5-4-3)，发现它们的共同特点

图 5-4-1

图 5-4-2

图 5-4-3

学生观察图片，从实物中抽象出平行四边形图形，再列举生活中用到或看到的平行四边形的例子。

活动 2 用数学语言描述头脑中的平行四边形

教师引导学生回忆四边形和平行四边形的相关知识，并总结平行四边形的共同特点：两组对边平行。

设计意图：APOS 理论强调学生的学习是一种意义的建构，每个人按各自的理解方式建构对客体的认识，所以是个体化、情境化的产物。从学生熟悉的实际问题出发，创设情境，抽象出这堂课研究的内容，让学生感悟数学与生活紧密联系的同时，也让他们更真切地感受到学习平行四边形的必要。同时，在观察、思考的活动中，回顾平行四边形的概念，弄清四边形与平行四边形的从属关系，明确四边形与平行四边形的异同点，为下一环节作准备。值得注意的是，这里的“活动”泛指所有的数学活动，如回忆、计算等，而不仅仅是指学生的肢体动作。该阶段的关键在于根据学生已有经验，创造真实的或虚拟的情境，让学生亲身投入，通过实际体验获得知识，感受概念的直观背景，使之成为抽象的基础。

(二)探究在线(过程阶段)——思维活动为主的理性思考

活动 3 根据定义画一个平行四边形

用字母标识时提醒学生，平行四边形的记法要注意字母的顺序。

猜想：观察所画的平行四边形，除了“两组对边分别平行”以外，还要注意它的边角之间的其他关系。

活动程序：(1)利用学具袋中的学具，小组合作探究。教师以合作者的身份深入各小组中，了解学生的探究过程并适当予以指导。

(2)汇报：学生展示实验过程，相互补充探究出的结论。教师要引导学生将探究出的结论按照边、角进行归类梳理，使知识的呈现具有条理性。

活动 4 利用学习过的几何知识证明结论

共同总结本课发现的平行四边形的性质：

(1)平行四边形的对边相等；

(2)平行四边形的对角相等，邻角互补。

设计意图：在数学活动中我们不能像期待奇迹出现那样徒劳地等待直觉的产生，而应加强自觉的思维活动。教学中以学生原有知识为出发点，引导学生通过观察、归纳、猜想等方式主动获取知识。同时，在学生亲历知识的发生、发展与形成过程中使学生获得学习体验，培养数学直觉能力，注重直观操作与逻辑推理的有机结合，把几何论证作为探究活动的自然延续和必然发展。通过证明，验证猜想的正确性，让学生感受到数学结论的确定性和证明的必要性。“过程阶段”是学生对“活动”进行思考，经历思维的内化、压缩过程，形成内部构造。若“过程阶段”短暂或缺失，则会失去发展学生思维、反省和抽象能力的机会，那么理解数学也成了一句空洞的口号。

(三)厉兵秣马(对象阶段)——数学应用

活动 5 如图 5-4-4 所示，在四边形 $ABCD$ 中，$AB /\!/ CD$，要使四边形 $ABCD$ 为平行四边形，则应添加的条件是____________(添加一个条件即可)。

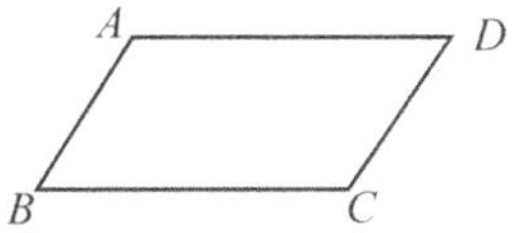

图 5-4-4

设计意图：尝试对性质的应用，实现从知识到能力的顺利过渡。同时，开放式的问题，有利于学生多角度地思考并解决问题。

活动 6 如图 5-4-5 所示，小明用一根 36m 长的绳子围成了一个平行四边形的场地，其中 AB 边长为 8m，其他三条边的长各是多少？(媒体播放)

(1) 如图 5-4-6 所示，在▱$ABCD$ 中，已知 $AC=12$，$\triangle ABC$ 的周长$=30$，则▱$ABCD$ 的周长=________。

(2) 若$\angle DCE=38^\circ$，则▱$ABCD$ 的四个内角的度数分别为________。

(3)若最大的两个角之和为 220°,则平行四边形的四个角的度数分别为________。

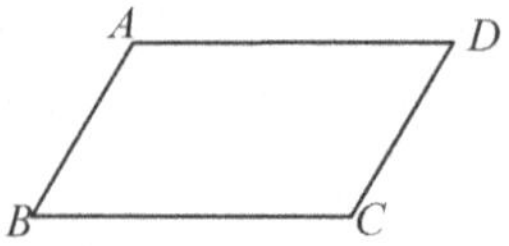

图 5-4-5

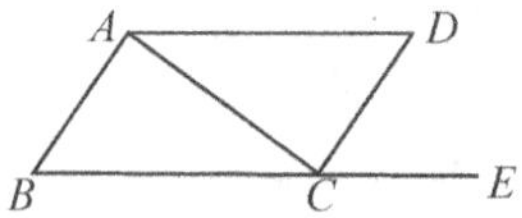

图 5-4-6

设计意图:通过对例题的学习,加深对平行四边形性质的理解,培养学生的应用意识。通过一题多变,使学生能多角度、多层次、灵活地运用所学知识解决问题,培养学生思维的深刻性与灵活性。

活动 7 如图 5-4-7 所示,剪两张对边平行的纸条,随意交叉叠放在一起,转动其中一张,重合的部分构成了一个四边形,$ABCD$ 是平行四边形吗?线段 AD 和 BC 的长度有什么关系?

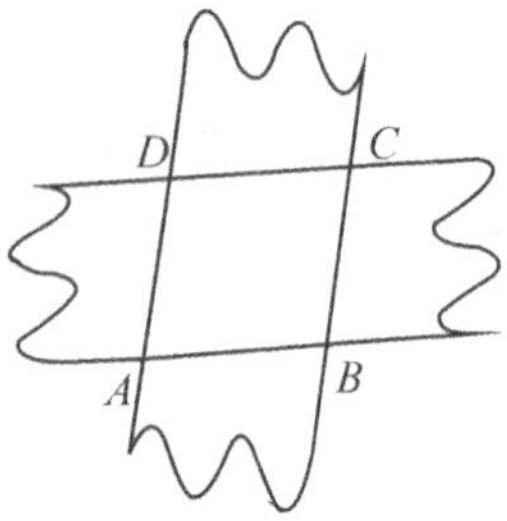

图 5-4-7

设计意图:数学学习最终需要对数学的发现进行整理、补充、完善,而练习正是学生心智技能和动作技能形成的基本途径。以上这组练习层层递进、由浅入深,有效地促进学生对本课所学习的概念与性质进行更加深刻的理解与掌握。以游戏为载体,使问题的呈现方式更加生动活泼与富有挑战性,促使学生对性质的理解精致化,使其成为一个具体的对象,在以后的学习中以此为对象具体地去实施各种特定的操作。从数学角度来看,由过程到对象的转移就是为从更高层次进行研究开拓了现实的可能性。

(四)整理反思(图式阶段)——反思与辨析回顾

活动 8 辨析回顾

(1)下列条件中,可以确定一个四边形是平行四边形的是 (　　)

A. 一组对边平行,一组对角相等　　B. 一组对边平行,一组邻角相等

C. 一组对边平行,另一组对边相等　　D. 两条对角线相等

设计意图:在辨析过程中,回顾各类四边形的概念和关系,在复习的同时进一步巩固平行四边形概念的本质属性。

(2)将$\triangle ABC$与$\square DEFG$如图 5-4-8 所示放置,点 D、G 分别在边 AB、AC 上,点 E、F 在边 BC 上,已知 $BE=DE$,$CF=FG$,则$\angle A$的度数 (　　)

A. 等于 80°　　B. 等于 90°

C. 等于 100°　　D. 条件不足,无法判断

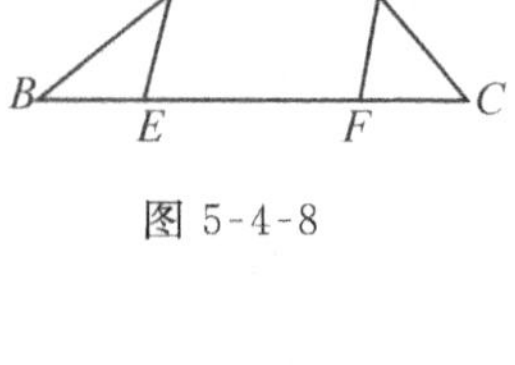

图 5-4-8

活动9 反思

通过这堂课的学习，对平行四边形的新认识：

(1)平行四边形的定义、性质。

(2)学习方法。

(3)思想方法。

设计意图：个体对操作、过程、对象以及他自己头脑中原有的相关方面的问题图式进行相应整合，就会产生新的问题图式，这种图式的作用和特点是可以决定某些问题或某类问题是否属于这种图式，从而作出不同的反应。通过浓缩知识要点，突出内容本质；通过区分概念间的关联和区别，明确概念的本质属性和非本质属性，解释蕴涵在概念中的思想方法和理性思维过程，使概念以一种完整的心理图式存储于大脑中。这种认知图式可以让个体在不同的数学情境中灵活采用所需的思维结构。此外，APOS理论告诉我们，数学概念的内化来自于反复操作，在不断反思的基础上形成无限循环过程。

案例5-5 黄金分割

【案例背景】

黄金分割是初等几何中的一朵奇葩。数学课程标准实验教科书苏教版在八年级下册“图形的相似”这一章安排了图上距离与实际距离等内容后，单独介绍了黄金分割。教科书从芭蕾舞演员优美的舞姿和东方明珠等生活中常见的事例引入“黄金分割”概念，通过探究黄金矩形、黄金三角形和五角星来加强对线段比例关系的理解。在北师大版教材中，黄金分割是八年级数学下册第四章“相似图形”第2节的内容。本章是继图形的全等之后集中研究图形形状的内容，是现实生活中广泛存在的一种现象。学习相似图形，离不开线段的比和比例线段，“黄金分割”将从一个崭新的角度加深学生对比例线段和线段的比的认识，是第一节内容的延续和拓展，同时通过黄金分割在建筑、艺术等方面的实例让学生进一步体会数学与自然及人类社会的密切关系，进一步丰富学生的数学活动经验，促进学生观察、分析、归纳、概括的能力和审美意识的发展。湘教版则把黄金分割作为比例的基本性质的内容之一，在学习了相似图形之后给予介绍，从黄金分割的线段比例的特性着手引出黄金分割的具体概念和性质，通过教材中涉及的较多数学史和黄金分割的广泛应用，激发学生的学习兴趣，进一步加深对线段比例性质的理解。人教版则是以黄金分割数为题，作为选学材料安排在课后阅读与思考。在学习了一元二次方程后，从一条线段的比例入手，列方程求得黄金分割数，并介绍了黄金分割在艺术、生物等方面的应用。

黄金分割的教学作为一种文化的教学观点已经深入人心，但如何结合

APOS 理论来创新黄金分割的教学，使学生感受其中的数学思想方法，领略数学命题和数学方法的美学价值呢？

【案例呈现】

（一）情境创设，引入“黄金分割”概念

活动一 观察以下各国的国旗有什么共同的图形（图 5-5-1）

图 5-5-1

思考：为什么这么多的国家会选择五角星图案？这个图案里是不是有什么奥秘呢？

此处情境的设置从学生已有的经验出发，从具体的五角星中抽象出几何中的五角星，激发学生的求知欲，顺利地引入五角星所蕴含的黄金分割。

活动二 做一做，量一量

用圆规作一个圆（大小都可），剪下，以 72 度角平分圆心角，将圆弧平分为 5 部分。连结相邻点和间隔点。见图 5-5-2。

学生很容易发现自己作出的圆内接五角星，并且是首先作出一个正五边形后，连结相邻点得到的。五角星如此优美离不开三角形，观察五角星的顶角三角形有什么特点？将其中$\triangle AMN$、$\triangle BNC$、$\triangle ACD$ 单独画出来，测量其中最短线段的比值。

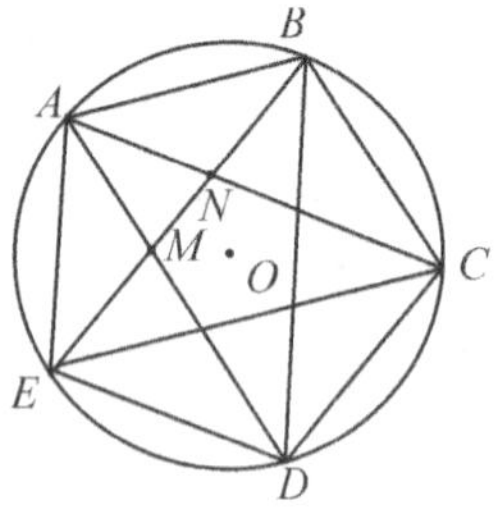

图 5-5-2

通过几何画板作图，老师引导同学们得出 $BN/EN=EN/BE$，进一步得出 EN 是 BN、BE 的比例中项，从而引出黄金分割的概念。

活动三 向同学们简单介绍黄金分割比历史

“黄金分割”的发现最早可追溯到公元前 5 世纪古希腊著名数学家、哲学家毕达哥拉斯和他的学生们。他们最先发现正五边形的边长与其对角线之比恰为黄金比，并最先找到正五角星的尺规作图法，因此正五角星也成了毕氏学派的标志。古希腊时代及其后的一些著名学者，如柏拉图（古希腊哲学家）、泽辛（德国美学家）、路巴·巴乔里（15 世纪末法国传教士）等，给这种比例关系起了一个举世瞩目的名字——黄金分割。意思是这种比例关系的优美性，其价值就像黄金一样珍贵。黄金分割“热”首先在古希腊兴起，随后从意大利波及欧洲乃至全世界。现在的很多科学家、艺术家依然热衷于研究黄金分割的应用。

“活动”阶段旨在通过学生们自己动手制作五角星，并测量发现其规律性，由老师引导得出黄金分割的概念，并介绍黄金分割的历史。学生在亲身体验中，感受概念在现实反映的具体实例，体会概念历史的发生发展。学生经过对上述活动的整理、分析归纳、分类抽象，实现从实例中归纳出抽象的规定。因此，学生对概念的理解不仅仅在数学的逻辑符号层面上，而是有着丰富历史和不断在发展和被运用的数学知识。

（二）黄金分割点的作图表示

思考 1：如何找到任意一条线段的黄金分割点？

公元前 4 世纪，有一位叫筱多克萨斯的古希腊数学家曾经研究过这样一个问题：如何在一条线段 AB 上选一点 C，使得 $AB:AC=AC:CB$？他给出了如下作图方法：

已知线段 AB，过 B 点作 $CB\perp AB$，且 $CB=\frac{1}{2}AB$；连结 AC，以 C 为圆心，CB 为半径画弧，交 AC 于 Q；再以 A 为圆心，AQ 为半径画弧，交 AB 于 P，则点 P 即为所求的黄金分割点（见图 5-5-3）。

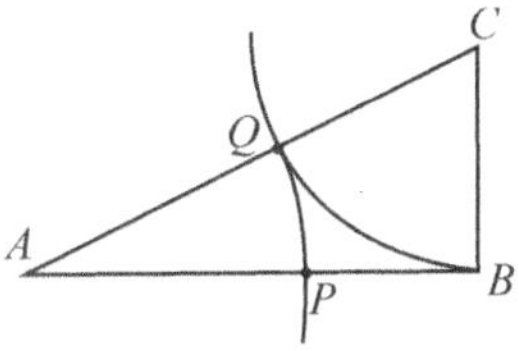

图 5-5-3

思考 2：我们所得出的 P 点为什么就是黄金分割点？说出理由。还有其他的方法找到黄金分割点吗？

欧几里得《几何原本》卷二 11 题就有关于找到一正方形线段的黄金分割点问题。设 AB 是已知线段，在 AB 上作正方形 $ABCD$；取 AD 的中点 E，连结 EB；延长 DA 至 F，使 $EF=EB$；以线段 AF 为边作正方形 $AFGH$，点 H 就是 AB 的黄金分割点（见图 5-5-4）。

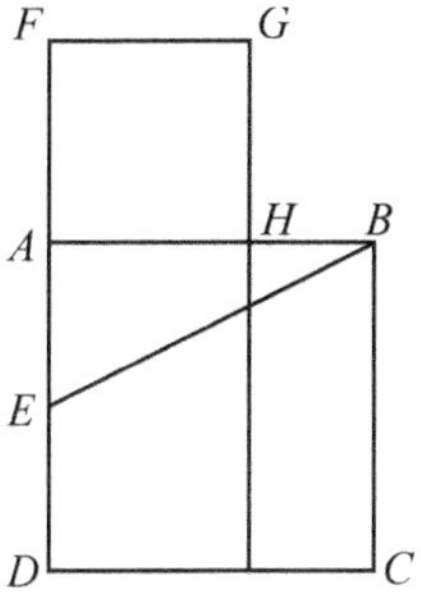

图 5-5-4

思考 3：这个做法和上面做法的共同点和区别是什么？你还能想到别的方法吗？

学生通过学习黄金分割点的多种作图表示，理解分割点作图的过程和黄金分割的比例性质，学生通过描述反思将这种思维方法整理归纳并且内化，抽象出黄金分割概念所特有的性质，即概括出黄金分割概念的一般定义。在这一过程中，学生不仅学会如何求得线段的黄金分割点，而且还能逆推，即这一点是否是黄金分割点。在教学过程中，贯彻发现法的教学原则可充分发挥学生学习的能动性。同时将数学史知识有机地融入数学过程中，用历史上著名数学家的故事去感染学生，使他们体验其中的数学思想。

(三)分析解剖定义,揭示概念关系

问题一 斐波那契数列与黄金分割有怎样的关系?

在八年级第二学期学习了兔子繁殖问题:从第1个月到第12个月兔子的对数是1,1,2,3,5,8,13,21,34,55,89,144,…这个数列称为斐波那契数列。从第3项起,这个数列中的每一项是它的前两项之和,即 $F_n=F_{n-1}+F_{n-2}\ (n\geqslant 3)$。当 n 逐渐增大时,相邻两项的比 $\frac{F_n}{F_{n-1}}=\frac{\sqrt{5}-1}{2}\approx 0.618$。

我们发现原本来自不同领域的数学,却与黄金分割达成了一致。

问题二 $\sqrt{1+\sqrt{1+\sqrt{1+\cdots}}}=\frac{\sqrt{5}+1}{2}=1+\cfrac{1}{1+\cfrac{1}{1+\cfrac{1}{1+\ddots}}}$ 无穷套根,黄金平均数和无穷连分数之间如何会有如此迷人的联系?

此阶段的设计通过多角度、多层次地认识黄金分割与其他概念的区别和联系,在数学逻辑的基础上用数学的符号准确表示出黄金分割的概念,在对概念理解不断矛盾、运动、变化的过程中准确把握概念的内涵和外延,形成概念的精致化的理解和表述,将黄金分割概念作为一个具体的对象,即黄金分割不仅仅是数字的符号或者是线段的比例。我们谈到的黄金分割是能够将其应用到其他各个行业发挥其自身具有的美学价值。我们在以后的学习中更多地将是以此为对象去进行新的活动。

(四)黄金分割的进一步拓展运用

探索发现:出现在五角星中的顶角三角形有什么特点?在这个三角形中作底角平分线与腰的交点又会得到什么?

引导学生反思活动开始时引入的五角星中的三角形,其实是黄金三角形,它们的特殊性使得五角星可以如此得优美。

一个矩形如果两边之比为黄金比,将此矩形分成一个正方形和一个小黄金矩形,如此继续分割小黄金矩形,我们会发现什么?向学生们展示黄金分割在绘画、雕塑、音乐、建筑等领域的具体成果,了解黄金分割的美学价值,在已有的逻辑认识的基础上添加了数学文化的熏陶。

【案例剖析】

APOS理论中由活动、过程到对象、概型的学习过程,体现了数学知识形成的规律性。教师也可根据是否有利于"活动"的"自动化"来判断教学设计的有效性。为此,我们对数学教学提出以下建议:

1. 精心设计概念的引入过程

学生学习的概念都是在原有认知图式的基础上主动建构的,这要求教师创设适合学生主动建构的问题情境，改变教学过程由传统的知识灌输转变成一个感受和欣赏数学概念形成的过程，不断拓展、丰富学生对数学概念的体验，加深对数学内涵与价值的认识，提高数学素养过程。

2. 体现数学概念中的思想方法

数学思想方法是数学内容的反映，它蕴涵在数学概念、规律等基础知识之中，是对数学对象的本质认识，是对数学知识的进一步提炼与概括。教师需把握数学史与数学文化教学中展现的数学思想，这是学生展开思维、建构概念的主线；同时，教师要基于学生认知，提出能够引起学生反思的问题。

3. 数学概念学习，循序渐进，螺旋上升

数学教师要意识到：一个数学概念(如函数概念)由“过程”到“对象”的建立有时是既困难又漫长的。由过程到对象的转变需要较多的变式练习。教师可利用与概念有关的数学史实来区分概念间的关系，使学生在头脑中建立起数学知识的结构印象。在图式阶段的教学中要注意学生对概念的综合运用，即加强概念间的联系及其应用，使学生在头脑中建立起较完整的数学概念的心理图示。

专题三：基于目标为本的学习原理的教学设计

以目标为本的课程理念强调，为清楚地展示教育的目的和学习方向，必须厘定明确的学习目标。教师可以根据这些学习目标，选择适当的教学素材、学习活动、评价方法等，使得学生的学习更见成效。学生要学习如何完成学习内容，如何有效地运用所学的知识内容与人沟通，以及如何解决困难。学生的表现将会根据各学习阶段指定的学习目标来作评估，而不是与他人进行比较。因此，教师会更容易监查和了解每个学生的学习进度和成绩。

以目标为本的课程致力于追求实现：

——为所有学生在各学习阶段拟订共同的学习目标，使教师的教、学生的学以及教学的评有明确的依据。

——为改善学生的学习方法，以达成学习目标，必须在各学习阶段，为施教、学习、评估以及运用教学资源等方面编订详细有效的指引。

——学生的进步，或大或小，都必须加以珍视，以激励他们进一步学习。

——改善教学评价以及成绩报告的方法，使学生的学习进度、学业成绩能清晰地展示出来，以便给学生、教师、家长、学校提供更多的信息。

以目标为本的课程强调课程是一个整体，具有可靠的学习原理作为根据，并与学习目标结合起来。其中，重要的学习原理可概括为如下五条：

原理1:学习是一个有目的地建构知识的过程。

学生仅仅从外部汲取知识是不够的,他们还需要通过自己的思考来建立知识。学生须将新汲取的知识加以整理,经过深思熟虑、发掘问题、理解内容等步骤,纳入他们已有的知识框架之内,通过上述的学习过程来建立的知识才有意义。

知识包括对事实、思想或概念的认识,对程序的认识(即懂得怎样处理),以及对学习与求知过程的认识。

每一科目的学习都不是分割的,某些概念在科目与科目之间是可以共通的,正如学习、思考和求知的方法也有共通之处。学生往往通过总结个人的经验和与别人交往的经验来建构知识,学生持续地学习,可以把各种知识更紧密地联系起来,从而建立起一个更广阔、更复杂和更具衍生能力的知识、策略与技能构架。

学生在学习时会受到本身已有观念的影响。这些观念往往是粗浅而模糊的,会影响他们对经验的理解。因此,要帮助学生廓清这些观念,使得他们知道自己中原先的观念有可取和有所局限的地方,从而得以发挥所长或作出改善。

通过情境来学习效果更好,更能使学生掌握学得的知识。况且,学生也会渐渐学会把在某个情境中学到的知识应用于另一个情境之中。

原理2:学习是一个螺旋式而非直线式的过程。

我们不应将科目的各个组成部分视为一些独立而无关联的知识片段、策略和技能,以为通过直线式的学习过程就可以掌握。学生需要经常重温旧有的概念、策略和技能,使知识、策略和技能构架不断重组和扩大,从而吸纳新的知识。因此,学习是一个螺旋式的过程。

原理3:学生在进行学习时,须以语言及其他的表达工具作为交流工具。

整体课程内各个科目的学习与语言是息息相关的,因为语言是用来表达思想的,并能把各种经验联系起来。

学生须用语言来表达各种经验、意见、问题、直觉、理由、抉择、解释、论证和判断。

交流的方式很多,可以通过交谈、报告、图表、图形、模型等。

原理4:学习是个别学生在发展途径中的进程。

学生的认知发展,须经过多方面的求知、思考和理解等进程。

个别学生在发展途径中的进展速度和处理事情的表现,往往受到以往经验和事情本身的性质所影响。

学生的学习进度,不能随意假设,必须加以筹划、引导、支持、监查和记录。

原理5:学习包括培养学生积极的人生态度和陶冶学生性情。

帮助学生培养积极的思想和行为,制定个人的人生目标,珍视知识,明辨是非，能够与人合作及自觉地不断求取学问，这些对学生来说至为重要。

这五项学习原理是制定目标为本课程的构架基础，同时也适用于施教、学习和教学评价。为使目标为本的课程实施更加有效，教学中应该加强对学生学法的指导，强调五种基本且相互关联的学习、思考和运用知识的方法：交流、探究、构思、推理和解决问题，让学生真正会学习、会思考，成为一个聪明的学习者。

案例 5-6　探究圆的面积公式

【学习范畴】度量、图形与空间。

【学习内容】面积和体积的简单概念。

【预备知识】三角形面积公式、圆周公式。

【主要特征】

本示例包含两部分（见下表），甲中教师通过两个难度不同的方法，让学生探究圆的面积公式，以照顾学生在学习能力上的差异。此外，因能力较强学生可能只需较少时间参与甲的活动，故能腾出时间进行乙的活动。在这部分，学生可以通过专题习作的形式探讨估计 π 值的方法。

		能力稍逊学生	一般能力学生	能力较佳学生
甲	方法 1	√	√（或不进行）	
	方法 2		√	√
乙			√	√

注：√表示学生在开始学习上述课题时可以进行的部分。

甲：导出圆的面积公式

方法 1：本活动提供一个证明圆面积公式的简单方法。一个圆被分割成数目为双数的细小扇形，从而组成一个近似平行四边形的图形。由此图形可推出圆的面积公式。

方法 2：本活动相对方法 1 略难。学生可利用增加圆内接正多边形的边数来逼近圆的面积。通过此活动学生可认识到前人在求解圆面积及 π 的近似值上的努力。

乙：探讨估计 π 值的方法

这部分可作为学生的专题作业，要求他们探讨估计 π 值的方法。学生需要自行从互联网、录像或参考书中搜集有关资料。该作业有助于拓宽学生的数学视野，赞赏数学家在这方面所作出的努力。

【活动内容】

甲:导出圆的面积公式

方法 1

1.将一个半径为 r 的圆分割为 8 个相等的扇形。重组这些扇形来组成一个类似平行四边形的图形,见图 5-6-1。

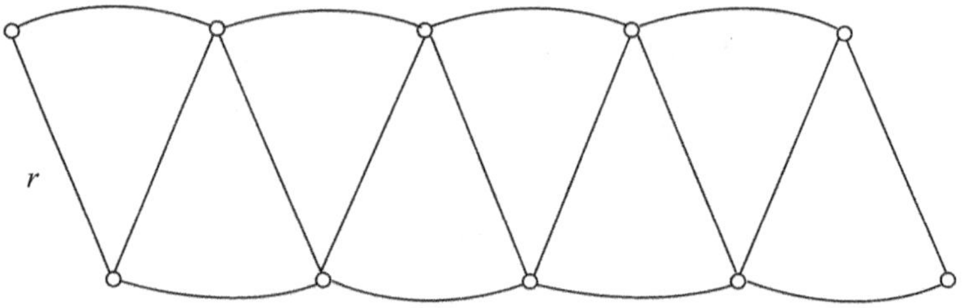

图 5-6-1

2.要求学生求出这个图形的面积。由于该图形的“底”并非直线,它不能由简单公式求出图形面积。

3.展示另一个和上面一样大小的圆。将此圆分成 18 份相等的扇形。将扇形重组如上,见图 5-6-2。

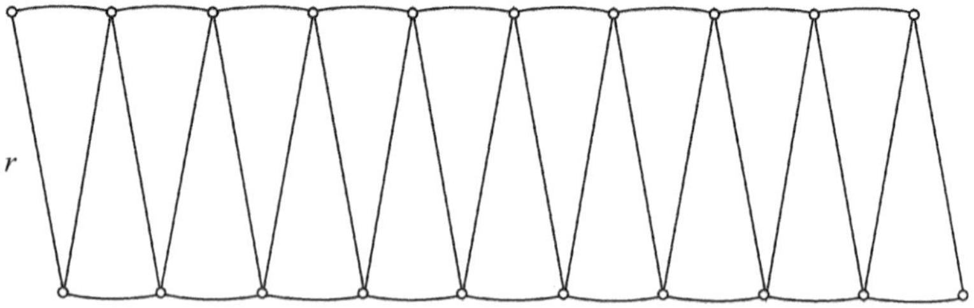

图 5-6-2

4.引导学生描述图 5-6-1 和图 5-6-2 的相异之处。要求学生回答下列问题:

(1)如果我们增加圆上的扇形数量,所组成的图形的“底”有什么改变?

(2)如果我们将圆分割成接近无限数量的扇形,那么这个图形会变为什么?

(3)这个图形的高和底分别是多少?

(4)这个图形的面积是多少?

5.要求学生对圆面积公式作出猜测,然后通过全班讨论,作出总结。教师应引导学生观察在极限的情况下,圆分割为无限数量的扇形时,所组成的图形的高和底分别为 r 和 πr,且面积为 πr^2 的长方形。因此,圆的面积亦约为 πr^2。

方法 2

1.向学生展示一方格纸。在方格纸上有一个半径为 r 的圆。$EFGH$ 为一个外切正方形。利用两条互相垂直的直径将圆分为 4 等份。它们将大正方形 $EFGH$ 分为 4 个相等的小正方形(见图 5-6-3)。

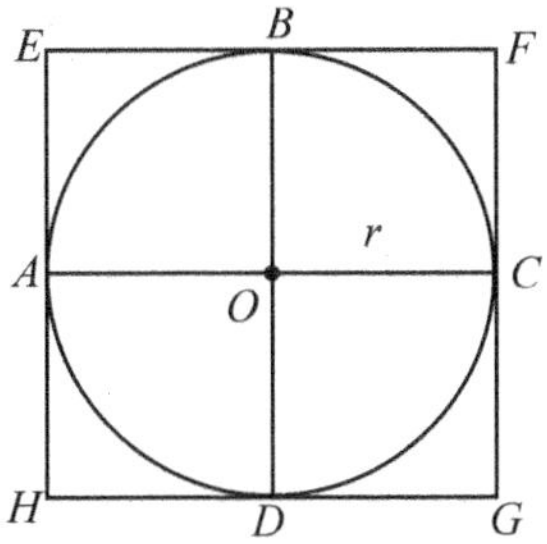

图 5-6-3

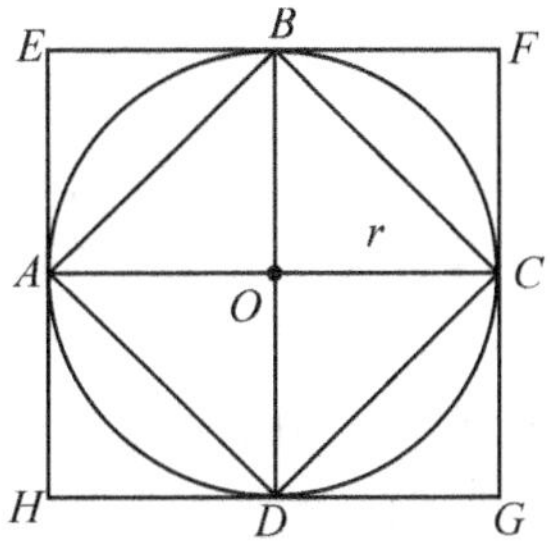

图 5-6-4

2. 要求学生回答下列问题:

(1)小正方形 $OAEB$ 的面积是多少?

(2)正方形 $EFGH$ 的面积是多少?

(3)圆的面积是大于还是小于正方形 $EFGH$ 的面积?为什么?

3. 连结直径的终点(见图 5-6-4),提出以下问题:

(1)正方形 $ABCD$ 的面积是多少?

(2)圆的面积是大于还是小于正方形 $ABCD$ 的面积?为什么?

(3)根据以上结果,圆面积的范围是多少?

4. 学生操作课件(见图 5-6-5)。它包含一个可改变边数目的圆内接多边形来趋向圆形的面积的图形。学生可通过拖曳"Drag"点来观察多边形及各度量的改变。

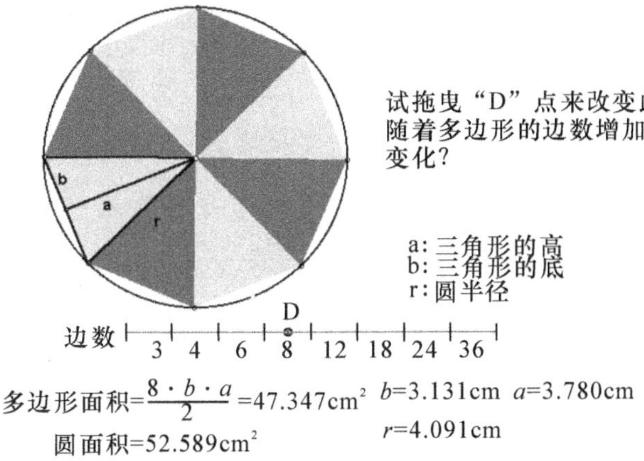

图 5-6-5

5. 要求学生回答下列问题。

当你拖曳“Drag”点向右时:

(1)正多边形有什么改变?

(2)a、b 和 r 的改变如何? 增加,减少或不变?

(3)当你增加多边形的边数目时,多边形的面积如何改变?

6. 引导学生发现当多边形的边数增加时,多边形的面积会接近圆形的面积。

7. 参照图 5-6-5,引导学生推出圆的面积公式。提出下列问题让学生讨论:

(1)每一个三角形的面积是多少?(用 a 和 b 表示)

(2)正八边形的面积是多少?

(3)如有一个内接正 n 边形在圆内,用 a、b 和 n 表示它的面积。

(4)当正多边形的边数(即 n 值)增加时,a 会趋向什么?

(5)正 n 边形的周界是什么? 当 n 值增加时,正多边形的周界会趋向什么?

(6)圆周的公式是什么? 当 n 趋向无限大时,利用以上结果,重写正多边形面积的表达式来表示圆形面积。

8. 介绍古代数学家(包括刘徽)利用该方法估计圆面积和 π 值的故事。

乙:探讨估计 π 值的方法

1. 要求学生查阅资料,探讨前人在估计 π 值上的不同尝试。

(1)阿基米德的方法:计算内接正 n 边形和外切正 n 边形的周界来接近圆形的面积。内接正多边形的周界比圆周小,而外切正多边形的周界则比圆周大。阿基米德利用一个 96 边的多边形证出 $3\frac{10}{71}<\pi<3\frac{1}{7}$。

(2)巴风抛针(Buffon's needle):由抛针实验计算 π 值。将一组距离为 d 的并行线放在地上,然后将长度为 L 的针抛在这些线上($d>L$)。重复该实验 N 次,并假设针接触到其中一条线的数目为 k。当 N 足够大时,π 的近似值为$\frac{2LN}{kd}$。

(3)华理斯(John Wallis)公式:华理斯以无数极小的长方形,求出四分之一圆面积的近似值。公式是$\frac{\pi}{2}=\frac{2\times2\times4\times4\times6\times6\times8\times\cdots}{1\times3\times3\times5\times5\times7\times7\times\cdots}$

2. 因为求得 π 值公式的有关数学知识大部分都超出了学生的已有知识,故他们不一定能明白这些数学知识。然而,学生应该明白求得有关公式的过程和背后的思想。

教师注意事项:

1. 甲活动中方法 1 的问题的参考答案:

4(1):当我们在圆上分割更多扇形时,图形的“底”会类似于一条直线。

4(2)：图形会变为一个平行四边形或长方形。

4(3)：图形的高度为 r，底的长度为圆周的一半，即 πr。

4(4)：图形的面积为 πr^2。

2. 甲活动中方法 2 的问题的参考答案：

2(1)：r^2　2(2)：$4r^2$

2(3)：因为圆是正方形 $EFGH$ 的内切圆，所以圆的面积小于正方形 $EFGH$ 的面积。

3(1)：$2r^2$

3(2)：圆的面积大于正方形 $ABCD$ 的面积，因为正方形 $ABCD$ 是圆的内接正方形。

3(3)：$2r^2<$半径为 r 的圆的面积$<4r^2$。

5(1)：当学生拖曳“Drag”点向右时，多边形的边数会增加。

5(2)：a、b 和 r 的值分别为增加、减少和不变。

5(3)：多边形面积会增加，而且会接近圆形的面积。

8(1)：$\frac{ab}{2}$　8(2)：$4ab$　8(3)：$\frac{abn}{2}$　8(4)：圆半径，即 r。

8(5)：周界是 bn。当 n 增加时，正多边形的周界会接近圆周。

8(6)：圆周的公式是 $2\pi r$。当 n 趋向无限大时，多边形的面积趋向$\frac{r\times 2\pi r}{2}$，即 πr^2。所以，圆形的面积是 πr^2。

3. 教师可考虑在课堂上介绍有关 π 的历史，以作为甲活动的延伸。或者，教师也可要求学生作一个类似乙活动的有关 π 的历史的专题练习。

【参考资料】

1. http://forum.swarthmore.edu/dr.math/faq/faq.pi.html

2. 关于阿基米德估计 π 值的方法，可参阅下列网址：

http://www.math.utah.edu/~alfeld/Archimedes/Archimedes.html

http://itech.fgcu.edu/faculty/clindsey/mhf4404/archimedes/archimedes.html

3. 关于巴风抛针估计 π 值的方法，可参阅下列网址：

http://www.angelfire.com/wa/hurben/buff.html

http://www.mste.uiuc.edu/reese/buffon/buffon.html

http://www.math.uah.edustatbuffon/buffon2.html

4. http://gallery.uunet.be/kurtvdb/pi.html

5. http://www.geocities.com/hjsmith_geo/download.html#PiW

案例 5-7　零用钱的期望值

【学习目标】学生能够明白期望值的意义。

【学习内容】概率的简单概念。

【预备知识】算术平均数，实验概率和理论概率的关系。

【活动内容】

1. 教师首先将学习问题告诉学生并派发工作纸。

2. 教师将学生分成 4 人一组。

3. 教师要求学生合作试验，转动指针 30 次，将每次试验所得的零用钱数目记录在工作纸上。

4. 学生将所有数据输入电子表格内。

5. 学生利用电子表格程序计算前两次试验的算术平均数，前三次试验的算术平均数，以此类推，包括学生在试验中得出的所有数据。如果没有电子表格程序，学生可用计算器来计算。

6. 学生描绘出一个以零用钱的算术平均数为纵轴和试验总次数为横轴的图像（见图 5-7-1）。

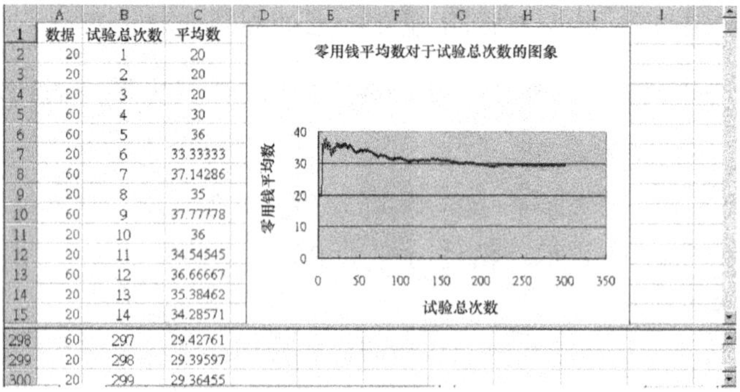

	A	B	C
1	数据	试验总次数	平均数
2	20	1	20
3	20	2	20
4	20	3	20
5	60	4	30
6	60	5	36
7	20	6	33.33333
8	60	7	37.14286
9	20	8	35
10	60	9	37.77778
11	20	10	36
12	20	11	34.54545
13	60	12	36.66667
14	20	13	35.38462
15	20	14	34.28571
298	60	297	29.42761
299	20	298	29.39597
300	20	299	29.36455

图 5-7-1

7. 教师要求学生猜想若试验总次数增加时，图像中的算术平均数会有什么改变。

8. 教师应提醒学生期望值的意义：从长远的角度来说，即是零用钱的算术平均数的极限。

9. 引入期望值的定义为加权平均数的一个应用。

工作纸：零用钱的期望值

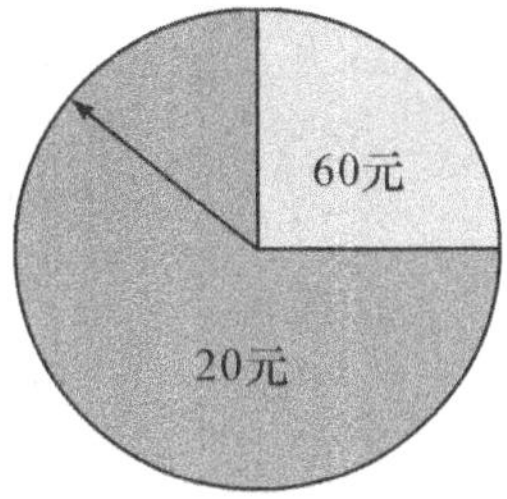

图 5-7-2

爸爸每天给儿子大明 30 元零用钱。某一天，大明问爸爸可否多给他一些零用钱。爸爸向大明作出利用转盘来决定零用钱的建议(见图 5-7-2)。

大明转动指针，如果指针停在 60 元部分，他可以得到 60 元零用钱；否则，他只能得到 20 元零用钱。

估计大明在一个月(以 30 天计算)可得多少零用钱？

学生活动：

转动指针，将所得的零用钱数目记录在下表。重复上述步骤 30 次。

记录表

试　验	零用钱数目	试　验	零用钱数目	试　验	零用钱数目
1		11		21	
2		12		22	
3		13		23	
4		14		24	
5		15		25	
6		16		26	
7		17		27	
8		18		28	
9		19		29	
10		20		30	
零用钱总数					

你估计大明在一个月内共得到多少零用钱？＿＿＿＿＿＿＿＿。

大明在这个月内平均每天的零用钱是多少？＿＿＿＿＿＿＿＿。

教师注意事项：

1. 教师可利用其他工具，如骰子去代替计算机转盘，并调整问题以配合课堂实际情况。

2. 在学生得出期望值的正式定义前，学生可利用电子表格的帮助直接观察到当试验次数足够多时，零用钱的算术平均数将趋向某一极限。期望值的概念由此建立。该概念的建立应该在引入定义前进行。

3. 期望值作为加权平均数的应用引入如下：

假设在 N 次试验中，n_1 次取得 60 元，n_2 次取得 20 元(即 $N=n_1+n_2$)。零用钱的算术平均数的计算如下：

$$\frac{60n_1+20n_2}{N}=60\times\frac{n_1}{N}+20\times\frac{n_2}{N}$$

$$\approx 60\times P(\text{取得 60 元})+20\times P'(\text{取得 20 元})(\text{当 } N \text{ 足够大时})$$

在该例中，由于 $P(\text{取得 60 元})=\frac{1}{4}$，$P'(\text{取得 20 元})=\frac{3}{4}$，

故零用钱的算术平均数趋向 $60\times\frac{1}{4}+20\times\frac{3}{4}=30$ (元)，此即零用钱的期望值。

(教师应提醒学生期望值乃是理论数值而非实验结果的数值。)

结论：大明应该期望每月可以得到零用钱为 30 元×30＝900 元。

案例 5-8　二元一次方程组解的数目

【学习目标】探究二元一次方组程解的数目

【学习内容】二元一次方程

【学习工具】Excel

【预备知识】(1)二元一次方程的图像；(2)以代数方法及图解法解二元一次方程组。

【活动内容】

1. 教师带领学生复习建立二元一次方程组的方法。
2. 教师将学生分组。
3. 教师将工作纸发给学生。
4. 学生以代数方法解工作纸上的第 1 题。
5. 当学生完成第 1 题后，开启 Excel 文档以完成第 2 题至第 7 题。文档内有一个 Visual Basic 的应用程序，此程序能让学生按内置按钮去观看图像的变化(参阅图 5-8-1)。
6. 教师邀请部分小组代表说出他们的结果和结论，并进行点评和总结。

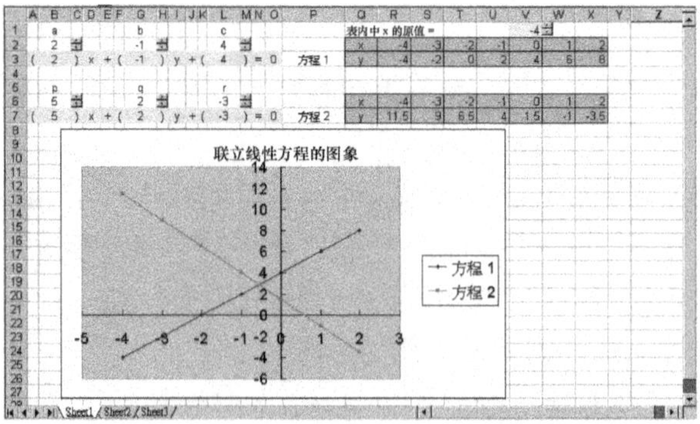

图 5-8-1

工作纸：二元一次方程组解的数目

第Ⅰ部分

1. 用代数方法解二元一次方程组$\begin{cases}3x-y=0\\2x-3y+7=0\end{cases}$。

2. 打开 Excel 文档。

此 Excel 文档给出用图解法解二元一次方程组$\begin{cases}ax+by+c=0\\px+qy+r=0\end{cases}$（其中 a，b，c，p，q 及 r 为实数）的步骤：

在单元格 B2，G2，L2，B6，G6 和 L6 上分别输入 a，b，c，p，q 和 r 的数值，再次试解问题 1。

你可以从图像或从表格中找出题解。

答案：(1)图像共有________个交点。

(2)问题共有________解。

(3)方程的解是(，   )。

3. 利用 Excel 文档找出下列二元一次方程组的解的数目和图像的交点数目。

(1)利用 Excel 文档列表如下(表 5-8-1)：

表 5-8-1

方程 1 $ax+by+c=0$	方程 2 $px+qy+r=0$	解的数目	交点的数目	$\frac{a}{p}$	$\frac{b}{q}$
$3x-y=0$	$2x-3y+7=0$				
$3x-y+1=0$	$2x-3y+7=0$				
$3x-y+2=0$	$2x-3y+7=0$				
$3x-y+3=0$	$2x-3y+7=0$				
$3x-y+4=0$	$2x-3y+7=0$				
$3x-y+5=0$	$2x-3y+7=0$				
$3x-y+6=0$	$2x-3y+7=0$				
$3x-y+7=0$	$2x-3y+7=0$				
$3x-y+8=0$	$2x-3y+7=0$				

若想改变 c 的数值，可以直接将数值键入单元格 L2 或在单元格 M2 上按 SpinUp 按钮▲或 SpinDown 按钮▼。

在单元格 W1 上点按 SpinUp 按钮▲ 或 SpinDown 按钮▼可以改变表格中 x 的初始值。

(2)点按单元格 M2 的 SpinButton 按钮改变 c 的值后，方程 1 的图像有什么改变？

____。

(3)根据表 1 的结果，$\frac{a}{p}$ 和 $\frac{b}{q}$ 之间有没有关系？两者的关系是什么？

____。

(4)选择 a,b 和 c 的其他数值，并把它输入 Excel 文档中。对于 a 和 b 的每一个数值，点按 c 值的 SpinButton 按钮以改变其值。

观察 c 的不同数值对解的数目的影响。写出你的结论，并与组员讨论这些结论。

____。

第Ⅱ部分

4.根据二元一次方程组 $\begin{cases}2x-y+4=0\\-4x+2y-3=0\end{cases}$，在 Excel 文档中输入 a，b，c，p，q 和 r 的数值。

(1)两个方程的图像是否相交？________________。

(2)有多少组解能同时满足这两个方程？________________。

(3)这两个图像有什么关系？________________。

(4)交点的数目与解的数目有什么关系？________________。

你可以通过点按在单元格 W1 中的 SpinButton 按钮改变 x 的初始值，并观察两个图像是否相交。

5.在某些情况下图像是没有交点的。因此，该二元一次方程组无解。

(1)表 2 缺少某些方程，试写出方程使每题的二元一次方程组均无解。利用 Excel 文档中的计算机程序检查你的答案，将答案填入表 5-8-2 内。

表 5-8-2

问题	方程 1 $ax+by+c=0$	方程 2 $px+qy+r=0$	$\frac{a}{p}$	$\frac{b}{q}$	$\frac{c}{r}$
1	$x+2y-3=0$				
2	$3x+y+1=0$				
3	$x-2y=0$				
4		$4x+3y-5=0$			
5		$-2x+y+10=0$			
6		$x+y+3=0$			

(2)当二元一次方程组$\begin{cases}ax+by+c=0\\px+qy+r=0\end{cases}$无解时，根据表 2 的结果，你认为 a，b，c，p，q 和 r 之间有什么关系？

____。

第Ⅲ部分

6. 已知二元一次方程组$\begin{cases}2x-y+4=0\\-4x+2y-3=0\end{cases}$，在 Excel 文档中输入 a，b，c，p，q 和 r 的对应数值。设 -3 为第二个方程中 r 的值。

(1)点按 r 的 SpinButton 按钮改变 r 的数值使两图像重叠。r 的值是什么？______________。

(2)能否从 Excel 文档的表格中推测一些可能的解？写出部分解：

(　　,　　)，(　　,　　)，(　　,　　)，(　　,　　)。

(3)从上述结果中，你得出什么结论？

____。

(4)当 $ax+by+c=0$ 和 $px+qy+r=0$ 这两个方程的图像重叠时，a，b，c，p，q 和 r 有何关系？

____。

第Ⅳ部分

结论：

7. 总结第Ⅰ、Ⅱ及Ⅲ部分的结果，写下你的结论。根据方程组$\begin{cases}ax+by+c=0\\px+qy+r=0\end{cases}$，完成表 5-8-3。

表 5-8-3

交点数目	解的数目	$\frac{a}{p}$，$\frac{b}{q}$ 和$\frac{c}{r}$ 的关系
0 个		
1 个		
无限多个		

教师注意事项：

1. 本案例的目的是让学生探究二元一次方程组解的数目而不是找出解。图像的主要作用是用来显示交点。第Ⅰ部分集中讨论两条相交直线，第Ⅱ部分着重讨论两条平行线，而第Ⅲ部分则着重讨论两条重叠的直线。

2. 学生不难从图像中观察到交点的数目可以是 0,1 或无限多个。学生可利用“多于一个解”来描述无限多个解的情况。教师亦可向学生介绍“无限多个解”、“一个解”及“无解”这些名词的意思。至于“兼容”及“不兼容”这两个名词，则可以向能力较佳的学生作介绍。

3. 在 Excel 文档中，若将单元格 G2 中 b 的数值设为零，在绘画图像上会有困难，因为在表中运用公式 $y=\dfrac{-(ax+c)}{b}$ 计算 y 的数值时，当 b 非零时，y 才有意义。教师可将 b 为零的特殊情况向学生说明一下，此时的图像是一条垂线。

4. 工作纸的参考答案：

<table>
<tr><th>问题</th><th colspan="7">答案</th></tr>
<tr><td>1</td><td colspan="7">(1,3)</td></tr>
<tr><td>2</td><td colspan="7">(1)1　　(2)1　　(3)(1,3)</td></tr>
<tr><td rowspan="11">3</td><td rowspan="10">(1)</td><td>方程 1
$ax+by+c=0$</td><td>方程 2
$px+qy+r=0$</td><td>解的数目</td><td>相交点的数目</td><td>$\frac{a}{p}$</td><td>$\frac{b}{q}$</td></tr>
<tr><td>$3x-y=0$</td><td>$2x-3y+7=0$</td><td>1</td><td>1</td><td>$\frac{3}{2}$</td><td>$\frac{1}{3}$</td></tr>
<tr><td>$3x-y+1=0$</td><td>$2x-3y+7=0$</td><td>1</td><td>1</td><td>$\frac{3}{2}$</td><td>$\frac{1}{3}$</td></tr>
<tr><td>$3x-y+2=0$</td><td>$2x-3y+7=0$</td><td>1</td><td>1</td><td>$\frac{3}{2}$</td><td>$\frac{1}{3}$</td></tr>
<tr><td>$3x-y+3=0$</td><td>$2x-3y+7=0$</td><td>1</td><td>1</td><td>$\frac{3}{2}$</td><td>$\frac{1}{3}$</td></tr>
<tr><td>$3x-y+4=0$</td><td>$2x-3y+7=0$</td><td>1</td><td>1</td><td>$\frac{3}{2}$</td><td>$\frac{1}{3}$</td></tr>
<tr><td>$3x-y+5=0$</td><td>$2x-3y+7=0$</td><td>1</td><td>1</td><td>$\frac{3}{2}$</td><td>$\frac{1}{3}$</td></tr>
<tr><td>$3x-y+6=0$</td><td>$2x-3y+7=0$</td><td>1</td><td>1</td><td>$\frac{3}{2}$</td><td>$\frac{1}{3}$</td></tr>
<tr><td>$3x-y+7=0$</td><td>$2x-3y+7=0$</td><td>1</td><td>1</td><td>$\frac{3}{2}$</td><td>$\frac{1}{3}$</td></tr>
<tr><td>$3x-y+8=0$</td><td>$2x-3y+7=0$</td><td>1</td><td>1</td><td>$\frac{3}{2}$</td><td>$\frac{1}{3}$</td></tr>
<tr><td colspan="7">(2)图像往上移或往下移，所得的线均与原来的线平行。
(3)$\frac{a}{p}\neq\frac{b}{q}$
(4)当原来的方程只有一个解时，改变 c 的值对于解的数目是没有影响的。</td></tr>
<tr><td>4</td><td colspan="7">(1)否　　(2)0
(3)互相平行　　(4)数目相同</td></tr>
</table>

续表

<table>
<tr><td>问题</td><td colspan="7">答案</td></tr>
<tr><td rowspan="8">5</td><td rowspan="7">(1)</td><td>问题</td><td>方程 1
$ax+by+c=0$</td><td>方程 2
$px+qy+r=0$</td><td>$\frac{a}{p}$</td><td>$\frac{b}{q}$</td><td>$\frac{c}{r}$</td></tr>
<tr><td>1</td><td>$x+2y-3=0$</td><td>$\underline{x+2y=0}$</td><td>1</td><td>1</td><td>$-\frac{3}{2}$</td></tr>
<tr><td>2</td><td>$3x+y+1=0$</td><td>$\underline{6x+2y+3=0}$</td><td>$\frac{1}{2}$</td><td>$\frac{1}{2}$</td><td>$\frac{1}{3}$</td></tr>
<tr><td>3</td><td>$x-2y=0$</td><td>$\underline{x-2y+5=0}$</td><td>1</td><td>1</td><td>0</td></tr>
<tr><td>4</td><td>$\underline{4x+3y+2=0}$</td><td>$4x+3y-5=0$</td><td>1</td><td>1</td><td>$-\frac{2}{5}$</td></tr>
<tr><td>5</td><td>$\underline{2x-y+10=0}$</td><td>$-2x+y+10=0$</td><td>-1</td><td>-1</td><td>1</td></tr>
<tr><td>6</td><td>$\underline{-3x-3y+1=0}$</td><td>$x+y+3=0$</td><td>-3</td><td>-3</td><td>$\frac{1}{3}$</td></tr>
<tr><td>(2)</td><td colspan="6">$\frac{a}{p}=\frac{b}{q}\neq\frac{c}{r}$</td></tr>
<tr><td>6</td><td colspan="7">(1)-8
(2)$(-2,0)$,$(-1,2)$,$(0,4)$,$(1,6)$等。
(3)当两线重叠时,会有无限多个解。
(4)$\frac{a}{p}=\frac{b}{q}=\frac{c}{r}$</td></tr>
<tr><td rowspan="4">7</td><td colspan="2">交点数目</td><td colspan="2">解的数目</td><td colspan="3">$\frac{a}{p}$，$\frac{b}{q}$ 和$\frac{c}{r}$ 的关系</td></tr>
<tr><td colspan="2">0 个</td><td colspan="2">0 个</td><td colspan="3">$\frac{a}{p}=\frac{b}{q}\neq\frac{c}{r}$</td></tr>
<tr><td colspan="2">1 个</td><td colspan="2">1 个</td><td colspan="3">$\frac{a}{p}\neq\frac{b}{q}$</td></tr>
<tr><td colspan="2">无限多个</td><td colspan="2">无限多个</td><td colspan="3">$\frac{a}{p}=\frac{b}{q}=\frac{c}{r}$</td></tr>
</table>

附注:5(1)表内的部分答案(下划线部分),并非是唯一的答案。满足已知条件还有其他方程。

案例 5-9　勾股定理

【学习目标】学习和欣赏勾股定理的不同证明。

【学习范畴】度量、图形与空间。

【学习内容】勾股定理。

【预备知识】简易多项式的运算。

【活动内容】

1.将学生每两人分为一小组,每组发一张工作纸。

2.学生运用互联网提供的数据去完成工作纸的第I部分要求:发现勾股定理。

3.让一些学生介绍他们的猜想。

4.在第II部分"勾股定理的证明"中,学生需要进入网址 http://www.cut-the-knot.com/pythagoras/morey.html 去观看勾股定理的一个互动证明。教师可以与学生重温证明的每一步骤以确定学生是否真正理解了证明内容(见图 5-9-1)。

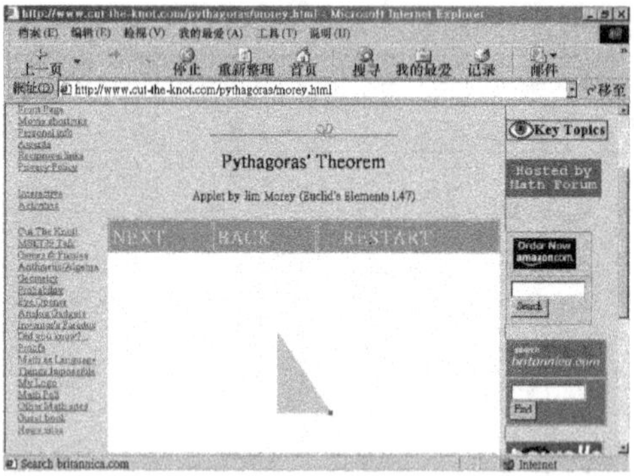

图 5-9-1

5.学生进入网址 http://www.ies.co.jpmathproductsgeo2menu.html 去尝试互动证明(见图 5-9-2)。

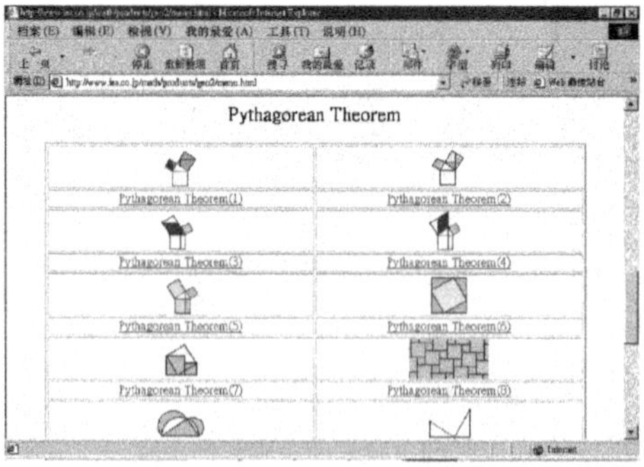

图 5-9-2

6. 教师将工作纸中的参考网址给学生，要求他们从这些网址中找出另外两个勾股定理的证明。学生各自证明。

7. 让部分学生说出他们的证明。

8. 教师在适当时候进行点评。

工作纸：勾股定理及其证明

第Ⅰ部分：发现勾股定理

1. 进入网址 http://www.anglia.co.uk/education/mathsnet/dynamic/cindy/pythag.html（见图 5-9-3）。

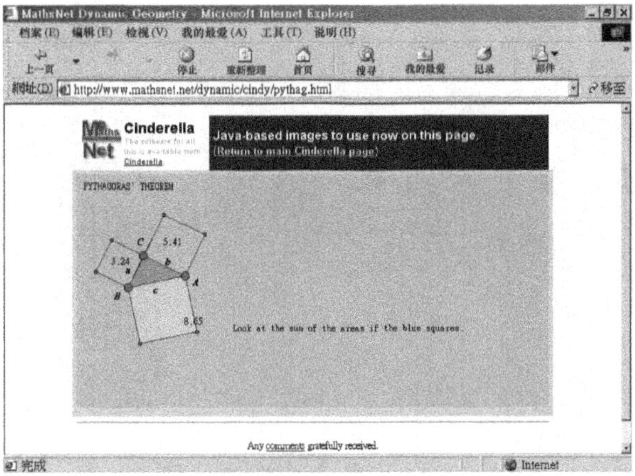

图 5-9-3

2. 找到一个以角 C 为直角的直角三角形 ABC，在三角形的三条边上建立三个正方形，若正方形边长分别为 a，b 和 c，则三个正方形的面积分别为 a^2，b^2 和 c^2。

3. 现在拖曳三角形 ABC 的顶点并观察其转变。收集三个正方形面积的 5 组数据，把数据填写在下表中。

组别	较小面积的正方形		最大面积的正方形
	a^2	b^2	c^2
1			
2			
3			
4			
5			

4. 试猜想 3 个正方形的面积有什么关系？将你的猜想写在下面框中，并与组员讨论你的猜想。

猜想：

第Ⅱ部分：勾股定理的证明

5. 进入网址 http://www.cut-the-knot.com/pythagoras/morey.html(见图 5-9-4)。

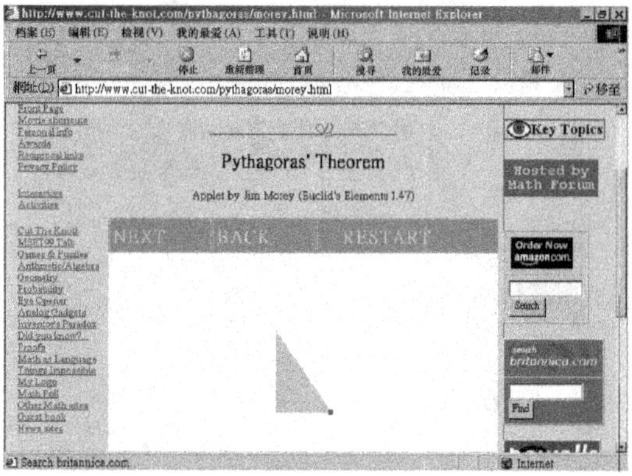

图 5-9-4

6. 根据界面指示，选取一个直角三角形。

7. 点按"NEXT"键，以观看下一步证明并留意图下的对话框直至完成证明。

8. 进入网址 http://www.ies.co.jpmathproductsgeo2menu.html，尝试网站内的互动证明(见图 5-9-5)。

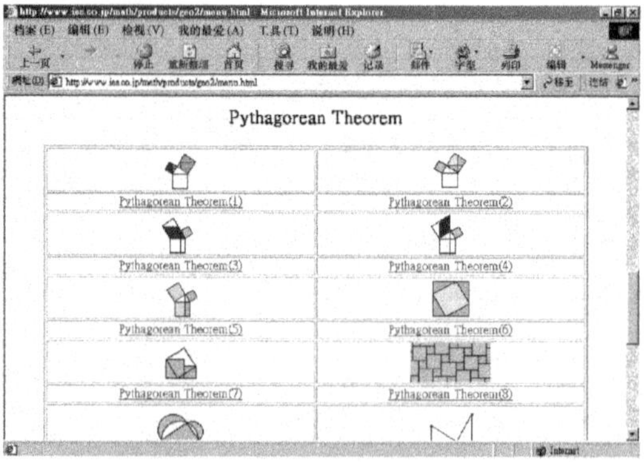

图 5-9-5

9. 进入以下网址并找出勾股定理的其他证明。

(1)http://www. cut-the-knot. com/pythagoras/

(2)http://www. math. ubc. ca/people/facultycassEuclidjavahtml/pythagoras. html

(3)http://www. ies. co. jpmathproductsgeo2menu. html

(4)http://www. geocities. com/capecanaveral/launchpad3740/diagram. html

选择两个与本工作纸提及的不同证明，用自己的语言将证明写在下面框中，不要抄袭或直接从互联网下载数据。

证明一：

证明二：

教师注意事项：

1. 在此案例中，学生能认识到同一定理的不同证明方法。

2. 在工作纸“发现勾股定理”的第Ⅰ部分，学生可运用Java图形的互动性去产生大量数据以推导出勾股定理。教师要指出在计算正方形面积时计算机可能会产生舍入误差的计算结果。

3. 勾股定理的证明可以有两个层面：一个是利用纸笔的证明，而另一个是“视像证明”。对于能力较佳的学生，可以自行用纸笔完成正式证明；对于能力稍逊的学生，视像证明已足够。

4. 学生未必能找到勾股定理的所有证明，但他们可通过其他组的讲解去认识不同的证明。

5. 网址的描述：

(1)http://www. cut-the-knot. com/pythagoras/，包含 29 个书写证明，可链接至其他互动证明。

(2) http://www. math. ubc. ca/people/facultycassEuclidjavahtml/pythagoras. html，包含几个互动证明，其中包括最古老的证明，即利用位移、平移及相似之方法。

(3)http://www. ies. co. jpmathproductsgeo2menu. html，包含 9 个勾股定理的证明，其中一些是示范而其余需要学生动手证明。

(4) http://www. geocities. com/capecanaveral/launchpad/3740/diagram. html，包含一个有趣的证明，方法似拼图游戏。

6. 其他有用的网址：

(1)http://www. shodor. org/interactivate/activitiespythindex. html

(2)http://www. utc. edu/～cpmawatageomgeom7. htm

(3)http://home. netvigator. com/～wingkei9/javasp/pythapf. html

(4)http://www. cmi. hku. hk/Teaching/Pytha/index. htm(中文)

(5)http://sm. hkcampus. net/～sm-lyk/Pyth. html(中文)

(6)http://sm. hkcampus. net/～sm-lyk/application. html(中文)

(7)http://www. edp. ust. hkmathhistory/5/5_5/5_5_3. htm(中文)

7. 本示例列出的互联网网址可能会因为时间转变而变动或不复存在，教师应在进行活动前先行检查网址是否仍然有效。

案例 5-10　利用统计量构写数据

【学习目标】 利用既定的算术平均数、中位数和众数构写数据。

【学习内容】 集中趋势的量度。

【预备知识】 算术平均数、中位数和众数的意义。

【活动内容】

1. 教师带领学生重温算术平均数、中位数和众数的意义。

2. 将学生每两人分为一组，一起做工作纸并讨论。

3. 工作纸共分为三部分：

第一部分：利用既定的算术平均数构写数据

第二部分：利用两个既定平均数构写数据

第三部分：利用三个既定平均数构写数据

4. 在每一部分，先由较少的条件限制开始，再不断增加限制条件。当学生有困难时,教师应加以适当的提示,但应避免直接的提示和给出答案。教师也应鼓励学生通过寻求适当的方法去找出答案。

5. 当学生完成工作纸的每一部分时,让部分小组说出他们的发现和方法。

6. 学生完成整份工作纸后,教师可给出更多数值的算术平均数、中位数和众数,让学生构写更多组数据,作为巩固练习。

工作纸

第一部分:利用既定的算术平均数构写数据

在这一部分中,x,y 和 z 为正整数。

1. 如果 3,5 和 x 的算术平均数是 6,x 的值是多少?

______________________________。

2. 如果 3,x 和 y 的算术平均数是 6,那么其中一组 x 和 y 的值是多少?

______________________________。

3. 将问题 2 的答案与其他同学的答案作比较,你有何发现?共有多少组 x 和 y 的解?

______________________________。

4. 构写一组 x,y 和 z 的值,使此组数据的算术平均数为 6。

______________________________。

5. 列出另外 5 组 x,y 和 z 的值,使它们的算术平均数也是 6。试简述你在选取这些数值时所使用的方法。

______________________________。

第二部分:利用两个既定平均数构写数据

在这一部分中,p,q,r 和 s 为正整数。

1. 写出一组 p,q 和 r 的值,它们的中位数是 4。

______________________________。

2. 修改问题 1 中的数据组,使其中位数和众数均是 4,并与其他同学的答案作比较。

______________________________。

3. 试修改问题 1 中的数据组,使其中位数是 4,众数是 5,并作简单解释。

______________________________。

4. 若在数据组中加入一个数据 s,即数据组现在包含 p,q,r 和 s,可否构写一组数据,使其中位数是 4,众数是 5 呢?试简单解释。

______________________________。

5. 比较问题 2 和问题 3 的答案，试解释为何在既定的中位数和众数的条件下，并不一定可以构写出数据组。

____。

第三部分：利用三个既定平均数构写数据

在这一部分中，所构写的数据应为非负整数。

在问题 1 至问题 4 中，当构写完数据组后，试将你的答案与其他组别的答案作比较，看看所得的答案是否是唯一的。

1. 构写 3 个数据使它们的算术平均数是 3，中位数是 4，众数是 4。

____

____。

2. 构写 4 个数据使它们的算术平均数是 3，中位数是 4，众数是 4。

____

____。

3. 构写 5 个数据使它们的算术平均数是 3，中位数是 4，众数是 4。

____

____。

4. 构写 6 个数据使它们的算术平均数是 3，中位数是 4，众数是 4。

____

____。

5. 试简单解释你在构写数据时使用的方法。

____

____。

6. 在问题 1 至问题 4 中，哪些答案并不是唯一的？试简单解释为何它们不是唯一的。

____

____。

7. 在既定的 3 个平均数的条件下，是否一定可以构写出数据组？试举出一个例子支持你的看法。

____

____。

教师注意事项：

1. 使用该案例的最适当时间是学生已经学习了算术平均数、中位数和众数的意义之后。否则，教师可以在活动前与学生重温这几个名称的意义。

2. 在工作纸的第一部分，学生需要在既定的算术平均数的条件下构写数据组。对学习能力稍逊的学生来说，教师可以让他们从练习计算算术平均数开始，例如求5,6和7的算术平均数，求2,4和12的算术平均数。这些问题的算术平均数均是6，与问题1的答案相同。如果有需要的话，在第二、第三部分中，教师也可以让学生练习类似的问题。作为另一选择，教师可以在开始时给学生一组样本数据作为提示。

3.第一部分参考答案：

（x，y和z皆为正整数）

问题1：$x=10$。

问题2：满足$x+y=15$的x和y的值为答案。

问题3：x，y有很多不同的组合。

问题4：满足$x+y+z=18$的x，y和z的值为答案。

问题5：所有合理的解释。

4.第二部分参考答案：

（p，q和r皆为正整数）

问题1：所有中位数为4的数据组，例如：1，4，5；2，4，7。

问题2：问题1的数据经过修改后，数据组应为p，4，4或4，4，r。这两种情况的中位数和众数皆为4。

问题3：中位数是4而众数是5的3个数的数据组不可能存在。（如果众数是5，这3个数的其中两个一定要是5，即是：p，5，5或5，5，5或5，5，r。因此，众数如果是5，则中位数不可能是4。）

问题4：所有型如p，3，5，5为答案。

若众数是5，在4个数据中，其中两个或两个以上必定是5；但是如果中位数是4的话，数据组中不可能有多于两个5；如要满足以上两个条件，在4个数据中，其中两个必定是5，数据组应为p，q，5，5。若要符合中位数是4，q的数值必定是3，因此数据组应为p，3，5，5。

问题5：当构写数据组时，如无法同时满足中位数及众数的要求，那么数据组不存在。问题3就是其中一个无法构写数据组以同时满足中位数和众数的例子。

5.第三部分参考答案：

问题1：1，4，4（计算答案的参考策略，可参照下面）。

问题2：0，4，4，4。

问题3：0，3，4，4，4或1，2，4，4，4。

问题4：0，0，4，4，4，6或0，1，4，4，4，5或0，2，4，4，4，4或1，1，4，4，4，4。

问题 5:所有合理的解释均可。

以下是其中一个参考策略:

因为中位数在数据组中有特定的位置,所以宜先考虑中位数。因为众数是出现最多的数据,第二步宜考虑众数。最后才考虑平均数,因为平均数在构写数据组时比其他两项较具弹性。

问题 6:问题 3 和问题 4 的答案不是唯一的,所有合理的解释均可。

问题 7:在既定的 3 个平均数的条件下,不一定可以构写出数据组,所有正确答案均可。

以下是一些例子:

(1)3 个数据的数据组,平均数是 9,中位数是 4,众数是 4。

(2)4 个数据的数据组,平均数是 3,中位数是 4,众数是 1。

(3)5 个数据的数据组,平均数是 3,中位数是 2,众数是 4。

(4)6 个数据的数据组,平均数是 1,中位数是 4,众数是 4。

6. 第三部分问题 1 的教学辅导策略:

构写 3 个数据使它们的算术平均数是 3,中位数是 4,众数是 4 的步骤为:

(1)先将 3 个数据写为 3, 3, 3 以满足平均数是 3 的要求。

(2)将某些数据更改,保持算术平均数仍然为 3,但同时引入中位数 4,例如将 3, 3, 3 改为 2, 4, 3。

(3)将某些数据的值改变,保持算术平均数仍然是 3 且中位数是 4,同时引入众数 4。因为要保持算术平均数是 3,所以 3 个数据的和应是 9。在更改数据时,学生应留意 3 个数据的和是 9。若数据的和是 9 而众数是 4,学生应不难猜出 3 个数据的其中两个必定是 4,因此第 3 个数据是 $9-4-4=1$,所以数据组是 1, 4, 4。

7. 如果学生不能提出解释,教师可提供一些有指导性的问题,例如:首先需要确定哪一个数据?这个数据与其中的一个平均数有何关系?确定数据组时,应先考虑哪一个平均数?

8. 除了要求学生在工作纸中的空白处把答案列出外,教师也可以自行设计表格让学生把答案填上。教师还可以考虑在表格中列出部分数据作为提示,让学生以此为一个初始参考。

9. 若可以构写多过一组的数据,所有的数据组都符合题目要求,则所有的数据组都可作为答案,因为没有一个指定的答案可称为最佳答案。

案例 5-11　求多边形的内角和

【学习目标】探究多边形的内角和。

【学习内容】度量、图形与空间。

【学习工具】Cabri Geometry Ⅱ。

【预备知识】角的基本概念。

【活动内容】

1. 教师向学生解释四边形、五边形、六边形和七边形的定义。

2. 教师派发工作纸给学生。教师要求学生利用互动几何软件 Cabri Geometry Ⅱ去完成工作纸(见图 5-11-1)。

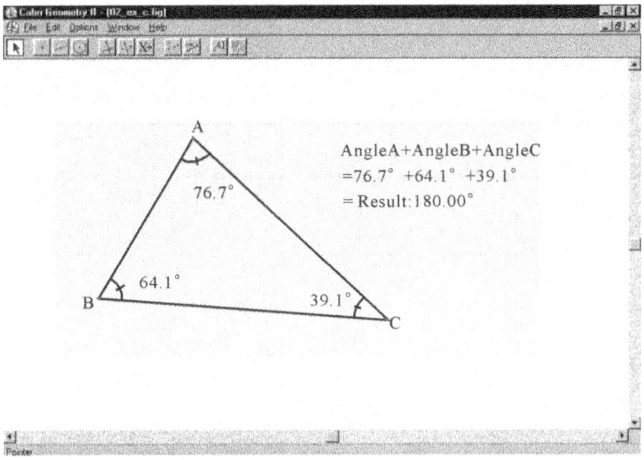

图 5-11-1

3. 学生完成下表并猜测多边形内角和的公式。

4. 教师要求学生证明公式在四边形、五边形和六边形的情形下是正确的，然后要求学生尝试写出 n 边形的内角和公式的证明方法。

5. 若有需要，教师可向学生提供证明方法。

工作纸:多边形的内角和

步骤:1. 画一个三角形。

2. 三角形的顶点为 A，B 和 C。

3. 三角形的三个内角分别为$\angle A$，$\angle B$ 和$\angle C$。

4. 计算三角形的内角和。

5. 拖曳每一顶点并观察三角形内角和的转变。

6. 将结果填写在下表内。

7. 清除绘图画面。

8. 绘画一个四边形。

9. 重复步骤 2 至步骤 6，计算四边形的内角和。

10. 尝试计算其他的图形，如五边形、六边形、七边形和八边形等的内角和，将结果填写在下表内。

多边形边与内角和关系

图形	边的数目(n)	图形的内角和(s)	180°的倍数($\frac{s}{180°}$)
三角形			
四边形			
五边形			
六边形			
七边形			
八边形			

11. 猜测 n 边形内角和的公式，把公式写在下面框中。

猜想：

12. 对四边形、五边形、六边形，试证明你的猜想：

四边形的证明：

五边形的证明：

六边形的证明:

13. 试写出 n 边形公式的证明方法。

____。

教师注意事项:

1. 工作纸的参考答案。

多边形边与内角和关系

图形	边的数目(n)	图形的内角和(s)	180°的倍数($\frac{s}{180^\circ}$)
三角形	3	180°	1
四边形	4	360°	2
五边形	5	540°	3
六边形	6	720°	4
七边形	7	900°	5
八边形	8	1080°	6

2. 学生应该能发现多边形的内角和为$(n-2)\times180^\circ$,学生可以讨论并证明。

3. 教师应鼓励学生自行发现多边形内角和的公式。

4. 如果学生有困难,教师可以向学生提供证明方法。

操作程序:

1. 点按 Lines 按钮,选取 Triangle 或 Polygon 。

2. 在绘图窗口内画一个三角形。

3. 点按 Display 按钮,选取 Label 。

4. 点选三角形的其中一个顶点,会出现一个编辑框,键入字母 A 以标示此点。

5. 重复步骤 4,以 B 和 C 标示余下的两点。

6. 按次序点选 A,B,C 以选取角 ABC。点按 Measure 按钮,选取 Angle ,以量度角 ABC。

7. 点按 Display 按钮,选取 Comments 。在绘图窗口中的空白处单击鼠标的左键，会出现一个新的文本框。键入文字“角 A＋角 B＋角 C”，按 Enter 键并键入“＝”，将鼠标移往角 A 并选取角 A 的数值，角 A 的数值会出现在文本框内“＝”之后，然后键入“＋”。

8. 重复步骤 6 和步骤 7，加入角 B 和角 C 的数值。

9. 点选 Measure ，选取 Calculate 。计算方块(图 5-11-2)会出现在窗口的底部。点选角 A 的数值，a 会出现在计算方块中。按“＋”按钮或键入“＋”号。重复以上步骤，加上角 B 和角 C 的数值(图 2 内的椭圆部分)。再按“＝”按钮，结果会出现(图 2 内的圆圈部分)。移动光标至结果的文字盒上，并将结果拖曳至窗口的适当位置，会出现“Result：180.00°”。

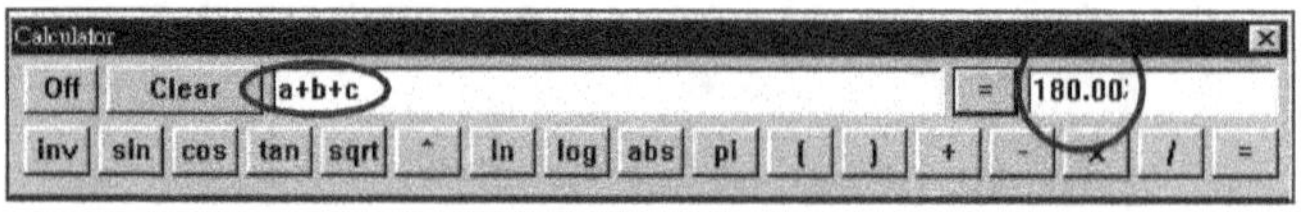

图 5-11-2

案例 5-12　探索零指数及负整数指数

【学习目标】(1)认识 $a^0=1$(当 $a\neq 0$)；(2)认识 $a^{-n}=\dfrac{1}{a^n}$。

【学习内容】整数指数幂。

【所需素材】计算器。

【预备知识】(1)利用计算器找出 a^n 的值；(2)正整数的指数幂。

【活动内容】

1. 教师引导学生复习如何用计算器的 x^y 键计算 a^n 和 a^{-n} 的值。
2. 教师分派工作纸 1，并要求学生在完成工作纸后提供 a^0 的值。
3. 教师派发工作纸 2，并要求学生在完成工作纸后提供 a^{-n} 的意义。

工作纸 1

(1)试用计算器找出表 5-12-1 中各 a^0 的值。

表 5-12-1

a	1	1.5	2	200	－1	－1.5	－111.1
a^0							

(2)由上表的结果，a^0＝________。

(3)你能否找到 0^0 的值吗？计算器上出现了什么结果？

____。

(4)当 a 为非零实数时，$a^m \times a^n = a^{m+n}$，其中 m 和 n 为正整数。假设该结果适用于零指数，求：

①$a^m \times a^0 = a^{\square+\square} = a^{\square}$。

②$a^0 \times a^m =$ ________ = ________。

(5)综合问题(1)和问题(4)的结果，可否得出 a^0 的值？

$a^0 =$ ________，其中 $a \neq$ ________。

工作纸 2

(1)利用计算器完成以下各表(表 5-12-2，表 5-12-3)：

表 5-12-2

$2^1=2$	$2^{-1}=0.5$	$2^1 \times 2^{-1} = 2 \times 0.5 = 1$
$2^2=$	$2^{-2}=$	$2^2 \times 2^{-2} =$ ____ × ____ = ____
$2^3=$	$2^{-3}=$	
$2^4=$	$2^{-4}=$	
$2^5=$	$2^{-5}=$	

由观察所得，$2^n \times 2^{-n} =$ ________。

表 5-12-3

$(-5)^1=-5$	$(-5)^{-1}=-0.2$	$(-5)^1 \times (-5)^{-1} = (-5) \times (-0.2) = 1$
$(-5)^2=$	$(-5)^{-2}=$	$(-5)^2 \times (-5)^{-2} =$ ____ × ____ = ____
$(-5)^3=$	$(-5)^{-3}=$	
$(-5)^4=$	$(-5)^{-4}=$	
$(-5)^5=$	$(-5)^{-5}=$	

由观察所得，$(-5)^n \times (-5)^{-n} =$ ________。

(2)根据以上结果，当 a 为非零整数时，$a^n \times a^{-n}$ 的值是多少？

____。

(3)当 a 为非零实数时，$a^m \times a^n = a^{m+n}$，$a^m \div a^n = a^{m-n}$，其中 m 和 n 为正整数。假设该结果也适用于负指数，求：

①$a^n \times a^{-n} = a^{\square+\square} = a^{\square} =$ ________。

②$a^n \times \dfrac{1}{a^n} = a^n \div a^n = a^{\square-\square} = a^{\square} =$ ______。

由观察所得，$a^{-n} =$ ________，其中 $a \neq$ ________。

教师注意事项：

1. 教师应提醒学生如何使用计算器上的＋/－键，把一个正数变成负数，并让学生练习计算如 5^{-2} 及 $(-5)^{-2}$ 的值。

2. 工作纸的答案：

工作纸 1

(1)填表如下：

a	1	1.5	2	200	-1	-1.5	-111.1
a^0	1	1	1	1	1	1	1

(2)$a^0=1$

(3)错误讯息，通常以「E」表示。

(4)①$a^{m+0}=a^m$。②$a^{0+m}=a^m$。

(5)$a^0=1$，其中 $a\neq0$。

工作纸 2

(1)填表如下：

4	0.25	$\underline{4}\times\underline{0.25}=\underline{1}$
8	0.125	$8\times0.125=1$
16	0.0625	$16\times0.0325=1$
32	0.03125	$23\times0.03125=1$

$2^n\times2^{-n}=\underline{1}$

25	0.04	$\underline{25}\times\underline{0.04}=1$
-125	0.008	$(-125)\times(-0.008)=1$
625	0.0016	$625\times(0.0016)=1$
-3125	0.00032	$(-3125)\times(-0.00032)=1$

$(-5)^n\times(-5)^{-n}=\underline{1}$

(2)$a^n\times a^{-n}=1$

(3)①$a^{n+(-n)}=a^0=1$；②$a^{n-n}=a^0=1$。

$a^{-n}=\dfrac{1}{a^n}$，其中 $a\neq0$。

3. 在计算 0^0 的值时，部分学生以 E 作为答案，教师应指出 $0^0=E$ 是不正确的。在计算器中，E 表示错误的意思。

4. 教师应鼓励学生猜测 a^0 及 a^{-n} 的值，并进行讨论。

5. 对于能力稍差的学生，教师可先简单地复习正整数的指数幂。

案例 5-13　同位角、内错角、同旁内角

【学习目标】探究同位角、内错角、同旁内角的性质。

【学习内容】与线和直线图形有关的角。

【所需素材】动态几何软件，如 Geometer's Sketchpad（简称 Sketchpad），课件 Correspc. gsp、Alternc. gsp 和 Interc. gsp。

【预备知识】平行线及角的基本知识。

【活动内容】

1. 教师提问有关并行线的意义并引入并行线与截线相交的同位角、内错角及同旁内角的名称。对于能力稍逊的学生，教师可先发工作纸 1 给他们，以了解他们对有关角的认识。对于其他学生，教师可立即介绍本活动的目标。

2. 教师展示 Sketchpad 课件 Correspc. gsp（见图 5-13-1），并派发工作纸 2 给学生。教师与学生讨论 AB 是否平行于 CD，并要求他们说明理由。

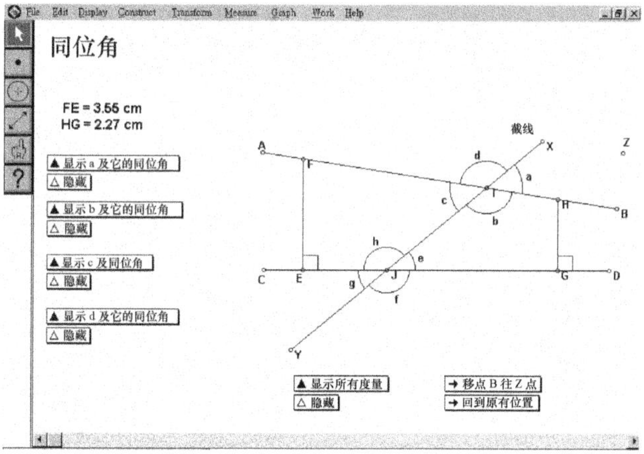

图 5-13-1

3. 针对课件 Correspc. gsp，教师提问学生角 a，b，c 和 d 的对应同位角是什么。通过双击“▲显示 a 及它的同位角”及其他有关角的按键，教师便可实时核对学生的答案。

4. 除角 a 外，教师双击其他“△隐藏”键，只保留角 a 及其同位角在屏幕上。向 Z 点拖曳点 B，使 $FE=HG$，教师引导学生观察角 a 及其同位角的变化和猜想它们的关系（见图 5-13-2）。然后，教师与学生讨论角 a 及其同位角在何时会相等。

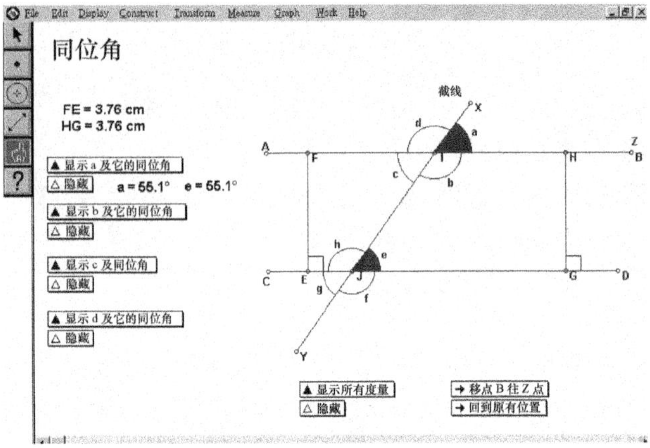

图 5-13-2

5. 学生须回答每组同位角是否相等。教师双击"▲显示 b 及它的同位角"和与角相关的键及"▲显示所有度量"键。拖曳点 B 使 AB 再次与 CD 平行，让学生观察同位角值的变化(见图 5-13-3)。然后，由学生总结"在平行线上，任意角与它的同位角都相等"。

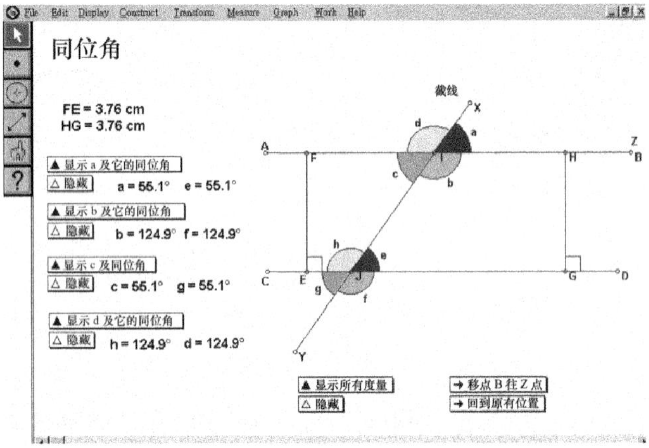

图 5-13-3

6. 教师提问学生第 5 点的结论当截线不同时是否仍成立。学生再次观察在转变截线 XY 的方向时，两者关系的变化。拖曳点 X，验证学生的猜想(见图 5-13-4)。

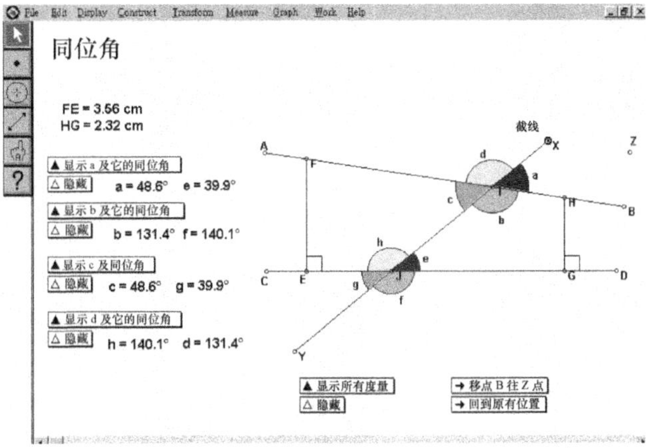

图 5-13-4

7. 教师拖曳点 C 以形成不同组合的平行线，提问学生以上发现是否仍然成立(见图 5-13-5)。最后，由学生总结“任意平行线上，同位角必然相等”。

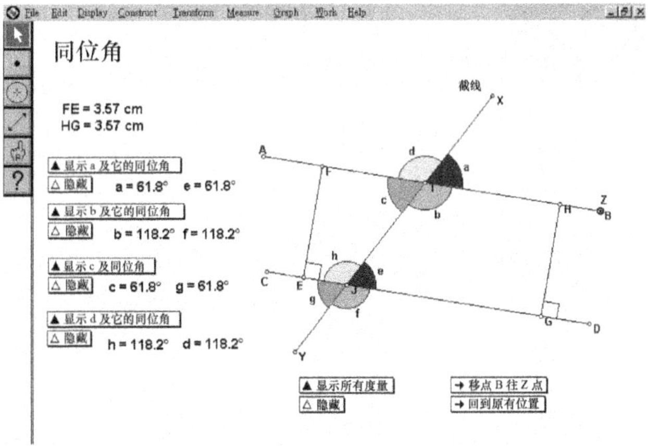

图 5-13-5

8. 教师分发工作纸 3，Sketchpad 课件 Alternc. gsp(见图 5-13-6)和 Interc. gsp(见图 5-13-7)给学生。学生须用课件来探究平行线上的内错角和同旁内角是否有相似的结果。

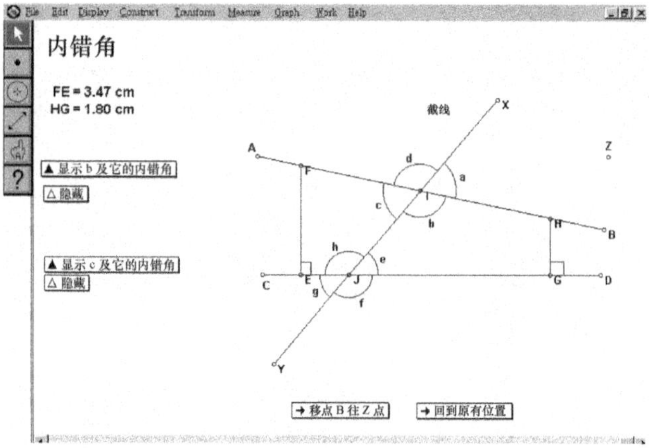

图 5-13-6

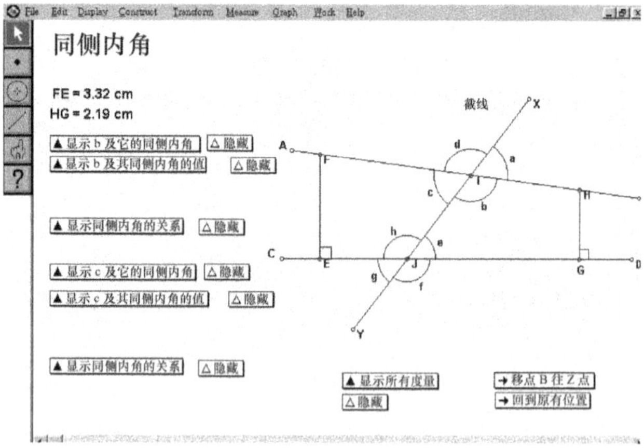

图 5-13-7

9. 请学生总结他们的发现，即对于任意倾斜度的平行线和截线：

(1)平行线上的角及它的同位角都相等；

(2)平行线上的角及它的内错角都相等；

(3)平行线上的同旁内角互补。

工作纸 1：判别同位角、内错角和同旁内角

在图 5-13-8 方框内，连结 P、Q，R、S 及 T、U 以形成 3 条线，分别用 p，q，r，…标示由以上 3 条线所形成的角。

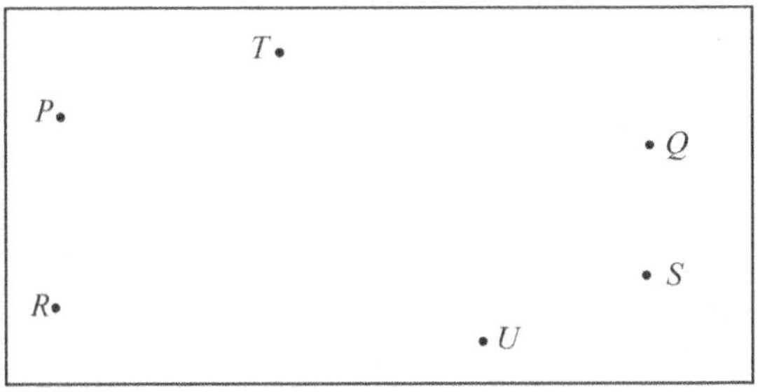

图 5-13-8

(1)哪条线是截线？______________是截线。

(2)写出图中所有成对同位角：________及________ ________及________ ________及________ ________及________是 4 对同位角。

(3)写出图中所有成对内错角：________及________ ________及________是 2 对内错角。

(4)写出图中所有成对同旁内角：________及________ ________及________是 2 对同侧内角。

工作纸 2：探究同位角的关系

参照图 5-13-9 提供的互动几何课件 Corresp_c. gsp。

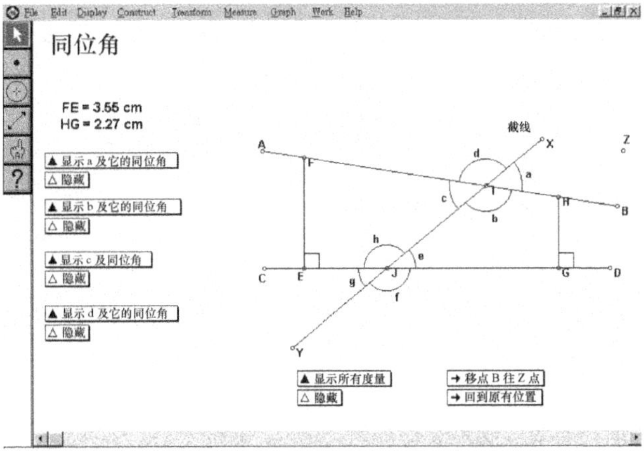

图 5-13-9

(1)AB 与 CD 是否平行？为什么？

____。

(2)双击“▲显示 a 及它的同位角”。拖曳点 B 以转动直线 AB 的方向。在转动时，注意观察这对同位角的值。最后，拖曳点 B 至点 Z，直至线 AB 与 CD 每段的距离都相等。

(3)从屏幕上抄下 FE 及 HG 的长。

①$FE=HG=$________ cm。

②现在,AB 与 CD 两线是否平行?为什么?

____。

(4)双击屏幕上"▲显示所有度量"的键以显示所有成对同位角的度数。

(5)抄下此时所有成对同位角的值。

$a=$________,$e=$________,$b=$________,$f=$________;

$c=$________,$g=$________,$d=$________,$h=$________。

你可以从中发现每一对同位角的关系吗?

____。

(6)拖曳点 X 以移动截线至两个不同位置,因而得出两组角,写出所有成对同位角的值:

第一组数值	第二组数值
$a=$______,$e=$______	$a=$______,$e=$______
$b=$______,$f=$______	$b=$______,$f=$______
$c=$______,$g=$______	$c=$______,$g=$______
$d=$______,$h=$______	$d=$______,$h=$______

(7)尝试写出你的猜想及其有关的必要条件。

____。

工作纸 3

第Ⅰ部分:探究内错角的关系

参照图 5-13-10 动态几何课件 Altern_c.gsp:

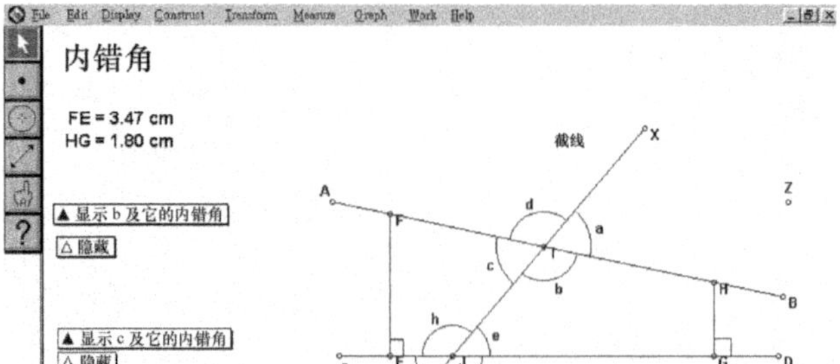

图 5-13-10

(1)双击“▲显示 b 及它的内错角”。

(2)拖曳点 B 以转动 AB 的方向。在转动时,留意所有成对内错角的值。最后,拖曳 B 点至 Z 点,令 AB 平行于 CD。

(3)显示所有成对内错角的度数,抄下这时每对内错角的值。

b=__________,它的内错角=________=__________;

c=__________,它的内错角=________=__________。

你能找出每对内错角的关系吗?

____。

(4)拖曳点 X 以移动截线,得出3组角,写出所有成对内错角的值。

	b	b 的内错角	c	c 的内错角
第一组数值				
第二组数值				
第三组数值				

(5)尝试写出你的猜想及其有关的必要条件。

____。

第Ⅱ部分:探究同旁内角的关系

参照图5-13-11动态几何课件 Inter_c. gsp:

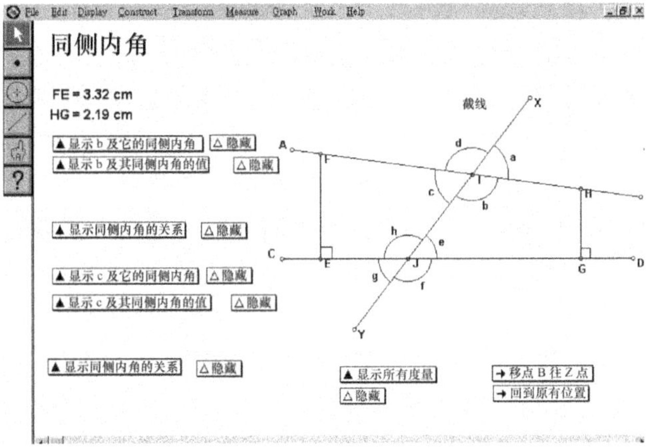

图5-13-11

(1)双击“▲显示 b 及它的同旁内角”。

(2)拖曳点 B 以转动 AB 的方向。在转动时,留意所有成对同旁内角的值。最后,拖曳 B 点至 Z 点,以使 AB 平行于 CD。

(3)显示所有成对同旁内角的度数。抄下这时每对同旁内角的值。

b=________,它的同侧内角=______=__________;

c=________,它的同侧内角=______=__________。

你能找出每对同旁内角的关系吗?

____。

(4)拖曳点 X 以移动截线,得出 3 组角,写出所有对同旁内角的值。

	b	b 的同旁内角	c	c 的同旁内角
第一组数值				
第二组数值				
第三组数值				

(5)尝试写出你的猜想及其有关的必要条件。

____。

可双击图中"▲显示同侧内角的关系"键,以观察有关答案。

(6)总结每对同位角、内错角和同旁内角的关系。

____。

教师注意事项:

1. 上述活动可帮助学生自行探究所有与平行线相关的角的关系。但是,学生仍需足够的如何控制计算机的指示及足够的时间进行各角关系的猜想。

2. 在活动的第 1 点,部分学生会以两条线段"不会相交"作为平行线的定义。教师须引导学生知道"不会相交"的意义是指"两线段如何延长都不会相交"。这个意义也可解释为"以相同距离相隔两线"。对于能力稍逊的学生,教师可为他们提供工作纸 1 以巩固他们对平行线上的角的认识。

3. 在课件中提供"▲移点 B 往 Z 点"的按键,是为协助在"拖曳 B 点至 Z 点"有困难的学生。当学生双击以上键,点 B 会慢慢地移往点 Z。因而,学生可以集中观察有关角的变化。

4. 至于活动中的第 5 点和第 7 点,学生需要观察各角关系并不只是在特定的两条平行线和截线成立,而是在任意的两条平行线和截线都成立。因此,拖曳 C 点或 X 点以改变平行线或截线的方向是这个活动非常重要的步骤。对于能力较高的学生,教师可跳过第 5 点至第 7 点的引导步骤,改由学生按工作纸 2 和工作纸 3 作自行探究。

5. 因为软件的限制,部分量度出现误差,如当 EF 并未完全等于 HG 线段的长度时,亦出现角相等的情况。教师应提醒学生有关活动只能提供直观的经验以得出猜想的视像效果，并让学生知道这种方法的限制。教师由此可引导学生得出以演绎方法来研究平行线上的角的关系的重要性。这些讨论会于稍后学习“演绎几何简介”时进行。

案例 5-14　折纸图样及立体

【学习目标】(1)辨认立体及其相应的折纸图样；(2)解释并绘画折纸图样。

【学习内容】立体图形的初步认识。

【所需素材】折纸图样，剪刀，胶水，胶纸，以卡纸制成的正方形、长方形、等边三角形和正五边形等。

【预备知识】理解名词“折纸图样”。

【活动内容】

在课堂开始时，教师先向学生展示正方体，并利用剪刀剪开正方体以获取其对应的折纸图样。然后，教师将折纸图样贴在黑板上，与学生重温折纸图样的意义。

教师询问学生所获得的折纸图样是否唯一，将学生所提出的图样画在黑板上。教师派发正方形的卡纸和胶纸给学生，要求学生利用所提供的正方形卡纸去黏合成一正方体，以证实他们所猜测的折纸图样。

把学生分为 7 组。教师派发附件(其中包括附录甲内的折纸图样)给学生。这些折纸图样包括长方体、正四面体、正方形锥体、三角柱体、五边形柱体、正八面体和正十二面体。每组只获得其中一种立体的折纸图样。例如，组 1 只获得长方体的折纸图样，组 2 只获得正四面体的折纸图样。每个学生需要剪开折纸图样，将它折起并黏合成一立体。

每组将制作的立体传给另外一组。教师派发工作纸给学生，并要求他们利用所获得的立体绘出一折纸图样。

教师可指引学生，帮助他们绘画折纸图样：

该立体的面是什么形状？哪些面互相连接？

选择立体其中的一面并绘画它。绘画与此面有连接的其他面。继续使用该方法直至画出所有的面。

教师要求学生比较在组内所绘的折纸图样。一般而言，他们所绘画的图样并不相同。他们须讨论所画的图样能否形成原来的立体。

学生可利用相应的多边形卡纸去展示他们的折纸图样，然后他们可将卡纸黏合一起以获得所指定的立体。

(以下步骤只适合能力较高的学生。)

学生需要将原来的立体剪开以获得他们所绘的折纸图样。

教师与学生讨论他们所遇到的问题，并总结出对同一立体其折纸图样并非唯一。

教师可选出一些不能形成立体的折纸图样，并要求学生作出修改以能形成指定的立体。

例 1　以下图形为一正八面体的折纸图样。通过复制图案并折成立体，就可发现折纸图样中有一处不正确。教师可要求学生指出不正确的地方并画出正确的折纸图样（见图 5-14-1、图 5-14-2）。

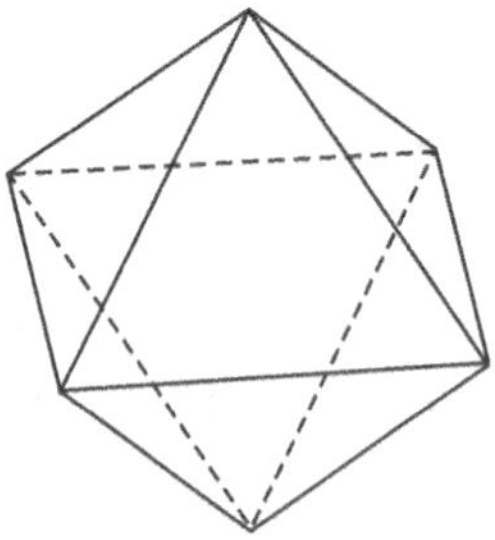
图 5-14-1

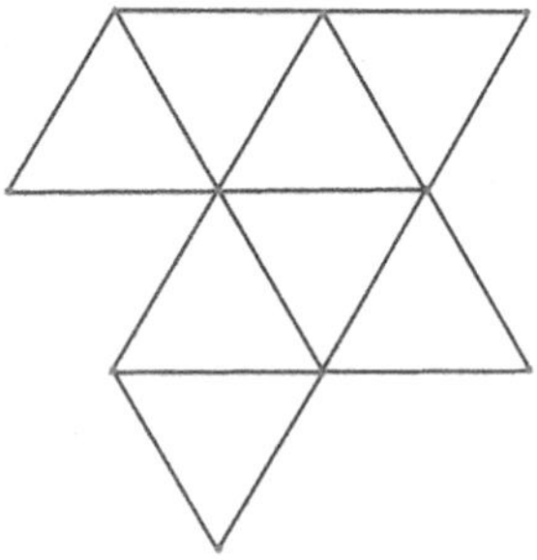
图 5-14-2

学生可利用给出的多边形卡纸检验其修改的折纸图样能否形成该立体。

教师可继续要求学生绘画以平面图像显示的立体的折纸图样。

例 2　以下图形为一伸长的四角锥体（见图 5-14-3）。请在一张纸上绘画此立体的折纸图样。

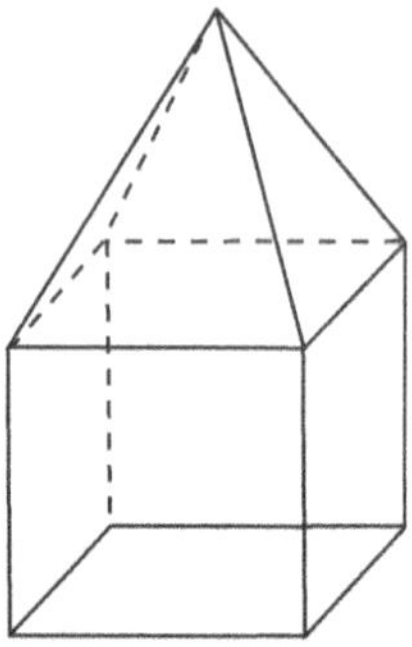
图 5-14-3

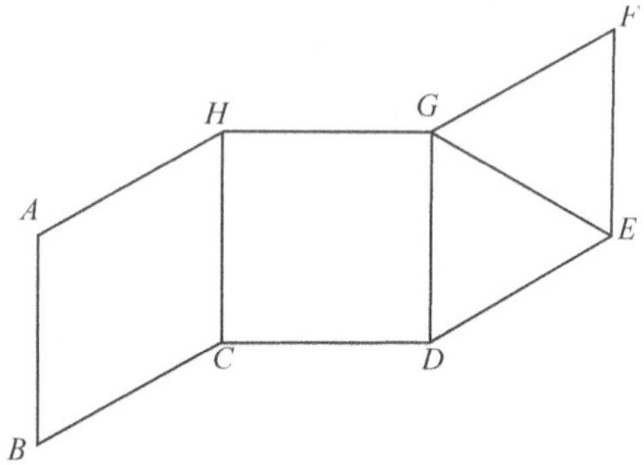

图 5-14-4

此外，教师可利用以下问题测试学生的立体感。

如图 5-14-4 所示为一立体的折纸图样。

这是哪一种立体的图形？

当折合成立体后，哪些字母会与 A 点相连？

工作纸 1:立体的折纸图样

你将从其他组中获得一立体模型。观察该立体模型并估计其折纸图样,将结果填在下面的空格上。

立体的名称__________________
折纸图样:

与其他组员比较所绘画的折纸图样。组内的折纸图样是否相同?与组员讨论你的折纸图样能否折出原来的立体。

利用卡纸展示你的折纸图样。将多边形折合一起以制作指定的立体。

工作纸 2:立体的折纸图样(适用能力较强的学生)

你将从其他组别中获得一立体模型。观察该立体模型并估计其折纸图样,将结果填在下面的空格上。

立体的名称__________________
折纸图样:

与其他组员比较所绘画的折纸图样。组内的折纸图样是否相同?与组员讨论你的折纸图样能否折出原来的立体。

利用卡纸展示你的折纸图样。将多边形折合一起以制作指定的立体。

将你所获得的立体剪开，看看能否得出你所绘画的折纸图样。

教师注意事项：

折纸图样即拆开立体的平面图像。学生在小学阶段应已接触过有关折纸图样的概念。但是，学生的空间想象力较为薄弱，尤其是牵涉较复杂的立体的时候。这些动手做的活动能提供学生发展空间想象能力的经验(使学生能在脑海中想象立体拆开后所形成的平面折纸图样)。故此，学生必须能从立体中绘出折纸图样并讨论该图样能否形成该立体。学生可改变平面折纸图样，以观察其对所形成立体的影响。

应注意本案例强调发展学生的想象能力。例如，学生需要从立体模型中绘出其对应的折纸图样，而非利用剪刀剪开立体来产生折纸图样。(对于能力较强的学生，第 4 步略难，因为他们需要剪开立体以产生折纸图样，而该图样必须与他们所画的相同。)

在课堂之前，教师可从课本附录甲中取出折纸图样，以制作数个大的正方体。

教师应让学生注意到同一立体可以有超过一种的折纸图样。

例如，如图 5-14-5 所示为正四面体的另一个折纸图样。

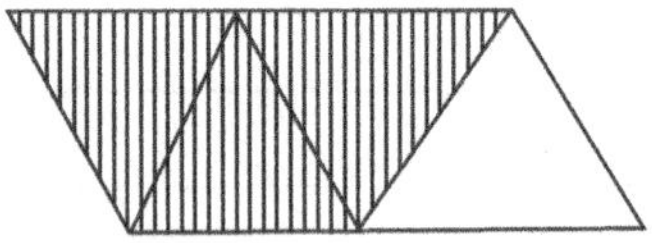

图 5-14-5

注意：并非所有包含 4 个等边三角形的折纸图样一定能折成正四面体。以下为一例(见图 5-14-6)。

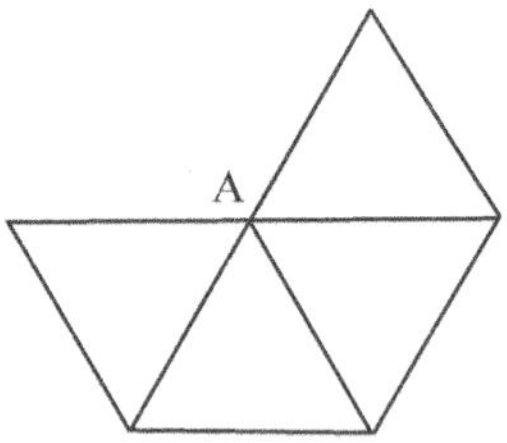

图 5-14-6

教师应通过讨论，协助学生将上述情况加以区分并理解为何最后的折纸图样不能折合成正四面体(例如，4 个三角形都有同一顶点 A)。

一些计算机软件(如 Poly)可实时示范从立体拆开至折纸图样或从折纸图样折成立体的过程。此类游戏可作为用纸和模型以外的补充活动。

案例 5-15　掷硬币

【学习目标】认识实验概率与理论概率的关系。

【学习内容】概率的简单概念。

【所需素材】硬币、Excel 等工具。

【预备知识】实验概率与理论概率的意义。

【活动内容】

1. 教师将学生分成 2 人一组。其中一位学生负责掷硬币，另一位学生负责记录结果。在活动的过程中，学生可以交换各自所负责的工作。

2. 每组发一份工作纸和一枚硬币。学生掷硬币并完成问题 1，然后利用问题 1 的结果回答问题 2、3 和 4。

3. 学生开启 Excel 文档，完成问题 5。

4. 在回答问题 6 和问题 7 时，各组之间可以互相讨论。让部分小组代表汇报讨论结果。

5. 作为活动的总结，教师引导学生得出实验概率与理论概率之间的关系。

工作纸：掷硬币

(1)根据下表所示的次数抛掷硬币，将结果记录在表 5-15-1 中。

表 5-15-1

掷硬币次数 m	正面		反面	
	划记	正面的数目 h	划记	反面的数目 t
10				
20				
30				
40				
50				

(2)根据表 5-15-1 的结果，你能否发现掷硬币次数不同时，正面与反面的数目之间的关系？

______________________________。

(3)利用表 5-15-1 的结果,求表 5-15-2 中的实验概率。

表 5-15-2

掷硬币次数 m	$P(正面)=\frac{h}{m}$	$P(反面)=\frac{t}{m}$
10		
20		
30		
40		
50		

(4)根据表 5-15-2 的结果，试回答下列问题：

①你能否观察到在每一列中 P(正面) 与 P(反面) 之间的关系？

____。

②你能否观察到在第二栏中 P(正面)的不同值之间的关系？

____。

③你能否观察到在第三栏中 P(反面)的不同值之间的关系？

____。

(5)开启一个 Excel 文档,你将会找到一个抛掷硬币的仿真程序(图 5-15-1)。

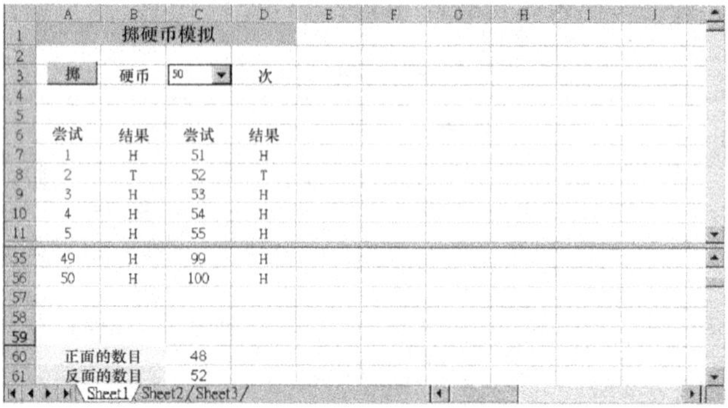

图 5-15-1

在电子表格单元格 C3 的下拉式选单中选择掷硬币的数目,按[掷]键开始模拟掷硬币的过程,将结果记录在表 5-15-3 中,并计算 P(正面) 和 P(反面)的值。

表 5-15-3

掷硬币次数 m	正面的数目 h	反面的数目 t	$P(\text{正面})=\frac{h}{m}$	$P(\text{反面})=\frac{t}{m}$
50				
100				
150				
200				
250				
300				
350				
400				

(6)如果掷硬币 500 次，试回答下列问题：

①试估计出现正面的次数是多少？

____

②试估计 P(正面)的值。

____。

(7)掷硬币掷得正面的理论概率是多少？它和(6)②的答案比较，你有什么发现？

____。

教师注意事项：

1. 在问题(1)中，除了自行掷硬币 50 次外，学生还可以从其他同学处收集他们的结果，只要总共计 50 次即可。

2. 对能力较佳的学生，本案例可作为自学的练习；对能力稍逊的学生，教师可以本案例作示范之用，并且绘制折线图，让学生较容易地观察出实验概率的趋势。

3. 由于学生在活动中需要使用 Excel 文档，教师应预备足够数量存有文档的磁盘供学生在课堂中使用，或者将文档预先储存在计算机的服务器上，供学生使用。

4. 教师在作总结时，可向学生指出理论概率只是表示事件发生的可能值，而不是表示事件实际发生的情况。

第六章
高中数学教例及其评述

案例6-1　函数的单调性

【教材分析】

函数的单调性是函数的重要特性之一，它把自变量的变化方向和函数值的变化方向定性地联系在一起。在初中学习函数时，借助图像的直观性研究了一些函数的增减性。本课内容是初中有关内容的深化、延伸和提高，通过对具体函数图像的归纳和抽象，概括出函数在某个区间上是增函数或减函数的准确含义，明确指出函数的增减性是相对于某个区间来说的。教材中判断函数的增减性，既有从图像上进行观察的直观方法，又有根据定义进行逻辑推理的严格方法，最后将两种方法统一起来，形成根据观察图像得出猜想结论，用推理证明猜想的体系。本课内容的重点是理解函数单调性的概念并利用函数的单调性概念证明函数的单调性，难点是理解函数单调性的概念。

【教学目标】

1.通过对增函数、减函数概念的归纳、抽象和概括，体验数学概念的产生和形成过程，培养学生从特殊到一般的抽象概括能力。

2.掌握增函数、减函数等函数单调性的概念，理解函数增减性的几何意义，能初步运用所学知识判断或证明一些简单函数的单调性，培养学生对数学的理解能力和逻辑推理能力。

3.通过对函数单调性的学习，初步体会知识发生、发展、运用的过程，培养学生形成科学的思维。

【任务分析】

本课内容学生在初中已有了较为粗略的认识，即主要根据观察图像得出结论。本课函数增减性的定义，是运用数学符号将自然语言的描述提升到形式化的定义，学生接受起来可能比较困难。在引入定义时，要始终结合具体函数的图像来进行，以增强直观性，采用由具体到抽象，再由抽象到具体的思维方法，便于学生理解。对于定义，要注意对区间上所取两点 x_1,x_2 的"任意性"的理解，多给学生操作与思考的时间和空间。

【教学设计】

一、问题情境

1. 图 6-1-1 为某市一天内的气温变化图：

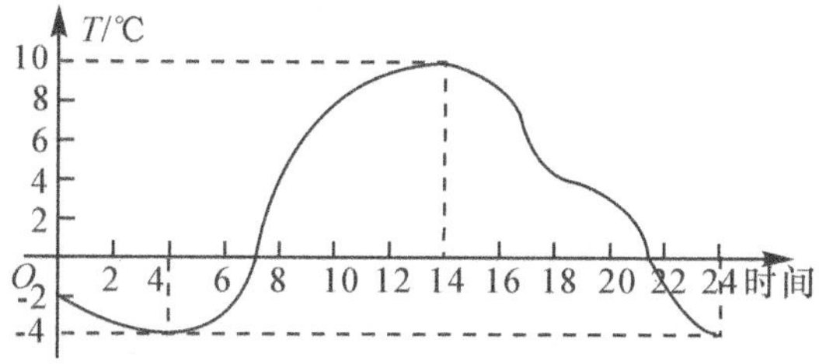

图 6-1-1

(1)观察这个气温变化图，说出气温在这一天内的变化情况。

(2)怎样用数学语言刻画在这一天内"随着时间的改变，气温逐渐升高或下降"这一特征？

2. 分别作出下列函数的图像：

(1) $y=2x$； (2) $y=-x+2$； (3) $y=x^2$。

根据三个函数图像，分别指出当 $x\in(-\infty,+\infty)$ 时，图像的变化趋势？

二、建立模型

1. 首先引导学生对问题 2 进行探讨——观察分析

观察函数 $y=2x$, $y=-x+2$, $y=x^2$ 图像，可以发现 $y=2x$ 在 $(-\infty,+\infty)$ 上、$y=x^2$ 在 $(0,+\infty)$ 上的图像由左向右都是上升的；$y=-x+2$ 在 $(-\infty,+\infty)$ 上、$y=x^2$ 在 $(-\infty,0)$ 上的图像由左向右都是下降的。函数图像的"上升"或"下降"反映了函数的一个基本性质——单调性。那么，如何描述函数图像"上升"或"下降"这个图像特征呢？

以函数 $y=x^2$, $x\in(-\infty,0)$ 为例，图像由左向右下降，意味着"随着 x 的增大，相应的函数值 $y=f(x)$ 反而减小"。如何量化呢？取自变量的两个不同的值，如 $x_1=-5$, $x_2=-3$，这时有 $x_1<x_2$, $f(x_1)>f(x_2)$，但是这种量化并不精确，因为 x_1,x_2 应具有"任意性"。因此，在区间 $(-\infty,0)$ 上，任取两个 x_1,x_2 得到 $f(x_1)=x_1^2$, $f(x_2)=x_2^2$。当 $x_1<x_2$ 时，都有 $f(x_1)>f(x_2)$。这时，我们就说

$f(x)=x^2$在区间$(-\infty,0)$上是减函数。

注意:在这里,要提示学生如何由直观图像的变化规律转化为数学语言,即自变量x变化时对函数值y的影响。必要时,对x,y可举出具体数值,再进行引导、归纳和总结。这里的“都有”是对应于“任意”的。

2. 在学生讨论、归纳函数单调性定义的基础上,教师明析——抽象概括

设函数$f(x)$的定义域为I:

如果对于定义域I内某个区间D上的任意两个自变量的值x_1,x_2,当$x_1<x_2$时,都有$f(x_1)<f(x_2)$,那么我们就说函数$f(x)$在区间D上是增函数[见图6-1-2(1)]。

如果对于定义域I内某个区间D上的任意两个自变量的值x_1,x_2,当$x_1<x_2$时,都有$f(x_1)>f(x_2)$,那么我们就说函数$f(x)$在区间D上是减函数[见图6-1-2(2)]。

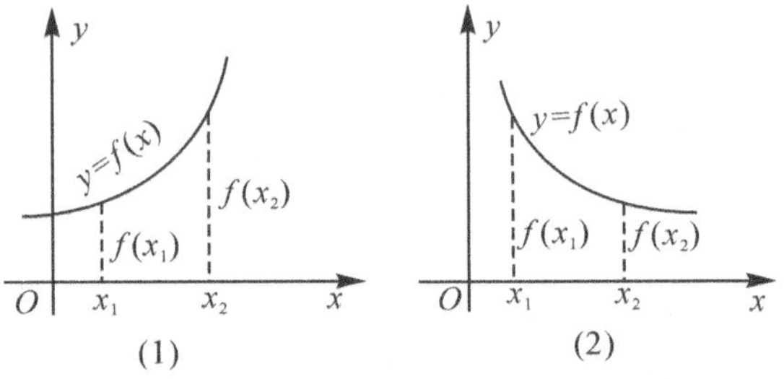

图 6-1-2

如果函数$y=f(x)$在区间D上是增函数或减函数,那么我们就说函数$y=f(x)$在这一区间具有(严格的)单调性,区间D叫做$y=f(x)$的单调区间。

3. 提出问题,组织学生讨论

(1)定义在$\mathbf{R}$上的函数$f(x)$,满足$f(2)>f(1)$,能否判断函数$f(x)$在$\mathbf{R}$上是增函数?

(2)定义在$\mathbf{R}$上的函数$f(x)$在区间$(-\infty,0]$上是增函数,在区间$(0,+\infty)$上也是增函数,判断函数$f(x)$在$\mathbf{R}$上是否为增函数。

(3)观察问题情境1中的气温变化图像,根据图像说出函数的单调区间。在每一单调区间上,它是增函数还是减函数?

强调:定义中x_1,x_2是区间D上的任意两个自变量;函数的单调性是相对于某一区间而言的。

三、解释应用

[例　题]

1. 证明函数$f(x)=2x+1$在$(-\infty,+\infty)$上是增函数。

注意:要规范解题格式。

2. 证明函数 $f(x)=\dfrac{1}{x}$ 在区间 $(-\infty,0)$ 和 $(0,+\infty)$ 上都是减函数。

思考:能否说,函数 $f(x)=\dfrac{1}{x}$ 在定义域 $(-\infty,0)\cup(0,+\infty)$ 上是减函数?

3. 设函数 $y=f(x)$ 在区间 D 上保号(恒正或恒负),且 $f(x)$ 在区间 D 上为增函数,求证:$g(x)=\dfrac{1}{f(x)}$ 在区间 D 上为减函数。

证明:设 $x_1,x_2\in D$,且 $x_1<x_2$,

$g(x_1)-g(x_2)=\dfrac{1}{f(x_1)}-\dfrac{1}{f(x_2)}=\dfrac{f(x_2)-f(x_1)}{f(x_1)f(x_2)}$。

$\because f(x)$ 在区间 D 上保号,$\therefore f(x_1)f(x_2)>0$。

又 $f(x)$ 在区间 D 上为增函数,

$\therefore f(x_1)-f(x_2)<0$,从而 $g(x_1)-g(x_2)>0$,$\therefore g(x)$ 在 D 上为减函数。

[练　习]

1. 证明:(1) 函数 $f(x)=\sqrt{x}$ 在 $(0,+\infty)$ 上是增函数。

(2) 函数 $f(x)=x^2-x$ 在 $(-\infty,\dfrac{1}{2}]$ 上是减函数。

2. 判断函数的单调性,并写出相应的单调区间:

(1) $f(x)=\dfrac{1}{x}(x\neq 0)$;

(2) $f(x)=\dfrac{1}{x-2}(x\neq 2)$。

3. 如果函数 $y=f(x)$ 是 $\mathbf{R}$ 上的增函数,判断 $g(x)=kf(x)(k\neq 0)$ 在 $\mathbf{R}$ 上的单调性。

四、拓展延伸

1. 根据图 6-1-3 中有关曲线图像,简要说明近 150 年来人类消耗能源的结构变化情况,并对未来 100 年能源结构的变化趋势作出预测。

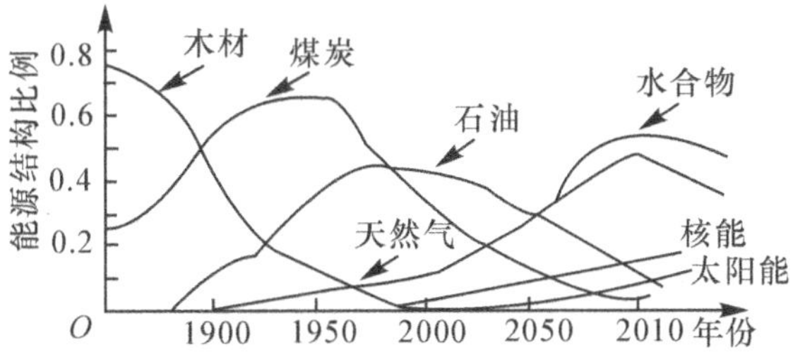

图 6-1-3　21 世纪能源发展示意图

2. 判断二次函数 $f(x)=ax^2+bx+c(a\neq 0)$ 的单调性，并用定义加以证明。

3. 如果自变量的改变量 $\Delta x=x_2-x_1<0$，函数值的改变量 $\Delta y=f(x_2)-f(x_1)>0$，那么函数 $f(x)$ 在区间 D 上是增函数还是减函数？

4. 函数值的改变量与自变量的改变量的比 $\frac{\Delta y}{\Delta x}=\frac{y_2-y_1}{x_2-x_1}$ 叫做函数 $f(x)$ 在 (x_1,x_2) 之间的平均变化率。

(1)根据函数的平均变化率 $\frac{\Delta y}{\Delta x}$ 判断 $y=f(x)$ 在区间 D 上是增函数还是减函数。

(2)比值 $\frac{\Delta y}{\Delta x}$ 的大小与函数值增长的快慢有什么关系？

【案例点评】

本案例设计完整，思路清晰。案例首先通过实例阐述了函数单调性产生的背景，归纳、抽象概括出了增函数、减函数的定义，充分体现了数学教学的本质是数学思维过程的教学，符合新课程标准的精神。例题与练习部分由浅入深，完整全面。“拓展延伸”的设计有新意，有深度，为学生数学思维能力、创造能力的培养提供了平台。

本案例的突出特点主要体现在以下几个方面：

(1)强调对基本概念和基本思想的理解和掌握

由于数学高度抽象的特点，因此本案例注重体现基本概念的来龙去脉。在数学中要引导学生经历从具体实例抽象出数学概念的过程，在初步运用中逐步理解概念的本质。

(2)注重联系，提高对数学整体的认识

数学的发展既有内在的动力，也有外在的动力。在高中数学的教学中，要注重数学的不同分支和不同内容之间的联系，数学与日常生活的联系，数学与其他学科的联系。例如，通过研讨本课“拓展延伸”中的第 1 个问题，可以大大提高学生学习的积极性和主动性。

(3)注重数学知识与实际的联系，发展学生的应用意识和能力

在数学教学中，应注重发展学生的应用意识。通过丰富的实例引入数学知识，引导学生应用数学知识解决实际问题，经历探索问题、解决问题的过程，体会数学的应用价值，帮助学生认识到：数学与我有关，与实际生活有关；数学是有用的，我要用数学，我能用数学。

案例6-2　对数函数

【教材分析】

对数函数是一类重要的函数形式，它与指数函数互为反函数。教材是在学生学过指数函数、对数及其运算的基础上引入对数函数的概念的。需要说明的是，本教材与传统的教材有所不同，即没有先学习反函数，这对学生学习对数函数的概念、图像和性质有较大影响，使指数函数的知识点不能直接应用于对数函数的知识点，但从对数的定义中知道：指数式与对数式可互化。因此，在某些方面，如在作对数函数 $y=\log_2 x$ 的图像而列表时，可以把作指数函数 $y=2^x$ 图像时的列表中的 x 与 y 的值对调。本课重点是对数函数的概念、图像和性质，难点是对数函数与指数函数的关系。

【教学目标】

1. 通过具体实例，直观了解对数函数模型刻画的数量关系，初步理解对数函数的概念，并能画出具体对数函数的图像，掌握对数函数的图像和性质。

2. 知道指数函数 $y=a^x$ 与对数函数 $y=\log_a x$ 互为反函数($a>0$ 且 $a\neq1$)。

3. 能应用对数函数的性质解有关问题。

【任务分析】

先复习指数函数、对数的定义和对数的性质，这也是学习本课的基础。解析式 $x=\log_a y$ 是函数，叫做对数函数，为了符合习惯，常写成 $y=\log_a x$。这些内容学生较难理解，教学时要引起重视。教学中，要注意从实例出发，使学生从感性认识上升到理性认识；要注意运用对比的方法；要结合对数函数的图像抽象概括对数函数的性质。

注意：不要求讨论形式化的函数定义，也不要求求已知函数的反函数，只需知道对数函数与指数函数互为反函数即可。

【教学设计】

一、问题情境

同指数函数中的细胞分裂问题，即：某种细胞分裂时，由 1 个分裂成 2 个，2 个分裂成 4 个，4 个分裂成 8 个……1 个这样的细胞分裂 x 次后，得到的细胞的个数为 y。

我们已经知道，个数 y 是分裂次数 x 的函数，解析式是 $y=2^x$，形式上是指数函数(这里的定义域是 **N**)。

思考：在这个问题中，细胞分裂的次数 x 是不是细胞分裂个数 y 的函数？若是，这个函数的解析式是什么？

x 也是 y 的函数，由对数的定义得到这个新函数是 $x=\log_2 y$。其中，细胞的个数 y 是自变量，细胞分裂的次数 x 是函数。

二、建立模型

1. 学生讨论

(1)函数 $x=\log_2 y$ 与指数函数 $y=2^x$ 有何关系？

(2)函数 $x=\log_2 y$ 中的自变量、字母与我们以前所学的函数有何区别？

结论：问题(1)两个函数中的 x 表示的都是细胞分裂的次数，y 表示的都是细胞分裂的个数，对应法则都是以 2 为底数，一个是取对数，一个是取指数，正好互逆。

注意：这里不能说它们互为反函数，因为还没有学习反函数的概念。

问题(2)中的自变量所用字母是 y，以前学习的函数的自变量常用字母 x，即此处的用法不符合习惯。

2. 教师明析

定义　函数 $x=\log_2 y(a>0$ 且 $a\neq1)$ 叫做对数函数，它的定义域是 $(0,+\infty)$，值域是 $(-\infty,+\infty)$。

由对数函数的定义可知，在指数函数 $y=a^x$ 和对数函数 $x=\log_a y$ 中，x，y 两个变量之间的关系是一样的。不同的只是在指数函数 $y=a^x$ 中，x 是自变量，y 是因变量；而在对数函数 $x=\log_a y$ 中，y 是自变量，x 是因变量。习惯上，我们常用 x 表示自变量，y 表示因变量，因此，对数函数通常写成 $y=\log_a x(a>0$ 且 $a\neq1, x>0)$。

3. 练习

在同一坐标系中画出下列函数的图像：

(1) $y=\log_2 x$。　　(2) $y=\log_{\frac{3}{2}} x$。

解　列表如下(表 6-2-1)：

表 6-2-1

$y=\log_2 x$ 中的 x	…	$\frac{1}{8}$	$\frac{1}{4}$	$\frac{1}{2}$	1	2	4	8	…
$y=\log_{\frac{3}{2}} x$ 中的 x	…	8	4	2	1	$\frac{1}{2}$	$\frac{1}{4}$	$\frac{1}{8}$	…
y	…	-3	-2	-1	0	1	2	3	…

思考：表 6-2-1 中 x，y 的对应值与指数函数中所列表的对应值有何关系？

描点，画图，如图 6-2-1 所示。

4. 观察图 6-2-1 的函数图像，结合列表，仿照指数函数的性质，归纳总结出对数函数的性质：

(1)定义域是$(0,+\infty)$，值域是$(-\infty,+\infty)$。

(2)函数图像在 y 轴的右侧且过定点$(1,0)$。

(3)当 $a>1$ 时，函数在定义域上是增函数，且当 $x>1$ 时，$y>0$；当 $0<x<1$ 时，$y<0$。

当 $0<a<1$ 时，函数在定义域上是减函数，且当 $x>1$ 时，$y<0$；当 $0<x<1$ 时，$y>0$。

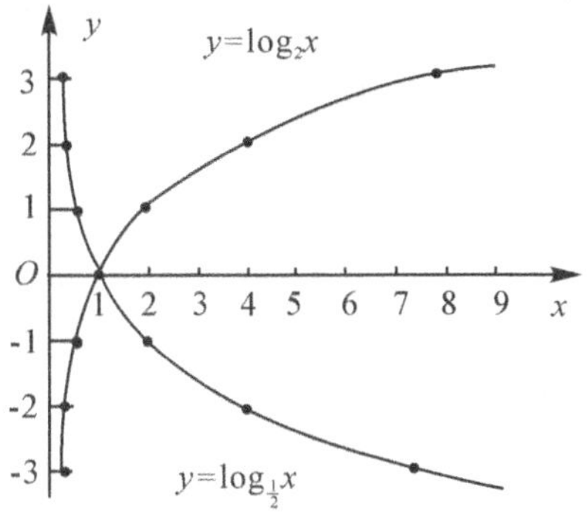

图 6-2-1

三、解释应用

[例　题]

1. 求下列函数的定义域。

(1)$y=\log_2 x^2$。　(2)$y=\log_a(4-x)$。　(3)$y=\sqrt{\log_{\frac{3}{2}} x}$。

解　(1)$\{x|x\neq 0\}$。　(2)$(-\infty,4)$。　(3)$(0,1)$。

2. 比较下列各组数的大小。

(1)$\log_2 3$ 与 $\log_2 3.5$。

(2)$\log_a 5.1$ 与 $\log_a 5.9(a>0$ 且 $a\neq 1)$。

(3)$\log_6 7$ 与 $\log_7 6$。

解　(1)考查对数函数 $y=\log_2 x$。

$\because 2>1$，$\therefore$ 它在$(0,+\infty)$上是增函数。

又 $3<3.5$，$\therefore \log_2 3<\log_2 3.5$。

(2)当 $a>1$ 时，$\log_a 5.1<\log_a 5.9$；

当 $0<a<1$ 时，$\log_a 5.1>\log_a 5.9$。

(3)$\log_6 7>1>\log_7 6$。

总结：本例是利用对数的单调性比较两个对数的大小，当底数与 1 的大小不确定时，要分类讨论；当不能直接进行比较时，可在两个数中间插入一个已知数再间接比较两个数的大小。

3. 溶液的酸碱度是通过 pH 值来刻画的，pH 值的计算公式为 $\mathrm{pH}=-\lg[\mathrm{H}^+]$，其中$[\mathrm{H}^+]$表示溶液中氢离子的浓度，单位是 mol/L。

(1)根据对数函数性质及上述 pH 值的计算公式，说明溶液的酸碱度与溶液中氢离子的浓度之间的变化关系。

(2)已知纯净水中氢离子的浓度为$[\mathrm{H}^+]=10^{-7}$ mol/L，计算纯净水的 pH 值。

解　(1)根据对数的性质，有 $\mathrm{pH}=-\lg[\mathrm{H}^+]=\lg[\mathrm{H}^+]^{-1}=\lg\dfrac{1}{[\mathrm{H}^+]}$，

所以溶液中氢离子的浓度越大，溶液的酸度就越小。

(2)当$[H^+]=10^{-7}$时，$pH=-\lg 10^{-7}=7$，所以纯净水的pH值是7。

4.设函数$f(x)=\lg(a^x-b^x)(a>1>b>0)$，问：当$a,b$满足什么关系时，$f(x)$在$(1,+\infty)$上恒取正值？

解　当$x\in(1,+\infty)$时，$\lg(a^x-b^x)>0$恒成立$\Leftrightarrow a^x-b^x>1$恒成立。

令$g(x)=a^x-b^x$，$\because a>1>b>0$，$\therefore g(x)$在$(0,+\infty)$上是增函数，$\therefore$当$x>1$时，$g(x)>g(1)=a-b$，

$\therefore$当$a-b\geqslant 1$时，$f(x)$在$(1,+\infty)$上恒取正值。

[练　习]

1.求函数$y=\dfrac{1}{\log_2 x}$的定义域。

2.比较$\log_{0.5}0.2$与$\log_{0.5}0.3$的大小。

3.函数$y=\lg(x^2-2x)$的增区间是________。

4.已知$a>0$，且$a\neq 1$，则在同一直角坐标系中，函数$y=a^{-x}$和$y=\log_a(-x)$的图像有可能是(　　)。

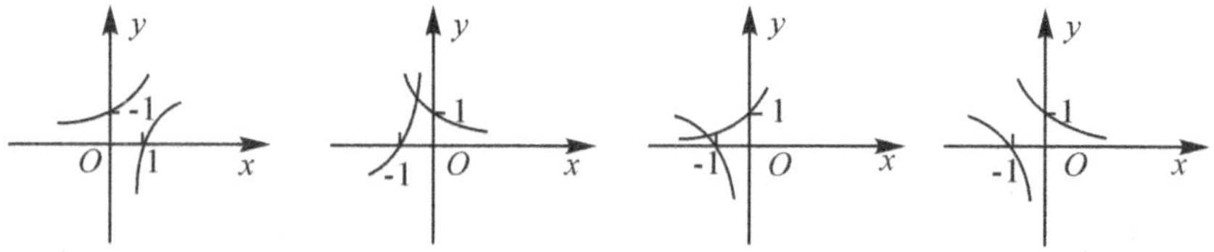

5.大西洋鲑鱼每年都要逆流而上2000m，游回产地产卵。研究鲑鱼的科学家发现，一岁鲑鱼的游速可以表示为函数$v=\dfrac{1}{2}\log_3\dfrac{Q}{100}$，单位是m/s，其中$Q$表示鲑鱼的耗氧量。

(1)当一条鲑鱼的耗氧量是2700个单位时，它的游速是多少？

(2)计算一条鲑鱼的最低耗氧量。

四、拓展延伸

1.作出对数函数$y=\log_a x(a>1)$与$y=\log_a x(0<a<1)$的草图。

2.说出指数函数与对数函数的关系。

以指数函数$y=2^x$与对数函数$y=\log_2 x$为代表加以说明。

(1)对数函数$y=\log_2 x$是把指数函数$y=2^x$中自变量与因变量对调位置而得出的。

教师明析：当一个函数是一一映射时，可以把这个函数的因变量作为一个新的函数的自变量，而把这个函数的自变量作为新的函数的因变量，我们称这两个函数互为反函数。函数 $y=f(x)$ 的反函数记作 $y=f^{-1}(x)$。

对数函数 $y=\log_2 x$ 与指数函数 $y=2^x$ 互为反函数。

(2)对数函数 $y=\log_2 x$ 与指数函数 $y=2^x$ 的图像关于直线 $y=x$ 对称，见图 6-2-2。

(3)指数函数与对数函数对照表，如表 6-2-2 所示。

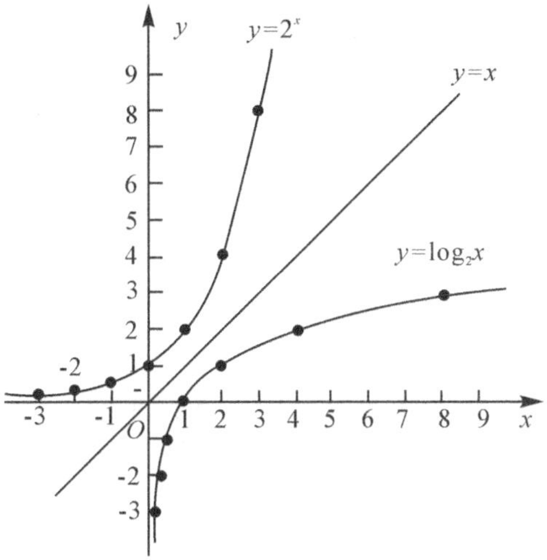

图 6-2-2

表 6-2-2

名　称	指数函数	对数函数
一般形式	$y=a^x$（$a>0$ 且 $a\neq1$）	$y=\log_a x$（$a>0$ 且 $a\neq1$）
定义域	$(-\infty,+\infty)$	$(0,+\infty)$
值　域	$(0,+\infty)$	$(-\infty,+\infty)$
函数值的变化情况	当 $a>1$ 时： $a^x\begin{cases}>1(x>0)\\=1(x=0)\\<1(x<0)\end{cases}$ 当 $0<a<1$ 时： $a^x\begin{cases}>1(x<0)\\=1(x=0)\\<1(x>0)\end{cases}$ 当 $a>1$ 时，a^x 是增函数 当 $0<a<1$ 时，a^x 是减函数	当 $a>1$ 时： $\log_a x\begin{cases}>0(x>1)\\=0(x=1)\\<0(x<1)\end{cases}$ 当 $0<a<1$ 时： $\log_a x\begin{cases}>0(x<1)\\=0(x=1)\\<0(x>1)\end{cases}$ 当 $a>1$ 时，$\log_a x$ 是增函数 当 $0<a<1$ 时，$\log_a x$ 是减函数
图像	$y=a^x$ 的图像与 $y=\log_a x$ 的图像关于直线 $y=x$ 对称	

【案例点评】

本案例先通过细胞分裂问题来阐明对数函数的意义，这样安排既有利于学生理解对数函数的概念，又有利于学生了解它与指数函数的关系。接着通过画具体的对数函数的图像，归纳总结出对数函数的性质，体现了由特殊到一般的认识规律。性质的列举模仿了指数函数的性质，通过对比，便于学生理解、记忆。

例题、练习的选择注重题目的代表性，并且由易到难，利于学生解题能力的提高。拓展延伸则侧重于指数函数与对数函数的图像、性质方面的关系，加深了学生对这两个函数的理解，并使学生从中了解了反函数的概念。

案例6-3 平面与平面垂直

【教材分析】

两个平面垂直的判定定理及性质定理是平面与平面位置关系的重要内容。通过本课学习可以发现：直线与直线垂直、直线与平面垂直及平面与平面垂直的判定和性质定理形成了一套完整的证明体系，而且可以实现利用低维位置关系推导高维位置关系，也能利用高维位置关系推导低维位置关系，充分体现了转化思想在立体几何中的重要地位。本课的重点是判定定理及性质定理，难点是定理的发现及证明。

【教学目标】

1. 掌握两平面垂直的有关概念，以及两个平面垂直的判定定理和性质定理，能运用概念和定理进行相关计算和证明。

2. 培养学生的空间想象能力，逻辑思维能力，知识迁移能力，运用数学知识和数学方法观察、研究现实现象的能力，整理知识、解决问题的能力。

3. 通过对实际问题的分析和探究，激发学生的学习兴趣，培养学生认真参与、积极交流的主体意识和乐于探索、勇于创新的科学精神。

【任务分析】

判定定理证明的难点是画辅助线。为了突破这一难点，可引导学生这样分析：在没有得到判定定理时，只有根据两平面互相垂直的定义来证明，那么，哪个平面与这两个平面都垂直呢？对性质定理的引入，不是采取平铺直叙，而是根据数学定理的教学是由“发现”与“论证”这两个过程组成的规律，把“引出命题”和“猜想”作为本课的重要活动内容。

【教学设计】

一、问题情境

1. 建筑工人在砌墙时，常用一根铅垂的线吊在墙角上，这是为什么？（为了使墙面与地面垂直）

2. 什么叫两个平面垂直？怎样判定两平面垂直？两平面垂直有哪些性质？

二、建立模型

如图 6-3-1 所示，两个平面 α，β 相交，交线为 CD，在 CD 上任取一点 B，过点 B 分别在 α，β 内作直线 BA 和 BE，使 $BA\perp CD$，$BE\perp CD$。于是，直线 $CD\perp$ 平面 ABE。

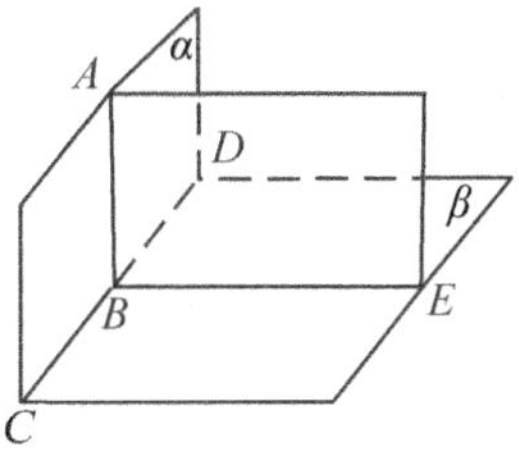

图 6-3-1

容易看到，$\angle ABE$ 为直角时，给我们两平面垂直的印象，于是有定义：

定义 如果两个相交平面的交线与第三个平面垂直，并且这两个平面与第三个平面相交所得的两条交线互相垂直，那么就称这两个平面互相垂直。

平面 α，β 互相垂直，记作 $\alpha\perp\beta$。

[问 题]

1. 建筑工人在砌墙时，铅垂线在墙面内，墙面与地面就垂直吗？

如图 6-3-1 所示，只要 α 经过 β 的垂线 BA，则 $BA\perp\beta$，所以 $BA\perp BE$，$\angle ABE=\mathrm{Rt}\angle$。依定义，知 $\alpha\perp\beta$。于是，有判定定理：

定理 如果一个平面经过另一个平面的一条垂线，则两个平面互相垂直。

2. 如果交换判定定理中的条件"$BA\perp\beta$"和结论"$\alpha\perp\beta$"，即 $\left.\begin{array}{l}BA\subset\alpha\\ \alpha\perp\beta\end{array}\right\}\Rightarrow BA\perp\beta$，也就是从平面与平面垂直出发，能否推出直线与平面垂直呢？

平面 α 内满足什么条件的直线才能垂直于平面 β 呢？让学生用教科书、桌面、笔摆模型，通过模型发现：当 $\alpha\perp\beta$ 时，只有在一个平面(如 α)内，垂直于两平面交线的直线(如 BA)，才会垂直于另一个平面(如 β)。

于是，有定理：

定理 如果两个平面互相垂直，那么在一个平面内垂直于它们交线的直线垂直于另一个平面。

(先分析命题的条件和结论，然后画出图形，再结合图形，写出已知和求证。)

已知：如图 6-3-2 所示，$\alpha\perp\beta$，$\alpha\cap\beta=CD$，$AB\subset\alpha$，$AB\perp CD$，求证：$AB\perp\beta$。

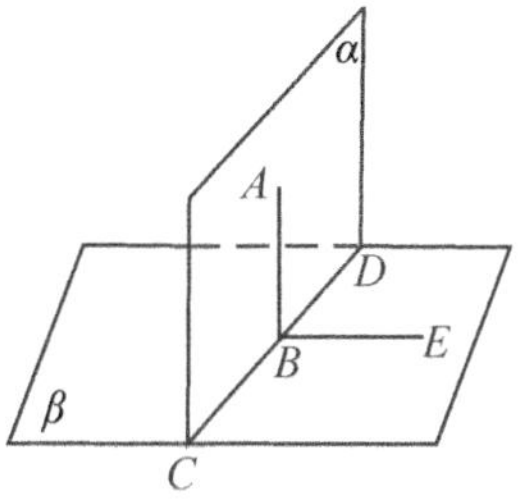

图 6-3-2

分析：要证 $AB\perp\beta$，只需在 β 内再找一条直线与 AB 垂直，但 β 内没有这样的直线，如何作出这条直线呢？因为 $\alpha\perp\beta$，所以可根据二面角的定义作出这个二面角的平面角，在平面 β 内过点 B 作 $BE\perp CD$。因为 $AB\perp CD$，所以 $\angle ABE$ 是二面角 α-CD-β 的平面角，并且 $\angle ABE=90°$，即 $AB\perp BE$，又因为 $CD\subset\beta$，$BE\subset\beta$，所以 $AB\perp\beta$。

三、解释应用

[例　题]

1.如图 6-3-3 所示，已知平面 $\alpha\perp$ 平面 β，在 α 与 β 的交线上取线段 $AB=4\text{cm}$，AC，BD 分别在平面 α 和平面 β 内，它们都垂直于交线 AB，并且 $AC=3\text{cm}$，$BD=12\text{cm}$，求 CD 长。

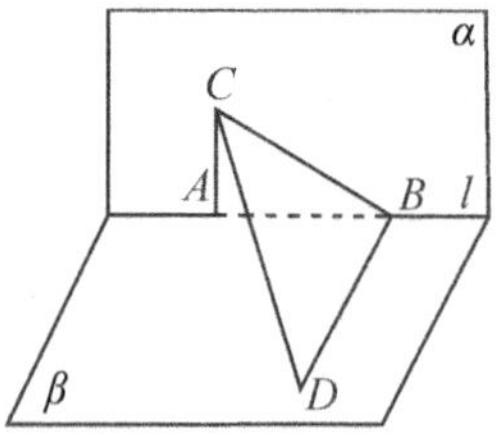

图 6-3-3

解　连结 BC。

$\because AC\perp AB$，

$\therefore AC\perp\beta, AC\perp BD$。

$\because BD\perp AB, \therefore BD\perp\alpha, BD\perp BC$，

$\therefore\triangle CBD$ 是直角三角形，

$\therefore$ 在 $\text{Rt}\triangle BAC$ 中，$BC=\sqrt{3^2+4^2}=5(\text{cm})$，

在 $\text{Rt}\triangle CBD$ 中，$CD=\sqrt{5^2+12^2}=13(\text{cm})$。

2.已知在 $\text{Rt}\triangle ABC$ 中，$AB=AC=a$，AD 是斜边 BC 的高，以 AD 为折痕使 $\angle BDC$ 折成直角(如图 6-3-4 所示)。

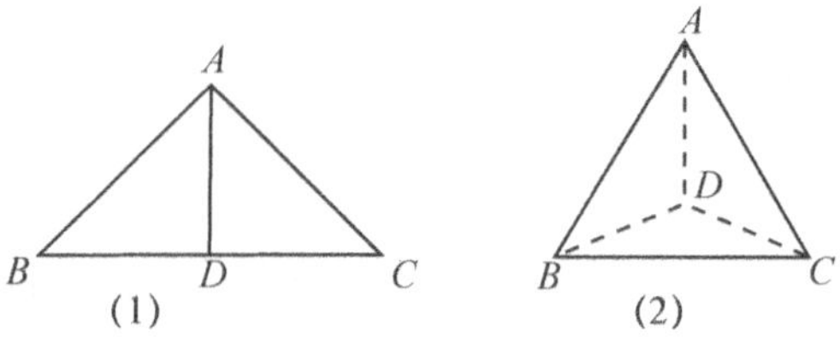

图 6-3-4

求证：(1)平面 $ABD\perp$ 平面 BDC，平面 $ACD\perp$ 平面 BDC。

(2)$\angle BAC=60^\circ$。

证明　(1)如图 6-3-4(2)所示，

$\because AD\perp BD, AD\perp DC, \therefore AD\perp$ 平面 BDC。

$\because$ 平面 ABD 和平面 ACD 都过 AD，

$\therefore$ 平面 $ABD\perp$ 平面 BDC，平面 $ACD\perp$ 平面 BDC。

(2)如图 6-3-4(1)所示，在 $\text{Rt}\triangle BAC$ 中，

$\because AB=AC=a, \therefore BC=\sqrt{2}a, BD=DC=\frac{\sqrt{2}}{2}a$。

如图 6-3-4(2)所示，$\because\triangle BDC$ 是等腰直角三角形，

$\therefore BC=\sqrt{2}BD=\sqrt{2}\times\frac{\sqrt{2}}{2}a=a$，得 $AB=AC=BC$，

$\therefore\angle BAC=60^\circ$。

［练　习］

1. 如图 6-3-5 所示，有一个正三棱锥体的零件，P 是侧面 ACD 上一点。问：如何在平面 ACD 上过点 P 画一条与棱 AB 垂直的线段？试说明理由。

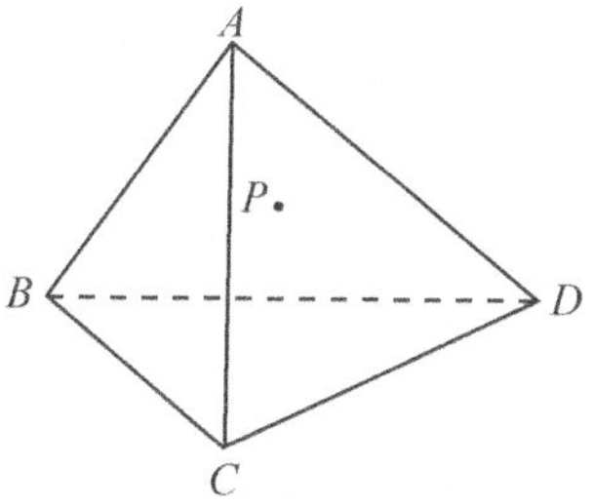

图 6-3-5

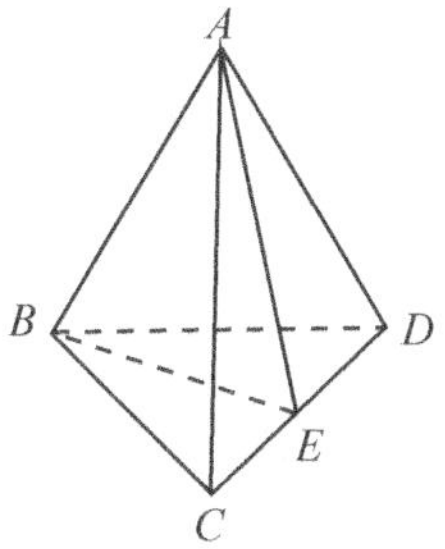

图 6-3-6

2. 如图 6-3-6 所示，已知在空间四边形 $ABCD$ 中，$AC=AD$，$BC=BD$，E 是 CD 的中点。

求证：(1)平面 $ABE\perp$ 平面 BCD。(2)平面 $ABE\perp$ 平面 ACD。

四、拓展延伸

能否将平面几何中的勾股定理推广到立体几何中去？试写一篇研究性的小论文。

【案例点评】

本案例结构完整，构思新颖。案例以一个生活中常见的例子引入问题，得到了两平面垂直的定义。改变这个例子的问法又得到了两平面垂直的判定定理。这样做把学科理论和学生的生活实际相结合，激起了学生探索问题的热情。对性质定理和判定定理的引入和证明也不是平铺直叙，而是充分展现了定理的发现和形成过程。通过学生的认真参与，师生之间的相互交流，培养了学生的主体意识和乐于探索、勇于创新的科学精神。

案例 6-4　点到直线的距离

【教材分析】

点到直线的距离是解析几何的重要内容之一，它的应用十分广泛。点到直线的距离是指由点向直线引垂线的垂线段的长。我们知道，求点到点的距离，有“工具”——两点间的距离公式可用，那么同样有必要创造出一套“工具”来方便地解决点到直线的距离问题。也就是说：已知点 $P(x_1,y_1)$ 和直线 $l:Ax+By+$

$C=0$(A,B 不全为 0),目标是设法用已知的量 x_1,y_1,A,B,C 把点 P 到 l 的距离表示出来,并将其当做公式使用。教材上公式的推导运用了两点间的距离公式,具体做法是作直线 m 过点 P 与 l 垂直,设垂足为 $P_0(x_0,y_0)$,P_0 满足直线 m 的方程,也满足直线 l 的方程,将 P_0 的坐标分别代入直线 m 和直线 l 的方程,通过恒等变形利用两点间的距离公式,推导出点到直线的距离公式。这种方法思路清晰,学生易于接受,但恒等变形较抽象,学生难以掌握,故教学中应注意启发学生怎样想到这样变形。这样既可以活跃学生的思维,又可以锻炼学生发现问题、研究问题、解决问题的能力。公式的推导方法还有很多,对学有余力的同学可加以启发,展开讨论,以培养其数学思维能力。

本课的重点是理解和掌握点到直线的距离公式,并能熟练地应用公式求点到直线的距离。难点是点到直线的距离公式的推导。

【教学目标】

1. 通过探索点到直线距离公式的思维过程,培养学生探索与研究问题的能力。

2. 理解和掌握点到直线的距离公式,体会知识发生、发展、运用的过程,数形结合、化归和转化的数学思维,培养学生科学的思维方法和发现问题、解决问题的能力。

【任务分析】

本课是在学习了"两点间的距离公式"、"两条直线的位置关系"的基础上引入的,通过复习两直线垂直、两直线相交及两点间的距离公式,学生容易想到把点到直线的距离问题转化为两点间的距离问题。为了利用两点间的距离公式,需要求出垂足的坐标。若利用垂线与已知直线相交解出垂足的坐标,想法自然,但求解较繁。为了简化解题过程,自然要想其他方法,教材采用了设而不求、整体代换来解决问题,简单明了,但恒等变形较难。因此,通过分析两点间的距离公式与点到直线距离的联系和区别,找到恒等变形的思路是解决问题的关键。本课通过观察、分析掌握两点间距离公式的特点,总结应用两点间距离公式的步骤;通过例题和练习使学生掌握并能应用两点间距离公式解决有关问题;通过探索和研究有关问题培养学生的数学思维能力。

【教学设计】

一、问题情境

1. 某供电局计划在年底解决本地区一个村庄的用电问题,经过测量,若按部门内部设计好的坐标图(以供电局为原点,正东方向为 x 轴的正半轴,正北方向为 y 轴的正半轴,长度单位为 km),则这个村庄的坐标是(15,20)。它附近只有一条线路通过，其方程为 $3x-4y-10=0$。问：要完成任务，至少需要多长的电线？

这实际上是一个求点到直线的距离问题，那么什么是点到直线的距离，如何求村庄到线路的距离呢？

2. 在学生思考讨论的基础上，教师收集学生的各种求法，得到常见求法如下：

(1) 设过点 $P(15,20)$ 与 $l:3x-4y-10=0$ 垂直的直线为 m，易求 m 的方程为 $4x+3y-120=0$。

由 $\begin{cases}3x-4y-10=0,\\4x+3y-120=0,\end{cases}$ 解得 $\begin{cases}x=\dfrac{102}{5},\\y=\dfrac{64}{5},\end{cases}$ 即 m 与 l 的交点 $P_0\left(\dfrac{102}{5},\dfrac{64}{5}\right)$。

由两点间的距离公式，得

$$d=|PP_0|=\sqrt{\left(15-\frac{102}{5}\right)^2+\left(20-\frac{64}{5}\right)^2}=9(\text{km})。$$

故要完成任务，至少需要 9km 长的电线。

(2) 设直线 $l:3x-4y-10=0$ 与 x 轴的交点为 Q，则 $Q(\frac{10}{3},0)$。在直线 l 上任取一点 $M(0,-\frac{5}{2})$，易让向量 $\overrightarrow{MQ}=\left(\dfrac{10}{3},\dfrac{5}{2}\right)$ 与向量 $\boldsymbol{n}=(3,-4)$ 垂直。

设向量 $\overrightarrow{QP}$ 与向量 $\boldsymbol{n}$ 的夹角为 θ，点 P 到直线 l 的距离为 d，由向量的数量积的定义易知 $\overrightarrow{QP}\cdot\boldsymbol{n}=|\overrightarrow{QP}||\boldsymbol{n}|\cos\theta$，

因此 $d=|\overrightarrow{QP}||\cos\theta|=\dfrac{|\overrightarrow{QP}\cdot\boldsymbol{n}|}{\boldsymbol{n}}$

$$=\frac{\left|\left(15-\frac{10}{3},20\right)\cdot(3,-4)\right|}{\sqrt{3^2+(-4)^2}}=\frac{|45-10-80|}{5}=9(\text{km})。$$

(3) 设过点 $P(15,20)$ 与 $l:3x-4y-10=0$ 垂直的直线为 m，易求 m 的方程为 $4(x-15)+3(y-20)=0$。

设垂足为 $P_0(x_0,y_0)$，则 $4(x_0-15)+3(y_0-20)=0\cdots$①

又因为点 P_0 在 l 上，所以 $3x_0-4y_0-10=0$，即 $3x_0-4y_0=10$，

而 $3\times15-4\times20-10=3\times15-4\times20-3x_0+4y_0$

$=-3(x_0-15)+4(y_0-20)$，

即 $3(x_0-15)-4(y_0-20)=45\cdots$②

把等式①和等式②两边平方后相加，得

$25[(x_0-15)^2+(y_0-20)^2]=45^2$，

即$(x_0-15)^2+(y_0-20)^2=\frac{45^2}{25}$，

因此$\sqrt{(x_0-15)^2+(y_0-20)^2}=\frac{45}{5}=9(\text{km})$。

3. 教师展现学生的求法，师生共同点评各种求法，得出：求垂线与直线的交点坐标，再用两点间的距离公式使问题得解，想法虽自然，但计算量较大；不求垂足的坐标，设出垂足的坐标代入直线方程，进而通过等式变形，利用两点间的距离公式求得结果，想法既巧妙又简单明了。

二、建立模型

如图 6-4-1 所示，设坐标平面上有点 $P(x_1,y_1)$ 和直线 $l:Ax+By+C=0$（A,B 不全为 0）。

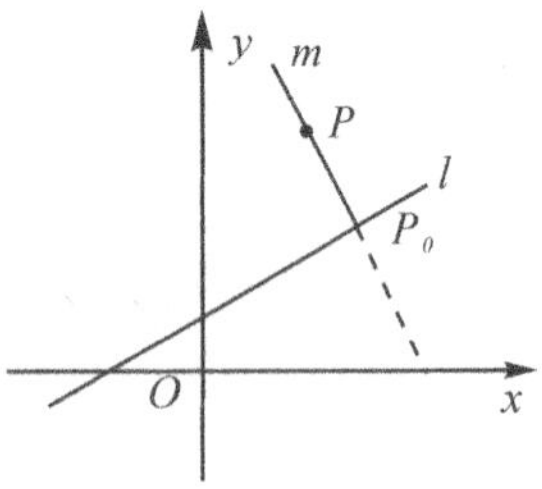

图 6-4-1

我们来寻求点到直线 l 距离的算法。

作直线 m 通过点 $P(x_1,y_1)$，并且与直线 l 垂直，设垂足为 $P_0(x_0,y_0)$，容易求得直线 m 的方程为 $B(x-x_1)-A(y-y_1)=0$。

由此得 $B(x_0-x_1)-A(y_0-y_1)=0$…①

由点 P_0 在直线 l 上，可知 $Ax_0+By_0+C=0$，

即 $C=-Ax_0-By_0$，

所以 $Ax_1+By_1+C=Ax_1+By_1-Ax_0-By_0$，

即 $A(x_1-x_0)+B(y_1-y_0)=Ax_1+By_1+C$…②

把等式①和等式②两边平方后相加，整理可得

$(A^2+B^2)[(x_1-x_0)^2+(y_1-y_0)^2]=(Ax_1+By_1+C)^2$，

即$(x_1-x_0)^2+(y_1-y_0)^2=\frac{(Ax_1+By_1+C)^2}{A^2+B^2}$。

容易看出，等式左边即为点 $P(x_1,y_1)$ 到直线 l 距离的平方，由此我们可以得到点 $P(x_1,y_1)$ 到直线 l 的距离 d 的计算公式：

$$d=\frac{|Ax_1+By_1+C|}{\sqrt{A^2+B^2}}$$

归纳求点 $P(x_1,y_1)$ 到直线 $l:Ax+By+C=0$ 的距离的计算步骤如下：

(1)给点的坐标 x_1 和 y_1 赋值。

(2)给 A,B,C 赋值。

(3)计算 $d=\frac{|Ax_1+By_1+C|}{\sqrt{A^2+B^2}}$。

注意：(1)在求点到直线的距离时，直线方程要化为一般式。

(2)当直线与 x 轴或 y 轴平行时，公式也成立，但此时求距离一般不用公式。

三、解释应用

［例　题］

1. 求点 $P(-1,2)$ 到下列直线的距离：

(1) $l_1: 2x+y=5$；　(2) $l_2: 3x=2$。

注意：规范解题格式。

2. 求两平行直线 $l_1: Ax+By+C_1=0$，$l_2: Ax+By+C_2=0(C_1\neq C_2)$ 之间的距离。

分析：求两条平行线间的距离，就是在其中一条直线上任取一点，求该点到另一条直线的距离。

解　在 l_1 上任取一点 $P(x_1,y_1)$，则 $Ax_1+By_1=-C_1$，点 P 到 l_2 的距离 $d=\frac{|Ax_1+By_1+C_2|}{\sqrt{A^2+B^2}}=\frac{|C_2-C_1|}{\sqrt{A^2+B^2}}$。

3. 建立适当的直角坐标系，证明：等腰三角形底边上任一点到两腰的距离之和等于一腰上的高。

解　以等腰三角形底边所在的直线为 x 轴，底边上的高所在的直线为 y 轴，建立直角坐标系(见图 6-4-2)。

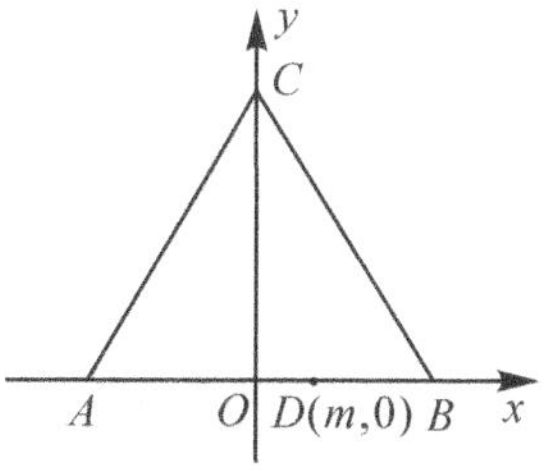

图 6-4-2

不妨设底边 $|AB|=2a$，高 $|OC|=b$，

则直线 AC：$\frac{x}{-a}+\frac{y}{b}=1$，即 $bx-ay+ab=0$；

直线 BC：$\frac{x}{a}+\frac{y}{b}=1$，即 $bx+ay-ab=0$，

因此点 $B(a,0)$。

在线段 AB 上任取一点 $D(m,0)$，则 $-a\leqslant m\leqslant a$，

因此点 D 到 AC 的距离 $d_1=\frac{|mb+ab|}{\sqrt{a^2+b^2}}=\frac{mb+ab}{\sqrt{a^2+b^2}}$；

点 D 到 BC 的距离 $d_2=\frac{|mb-ab|}{\sqrt{a^2+b^2}}=\frac{ab-mb}{\sqrt{a^2+b^2}}$；

点 B 到 AC 的距离 $d_3=\frac{|ab+ab|}{\sqrt{a^2+b^2}}=\frac{2ab}{\sqrt{a^2+b^2}}$，

因此 $d_1+d_2=\frac{2ab}{\sqrt{a^2+b^2}}=d_3$，即等腰三角形底边上任一点到两腰的距离之和等于一腰上的高。

[练　习]

1.求下列点到直线的距离。

(1)$O(0,0)$,l_1:$3x+4y-5=0$。

(2)$A(1,0)$,l_2:$\sqrt{3}x+y-\sqrt{3}=0$。

(3)$B(1,2)$,l_3:$3x+y=0$。

(4)$C(-2,3)$,l_4:$y-7=0$。

2.求两条平行直线 $2x+3y-8=0$ 和 $2x+3y+18=0$ 之间的距离。

3.(1)求过点 $A(-1,2)$,且与原点的距离为$\frac{\sqrt{2}}{2}$的直线方程。

(2)若点 $P(x,y)$在直线 $x+y-4=0$ 上,O 为原点,求 OP 的最小值。

(3)若$\triangle ABC$的三顶点分别为 $A(7,8)$,$B(0,4)$,$C(2,-4)$,求$\triangle ABC$的面积。

(4)求点 $P(0,1)$关于直线 $x-2y+1=0$ 的对称点的坐标。

(5)求直线 $2x+11y+16=0$ 关于点 $P(0,1)$对称的直线方程。

四、拓展延伸

1.点到直线的距离公式应用非常广泛,你能举例说明它在解决实际问题中的应用吗?

2.点到直线的距离公式的推导方法有很多,对学有余力的同学可探索其他的推导方法,下面介绍两种常见的推导方法。

(1)如图 6-4-3 所示,已知点 $P_0(x_0,y_0)$,直线 l:$Ax+By+C=0$,求点 P_0 到直线 l 的距离。

不妨设 $A\neq0$,$B\neq0$,这时 l 和 x 轴、y 轴都相交。过点 P_0 作直线 l 的垂线,交 l 于Q。令$|P_0Q|=d$,过 P_0 作 x 轴的平行线交 l 于$R(x_1,y_0)$,作 y 轴的平行线交 l 于 $S(x_0,y_2)$。

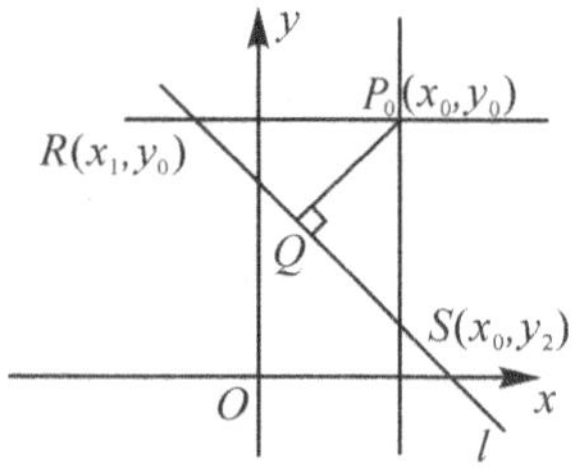

图 6-4-3

由 $Ax_1+By_0+C=0$,$Ax_0+By_2+C=0$ 得

$x_1=\frac{-By_0-C}{A}$,$y_2=\frac{-Ax_0-C}{B}$,

因此$|P_0R|=|x_0-x_1|=\left|\frac{Ax_0+By_0+C}{A}\right|$,

$|P_0S|=|y_0-y_2|=\left|\frac{Ax_0+By_0+C}{B}\right|$,

$|RS|=\sqrt{|P_0R|^2+|P_0S|^2}=\frac{\sqrt{A^2+B^2}}{|AB|}|Ax_0+By_0+C|$。

$\because d\cdot|RS|=|P_0R|\cdot|P_0S|$,

$\therefore d=\dfrac{|P_0R|\cdot|P_0S|}{|RS|}=\dfrac{|Ax_0+By_0+C|}{\sqrt{A^2+B^2}}$。

易证 $A=0$ 或 $B=0$，公式也成立。

(2)点到直线的距离公式也可用向量的知识求得，这种方法更能体现出代数与几何的联系，比其他方法更简单、直观、易懂。求法如下：

①如图 6-4-4 所示，证明向量 $\boldsymbol{n}=(A,B)$ 与直线 l 垂直。

不妨设 $A\neq0$，直线 l 与 x 轴的交点是 $Q(-\dfrac{C}{A},0)$。

如果 $P_1(x_1,y_1)$ 是直线 l 上不同于 Q 的点，则 $Ax_1+By_1+C=0$，

所以 $A(x_1+\dfrac{C}{A})+B(y_1-0)=0$，

即 $(A,B)\cdot(x_1+\dfrac{C}{A},y_1-0)=0$，

因此向量 $\boldsymbol{n}=(A,B)$ 与向量 $\overrightarrow{QP_1}=(x_1+\dfrac{C}{A},y_1-0)$ 垂直，即向量 $\boldsymbol{n}$ 与直线 l 垂直。

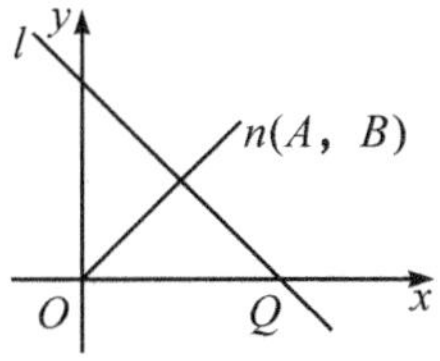

图 6-4-4

②求点 P_0 到直线 l 的距离 d。

由数量积的定义，如果向量 $\overrightarrow{QP_0}$ 与向量 $\boldsymbol{n}$ 的夹角为 θ，那么

$$\overrightarrow{QP_0}\cdot\boldsymbol{n}=|\overrightarrow{QP_0}|\cdot|\boldsymbol{n}|\cos\theta,$$

可得 $d=|\overrightarrow{QP_0}||\cos\theta|=\dfrac{\overrightarrow{QP_0}\cdot\boldsymbol{n}}{|\boldsymbol{n}|}$

$$=\frac{\left|(x_0+\dfrac{C}{A},y_0-0)\cdot(A,B)\right|}{\sqrt{A^2+B^2}}=\frac{|Ax_0+By_0+C|}{\sqrt{A^2+B^2}},$$

易证当 $A=0$ 或 $B=0$ 时，公式也成立，

因此，$d=\dfrac{|Ax_0+By_0+C|}{\sqrt{A_2+B^2}}$。

【案例点评】

本课先通过实例阐述了点到直线距离的产生背景，并通过学生思考讨论，归纳和概括出了求点到直线距离的常用方法，然后按照由特殊到一般的思路，找出了推导点到直线距离公式的方法。这种安排充分体现了新课程标准的教学理念，符合新课程标准精神。例题与练习的设计由浅入深，完整全面。解释应用富有新意，有深度。拓展延伸活跃了学生思维，培养了学生发现问题、研究问题、解决问题的能力。总之，本案例较好地体现了高中数学教育发展的一些新理念。

案例 6-5　几何概型

【教材分析】

和古典概型一样，在特定情形下，我们可以用几何概型来计算事件发生的概率，它也是一种等可能概型。

教材先通过实例对比概念给出描述，然后通过均匀随机数随机模拟的方法的介绍，给出了几何概型的一种常用计算方法。与本课开始介绍的 $P(A)$ 的公式计算方法前后对应，使“几何概型”这一知识板块更加系统和完整。

本课中的例题既通俗易懂，又具有代表性，有利于教师的教与学生的学。教学重点是几何概型的计算方法，尤其是设计模型运用随机模拟方法估计未知量；教学难点是突出用样本估计总体的统计思想，把求未知量的问题转化为几何概型求概率的问题。

【教学目标】

1. 通过本课内容学习，让学生了解几何概型，理解其基本计算方法并会加以运用。

2. 通过对照前面学过的知识，让学生自主思考，寻找几何概型的随机模拟计算方法，设计估计未知量的方案，培养学生的实际操作能力。

3. 通过学习，让学生体会试验结果的随机性与规律性，培养学生的科学思维方法，提高学生对自然界的认知水平。

【任务分析】

在本课中，介绍几何概型主要是为了更广泛地满足随机模拟的需要，因此，教学重点是随机模拟部分。本课教学需要一些实物模型作为教具，如教科书中的转盘模型、例 2 中的随机撒豆子的模型等。教学中应当注意让学生实际动手操作，以使学生认可模拟结果的真实性，然后再通过计算机或计算器产生均匀随机数进行模拟试验，得到模拟的结果。随机模拟的教学中要充分使用信息技术，让学生亲自动手产生随机数，进行模拟活动，有条件的学校还可以让学生用一种统计软件统计模拟的结果。

【教学设计】

一、问题情境

如图 6-5-1 所示，有两个转盘，甲、乙两人玩转盘游戏，规定当指针指向 B 区域时，甲获胜，否则乙获胜。

问题：在下列两种情况下分别求甲获胜的概率。

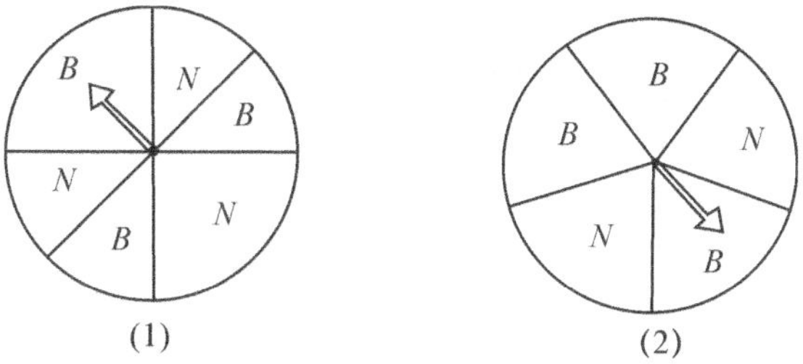

图 6-5-1

二、建立模型

1. 提出问题

先引导学生分析几何图形和甲获胜是否有关系，若有关系，和几何体图形的什么表面特征有关系？学生凭直觉，可能会指出甲获胜的概率与扇形弧长或面积有关，即字母 B 所在扇形弧长（或面积）与整个圆弧长（或面积）的比。接着提出这样的问题：变换图中 B 与 N 的顺序，结果是否发生变化？（教师还可作出其他变换后的图形，以示决定几何概率的因素的确定性。）

题中甲获胜的概率只与图中几何因素有关，我们就说它是几何概型。

注意：（1）这里“只”非常重要，如果没有“只”字，那么就意味着几何概型的概率可能还与其他因素有关，这是错误的。

（2）正确理解“几何因素”，一般说来是指区域长度（或面积，或体积）。

2. 引导学生讨论归纳几何概型定义，教师明析——抽象概括

如果每个事件发生的概率只与构成该事件区域的长度（或面积，或体积）成比例，则称这样的概率模型为几何概率模型，简称几何概型。

在几何概型中，事件 A 的概率的计算公式如下：

$$P(A)=\frac{\text{构成事件 }A\text{ 的区域长度（或面积，或体积）}}{\text{试验的全部结果构成的区域长度（或面积，或体积）}}$$

3. 再次提出问题，并组织学生讨论

（1）情境中两种情况下甲获胜的概率分别是多少？

（2）在 500mL 的水中有一个草履虫，现从中随机取出 2mL 水样放到显微镜下观察，求发现草履虫的概率。

（3）某人午觉醒来，发现表停了，他打开收音机，想听电台报时，求他等待的时间不多于 10min 的概率。

通过以上问题的研讨，进一步明确几何概型的意义及其基本计算方法。

三、解释应用

[例　题]

1.假设你家订了一份报纸，送报人可能在早上6:30—7:30之间把报纸送到你家，而父亲离开家上班的时间在早上7:00—8:00之间，问父亲在离开家前能得到报纸（称为事件A）的概率是多少？

分析：我们有两种方法计算事件的概率。

(1)利用几何概型的公式。

(2)利用随机模拟的方法。

解法1　如图6-5-2所示，方形区域内任何一点的横坐标表示送报人送到报纸的时间，纵坐标表示父亲离开家上班的时间。假设随机试验落在方形内任一点是等可能的，符合几何概型的条件，根据题意，只要点落到阴影部分，就表示父亲在离开家前能得到报纸，即事件A发生，所以有$P(A)=\dfrac{60^2-\dfrac{30^2}{2}}{60^2}=87.5\%$。

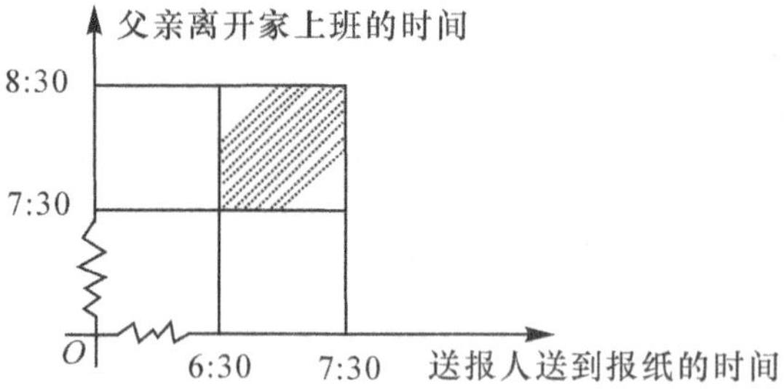

图6-5-2

解法2　设X,Y是0～1之间的均匀随机数，$X+6.5$表示送报人送到报纸的时间，$Y+7$表示父亲离开家上班的时间。如果$Y+7>X+6.5$，即$Y>X-0.5$，那么父亲在离开家前能得到报纸。用计算机做多次试验，即可得到$P(A)$。

教师引导学生独立解答，充分调动学生自主设计随机模拟方法，并组织学生展示自己的解答过程，要求学生说明解答的依据。教师总结，并明析用计算机（或计算器）产生随机数的模拟试验。

注意：这里采用随机数模拟方法，是用频率去估计概率，因此，试验次数越多，频率越接近概率。

2.如图6-5-3所示，在正方形中随机撒一大把豆子，计算落在圆中的豆子数与落在正方形中的豆子数之比，并以此估计圆周率的值。

解　随机撒一把豆子，每个豆子落在正方形内任何一点是等可能的，落在每

个区域的豆子数与这个区域的面积近似成正比，即

$$\frac{\text{圆的面积}}{\text{正方形的面积}} \approx \frac{\text{落在圆中的豆子数}}{\text{落在正方形中的豆子数}}$$

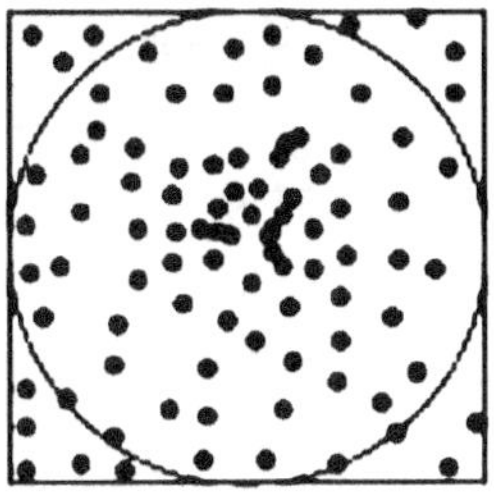

图 6-5-3

假设正方形的边长为 2，则

$$\frac{\text{圆的面积}}{\text{正方形的面积}} = \frac{\pi}{2\times 2} = \frac{\pi}{4}$$

由于落在每个区域的豆子数是可以数出来的，所以

$$\pi \approx \frac{\text{落在圆中的豆子数}}{\text{落在正方形中的豆子数}} \times 4$$

这样就得到了 π 的近似值。

另外，我们也可以用计算器或计算机模拟，步骤如下：

(1)产生两组 0～1 区间的均匀随机数，$a_1 = \text{RAND}, b_1 = \text{RAND}$；

(2)经平移和伸缩变换，$a = (a_1 - 0.5) * 2, b = (b_1 - 0.5) * 2$；

(3)数出落在圆内 $a^2 + b^2 < 1$ 的豆子数 N_1，计算 $\pi = \frac{4N_1}{N}$（N 代表落在正方形中的豆子数）。

可以发现，随着试验次数的增加，得到 π 的近似值的精度会越来越高。

本例启发我们，利用几何概型，并通过随机模拟法可以近似计算不规则图形的面积。

［练　习］

1. 如图 6-5-4 所示，如果你向靶子上投射 200 镖，你期望多少镖落在黑色区域？

2. 利用随机模拟方法计算图 6-5-5 中阴影部分（$y=1$ 和 $y=x^2$ 围成的部分）的面积。

图 6-5-4

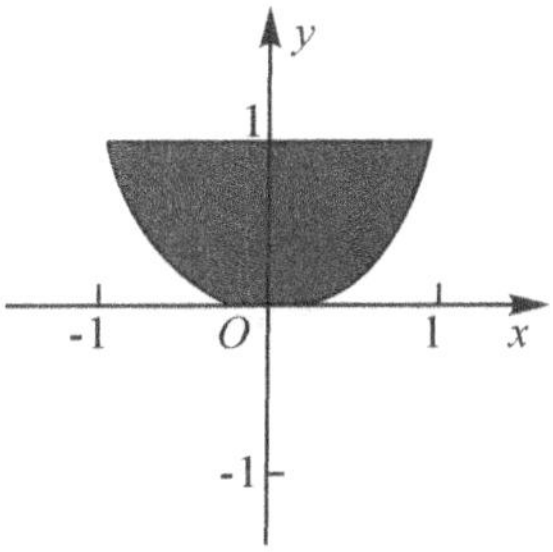

图 6-5-5

3. 画一椭圆，让学生设计方案，求此椭圆的面积。

四、拓展延伸

1."概率为数'0'的事件是不可能事件,概率为1的事件是必然事件",这句话从几何概型的角度还能成立吗?

2.你能说一说古典概型和几何概型的区别与联系吗?

3.你能说说频率和概率的关系吗?

【案例点评】

本案例设计完整,整体上按知识难易逐渐深入,同时充分调动了学生的积极性,以学生之间互动为主,教师引导为辅。例题既有深化所学知识的,又有应用所学知识的。拓展延伸既培养了学生的思维能力,又有利于学生从总体上把握本课所学到的知识。

案例6-6　任意角的三角函数

【教材分析】

本课是在初中学习的锐角三角函数的基础上,进一步学习任意角的三角函数。任意角的三角函数通常是借助直角坐标系来定义的。三角函数的定义是本课教学内容的基本概念和重要概念,也是学习后续内容的基础,更是学好本课内容的关键。因此,要重点体会、理解和掌握三角函数的定义。在此基础上,本课又进一步研讨了三角函数的定义域,函数值在各象限的符号,以及诱导公式(一),这既是对三角函数的简单应用,也是为学习后续内容作必要准备。

【教学目标】

1.让学生认识三角函数推广的必要性,经历三角函数的推广过程,增强对数的理解能力。

2.理解和掌握三角函数的定义,在此基础上探索与研究三角函数定义域、三角函数值的符号和诱导公式(一),并能初步应用它们解决一些问题。

3.通过对任意角的三角函数的学习,初步体会数学知识的发生、发展和运用过程,提高学生的科学思维水平。

【任务分析】

在初中阶段,我们只是学习了锐角三角函数,现在学习的是任意角的三角函数。定义的对象从锐角三角函数推广到任意角的三角函数,从4种三角函数增加到6种三角函数。定义的媒介则从直角三角形改为平面直角坐标系。为了便于学生体会和理解,突出定义适用于任意角,通常要把终边出现在4个象限的情况都画出来(注意表示角时不用箭头),学习时,必须弄清并强调:$\frac{y}{r}$,$\frac{x}{r}$,$\frac{y}{x}$,$\frac{x}{y}$,$\frac{r}{x}$,$\frac{r}{y}$这6个比值的大小都与点 P 在角的终边上的位置无关,只与角的大小有关,即它们都是以角为自变量,以比值为函数值的函数,符合函数的定义,从而归纳和总结出任意角的三角函数的定义。对于三角函数的定义域、函数值在各象限内的符号和诱导公式(一),可放手让学生探索、研究、讨论和归纳,进而培养学生的数学思维能力。

【教学设计】

一、情景设置

初中我们学习过锐角三角函数,知道它们都是以锐角为自变量,由其所在的直角三角形的对应边的比值为函数值,并且定义了角 α 的正弦、余弦、正切、余切的三角函数。本课我们研究当 α 是一个任意角时的三角函数的定义。

在初中,三角函数的定义是借助直角三角形来定义的。如图6-6-1所示,在 Rt$\triangle ABC$ 中,

$$\sin\alpha=\frac{a}{c},$$

$$\cos\alpha=\frac{b}{c},$$

$$\tan\alpha=\frac{a}{b}。$$

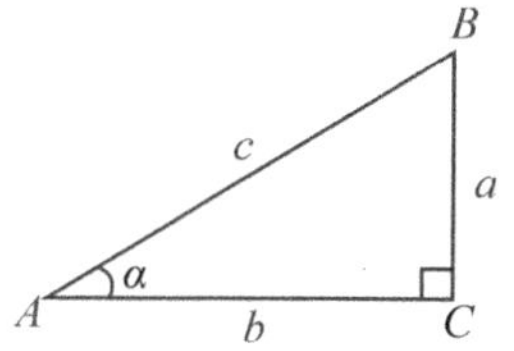

图 6-6-1

现在,把三角形放到坐标系中,如图6-6-2所示,设点 B 的坐标为 (x,y),则 $OC=b=x$,$CB=a=y$,$OB=\sqrt{x^2+y^2}$,从而

$$\sin\alpha=\frac{y}{\sqrt{x^2+y^2}},$$

$$\cos\alpha=\frac{x}{\sqrt{x^2+y^2}},$$

$$\tan\alpha=\frac{y}{x}(x\neq 0),$$

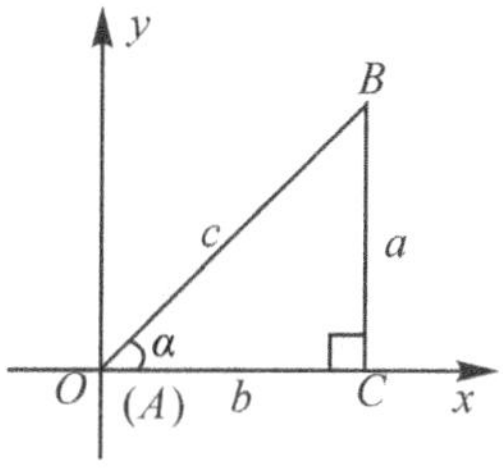

图 6-6-2

即角 α 的三角函数可以理解为坐标的比值,在此意义下对任意角 α 都可以定义其三角函数。

二、建立模型

一般地,设 α 是任意角,以 α 的顶点 O 为坐标原点,以角 α 的始边的方向作为 x 轴的正方向,建立直角坐标系 xOy,$P(x,y)$ 为 α 终边上不同于原点的任一

点，如图 6-6-3 所示，那么，$OP=\sqrt{x^2+y^2}$，记作 $r(r>0)$。

对于三个量 x,y,r，一般地，可以产生 6 个比值：$\frac{y}{r},\frac{x}{r},\frac{y}{x},\frac{x}{y},\frac{r}{x},\frac{r}{y}$。当 α 确定时，根据初中三角形相似的知识，可知这 6 个比值也随之相应的唯一确定。根据函数的定义可以看出，这 6 个比值都是以角为自变量的函数，分别把$\frac{y}{r},\frac{x}{r},\frac{y}{x},\frac{x}{y},\frac{r}{x},\frac{r}{y}$称为角 α 的正弦、余弦、正切、余切、正割和余割函数，记为

$$\frac{y}{r}=\sin\alpha,\frac{x}{r}=\cos\alpha,$$

$$\frac{y}{x}=\tan\alpha,\frac{x}{y}=\cot\alpha,$$

$$\frac{r}{x}=\sec\alpha,\frac{r}{y}=\csc\alpha。$$

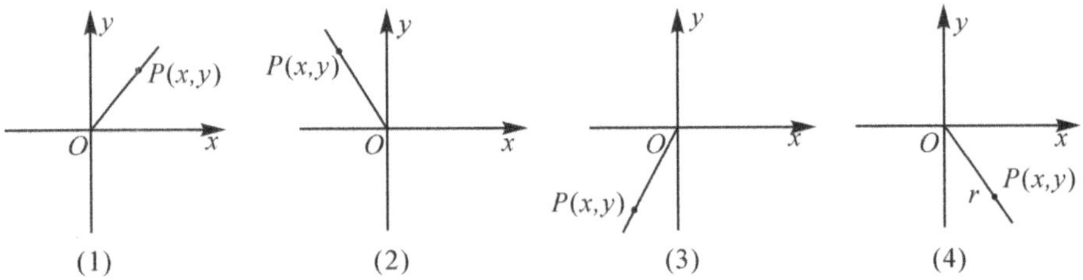

图 6-6-3

对于定义，思考如下问题：

(1)当角 α 确定后，比值与 P 点的位置有关吗？为什么？

(2)利用坐标法定义三角函数与利用直角三角形定义三角函数有什么关系？

(3)任意角 α 的正弦、余弦、正切都有意义吗？为什么？

三、解释应用

[例　题]

1. 已知角 α 的终边经过 $P(-2,3)$，求角 α 的 6 个三角函数值。

思考：若 $P(-2,3)$ 变为$(-2m,3m)(m\neq 0)$呢？

2. 求下列角的 6 个三角函数值。

(1)$\frac{2\pi}{3}$；　　(2)π；　　(3)$\frac{3\pi}{2}$。

注：强化定义。

［练　习］

1. 已知角 α 的终边经过下列各点，求角 α 的 6 个三角函数值。

(1) $P(3,-4)$；　(2) $P(m,3)$。

2. 计算：

(1) $5\sin90^\circ+2\sin0^\circ-3\sin270^\circ+10\cos180^\circ$；

(2) $\cos\frac{\pi}{3}-\tan\frac{\pi}{4}+\frac{3}{4}\tan^2\frac{\pi}{6}-\sin\frac{\pi}{6}+\sin\frac{3\pi}{2}$。

四、拓展延伸

1. 由于角的集合与实数集之间可以建立一一对应的关系，三角函数可以看成以实数为自变量的函数，如 $\sin\alpha=\frac{y}{r}$，不论 α 取任何实数，$\frac{y}{r}$ 恒有意义，所以 $\sin\alpha$ 的定义域为 $\{\alpha|\alpha\in\mathbf{R}\}$。类似地，研究 $\cos\alpha$，$\tan\alpha$，$\cot\alpha$ 的定义域。

2. 根据三角函数的定义以及 x，y，r 在不同象限内的符号，研究 $\sin\alpha$，$\cos\alpha$，$\tan\alpha$，$\cot\alpha$ 的值在各个象限的符号。

3. 计算下列各组角的函数值，并归纳和总结出一般性的规律。

(1) $\sin30^\circ$，$\sin390^\circ$；

(2) $\cos45^\circ$，$\cos(-315^\circ)$；

(3) $\tan\frac{2\pi}{3}$，$\tan\left(-\frac{4\pi}{3}\right)$。

规律：终边相同的角有相同的三角函数值，即

$\sin(\alpha+k\cdot360^\circ)=\sin\alpha$，

$\cos(\alpha+k\cdot360^\circ)=\cos\alpha$，

$\tan(\alpha+k\cdot360^\circ)=\tan\alpha(k\in\mathbf{Z})$。

五、应用与深化

［例　题］

1. 确定下列三角函数值的符号。

(1) $\cos250^\circ$；　(2) $\sin\left(-\frac{\pi}{4}\right)$；　(3) $\tan(-672^\circ)$；　(4) $\tan\left(\frac{11}{3}\pi\right)$。

2. 求证：角 θ 为第三象限角的充要条件是 $\sin\theta<0$，并且 $\tan\theta>0$。

证明　①充分性　如果 $\sin\theta<0$，$\tan\theta>0$ 都成立，那么 θ 为第三象限角。

∵ $\sin\theta<0$ 成立，∴ θ 的终边可能位于第三或第四象限，也可能位于 y 轴的负半轴上。

又∵ $\tan\theta>0$ 成立，∴ θ 的终边可能位于第一或第三象限。

∵ $\sin\theta<0$，$\tan\theta>0$ 都成立，∴ θ 的终边只能位于第三象限。

②必要性　若 θ 为第三象限角，由三角函数值在各个象限的符号知 $\sin\theta<$

$0,\tan\theta>0$。

综上所述，结论成立。

［练　习］

1. 设 α 是三角形的一个内角，问：在 $\sin\alpha,\cos\alpha,\tan\alpha,\tan\frac{\alpha}{2}$ 中，哪些三角函数可能取负值？为什么？

2. 函数 $y=\frac{|\sin x|}{\sin x}+\frac{\cos x}{|\cos x|}+\frac{\tan x}{|\tan x|}$ 的值域是 ________ 。

【案例点评】

本课在设计上特别注意了以下几点：①前后知识的联系，知识的产生、发展过程，如任意角的三角函数的定义，由初中所讲"0°～360°"的情况逐渐过渡到"任意角"的情况，讲清了推广的必要性及意义。②注重知识的探究，如三角函数值在各象限的符号及诱导公式(一)。这里由学生自己去研究、讨论和探索得出一般性结论，培养了学生获取知识、探究知识的能力，强化了自主学习的意识。③注意了跟踪练习的设计。例题典型，练习有层次和变化，巩固知识到位。

总体来说，这是一个实用性较强、形式不乏新颖的好案例。

案例 6-7　向量的数量积

【教材分析】

两个向量的数量积是中学代数以往内容中从未遇到过的一种新的乘法，它区别于数的乘法。本案例从学生熟知的功的概念出发，引出平面向量数量积的概念和性质及其几何意义，介绍了向量数量积的运算律及坐标表示。向量的数量积把向量的长度和三角函数联系在一起，这为解决三角形的有关问题提供了方便，特别是能有效解决线段的垂直等问题。本课内容是整个向量部分的重要内容之一，对它的理解与掌握将直接影响向量其他内容的学习。本课内容的教学难点是对平面向量数量积的定义及运算律的理解和对平面向量数量积的应用。

【教学目标】

1. 理解并掌握平面向量的数量积、几何意义和数量积的坐标表示，会初步使用平面向量的数量积来处理有关长度、角度和垂直的问题，掌握向量垂直的条件。

2. 通过对数量积的引入和应用，初步体会知识的发生、发展过程和运用过程，培养学生的科学思维习惯。

【任务分析】

两个向量的数量积从形式和实质上都与数的乘法有区别，这就给理解和掌握这个概念带来了一些困难。在学习时，要充分让学生理解、明白两个向量的数量积是一个数量，而不是向量。两个向量的数量积的值是这两个向量的模与两个向量夹角余弦的乘积，其符号由夹角余弦值的正负确定。

两向量的数量积“$\boldsymbol{a}\cdot\boldsymbol{b}$”不同于两实数之积“$ab$”。

通过实例理解 $\boldsymbol{a}\cdot\boldsymbol{b}=\boldsymbol{b}\cdot\boldsymbol{c}$ 与 $a=c$ 的关系，$\boldsymbol{a}\cdot\boldsymbol{b}=\boldsymbol{0}$ 与 $a=0$ 或 $b=0$ 的关系，以及 $(\boldsymbol{a}\cdot b)\boldsymbol{c}=\boldsymbol{a}(\boldsymbol{b}\cdot\boldsymbol{c})$ 与 $(ab)c=a(bc)$ 的不同。

【教学设计】

一、问题情景

如图 6-7-1 所示，一个力 f 作用于一个物体，使该物体发生了位移 s，如何计算这个力所做的功。由于图示的力 f 的方向与前进方向有一个夹角 θ，真正使物体前进的力是 f 在物体前进方向上的分力，这个分力与物体位移的乘积才是力 f 所做的功，即力 f 使物体位移 x 所做的功 W 可用下式计算：

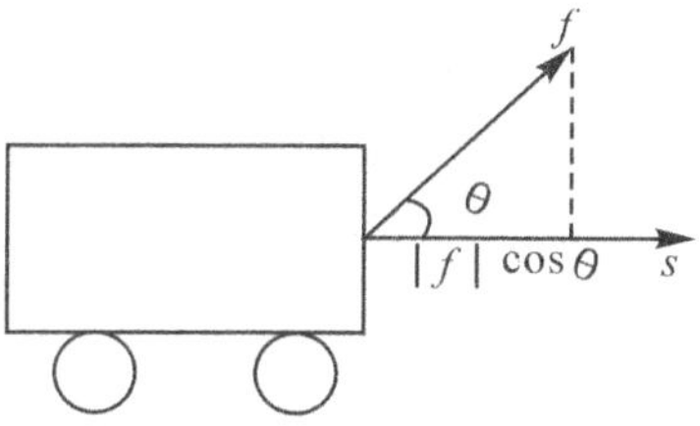

图 6-7-1

$W=|s||f|\cos\theta$

其中，$|f|\cos\theta$ 就是 f 在物体前进方向上的分量，也就是力 f 在物体前进方向上正射影的数量。

问题：像功这样的数量值，它由力和位移两个向量来确定。我们能否从中得到启发，把“功”看成这两个向量的一种运算的结果呢？

二、建立模型

1. 引导学生从“功”的模型中得到如下概念

已知两个非零向量 $\boldsymbol{a}$ 与 $\boldsymbol{b}$，把数量 $|\boldsymbol{a}||\boldsymbol{b}|\cos\theta$ 叫 $\boldsymbol{a}$ 与 $\boldsymbol{b}$ 的数量积（内积），记作 $\boldsymbol{a}\cdot\boldsymbol{b}=|\boldsymbol{a}||\boldsymbol{b}|\cos\theta$。其中 θ 是 $\boldsymbol{a}$ 与 $\boldsymbol{b}$ 的夹角，$|\boldsymbol{a}|\cos\theta$（$|\boldsymbol{b}|\cos\theta$）叫 $\boldsymbol{a}$ 在 $\boldsymbol{b}$ 方向上（$\boldsymbol{b}$ 在 $\boldsymbol{a}$ 方向上）的投影。

规定 0 与任一向量的数量积为 $\boldsymbol{0}$。

由上述定义可知，两个向量 $\boldsymbol{a}$ 与 $\boldsymbol{b}$ 的数量积是一个实数。

说明：向量 $\boldsymbol{a}$ 与 $\boldsymbol{b}$ 的夹角 θ 是指把 $\boldsymbol{a}$，$\boldsymbol{b}$ 起点平移到一起所成的夹角，其中 $0\leqslant\theta\leqslant\pi$。当 $\theta=\frac{\pi}{2}$ 时，称 $\boldsymbol{a}$ 和 $\boldsymbol{b}$ 垂直，记作 $\boldsymbol{a}\perp\boldsymbol{b}$。为方便起见，$\boldsymbol{a}$ 与 $\boldsymbol{b}$ 的夹角记作 $\langle\boldsymbol{a},\boldsymbol{b}\rangle$。

2. 引导学生思考讨论

根据向量数量积的定义，可以得出：

(1)设 $\boldsymbol{e}$ 是单位向量，$\boldsymbol{a}\cdot\boldsymbol{e}=|\boldsymbol{a}|\cos\langle\boldsymbol{a},\boldsymbol{e}\rangle$。

(2)设 $\boldsymbol{a}\cdot\boldsymbol{b}$ 是非零向量，则 $\boldsymbol{a}\perp\boldsymbol{b}\Leftrightarrow\boldsymbol{a}\cdot\boldsymbol{b}=\boldsymbol{0}$。

(3)$\boldsymbol{a}\cdot\boldsymbol{a}=|\boldsymbol{a}|^2$，于是$|\boldsymbol{a}|=\sqrt{\boldsymbol{a}\cdot\boldsymbol{a}}$。

(4)$\cos\langle\boldsymbol{a},\boldsymbol{b}\rangle=\dfrac{\boldsymbol{a}\cdot\boldsymbol{b}}{|\boldsymbol{a}||\boldsymbol{b}|}$。

(5)$|\boldsymbol{a}\cdot\boldsymbol{b}|\leqslant|\boldsymbol{a}||\boldsymbol{b}|$(这与实数$|ab|=|a||b|$不同)。

三、解释应用

[例　题]

已知$|\boldsymbol{a}|=5$，$|\boldsymbol{b}|=4$，$\langle\boldsymbol{a},\boldsymbol{b}\rangle=120°$，求 $\boldsymbol{a}\cdot\boldsymbol{b}$。

解　$\boldsymbol{a}\cdot\boldsymbol{b}=|\boldsymbol{a}||\boldsymbol{b}|\cos\langle\boldsymbol{a},\boldsymbol{b}\rangle=5\times4\times\cos120°=-10$。

[练　习]

1. 已知$|\boldsymbol{a}|=3$，$\boldsymbol{b}$ 在 $\boldsymbol{a}$ 上的投影为-2，求：(1)$\boldsymbol{a}\cdot\boldsymbol{b}$；(2)$\boldsymbol{a}$ 在 $\boldsymbol{b}$ 上的投影。

2. 已知：在$\triangle ABC$ 中，$a=5$，$b=8$，$\angle C=60°$，求$\overrightarrow{BC}\cdot\overrightarrow{CA}$。

四、建立向量数量积的运算律

1. 出示问题

从数学的角度考虑，我们希望向量的数量积运算，也能像数量乘法那样满足某些运算律，这样数量积运算才更富有意义。回忆实数的运算律，你能类比和归纳出向量数量积的一些运算律吗？它们成立吗？为什么？

2. 运算律及其推导

已知：向量 $\boldsymbol{a},\boldsymbol{b},\boldsymbol{c}$ 和 $\lambda\in\mathbf{R}$，则

(1)$\boldsymbol{a}\cdot\boldsymbol{b}=\boldsymbol{b}\cdot\boldsymbol{a}$(交换律)。

证明　左边$=|\boldsymbol{a}||\boldsymbol{b}|\cos\theta=$右边。

(2)$(\lambda\boldsymbol{a})\cdot\boldsymbol{b}=\lambda(\boldsymbol{a}\cdot\boldsymbol{b})=\boldsymbol{a}\cdot(\lambda\boldsymbol{b})$(数乘结合律)。

证明　设 $\boldsymbol{a},\boldsymbol{b}$ 夹角为 θ，当 $\lambda>0$ 时，$\lambda\boldsymbol{a}$ 与 $\boldsymbol{b}$ 的夹角为 θ，

因此$(\lambda\boldsymbol{a})\cdot\boldsymbol{b}=(\lambda a)\cdot|b|\cos\theta$

$=\lambda|\boldsymbol{a}||\boldsymbol{b}|\cos\theta=\lambda(\boldsymbol{a}\cdot\boldsymbol{b})$；

当 $\lambda<0$ 时，$\lambda\boldsymbol{a}$ 与 $\boldsymbol{b}$ 的夹角为$(\pi-\theta)$，

因此$(\lambda\boldsymbol{a})\cdot\boldsymbol{b}=|\lambda\boldsymbol{a}||\boldsymbol{b}|\cos(\pi-\theta)$

$=-\lambda|\boldsymbol{a}||\boldsymbol{b}|(-\cos\theta)=\lambda|\boldsymbol{a}||\boldsymbol{b}|\cos\theta=\lambda(\boldsymbol{a}\cdot\boldsymbol{b})$；

当 $\lambda=0$ 时，$(\lambda\boldsymbol{a})\cdot\boldsymbol{b}=0\cdot\boldsymbol{b}=0=\lambda(\boldsymbol{a}\cdot\boldsymbol{b})$，

总之，$(\lambda\boldsymbol{a})\cdot\boldsymbol{b}=\lambda(\boldsymbol{a}\cdot\boldsymbol{b})$。

同理，$\boldsymbol{a}\cdot(\lambda\boldsymbol{b})=\lambda(\boldsymbol{a}\cdot\boldsymbol{b})$。

(3)$(\boldsymbol{a}+\boldsymbol{b})\cdot\boldsymbol{c}=\boldsymbol{a}\cdot\boldsymbol{c}+\boldsymbol{b}\cdot\boldsymbol{c}$(乘法对加法的分配律)。

证明 如图 6-7-2 所示，任取一点 O，作$\overrightarrow{OA}=\boldsymbol{a}$，$\overrightarrow{AB}=\boldsymbol{b}$，$\overrightarrow{OC}=\boldsymbol{c}$。

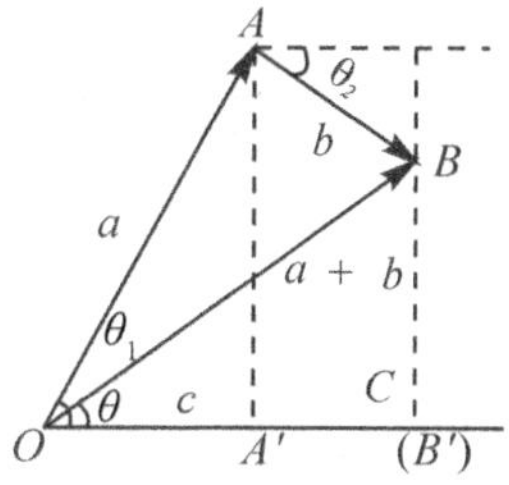

图 6-7-2

∵$\boldsymbol{a}+\boldsymbol{b}$(即$\overrightarrow{OB}$)在 $\boldsymbol{c}$ 方向上的投影等于 $\boldsymbol{a}$，$\boldsymbol{b}$ 在 $\boldsymbol{c}$ 方向上的投影的和，即

$|\boldsymbol{a}+\boldsymbol{b}|\cos\theta=|\boldsymbol{a}|\cos\theta_1+|\boldsymbol{b}|\cos\theta_2$，

∴$|\boldsymbol{c}||\boldsymbol{a}+\boldsymbol{b}|\cos\theta=|\boldsymbol{c}|(|\boldsymbol{a}|\cos\theta_1+|\boldsymbol{b}|\cos\theta_2)$

$=|\boldsymbol{c}||\boldsymbol{a}|\cos\theta_1+|\boldsymbol{c}||\boldsymbol{b}|\cos\theta_2=\boldsymbol{c}\cdot\boldsymbol{a}+\boldsymbol{c}\cdot\boldsymbol{b}$，

∴$(\boldsymbol{a}+\boldsymbol{b})\cdot\boldsymbol{c}=\boldsymbol{a}\cdot\boldsymbol{c}+\boldsymbol{b}\cdot\boldsymbol{c}$。

思考：(1)向量的数量积满足结合律，即$(\boldsymbol{a}\cdot\boldsymbol{b})\boldsymbol{c}=\boldsymbol{a}(\boldsymbol{b}\cdot\boldsymbol{c})$吗？

(2)向量的数量积满足消去律，即如果 $\boldsymbol{a}\cdot\boldsymbol{b}=\boldsymbol{c}\cdot\boldsymbol{b}$，那么 $\boldsymbol{a}=\boldsymbol{c}$ 吗？

五、应用与深化

[例　题]

1. 对实数 a，b，有$(a+b)^2=a^2+2ab+b^2$，$(a+b)(a-b)=a^2-b^2$。类似地，对任意向量 $\boldsymbol{a}$，$\boldsymbol{b}$，也有类似结论吗？为什么？

解 类比完全平方和公式与平方差公式，有

$(\boldsymbol{a}+\boldsymbol{b})^2=\boldsymbol{a}^2+2\boldsymbol{a}\cdot\boldsymbol{b}+\boldsymbol{b}^2$，$(\boldsymbol{a}+\boldsymbol{b})\cdot(\boldsymbol{a}-\boldsymbol{b})=\boldsymbol{a}^2-\boldsymbol{b}^2$。

其证明如下：$(\boldsymbol{a}+\boldsymbol{b})^2=(\boldsymbol{a}+\boldsymbol{b})\cdot(\boldsymbol{a}+\boldsymbol{b})$

$=\boldsymbol{a}\cdot\boldsymbol{a}+\boldsymbol{a}\cdot\boldsymbol{b}+\boldsymbol{b}\cdot\boldsymbol{a}+\boldsymbol{b}\cdot\boldsymbol{b}=\boldsymbol{a}^2+2\boldsymbol{a}\cdot\boldsymbol{b}+\boldsymbol{b}^2$，

$(\boldsymbol{a}+\boldsymbol{b})\cdot(\boldsymbol{a}-\boldsymbol{b})=\boldsymbol{a}\cdot\boldsymbol{a}-\boldsymbol{a}\cdot\boldsymbol{b}+\boldsymbol{b}\cdot\boldsymbol{a}-\boldsymbol{b}\cdot\boldsymbol{b}=\boldsymbol{a}^2-\boldsymbol{b}^2$，

因此有类似结论。

2. 已知$|\boldsymbol{a}|=6$，$|\boldsymbol{b}|=4$，$\langle\boldsymbol{a},\boldsymbol{b}\rangle=60°$，求$(\boldsymbol{a}+2\boldsymbol{b})\cdot(\boldsymbol{a}-3\boldsymbol{b})$。

解 $(\boldsymbol{a}+2\boldsymbol{b})\cdot(\boldsymbol{a}-3\boldsymbol{b})=\boldsymbol{a}^2-3\boldsymbol{a}\cdot\boldsymbol{b}+2\boldsymbol{b}\cdot\boldsymbol{a}-6\boldsymbol{b}^2$

$=|\boldsymbol{a}|^2-|\boldsymbol{a}||\boldsymbol{b}|\cos60°-6|\boldsymbol{b}|^2=-72$。

3. 已知$|\boldsymbol{a}|=3$，$|\boldsymbol{b}|=4$，且 $\boldsymbol{a}$ 与 $\boldsymbol{b}$ 不共线。当 k 为何值时，$(\boldsymbol{a}+k\boldsymbol{b})\perp(\boldsymbol{a}-k\boldsymbol{b})$？

解 $(\boldsymbol{a}+k\boldsymbol{b})\perp(\boldsymbol{a}-k\boldsymbol{b})$，即$(\boldsymbol{a}+k\boldsymbol{b})\cdot(\boldsymbol{a}-k\boldsymbol{b})=0$，即 $\boldsymbol{a}^2-k^2\boldsymbol{b}^2=0$，即 $9-k^2\times16=0$，$k=\pm\frac{3}{4}$，因此，当 $k=\pm\frac{3}{4}$时，有$(\boldsymbol{a}+k\boldsymbol{b})\perp(\boldsymbol{a}-k\boldsymbol{b})$。

4. 已知：正方形 $ABCD$ 的边长为 1，并且$\overrightarrow{AB}=\boldsymbol{a}$，$\overrightarrow{BC}=\boldsymbol{b}$，$\overrightarrow{AC}=\boldsymbol{c}$，求$|\boldsymbol{a}+\boldsymbol{b}+\boldsymbol{c}|$。

解法 1 ∵$\boldsymbol{a}+\boldsymbol{b}+\boldsymbol{c}=\overrightarrow{AB}+\overrightarrow{BC}+\overrightarrow{AC}=2\overrightarrow{AC}$，

∴$|\boldsymbol{a}+\boldsymbol{b}+\boldsymbol{c}|=|\overrightarrow{AC}|2=2\sqrt{2}$。

解法 2 ∵$|\boldsymbol{a}+\boldsymbol{b}+\boldsymbol{c}|^2=(\boldsymbol{a}+\boldsymbol{b}+\boldsymbol{c})^2=\boldsymbol{a}^2+\boldsymbol{b}^2+\boldsymbol{c}^2+2\boldsymbol{a}\cdot\boldsymbol{b}+2\boldsymbol{a}\cdot\boldsymbol{c}+2\boldsymbol{b}\cdot\boldsymbol{c}$

$=1+1+2+2\times1\times1\times\cos90°+2\times1\times\sqrt{2}\times\frac{\sqrt{2}}{2}$

$$+2\times1\times\sqrt{2}\times\frac{\sqrt{2}}{2}=8,$$

$\therefore |\boldsymbol{a}+\boldsymbol{b}+\boldsymbol{c}|=2\sqrt{2}$。

［练　习］

1. $|\boldsymbol{a}|=4$，$|\boldsymbol{b}|=3$，$(2\boldsymbol{a}-3\boldsymbol{b})\cdot(2\boldsymbol{a}+\boldsymbol{b})=61$，求 $\boldsymbol{a}$ 与 $\boldsymbol{b}$ 的夹角 θ。

2. 在边长为 2 的正三角形 ABC 中，求 $\overrightarrow{AB}\cdot\overrightarrow{BC}+\overrightarrow{BC}\cdot\overrightarrow{CA}+\overrightarrow{CA}\cdot\overrightarrow{AB}$。

六、拓展延伸

1. 当向量 $\boldsymbol{a}$，$\boldsymbol{b}$ 的夹角为锐角时，你能说明 $\boldsymbol{a}\cdot\boldsymbol{b}$ 的几何意义吗？

如图 6-7-3 所示，$\boldsymbol{a}\cdot\boldsymbol{b}$，即以 $\boldsymbol{b}$ 在 $\boldsymbol{a}$ 上射影的长和 $\boldsymbol{a}$ 的长为两邻边的矩形面积（$OA=OA_1$）。

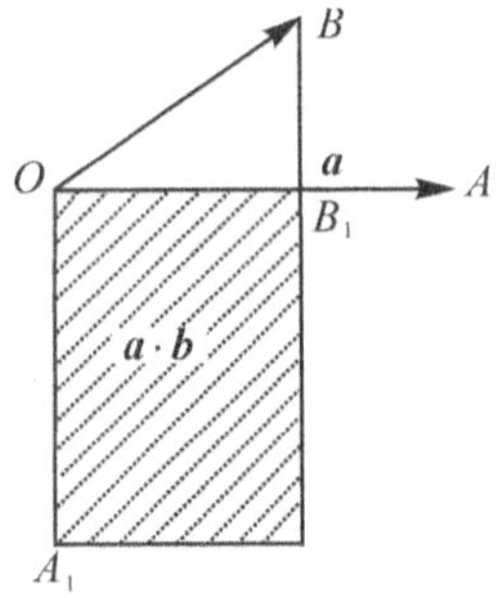

图 6-7-3

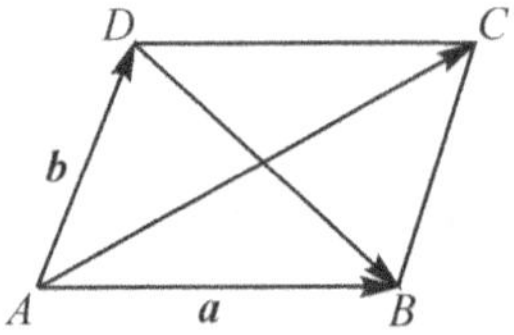

图 6-7-4

2. 平行四边形是表示向量加法与减法的几何模型，如图 6-7-4 所示，$\overrightarrow{AC}=\overrightarrow{AB}+\overrightarrow{AD}$，$\overrightarrow{DB}=\overrightarrow{AB}-\overrightarrow{AD}$，试说明平行四边形对角线的长度与两条邻边长度之间的关系。

解法 1　$|\overrightarrow{AC}|^2+|\overrightarrow{DB}|^2=|\boldsymbol{a}+\boldsymbol{b}|^2+|\boldsymbol{a}-\boldsymbol{b}|^2=(\boldsymbol{a}+\boldsymbol{b})^2+(\boldsymbol{a}-\boldsymbol{b})^2=2(\boldsymbol{a}^2+\boldsymbol{b}^2)=2(|\overrightarrow{AB}|^2+|\overrightarrow{AD}|^2)$。

解法 2　设 $\overrightarrow{AC}=\boldsymbol{c}$，$\overrightarrow{DB}=\boldsymbol{d}$，则 $\overrightarrow{AB}=\frac{\boldsymbol{c}+\boldsymbol{d}}{2}$，$\overrightarrow{AD}=\frac{\boldsymbol{c}-\boldsymbol{d}}{2}$，

因此，$2(|\overrightarrow{AB}|^2+|\overrightarrow{AD}|^2)$

$$=2\left[\left(\frac{\boldsymbol{c}+\boldsymbol{d}}{2}\right)^2+\left(\frac{\boldsymbol{c}-\boldsymbol{d}}{2}\right)^2\right]=\boldsymbol{c}^2+\boldsymbol{d}^2。$$

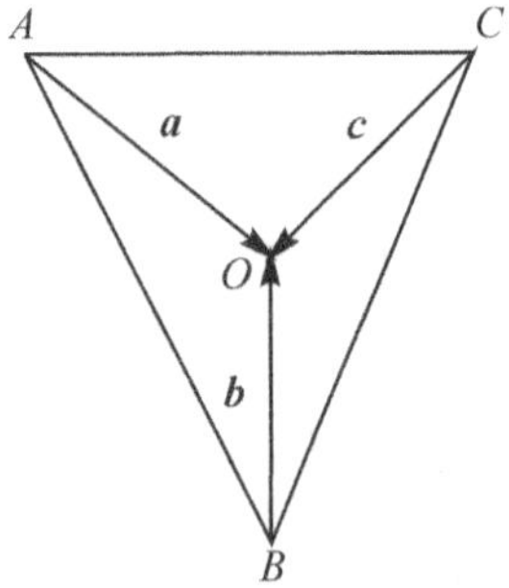

图 6-7-5

3. 三个单位向量 $\boldsymbol{a}$，$\boldsymbol{b}$，$\boldsymbol{c}$ 有相同终点且 $\boldsymbol{a}+\boldsymbol{b}+\boldsymbol{c}=0$，问：它们的起点连成怎样的三角形？

解法 1　如图 6-7-5 所示，$\because |\boldsymbol{a}|=|\boldsymbol{b}|=|\boldsymbol{c}|=1$，$\boldsymbol{a}+\boldsymbol{b}+\boldsymbol{c}=0$，$\therefore \boldsymbol{a}+\boldsymbol{b}=-\boldsymbol{c}$，$\therefore(\boldsymbol{a}+\boldsymbol{b})^2=(-\boldsymbol{c})^2$，

$\therefore \boldsymbol{a}^2+\boldsymbol{b}^2+2\boldsymbol{a}\cdot\boldsymbol{b}=\boldsymbol{c}^2$，$\therefore 2|\boldsymbol{a}||\boldsymbol{b}|\cos\angle AOB=-1$，

$\cos\angle AOB=-\frac{1}{2}$，$\angle AOB=120°$。

同理，$\angle BOC=\angle AOC=120°$，故$\triangle AOB$，$\triangle BOC$，$\triangle AOC$全等，因此$AB=AC=BC$，即该$\triangle ABC$为等边三角形。

解法 2　如图 6-7-6 所示，$\overrightarrow{OD}=\boldsymbol{c}$，$\overrightarrow{OA}=-\boldsymbol{a}$，$\overrightarrow{OB}=-\boldsymbol{b}$，由$\boldsymbol{a}+\boldsymbol{b}+\boldsymbol{c}=\boldsymbol{0}$，即$\overrightarrow{OD}=\overrightarrow{OA}+\overrightarrow{OB}$。

$\because |\boldsymbol{a}|=|\boldsymbol{b}|=1$，$\therefore OADB$为菱形。

又$|\overrightarrow{OD}|=1$，则$\angle AOB=120°$。

同理，$\angle AOC=\angle BOC=120°$，…

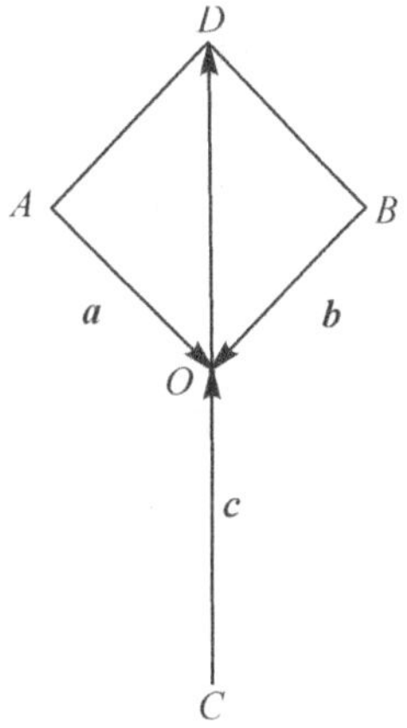

图 6-7-6

4. 在$\triangle ABC$中，$\overrightarrow{OA}\cdot\overrightarrow{OB}=\overrightarrow{OB}\cdot\overrightarrow{OC}=\overrightarrow{OC}\cdot\overrightarrow{OA}$，问：$O$点在$\triangle ABC$的什么位置？

解　由$\overrightarrow{OA}\cdot\overrightarrow{OB}=\overrightarrow{OB}\cdot\overrightarrow{OC}$，即$\overrightarrow{OB}\cdot(\overrightarrow{OC}-\overrightarrow{OA})=\boldsymbol{0}$，即$\overrightarrow{OB}\cdot\overrightarrow{AC}=\boldsymbol{0}$，因此$\overrightarrow{OB}\perp\overrightarrow{AC}$。同理，$\overrightarrow{OC}\perp\overrightarrow{AB}$，$\overrightarrow{OA}\perp\overrightarrow{BC}$，故$O$是$\triangle ABC$的垂心。

【案例点评】

本案例的一个突出特点是使用类比方法，即在研究向量的数量积的性质及运算律时，经常以实数为对象进行类比。以物理学中的力对物体做功的实例，引入数量积的过程比较自然，学生容易接受。在拓展延伸中，较多地展示了向量的综合应用，这都充分体现了向量是数形结合的重要载体。运用向量方法解决与向量有关的综合问题，已逐渐成为考查学生数学思维能力的一个重要方面。认识向量并会使用向量是这一部分的基础，也是重点。总之，本案例较好地实现了教学目标，同时，关注类比方法的运用，以及学生数学思维水平的提高。美中不足的是，对学生自主探究的引导似乎有所欠缺。

案例 6-8　两角和与差的余弦

【教材分析】

本课内容是在掌握了任意角的三角函数的概念、向量的坐标表示以及向量数量积的坐标表示的基础上，进一步研究用单角的三角函数表示两角和与差的三角函数。这些内容在高等数学、电功学、力学、机械设计与制造等方面有着广泛的应用，因此要求学生切实学好，并能熟练应用，以便为今后的学习打下良好的基础。

“两角差的余弦公式”在教科书中采用了一种易于教学的推导方法，即先借助于单位圆中的三角函数线，推出 $\alpha,\beta,\alpha-\beta$ 均为锐角时成立。对于 α,β 为任意角的情况，教材运用向量的知识进行了探究。同时，补充了用向量的方法推导过程中的不严谨之处，这样，两角差的余弦公式便具有了一般性。

本课的重点是两角差的余弦公式的推导，难点是把公式中的 α,β 角推广到任意角。

【教学目标】

1.通过对两角差的余弦公式的探究过程，培养学生通过交流、探索，发现和获得新知识的能力。

2.通过两角差的余弦公式的推导，体会知识的发生、发展的过程和初步的应用过程，培养学生科学的思维方法和勇于探索的科学精神。

3.能正确运用两角差的余弦公式进行简单的三角函数式的化简、求值和恒等式证明。

【任务分析】

本课内容以问题情景中的问题作为教学的出发点，利用单位圆中的三角函数线和平面向量的数量积的概念推导出结论，并不断补充推导过程中的不严谨之处。推导过程采用了从特殊到一般逐层递进的思维方法，学生易于接受。整个过程始终结合单位圆，以强调其直观性。对于公式中的角 α 和 β 要强调其任意性。教学中要注意运用启发式，切忌把结果直接告诉学生，尽量让学生通过观察、思考和探索，自己发现公式，使学生充分体会到成功的喜悦，进一步激发学生的学习兴趣，调动他们学习的积极性，从而使学生自觉主动地学习。

【教学过程】

一、问题情景

我们已经学过诱导公式，如

$$\sin\left(\alpha+\frac{\pi}{2}\right)=\cos\alpha,\qquad \cos\left(\alpha+\frac{\pi}{2}\right)=-\sin\alpha,$$

$$\sin(\alpha+\pi)=-\sin\alpha,\qquad \cos(\alpha+\pi)=-\cos\alpha。$$

可以这样来认识以上公式：把角 α 转动 $\frac{\pi}{2}$，则所得角 $\alpha+\frac{\pi}{2}$ 的正弦、余弦分别等于 $\cos\alpha$ 和 $-\sin\alpha$，把角 α 转动 π，则所得角 $\alpha+\pi$ 的正弦、余弦分别等于 $-\sin\alpha$ 和 $-\cos\alpha$。

由此，使我们想到一个一般性的问题：如果把角 α 的终边转动 β（度或弧度)，那么所得角 $\alpha+\beta$ 的正弦、余弦如何用 α 或 β 的正弦、余弦来表示呢？

出示一个实际问题：图 6-8-1 是架在小河边的一座吊桥的示意图，吊桥长 $AB=a(\mathrm{m})$，A 是支点，在河的左岸，点 C 在河的右岸，地势比 A 点高，AD 表示水平线，$\angle DAC=\alpha$，α 为定值，$\angle CAB=\beta$，β 随吊桥的起降而变化。在吊桥起降的过程中，如何确定点 B 离开水平线 AD 的高度 BE？

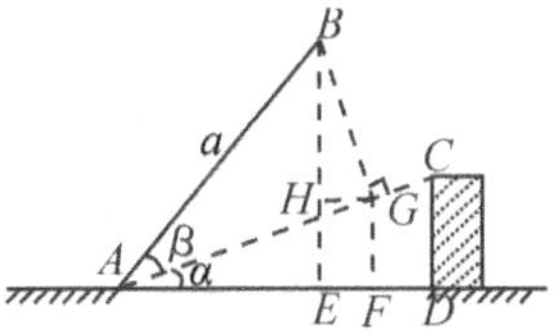

图 6-8-1

由图 6-8-1 可知 $BE=a\sin(\alpha+\beta)$。

我们的问题是：如何用 α 和 β 的三角函数来表示 $\sin(\alpha+\beta)$。如果 $\alpha+\beta$ 为锐角，你能由 α,β 的正弦、余弦求出 $\sin(\alpha+\beta)$ 吗？

引导学生分析：事实上，我们在研究三角函数的变形或计算时，经常提出这样的问题，即能否用 α,β 的三角函数去表示 $\alpha\pm\beta$ 的三角函数？为了解决这类问题，本课首先来探索 $\alpha-\beta$ 的余弦与 α,β 的函数关系式。

更一般地说，对于任意角 α,β，能不能用 α,β 的三角函数值把 $\alpha+\beta$ 或 $\alpha-\beta$ 的三角函数值表示出来呢？

二、建立模型

1. 探究

(1)猜想：$\cos(\alpha-\beta)=\cos\alpha-\cos\beta$。

(2)引导学生通过特例否定这一猜想。

例如，$\alpha=60°,\beta=30°$，可以发现，左边 $=\cos(60°-30°)=\cos30°=\dfrac{\sqrt{3}}{2}$，右边 $=\cos60°-\cos30°=\dfrac{1}{2}-\dfrac{\sqrt{3}}{2}$，显然，对任意角 α,β，$\cos(\alpha-\beta)=\cos\alpha-\cos\beta$ 不成立。

(3)再引导学生从道理上否定这一猜想。

不妨设 $\alpha,\beta,\alpha-\beta$ 均为锐角，则 $\alpha-\beta<\alpha$，则 $\cos(\alpha-\beta)>\cos\alpha$。又 $\cos\beta>0$，所以 $\cos(\alpha-\beta)>\cos\alpha-\cos\beta$。

2. 分析讨论

(1)如何把 $\alpha,\beta,\alpha-\beta$ 角的三角函数值之间建立起关系？要获得相应的表达式需要哪些已学过的知识？

(2)由三角函数线的定义可知，这些角的三角函数值都与单位圆中的某些有向线段有关系，那么，这些有向线段之间是否有关系呢？

3. 教师明析

通过学生的讨论，教师引导学生作出以下推理：

设角 α 的终边与单位圆的交点为 P_1，$\angle POP_1=\beta$，则 $\angle POx=\alpha-\beta$。

过点 P 作 $PM\perp x$ 轴，垂足为 M，那么，OM 即为角 $\alpha-\beta$ 的余弦线，这里要用表示 α,β 的正弦、余弦的线段来表示 OM。

过点 P 作 $PA\perp OP_1$，垂足为 A，过点 A 作 $AB\perp x$ 轴，垂足为 B，再过点 P 作 $PC\perp AB$，垂足为 C，那么 $\cos\beta=OA$，$\sin\beta=AP$，并且 $\angle PAC=\angle P_1Ox=\alpha$，于是

$$OM=OB+BM=OB+CP=OA\cdot\cos\alpha+AP\cdot\sin\alpha=\cos\beta\cos\alpha+\sin\beta\sin\alpha。$$

4.提出问题，组织学生讨论

(1)当 $\alpha,\beta,\alpha-\beta$ 为任意角时，上述推导过程还能成立吗？

若要说明此结果是否对任意角 α,β 都成立，还要做不少推广工作，可引导学生独立思考。

事实上，根据诱导公式，总可以把 α,β 的三角函数化为 $(0,\frac{\pi}{2})$ 内的三角函数，再根据 $\cos(-\beta)=\cos\beta$，把 $\alpha-\beta$ 的余弦化为锐角的余弦，因此，$\cos(\alpha-\beta)=\cos\alpha\cos\beta+\sin\alpha\sin\beta$，对任意角 α,β 都成立。

(2)如何用 α,β 的正弦、余弦表示 $\cos(\alpha+\beta)$？

事实上，$\cos(\alpha+\beta)=\cos[\alpha-(-\beta)]$

$$=\cos\alpha\cos(-\beta)+\sin\alpha\sin(-\beta)=\cos\alpha\cos\beta-\sin\alpha\sin\beta,$$

即 $\cos(\alpha+\beta)=\cos\alpha\cos\beta-\sin\alpha\sin\beta$。

三、解释应用

[例　题]

1.求 $\cos15^\circ$ 和 $\cos105^\circ$ 的值。

分析：本题关键是将 15° 角分解成 45° 与 30° 的差或者分解成 60° 与 45° 的差，再利用两角差的余弦公式即可求解。对于 $\cos105^\circ$，可进行类似地处理，$\cos105^\circ=\cos(60^\circ+45^\circ)$。

2.已知 $\sin\alpha=\frac{4}{5}$，$\alpha\in(\frac{\pi}{2},\pi)$，$\cos\beta=-\frac{5}{13}$，且 β 是第三象限的角，求 $\cos(\alpha+\beta)$ 的值。

分析：观察公式 $C_{\alpha+\beta}$ 与本题已知条件，应先计算出 $\cos\alpha,\cos\beta$，再代入公式求值。求 $\cos\alpha,\cos\beta$ 的值可借助于同角三角函数的平方关系，并注意 α,β 的取值范围来求解。

[练　习]

1.(1)求 $\sin75^\circ$ 的值。

(2)求 $\cos75^\circ\cos105^\circ+\sin75^\circ\sin105^\circ$ 的值。

(3)化简 $\cos(A+B)\cos B+\sin(A+B)\sin B$。

(4)求 $\cos215^\circ-\sin215^\circ$的值。

分析:对于(1),可先用诱导公式化 $\sin75^\circ$为 $\cos15^\circ$,再用例题 1 中的结果即可。对于(2),逆向使用公式 $C_{\alpha-\beta}$,即可将原式化为 $\cos30^\circ$。对于(3),可以把角 $A+B$ 看成一个整体,去替换 $C_{\alpha-\beta}$中的角 α,用角 B 替换角 β。

2.(1)求证:$\cos(\frac{\pi}{2}-\alpha)=\sin\alpha$。

(2)已知 $\sin\theta=\frac{15}{17}$,且 θ 为第二象限角,求 $\cos(\theta-\frac{\pi}{3})$的值。

(3)已知 $\sin(30^\circ+\alpha)=\frac{3}{5}$,$60^\circ<\alpha<150^\circ$,求 $\cos\alpha$。

分析:对于(1),和(差)公式可看成诱导公式的推广,诱导公式是和(差)公式的特例。对于(2),由题意可先算出 $\cos\theta$,再运用公式 $\cos(\alpha-\beta)=\cos\alpha\cos\beta+\sin\alpha\sin\beta$ 计算即可。对于(3),在三角函数求值问题中,变角是一种常用的技巧,$\alpha=(30^\circ+\alpha)-30^\circ$,这样可充分利用题中已知的三角函数值。

3.化简 $\cos(36^\circ+\alpha)\cos(\alpha-54^\circ)+\sin(36^\circ+\alpha)\sin(\alpha-54^\circ)$。

分析:这里可以把角 $36^\circ+\alpha$ 与 $\alpha-54^\circ$均看成单角,进而直接运用公式 $C_{\alpha-\beta}$,不必将各式展开后再计算。

4. 已知$\begin{cases}\sin\alpha+\sin\beta=\frac{3}{5},\\ \cos\alpha+\cos\beta=\frac{4}{5},\end{cases}$求 $\cos(\alpha-\beta)$的值。

分析:本题是一道综合题,由于 $\cos(\alpha-\beta)=\cos\alpha\cos\beta+\sin\alpha\sin\beta$,欲求 $\cos(\alpha-\beta)$的值,只需将已知两式平方相加求出 $\cos\alpha\cos\beta+\sin\alpha\sin\beta$ 即可。

四、拓展延伸

1.由任意角三角函数定义,可知角 α,β 的终边与单位圆交点的坐标均可用 α,β 的三角函数表示,即角 $\alpha-\beta$ 与$\overrightarrow{OA},\overrightarrow{OB}$两向量的夹角有关,那么能否用向量的有关知识来推导公式 $C_{\alpha-\beta}$呢?

教师引导学生分析:在平面直角坐标系 xOy 内作单位圆 O,以 Ox 为始边作角 α,β,它们的终边与单位圆的交点为 A,B,则$\overrightarrow{OA}=(\cos\alpha,\sin\alpha)$,$\overrightarrow{OB}=(\cos\beta,\sin\beta)$。

由向量数量积的概念,有$\overrightarrow{OA}\cdot\overrightarrow{OB}=|\overrightarrow{OA}||\overrightarrow{OB}|\cos(\alpha-\beta)=\cos(\alpha-\beta)$。

由向量的数量积的坐标表示,有$\overrightarrow{OA}\cdot\overrightarrow{OB}=\cos\alpha\cos\beta+\sin\alpha\sin\beta$。

于是,有 $\cos(\alpha-\beta)=\cos\alpha\cos\beta+\sin\alpha\sin\beta$。

依据向量数量积的概念,角 $\alpha-\beta$ 必须符合 $0\leqslant\alpha-\beta\leqslant\pi$,即在此条件下,以上推导才是正确的。

由于 α,β 都是任意角,$\alpha-\beta$ 也是任意角,因此,须研究 $\alpha-\beta$ 为任意角时,以

上推导是否正确。

当 $\alpha-\beta$ 为任意角时，由诱导公式总可以找到一个角 θ，$\theta\in[0,2\pi)$，使 $\cos\theta=\cos(\alpha-\beta)$。

若 $\theta\in[0,\pi]$，则 $\overrightarrow{OA}\cdot\overrightarrow{OB}=\cos\theta=\cos(\alpha-\beta)$；

若 $\theta\in[\pi,2\pi]$，则 $2\pi-\theta\in[0,\pi]$，且

$\overrightarrow{OA}\cdot\overrightarrow{OB}=\cos(2\pi-\theta)=\cos\theta=\cos(\alpha-\beta)$。

于是，对于任意角 α，β 都有 $\cos(\alpha-\beta)=\cos\alpha\cos\beta+\sin\alpha\sin\beta$。

2. 教师提出进一步拓展性问题：本课问题情境中，涉及如何用 $\sin\alpha$，$\sin\beta$，$\cos\alpha$，$\cos\beta$ 来表示 $\sin(\alpha+\beta)$ 的问题，试探索与研究 $\sin(\alpha+\beta)$ 的表达式。

【案例点评】

本案例设计完整，思路清晰。案例首先通过问题情境阐述了两角和、差、三角函数公式的产生背景，然后通过组织学生分析、讨论，并借助于单位圆中的三角函数线，对 α，β，$\alpha-\beta$ 为锐角时给出证明，进而用向量知识探究任意角的情形。这些均体现了数学中从特殊到一般的思想方法，符合新课改的基本理念。同时，例题与练习由浅入深，完整全面。

总之，关注学生的已有基础，充分利用归纳、类比等方法激发学生进一步探究的欲望，建立 $C_{\alpha\pm\beta}$ 模型。这种设计思路有利于学生数学思维水平的提高，同时及时巩固、应用、拓展延伸，体现了对传统的中国式数学教学精华的继承。如果能在结束时再创设引导学生自我小结、反思的环节，可能会锦上添花。

案例6-9　数　列

【教材分析】

本课主要研究数列的有关概念，并运用概念去解决有关问题，其中，对数列概念的理解及应用，既是教学的重点，也是教学的难点。

【教学目标】

1. 理解数列及数列的通项公式等有关概念，会根据一个数列的有限项写出这个数列的一个通项公式。

2. 了解递推数列，并会由递推公式写出此数列的若干项。

3. 进一步培养学生观察、归纳和猜想的能力。

【任务分析】

本课内容以往很少涉及，对学生来说，既新鲜又抽象，所以需要依靠实例进

行教学。数列与函数的关系应在函数定义的基础上加以理解。由若干项写出数列的一个通项公式是难点,但这又是锻炼学生的归纳、猜想能力的极好机会,应大胆让学生亲自归纳和猜想。

【教学设计】

一、问题情境

传说古希腊毕达哥拉斯学派的数学家经常在沙滩上研究数学问题,他们在沙滩上画点或用小石子来表示数。比如,他们研究过 1,3,6,10,… 由于这些数都能够表示成三角形(见图 6-9-1),他们就将其称为三角形数。类似地,1,4,9,16,…能够表示成正方形(见图 6-9-2),他们就将其称为正方形数。

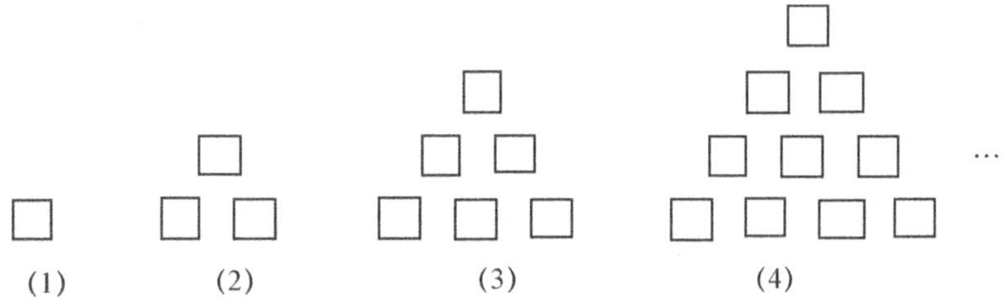

图 6-9-1

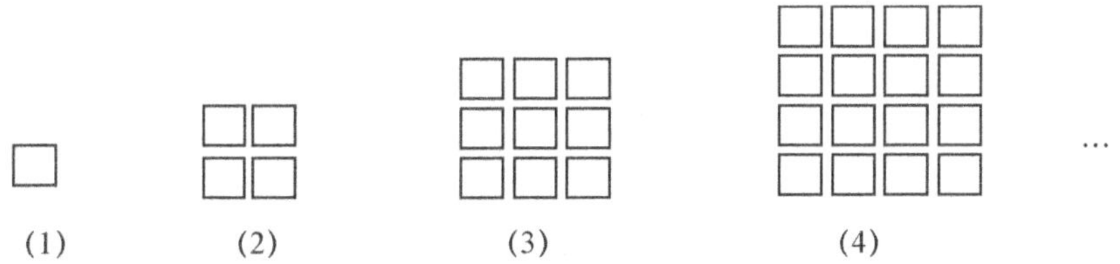

图 6-9-2

二、建立模型

1. 引导学生观察、分析数列的顺序要求,设法用自己的语言描述出数列的定义及有穷数列、无穷数列、递增数列、摆动数列等有关概念,如 1,4,9,16,…按照一定规律排列的一列数,就叫做数列。

[练　习]

下面的数列,哪些是递增数列?哪些是递减数列?哪些是常数列和摆动数列?

(1)全体自然数构成数列 0,1,2,3,…

(2)1996—2002 年某市普通高中生人数(单位:万人)构成数列 82,93,105,119,129,130,132。

(3)无穷多个 3 构成数列 3,3,3,3,…

(4)目前通用的人民币面额(单位:元)按从大到小的顺序构成数列100,50,20,10,5,2,1,0.5,0.2,0.1,0.05,0.02,0.01。

(5)-1的1次幂,2次幂,3次幂,4次幂,…构成数列$-1,1,-1,1,\cdots$

(6)$\sqrt{2}$的精确到1,0.1,0.01,0.001,…的不足近似值与过剩近似值分别构成数列

$$1,1.4,1.41,1.414,\cdots$$

$$2,1.5,1.42,1.415,\cdots$$

2.引导学生根据实例、项和第n项等概念发现数列与函数的关系。

如:数列1,2,0,-1,3,8,…,第1项是1,第4项是-1……由此可以发现,对于一个给定的数列,当确定了项的位置后,这个数列的项也随之唯一确定。一般地,数列可以看作定义域为$\mathbf{N}$(或其子集)的函数当自变量依次为1,2,3,…时的一系列函数值。

[问　题]

数列既然可以看作一列函数值,那么"这个函数"可以如何表示?一定有解析式吗?你能举出一些有解析式的例子吗?根据学生的讨论、探究,得出:数列可以用列表、图像和函数解析式来表示,因此解析式即为数列的通项公式。

三、解释应用

[例　题]

1.写出下面数列的一个通项公式,数列的前4项分别是下列各数:

(1)$1,-\frac{1}{2},\frac{1}{3},-\frac{1}{4}$。

(2)2,0,2,0。

解　(1)$a_n=\frac{(-1)^{n-1}}{n}$。

(2)可以写成$a_n=\begin{cases}2(n\text{为奇数})\\0(n\text{为偶数})\end{cases}$,也可以写成$a_n=1+(-1)^{n-1}$(其中$n=1,2,\cdots$)。

注:对于(2),可以引导学生得到不同的结论,从而发现,根据数列的前若干项写出的通项公式不一定唯一。

2.图6-9-3中的三角形称为希尔宾斯基三角形,在4个三角形中,黑色三角形的个数依次构成一个数列的前4项,请写出这个数列的一个通项公式,并在直角坐标系中画出它的图像。

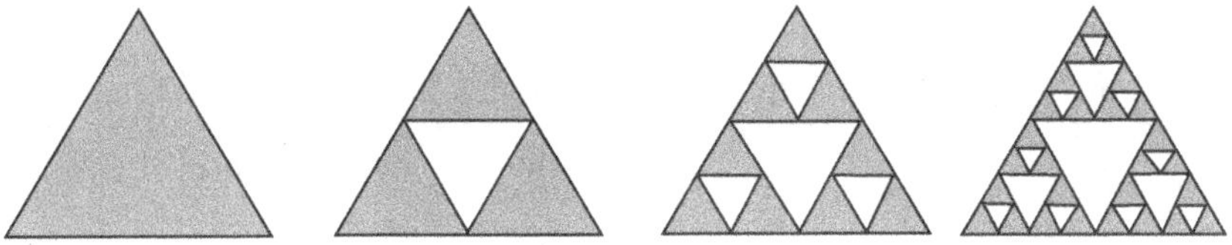

图 6-9-3

解 如图 6-9-3 所示，这 4 个三角形中的黑色三角形的个数依次为 1,3,9,27,则所求数列的前 4 项都是 3 的指数幂，并且指数为序号减 1，所以，这个数列的一个通项公式是 $a_n=3^{n-1}$。

在直角坐标系中的图像见图 6-9-4。

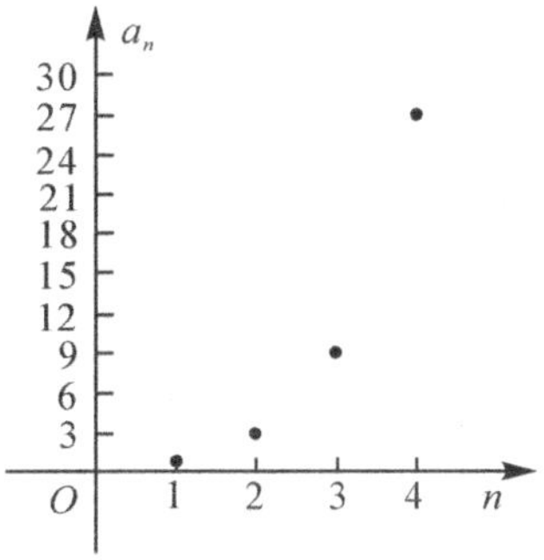

图 6-9-4

3. 设数列满足$\begin{cases}a_1=1,\\ a_n=1+\dfrac{1}{a_{n-1}}(n>1),\end{cases}$

试写出这个数列的前 5 项。

解 $\because a_1=1$,

$\therefore a_2=1+\dfrac{1}{a_1}=1+\dfrac{1}{1}=2$,

$a_3=1+\dfrac{1}{a_2}=1+\dfrac{1}{2}=\dfrac{3}{2}$,

$a_4=1+\dfrac{1}{a_3}=1+\dfrac{2}{3}=\dfrac{5}{3}$,

$a_5=1+\dfrac{1}{a_4}=1+\dfrac{3}{5}=\dfrac{8}{5}$。

注：像这样给出数列的方法叫逆推法。

[练　习]

1. 数列的前 5 项分别是以下各数，试分别写出各数列的一个通项公式。

(1) $1,\dfrac{1}{3},\dfrac{1}{5},\dfrac{1}{7},\dfrac{1}{9}$。

(2) $-\dfrac{1}{2},\dfrac{1}{4},-\dfrac{1}{6},\dfrac{1}{8},-\dfrac{1}{10}$。

(3) $1,\dfrac{\sqrt{2}}{2},\dfrac{1}{2},\dfrac{\sqrt{2}}{4},\dfrac{1}{4}$。

2. 已知数列$\{a_n\}$满足 $a_1=1,a_n=a_{n-1}^2-1(n>1)$，试写出它的前 5 项。

3. 已知数列的通项公式为 $a_n=n^2-10n+10$，那么这个数列从第 n 项起各项的数值是否逐渐增大？从第 n 项起各项的数值是否均为正数？

四、拓展延伸

教师引导学生分析思考下面的两个问题（可以在课堂上或课后完成）：

1. 已知数列$\{a_n\}$满足$a_n=\dfrac{1}{n-\frac{5}{2}}$，问：此数列有无最大项和最小项？

2. 通常用S_n表示数列$\{a_n\}$前n项的和，即$S_n=a_1+a_2+a_3+\cdots+a_n$，已知$\{a_n\}$前$n$项的和$S_n=n^2-3n+2$，试求$\{a_n\}$的通项公式。一般地，如何用$S_n$表示$a_n$呢？

【案例点评】

本案例通过实例阐述了数列的有关概念，注意揭示知识发生、发展的过程，较好地调动了学生参与探索的积极性和主动性。问题情境设计新颖、合理；问题提出准确、恰当；总体设计完整、清晰。另外，该案例还关注了学生科学地提出和解决问题的能力的培养。美中不足的是，自“问题情境”到“建立模型”两个环节的“交接处”显得有些跳跃，步骤有些过简。

案例6-10　基本不等式：$\sqrt{ab}\leqslant\dfrac{a+b}{2}$

【教材分析】

“$\sqrt{ab}\leqslant\dfrac{a+b}{2}$”的证明学生比较容易理解，学生难理解的是“当且仅当$a=b$时取‘=’号”的真正数学内涵，所谓“当且仅当”就是“充分必要”。

当$a=b$时取等号，就是指$a=b\Rightarrow\dfrac{a+b}{2}=\sqrt{ab}$；仅当$a=b$时取等号，就是指$\dfrac{a+b}{2}=\sqrt{ab}\Rightarrow a=b$，取$a=b$是$\dfrac{a+b}{2}=\sqrt{ab}$的充要条件。

教学重点是定理及其应用，难点是利用定理求函数的最值问题，进而解决一些实际问题。

【教学目标】

1. 理解两个实数的平方和不小于它们积的2倍这一重要不等式的证明，并能从几何意义的角度去解释，形成数形结合的完美统一。

2. 理解两个正数的算术平均数不小于它们的几何平均数定理的证明及其几何意义，会用这两个重要不等式解决简单的实际应用题。

3. 通过定理的证明培养学生的逻辑推理能力，通过定理的应用揭示数学的应用价值。

【任务分析】

本课内容从实际问题情境展开探讨，“如要围成面积为 $16m^2$ 的一个矩形，所需绳子最短是多少？即设长为 x，宽为 $\frac{16}{x}$，则周长为 $l=2x+2\times\frac{16}{x}$，求当 x 取何值时，l 最小”，让学生去猜测，去思考，充分调动学生的积极性，激发学生的想象和猜想能力。当学生猜想它应为正方形这一结论时，教师适时引导如何去证明猜想的正确性，激发学生的求知欲望，从而达到由问题到结论的证明，开阔学生的思路，陶冶学生的情操。

【教学设计】

一、问题情境

教师出示问题，引导学生分析、思考：

某工厂要建造一个长方体形无盖贮水池，其容积为 $4800m^3$，深为 3m。如果池底每平方米的造价为 150 元，池壁每平方米的造价为 120 元，怎样设计水池能使总造价最低？最低总造价是多少元？

设水池底面一边的长度为 $x(x>0)$(m)，则另一边的长度为 $\frac{4800}{3x}$(m)。又设水池的总造价为 S 元，根据题意，得

$$S=150\times\frac{4800}{3}+120\left(2\times3x+2\times3\times\frac{4800}{3x}\right)=240000+720\left(x+\frac{1600}{x}\right)$$

要求 S 的最小值，只要求 $x+\frac{1600}{x}(x>0)$ 的最小值即可，这就是本课需重点研究和解决的问题。

二、建立模型

1. 通过比较 a^2+b^2 与 $2ab$ 的大小，引入重要不等式

$\because a^2+b^2-2ab=(a-b)^2$，

$\therefore$ 当 $a\neq b$ 时，$(a-b)^2>0$；

当 $a=b$ 时，$(a-b)^2=0$，

即 $(a-b)^2\geqslant 0$，从而有 $a^2+b^2\geqslant 2ab$。

2. 结论明析

定理 1　如果 $a,b\in\mathbf{R}$，那么 $a^2+b^2\geqslant 2ab$(当且仅当 $a=b$ 时，取“=”号)。

如果 a,b 是正数，这时 $a=(\sqrt{a})^2$，$b=(\sqrt{b})^2$，上述定理变形为 $a+b=(\sqrt{a})^2+(\sqrt{b})^2\geqslant 2\sqrt{ab}\Rightarrow\frac{a+b}{2}\geqslant\sqrt{ab}$。

定理 2　如果 a,b 都是正数，那么 $\frac{a+b}{2}\geqslant\sqrt{ab}$(当且仅当 $a=b$ 时，取“=”号)。

这里称$\frac{a+b}{2}$为a,b的算术平均数，积$\sqrt{ab}$为a,b的几何平均数，因而定理2可叙述为两个正方形的算术平均数不小于它们的几何平均数。

思考：对于定理1和定理2，当且仅当$a=b$时取"="号的具体含义是什么？

三、解释应用

［例　题］

1.已知x,y都是正数，求证：

(1)如果积xy是定值P，那么和$x+y$有最小值$2\sqrt{P}$，此时$x=y$。

(2)如果和$x+y$是定值S，那么积xy有最大值$\frac{1}{4}S^2$，此时$x=y$。

证明　$\because x,y$都是正数，$\therefore \frac{x+y}{2}\geqslant\sqrt{xy}$。

(1)当积xy为定值P时，有$\frac{x+y}{2}\geqslant\sqrt{P}$，所以$x+y\geqslant 2\sqrt{P}$，当且仅当$x=y$时，取"="号。因此，当$x=y$时，和$x+y$有最小值$2\sqrt{P}$。

(2)当和$x+y$为定值S时，有$\frac{S}{2}\geqslant\sqrt{xy}$，所以$xy\leqslant\frac{1}{4}S^2$，当且仅当$x=y$时，取"="号。因此，当$x=y$时，积$xy$有最大值$\frac{1}{4}S^2$。

小结：上述结论是我们用定理求最值的依据，可简述为和为定值积最大，积为定值和最小。

2.设法解决本课开始提出的问题

解　$S=240000+720\left(x+\frac{1600}{x}\right)\geqslant 240000+720\times 2\sqrt{x\cdot\frac{1600}{x}}=240000+720\times 2\times 40=297600$

当且仅当$x=\frac{1600}{x}$，即$x=40$(m)时，S有最小值，为297600元。

因此，当水池的底面是边长为40m的正方形时，水池的总造价最低，最低总造价为297600元。

3.求证：在直径为d的圆内接矩形中，面积最大的是正方形，并且这个正方形的面积等于$\frac{1}{2}d^2$。

证明　设一边为x，另一边为$\sqrt{d^2-x^2}$，面积为S，则

$S=x\sqrt{d^2-x^2}=\sqrt{x^2(d^2-x^2)}\leqslant\frac{x^2+(d^2-x^2)}{2}=\frac{1}{2}d^2$，

当且仅当 $x=\sqrt{d^2-x^2}$，即 $x=\frac{\sqrt{2}}{2}d$ 时，取"="号。

［练　习］

1.(1)设 $x>0$，求 $f(x)=x+\frac{2}{x}$ 的最小值，并求此时 x 的值。

$(2\sqrt{2}, x=\sqrt{2})$

(2)设 $x>0$，求 $f(x)=2-3x-\frac{4}{x}$ 的最大值，并求此时 x 的值。

$\left(2-4\sqrt{3}, x=\frac{2\sqrt{3}}{3}\right)$

(3)设 $0<x<2$，求 $f(x)=\sqrt{x(8-3x)}$ 的最大值，并求此时 x 的值。

$\left(\frac{4\sqrt{3}}{3}, x=\frac{4}{3}\right)$

2.设计一幅宣传画，要求画面面积为 4840cm^2，画面的宽与高的比为 $\lambda(\lambda<1)$，画面的上、下各留 8cm 的空白，左、右各留 5cm 的空白。问：怎样确定画面的高与宽的尺寸，才能使宣传画所用纸张面积最小？

解　设画面的宽为 x(cm)，则画面的高为 $\frac{4840}{x}$(cm)，再设纸张面积为 S，则

$$S=(x+10)\left(\frac{4840}{x}+16\right)=5000+16\left(x+\frac{3025}{x}\right)$$

$$\geqslant 5000+16\cdot 2\sqrt{x\cdot\frac{3025}{x}}=6760,$$

当且仅当 $x=\frac{3025}{x}$，即 $x=55$(cm)时，$S_{\min}=6760(\text{cm}^2)$，

此时高 $\frac{4840}{55}=88$(cm)，$\lambda=\frac{55}{88}=\frac{5}{8}<1$。

答：当画面高为 88cm、宽为 55cm 时，所用纸张面积最小。

3.用一段长为 L 的篱笆围成一个边靠墙的矩形菜园，问：当这个矩形的长、宽各为多少时，菜园的面积最大，最大面积是多少？

解法 1　设菜园的长为 x，则宽为 $\frac{L-x}{2}$，

面积 $S=x\cdot\frac{L-x}{2}=\frac{1}{2}x(L-x)\leqslant\frac{1}{2}\left(\frac{x+L-x}{2}\right)^2=\frac{L^2}{8}$，

当且仅当 $x=L-x$，即 $x=\frac{L}{2}$ 时，菜园面积 S 最大，为 $\frac{L^2}{8}$。

解法 2 设菜园的宽为 x，则长为 $L-2x$，

面积 $S=x(L-2x)\leqslant\left(\frac{x+L-2x}{2}\right)^2=\left(\frac{L-x}{2}\right)^2$，

当且仅当 $x=L-2x$，即 $x=\frac{L}{3}$ 时，菜园面积 S 最大，为 $\left(\frac{L-x}{2}\right)^2=\left(\frac{L-\frac{L}{3}}{2}\right)^2=\frac{L^2}{9}$。

上述两种解答的答案不同，哪一种方法是错误的，为什么？

四、拓展延伸

1. 设 $a,b\in\mathbf{R}$，则 $a^2+b^2\geqslant 2ab$，类比为三个实数，结论是否成立？即设 $a,b,c\in\mathbf{R}$，则 $a^2+b^2+c^2\geqslant abc$。

2. 当 $a>0,b>0$ 时，$\sqrt{ab}\leqslant\frac{a+b}{2}$，类比为三个正数，结论是否成立？即设 $a>0,b>0,c>0$，$\sqrt[3]{abc}\leqslant\frac{a+b+c}{3}$。

更一般地，设 $a_i\in\mathbf{R}^+$（$i=1,2,\cdots,n$），是否有 $\frac{a_1+a_2+a_3+\cdots+a_n}{n}\geqslant\sqrt[n]{a_1a_2\cdots a_n}$。

【案例点评】

本案例由实际问题引入课题，既自然又能引起学生的兴趣，激发起学生的求知欲望，为本课重点的突破打下良好的基础。由学生已有知识归纳和总结得到本课的两个定理，使学生易于理解和接受。由典型例题的证明，归纳出一般结论，培养了学生的逻辑推理能力。由练习的变形培养了学生灵活处理问题的能力，对实际问题的解决体现了数学的应用价值。重要不等式灵活变形的使用不仅加深了学生对推理的理解，同时突破了学生对本课难点“等号成立的条件”的理解。拓展延伸给学生以发挥的空间，提高了学生由已知到未知的探索能力。

总之，关注基本不等式与现实的联系是本案例的突出特点，“问题驱动式”的设计是本案例成功的关键，而“从问题出发构建模型，反过来利用建立的模型解决开始的问题”的设计，又可以使学生领略到学习数学的成功和胜利的喜悦。

案例 6-11　指数函数的图像及其性质①

一、教学内容分析

本课是《普通高中课程标准实验教科书·数学(1)》(人教 A 版)第二章第一节第二课(2.1.2)“指数函数及其性质”。根据作者所任教的学生的实际情况,作者将“指数函数及其性质”划分为两节课(“探究图像及其性质”和“指数函数及其性质的应用”),这是第一节课“探究图像及其性质”。指数函数是重要的基本初等函数之一,作为常见函数,它不仅是今后学习对数函数和幂函数的基础,同时在生活及生产实际中有着广泛的应用,所以指数函数应重点研究。

二、学生学情分析

指数函数是在学生系统学习了函数概念,基本掌握了函数性质的基础上进行的研究,是学生对函数概念及性质的第一次应用。教材在之前的学习中给出了两个实际例子(GDP 的增长问题和碳 14 的衰减问题),已经让学生感受到指数函数的实际应用,但这两个例子背景对于学生来说有些陌生。本课先设计一个看似简单的问题,通过超出想象的结果来激发学生学习新知的兴趣和欲望。

三、设计思想

1. 函数及其图像在高中数学中占有很重要的位置。如何突破这个既重要又抽象的内容,其实质就是将抽象的符号语言与直观的图像语言有机地结合起来,通过具有一定思考价值的问题,激发学生的求知欲望——持久的好奇心。我们知道,函数的表示法有三种:列表法、图像法、解析法,以往的函数的学习大多只关注到图像的作用,这其实只是借助了图像的直观性,只是从一个角度看函数,是片面的。本课力图让学生从不同的角度去研究函数,对函数进行一个全方位的研究,并通过对比总结得到研究的方法,让学生去体会这种研究方法,以便能将其迁移到其他函数的研究中去。

2. 结合参加学校组织的两个课题《对话—反思—选择》和《新课程实施中同伴合作和师生互动研究》的研究,在本课的教学中作者努力实践以下两点:

(1)在课堂活动中通过同伴合作、自主探究培养学生积极主动、勇于探索的学习方式。

(2)在教学过程中努力做到生生对话、师生对话,并且在对话之后重视体会、

---

① 本案例由福州第十一中学胡鹏程设计。

总结、反思，力图在培养和发展学生数学素养的同时让学生掌握一些学习、研究数学的方法。

3.通过课堂教学活动向学生渗透数学思想方法。

四、教学目标

根据任教班级学生的实际情况，本课作者确定的教学目标是：理解指数函数的概念，能画出具体指数函数的图像；在理解指数函数概念、性质的基础上，能应用所学知识解决简单的数学问题；在教学过程中通过类比，回顾归纳从图像和解析式这两种不同角度研究函数性质的数学方法，加深对指数函数的理解，让学生在数学活动中感受数学思想方法之美、体会数学思想方法之重要；同时通过本课的学习，使学生获得研究函数的规律和方法；培养学生主动学习、合作交流的意识。

五、教学重点与难点

教学重点：指数函数的概念、图像和性质。

教学难点：对底数的分类，如何由图像、解析式归纳指数函数的性质。

六、教学过程设计

(一)创设情景、提出问题(约3分钟)

师：如果让1号同学准备2粒米，2号同学准备4粒米，3号同学准备6粒米，4号同学准备8粒米，5号同学准备10粒米……按这样的规律，51号同学该准备多少粒米？

学生回答后教师公布事先估算的数据：51号同学该准备102粒米，大约5克重。

师：如果改成让1号同学准备2粒米，2号同学准备4粒米，3号同学准备8粒米，4号同学准备16粒米，5号同学准备32粒米……按这样的规律，51号同学该准备多少粒米？

(学情预设：学生可能说很多或能算出具体数目。)

师：大家能否估计一下，51号同学该准备的米有多重？

教师公布事先估算的数据：51号同学所需准备的大米约重1.2亿吨。

师：1.2亿吨是一个什么概念？根据2007年9月13日美国农业部发布的最新数据显示，2007—2008年度我国大米产量预计为1.27亿吨。这就是说51号同学所需准备的大米相当于2007—2008年度我国全年的大米产量！

设计意图：用一个看似简单的实例，为引出指数函数的概念作准备，同时通过与一次函数的对比让学生感受指数函数的爆炸性增长，激发学生学习新知的兴趣和欲望。

在以上两个问题中,每位同学所需准备的米粒数用 y 表示,每位同学的座号数用 x 表示,y 与 x 之间的关系分别是什么?

学生很容易得出 $y=2x(x\in\mathbf{N}^*)$ 和 $y=2^x(x\in\mathbf{N}^*)$。

(学情预设:学生可能会漏掉 x 的取值范围,教师要引导学生思考具体问题中 x 的范围。)

(二)师生互动、探究新知

1. 指数函数的定义

师:其实,在本课开头的问题 2 中,也有一个与 $y=2^x$ 类似的关系式 $y=1.073^x(x\in\mathbf{N}^*,x\leqslant 20)$。

(1)让学生思考讨论以下问题(问题逐个给出,约 3 分钟):

①$y=2^x(x\in\mathbf{N}^*)$ 和 $y=1.073^x(x\in\mathbf{N}^*,x\leqslant 20)$ 这两个解析式有什么共同特征?

②它们能否构成函数?

③是我们学过的哪个函数?如果不是,你能否根据该函数的特征给它起个恰当的名字?

设计意图:引导学生从具体问题、实际问题中抽象出数学模型。学生对比已经学过的一次函数、反比例函数、二次函数,发现 $y=2^x$,$y=1.073^x$ 是一个新的函数模型,再让学生给这个新的函数命名,由此激发学生的学习兴趣。

引导学生观察,两个函数中,底数是常数,指数是自变量。

师:如果可以用字母 a 代替其中的底数,那么上述两式就可以表示成 $y=a^x$ 的形式。自变量在指数位置,所以我们把它称作指数函数。

(2)让学生讨论并给出指数函数的定义(约 6 分钟)。

对于底数的分类,可将问题分解为:

①若 $a<0$,会有什么问题?(如 $a=-2$,$x=\dfrac{1}{2}$,则在实数范围内相应的函数值不存在)

②若 $a=0$,会有什么问题?(对于 $x\leqslant 0$,a^x 都无意义)

③若 $a=1$,又会怎么样?(1^x 无论 x 取何值,它总是 1,对它没有研究的必要)

师:为了避免上述各种情况的发生,所以规定 $a>0$ 且 $a\neq 1$。

在这里要注意生生之间、师生之间的对话。

[学情预设:①若学生从教科书中已经看到指数函数的定义,教师可以问,为什么要求 $a>0$,且 $a\neq 1$;$a=1$ 为什么不行?

②若学生只给出 $y=a^x$,教师可以引导学生通过类比一次函数($y=kx+b$,

$k\neq0$)、反比例函数($y=\frac{k}{x},k\neq0$)、二次函数($y=ax^2+bx+c,a\neq0$)中的限制条件，思考指数函数中底数的限制条件。]

设计意图：①对指数函数中底数限制条件的讨论可以引导学生研究一个函数时应注意它的实际意义和研究价值；②讨论出$a>0$，且$a\neq1$，也是为下面研究性质时对底数的分类作准备。

接下来教师可以问学生是否明确了指数函数的定义，能否写出一两个指数函数？教师也在黑板上写出一些解析式让学生判断，如$y=2\times3^x$，$y=3^{2x}$，$y=-2^x$。

(学情预设：学生可能只是关注指数是否是变量，而不考虑其他的。)

设计意图：加深学生对指数函数定义和呈现形式的理解。

2.指数函数的性质

(1)提出两个问题(约3分钟)

①目前研究函数一般可以包括哪些方面？

设计意图：让学生在研究指数函数时有明确的目标：函数的三个要素(对应法则、定义域、值域)和函数的基本性质(单调性、奇偶性)。

②如何研究函数(如本课的指数函数)究？用什么方法、从什么角度研究？

可以从图像和解析式这两个不同的角度进行研究；可以从具体的函数入手(即底数取一些数值)；当然也可以用列表法研究函数，只是今天我们所学的函数用列表法不易得出此函数的性质，可见具体问题要选择适当的方法来研究才能事半功倍。还可以借助一些数学思想方法来思考。

设计意图：①让学生知道图像法不是研究函数的唯一方法，由此引导学生从图像和解析式(包括列表)的不同角度对函数进行研究；②对学生进行数学思想方法(从一般到特殊再到一般、数形结合、分类讨论)的有机渗透。

(2)分组活动，合作学习(约8分钟)

师：好，下面我们就从图像和解析式这两个不同的角度对指数函数进行研究。

①让学生分为两大组，一组从解析式的角度入手(不画图)研究指数函数，一组借助电脑通过几何画板的操作从图像的角度入手研究指数函数；

②每一大组再分为若干合作小组(建议4人一小组)；

③每组都将研究所得到的结论或成果写出来以便交流。

(学情预设：考虑到各组的水平可能有所不同，教师应巡视，对个别组可作适当的指导。)

设计意图：通过自主探索、合作学习，不仅让学生充当学习的主人，更可加深对所得到结论的理解。

(3)交流、总结(约10～12分钟)

师：下面我们开一个成果展示会！

教师在巡视过程中应关注各组的研究情况，可选一些有代表性的小组上台展示研究成果，并对比从两个角度入手研究的结果。

教师可根据上课的实际情况对学生发现、得出的结论进行适当的点评或要求学生分析。这里除了研究定义域、值域、单调性、奇偶性外，可引导学生注意是否还有其他性质？

师：各组在研究过程中除了定义域、值域、单调性、奇偶性外是否还得到一些有价值的其他结论呢？[如过定点(0,1)，$y=a^x$ 与 $y=(\frac{1}{a})^x$ 的图像关于 y 轴对称。]

(学情预设：①先选一个从解析式的角度研究的小组上台汇报；

②对于从图像的角度研究的，可先选没对底数进行分类的小组上台汇报；

③询问其他小组有没有不同的看法，上台补充，让学生对底数进行分类，引导学生思考哪个量决定着指数函数的单调性，以什么为分界，教师可以马上通过电脑操作看函数图像的变化。)

设计意图：①函数的表示法有列表法、图像法、解析法三种，通过这个活动，让学生知道研究一个具体的函数可以也应该从多角度入手，从图像角度研究只能直观地看出函数的一些性质，具体的性质还是要通过对解析式的论证，特别是定义域、值域更是可以直接从解析式中得到；②让学生上台汇报研究成果，让学生有成就感，同时还可训练学生对数学问题的分析和表达能力，培养他们的数学素养；③对指数函数的底数进行分类是本课的一个难点，让学生在讨论中自己解决分类问题，使该难点的突破显得自然。

师：从图像入手我们很容易看出函数的单调性、奇偶性以及过定点(0,1)，但定义域、值域却不确定；从解析式(结合列表)可以很容易得出函数的定义域、值域，但对底数的分类却很难想到。

教师通过几何画板中改变参数 a 的值，追踪 $y=a^x$ 的图像，在变化过程中，让全体学生进一步观察指数函数的变化规律。

师生共同总结指数函数的图像和性质，教师可以边总结边板书(见下表)。

图象	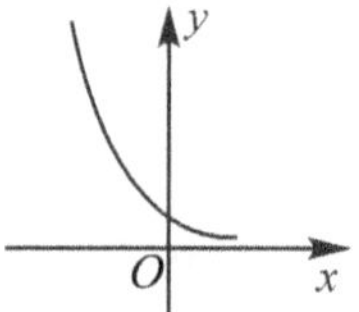 $0<a<1$	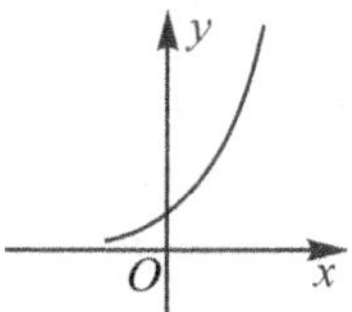 $a>1$
定义域	**R**	
值　域	$(0,+\infty)$	
性质	过定点(0,1)	
	非奇非偶	
	在 **R** 上是减函数	在 **R** 上是增函数

(三)巩固训练、提升总结(约 8 分钟)

[例　题]

已知指数函数 $f(x)=a^x(a>0$，且 $a\neq1)$的图像经过点$(3,\pi)$，求$f(0)$，$f(1)$，$f(-3)$的值。

解　因为 $f(x)=a^x$ 的图像经过点$(3,\pi)$，所以 $f(x)=\pi$，

即 $a^3=\pi$，解得 $a=\pi^{\frac{1}{3}}$，于是 $f(x)=\pi^{\frac{x}{3}}$。

所以 $f(0)=1$，$f(1)=\sqrt[3]{\pi}$，$f(-3)=\dfrac{1}{\pi}$。

设计意图：通过本题加深学生对指数函数的理解。

师：根据本题，你能说出确定一个指数函数需要什么条件吗？

师：从方程思想来看，求指数函数就是确定底数，因此只要一个条件，即列一个方程就可以了。

设计意图：让学生明确底数是确定指数函数的要素，同时向学生渗透方程的思想。

[练　习]

1. 在同一平面直角坐标系中画出 $y=3^x$ 和 $y=(\dfrac{1}{3})^x$ 的大致图像，并说出这两个函数的性质。

2. 求下列函数的定义域：(1) $y=2^{\sqrt{x-2}}$；(2) $y=(\dfrac{1}{2})^{\frac{1}{x}}$。

师：通过本课的学习，你对指数函数有什么认识？你有什么收获？

(学情预设：学生可能只是把指数函数的性质总结一下，教师要引导学生谈谈对函数研究的学习，即怎么研究一个函数。)

设计意图：①让学生再一次复习对函数的研究方法(可以也应该从多个角度

进行)，让学生体会本课的研究方法，以便能将其迁移到其他函数的研究中去。②总结本课中所用到的数学思想方法。③强调各种研究数学的方法之间有区别又有联系，相互作用，才能融会贯通。

[课后作业]

课本第 59 页习题 2.1A 组第 5 题。

七、教学反思

1.本课改变了以往常见的函数研究方法，让学生从不同的角度去研究函数，对函数进行一个全方位的研究，不仅仅是通过对比总结得到指数函数的性质，更重要的是让学生体会到对函数的不同研究方法，以便能将其迁移到其他函数的研究中去，教师可以真正做到“授之以渔”而非“授之以鱼”。

2.教学中借助信息技术可以弥补传统教学在直观感、立体感和动态感方面的不足，可以很容易地化解教学难点，突破教学重点，提高课堂效率。本课使用几何画板可以动态地演示出指数函数的底数的动态过程，让学生直观观察底数对指数函数单调性的影响。

3.在教学过程中不断向学生渗透数学思想方法，让学生在活动中感受数学思想方法之美、体会数学思想方法之重要，部分学生还能自觉地运用这些数学思想方法去分析、思考问题。

【案例点评】

本课是指数函数及其性质的概念课，胡老师在教学设计中，让人印象深刻的是以学生为主体，注重学习方法的指导，重视新旧知识的契合，关注知识的类比，学习方法的迁移。胡老师能够抓住学生的好奇心，将游戏“计算米粒”与数学有机地结合在一起，提高了学生学习本课知识的兴趣。在观察“准备米粒”得到 $y=2^x$ 和章开头 $y=1.073^x(x\in\mathbf{N}^*, x\leqslant 20)$ 函数关系式后，巧妙而不失时机地引导学生从具体问题中抽象出数学模型 $y=a^x$，发现指数在变化，这与以前所学函数(一次函数、二次函数、反比例函数)都不一样，把变化的量用 x 表示，不变的量用 a 表示；通过让学生给函数命名，举几个指数函数例子这个小环节，增强学生对指数函数本质的理解，激发学习兴趣，概念的得到可谓“润物细无声”。接着，胡老师在设计中还注重对学生探索能力的培养，让学生类比一次函数($y=kx+b, k\neq 0$)、反比例函数($y=\dfrac{k}{x}, k\neq 0$)、二次函数($y=ax^2+bx+c, a\neq 0$)中的限制条件，给出指数函数的定义及底数 a 的取值范围。

在研究指数函数的性质时，胡老师能够紧扣第一章的函数知识，让学生在研究指数函数时有明确的目标：函数的三个要素(对应法则、定义域、值域)和函数的基本性质(单调性、奇偶性)。通过提问的方法,让学生明白研究函数可以从图像和解析式这两个不同的角度出发,将学生的注意力引向本课的第二个知识点——函数图像及其性质。设计中将学生进行分组,通过学生的自主探究、合作学习,侧重对解析式、作图像探索。学生上台报告,老师借助几何画板的直观图形,以形助数,以数定形,数形结合的数学方法,收到了较好的研究效果。

案例6-12　任意角的三角函数①

一、教学内容分析

高一年级《普通高中课程标准教科书·数学(必修4)》(人教A版)第12页1.2.1"任意角的三角函数"第一课时是三角函数这一章里最重要的一节课,它是本章的基础,主要是从通过问题引导学生自主探究任意角的三角函数的生成过程,从而很好地理解任意角的三角函数的定义。在《普通高中数学课程标准(实验)》(以下简称《课程标准》)中:三角函数是基本初等函数,它是描述周期现象的重要数学模型,在数学和其他领域中具有重要的作用。《课程标准》还要求我们借助单位圆去理解任意角的三角函数(正弦、余弦、正切)的定义。

在本案例中,学生将通过实例学习三角函数及其基本性质,体会三角函数在解决具有变化规律的问题中的作用。

二、学生学情分析

我们的课堂教学常用"高起点、大容量、快推进"的做法,忽略了知识的发生发展过程,以腾出更多的时间对学生加以反复的训练,无形中增加了学生的负担,泯灭了学生学习的兴趣。我们虽然刻意地去改变教学的方式,但仍有太多旧时的痕迹,若为了新课程而新课程又会使得美景变成了幻影,失去新课程自然与清纯之味。因此,如何进行《课程标准》的教学设计就值得我们思考探索。如何让学生把对初中锐角三角函数的定义及解直角三角形的知识迁移到学习任意角的三角函数的定义中?

《普通高中数学课程标准(实验)解读》在三角函数的教学中,教师应该关注以下两点:

第一,根据学生的生活经验,创设丰富的情境。例如可举单调弹簧振子,圆上一点的运动,以及音乐、波浪、潮汐、四季变化等实例,使学生感受周期现象的广泛存在,认识周期现象的变化规律,体会三角函数是刻画周期现象的重要模型

① 本案例由福建省泉州市南安侨光中学苏飞文设计。

以及三角函数模型的意义。

第二，注重三角函数模型的运用，即学习运用三角函数模型刻画和描述周期变化的现象（周期振荡现象），解决一些实际问题，这也是《课程标准》在三角函数内容处理上的一个突出特点。

根据《课程标准》的指导思想，任意角的三角函数的教学应该帮助学生解决好两个问题：一是能从实际问题中识别并建立起三角函数的模型；二是借助单位圆理解任意角三角函数的定义并认识其定义域、函数值的符号。

三、设计理念

本课通过多媒体信息技术展示摩天轮旋转及其生成的图像，让学生感受到数学来源于生活又应用于生活，激发同学们学习数学的乐趣。并通过问题的探究，体验“数学是过程的思想”，改变课程实施过程与强调接受学习、死记硬背、机械训练的现状，倡导学生主动参与，乐于探究，勤于动手，培养学生收集和处理信息的能力，获得新知识的能力，分析与解决问题的能力以及交流合作的能力。

四、教学目标

1. 借助摩天轮的情境问题很好地融合初中对三角函数的定义，也能很好地融入直角坐标系中，自然地将锐角三角函数的定义向任意角的三角函数过渡；从通过问题引导学生自主探究任意角的三角函数的生成过程，从而很好地理解任意角的三角函数的定义。

2. 从任意角的三角函数的定义认识其定义域、函数值的符号。

3. 能初步应用定义分析和解决一些与三角函数值有关的简单问题。

五、教学重点与难点

教学重点：任意角的三角函数的定义。

教学难点：正弦、余弦、正切函数的定义域。

六、教学过程

第一部分——情景引入

问题1：如图6-12-1所示是一个摩天轮，假设它的中心离地面的高度为 h_0，它的直径为 $2R$，逆时针方向匀速转动，转动一周需要360秒，若现在你坐在座舱中，从初始位置 OA 出发，过了30秒后，你离地面的高度 h 为多少？过了45秒呢？过了 t 秒呢？

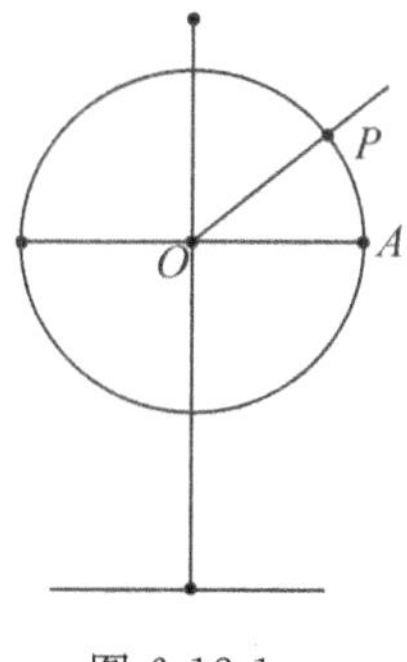

图 6-12-1

设计意图：高中学生已经具有丰富的生活经验和一定的科学知识，因此选择感兴趣的、与其生活实际密切相关的素材，此情境设计应该有助于学生对知识的发生发展的理解。

这个数学模型很好地融合了初中对三角函数的定义，也能放在直角坐标系中，很好地将锐角三角函数的定义向任意角的三角函数过渡，揭示函数的本质。

第二部分——复习回顾锐角三角函数

让学生自主思考如何解决问题：“过了 30 秒后，你离地面的高度为多少？”

分析：作图（图 6-12-2）很容易知道：从起始位置 OA 运动 30 秒后到达 P 点位置，由题意知 $\angle AOP=30°$，作 PH 垂直地面交 OA 于 M，又知 $MH=h_0$，所以本问题转变成求 PH 再次转变为求 PM。

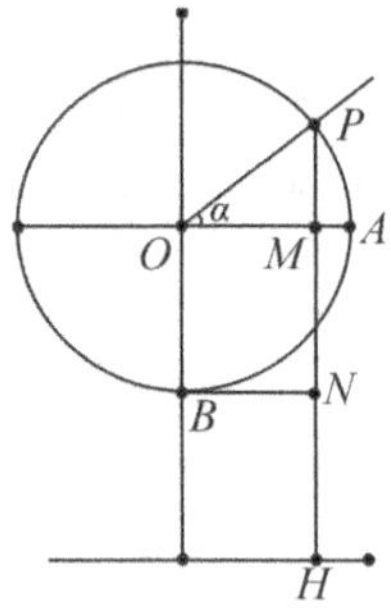

图 6-12-2

要求 PM 就是回到初中所学的解直角三角形的问题（见图 6-12-3），即锐角的三角函数。

问题 2：锐角 α 的正弦函数如何定义？

学生自主探究：学生很容易得到

$\sin\alpha=\frac{|MP|}{|OP|}=\frac{|MP|}{R}\Rightarrow|MP|=R\sin\Rightarrow|PH|=h_0+R\sin\alpha\Rightarrow h=h_0+R\sin\alpha$

所以学生很自然得到“过了 30 秒后，过了 45 秒，你离地面的高度 h 为多少？”

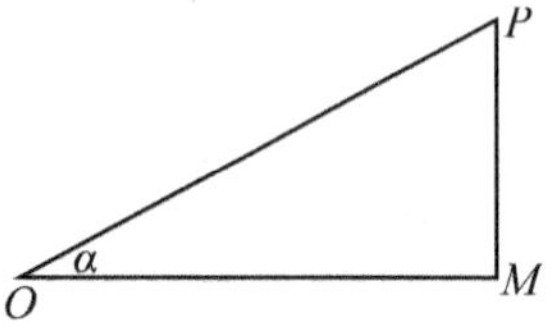

图 6-12-3

$h_1=h_0+R\sin30°$；

$h_2=h_0+R\sin45°$。

教师总结：t_0 在锐角的范围中，$h=h_0+R\sin t_0$。

第三部分——引入新课

问题 3：请问 t 的范围呢？随着时间的推移，你离地面的高度 h 为多少？能不能猜想 $h=h_0+R\sin t_0$？

分析：若想做到这一点，就得把锐角的正弦推广到任意角的正弦。今天我们就来学习任意角的三角函数。

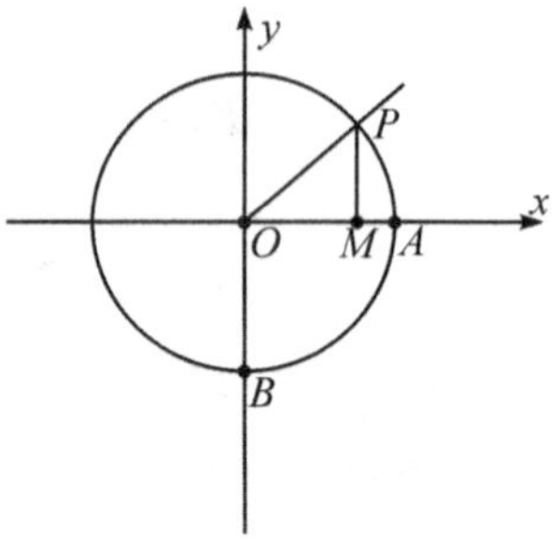

图 6-12-4

问题 4：如图 6-12-4 所示建立直角坐标系，设点 $P(x_P,y_P)$，你能用直角坐标系中角的终边上的点的坐标来表示锐角 α 的正弦函数的定义吗？能否也定义其他函数（余弦、正切）？

学生自主探究：$\sin\alpha=\frac{|MP|}{|OP|}=\frac{y_P}{R}$，$\cos\alpha=\frac{|OM|}{|OP|}=\frac{x_P}{R}$，$\tan\alpha=\frac{|MP|}{|OM|}=\frac{y_P}{x_P}$。

问题 5：改变终边上的点的位置，这三个比值会改变吗？为什么？

分析：先由学生回答问题，教师再引导学生选几个点，计算比值，获得具体认识，并由相似三角形的性质证明。

设计意图：让学生深刻理解体会三角函数值不会随着终边上的点的位置的改变而改变，只与角有关系。

通过摩天轮的演示，让学生感受到第一象限角的正弦可以跟锐角正弦的定义一样。

问题 6：大家根据第一象限角的正弦函数的定义，能否也给出第二象限角的定义呢？

学生自主探究：学生通过上面已知知识得到 $\sin\alpha=\dfrac{|MP|}{|OP|}=\dfrac{y_P}{R}$。

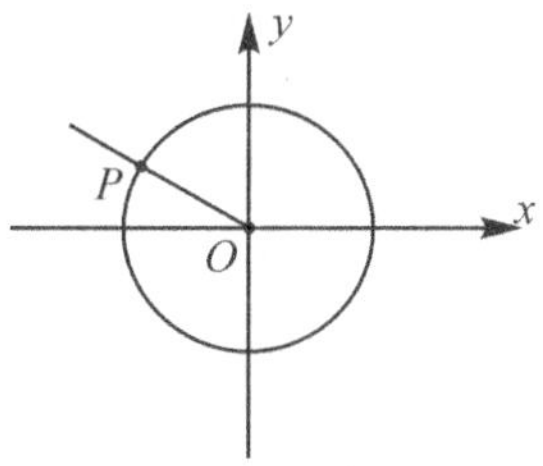

图 6-12-5

学生定义好第二象限角后，让学生自己算出摩天轮座舱在第 150 秒时，离地面的高度 h（见图 6-12-5）。

通过摩天轮知道：$h=h_0+R\sin150°=h_1=h_0+R\sin30°$，

由此得到：$\sin150°=\dfrac{1}{2}$。

设计意图：通过这个探究，让学生检验 $\sin\alpha=\dfrac{|MP|}{|OP|}=\dfrac{y_P}{R}$ 在第二象限角是否正确？

问题 7：$\sin\alpha=\dfrac{|MP|}{|OP|}$ 在第三象限或第四象限能成立吗？

设计意图：让学生通过模型，检验定义是否正确，从中让学生自己发现正、负符号的偏差。（可以让学生取 $t=210$，从而 $h=h_0+R\sin210°$，得到 $\sin210°=-\dfrac{1}{2}$，发现这与 $\sin\alpha=\dfrac{|MP|}{|OP|}$ 不相符，实际上是 $\sin\alpha=\dfrac{-|MP|}{|OP|}$。）

教师总结：我们通过这个模型知道如何在某些范围内计算自己此时离地面的高度，用数学模型 $h=h_0+R\sin t_0$ 来表示。当摩天轮转动，角度的概念也不知不觉地推广到任意角，对于任意角的正弦不能只是依赖于角所在的直角三角形中的对边的长度比斜边的长度，而应该用点 P 的横坐标来代替 $|MP|$ 或 $-|MP|$，这样就能够很好表示出正弦的函数任意角的定义。

第四部分——给出任意角三角函数的定义

如图 6-12-5 所示，已知点 $P(x,y)$ 为角 α 终边上的点，点 P 到顶点 O 的距离为 R，则

$$\sin\alpha=\frac{y}{R}(\alpha\in\mathbf{R}),\cos\alpha=\frac{x}{R}(\alpha\in\mathbf{R}),\tan\alpha=\frac{y}{x}\left(\alpha\neq\frac{\pi}{2}+k\pi\right)。$$

分析：让学生通过刚才的模型进一步体验任意角三角函数的定义要点：点、点的坐标、点到顶点的距离。

问题 8：当摩天轮的半径 $R=1$ 时，三角函数的定义会发生怎样的变化？

学生自主探究：$\sin\alpha=y$，$\cos\alpha=x$，$\tan\alpha=\frac{y}{x}$。

教师引导学生进行对比，学生通过对比发现取到原点的距离为1的点可以使表达式简化。

教师进一步给出单位圆的定义。

给出下列表格，让学生自己补充完整。

三角函数	定义一：$\|OP\|=1$	定义二：$\|OP\|=R$	定义域
$\sin\alpha$	y	$\frac{y}{R}$	$\alpha\in\mathbf{R}$
$\cos\alpha$	x	$\frac{x}{R}$	$\alpha\in\mathbf{R}$
$\tan\alpha$	$\frac{y}{x}$	$\frac{y}{x}$	$\alpha\neq\frac{\pi}{2}+k\pi$

及时归纳总结有利于学生对所学知识的巩固和掌握。

第五部分——例题讲解

例1 （课本第14页例2）已知角α终边经过点$P_0(-3,-4)$，求角α的正弦、余弦和正切值。

分析：让学生现学现用，用上面的定义二就可以得到答案。

例2 （课本第14页例1）求$\frac{5\pi}{3}$的正弦、余弦和正切值。

学生自主探究：让学生自己思考并独立完成，然后与课本的解答对照，发现本题的难点。

教师讲解：本题题意很简单，但是如何入手却是难点，关键是对本课的三角函数定义的要点有没有领会清楚（任意角三角函数的定义要点：点、点的坐标、点到顶点的距离），因此本题的重点之处是如何利用单位圆找到这个点P。如图6-12-6所示，可以知道$\angle POM=\frac{\pi}{3}$，又点P在第四象限，得到$P(\frac{1}{2},-\frac{\sqrt{3}}{2})$，这样就能很容易地得到本题答案。

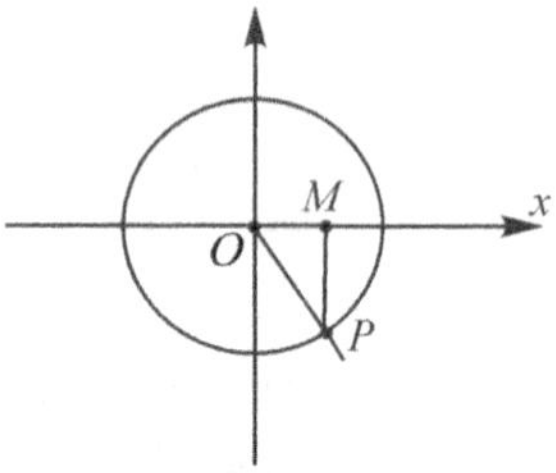

图 6-12-6

不妨让学生取$R=|OP|=4$，能否也得到点P的坐标，得到的三角函数值是否与在单位圆中得到的三角函数值一样。这样可以让学生更深刻体验三角函数的定义。

第六部分——巩固练习

练习1 （例2变式）求$\frac{7\pi}{6}$的正弦、余弦和正切值。

练习2 通过观察摩天轮的旋转，三角函数的角的终边所在象限不同，请说说三角函数在各个象限内的三角函数值的符号？独立完成课本第 15 页的“探究”。

设计意图：练习 1、练习 2 的设计与例 2、例 3 衔接，主要目的是帮助学生巩固三角函数的本质特征，引导学生从定义出发，利用坐标平面内的点的坐标特征，自主探究三角函数的有关问题的思想方法，并在特殊情形中体会数形结合的思想方法。

第七部分——小结与作业

学生自我总结。

作业：第 23 页习题 1.2A 组 1,2,3。

七、教学反思

上述教学设计及具体教学实施过程有以下几点意义：

(1)教学设计紧扣《课程标准》的要求，重点放在对任意角的三角函数的理解上。背景创设是学生熟悉的摩天轮，认知过程符合学生的认知特点和身心发展规律——具体到抽象，现象到本质，特殊到一般，这样有利于学生的思考。

(2)情境设计的数学模型很好地融合了初中对三角函数的定义，也能很好地引入到直角坐标系中，很好地将锐角三角函数的定义向任意角的三角函数过渡，同时能够揭示函数的本质。

(3)通过问题引导学生自主探究任意角的三角函数的生成过程，让学生在情境中活动，在活动中体验数学与自然和社会的联系、新旧知识的内在联系，在体验中领悟数学的价值，它渗透了蕴涵在知识中的思想方法和研究性学习的策略，使学生在理解数学的同时，在思维能力、情感态度与价值观等多方面取得进步。这和《课程标准》的理念是一致的。

(4)《课程标准》把发展学生的数学应用意识和创新意识作为目标之一，在教学中不仅要突出知识的来龙去脉，还要为学生创设应用实践的空间，促进学生在学习和实践过程中形成和发展数学应用意识，提高学生的直觉猜想，归纳抽象，培养学生提出、分析、解决问题的能力，发展学生的数学应用意识和创新意识，使其上升为一种数学意识，自觉地对客观事物中蕴涵的一些数学模式作出思考和判断。在解答问题的过程中体验到从数学的角度运用学过的数学思想、数学思维、数学方法去观察生活、分析自然现象、解决实际问题的策略，使学生认识到数学原来就来自身边的现实世界，是认识和解决我们生活和工作中问题的有力武器，同时也获得了进行数学探究的切身体验和能力，增进了他们对数学的理解和应用数学的信心。

【案例点评】

本课以新颖背景“摩天轮”引课，从直角三角形的锐角入手，引导学生尝试探究，逐次深入引出任意角的三角函数的定义，以问题形式巩固深化任意角三角函数值的计算，结合平位图直观作用，使学生经历了由浅入深，由易到难，清楚展现了任意角三角函数的生成过程，加深了对任意角三角函数的认识。

新课程教材强调了学生探究能力的培养，但不意味着每个知识点都需要人为创设情境加以探究。现实的教学由于受教学时数限制，总是希望课堂教学效率高些，任意角的三角函数的定义是否一定要创设情境让学生探究？只要让学生理解有必要引入任意角三角函数概念，然后直接下定义，从课堂教学效率而言，可能会更好些。

案例6-13　函数 $y=A\sin(\omega x+\varphi)$ 的图像①

一、教学内容分析

本课选自《普通高中课程标准实验教科书·数学(必修4)》(人教A版)“§1.5 函数 $y=A\sin(\omega x+\varphi)$ 的图像”。它是在前面学习了正弦函数和余弦函数的图像和性质的基础上对正弦函数图像的深化和拓展，由此进一步理解 $y=A\sin(\omega x+\varphi)$ 与 $y=\sin x$ 的图像间的变换关系。通过学习 $y=A\sin(\omega x+\varphi)$ 的图像变换的学习有助于学生进一步理解正弦函数的图像和性质，加深学生对其他函数图像变换的理解和认识，加深数形结合在数学学习中的应用的认识，同时也为相关学科的学习打下扎实的基础。

同时本课的课标要求是结合具体实例，了解 $y=A\sin(\omega x+\varphi)$ 的实际意义，能借助计算机画出函数 $y=A\sin(\omega x+\varphi)$ 的图像，并观察参数 A,ω,φ 对函数图像变化的影响，同时结合具体函数图像的变化，使学生领会由简单到复杂、特殊到一般的化归思想。

本课知识是学习函数图像变换综合应用的基础，在教材中显得十分重要。因此本课内容是这一章的重点和难点之一。

二、学生学情分析

学生在已经学习了作正弦曲线 $y=\sin x$ 的图像和五点画简图法，以及函数 $y=\sin x$ 的性质和函数 $y=A\sin(\omega x+\varphi)$ 的周期等性质的求法，并且有了一定的读图能力，能根据图像抽象概括出一些简单的性质。但给出的两个同类函数的变换关系要多次的变换让他们晕头转向，例如必修4第63页的几个函数间的关系，他们的判断方向颠倒，一度混乱。为了帮助学生很好地理解其中的内在联

① 本案例由福建惠安一中孙经设计。

系，作者在这块内容中加进了自己的探索，发现学生对初一学习代数式的意义认识比较深刻，就把代数式的另一面：几何形式展现出来，以形代数，以数现形，使 $y=A\sin(\omega x+\varphi)$ 的图像变换得更加直观，容易理解。函数的形式可以多种多样，可以先伸缩再平移，也可以先平移再伸缩，任意地变换，畅通无阻。

三、设计理念

根据“诱思探究教学”中提出的教学模式，设计的教学过程，遵循“探索—研究—运用”亦即“观察—思维—迁移”的三个层次，侧重学生的“思”、“探”、“究”的自主学习，由旧知识类比得新知识，自主探究图像与图像之间的变换关系，让学生动脑思，动手探。教师的“诱”要在点上，在精不在多。整个教学过程始终贯穿“体验为主线，思维为主攻”，学生的学习目的要达到“探索找核心，研究获本质”。

四、教学目标

本课将借助计算机 Flash 软件辅助功能，探究参数 A,ω,φ 对函数 $y=A\sin(\omega x+\varphi)$ 的图像变化的影响，领会由简单到复杂、特殊到一般的化归思想。在教学中让学生会用“五点法”画出函数 $y=A\sin(\omega x+\varphi)$ 的简图，并结合具体实例，了解 $y=A\sin(\omega x+\varphi)$ 的实际意义。使学生掌握从特殊到一般、从具体到抽象的思维方法，从而达到从感性认识到理性认识的飞跃。通过对曲线的伸缩、平移等变换，体会三角函数曲线的平滑和流畅美。

五、教学重点与难点

教学重点：考察参数 A,ω,φ 对函数图像变化的影响，理解函数 $y=\sin x$ 图像到 $y=A\sin(\omega x+\varphi)$ 的图像变化过程。

教学难点：ω 对 $y=A\sin(\omega x+\varphi)$ 的图像的影响规律的概括。

六、教学过程设计

教学环节	教学程序	设计意图
创设情境表明意图	演示课件“弹簧振子位移—时间的图像”，通过联想类比，去发现它与前面学过的正弦曲线、余弦曲线的联系，去揭示该函数图像与我们即将要学的函数 $y=A\sin(\omega x+\varphi)$ $(A>0,\ \omega>0)$ 的图像之间的联系。	①从学生已熟悉的弹簧振子的位移—时间的图像去明确研究函数 $y=A\sin(\omega x+\varphi)$ $(A>0,\omega>0)$ 的图像的目的，使新课引入显得自然、易于接受。 ②让学生明确理论是从实践中来，又回到实践中去，使学生学习研究目的性更加明确。

续表

教学环节	教学程序	设计意图
举例分析 演示归纳 引导探索 观察规律	**例 1** 利用五点法在同一坐标系中作出 $y=2\sin x$ 与 $y=\frac{1}{2}\sin x$ 的简图，并指出它们的图像与 $y=\sin x$ 的关系。 **例 2** 利用五点法在同一坐标系中作出 $y=\sin 2x$ 与 $y=\sin\frac{1}{2}x$ 的简图，并指出它们的图像与 $y=\sin x$ 的关系。 **例 3** 利用五点法在同一坐标系中作出 $y=\sin\left(x+\frac{\pi}{3}\right)$ 与 $y=\sin\left(x-\frac{\pi}{4}\right)$ 的简图，并指出它们的图像与 $y=\sin x$ 的关系。 **例 4** 作出函数 $y=3\sin\left(2x+\frac{\pi}{3}\right)$ 的图像，并指出它的图像与 $y=\sin x$ 的关系。 例题的完成过程是指导学生利用五点法作图并引导学生如何选取五点，并利用课件演示变化过程，通过观察、分析从而揭示规律。	①说明五点法作图如何取到关键的五点的坐标，并结合正弦曲线的特点指出如何成图。 ②从例 1、例 2、例 3，通过演示图像的伸缩、左、右、上、下平移，引导学生观察、分析，从特殊到一般，从具体到抽象，去总结出 $y=A\sin x$，$y=\sin\omega x$，$y=\sin(x+\varphi)$ 与 $y=\sin x$ 的图像之间的联系。 ③在前 3 个例子的基础上作出例 4 的图像，并演示出其变化过程，引导学生观察、分析图像，归纳出不同的伸缩、平移变化次序及变化的量之间的联系，从而总结出函数 $y=3\sin\left(2x+\frac{\pi}{3}\right)$ 的图像与 $y=\sin x$ 的图像的关系及不同的变换方法。
归纳小结	①总结出函数 $y=A\sin(\omega x+\varphi)(A>0,\omega>0)$ 的图像与 $y=\sin x$ 的图像的关系。 ②指明 $y=A\sin(\omega x+\varphi)(A>0,\omega>0)$ 中 A,ω,φ 相应的名称及由 A,ω,φ 引起的变化的名称。 ③让学生认真总结，在探索与交流中去体会不同的变化顺序对变化的影响。	①引导学生对所学的知识、数学思想方法进行小结。 ②引导学生对学习过程进行反思，为在今后的学习中进行有效调控打下良好的基础。
布置作业巩固提高	课本： 题组 1：课本第 65 页第 2、3 题。 题组 2：作 $y=2\sin\left(\frac{x}{2}+\frac{\pi}{4}\right)$、$y=\frac{1}{2}\sin\left(2x-\frac{\pi}{2}\right)$ 的图像，并说明其与 $y=\sin x$ 的图像关系。	①布置作业有弹性，避免一刀切。 ②使学有余力的学生进一步训练逆向思维，使知识掌握更加深刻。

(一)创设情境,揭示课题

首先,教师通过 Flash 软件的动画功能很直观反映物理中的简谐振动(弹簧振子的摆动),通过以上设计能够使学生通过 Flash 的动画功能,形象、直观地把弹簧振子的摆动演示给学生,这样的设计意图能激发学生原有的知识和经验,为其运用作好准备;设置悬念,引出课题。同时通过这样创设问题情境,使学生能够感受大众数学的意义,使学生明白数学其实就发生在我们身边,使学生在学习过程中感受数学的和谐美,激发学生学习数学的兴趣,提高学生学习数学的积极性,更好地促进学生的发展,体现了新课标的要求。

(二)探究新知,突破难点

其次,在讲解新课前,先提出数学问题,然后让学生在用 Flash 进行数学实验时能抓住本课要点,明确本课的重要内容,带着问题集中注意力探索问题,激发学生的求知欲。设计如下数学问题:

(1)如何由函数 $y=\sin x$ 的图像经过变换得到函数 $y=A\sin(\omega x+\varphi)$ 的图像?

(2)函数 $y=A\sin(\omega x+\varphi)$ 的图像与字母 A,ω,φ 的关系是怎样的?

(3)如何由函数 $y=\sin x$ 的图像经过变换得到函数 $y=3\sin\left(2x+\frac{\pi}{3}\right)$ 的图像?

这样设计一系列问题,层层解剖,层层推进,引导学生研究问题要从具体的函数到抽象的一般函数的科学态度和方法。提出问题后,设法引导学生动手探究函数 $y=\sin x$ 的图像经过怎样的变换能得到函数 $y=3\sin\left(2x+\frac{\pi}{3}\right)$,Flash 课件是较好的数学教学软件工具,通过 Flash 的动态演示功能可以很形象直观地观察到三角函数的图像 $y=3\sin\left(2x+\frac{\pi}{3}\right)$ 的变化。“函数的图像”一节内容已经上了一课时,第二课时主要的问题是用五点法画函数 $y=3\sin\left(2x+\frac{\pi}{3}\right)$ 的图像,并由此总结出由函数 $y=\sin x$ 的图像到函数 $y=A\sin(\omega x+\varphi)$ 的图像的变化规律,这样就必然涉及大量的图像,在以往的教学中对这个问题的处理总是不能达到很好的效果,于是采用教师自制的 Flash 课件。

目前采用计算机辅助教学已成为必然的选择。我们认为,计算机辅助教学必须充分体现“以学生发展为本”。以学生为主体,让学生积极参与,自行探索,获得亲身体验,对数学的概念和内涵有更为深入的理解,从而达到可持续发展的目的。运用 Flash 的动画功能将函数 $y=\sin x$ 的图像经过怎样的变换得到函数 $y=A\sin(\omega x+\varphi)$ 的图像,很直观形象地演示出来。以下是学生用 Flash 探索 y

$=\sin x$ 图像得到函数 $y=A\sin(\omega x+\varphi)$ 图像的变化过程：

1. 探究 A 对函数 $y=\sin x$ 的影响

例 1 画出函数 $y=2\sin x, x\in\mathbf{R}$；$y=\frac{1}{2}\sin x, x\in\mathbf{R}$ 的图像(简图)，见图 6-13-1。

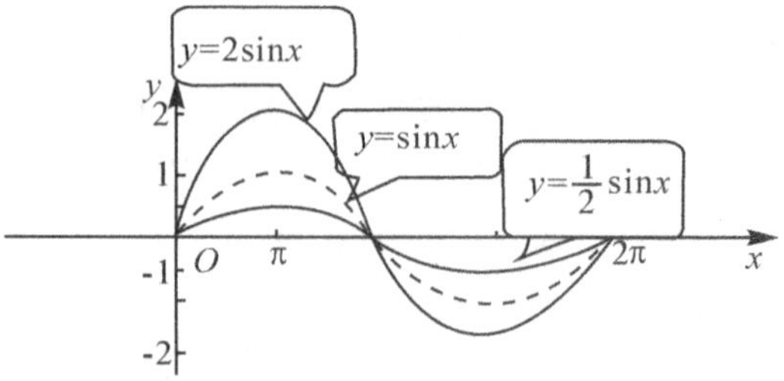

图 6-13-1

探究与归纳：与 $y=\sin x$ 的图像作比较，结论如下：

(1) 函数 $y=A\sin x, x\in\mathbf{R}$ ($A>0$ 且 $A\neq 0$) 的图像可以看做是把正弦曲线上的所有点的纵坐标伸长($A>1$)或缩短($0<A<1$)到原来的 A 倍得到的。

(2) 它的值域为 $[-A,A]$，最大值是 A，最小值是 $-A$。

(3) 若 $A<0$，可先作 $y=-A\sin x$ 的图像，再以 x 轴为对称轴翻折，A 称为振幅，这一变换称为振幅变换。

2. 探究 ω 对函数 $y=\sin x$ 的影响

例 2 画出函数 $y=\sin 2x, x\in\mathbf{R}$；$y=\sin\frac{1}{2}x, x\in\mathbf{R}$ 的图像(简图)，见图 6-13-2。

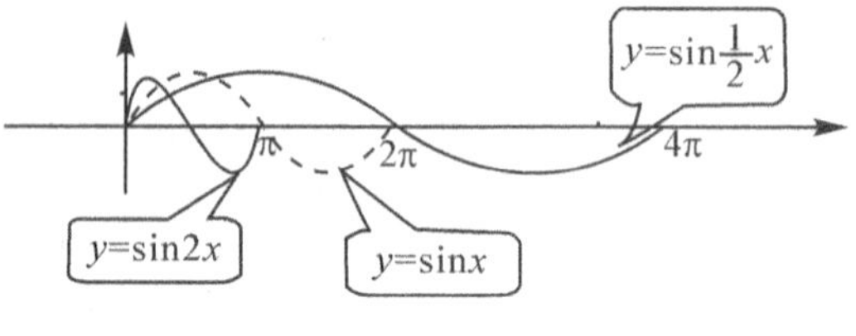

图 6-13-2

探究与归纳：与 $y=\sin x$ 的图像作比较，结论如下：

(1) 函数 $y=\sin\omega x, x\in\mathbf{R}$ ($\omega>0$ 且 $\omega\neq 1$) 的图像可以看做是把正弦曲线上所有点的横坐标缩短($\omega>1$)或伸长($0<\omega<1$)到原来的 $\frac{1}{\omega}$ (纵坐标不变)。

(2) 若 $\omega<0$，则可用诱导公式将符号“提出”再作图，ω 决定了函数的周期，这一变换称为周期变换。

3. 探究 φ 对函数 $y=\sin x$ 的影响

画出以下两个函数的图像：

$y=\sin\left(x+\frac{\pi}{3}\right)$，$x\in\mathbf{R}$ 及 $y=\sin\left(x-\frac{\pi}{4}\right)$，$x\in\mathbf{R}$ 的简图见图 6-13-3。

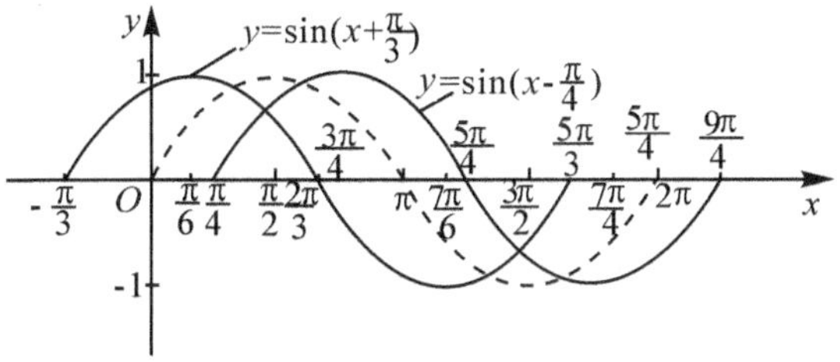

图 6-13-3

探究与归纳：

一般地，函数 $y=\sin(x+\varphi)$，$x\in\mathbf{R}$（其中 $\varphi\neq0$）的图像，可以看做是把正弦曲线上所有点向左（当 $\varphi>0$ 时）或向右（当 $\varphi<0$ 时）平行移动 $|\varphi|$ 个单位长度而得到（用平移法注意讲清方向："加—左"或"减—右"）的。

$y=\sin(x+\varphi)$ 与 $y=\sin x$ 的图像只是在平面直角坐标系中的相对位置不一样，这一变换称为相位变换。

对以上图像的 6 种变化先让学生猜想，然后让学生通过 Flash 软件亲自动手探索图像的变化过程，获得亲身体验，验证三角函数图像变化的规律，使学生获得成功的喜悦感，培养学生学习、探索数学问题的兴趣，增强学生探索几何问题的信心，培养学生的创新和勇于探究问题的能力。以下是教师用 Flash 设计好动画的图像，让学生按照自己的思路，利用 Flash 的动画功能进行三角函数变换，观察三角函数的图像，将会得到怎样的结果。通过电脑的演示，让学生在错误的结果与正确的结果之间进行比较，转变了学生的思维。在此基础上，最后给出问题：

4. 如何由 $y=\sin x$ 变换得到 $y=3\sin\left(2x+\frac{\pi}{3}\right)$？

引导学生自行画出草图，教师在此基础上用课件演示整个变化过程（见图6-13-4）。

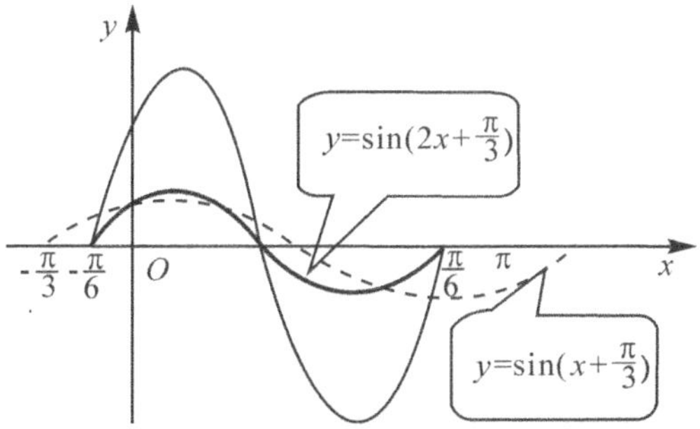

图 6-13-4

两种方法殊途同归：

(1) $y=\sin x \xrightarrow{\text{相位变换}} y=\sin(x+\varphi) \xrightarrow{\text{周期变换}} y=\sin(\omega x+\varphi) \xrightarrow{\text{振幅变换}} y=A\sin(\omega x+\varphi)$

(2) $y=\sin x \xrightarrow{\text{周期变换}} y=\sin\omega x \xrightarrow{\text{相位变换}} y=\sin(\omega x+\varphi) \xrightarrow{\text{振幅变换}} y=A\sin(\omega x+\varphi)$

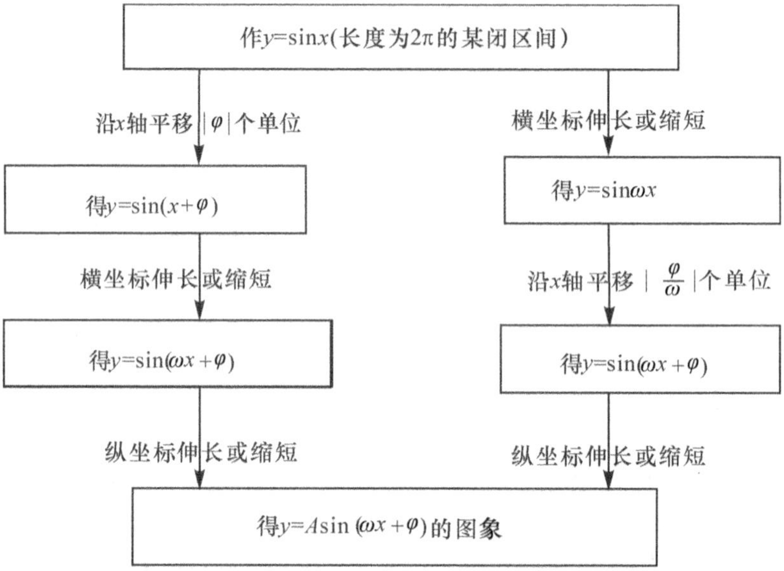

[巩固练习]

1. 把一个函数图像按向量 $\boldsymbol{a}=\left(\frac{-\pi}{4},0\right)$ 平移后，得到函数 $y=\sin\left(x+\frac{\pi}{4}\right)$，则原函数的表达式为 (　　)

A. $y=\sin\left(x+\frac{3\pi}{4}\right)$　　B. $y=\sin\left(x+\frac{\pi}{2}\right)$

C. $y=\sin\left(x-\frac{\pi}{4}\right)$　　D. $y=\sin\left(x+\frac{\pi}{4}\right)-\frac{\pi}{4}$

2. $y=\sin x$ 如何变换得 $y=2\sin\left(3x+\frac{\pi}{6}\right)+2$？

3. $y=\sin\left(2x+\frac{\pi}{4}\right)$ 如何变换得 $y=\sin x$？写出详细的转换过程。

让学生观察，通过分组演示，观察 A,ω,φ 的变化是如何影响三角函数图像的，然后由学生概括出函数 $y=\sin x$ 的图像变换到函数 $y=A\sin(\omega x+\varphi)$ 的图像的变化规律，并且掌握函数 $y=A\sin(\omega x+\varphi)$ 的图像与字母 A,ω,φ 的关系是怎样的。借助计算机 Flash 软件的动态播放功能，在课堂教学中，很容易地得到丰富的三角函数图像。这样，学生就很容易通过自己的参与、探索与归纳，深刻理解 A,ω,φ 这三个系数对三角函数 $y=A\sin(\omega x+\varphi)$ 图像的影响，大大地增加了教学容量，活跃了课堂气氛，提高了教学效率，为进一步研究其他函数图像的性质打下了坚实的基础，从而培养学生掌握从特殊到一般、从具体到抽象的思维方法，实现从感性认识到理性认识的飞跃；运用 Flash 软件的动画功能提供学生思考问题和探索问题的空间。特殊到一般的学习方法比较符合学生的认知规律，同时也培养了学生的抽象概括能力。这“形”中的直观和“数”中的严谨，让学生在“一惊一喜”中达到触类旁通的效果。

我们的教学不能总是先学原理，再举例总结运算步骤，也不一定是“讲清—总结—练习”的程序。虽然提出一定的运算程式，便于学生模仿操作，但过分强调程序，就会造成学生思维的呆板化。长期这样学生就会产生一种很强的依赖性。我们可以采取“情景—诱导—猜想—探索—总结”教学过程模式，以学生发展为本，让学生站到第一线来，打破传统观念。上课时我们主要采用了“引导探究式教学法”，主要以问题为中心，通过不断提出问题、探索问题、分析问题、解决问题，使学生掌握新知识，并形成一定的探究和创新等能力。在本课中设计三个函数图像变化的数学问题，通过 Flash 软件的动画功能，带着问题不断地探索函数图像的变化，激发学生对数学的求知欲望，探索多种函数图像变化的方法，开阔学生的新视野，使学生掌握本课的重要知识，并形成一定的探究数学问题的创新能力。本课中主要的教学主线是“积极前进，循环上升；淡化形式，注重实质；开门见山，适当集中；先做后说，师生共做”。上课所在班的学生的成绩普遍较好，学生在课堂上表现出了很高的参与热情，在回答教师提问时用不着教师刻意指名回答，而是学生随意主动地站起来回答。本课知识相对集中复杂，由于课时的压缩，节余的时间用来进行巩固深化，函数图像变化较复杂，通过设计问题启发学生能够用 Flash 从千变万化的变式中寻找到三角函数变化规律本质，从而使学生能够很好地掌握函数从 $y=\sin x$ 的图像到 $y=A\sin(\omega x+\varphi)$ 的图像 6 种变化过程的方法。学生的主体地位得到了较好的体现，既加深了学生对知识的透彻理解，又培养了学生研究问题的科学方法，这是引导探究式教学法的优势所在。利用几何画板动态测量、跟踪轨迹和快速作图功能进行数学实验，使学生体会到做数学的乐趣。“以学生发展为本”是我们进行课件设计时的重要指导思想，也是课改的重要指导思想。

七、教学反思

本课用简谐振动中的位移与时间的图像引入新课，创设情境，激发学生学习新知的兴趣；操作上，每次不是让计算机代替学生去作图，而是让学生先动手通过计算机实验作图，树立起数形结合的思想，然后利用计算机动态演示图像的变换过程，学生直观地看到各参数对函数图像的影响，突破传统教学上的难点；图像变换的根本原因加深了学生对已有知识和经验的认识和理解。通过实践练习，整个教学过程中，让学生动手探究，教师点拨，使学生的学习达到"探索得资料，研究获本质"。同时，学生认识到数学来源于生活并应用于生活，起到了良好的效果，体现了新课标的理念：每个知识都应该由学生通过活动、探究、体验来获得。但是这样一来，使得课堂上时间明显不够，训练量不够，学生对知识的巩固程度令人放心不下，这也是实施新课程中我们应该着力去研究的问题。另外，从新课程的理念"改变学生的学习方式"这一角度来看，运用 Flash 的动画功能提供学生思考问题和探索问题的空间。观察函数中的参数的变化带来的图像的变化，从而根本上改变学生的学习方式，使计算机的信息技术能够很好地运用于新课程改革，使学生真正成为学习课程的主体。

【案例点评】

函数 $y=A\sin(\omega x+\varphi)$ 的图像这一课的重点是用参数思想讨论函数 $y=A\sin(\omega x+\varphi)$ 的图像变换过程，难点是图像变换与函数解析式变换的内在联系的认识。孙老师在设计中从一个物理问题《弹簧振子位移—时间的图像》引入，根据从具体到抽象的原则，通过参数赋值，从具体函数的讨论开始，把从函数 $y=\sin x$ 的图像到函数 $y=A\sin(\omega x+\varphi)$ 的图像的变换过程，分解为先分别考察参数 φ,ω,A 对函数图像的影响，然后整合为对 $y=A\sin(\omega x+\varphi)$ 的整体考察。鉴于作函数 $y=A\sin(\omega x+\varphi)$ 的图像有一定的复杂性，孙老师在设计中自己制作了 Flash 课件，让计算机动态地演示参数 φ,ω,A 对函数 $y=A\sin(\omega x+\varphi)$ 图像的影响，这对学生认识函数 $y=A\sin(\omega x+\varphi)$ 图像特点非常有好处。当然培养学生的作图能力，特别是用五点法作函数 $y=A\sin(\omega x+\varphi)$ 的图像，也是本课不可缺少的一个环节，孙老师在教学设计中也注意到了这一点。

从函数 $y=\sin x$ 的图像出发，经过图像变换得到函数 $y=A\sin(\omega x+\varphi)$ 图像，其变换途径不唯一，教学中可以提出不同变换途径的问题，让学生自己去研究。

案例6-14　正弦定理[①]

一、教学内容分析

本课内容安排在《普通高中课程标准实验教科书·数学(必修5)》(人教A版)第一章,正弦定理第一课时,是在高二学生学习了三角函数等知识之后,显然是对三角函数知识的应用。同时,作为三角形知识中的一个定理,也是对初中解直角三角形内容的直接延伸,因而定理本身的应用又十分广泛。

根据实际教学处理,正弦定理这部分内容共分为三个层次:第一层次教师通过引导学生对实际问题的探索,大胆提出猜想;第二层次由猜想入手,带着疑问,以及特殊三角形中边角的关系的验证,通过"作高法"、"等积法"、"外接圆法"、"向量法"等多种方法证明正弦定理,验证猜想的正确性,并得到三角形面积公式;第三层次利用正弦定理解决引例,最后进行简单的应用。学生通过对任意三角形中正弦定理的探索、发现和证明,感受"观察—实验—猜想—证明—应用"这一思维方法,养成大胆猜想、善于思考的品质和勇于求真的精神。

二、学生学情分析

对普高高二学生来说,已学习了平面几何、解直角三角形、三角函数、向量等知识,具有一定观察分析、解决问题的能力,但对前后知识间的联系、理解、应用有一定难度,因此思维灵活性受到制约。根据以上特点,教师恰当引导,提高学生学习主动性,多加以前后知识间的联系,带领学生直接参与分析问题、解决问题并品尝劳动成果的喜悦。

三、设计思想

本课采用探究式课堂教学模式,即在教学过程中,在教师的启发引导下,以学生独立自主和合作交流为前提,以问题为导向设计教学情境,以"正弦定理的发现和证明"为基本探究内容,为学生提供充分自由表达、质疑、探究、讨论问题的机会,让学生通过个人、小组、集体等多种解难释疑的尝试活动,在知识的形成、发展过程中展开思维,逐步培养学生发现问题、探索问题、解决问题的能力和创造性思维的能力。

四、教学目标

1. 让学生从已有的几何知识出发,通过对任意三角形边角关系的探索,共

① 本案例由福建福安一中陈桢仔、林旭设计。

同探究在任意三角形中,边与对角的关系,引导学生通过观察、实验、猜想、验证、证明,由特殊到一般归纳出正弦定理,掌握正弦定理的内容及其证明方法,理解三角形面积公式,并学会运用正弦定理解斜三角形的两类基本问题。

2.通过对实际问题的探索,培养学生观察问题、提出问题、分析问题、解决问题的能力,增强学生的协作能力和交流能力,发展学生的创新意识,培养学生的创造性思维的能力。

3.通过学生自主探索、合作交流,亲身体验数学规律的发现,培养学生勇于探索、善于发现、不畏艰辛的创新品质,增强学习的成功心理,激发学习数学的兴趣。

4.培养学生合情合理探索数学规律的数学思想方法,通过平面几何、三角函数、正弦定理、向量的数量积等知识间的联系来体现事物之间的普遍联系与辩证统一。

五、教学重点与难点

教学重点:正弦定理的发现与证明;正弦定理的简单应用。

教学难点:正弦定理的猜想提出过程。

六、教学过程设计

教学准备:制作多媒体课件,学生准备计算器、直尺、量角器。

(一)结合实例,激发动机

(师生活动)

教师:展示情景图(见图 6-14-1),船从港口 B 航行到港口 C,测得 BC 的距离为 600m,船在港口 C 卸货后继续向港口 A 航行,由于船员的疏忽没有测得 CA 的距离,如果船上有测角仪我们能否计算出 A,B 间的距离?

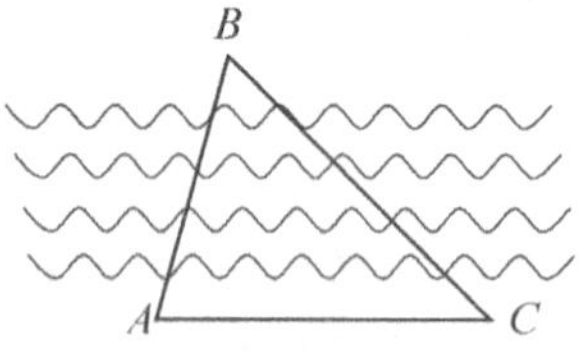

图 6-14-1

学生:(思考)提出测量$\angle A,\angle C$。

教师:若已知测得$\angle BAC=75°$,$\angle ACB=45°$,要计算 A,B 两地距离,你有办法解决吗?

学生:(思考交流)画一个三角形 $A'B'C'$,使得 $B'C'$ 为 6cm,$\angle B'A'C'=75°$,$\angle A'C'B'=45°$,量得 $A'B'$ 距离约为 4.9cm,利用三角形相似性质可知 AB 约为 490m。

教师:对,很好,在初中,我们学过相似三角形,也学过解直角三角形,大家还记得吗?

师生:共同回忆解直角三角形。①直角三角形中,已知两边,可以求第三边及两个角。②直角三角形中，已知一边和一角，可以求另两边及第三个角。

教师：引导，$\triangle ABC$ 是斜三角形，能否利用解直角三角形，精确计算 AB 呢？

学生：（思考，交流）得出过 A 作 $AD\perp BC$ 于 D（见图 6-14-2），把 $\triangle ABC$ 分为两个直角三角形。

（解题过程可以由学生阐述，教师板书。）

解 过 A 作 $AD\perp BC$ 于 D，

$\because$ 在 $\mathrm{Rt}\triangle ACD$ 中，$\sin\angle ACB=\dfrac{AD}{AC}$，

$\therefore AD=AC\cdot\sin\angle ACB=600\times\dfrac{\sqrt{2}}{2}=300\sqrt{2}(\mathrm{m})$。

$\because \angle ACB=45°,\angle BAC=75°$，

$\therefore \angle ABC=180°-\angle ACB-\angle BAC=60°$。

$\because$ 在 $\mathrm{Rt}\triangle ABD$ 中，$\sin\angle ABC=\dfrac{AD}{AB}$，

$\therefore AB=\dfrac{AD}{\sin\angle ABC}=\dfrac{300\sqrt{2}}{\dfrac{\sqrt{3}}{2}}=200\sqrt{6}(\mathrm{m})$。

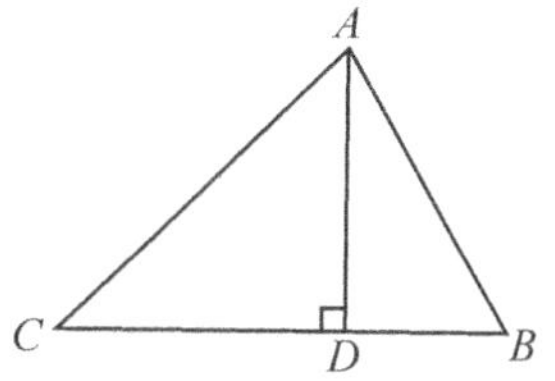

图 6-14-2

教师：（表示对学生赞赏）那么，刚才解决问题的过程中，若 $AC=b,AB=c$，能否用 B、b、C 表示 c 呢？

教师：引导学生再观察刚才的解题过程。

学生：发现 $\sin C=\dfrac{AD}{b}$，$\sin B=\dfrac{AD}{c}$，则 $AD=b\sin C=c\sin B$，因此 $c=\dfrac{b\sin C}{\sin B}$。

教师：（引导）在刚才的推理过程中，你能想到什么？你能发现什么？

学生：发现既然有 $c=\dfrac{b\sin C}{\sin B}$，那么也有 $c=\dfrac{a\sin C}{\sin A}$，$a=\dfrac{b\sin A}{\sin B}$。

教师：（引导）$c=\dfrac{b\sin C}{\sin B}$，$c=\dfrac{a\sin C}{\sin A}$，$a=\dfrac{b\sin A}{\sin B}$，我们习惯写成对称形式 $\dfrac{c}{\sin C}=\dfrac{b}{\sin B}$，$\dfrac{c}{\sin C}=\dfrac{a}{\sin A}$，$\dfrac{a}{\sin A}=\dfrac{b}{\sin B}$，因此我们可以发现 $\dfrac{a}{\sin A}=\dfrac{b}{\sin B}=\dfrac{c}{\sin C}$，是否任意三角形都有这种边角关系呢？

设计意图：兴趣是学习最好的老师。如果一节课有良好的开头，那就意味着成功了一半。因此，教师通过从学生日常生活中的实际问题引入，激发学生思维和求知欲，引导学生转化为解直角三角形的问题。在解决问题后，对特殊问题一般化，得出一个猜测性的结论——猜想，培养学生从特殊到一般的思想意识，从而培养学生的创造性思维能力。

(二)数学实验,验证猜想

教师:(给学生指明一个方向)我们先通过特殊例子检验$\frac{a}{\sin A}=\frac{b}{\sin B}=\frac{c}{\sin C}$是否成立,举出特例。

(1)在$\triangle ABC$中,$\angle A$,$\angle B$,$\angle C$分别为60°,60°,60°[见图6-14-3(1)],对应的边长$a:b:c$为$1:1:1$,对应角的正弦值分别为$\frac{\sqrt{3}}{2}$,$\frac{\sqrt{3}}{2}$,$\frac{\sqrt{3}}{2}$,引导学生考察$\frac{a}{\sin A}$,$\frac{b}{\sin B}$,$\frac{c}{\sin C}$的关系。(学生回答它们相等)

(2)在$\triangle ABC$中,$\angle A$,$\angle B$,$\angle C$分别为45°,45°,90°[见图6-14-3(2)],对应的边长$a:b:c$为$1:1:\sqrt{2}$,对应角的正弦值分别为$\frac{\sqrt{2}}{2}$,$\frac{\sqrt{2}}{2}$,1。(学生回答它们相等)

(3)在$\triangle ABC$中,$\angle A$,$\angle B$,$\angle C$分别为30°,60°,90°[见图6-14-3(3)],对应的边长$a:b:c$为$1:\sqrt{3}:2$,对应角的正弦值分别为$\frac{1}{2}$,$\frac{\sqrt{3}}{2}$,1。(学生回答它们相等)

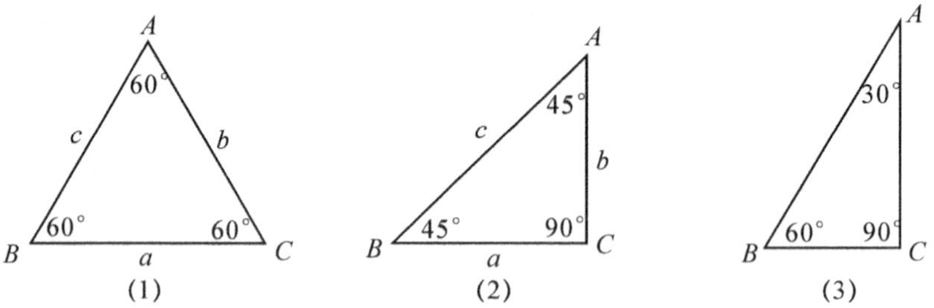

图 6-14-3

教师:对于$\mathrm{Rt}\triangle ABC$呢?

学生:(思考交流得出)如图6-14-4所示,在$\mathrm{Rt}\triangle ABC$中,设$BC=a$,$AC=b$,$AB=c$,则有$\sin A=\frac{a}{c}$,$\sin B=\frac{b}{c}$,

又$\sin C=1=\frac{c}{c}$,则$\frac{a}{\sin A}=\frac{b}{\sin B}=\frac{c}{\sin C}=c$,

从而在$\mathrm{Rt}\triangle ABC$中,$\frac{a}{\sin A}=\frac{b}{\sin B}=\frac{c}{\sin C}$。

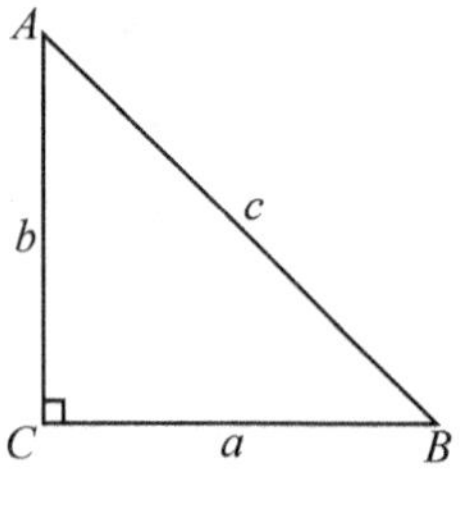

图 6-14-4

教师:那么任意三角形是否有$\frac{a}{\sin A}=\frac{b}{\sin B}=\frac{c}{\sin C}$呢?

学生按事先安排分组，出示实验报告单，让学生阅读实验报告单，质疑提问：有什么不明白的地方或者有什么问题吗？（如果学生没有问题，那么教师让学生动手计算，附实验报告单。）

学生：分组互动，每组画一个三角形，度量出三边和三个角度数值，通过实验数据计算，比较$\frac{a}{\sin A}$，$\frac{b}{\sin B}$，$\frac{c}{\sin C}$的近似值。

教师：借助多媒体演示随着三角形任意变换，$\frac{a}{\sin A}$，$\frac{b}{\sin B}$，$\frac{c}{\sin C}$值仍然保持相等。

我们猜想：$\frac{a}{\sin A}=\frac{b}{\sin B}=\frac{c}{\sin C}$。

设计意图：让学生体验数学实验，激起学生的好奇心和求知欲。学生自己进行实验，体会到数学实验的归纳和演绎推理的两个侧面。

（三）证明猜想，得出定理

（师生活动）

教师：虽然我们经历了数学实验，多媒体技术支持，但对任意的三角形，如何用数学的思想方法证明$\frac{a}{\sin A}=\frac{b}{\sin B}=\frac{c}{\sin C}$呢？前面探索过程对我们有没有启发？学生分组讨论，每组派一个代表总结。（以下证明过程，根据学生回答情况进行叙述。）

学生：思考得出：

①在 Rt$\triangle ABC$ 中，成立，如前面检验。

②在锐角三角形中（见图 6-14-5），设 $BC=a$，$CA=b$，$AB=c$。

作 $AD\perp BC$，垂足为 D，

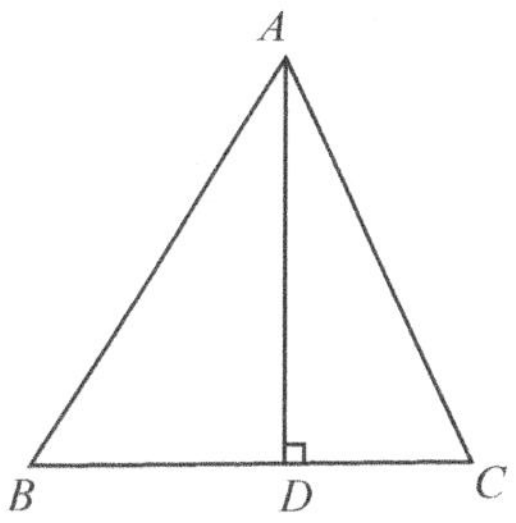

图 6-14-5

$\because$ 在 Rt$\triangle ABD$ 中，$\sin B=\frac{AD}{AB}$，

$\therefore AD=AB\cdot\sin B=c\cdot\sin B$。

$\because$ 在 Rt$\triangle ADC$ 中，$\sin C=\frac{AD}{AC}$，

$\therefore AD=AC\cdot\sin C=b\cdot\sin C$，

$\therefore c\sin B=b\sin C$，$\therefore\frac{c}{\sin C}=\frac{b}{\sin B}$。

同理，在$\triangle ABC$ 中，$\frac{a}{\sin A}=\frac{c}{\sin C}$，

因此$\frac{a}{\sin A}=\frac{b}{\sin B}=\frac{c}{\sin C}$。

③在钝角三角形中(见图 6-14-6),设$\angle C$为钝角,$BC=a$,$CA=b$,$AB=c$。作$AD\perp BC$交BC的延长线于D。

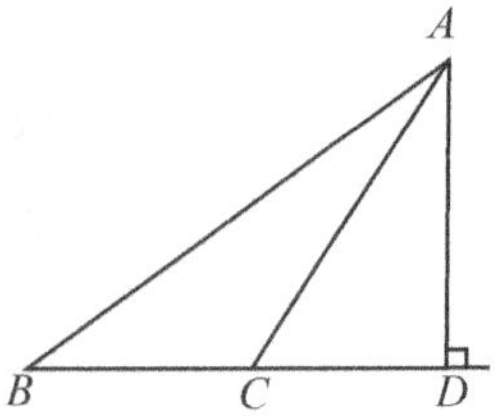

图 6-14-6

$\because$在$Rt\triangle ADB$中,$\sin B=\dfrac{AD}{AB}$,

$\therefore AD=AB\cdot\sin B=c\cdot\sin B$。

$\because$在$Rt\triangle ADC$中,$\sin\angle ACD=\dfrac{AD}{AC}$,

$\therefore AD=AC\cdot\sin\angle ACD=b\cdot\sin\angle ACB$,

$\therefore c\cdot\sin B=b\cdot\sin\angle ACB$,

$\therefore \dfrac{c}{\sin\angle ACB}=\dfrac{b}{\sin B}$。

同锐角三角形证明可知$\dfrac{a}{\sin A}=\dfrac{c}{\sin C}$,

因此$\dfrac{a}{\sin A}=\dfrac{b}{\sin B}=\dfrac{c}{\sin\angle ACB}$。

教师:我们把这条性质称为正弦定理:在一个三角形中,各边和它所对角的正弦的比相等,即$\dfrac{a}{\sin A}=\dfrac{b}{\sin B}=\dfrac{c}{\sin C}$。还有其他证明方法吗?

学生:思考得出,分析图形(见图 6-14-7),对于任意$\triangle ABC$,由初中所学过的面积公式可以得出:$S_{\triangle ABC}=\dfrac{1}{2}AC\cdot BD=\dfrac{1}{2}CB\cdot AE=\dfrac{1}{2}BA\cdot CF$,

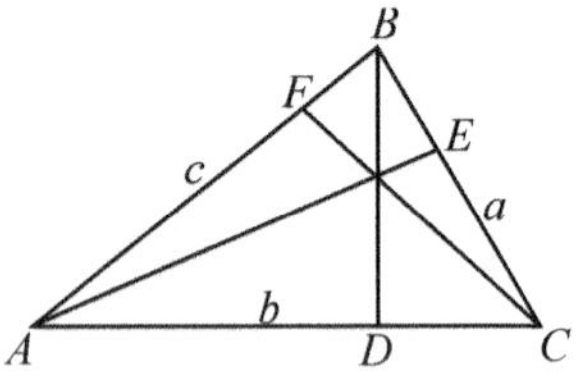

图 6-14-7

而由图中可以看出:$\sin\angle BAC=\dfrac{BD}{AB}$,$\sin\angle ACB=\dfrac{AE}{AC}$,$\sin\angle ABC=\dfrac{CF}{BC}$,

则$BD=AB\cdot\sin\angle BAC$,$AE=AC\cdot\sin\angle ACB$,$CF=BC\cdot\sin\angle ABC$,

$$\begin{aligned}S_{\triangle ABC}&=\frac{1}{2}AC\cdot BD=\frac{1}{2}CB\cdot AE=\frac{1}{2}BA\cdot CF\\&=\frac{1}{2}AC\cdot AB\cdot\sin\angle BAC=\frac{1}{2}CB\cdot AC\cdot\sin\angle ACB\\&=\frac{1}{2}BA\cdot BC\cdot\sin\angle ABC=\frac{1}{2}b\cdot c\cdot\sin\angle BAC\\&=\frac{1}{2}a\cdot b\cdot\sin\angle ACB=\frac{1}{2}c\cdot a\cdot\sin\angle ABC\end{aligned}$$

等式$\dfrac{1}{2}b\cdot c\cdot\sin\angle BAC=\dfrac{1}{2}a\cdot b\cdot\sin\angle ACB=\dfrac{1}{2}c\cdot a\cdot\sin\angle ABC$中均除

以$\frac{1}{2}abc$后可得$\frac{\sin\angle BAC}{a}=\frac{\sin\angle ABC}{b}=\frac{\sin\angle ACB}{c}$，

即$\frac{a}{\sin\angle BAC}=\frac{b}{\sin\angle ABC}=\frac{c}{\sin\angle ACB}$。

教师边分析边引导学生，同时板书证明过程。

在刚才的证明过程中大家是否发现三角形高 $AE=c\cdot\sin\angle ABC=b\cdot\sin\angle ACB$，三角形的面积：$S_{\triangle ABC}=\frac{1}{2}\cdot a\cdot AE$，能否得到新面积公式？

学生：$S_{\triangle ABC}=\frac{1}{2}b\cdot c\cdot\sin\angle BAC=\frac{1}{2}a\cdot b\cdot\sin\angle ACB=\frac{1}{2}c\cdot a\cdot\sin\angle ABC$，得到三角形面积公式 $S_{\triangle ABC}=\frac{1}{2}ab\sin C=\frac{1}{2}ca\sin B=\frac{1}{2}bc\sin A$。

教师：大家还有其他的证明方法吗？如：$\frac{a}{\sin A}$，$\frac{b}{\sin B}$，$\frac{c}{\sin C}$都等于同一个比值 k，那么它们也相等，这个 k 到底有没有什么特殊几何意义呢？

学生：在前面的检验中，$\text{Rt}\triangle ABC$ 中，$\frac{a}{\sin A}=\frac{b}{\sin B}=\frac{c}{\sin C}=c$，$c$ 恰为外接圆的直径，即 $c=k=2R$，所以作$\triangle ABC$ 的外接圆 O，O 为圆心，连接 BO 并延长交圆 O 于 B'，把一般三角形转化为直角三角形。见图 6-14-8。

证明　连结 BO 并延长交圆于 B'，

则$\angle B'AB=90°$，$\angle B'=\angle C$。

∵在 $\text{Rt}\triangle B'AB$ 中，$\frac{AB}{\sin B'}=B'B$，

∴$\frac{AB}{\sin B'}=\frac{AB}{\sin C}=B'B=2R$，

即$\frac{c}{\sin C}=2R$。

同理可证：$\frac{a}{\sin A}=2R$，$\frac{b}{\sin B}=2R$，

因此$\frac{a}{\sin A}=\frac{b}{\sin B}=\frac{c}{\sin C}=2R$。

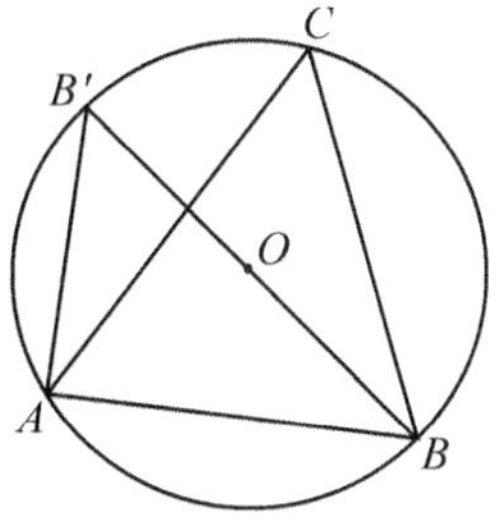

图 6-14-8

教师：从刚才的证明过程中，$\frac{a}{\sin A}=\frac{b}{\sin B}=\frac{c}{\sin C}=2R$，显示正弦定理的比值等于三角形外接圆的直径($2R$)，我们通过“作高法”、“等积法”、“外接圆法”等平面几何方法证明正弦定理，能否利用其他知识来证明正弦定理？如在向量中，我们也学过 $\boldsymbol{a}\cdot\boldsymbol{b}=|\boldsymbol{a}|\cdot|\boldsymbol{b}|\cdot\cos\theta$，这与边的长度和三角函数值有较为密切的联系，是否能够利用向量积来证明正弦定理呢？

学生：（联系作高的思想）思考得出：

在锐角三角形$\triangle ABC$中，$\overrightarrow{AB}+\overrightarrow{BC}=\overrightarrow{AC}$，作单位向量$\boldsymbol{j}$垂直于$\overrightarrow{AC}$，见图6-14-9，

$\overrightarrow{AC}\cdot\boldsymbol{j}=\overrightarrow{AB}\cdot\boldsymbol{j}+\overrightarrow{BC}\cdot\boldsymbol{j}$，

即 $0=c\cdot\cos(90^\circ-A)+a\cdot\cos(90^\circ-C)$，

则 $c\cdot\sin A-a\cdot\sin C=0$，

所以$\dfrac{c}{\sin C}=\dfrac{a}{\sin A}$。

同理：$\dfrac{b}{\sin B}=\dfrac{a}{\sin A}$，

因此$\dfrac{a}{\sin A}=\dfrac{b}{\sin B}=\dfrac{c}{\sin C}$。

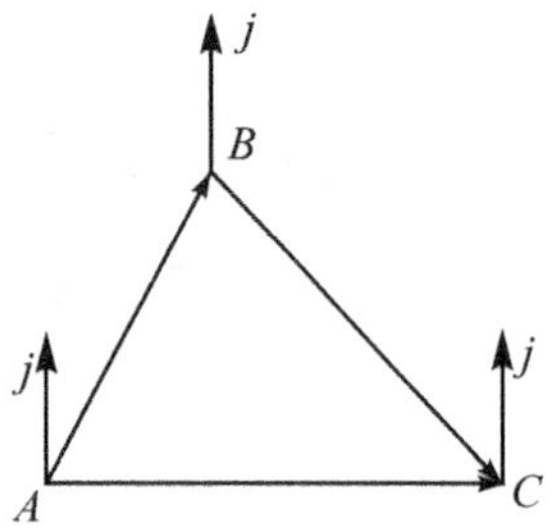

图 6-14-9

对于钝角三角形、直角三角形的情况作简单交代。

教师：由于时间有限，对正弦定理的证明到此为止，有兴趣的同学课后继续探索。

设计意图：经历证明猜想的过程，进一步引导启发学生利用已有的数学知识论证猜想，力图让学生体验数学的学习过程。

（四）利用定理，解决引例

（师生活动）

教师：现在大家再用正弦定理解决引例中提出的问题。

学生：马上得出在$\triangle ABC$中，$\angle B=180^\circ-\angle A-\angle C=60^\circ$，$\dfrac{c}{\sin C}=\dfrac{b}{\sin B}$，

因此 $c=\dfrac{b\cdot\sin C}{\sin B}=\dfrac{600\cdot\sin45^\circ}{\sin60^\circ}=200\sqrt{6}(\mathrm{m})$。

（五）了解解三角形概念

设计意图：让学生了解解三角形的概念，形成知识的完整性。

教师：一般地，把三角形的三个角A,B,C和它们的对边a,b,c叫做三角形的元素，已知三角形的几个元素，求其他元素的过程叫做解三角形。

设计意图：利用正弦定理，重新解决引例，让学生体会用新的知识、新的定理，解决问题更方便、更简单，从而激发学生不断探索新知识的欲望。

（六）运用定理，解决例题

（师生活动）

教师：引导学生从分析方程思想分析用正弦定理可以解决的问题。

学生：讨论正弦定理可以解决的问题类型：

①如果已知三角形的任意两个角与一边，求三角形的另一角和另两边，

如$a=\frac{b\sin A}{\sin B}$；

②如果已知三角形任意两边与其中一边的对角，求另一边与另两角，如$\sin A=\frac{a}{b}\sin B$。

例1的处理，先让学生思考回答解题思路，教师板书，让学生思考主要是突出主体，教师板书的目的是规范解题步骤。

例1 在$\triangle ABC$中，已知$\angle A=30°$，$\angle B=45°$，$a=6\text{cm}$，解三角形。

分析"已知三角形中两角及一边，求其他元素"，第一步可由三角形内角和为$180°$求出第三个角$\angle C$，再由正弦定理求其他两边。

例2 在$\triangle ABC$中，已知$a=2\sqrt{2}$，$b=2\sqrt{3}$，$\angle A=45°$，解三角形。

例2的处理，目的是让学生掌握分类讨论的数学思想，可先让中等学生讲解解题思路，其他学生补充交流。

学生：反馈练习(课本第5页的练习)。

用实物投影仪展示学生中解题步骤规范的解答。

设计意图：自己解决问题，提高学生学习的热情和动力，使学生体验到成功的喜悦，变"要我学"为"我要学"、"我要研究"的主动学习。

(七)尝试小结

教师：提示引导学生总结本课的主要内容。

学生：思考交流，归纳总结。

师生：让学生尝试小结，教师及时补充，要体现：

(1)正弦定理的内容($\frac{a}{\sin A}=\frac{b}{\sin B}=\frac{c}{\sin C}=2R$)及其证明思想方法。

(2)正弦定理的应用范围：①已知三角形中两角及一边，求其他元素；②已知三角形中两边和其中一边所对的角，求其他元素。

(3)分类讨论的数学思想。

设计意图：通过学生的总结，培养学生的归纳总结能力和语言表达能力。

(八)作业设计

作业：第10页(习题1.1)A组第1、2题。

思考题：例2中$b=2\sqrt{3}$分别改为$b=2\sqrt{6}$，$b=\sqrt{5}$并解三角形，观察解的情况并解释出现一解、两解、无解的原因。

课外链接：课后通过查阅相关书籍，上网搜索，了解关于正弦定理的发展及应用(相关网址：www.fayz.com)。

七、设计思路

本课学生在不知正弦定理内容和证明方法的前提下，在教师预设的思路中，学生积极主动参与一个个相关联的探究活动过程，通过“观察—实验—归纳—猜想—证明”的数学思想方法发现并证明定理，让学生经历了知识形成的过程，感受到创新的快乐，激发学生学习数学的兴趣。接着，以问题为导向设计教学情境，促使学生去思考问题，去发现问题，让学生在“活动”中学习，在“主动”中发展，在“合作”中增知，在“探究”中创新。

1. 结合实例，激发动机

数学源于现实，从学生日常生活中的实际问题出发，激发学生学习的兴趣，引导启发学生利用已有的知识解决新的问题。方法一通过相似三角形相似比相等进行计算，方法二转化为解直角三角形。让学生在解决问题中发现新知识，提出猜想，使学生在观察、实验、猜想、验证、推理等活动中，逐步形成创新意识。

2. 数学实验，验证猜想

通过特例检验，让学生动手实验，提高了学生实验操作、分析思考和抽象概括的能力，激发学生的好奇心和求知欲望，体会到数学实验的归纳和演绎推理的两个侧面。

3. 证明猜想，得出定理

引导启发学生从不同角度进行定理证明，展示自己掌握的知识，培养学生解决问题的能力，增强学习的兴趣、爱好，在知识的形成、发展过程中展开思维，培养推理的意识。

附：

<table>
<tr><td colspan="2">实验报告单</td></tr>
<tr><td>组长：</td><td>组员：</td></tr>
<tr><td>试验目的</td><td>研究三角形中各边和它对角的正弦值的比（$\frac{a}{\sin A}$，$\frac{b}{\sin B}$，$\frac{c}{\sin C}$）是否相等</td></tr>
<tr><td>实验器材</td><td>计算器，直尺，量角器，硬纸板（由老师统一发）</td></tr>
<tr><td>实验方法</td><td>画一个任意三角形，量取三边和三个角的值，并计算</td></tr>
<tr><td>实验内容</td><td>三边：$a=$______ $b=$______ $c=$______
三角：$\angle A=$______ $\angle B=$______ $\angle C=$______
计算：$\frac{a}{\sin A}=$______ $\frac{b}{\sin B}=$______ $\frac{c}{\sin C}=$______
（结果精确到小数点后两位）</td></tr>
<tr><td colspan="2">结论：</td></tr>
</table>

【案例点评】

本节正弦定理教学课，教师把重点放在定理的发现与证明上，符合新课标重视过程与方法的理念，克服了传统教学只注重结论的倾向。首先，利用解决一个可测量两角一对边，求另一对边的实际问题引入，在解决实际问题中，引导学生发现“三角形三边与其对应角的正弦值的比相等”的规律；通过对特殊三角形的验证，大胆猜想其对任意三角形成立；接着证明了这个定理。在课堂上展示了定理的发现过程，使学生感受到创新的快乐，激发学生学习数学的兴趣，同时让学生体验了“观察—实验—归纳—猜想—证明”的数学思想方法，经历了知识形成的过程。其次，在解决引例中的测量问题时利用初中相似三角形知识、正弦定理的不同证法(转化为直角三角形、辅助以三角形外接圆、向量)等，都体现了“在已有知识体系的基础上去建构新的知识体系”的理念，加强了知识间的联系，培养了学生思维的灵活性。定理证明的方法一、方法二，渗透了分类、转化的数学思想。但是，本堂课的教学内容还是偏多，在时间分配上要有规划，突出重点，删繁就简；引入的例题要注意条件更加明确直接，以免产生歧义，浪费时间。

总之，本课有效地采用了探究式教学方法，在教师的启发引导下，以学生独立自主和合作交流为前提，以问题为导向设计教学情境，以“正弦定理的发现和证明”为基本探究内容，为学生提供充分自由表达、质疑、探究、讨论问题的机会，让学生通过个人、小组、集体等多种解难释疑的尝试活动，感受“观察—实验—猜想—证明—应用”等环节。教学过程流畅，在知识的形成、发展过程中展开思维，逐步培养学生发现问题、探索问题、解决问题的能力和创造性思维的能力。

案例 6-15　等差数列的前 n 项和①

一、教学内容分析

本课教学内容是《普通高中课程标准实验教科书·数学(必修 5)》(人教 A 版)中第二章的第三节“等差数列的前 n 项和”(第一课时)。本课主要研究如何应用倒序相加法求等差数列的前 n 项和以及该求和公式的应用。等差数列在现实生活中比较常见，因此等差数列求和就成为我们在实际生活中经常遇到的一类问题。同时，求数列前 n 项和也是数列研究的基本问题，通过对公式推导，可以让学生进一步掌握从特殊到一般的研究问题方法。

---

① 本案例由福建省德化第一中学陈丽真设计。

二、学生学情分析

在本课之前学生已经学习了等差数列的通项公式和基本性质，也对高斯算法有所了解，这都为倒序相加法的教学提供了基础。同时学生已学习了函数知识，因此在教学中可适当渗透函数思想。高斯的算法与一般的等差数列求和还有一定的距离，不能从首尾配对法引出倒序相加法是学生学习的障碍。

三、设计思想

建构主义学习理论认为，学习是学生积极主动地建构知识的过程，因此应该让学生在具体的问题情境中经历知识的形成和发展，让学生利用自己的原有认知结构中相关的知识与经验，自主地在教师的引导下完成对新知识的建构。在教学过程中，根据教学内容，从介绍高斯的算法开始，探究这种方法如何推广到一般等差数列的前 n 项和的求法。通过设计一些从简单到复杂、从特殊到一般的问题，层层铺垫，组织和启发学生获得公式的推导思路，并且充分引导学生展开自主、合作、探究学习，通过生生互动和师生互动等形式，让学生在问题解决中学会思考、学会学习。同时根据学校的特点，为了促进成绩优秀学生的发展，还设计了选做题和探索题，进一步培养优秀生用函数观点分析、解决问题的能力，达到了分层教学的目的。

四、教学目标

1. 理解等差数列前 n 项和公式的推导过程，掌握并能熟练运用等差数列前 n 项和公式，了解倒序相加法的原理。

2. 通过公式的推导过程，体验从特殊到一般的研究方法，渗透函数思想与方程(组)思想，培养学生观察、归纳、反思的能力；通过小组讨论学习，培养学生合作交流、独立思考等良好的个性品质。

五、教学重点与难点

教学重点：探索并掌握等差数列前 n 项和公式，学会用公式解决一些实际问题。

教学难点：等差数列前 n 项和公式推导思路的获得。

六、教学过程设计

(一)创设情境，唤起学生相关知识经验的感悟和体验

世界七大奇迹之一的泰姬陵坐落于印度古都阿格，传说陵寝中有一个三角形图案，以相同大小的圆宝石镶饰而成，共有100层，你知道这个图案一共花了多少宝石吗？(展示三角形图案，见图6-15-1。)

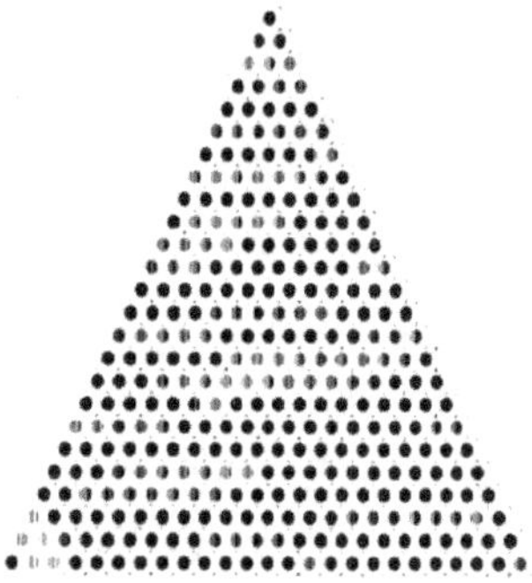

图 6-15-1

设计意图：情境学习理论认为：数学学习总是与一定的知识背景，即“情境”相联系的。从实际问题入手，图中蕴含算数，能激发学生学习新知识的兴趣，并且可引导学生共同探讨高斯算法更一般的应用，为新课的讲解作铺垫。

［知识链接］

高斯，德国著名数学家，被誉为“数学王子”。200 多年前，高斯的算术教师提出了下面的问题：$1+2+3+\cdots+100=?$

据说，当其他同学忙于把 100 个数逐项相加时，10 岁的高斯却用下面的方法迅速算出了正确答案：

$(1+100)+(2+99)+\cdots+(50+51)=101\times 50=5050$。

（学情预设：高斯的算法蕴涵着求等差数列前 n 项和的一般规律性。教学时，应给学生提供充裕的时间和空间，让学生自己去观察、探索发现这种数列的内在规律。学生对高斯的算法是熟悉的，知道采用首尾配对的方法来求和，但估计他们对这种方法的认识可能处于记忆阶段，为了促进学生对这种算法的进一步理解，设计了以下三道由易到难的问题。）

（二）由易到难，在自主探究与合作中学习

问题 1：图案中，第 1 层到第 51 层一共有多少颗宝石？

该题组织学生分组讨论，在合作中学习，并把小组发现的方法一一呈现。

［学情预设：学生可能出现以下求法：

方法 1：原式 $=(1+2+3+\cdots+50)+51$。

方法 2：原式 $=0+1+2+\cdots+50+51$。

方法 3：原式 $=(1+2+\cdots+25+27+\cdots+51)+26$。

以上方法实际上是用了“化归思想”，将奇数个项问题转化为偶数个项求解，教师应进行充分肯定与表扬。］

设计意图：这是求奇数个项和的问题，若简单地模仿高斯算法，将出现不能全部配对的问题，借此渗透化归思想。

问题 2：求图案中从第 1 层到第 n 层（$1<n<100, n\in \mathbf{N}^*$）共有多少颗宝石？

（学情预设：学生通过激烈的讨论后，发现 n 为奇数时不能配对，可能会分 n 为奇数、偶数的情况分别求解，教师如何引导学生避免讨论成为该环节的关键。）

设计意图：从求确定的前 n 个正整数之和到求一般项数的前 n 个正整数之和，让学生领会从特殊到一般的研究方法，旨在让学生理解对“首尾配对求和”这一算法的改进。

启发：(多媒体演示)如图 6-15-2 所示，在三角形图案右侧倒放一个全等的三角形与原图补成平行四边形。

图 6-15-2

设计意图：借助几何图形的直观性，启迪学生思路，唤醒学生记忆深处的东西，并为倒序相加法的出现提供了一个直接的模型。

通过以上启发学生再自主探究，相信容易得出解法：

$\because 1+2+3+\cdots+(n-1)+n$

$\quad n+(n-1)+(n-2)+\cdots+2+1$

$(n+1)+(n+1)+(n+1)+\cdots+(n+1)+(n+1)$

$\therefore 1+2+3+\cdots+n=\dfrac{n(n+1)}{2}$

问题 3：在公差为 d 的等差数列 $\{a_n\}$ 中，定义前 n 项和 $S_n=a_1+a_2+\cdots+a_n$，如何求 S_n？

由前面的大量铺垫，学生应容易得出如下过程：

$\because S_n=a_1+(a_1+d)+(a_1+2d)+\cdots+[a_1+(n-1)d]$

$\quad S_n=a_n+(a_n-d)+(a_n-2d)+\cdots+[a_n-(n-1)d]$

$\therefore 2S_n=\underbrace{(a_1+a_n)+(a_1+a_n)+\cdots+(a_1+a_n)}_{n个}$，$\therefore S_n=\dfrac{n(a_1+a_n)}{2}$(公式 1)

组织学生讨论：

在公式 1 中，若将 $a_n=a_1+(n-1)d$ 代入又可得出哪个表达式？

即：$S_n=na_1+\dfrac{n(n-1)}{2}d$(公式 2)

(三)设置典例，促进学生对公式的应用

对于以上两个公式，初学的学生在解决一些问题时，往往不知道该如何选取。教师应通过适当的例子引导学生对这两个公式进行分析，根据公式各自的特点，帮助学生恰当地选择合适的公式。

例 1 为了参加冬季运动会的 5000m 长跑比赛，某同学给自己制订了 7 天的训练计划(单位：m)，见下表：

5000	5500	6000	6500	7000	7500	8000

问这个同学 7 天一共将跑多长的距离？

设计意图：该例题是将课本第 53 页习题 2.3A 组第 3 题改编成表格形式，可以锻炼学生处理数据信息的能力和选用公式的能力。学生可以从首项、末项、项数出发，选用公式 1；也可以从首项、公差、项数出发，选用公式 2。通过两种方法的比较，引导学生在解题时注意选择适当的公式，以便于计算。

例 2 已知等差数列 $5,4\frac{2}{7},3\frac{4}{7},\cdots$，求：

(1)数列$\{a_n\}$的通项公式；

(2)数列$\{a_n\}$的前几项和为$\frac{125}{7}$？

(3)S_n 的最大值为多少？求出 S_n 取最大值时相应的 n 值。

设计意图：通项公式与求和公式中共有 a_1,d,n,a_n,S_n 五个基本元素，如果已知其中三个，就可求其余两个，主要是训练学生的方程(组)思想。第(3)小题是让学生初步接触用函数观点解决数列问题，为以后函数与数列的综合应用打下基础。

[知识链接]

(1)由 $S_n=na_1+\frac{n(n-1)}{2}d=\frac{d}{2}n^2+\left(a_1-\frac{d}{2}\right)n$，若令$\frac{d}{2}=A,a_1-\frac{d}{2}=B$，则 $S_n=An^2+Bn$，可知当 $d\neq 0$ 时，点(n,S_n)是在常数项为 0 的二次函数图像上，可由二次函数的知识解决 S_n 的最值问题；

(2)若数列$\{a_n\}$的前 n 项和 $S_n=An^2+Bn(A,B\in\mathbf{R})$，则数列$\{a_n\}$一定是等差数列；

(3)由 $S_n=An^2+Bn$，可知$\frac{S_n}{n}=An+B$，点$\left(n,\frac{S_n}{n}\right)$在直线 $y=Ax+B$ 上；

(4)在等差数列$\{a_n\}$中，当 $a_k>0,a_{k+1}<0$ 时，S_k 最大，当 $a_k<0,a_{k+1}>0$ 时，S_k 最小。

(四)反馈调控，实现学生对知识的掌握

练习 1 已知等差数列$\{a_n\}$的前 10 项和是 310，前 20 项和是 1220，求前 n 项和 S_n。

练习 2 等差数列$\{a_n\}$中，$a_1=-4,a_8=-18,n=8$，求公差 d 及前 n 项和 S_n。

选做题 已知函数 $f(x)=\frac{1}{2^x+\sqrt{2}}$，则 $f(-5)+f(-4)+\cdots+f(0)+\cdots+f(5)+f(6)$的值为________。

设计意图：分层练习使学生在完成必修教材基本任务的同时，拓展自主发展的空间，让每一个学生都得到符合自身实践的感悟，使不同层次的学生都可以获得成功的喜悦，看到自己的潜能，从而实现“以人为本”的教育理念。

（五）回顾反思，深化知识

组织学生分组共同反思本课的教学内容和思想方法，小组之间互相补充完成课堂小结，实现对等差数列前 n 项和公式的再次深化。

1. 从特殊到一般的研究方法；

2. 体会倒序相加的算法，掌握等差数列的两个求和公式，领会方程（组）思想；

3. 前 n 项和公式的函数意义；

4. 用梯形面积公式记忆等差数列的前 n 项和公式。

[知识链接]

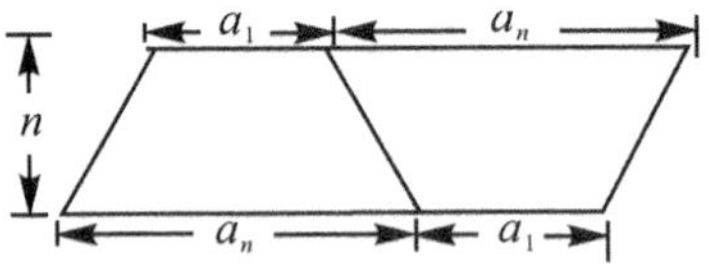

$s_n=\dfrac{n(a_1+a_n)}{2}$

（补成平行四边形）

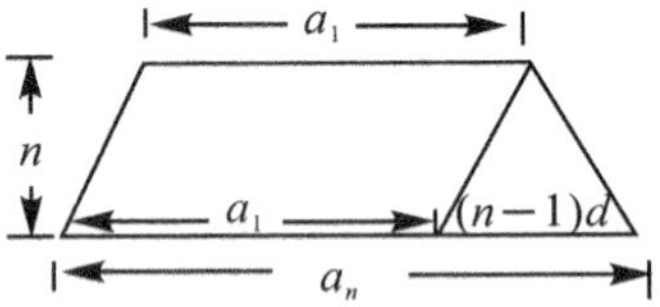

$s_n=na_1+\dfrac{n(n-1)d}{2}$

（分割成一个平行四边形和一个三角形）

（六）布置作业

1. 课本第 52 页习题 2.3，第 1 题(1)(3)，第 2 题(3)(4)，第 5 题。

2. 探索题

(1)数列 $\left\{\dfrac{1}{n(n+1)}\right\}$ 的前 n 项和 $S_n=\dfrac{1}{1\times2}+\dfrac{1}{2\times3}+\dfrac{1}{3\times4}+\cdots+\dfrac{1}{n\times(n+1)}$，求 S_n；

(2)若公差为 $d(d\neq0)$ 的等差数列 $\{a_n\}$ 中，$T_n=\dfrac{1}{a_1a_2}+\dfrac{1}{a_2a_3}+\dfrac{1}{a_3a_4}+\cdots+\dfrac{1}{a_{n-1}a_n}$，你能否由题(1)的启发，得到 T_n 的表达式？

七、教学反思

“等差数列前 n 项和”的推导方法不止一种，本课通过介绍高斯的算法，探究这种方法如何推广到一般等差数列的求和。该方法反映了等差数列的本质，可以进一步促进学生对等差数列性质的理解，而且该推导过程体现了人们研究、解决问题的一般思路。本课教学过程的难点在于如何获得推导公式的“倒序相加法”这一思路，为了突破这一难点，在教学中采用了以问题驱动的教学方法，设计的三个问题体现了分析、解决问题的一般思路，即从特殊问题的解决中提炼方法，再试图运用这一方法解决一般问题。在教学过程中，通过教师的层层引导、学生的合作学习与自主探究，尤其是借助图形的直观性，学生“倒序相加法”思路的获得就水到渠成了。

【案例点评】

本案例以故事引课，增强学生的好奇心，激发学生的学习欲望和热情。以问题为纽带，通过三个问题组织学生讨论，由特殊（自然数的前 51 项和）到一般（自然数的前几项和），再到一类（等差数列前几项和），循序渐进。通过类比高斯配对求和方法，启发学生独立思考，讨论交流，对问题进行层层递进的探究，使学生从不同的思维角度掌握了等差数列的前几项求和公式，从中深刻领会推导过程所蕴涵的逻辑推理方法和数学思维方法，培养了学生思维的深刻性、尖锐性和批判性。通过精选例题，分层次练习，使学生既巩固了知识又形成了技能。在此基础上，通过和谐的课堂氛围，培养学生自主学习、合作学习的学习习惯，也培养了学生勇于探索、不断创新的思维品质。必须指出的是，在用高斯配对法得到前几项求和公式后，如能对此方法作更深入分析，指出其实质是等差数列的重要性质——等距性（即 $m,n,k,l\in\mathbf{N}^*$，$m+n=k+l$，则 $a_m+a_n=a_k+a_l$）的应用，在作业的探索题中如能加上“数列 $\{a_n\}$ 是等差数列，求 $S_n=a_1a_2+a_2a_3+\cdots+a_na_{n+1}$”，则可得到一类问题（由等差连续项或连续项倒数）组成的数列求和问题的解决，深化学生对相关问题的理解。

图书在版编目(CIP)数据

中学数学案例教学论 / 杨光伟编著. —杭州：浙江大学出版社,2012.12(2023.2 重印)
(学科案例教学学系列丛书)
ISBN 978-7-308-10636-8

Ⅰ.①中… Ⅱ.①杨… Ⅲ.①中学数学课－教案(教育)－教学研究 Ⅳ.①G633.602

中国版本图书馆 CIP 数据核字(2012)第 222082 号

中学数学案例教学论
杨光伟 **编著**

责任编辑 冯其华
封面设计 刘依群
出版发行 浙江大学出版社
(杭州市天目山路 148 号 邮政编码 310007)
(网址:http://www.zjupress.com)
排　　版 浙江时代出版服务有限公司
印　　刷 广东虎彩云印刷有限公司绍兴分公司
开　　本 710mm×1000mm 1/16
印　　张 26.75
字　　数 494 千
版 印 次 2012 年 12 月第 1 版 2023 年 2 月第 4 次印刷
书　　号 ISBN 978-7-308-10636-8
定　　价 69.00 元

浙江大学出版社市场运营中心联系方式:(0571) 88925591;http://zjdxcbs.tmall.com